CAMARADAS

Do autor:

Lenin: A Biografia Definitiva

Camaradas: Uma História do Comunismo Mundial

O Último Tsar: Nicolau II, a Revolução Russa e o Fim da Dinastia Romanov

ROBERT SERVICE

CAMARADAS
UMA HISTÓRIA DO COMUNISMO MUNDIAL

7ª edição

Tradução
Milton Chaves de Almeida

Rio de Janeiro | 2022

Copyright © Robert Service 2007
Publicado originalmente em 2007 por Macmillan

Título original: *Comrades: A World History of Communism*

Capa: Sérgio Campante

Imagens de capa: "Não fale!" (pôster), 1941.
Artista: Vatolina, Nina Nikolayevna (1915-2002)
Ilustração da propaganda comunista chinesa (pôster), c. 1966.
Artista: desconhecido

Editoração: FA Studio

Texto revisado segundo o novo
Acordo Ortográfico da Língua Portuguesa

2022
Impresso no Brasil
Printed in Brazil

Cip-Brasil. Catalogação na publicação.
Sindicato Nacional dos Editores de Livros, RJ.

S514c
7ª ed.
	Service, Robert, 1947-
	    Camaradas: uma história do comunismo mundial /
	Robert Service; tradução Milton Chaves de Almeida. —
	7. ed. — Rio de Janeiro: DIFEL, 2022.
	    658 p.; 23 cm.
	
	    Tradução de: Comrades: a world history of communism
	Inclui bibliografia e índice
	encarte
	ISBN 978-85-7432-139-4
	
	    1. Marx, Karl, 1818-1883. 2. Socialismo — História. 3. Co-
	munismo — História. 4. Capitalismo. 5. Filosofia Marxista. I.
	Título.
	
	                           CDD: 335.4

15-21810	CDU: 330.85

Todos os direitos reservados pela:
DIFEL — selo editorial da
EDITORA BERTRAND BRASIL LTDA.
Rua Argentina, 171 — 2º andar — São Cristóvão
20921-380 — Rio de Janeiro — RJ
Tel.: (0xx21) 2585-2000 — Fax: (0xx21) 2585-2084

Não é permitida a reprodução total ou parcial desta obra, por
quaisquer meios, sem a prévia autorização por escrito da Editora.

Atendimento e venda direta ao leitor:
sac@record.com.br

SUMÁRIO

Prefácio   7

Mapas   11

Introdução   17

PARTE UM: DAS ORIGENS ATÉ 1917

1. O COMUNISMO ANTES DO MARXISMO   29

2. MARX E ENGELS   41

3. O COMUNISMO NA EUROPA   53

4. VARIANTES RUSSAS   64

5. A REVOLUÇÃO DE OUTUBRO   77

6. O PRIMEIRO ESTADO COMUNISTA   90

PARTE DOIS: EXPERIÊNCIA: 1917-1929

7. REVOLUÇÕES EUROPEIAS   105

8. O COMUNISMO E SEUS DESCONTENTES   119

9. A INTERNACIONAL COMUNISTA   130

10. SONDANDO A AMÉRICA   144

11. ENTENDENDO O COMUNISMO   157

12. A URSS ATORMENTADA   170

13. O MODELO SOVIÉTICO   182

PARTE TRÊS: DESENVOLVIMENTO: 1929-1947

14. UMA ESTRATÉGIA GLOBAL   197

15. A IDEOLOGIA STALINISTA   211

16. POR DENTRO DOS PARTIDOS   224

17. AMIGOS E INIMIGOS   237

18. O COMUNISMO NA GUERRA MUNDIAL   250

19. IMPONDO A PAZ   263

PARTE QUATRO: DISSEMINAÇÃO: 1947-1957

20. A GUERRA FRIA E O BLOCO SOVIÉTICO   279

21. A VIA IUGOSLAVA   293

22. A EUROPA OCIDENTAL   304

23. A PROPAGANDA DE GUERRA   316

24. A REVOLUÇÃO CHINESA   329

25. ORGANIZANDO O COMUNISMO   341

26. CONTRA E A FAVOR DE REFORMAS   355

PARTE CINCO: MUTAÇÃO: 1957-1979

27. DÉTENTE E EXPANSÃO   373

28. A CHINA CONVULSIONADA   387

29. CUBA REVOLUCIONÁRIA   399

30. A ORDEM COMUNISTA   412

31. REPENSANDO O COMUNISMO   426

32. A EUROPA ORIENTAL E A OCIDENTAL   441

33. EXPECTATIVAS REDUZIDAS   454

34. A ÚLTIMA DAS REVOLUÇÕES COMUNISTAS   466

PARTE SEIS: SEUS ÚLTIMOS ALENTOS: A PARTIR DE 1980

35. AS VIAS DE FUGA DO COMUNISMO   483

36. O ANTICOMUNISMO NA EUROPA ORIENTAL   496

37. O COMUNISMO CAPITALISTA DA CHINA   509

38. A *PERESTROIKA*   521

39. OS CAMARADAS PARTEM   534

40. AS CAUSAS DO COMUNISMO   549

Notas   561

Bibliografia Selecionada   605

Índice Remissivo   635

PREFÁCIO

Este livro começou com uma ideia e um plano. A ideia era criar uma descrição geral do comunismo em suas manifestações pelo mundo; o plano consistia em fazer isso, principalmente coligindo literatura de apoio a respeito de país após país em suas experiências com o comunismo. Por incrível que pareça, poucas tentativas tinham sido feitas de se realizar uma obra como esta e quase todas haviam sido escritas antes do colapso dos países comunistas da Europa Oriental e da URSS, entre 1989 e 1991.

A ideia inicial sofreu como um saco de pancadas. À medida que eu ia aprendendo mais sobre os cinco quintos da extensão territorial do mundo que não faziam parte da União Soviética, a estrutura e o conteúdo do livro passaram por muitas mudanças. É o que acontece com a maioria dos livros. Entre 2004 e 2005, obtive licença para passar um ano na Hoover Institution, na Universidade Stanford. Arquivos são fontes de alívio para o historiador. Quando descobri a abundância de informações à disposição de estudiosos à sombra amiga da Hoover Tower, examinei setor após setor de documentos como um viajante sedento. As notas finais dão uma ideia dos acervos extraordinários sobre países como Hungria, Cuba e Índia. Igualmente instrutivas para mim foram as seções sobre a União Soviética, principalmente em suas relações com o "movimento comunista internacional". E, embora eu não tivesse planos de pesquisar muita coisa sobre o comunismo nos Estados Unidos e na Grã-Bretanha, toda a minha relutância se desfez quando examinei essas respectivas seções. Houve também muitos momentos em que estranhas e pequenas pastas listadas no catálogo me chamaram a atenção: continham documentos de Ivy Litvinov sobre Rose Cohen; de autoridades soviéticas sobre Arthur e Ievguênia Ransome; de relatos dos funcionários do governo de Herbert Hoover sobre a ditadura de Béla Kun durante sua participação da campanha de combate à fome; de ministros dissidentes cubanos sobre Fidel Castro e seus sequazes; de Eugenio Reale sobre as dificuldades de Togliatti em relação à Europa Oriental; e o diário sobre a Rússia soviética de Malcolm Muggeridge.

O livro apresenta um estudo sobre o comunismo em seus muitos aspectos. Obviamente, isso requer uma investigação profunda sobre os países

PREFÁCIO

comunistas, suas lideranças e sociedades. De igual importância são a ideologia comunista e a atração que ela exercia sobre os povos do lado de fora das fronteiras desses países. Por isso mesmo, dei bastante espaço à questão da geopolítica do século 20. Além disso, uma descrição verdadeiramente global do comunismo deve abranger também países em que os comunistas não conseguiram chegar nem perto do controle do poder político.

As pesquisas em arquivos históricos me levaram a modificar interpretações iniciais. Deram também luz e interesse especiais a acontecimentos e situações — e espero que isso se patenteie aos que lerem os capítulos. A equipe de funcionários da Hoover Institution Archives se revelou extraordinariamente bem-informada e solícita. Tenho uma dívida de gratidão para com Elena Danielson, Linda Bernard, Carol Leadenham, Ron Bulatov, Lora Soroka, David Jacobs, Lyalya Kharitonova e seus colegas, que me indicaram várias seções que me teriam passado despercebidas. Agradeço também a Robert Conquest por me haver incentivado a permanecer na Hoover Institution; ao diretor John Raisian e a Tad Taube, membro do Quadro de Superintendentes, por tornar isso possível. Deborah Ventura e Celeste Szeto, que supervisionam programas de visita de estudiosos, foram modelos de prestimosidade.

Minha esposa, Adele Biagi, fez inúmeras sugestões para melhorar o estilo e o conteúdo da obra. Gostaria de agradecer também aos que me aconselharam sobre o teor de um ou mais dos capítulos do livro: Alan Angell, Arnold Beichman, William Beinart, Leslie Bethell, Archie Brown, Richard Clogg, Robert Conquest, Valpy Fitzgerald, Robert Evans, Paul Flewers, John Fox, Timothy Garton Ash, Roy Giles, Paul Gregory, Jonathan Haslam, Ronald Hingley, Michael Kaser, Alan Knight, Simon Sebag Montefiore, Norman Naimark, Brian Pearce, Silvio Pons, Alex Pravda, Paul Preston, Martyn Rady, Harold Shukman, Steve Smith, Geoffrey Swain, Steve Tsang, Amir Weiner e Jerry White. Durante a composição dos escritos resultantes de minhas pesquisas na Califórnia, Jackie Wilcox, secretária e bibliotecária do Centro de Estudos Russos e Euroasiáticos do St. Antony College, Oxford, foi de uma ajuda insuperável. Meu editor, David Godwin, me incentivou desde o estágio inicial do projeto. Como sempre, Georgina Morley, da Macmillan, e Kathleen MacDermott, de Harvard, cumpriram o papel do editor edificante. Peter James editou a versão impressa da obra com extremo cuidado.

Convém dizer algumas palavras sobre a organização do conteúdo do livro. Alguns capítulos sobre certos países ou períodos apresentam as mesmas informações mencionadas em outros. Sei que isso é um pecado autoral, mas peço que me perdoem, pois acho que detalhes fundamentais devem

PREFÁCIO

ter destaque em uma obra extensa como esta. Devo também mencionar que adotei as seguintes simplificações: a República Democrática Popular da Coreia aparece no livro como Coreia do Norte; a República Democrática do Vietnã é citada como Vietnã do Norte; a República Democrática Alemã é grafada como Alemanha Oriental. Além disso, usei formas simplificadas de transliteração. Às vezes, elas são inconsistentes, principalmente no que se refere ao idioma chinês. Assim, o moderno Guomindang aparece em sua forma mais tradicional, como Kuomintang. Tampouco procurei grafar Zinoviev como Zinovev, e sim me ative à grafia tradicional. As datas são mencionadas somente de acordo com o calendário gregoriano, ao passo que os nomes de lugares, na bibliografia, figuram no texto de acordo com o hábito contemporâneo das autoridades locais. Minimizei citações completas de nomes e acrônimos dos muitos partidos comunistas, que os modificavam frequentemente.

Meu conhecimento do comunismo foi se consubstanciando de forma intermitente. Conscientemente, começou a desenvolver-se em 1956. Na escola primária, com os jornais cheios de ilustrações das forças soviéticas esmagando a Revolução Húngara de 1956, nós, estudantes — ou, pelo menos, os garotos da classe —, acolhemos com prazer exercícios diários envolvendo o desenho de tanques, soldados e explosões. A invasão chinesa do Tibete foi outro acontecimento que deixou sua marca em nossas mentes. Os livros dados anualmente como prêmio aos que se destacavam na Escola Dominical incluíam os que apresentavam relatos da resistência dos cristãos acossados pelas investidas do totalitarismo marxista-leninista. As façanhas da tecnologia soviética, porém, viraram a cabeça de nosso professor de geografia do ensino médio. Ele havia lido nos jornais que a URSS tinha desenvolvido uma técnica para cultivar trigo, no norte do Círculo Polar Ártico, e concluiu que a URSS poderia muito bem, pois, vencer a luta contra o Ocidente pela supremacia como sistema econômico. No início da década de 1960, aprendi esperanto e fiz amizade com correspondentes estrangeiros. Um deles era chinês, e outro, da Checoslováquia. Durante um ou dois anos, trocamos cartas falando sobre nossas vidas diárias, período após o qual as trocas de correspondência com o amigo chinês foram diminuindo até cessarem. Ao examinar a questão em retrospectiva, acho que só me resta supor que o missivista chinês foi vítima da Revolução Cultural.

A ignorância em relação ao comunismo não era algo incomum no Reino Unido daqueles anos. O primeiro incentivo pessoal que tive de procurar entender o comunismo foi quando estudei literatura russa na universidade. Ficou claro para mim quanto era fundamental entender o passado histórico que resultou no fenômeno do socialismo soviético. Além do mais, estávamos

PREFÁCIO

em uma época em que os estudantes faziam debates sobre o comunismo. Havia infindáveis discussões sobre a questão de o comunismo ser inerentemente despótico ou potencialmente libertador.

Este livro é uma tentativa de responder a essa pergunta básica, entre várias outras. Os capítulos procuram examinar se a histórica experiência soviética foi ou não singular; são, ademais, fruto da investigação do envolvimento do Kremlin com partidos comunistas ao redor do mundo. Acima de tudo, porém, esta é uma história mundial do comunismo. No século 20, países cujos territórios cobrem a terça parte da superfície da Terra passaram pela comunização de uma forma mais ou menos ampla e profunda. Partidos comunistas nasceram em quase todas as regiões do globo, exceto nas calotas polares. O objetivo de minha argumentação é mostrar que, apesar de toda a diversidade entre os países que se tornaram comunistas, havia entre eles uma semelhança básica latente quanto a práticas e objetivos. O comunismo não era simplesmente uma camada de verniz encobrindo diferentes tradições nacionais preexistentes. Na verdade, ele se adaptava a essas tradições enquanto, ao mesmo tempo, avançava sobre elas com suas próprias imposições e transformou os países em que seus adeptos detiveram o poder por alguns anos. Embora *Camaradas* apresente uma narrativa e análise sobre o assunto, não é, logicamente, uma enciclopédia. Não pesquisei sobre todas as ideias, líderes, partidos ou países comunistas. Fiz algumas escolhas para manter o relato coeso. O livro é dedicado à memória de Matthew Service, natural de Ulster, norte da Irlanda, entusiasta da jardinagem, pai e avô maravilhoso.

Robert Service
Outubro de 2006

MAPAS

1. A União Soviética, 1924-36   12

2. A Europa Oriental e a parte ocidental da URSS
após a Segunda Guerra Mundial   13

3. A China após 1949   14

4. Cuba   15

5. O Sudeste da Ásia, 1975   16

MAPAS

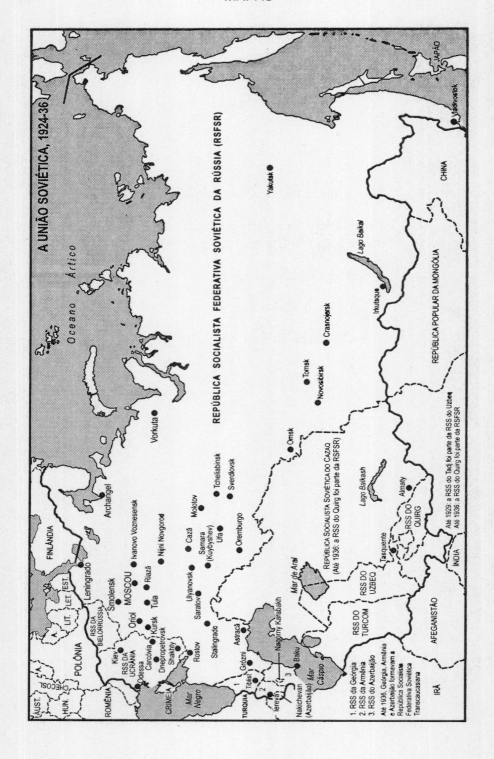

MAPAS

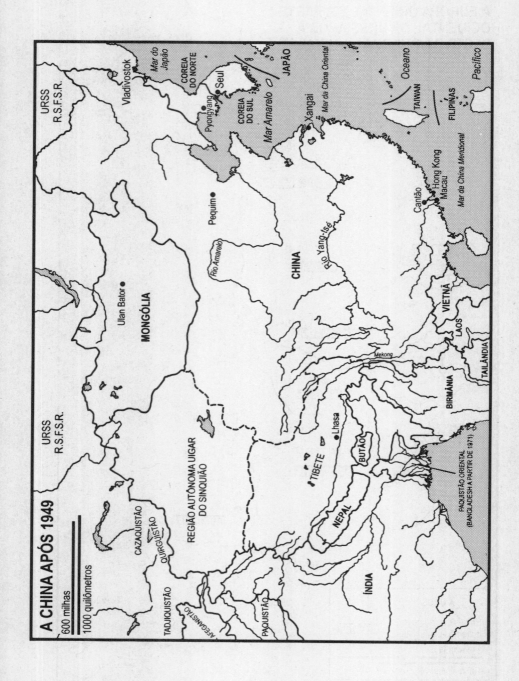

MAPAS

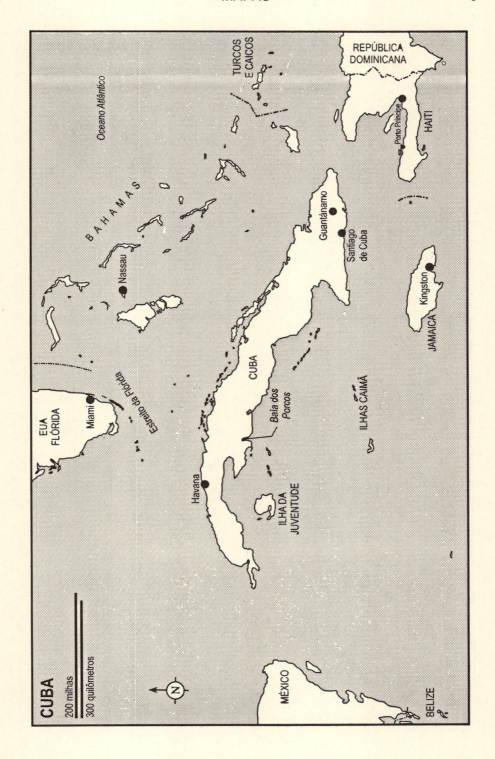

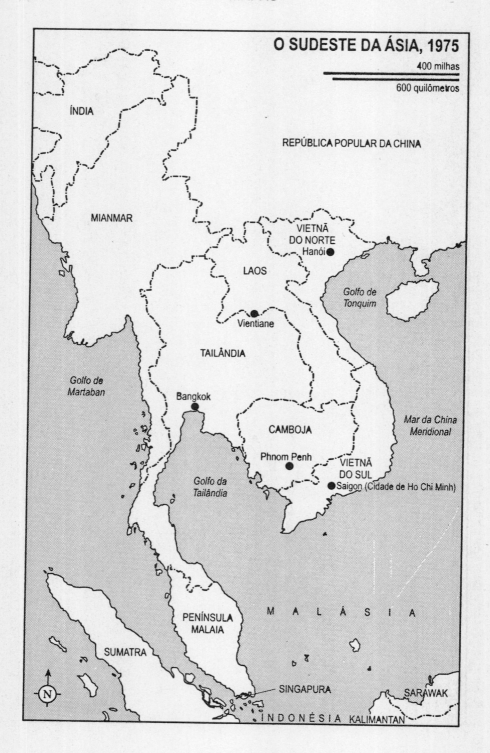

INTRODUÇÃO

Entre 1989 e 1991, as pessoas tinham que se beliscar para terem certeza de que não estavam sonhando, pois algo extraordinário havia acontecido na política mundial. De repente, os países comunistas ruíram. Até então tinham sido um dos tipos mais poderosos e disseminados de Estado moderno. Ao chegar ao poder por meio da Revolução Russa, em outubro de 1917, Lenin e seus camaradas estabeleceram um sistema de governo que foi imitado na Europa Oriental, na China, no leste da Ásia, em Cuba e em outras regiões após a Segunda Guerra Mundial. Em 1989, o sistema comunista foi varrido dos mapas da Europa. Em 1991, aconteceu a mesma coisa na União Soviética. Embora a China ainda se declarasse comunista, com sua execução de reformas econômicas fundamentais o termo perdeu a precisão, pois deixou de descrever de forma abrangente a nova realidade chinesa. Partidos comunistas continuaram aferrados ao poder em alguns países, como na Coreia do Norte, Vietnã e Cuba, conquanto sua importância geopolítica estivesse muito longe do poder e do prestígio do período áureo do "movimento comunista internacional".

Essa transformação pôs fim à disputa ideológica conhecida como Guerra Fria. Ela foi, principalmente, um conflito entre coalizões lideradas pela URSS e pelos EUA, e a desintegração do Império Soviético, em dezembro de 1991, foi o prenúncio de uma vitória definitiva dos americanos. Durante anos, a Guerra Fria foi sinônimo da torturante possibilidade de uma guerra nuclear entre as duas potências. Incapaz de igualar os avanços americanos no desenvolvimento e na disseminação de tecnologia, a União Soviética perdera a paridade militar que tinha. Mas isso não era a única indicação de derrota. Durante toda a disputa entre as superpotências, os americanos haviam se declarado paladinos da economia de mercado, da democracia liberal e da sociedade civil. Embora os próprios EUA tivessem violado esses princípios, estes foram tidos, em quase todo o planeta, como valores que triunfaram quando o comunismo se desintegrou na Europa Oriental e na URSS. Os líderes e analistas políticos do Ocidente ficaram orgulhosos e exultantes, pois para eles fora demonstrado que o comunismo era um sistema socioeconômico inqualificavelmente inferior. Muitos acreditavam

INTRODUÇÃO

que a história havia chegado a um ponto decisivo; que o liberalismo, em suas manifestações políticas, econômicas e sociais, havia atirado a ideologia comunista e a prática do marxismo-leninismo na lixeira das eras passadas. A ideia era fazer crer que o comunismo fora como um mirrado e raquítico arbusto, em torno do qual muitas pessoas haviam buscado abrigo como se fora um grande e umbroso carvalho.

Ademais, disseminou-se a ideia de que, se pelo menos as potências ocidentais tivessem adotado uma política de militância e segurança mais agressivas na década de 1920 ou até na de 1940, a URSS teria implodido muito antes. Presumia-se que o histórico fenômeno do comunismo poderia ter sido aniquilado sete décadas antes, caso houvessem seguido o conselho de Churchill e o comunismo nascente — o incipiente Estado soviético — tivesse sido estrangulado no próprio berço.

No entanto, o comunismo vingou. Por volta de 1941, quando a URSS foi atacada pelas tropas do Terceiro Reich, a criança havia se transformado em um adulto robusto e repeliu as forças de Hitler. As tropas soviéticas ocuparam a metade da Europa Oriental. Da Polônia à Alemanha Oriental, do litoral dos Bálcãs até o mar Negro, o mapa foi redesenhado. Estados comunistas passaram a ocupar toda essa região. Em 1949, as forças comunistas, sob a liderança de Mao Tsé-tung, tomaram o poder em Pequim e proclamaram a República Popular da China. A Coreia do Norte e o Vietnã do Norte logo se tornaram países comunistas. Em 1959, houve uma revolução em Cuba, e Fidel Castro anunciou sua adesão ao movimento comunista internacional. Finalmente, o comunismo havia se expandido da Eurásia para terras do outro lado do Atlântico. Ademais, um governo de liderança comunista instalou-se no Chile no início da década de 1970. Os comunistas conseguiram outros êxitos, já que vários governos da Ásia e da África anunciaram sua adesão à comunização. Mais ou menos nos meados da década de 1980, pouco antes de os primeiros golpes mortais serem desferidos contra o comunismo internacional, Estados como esses apresentaram um índice de expansão recorde. De mero sonho antes da Primeira Guerra Mundial, transformou-se em poderosa realidade, agente ameaçador do sistema capitalista em todas as regiões do globo.

Debates sobre comunismo são tão velhos quanto a teoria ideológica comunista. Os comunistas em si sempre adoraram uma discussão, embora discutissem principalmente entre eles mesmos e com outros mais durante todo o século 19. A Revolução de Outubro suscitou a instauração de um senso de urgência prática. Defensores do comunismo asseveravam que um novo mundo estava nascendo na Rússia. Muitos fecharam os olhos para o monopólio do poder exercido pelo partido. Ditadura e opressão terrorista

INTRODUÇÃO

estatal passavam como instrumentos de administração de um abrangente sistema de bem-estar coletivo para os proletários. Achava-se que os revolucionários da Rússia poriam fim à opressão política, econômica, cultural e nacional. O capitalismo, de acordo com seus inimigos, estava prestes a ser erradicado da face do mundo. Essa imagem do Estado soviético foi repetida e propagada durante décadas. Isso aconteceu não só na URSS, mas também em muitos países que se tornaram comunistas depois da Segunda Guerra Mundial. Na Europa Oriental e na China, correu a mensagem de que um estado superior de coisas e de sociedade estava sendo criado; de que os privilégios estavam com seus dias contados; de que o desperdício econômico achava-se na iminência de ser extinto. O comunismo era propagandeado como um sistema científico, humanitário e irreversível: anunciavam-no como o inevitável e desejável futuro da humanidade. Portanto, tinha-se que a expressão máxima da visão ideológica de Marx e Engels estava pronta para materializar-se.

Todavia, algo que ninguém previu foram as dissensões internas no comunismo mundial. Trotski, deportado da União Soviética em 1928, afirmou que a Revolução de Outubro havia sido traída. Depois de 1945, o número de cismas ideológicos aumentou. A URSS e a Iugoslávia passaram a criticar as versões comunistas uma da outra. Os comunistas chineses se voltaram contra a União Soviética e acusaram a liderança do Kremlin de "revisionista" — não havia pecado maior para os marxistas-leninistas do que a tentativa de revisar os inalteráveis princípios dos fundadores do marxismo. Somente a Albânia se manteve incondicionalmente do lado da China. Problemas sucederam-se na Europa Oriental quando governos tentaram afrouxar o domínio soviético sobre seus países. Enquanto isso ocorria, muitos comunistas tentaram repensar a natureza de um comunismo ideal. Na Europa Ocidental, principalmente na Itália e na Espanha, os partidos comunistas começaram a afastar-se aos poucos do modelo proposto pela URSS. Nascia, pois, o "eurocomunismo". A ideologia e a política do comunismo estavam longe de ser hegemônicas. Eram tão numerosas as variantes de comunismo quanto o número de países comunistas.

Pessoas que não eram comunistas participavam dos debates sobre a natureza essencial do comunismo. Algumas das melhores mentes do século 20 se envolveram nisso. Entre elas estavam as de filósofos, que iam de Bertrand Russell a Jean-Paul Sartre, de romancistas, como André Gide e George Orwell a Alexander Solzhenitsyn, e as de líderes religiosos, que iam do patriarca Tikhon ao Dalai Lama e ao papa João Paulo II. As diferentes respostas que deram suscitaram e enriqueceram uma discussão mais ampla sobre a sociedade humana do passado, do presente e do futuro. Nada

INTRODUÇÃO

abrangente poderia ser dito ou escrito sobre o mundo após a Revolução de Outubro de 1917 sem se levar em conta o projeto comunista.

O mundo tinha necessidade urgente de conhecer o comunismo. Havia também um imperativo moral. Com exceção do governo de coalizão do chileno Salvador Allende, liderada por comunistas, de 1970 a 1973, a história de governos comunistas era universalmente associada a ditaduras, terrorismo policialesco e grosseiras violações dos direitos humanos. Era fundamental divulgar e explicar o que estava acontecendo nos países comunistas. Porém, isso era mais fácil de planejar do que realizar. Governantes comunistas eram como comandantes de submarinos que mandavam desligar os motores e os sistemas de comunicação de seus submersíveis. Stalin conseguiu acobertar eficientemente a dimensão da fome que ele causara na Ucrânia, no Cazaquistão e no sul da Rússia em 1932-1933. Nesse particular, entre 1958 e 1960 Mao superou Stalin, impedindo que notícias do maior exemplo de políticas causadoras de fome da história vazassem por suas fronteiras. O recurso ao apagão da irradiação de notícias inconvenientes foi copiado pela maioria dos governantes comunistas, ainda que estes não fossem tão radicais a esse respeito quanto Kim Il-sung e seu filho. Governanças marxista-leninistas eram sistematicamente mentirosas em relação a assuntos internos e objetivos externos. Sempre que possível, prevalecia a ambição de eliminar fontes extraoficiais de informação. Políticos, jornalistas e intelectuais no restante do mundo tinham dificuldade para apurar até mesmo os fatos mais básicos das reais circunstâncias de acontecimentos.

Esse bloqueio à livre circulação de informações possibilitou que os comunistas continuassem a alegar que tinham uma forma superior de organização das sociedades. De Lenin a Pol Pot e destes a Fidel Castro, louvores a esse respeito eram sempre os mesmos. Faziam crer que o comunismo superava a capacidade do capitalismo de proporcionar liberdade política, oportunidade de desenvolvimento cultural e bem-estar social e material. No período entre as duas guerras mundiais, houve apenas um Estado comunista: a URSS. Mais ou menos no fim da década de 1930, até mesmo na Europa, somente uma diminuta minoria de países hostis ao comunismo eram democracias liberais. Foi um período de autoritarismo. Nunca haviam existido muitas democracias nos outros continentes. A África continuou a ser propriedade de impérios europeus, e a maioria dos países da Ásia e da América do Sul era dominada por uma ou outra grande potência. Aqueles foram também anos de dificuldades econômicas, já que as economias de mercado estavam empenhadas no esforço de superação da Grande Depressão de 1929. Era natural, portanto, que estrangeiros se perguntassem

INTRODUÇÃO

se a União Soviética, com seu crescimento industrial, avanços na área da educação e pleno emprego, poderia proporcionar lições valiosas. Ademais, Moscou alegava haver logrado um sucesso sem precedentes na solução de tensões nacionais e no fornecimento de serviços de saúde, moradia e previdência social. Havia talvez, pois, algo positivo que pudesse ser copiado da experiência soviética?

Em 1945, a URSS surgiu à face do mundo como a superpotência que competia com os Estados Unidos pela supremacia mundial e o número de países comunistas aumentou no período pós-guerra. No entanto, disseminou-se outra imagem do comunismo. Dizia-se que a URSS de Stalin amoldara-se a um modelo totalitário. Como o Terceiro Reich, de Hitler, o Estado soviético suprimiu eleições livres e justas, bem como o Estado de direito, além de instaurar um sistema estatal de opressão terrorista. Ele se dedicou à propagação de sua ideologia em detrimento de tudo e todos. Tratava o próprio povo como recursos utilizáveis na busca de seus objetivos. A política era rigorosamente centralizada. Campos de trabalho foram construídos para confinar dissidentes reais e potenciais. Adeptos de crenças religiosas, monarquistas, livres-pensadores culturais, políticos e socialistas liberais, nacionalistas e outros detratores foram presos.

Autocracias anteriores não haviam chegado nem perto de um controle tão rígido assim de suas sociedades. Coisas importantes sofreram transformações no século 20. Uma delas foi o desenvolvimento de tecnologias que permitiam a rápida comunicação entre os povos, principalmente por meio da telefonia, da telegrafia e dos transportes ferroviário e aéreo. Com a propagação de conhecimentos básicos entre as populações, a oportunidade de penetração política e ideológica nunca fora tão grande. Um segundo fator, porém, foi de igual importância. Até mesmo as mais ambiciosas ditaduras do passado haviam evitado aniquilar tradições e erradicar grupos e organizações. Após o século 19, apareceram no mundo movimentos políticos que subverteram a ordem tradicional de sociedades e a reconstruíram de acordo com seus ideais; e esses movimentos — os comunistas à esquerda e os fascistas à direita — destruíram, onde lhes foi possível, todo vestígio de associações autônomas. Tinham uma visão totalitarista. Para eles, nada deveria ser considerado apolítico. Os governantes totalitários não tinham o mínimo de respeito pela vida privada. Escarneciam das culturas e religiões tradicionais e eliminavam toda e qualquer oposição. Enchiam prisões e empenhavam-se em campanhas de permanente terrorismo estatal. Despejavam sua ideologia no vaso mental dos que eles governavam.

Enquanto o fascismo totalitário na Itália e na Alemanha foi esmagado em 1945, na URSS e em outros países marxista-leninistas o totalitarismo

INTRODUÇÃO

comunista se fortaleceu. O fascismo sobreviveu na Espanha e em Portugal e ressurgiu intermitente e parcialmente na América Latina, bem como em outros lugares, nas décadas subsequentes. O comunismo foi muito mais triunfal. Geralmente, durava bastante tempo onde quer que se instalasse.

Nenhuma análise crítica historiográfica tem o monopólio da perfeita visão de profundidade da realidade histórica. Mas poucos negaram que a experiência soviética tenha sido realmente inovadora: para esses, nunca existira algo assim na história do mundo. Sob muitos aspectos, o fascismo foi uma cópia estrutural do comunismo soviético, embora com um conjunto diferente de objetivos ideológicos. O modelo totalitário de governo foi alvo de críticas porque, aparentemente, implicava o fim da história onde quer que o comunismo cravasse as garras de sua ideologia. Se uma elite governante alcançasse as rédeas de um poder como esse, era difícil imaginar como se poderia engendrar algum tipo de mudança. Ditadura, terrorismo de Estado e monopólio ideológico eram certamente suficientes para manter regimes totalitários em condições de dominação permanente. Contudo, a teoria totalitária propunha apenas um "tipo ideal" de governo. Não houve país comunista que não se desviasse do modelo "perfeito". Os opositores da teoria ressaltavam que até mesmo a URSS, sob o governo de Stalin, ficou aquém de um sistema totalmente seguro, de ordens impostas de cima para baixo. Tampouco ficara a União Soviética livre de dissidências sociais, culturais e econômicas com a prática das políticas expurgatórias de seus governantes comunistas. Mas o suficiente fora alcançado no esforço de implantação de um abrangente monopólio político pela URSS — bem como pela maioria dos outros países comunistas — para que o fenômeno pudesse ser acertadamente qualificado de autoritário.

É preciso submeter a teoria totalitarista a uma revisão mais aprofundada. Os comunistas no poder tiveram problemas em toda parte. Jamais conseguiram superar ressentimentos sociais ou o apático desinteresse popular por seus objetivos. Em nenhum lugar conseguiram erradicar a cultura pré-revolucionária. Perseguiram as religiões sem, entretanto, conseguir eliminá-las. Geralmente, a disciplina de seus trabalhadores era lamentável. A ordem comunista abaixo do ápice da liderança política tinha que se adaptar a certo grau de desobediência e obscurantismo sem igual nas democracias liberais. O Estado comunista tinha grupos clientelistas e mecanismos de informações precários. O problema é que esses fenômenos não eram areia no maquinário do totalitarismo, mas lubrificante. Sem eles, a estrutura da ordem inteira se encaminharia lentamente para um emperramento. O Estado totalitário "perfeito" não pode dar um incentivo muito atraente a seu povo — de funcionários dos escalões médios da estrutura

INTRODUÇÃO

de poder aos operários das fábricas estatais — para que ele coopere. As pessoas tinham que ter permissão de burlar exigências oficiais severas. Além disso, os governantes precisavam de suas catervas de apaniguados para que conseguissem realizar o que era necessário nas diversas localidades em que o Estado estivesse presente. Sistemas comunistas, por se basearem em princípios formais de comando vertical, não conseguiriam sobreviver sem ressuscitar algumas tradições da nação. E isso não constituía caso isolado. Era o padrão comum a todos os Estados marxista-leninistas, bem como a chave de sua eficiência.

Esses fenômenos teriam surpreendido Marx e Engels, os pais do marxismo contemporâneo. Teriam deixado Lenin perplexo, que os viu em sua forma incipiente com os próprios olhos. E eles continuaram a transtornar líderes comunistas na Ásia, na Europa Oriental, em Cuba e na África depois da Segunda Guerra Mundial. Ninguém tinha uma solução realista para os problemas de melhoria do desempenho econômico e da aprovação política pelo povo. Além da dificuldade para se alcançar até mesmo um modesto grau de integração social, havia também, por conseguinte, um abismo entre a burocracia e as pessoas sob os auspícios do Estado comunista. Marx e Engels tinham previsto que haveria um "definhamento do Estado". Todavia, a história do comunismo seguiu na direção contrária. O poder estatal cresceu exponencialmente e campos de trabalho forçado proliferaram. Repressão contra pessoas e grupos hostis ao comunismo continuava a ser necessária para a manutenção do *status quo*. A sociedade civil foi esmagada. Muitos líderes comunistas alardeavam seus feitos num sistema de educação livre e nos serviços de saúde, bem como com relação à facilidade de obtenção de moradia, emprego e alimentação. Mas esses regimes jamais tiveram uma aprovação popular genuína. A ditadura tinha que continuar a ser ditadura.

O motivo pelo qual as grandes esperanças do marxismo malograram tem sido tema de controvérsias constantes. Alguns culpam as doutrinas originais de Marx e Engels. Há muita razão nisso. Os pais do comunismo viam a força como a parteira do progresso histórico e jamais hesitaram diante da perspectiva de instalação de ditaduras, terrorismo estatal e guerra civil. Mas essas questões tinham outro lado, e era justamente esse o lado que mais fascinava a maioria dos marxistas da Europa Central antes da Primeira Guerra Mundial.

A verdade era que Marx e Engels deixaram um legado incompleto e incoerente. Seus herdeiros tinham todo o direito de ter opiniões contrárias, como consequência dessa inconsistência. As disputas ideológicas, pois, foram geradoras dos genes do marxismo. Entre os marxistas que

INTRODUÇÃO

se recusaram a trilhar uma estrada pacífica em busca da sociedade do futuro perfeita estavam Lenin e os bolcheviques. Estes herdaram os segmentos autoritários do DNA marxista. E foram eles, em vez dos marxistas mais moderados, que instauraram o primeiro regime revolucionário. Criaram a Internacional Comunista e ofereceram um modelo aos socialistas da extrema-esquerda política de outros países.

Até mesmo os bolcheviques tinham a paz, a prosperidade e a harmonia como seu maior objetivo. Para eles, a "revolução de cima" deveria ser atrelada a uma "revolução de baixo". O fato de que o resultado prático foi diferente disso teve várias causas. A doutrina leninista tinha um cerne antilibertário. Diante do obstáculo mais insignificante, a reação dos bolcheviques era recorrer ao emprego da força — e os obstáculos foram gigantescos depois da Revolução de Outubro. A maioria dos que realizaram as revoluções subsequentes em nome de Marx lançou mão de imensa coerção para alcançar seus fins. Os comunistas foram insensatos, com sua incúria de procurar prever as dificuldades que os acossavam. Os outros socialistas russos haviam advertido os bolcheviques antes da Revolução de Outubro. Líderes de revoluções comunistas triunfantes eram menos desculpáveis ainda, pois poderiam ter considerado a experiência soviética a base de suas ações e uma fonte de aprendizado. O comunismo, em suas variantes leninistas, nascia de uma análise simplista. Por um lado, isso era em parte culpa de Marx e Engels e, por outro, a culpa jazia parcialmente no fato de que negligenciaram reconsiderar as experiências políticas de Lenin, Stalin, Mao e Fidel. Aferravam-se a ideias mesmo diante das evidências mais gritantemente desabonadoras. De mais a mais, estruturas sociais e econômicas mudaram drasticamente em todos os setores após o último quartel do século 19. Ficou claro que todos os comunistas subestimavam a capacidade do capitalismo de recuperar-se e que superestimavam as potencialidades da classe operária para atuar como salvadora do planeta. Foram prisioneiros das próprias ilusões.

Ademais, as questões relacionadas ao comunismo eram condicionadas pela geopolítica. Nem mesmo a poderosa URSS poderia existir sem manter relações com as outras grandes potências. O Tratado de Brest-Litovsk, assinado pela Rússia soviética com a Alemanha e o Império Austro-Húngaro em março de 1918, foi o primeiro de uma série de compromissos com países capitalistas feitos com líderes comunistas. Países comunistas menores, como Cuba, Coreia do Norte e Vietnã do Norte, sempre tinham que adequar suas políticas às prováveis atitudes das superpotências. A política interna tinha também que ser adaptada a condições imprevistas. A busca de apoio popular levou líderes comunistas de todas as partes do globo, inclusive os

INTRODUÇÃO

fanáticos internacionalistas da República Soviética da Hungria, de 1919, a fazer o jogo do nacionalismo. Mao teria progredido pouco após chegar ao poder, em 1949, se não tivesse alardeado suas credenciais como patriota. Em muitos casos, os governantes comunistas ficaram genuinamente surpresos diante do fato de que o grau de obstrução ao avanço do comunismo na sociedade não diminuía rapidamente. Houve exceções: Béla Kun, na Hungria, e Pol Pot, no Camboja, em 1975, foram extremistas que derramaram o sangue dos outros ao enfrentarem fortes resistências à progressão da experiência marxista. Além disso, os Estados comunistas ficaram atrás do Ocidente capitalista na corrida tecnológica. Tinham que achar, portanto, formas de compensar essa crônica falta de competitividade aumentando a importação e intensificando a espionagem.

Quando o velho utopismo de Lenin e Stalin voltou a dar sinais de vida, como foi o caso com Mao na Revolução Cultural de 1966-68, os resultados foram desastrosos. Os comunistas tinham crises frequentes de amnésia histórica. Pol Pot, como discípulo de Mao, só conseguiu tirar conclusões catastróficas da carreira de seu mestre. Todavia, a história do comunismo ao redor do mundo variou muito também. Modificaram-se expectativas. Certas práticas evoluíram. Regimes comunistas, quando duravam várias décadas, modificavam suas políticas para evitar os derramamentos de sangue do passado.

Mas quantos comunistas existiam? Os próprios comunistas jamais pararam de discutir essa questão. Alguns chegaram a dizer que os sistemas comunistas de Lenin e Stalin diferiam entre si como a água do vinho: outros — e eu sou um deles — argumentaram que as bases do sistema soviético foram assentadas sob a liderança de Lenin e que permaneceram inalteradas no governo de seus sucessores até o fim da década de 1980. O curioso é que poucos fizeram tentativas semelhantes de periodização do processo histórico da República Popular da China. O regime de Mao é tido como um governo que teve mais ou menos a mesma estrutura política e econômica da década de 1950 até a introdução do capitalismo no país, a partir do fim da década de 1970. Cuba, Alemanha Oriental, Camboja, Romênia e Vietnã do Norte mudaram muitas vezes de política durante sua existência como regimes comunistas, mas ninguém defende com seriedade a ideia de que os primeiros anos desses Estados tenham sido radicalmente diferentes de seus últimos tempos como governos socialistas. As exceções provam a regra. A Hungria, em 1956, a Checoslováquia, em 1968, e a URSS, no fim da década de 1980, introduziram reformas de uma natureza tão radical que chegaram às raias da descomunização. A invasão soviética impediu que isso acontecesse na Hungria e na Checoslováquia naquela época. (Estes, como

INTRODUÇÃO

outros países da Europa Oriental, tiveram que esperar até 1989 para se libertarem do comunismo.) Sob a liderança de Gorbatchev, a URSS deu um pulo no escuro: no fim de 1991, deixou de existir.

Ninguém defende a ideia de que Cuba, com seus bares e restaurantes coloridos e barulhentos, tem um governo idêntico ao da Coreia do Norte. A China de Mao não era uma réplica da Polônia de Gomulka ou da Albânia de Hoxha. A vida na URSS de Stalin não era idêntica à do Chile de Allende. As características nacionais de cada Estado comunista sempre foram importantes.

Porém as características do comunismo foram basicamente as mesmas em qualquer lugar do mundo em que ele tenha existido por algum tempo. Allende não instituiu um Estado monoideológico e unipartidário. Mas ele se manteve no poder por apenas três anos, após os quais foi derrubado por um golpe militar. Regimes comunistas duradouros tiveram muita coisa em comum. Eles eliminaram ou enfraqueceram partidos políticos rivais. Atacaram as religiões, a cultura e a sociedade civil. Esmagaram qualquer expressão de nacionalidade, exceto a que fosse aprovada pelo governo comunista. Aboliram a autonomia do Judiciário e a liberdade de imprensa. Centralizaram o poder e enviaram dissidentes para campos de trabalho forçado. Criaram redes de polícia secreta e de informantes. Alegavam que sua doutrina ideológica era infalível e se apresentavam como perfeitos cientistas dos problemas e das necessidades humanas. Isolavam sociedades inteiras para impedir que sofressem a influência estrangeira na política e na cultura. Controlavam a travessia de suas fronteiras com um zelo feroz e tratavam todas as realidades da vida social como algo necessariamente devassável pelas autoridades. Usavam as pessoas como se fossem recursos naturalmente empregáveis na consecução de seus objetivos. Demonstravam pouco respeito pela ecologia, pela caridade e pelos costumes. São essas características em comum que nos permitem falar sensatamente em sistema comunista. É da história desse sistema que iremos tratar.

PARTE UM

DAS ORIGENS

ATÉ 1917

1. O COMUNISMO ANTES DO MARXISMO

As sementes do comunismo moderno germinaram bem antes do século 20. A palavra em si — comunismo — foi inventada tardiamente. Só ganhou aceitação universal na França, na Alemanha e na Inglaterra na década de 1840. Desde então, sempre esteve relacionada com o desejo de seus partidários de destruir as fundações da sociedade e reconstruí-la em outras bases. Os comunistas nunca desanimaram na busca de seus objetivos. Concentram no Estado e na economia seu ódio constante pelo sistema predominante. Argumentam que somente eles — e não seus muitos rivais da esquerda política — têm o preparo ideológico e prático para transformar a vida dos seres humanos. A busca de certo igualitarismo perdurou em seus objetivos. Determinação e paciência para lograr mudanças sempre foram características típicas deles. O compromisso com organizações militantes ainda existe. Mas o comunismo em si sempre foi difícil de definir como fenômeno. É pouco provável uma conciliação ou unidade de vistas definitiva a esse respeito. O comunismo de um indivíduo é o anticomunismo de outro comunista, e é improvável que essa situação mude algum dia.

O que ficou conhecido como comunismo no século 20 foi o resultado de muitas influências. Sua principal expressão foi a ideologia oficial da URSS e de outros países comunistas. Marx e Engels — os originadores das doutrinas que ficaram conhecidas como marxismo — reconheciam três fontes principais de inspiração. Politicamente, foram muito influenciados pelo que aprenderam sobre Maximilien Robespierre e outros políticos radicais da Revolução Francesa, do fim do século 18. No campo da economia, admitiam ter-se baseado muito nas ideias de David Ricardo e outros teóricos estudiosos das extraordinárias forças propulsoras da produção e do comércio desencadeadas pelo capitalismo da Grã-Bretanha. Do ponto vista filosófico, eram fascinados pelos escritos de Hegel. Seu compatriota insistia em afirmar que a história avança por estágios, que condicionam a forma pela qual a humanidade pensa e age, e que as grandes mudanças na vida social não são de caráter meramente superficial e cíclico: Hegel considerava os acontecimentos históricos uma sequência progressiva em direção a melhores condições existenciais para as pessoas e as coisas.[1]

Os cofundadores do marxismo, porém, nunca foram admiradores incontestadores de Robespierre, Ricardo e Hegel. Aliás, Marx alegava ter subvertido o pensamento de Hegel,[2] e, logicamente, ele não aceitava certos pontos de vista políticos de Robespierre nem aprovava a apologia de Ricardo à livre empresa. Marx e Engels se viam como intelectuais que trabalhavam para sintetizar as descobertas fundamentais dos que os haviam influenciado e prosseguiram no desenvolvimento dessa síntese até a fase final de suas carreiras.

Ambos desejavam ser tidos como sérios propagadores do comunismo "moderno", "científico" e "contemporâneo".[3] Não queriam que suas ideias fossem maculadas por uma possível associação delas com as da maioria dos pensadores transatos e contemporâneos. E tinham pressa; achavam que estavam vivendo o fim da era capitalista e que a era comunista estava próxima. Nenhum dos dois tinha uma personalidade introspectiva — e, com exceção do breve comentário de Marx sobre Robespierre, Ricardo e Hegel, raramente indagavam sobre as influências que haviam moldado sua visão de mundo. (Se examinavam a si mesmos nesse quesito, nunca disseram uma palavra a respeito a ninguém.) Fundamental para o marxismo era o sonho do Apocalipse seguido pelo advento do Paraíso.[4] Era o mesmo tipo de pensamento do judaísmo, cristianismo e islamismo. Marx havia sido criado no seio de uma família judia que se convertera ao cristianismo; a família de Engels era protestante. Marx e Engels, como ateístas na fase posterior de suas vidas, negavam o conceito de que os verdadeiros crentes seriam recompensados com a eternidade no Paraíso; contrário a isso, afirmavam que eles e seus sectários criariam uma sociedade perfeita aqui mesmo na Terra. A doutrina cristã prescrevia que os ímpios teriam um fim desgraçado na volta do Messias. Na mesma linha de pensamento, de acordo com os fundadores do marxismo, os que obstruíssem o avanço do comunismo em busca da supremacia seriam esmagados. As classes dominantes da atualidade se arrependeriam amargamente do domínio que exerciam sobre a humanidade.

O Novo Testamento dava também ênfase à partilha universal de bens materiais. O Sermão da Montanha enaltecia os pobres e os oprimidos. Quando Jesus Cristo soube que a multidão tinha apenas cinco pães e dois peixes para se alimentar, dividiu-os por igual, e o povo testemunhou um milagre, já que todos os presentes passaram a ter o suficiente para comer.[5] Essa foi uma das grandes influências nos cometimentos empreendedores subsequentes dos sequazes do comunismo, para que todos tivessem meios adequados de subsistência. Nenhum outro enunciado disseminou com mais força princípios igualitários. Os adeptos do cristianismo organizado não se mantiveram fiéis a eles por muito tempo depois da crucificação de Jesus Cristo. Mesmo antes

O COMUNISMO ANTES DO MARXISMO

de o imperador Constantino o haver tornado a religião oficial do Estado, em 313 d.C., a maioria de seus líderes espirituais aceitava a tradicional hierarquia do poder político e social. Aprovava a escravidão, bem como as guerras de conquista. Os pobres eram orientados a suportar a pobreza e esperar para além da morte o alívio de seus sofrimentos. Mas o Novo Testamento ensinava o contrário — e reformadores religiosos, como São Francisco de Assis e John Wycliffe, capazes de entender a Vulgata, se manifestaram contra os ricos e poderosos. O compartilhamento dos bens sempre foi tratado como virtude pelos cristãos, ainda que por uma minoria deles. Sob os auspícios do comunismo, os meios de subsistência deveriam ser igualmente repartidos e não deveria haver ninguém que desejasse mais do que o necessário para sobreviver.

Os cristãos não eram a única seita judia na época de Jesus Cristo que praticavam formas de igualitarismo social e material. Os essênios, cujos pergaminhos foram achados em cavernas perto do mar Morto quase dois milênios depois, praticavam esses princípios. Como os cristãos, os essênios aguardavam com ansiedade o advento de um Apocalipse e da divina instauração de uma sociedade perfeita no Paraíso.[6]

Embora a mensagem de Cristo fosse espiritual por natureza, deixou de assinalar os meios institucionais para se alcançar esse objetivo supremo. Certos pensadores dos séculos posteriores defendiam a ideia de que o poder estatal deveria ser usado para proporcionar meios de acesso equitativo à alimentação, à moradia e a salários e recompensas justas. Duas influentes obras a esse respeito foram *Utopia*, de 1516, de autoria de Thomas More, e *Cidade do sol*, de 1601, escrita por Tommaso Campanella. More não conseguia imaginar que o homem comum, e menos ainda a mulher comum, alcançaria, de forma independente e sem ordens emanadas de cima, a sociedade perfeita. O panfleto de Campanella visionava uma sociedade que instituísse a justiça universal com a prática da intromissão grosseira na vida privada.[7] More e Campanella defendiam a concretização de seus ideais por meio da doutrinação do povo. Era algo justamente contrário à atitude do filósofo grego Platão, que, no século 4 a.C., concitava os reis-filósofos a estabelecer um reino de virtude universal. Nem More nem Campanella prosperaram na consecução de seus objetivos temporais. Mesmo como súdito fiel ao seu senhor, Henrique VIII, More recusou-se a aceitar a extinção da supremacia do papa sobre a Igreja da Inglaterra. Foi decapitado em 1535. Já Campanella caiu vítima da Igreja Católica. Encarcerado em Nápoles, passou anos em um confinamento apenas aliviado pelos muitos cristãos fervorosos e curiosos de sua sina e que lhe iam visitar na prisão. A Igreja o acusava de manter pacto com um demônio que vivia debaixo das unhas dos dedos de suas mãos. Ele morreu em 1639.

Foi no século 16 que surgiram movimentos empenhados na concretização de alguns objetivos igualitários, e certamente Marx e Engels fizeram menção disso em seus escritos históricos. Na Alemanha e na Suíça do século 16, a seita cristã dos anabatistas pôs essas ideias em prática abolindo o instituto da propriedade privada. Para isso, instauraram um regime autoritário em Münster. Após expulsarem os anciãos e o clero católico da cidade, deram início a um processo de transformação radical em seu estilo de vida e se entregaram a uma rigorosa aplicação da interpretação da palavra de Deus. Eram fanáticos e intolerantes. Estavam convictos de que a segunda vinda do Messias estava próxima. Atitudes de curiosidade exploratória entre eles eram desestimuladas com punições bárbaras. Aliás, as seitas protestantes em todo o norte da Europa reagiram à experiência de perseguição que sofreram da Igreja Católica perseguindo seus próprios membros — bem como os de outras — que se recusavam a adotar suas doutrinas.[8] Nem Marx nem Engels viram algo de errado nisso. Consideravam os religiosos rebeldes fervorosos precursores do radicalismo político do século 19. O principal argumento deles a esse respeito era que os anabatistas e outros haviam surgido à face do mundo cedo demais para serem capazes de beneficiar-se da modernidade econômica e intelectual.

Tinham um argumento semelhante em relação ao curso dos acontecimentos da Guerra Civil Inglesa de 1642-49. Interessavam-se principalmente pelo movimento dos *Levellers* ("Niveladores") e dos *Diggers* ("Escavadores"). Eles eram grupos radicais que combateram nas fileiras das forças parlamentares inglesas e defendiam planos de redistribuição de terras em bases igualitárias. Exibiam uma decência pessoal inquestionável e, diferentemente dos anabatistas, não eram fanáticos. Embora Oliver Cromwell lhes reconhecesse e valorizasse a aptidão militar, desconfiava de suas verdadeiras intenções. A confirmação de sua desconfiança lhe veio nos Debates de Putney, realizados fora de Londres e próximo às margens do Tâmisa. Membros do Exército-modelo, confiantes de que seria deles a vitória na guerra civil, debateram ali que tipo de Estado e sociedade deveria ser construído. Niveladores e Escavadores odiavam a Inglaterra dos grandes proprietários de terras e dos privilegiados. Desprezavam o materialismo.[9] Eram republicanos de princípios e apoiaram Cromwell quando ele decidiu executar Carlos I. Mas a hostil aversão deles para com a hierarquia política e social era anátema para Cromwell, que jamais deixou de proteger os interesses dos proprietários de terra e dos mercadores. Em 1649, Cromwell despachou o restante do Novo Exército para eliminar o problema. Para Marx e Engels, os massacrados foram mártires revolucionários.

O COMUNISMO ANTES DO MARXISMO

A igualdade na posse de bens materiais não foi o objetivo da maioria dos militantes da Revolução Francesa a partir de 1789. Mas alguns esposaram essa meta. Jean-Paul Marat odiava a aristocracia, bem como sua riqueza e autoridade, conseguidas por herança. Ele foi assassinado na banheira por Charlotte Corday, que detestava seu extremismo jacobino. Gracchus Babeuf preservou essa tradição fanática. A conspiração de Babeuf contra o Diretório (Conjuração dos Iguais) objetivava a eliminação revolucionária das diferenças baseadas nas origens do indivíduo, de sua educação ou condição atual. A única exceção que seus sectários faziam era à idade e ao sexo Os adeptos da conspiração organizaram grupos e procuraram obter apoio em Paris. Babeuf prosseguia livremente na luta em prol de suas convicções políticas até que, em 1796, o governo ordenou que ele fosse preso. A essa altura, seu radicalismo passara a ser considerado perigoso demais para a manutenção da ordem pública. Seu julgamento foi mera formalidade, pois já se conhecia o veredicto. Babeuf, insensível defensor do emprego da guilhotina em anos anteriores, foi levado em uma carroça para o local em que seria guilhotinado.[10]

Contudo, ideias sobre compulsória igualdade social e da posse de propriedades começavam a empolgar a imaginação de outros. Embora Napoleão Bonaparte houvesse imposto uma ditadura pessoal em 1799, a França continuou sendo fecundo viveiro de ideias revolucionárias até o século 19. Entre as figuras influentes geradas ali, estava Henri de Saint-Simon. Ele e seus seguidores lutavam pela combinação dos "instrumentos do trabalho, das terras e do capital em um fundo social". Para eles, riquezas legadas por heranças deveriam ser expropriadas. Saint-Simon pretendia criar uma vasta "associação de trabalhadores", que seria organizada de cima. Seus integrantes receberiam tarefas segundo a aptidão de cada um e recompensados de acordo com o trabalho. Saint-Simon antevia, com a disseminação e adoção de sua doutrina, o fim da guerra e o início de uma infindável era de abundância para a humanidade. O advento dessa era seria propiciado por meio de uma propaganda realizada com todo o zelo possível. Tal precisão convenceu Louis Blanc, um francês nascido na época do fim das Guerras Napoleônicas. Blanc rejeitava apelos de tomada violenta do poder. Queria que o movimento revolucionário progredisse por meios democráticos enquanto, ao mesmo tempo, atuasse como banqueiro dos pobres e fizesse as políticas econômicas propenderem para o benefício de associações operárias. Em seu sistema ideológico, a iniciativa privada seria expulsa de maneira firme e definitiva da indústria, da agricultura e do comércio. Blanc era mais radical do que Saint-Simon em relação ao futuro: seus planos eram fazer

34 DAS ORIGENS

com que as pessoas fossem pagas não conforme o trabalho que realizassem, mas de acordo com quaisquer necessidades que tivessem.[11]

No primeiro quartel do século 18, foi a vez de Charles Fourier atrair a atenção do público. Escriturário em Lyon, era um homem que não tinha o mínimo de paciência com a sociedade da época; propunha que as pessoas se retirassem para "falanstérios", local em que poderiam viver como comunidades autossuficientes. Isso não diferia muito da atitude da Igreja Católica na Idade Média, com suas conclamações aos jovens para que se tornassem padres. Alguns intelectuais se sentiram atraídos pelas fantasias de Fourier, por suas críticas apaixonadas ao lucro individual: "A verdade e o comércio são tão incompatíveis quanto Jesus Cristo e Satã." Outro escritor que desejava alijar o Estado do centro da estratégia revolucionária foi Pierre-Joseph Proudhon. Seu lema mais famoso era "A propriedade é roubo". Proudhon detestava toda autoridade e criticava todos que se dispusessem a planejar uma forma ditatorial de socialismo. Abominava governos e lançou apelos para a formação de uma federação de comunas livres e independentes. Rejeitava todas as leis como instrumentos de coerção; queria comunas cujos membros estabelecessem acordos entre si sobre a melhor forma de viver.[12]

Embora, com Louis Blanc, Fourier e Proudhon apenas se irritassem, ficavam furiosos com Louis-Auguste Blanqui, que preservou a tradição jacobina de terror e ditadura. Blanqui era o mestre da conspiração, tanto que iniciara sua vida de militante revolucionário como membro de uma sociedade subversiva secreta. Defendia a realização de uma revolução violenta para destituir do poder as classes governantes e estabelecer um regime ditatorial que promovesse o avanço do socialismo. Achava que isso deveria ser feito para capacitar o proletariado a libertar-se da escravidão político-econômica. Blanqui pretendia transformar a França — e depois o mundo — radicalmente. A aristocracia e a classe média deveriam perder seus direitos civis. O exército seria extinto. O aparato governamental seria desmantelado e substituído por uma estrutura de poder dedicada a uma "revolução incessante". O objetivo máximo desse esforço seria a implantação do comunismo. Esse seria o último estágio no desenvolvimento da organização da sociedade. Blanqui punha em prática o que apregoava. Tanto que liderou vários levantes, embora todos tenham fracassado. Foi preso várias vezes, mas sempre voltava do cárcere com um plano ainda mais desesperado.[13] Seus escritos não eram o seu ponto forte e sua *Crítica social* só foi publicada postumamente; porém, a essência de sua mensagem deu imensa contribuição às discussões entre grupos revolucionários em anos posteriores.

A existência de grupos comunistas não se restringia mais à França. As ideias se haviam espalhado pela Europa, e artesãos e artistas, bem como

O COMUNISMO ANTES DO MARXISMO

estudantes e escritores, as assimilaram. Na Alemanha, na Bélgica e na Suíça, a polícia ficou perplexa com o surto de interesse por versões ultrarradicais de socialismo. Sociedades secretas espocavam da noite para o dia sempre que ocorriam perseguições políticas. (Já então era notável o fato de que os países mais livres do mundo, o Reino Unido e os EUA, apresentassem apenas débeis manifestações de agitação comunista.) Uma dessas sociedades organizadas era a Liga dos Justos, da Alemanha. Seu líder, Wilhelm Weitling, operário diarista, mal conseguia acreditar que seus pensamentos — expressos em seu *Evangelho dos pecadores pobres* — houvessem medrado rapidamente em pródigas terras do exterior. Até mesmo em Londres nasceu um grupo de admiradores de suas ideias.

Política e economia não eram os únicos assuntos que atormentavam a mente dos radicais. Mais ou menos no início do século 19, surgira uma nova e forte tendência entre muitos pensadores. Os estudiosos da física, da biologia e da química fizeram avanços maiores do que quaisquer dos alcançados nos dois milênios anteriores. Para a maioria dos intelectuais — pelo menos para os que não trabalhavam na extração do carvão, no manejo de teares ou na abertura de canais —, algo de muito emocionante pairava no ar. E eles o sorveram com avidez. Aí apareceu Darwin. *A origem das espécies* arejou o cérebro dos intelectuais de todo o planeta. O grande feito de Darwin foi ter conseguido ligar as ciências naturais às humanas. Com sua teoria da evolução, postulou o conceito de que as várias espécies animais originavam-se, no transcurso de milhões de anos, de formas de vida simples e grosseiras, que se adaptavam ao seu ambiente físico numa luta que terminava com a "sobrevivência do mais apto". Formas de vida superiores suplantavam as inferiores. Segundo ele, essa luta prosseguia desde o início dos tempos e não havia terminado ainda. Nada era eterno, exceto as transformações das espécies em si, e a competição entre as formas de vida era inevitável. Esse modo de pensar exercia enorme fascínio sobre os militantes radicais que propagavam a necessidade da luta política e que asseveravam que um único grupo — a classe trabalhadora — a venceria.

Em seus escritos, Darwin fala a respeito dos milhões de anos de mudanças microscópicas sucessivas que resultaram no mundo natural dos dias atuais. Quando esteve nas ilhas Galápagos, em 1835, encontrou tartarugas e pássaros que, por causa de seu isolamento insular e das características climáticas do local, haviam se desenvolvido de forma diferente de seus parentes mais próximos no restante do mundo conhecido até então. Marx e Engels falavam em transformações por etapas que envolviam rupturas de natureza macroscópica. Apesar da admiração deles por Darwin, sentiam-se atraídos por ideias de rompimentos súbitos entre uma espécie de "ordem" social e política e outra. Não é nova a preocupação com a noção de sucessão de estágios históricos dos primeiros tempos da jornada humana até o presente. Os gregos antigos, desde a época do poeta Hesíodo, ou talvez até antes dele, acreditavam que a Era Dourada dera lugar à Era da Prata, que por sua vez fora sucedida pela Era do Bronze. Hesíodo era pessimista: para ele, cada era havia sido pior do que a anterior. Pensadores de épocas posteriores argumentaram que grandes mudanças eram inevitáveis, mas que a degradação não era inevitável. Já com Giambattista Vico, no século 18, argumentavam que todas as transformações eram de natureza cíclica. Segundo eles, as coisas passavam por uma transformação, mas, com o tempo, voltavam ao seu estado original — e depois, desnecessário dizer, tornavam a percorrer o velho círculo.

Nem todos aceitaram essas formas de pensar. Auguste Comte, na França, e Herbert Spencer, na Grã-Bretanha, propuseram que a transformação histórica sempre seguira um caminho progressivo. Cada vez mais alto, cada vez melhor. Previram que a humanidade avançaria na direção de uma sociedade cada vez mais complexa e feliz no decorrer dos anos futuros. Comte e Spencer foram expoentes da transformação evolucionária e pacífica.[14] Marx e Engels discordavam disso. Como Tucídides e Maquiavel, argumentavam que o povo poderia alterar o curso dos acontecimentos por simples força de vontade e com o uso da inteligência. Achavam que os rumos da história estavam nas mãos dos que decidiam fazê-la. Tucídides concluiu que foi isso o que aconteceu na Atenas de Péricles. Maquiavel queria muito um "príncipe" que tomasse as rédeas da política florentina e transformasse a Itália em uma nação única, temida e admirada em toda a Europa. Marx e Engels não gostavam da ideia de que o indivíduo poderia fazer mais do que simplesmente aproveitar-se das circunstâncias de sua época. Além disso, ridicularizavam a importância do acaso na vida humana. Para eles, um Lutero ou um Napoleão simplesmente encarnavam a ascensão de vastas forças sociais em seus países e não tinham nenhum talento especial. Mas comungavam na convicção de Comte e Spencer de que a história se formava por estágios de desenvolvimento e que o melhor estágio ainda estava por vir.

Os fundadores do marxismo davam importância capital à luta de classes em seus estudos e análises; diziam que a classe trabalhadora (ou o proletariado) reformaria a política, a economia e a cultura do mundo inteiro. Pelo visto, o messianismo insinuara-se aqui também. O judaísmo e o cristianismo previam a vinda de um Salvador à Terra, que aniquilaria os inimigos de Deus e criaria uma sociedade perfeita. Aos crentes recomendavam, pois, que se preparassem para esse dia. Os adeptos da tradição religiosa judaico-cristã apregoavam que a fase precedente da existência humana fora uma

O COMUNISMO ANTES DO MARXISMO

história da condição corrompida do homem. Guerras, opressão, roubalheiras, mentira e indecências eram reflexos do pecado original; e não havia como mudar esse estado de coisas: tudo isso tinha que ser solapado e varrido implacavelmente da face da Terra com um só golpe. Cristãos e judeus acreditavam que o Messias sabia e revelaria como isso seria feito. A salvação, de acordo com Marx e Engels, viria não por intermédio de um indivíduo, mas por meio de uma classe inteira. A experiência de degradação do proletariado sob o guante do capitalismo daria a ele o motivo para transformar a natureza da sociedade; e sua experiência industrial e organizacional o capacitaria a realizar cabalmente a sua tarefa. O esforço coletivo dos trabalhadores socialistas transformaria a vida das pessoas de bem — e os que resistissem a esse esforço transformador seriam eliminados.[15]

Segundo a previsão deles, a política deixaria de existir. A ideia não era nova. No século 18, Jean-Jacques Rousseau sugerira que os assuntos públicos deveriam ser guiados pelo que ele chamava de Vontade Geral. Rousseau tinha pouco interesse por instituições. Rejeitava ideias de democracia representativa e qualquer teoria de limitações e equilíbrios. Não gostava da ideia do pluripartidarismo político; aliás, preferia que não existissem partidos políticos. Achava que doutrinas luminosas e a participação popular, por si sós, levariam à criação de uma sociedade verdadeiramente justa, igualitária e livre. Para ele, se alguém deixar de adequar-se à Vontade Geral, independentemente do aspecto com que se manifeste, ele ou ela terá automaticamente abandonado o caminho do bem. Com uma frase notável, Rousseau fala em seus escritos da necessidade de "suportar com docilidade o jugo da felicidade pública". Para ele, as pessoas teriam que abrir mão dos interesses pessoais, parciais em essência. Lealdades que não fossem voltadas para com a sociedade como um todo deveriam ser abandonadas. Em tese, para Rousseau a privacidade não tinha importância e ele achava que todos os aspectos da vida eram passíveis da interferência pública. Na opinião dele, a unanimidade de propósitos era natural e desejável. Rousseau julgava que, por si mesmas, as pessoas nem sempre sabiam onde residia o bem de nenhum grande assunto de Estado. Mas argumentava também que a Vontade Geral está sempre certa e deveria ser acatada inquestionavelmente.[16]

Embora nem Marx nem Engels tenham escrito muito sobre Rousseau, a marca de sua forma de pensar é inequívoca na obra dos dois. O sistema político de Rousseau era fundamentalmente antipolítico e autoritário, mesmo considerando-se o fato de que ele anelava o advento de uma era de harmonia universal. Não sem razão, ele é visto como o precursor intelectual do totalitarismo do século 20.[17]

Outros pensadores e líderes pragmáticos foram mais diretos do que Rousseau na ênfase ao caráter desejável de um longo período de governo autoritário e também eles tiveram uma influência sobre o advento do marxismo como ideologia. O fato de que Marx e Engels tenham sido homens da esquerda política não significa que hajam deixado de absorver ideias da direita. No século 19, houve muitos líderes reacionários que advertiram sobre a possível existência de corrupção nas crescentes instituições da democracia representativa. No entanto, o caso mais notável de autoritarismo está presente nas obras de Nicolau Maquiavel. O escritor e diplomata florentino do século 15 não aceitava o axioma filosófico de que a retidão moral era pré-requisito dos governos sãos. Maquiavel não aceitava isso de jeito nenhum. O verdadeiro "príncipe", assevera ele, tinha que ser severo com o povo. Este deveria temê-lo, pois isso suscitaria respeito e obediência nas massas. Já a gentileza redundaria em infindável ineficiência política. Maquiavel alegava que um período de brutalidade exemplar seria salutar, já que eliminaria quaisquer pensamentos de revolta da mente de todos. Deixaria livre o caminho para o governante alcançar a glória e a unidade de sua cidade ou nação. Maquiavel nutria ingênuo interesse pelos antigos comandantes das histórias de Tito Lívio, homens que eram severos consigo mesmos e seus povos em prol da causa da república de Roma.[18]

Marx e Engels seguiram Maquiavel em sua rejeição da moralidade como princípio de ação. Preferiam ver com gélido pragmatismo a realidade que viviam. Abraçaram princípios científicos de análise e aconselhamento. Foi um legado do Iluminismo europeu. Pensadores escoceses, franceses e ingleses os influenciaram muito. David Hume e Voltaire haviam passado o bisturi na gordura da superstição e do preconceito. O fim do século 18 foi uma época de críticas e ataques às insuficiências intelectuais na defesa dos *anciens régimes*.[19] A "ciência" tornou-se o substituto da religião. Já existia antes do Iluminismo o conceito de que as ideias deveriam ser minuciosamente examinadas com ceticismo, bem como com o uso de procedimentos incondicionados pela necessidade de se chegar a conclusões predeterminadas. Figuras eminentes, como Galileu e Copérnico, haviam desafiado a sabedoria tradicional de sua época. Galileu fora castigado pela Inquisição por sua audácia; Copérnico só escapara da perseguição por refugiar-se discretamente na distante Polônia. Em anos ainda mais recuados, a maioria das pessoas que atualmente chamamos de cientistas restringia suas pesquisas às ciências naturais. Mas, na Grécia antiga, não fora assim. Com a mesma facilidade e tranquilidade com que Aristóteles escrevera sobre as questões humanas, ele o fizera com respeito ao movimento dos astros ou às singulares características da lesma, do sapo e do cavalo. Os cofundadores do marxismo viam a si mesmos como preservadores dessa tradição.

O COMUNISMO ANTES DO MARXISMO

Negavam que eram sentimentais no trato e desenvolvimento de sua ideologia política e rejeitavam a ideia de que, na sociedade, os pobres eram intrinsecamente decentes e altruístas. Escarneciam de muitos socialistas de sua época que se renderam ao sentimentalismo para com os pobres de suas sociedades. A idealização da situação dos pobres e oprimidos não foi novidade nascida do socialismo. Tal como no caso das muitas influências exercidas sobre eles, Marx e Engels se recusavam a aceitar que compartilhavam de suposições como essa. Mas isso era autoilusão. Sempre que falavam das "massas", explicavam demoradamente que todas as faltas e deficiências sofridas por elas eram culpa das classes dominantes. Exaltavam o proletariado como classe e argumentavam que o capitalismo desviava seus adeptos do caminho da verdade e da racionalidade.

E depois se constatou que havia muito lixo intelectual e político no terreno em que as sementes do comunismo marxista poderiam germinar. O desejo de uma sociedade perfeita era um antigo anseio religioso do judaísmo, do cristianismo e do islamismo. Embora as definições sejam diferentes, muitos escritores fizeram apelos também pela divisão de bens e do poder com base em princípios igualitários. Crenças e sentimentos milenares não eram incomuns em séculos anteriores; muitas foram as vezes em que nasceram movimentos para se iniciar a construção do reino de Deus na Terra e realizar essa obra de forma instantânea. Em muitas ocasiões, povos se lançaram na busca de objetivos globais. Os militantes dessas causas prescreviam a necessidade da instauração de um cosmopolitismo, o fim das preocupações nacionais de bases classistas e religiosas. Inevitavelmente, sempre houvera divisões no seio de mudanças radicais. Ditadura e opressão terrorista, embora não seduzissem a todos, tiveram seus adeptos. E vários pensadores influentes propunham que a história não era um processo aleatório ou cíclico, mas que avançava por etapas, em demanda de sua condição suprema. Além disso, a crença de que a sociedade do passado, do presente e do futuro poderia ser submetida a análise científica existia de forma generalizada. Agora, como isso poderia se substanciar em sua forma política era causa de controvérsias intermináveis. Não foram poucos os movimentos religiosos, sociais ou políticos que depositaram confiança nos pobres e oprimidos como os perpetradores da transformação almejada. Geralmente, estes eram visados também como os principais beneficiários dela.

Esses anseios eram como conchas lançadas à praia pela tempestade. Foram recolhidos depois, no século 19, por grupos anticapitalistas radicais e levados de presente a trabalhadores, artesãos e intelectuais. Esses grupos eram diferentes e existiam em vários países europeus. Ficavam loucos para pôr suas ideias em prática depois de conquistarem o apoio necessário para chegar ao poder. Intitulavam-se comunistas, socialistas ou até anarquistas. O comunismo estava fincando o pé seguramente na arena política da Europa.

2. MARX E ENGELS

Karl Marx e Friedrich Engels foram os inspiradores do comunismo do século 20. Ninguém mais cativou as mentes da extrema-esquerda política ou atraiu com tanta eficiência o interesse de outras mentalidades para essa visão de mundo. O fascínio de seus escritos e suas formas de ativismo político foi tremendo. Poucas outras variantes da ideologia comunista foram submetidas a análises e considerações fora do seleto ambiente de grupos eruditos ou sectaristas. Para a maioria das pessoas, o comunismo e o marxismo eram complementares. O tipo de comunismo que elas conheciam era, de forma mais ou menos profunda, associado à interpretação proposta por Lenin e os realizadores da Revolução de Outubro de 1917, na Rússia.

Eles morreram no exílio, no Reino Unido. Marx expirou em 14 de março de 1883, na casa de sua família, no norte de Londres. Engels faleceu 12 anos depois, em 5 de agosto de 1895. Ambos eram alemães. Marx nascera em 5 de maio de 1818, em Trier; Engels, em 28 de novembro de 1820, em Barmen (agora parte de Wuppertal). Os Marx foram judeus praticantes até o pai de Karl, advogado competente e ambicioso, converter-se ao cristianismo. Já a família Engels era de industriais protestantes. Marx e Engels foram alunos brilhantes. Receberam boa educação; liam vorazmente literatura europeia e debates públicos contemporâneos — Marx era especialmente versado em filosofia grega. Os dois rejeitaram prontamente a sóbria e enfadonha vida burguesa planejada para eles pelos pais. Quando jovens, associaram-se a círculos intelectuais de livres-pensadores e abraçaram a causa comunista. Acompanhavam avidamente os acontecimentos e assuntos atuais. Detestavam as restrições à liberdade de expressão impostas em sua terra natal, bem como as condições opressivas dos trabalhadores de seu país. Em 1843, deixaram a Alemanha, em busca de maior oportunidade para divulgar suas opiniões. Deslocaram-se incansavelmente entre Bruxelas e Paris e fizeram viagens frequentes a Londres. Em 1846, Marx criou um Comitê de Correspondência Comunista. Juntos, escreveram um de seus panfletos mais influentes: *O manifesto comunista*, um ano depois.[20]

DAS ORIGENS

Parecia provável que suas previsões de levante revolucionário se concretizariam em 1848, e foi mesmo o que aconteceu em muitos países da Europa Central e Oriental. Engels participou de combates militares contra as forças armadas prussianas. Marx, Engels e outros publicaram *Die Neue Rheinische*. (Marx era o redator-chefe.) Todos eles esperançosos de uma remodelação total do quadro político do continente. Uma ação coordenada pela Santa Aliança (reunindo Áustria, Rússia e Prússia), porém, esmagou as revoluções. Os rebeldes foram executados em toda parte, além de aprisionados ou dispersados como exilados políticos no exterior. Marx e Engels perseveraram na luta enquanto foi seguro e depois fugiram para Londres, em 1849. O Reino Unido era o único país da Europa em que poderiam prosseguir com suas pesquisas, escritos e publicações, armados dos necessários meios e aparato, sem receio de perseguição política. O governo e a polícia britânicos, sem a ameaça de nenhum movimento revolucionário em seu território, não viam razão para impedir que os despojos e náufragos do extremismo continental fossem parar em suas praias. A solicitação de extradição de Marx e Engels pelas autoridades prussianas foi rejeitada, portanto.

A repulsa pela "sociedade burguesa" não impediu que Marx e Engels se beneficiassem da indústria capitalista e dessa mesma sociedade. O pai de Engels tinha comprado uma fábrica de tecidos em Manchester. Seu filho trabalhou lá até 1870, para garantir uma renda e aprender sobre o capitalismo pelo lado de dentro. Marx não tinha nenhuma renda especial, mas era especialista em evitar o pagamento das contas contraídas junto a comerciantes, além de ser vigoroso bicão. Engels salvou muitas vezes o amigo e sua família da penúria. Nenhum dos dois recusava os prazeres da vida cotidiana. Poucos entre os outros filósofos contemporâneos teriam ficado bêbados como eles e percorrido a Tottenham Court Road perseguidos por policiais determinados a prendê-los, por haverem quebrado as lâmpadas de postes de iluminação.[21]

Eles haviam declarado em *O manifesto comunista*: "Um fantasma ronda a Europa — o fantasma do comunismo. Todas as potências da velha Europa unem-se em uma santa aliança para conjurá-lo: o papa e o tsar, Metternich e Guizot, os Radicais Franceses e os espiões da polícia alemã." E também, com certo exagero: "O comunismo já é reconhecido por todas as potências europeias como uma força em si." Em seguida, vem a convocação para a ação:

> A história de todas as sociedades que existiram até os nossos dias é a história da luta de classes.
>
> Homens livres e escravos, patrícios e plebeus, senhores e servos, mestres e oficiais, numa palavra: opressores e oprimidos, em oposição

MARX E ENGELS

constante, travaram uma guerra ininterrupta, ora aberta, ora dissimulada, uma guerra que acaba sempre pela transformação revolucionária de toda a sociedade, ou pela destruição das duas classes beligerantes.

O futuro estava previsto. Marx e Engels anteviram uma luta derradeira entre a "burguesia" e o "proletariado" no seio da sociedade capitalista. Marx e Engels viam os trabalhadores assalariados como os futuros salvadores da humanidade. Davam pouca importância aos desempregados. Eles, como a maioria dos membros da burguesia da época, não tinham tempo para as pessoas da base da pirâmide social sem emprego formal; desprezavam a chamada *Lumpenproletariat* ("ralé do proletariado"), cujos membros consideravam um bando de ladrões e preguiçosos inúteis. Acreditavam que a grande revolução requeria uma força ativa de trabalhadores da indústria organizada, qualificada e instruída.

A esperada transformação não ficaria restrita ao âmbito das "relações de propriedade". Em resposta a seus críticos, Marx e Engels admitiam que o comunismo "abole verdades eternas, elimina todo tipo de religião e toda moralidade, em vez de reconstituí-los sob novas bases; ele age, portanto, em oposição a toda a experiência histórica [*sic*] passada".[22] Isso era a visão de longo prazo. Para o momento, eles se contentavam em fomentar movimentos para a consecução de certas reformas, como buscar apenas a abolição da propriedade privada de terras e dos direitos de herança. Queriam também a instituição de um sistema de taxação de imposto de renda progressivo e proporcional à renda. Planejavam conseguir a instauração "da ampliação de fábricas e dos meios de produção controlados pelo Estado". Sonhavam com a implantação de um sistema de educação livre e universal. Exigiam o estabelecimento da obrigatoriedade universal do trabalho e propunham a criação de "exércitos industriais, principalmente para a agricultura". Desejavam a abolição do instituto da família. Resumiram seu pensamento de forma notável: "Os trabalhadores não têm pátria. Não podemos tirar deles o que eles não têm. Uma vez que o proletariado tem que conquistar, antes de mais nada, a supremacia política, ele precisa erigir-se em classe dominante da nação..."[23] Exatamente como isso poderia ser feito não foi explicado. Sabe-se lá como, mas a "ação conjunta" do que Marx e Engels chamavam trabalhadores "dos principais países civilizados" proporcionaria "uma das primeiras precondições para a emancipação do proletariado".

Marx expôs sua análise da história recente da França em *As lutas de classe na França* e em *O 18 de Brumário de Luís Bonaparte*. Seu principal argumento foi que o curso das mudanças havia sido condicionado não pelo brilho de "grandes homens" ou por governos dinâmicos, mas pelos conflitos das classes sociais — e Marx asseverava que, com isso, as classes buscavam a consecução objetiva de seus interesses econômicos. O "proletariado" francês vinha perdendo as frequentes disputas que travava com a burguesia desde o fim do século 18. Porém, Marx não desanimou. Ele afirmou em suas *Teses sobre Feuerbach*, obra escrita em 1845: "Até hoje, a única coisa que os filósofos fizeram foi interpretar o mundo; mas o importante é transformá-lo."[24]

O maior objetivo de Marx e Engels era a criação de uma sociedade comunista de âmbito mundial. Eles acreditavam que o comunismo existira em tempos remotos, antes do advento da "sociedade de classes". Achavam que, então, a espécie humana não conhecia hierarquia, alienação, exploração ou opressão. Marx e Engels previam que tal perfeição poderia e seria reproduzida após a destruição do capitalismo. O "moderno comunismo", porém, poderia contar com os benefícios dos últimos avanços da tecnologia, em vez de com a pedra lascada. Isso seria engendrado pela solidariedade dos proletários de todo o mundo, e não por diferentes grupos de trogloditas analfabetos. E daria um fim a todas as formas de hierarquia. A política seria extinta. O Estado deixaria de existir. Não haveria diferenças na forma de posição social ou de nível de autoridade. Todos se empenhariam na administração de si mesmos e da própria vida em condições idênticas. Marx e Engels criticavam comunistas e socialistas que se conformavam com menos do que isso. Eram maximalistas. Não aceitavam nenhuma contemporização com o capitalismo ou o parlamentarismo. Não viam a si mesmos como homens que propunham o lema do "ou tudo ou nada" em seu sistema político. Viam o comunismo como o último estágio da história humana; classificavam seus predecessores e rivais contemporâneos como pensadores "utópicos", incapazes de uma compreensão científica da realidade.[25]

Passaram o restante de suas vidas em busca de uma forma de corroborar essa visão com uma justificativa intelectual. Estiveram entre os mais inovadores pensadores do século 19. Marx pretendia criar uma obra de vários volumes com uma análise crítica que abrangesse correlativamente política, economia, filosofia e sociedade. Após fazer um esboço da obra, iniciou-a com o volume sobre desenvolvimento econômico capitalista, em que tudo tinha que estar baseado em uma exposição científica do assunto. O resultado foi *O capital*. O trabalho exigiu dele mais anos de dedicação do que havia esperado; e, embora seu amigo Engels implorasse que ele enviasse os manuscritos aos editores, continuou a reescrever grandes trechos da obra. O primeiro volume foi publicado em 1869.[26]

A essa altura, Marx e Engels haviam ajudado a criar a Associação Internacional dos Trabalhadores. Ela acabaria ficando conhecida como

MARX E ENGELS

Primeira Internacional. Era uma organização cuja reunião inaugural fora realizada no St. Martin's Hall, no centro de Londres, em 1864, da qual participaram revolucionários de vários tipos. O objetivo da unificação era acabar com o capitalismo na Europa e na América do Norte. Marx foi eleito membro do Conselho Geral. Sua fama, já na Primeira Internacional, fora alcançada com seu sucesso nas violentas discussões que tivera com o anarquista russo Mikhail Bakunin. Marx e Engels buscavam convencer todos os partidos e organizações a adotar suas doutrinas. Eles discordavam em quase tudo — e o envolvimento de Marx nessas discussões lhe serviu como justificativa para o adiamento do envio de manuscritos de *O capital* aos editores. O ambiente no Conselho Geral era um pouco mais tranquilo. Mesmo assim, havia uma discórdia incessante sobre estratégia política, características nacionais e métodos revolucionários. Marx se envolvia em todas as polêmicas. Por ser mais culto e arrogante que seus camaradas do Conselho, geralmente conseguia prevalecer. Os congressos foram realizados em Genebra, Lausanne e Bruxelas entre 1866 e 1868. Todos os participantes eram movidos pelo ardor de conseguir realizar uma revolução no mundo inteiro.[27]

Muitos deles também se dedicavam à causa da paz mundial e ficaram horrorizados com a deflagração da guerra entre a Prússia e a França, em 1870. Mas o sucesso militar da Prússia levou à queda de Napoleão III. Com isso, surgiu uma situação revolucionária na capital da França. Trabalhadores e agitadores sociais criaram a Comuna de Paris, em março de 1871. Foi uma tentativa de estabelecer um governo popular autônomo. Representantes foram eleitos, mas ficaram sujeitos a deixar o cargo se houvesse objeção dos eleitores. Instituiu-se a isonomia de soldos e salários; disseminou-se o instituto da previdência social. A Comuna impôs regulamentações severas à economia metropolitana. Marx e Engels ficaram radiantes. Para eles, parecia que o modelo de revolução deles estava sendo concretizado pelo "proletariado". Mas aí veio o desastre. As forças contrarrevolucionárias foram reunidas fora de Paris por Adolphe Thiers. Em maio, marcharam contra os revoltosos, fizeram debandar a fraca resistência e realizaram uma supressão brutal. Marx e Engels continuaram a exaltar a memória da Comuna de Paris, criticando seus líderes apenas por haverem deixado de armar e treinar os trabalhadores no tempo devido.[28]

A Internacional foi transferida para Nova York no ano seguinte. Foi uma maneira sensata de tornar suas atividades mais seguras num tempo em que as forças policiais europeias estavam à caça dos membros do Conselho Geral. Marx e Engels estavam seguros em Londres, mas também muito longe da nova base do Conselho e, portanto, perderam muito da influência que tinham sobre ele. Ambos tencionavam concentrar esforços em seus escritos. Marx só vivia sem dinheiro, pois também gastou prodigamente os tostões que recebera dos muitos artigos que escrevera para o *New York Daily Tribune* desde a década de 1850. Embora não tivessem perdido o interesse pela Internacional, Marx e Engels gastavam mais tempo com o desenvolvimento de certos partidos. Os principais deles eram grupos socialistas da Alemanha. O Partido Social-Democrata da Alemanha foi criado em 1875. Marx e Engels julgavam que poderiam moldá-lo como partido de feitio mais próximo a seus pontos de vista e trabalharam arduamente para alcançar esse objetivo. Criticaram a adoção do Programa Gotha nos primeiros anos de vida do partido e fizeram campanha para uma diretriz e estratégia mais radicais. O Partido Social-Democrata aliciou milhares de prosélitos, mas o chanceler Otto von Bismarck o baniu da vida política alemã em 1879. Diante disso, o apelo de Marx e Engels por mais ousadia foi ecoado por muitos socialistas na Alemanha. As oportunidades para que o marxismo se impusesse aos sociais-democratas alemães estavam aumentando.

Todavia, o que era o marxismo? É uma pergunta que tem causado uma polêmica interminável entre políticos e estudiosos. Infelizmente, Marx era fértil em ideias mas prolixo no papel. Era um anotador inveterado e incorrigível mestre de reconsiderações, o pesadelo dos editores. Mesmo seus pequenos textos jornalísticos, tais como os escritos para o *New York Daily Tribune*, tinham que ser arrancados dele como uma gazela dos dentes de um leão. Engels, amigo leal e tolerante, intervinha com incentivos psicológicos e conselhos editoriais; às vezes, chegava a escrever os textos encomendados ao amigo.[29] Porém Marx era o intelectual superior, e Engels entendia que as dificuldades de pesquisa e análise eram imensas. Marx e ele estavam explorando os fundamentos da existência da sociedade, desde suas manifestações no passado remoto até o longínquo futuro. Isso exigia que examinassem e elaborassem teorias filosóficas, econômicas, sociológicas, políticas e culturais, além de terem que se manter a par de todas as coisas novas que estavam acontecendo na vida pública e nas sociedades ao redor do mundo. A tarefa revelou-se grande demais para Marx. Ele perdera a capacidade de tornar acessível e inteligível às pessoas comuns esse tipo de informação. Em seus últimos anos de vida, esforçou-se para entender por que tantas certezas do primeiro volume de *O capital* estavam sendo desmentidas pelos avanços econômicos. As complexidades que ele estava examinando anulavam nele a capacidade de uma visão sintética da realidade. Os resultados de uma vida intensa começavam a aparecer. Suas dívidas insolvidas e as doenças de sua esposa e filhos, bem como a leitura e os escritos incessantes, acabaram esgotando-lhe as forças aos 64 anos de idade.

MARX E ENGELS

Ao morrer, em 1883, deixou para trás uma pilha de manuscritos que não conseguira completar de forma satisfatória. Eles incluíam obras consideradas importantes pelas gerações posteriores de marxistas — ou pelo menos por alguns adeptos do marxismo dessas gerações. Entre elas, estavam seus *Manuscritos econômico-filosóficos*, *Teses sobre Feuerbach*, *A ideologia alemã*, *Grundisse*, os dois volumes finais de *O capital* e a *Crítica do programa de Gotha*. Não é que ele não as achasse importantes para sua obra como um todo, mas justamente o contrário: a maioria delas significava tanto para Marx que ele queria que ficasse perfeita antes de expô-la ao exame crítico de outros.

À luz de uma experiência incessante, Marx vivia modificando suas recomendações práticas. Vera Zasulitch, socialista russa, enviou uma carta a Marx em fevereiro de 1881. Na época, ela pertencia a um movimento clandestino associado à construção de uma sociedade socialista com base no campesinato e na comuna agrícola de povoado. A pergunta que fez a Marx foi se ele considerava o industrialismo pré-requisito para a introdução do socialismo. Para grande alegria dela e de seus camaradas, ele respondeu que as ideias dele não excluíam a possibilidade da realização de uma revolução com os socialistas agrários (ou *narodniki*). Marx nutrira admiração, por alguns anos, pelos trabalhos de um de seus fundadores, Nikolai Tchernichévski, e começara a estudar russo, com o objetivo de aprender mais sobre o pensamento intelectual na Rússia. Os narodistas ficaram satisfeitos com a correspondência. É verdade que fizeram vista grossa a certas reservas de Marx, principalmente seu comentário de que esse tipo de revolução precisaria ser realizado simultaneamente com revoluções em alguns países europeus que já haviam passado pela industrialização. Todavia, esse episódio demonstrou, no fim da vida de Marx, que ele não prescreveu uma sequência uniforme de estágio de desenvolvimento político e econômico para todas as sociedades, e seu marxismo continuou a ser um sistema de pensamento meramente incipiente.[30]

Se Marx fracassou no esforço de pôr integralmente no papel as suas ideias, quais foram as chances de Engels nesse sentido? Em matéria de austeridade, ele não superava Marx. Pelos padrões da moralidade vitoriana, era um tanto mau-caráter. Viveu durante anos com sua amante, Lizzie Burns, enquanto, por fora, ostentava o verniz exigido pelo industrial nortista bem-sucedido. Mas ele tinha certo senso comum que faltava a seu amigo intelectual. Uma das coisas mais importantes para ele era a necessidade de criar sínteses, de fácil compreensão, da essência do marxismo. Em seus últimos anos de vida, preocupou-se com projetos dessa natureza. Numa polêmica travada com seu companheiro de socialismo Eugen Dühring, publicou, em 1878, seu *Anti-Dühring*, num esforço para provar as bases científicas das teorias marxistas sobre sociedade e revolução. Intrigado com a crescente literatura sobre ciências naturais, antropologia e paleontologia, em 1883 publicou *A dialética da natureza* e, em 1884, *As origens da família, da propriedade privada e do Estado*. Com o primeiro, pretendia demonstrar que a forma marxista de pensar coadunava-se com as descobertas da física e da química; com o segundo, procurava fazer, em benefício da pré-história humana, o que Darwin fizera para a biologia evolucionária. Esses livros eram abrangentes nos assuntos que versavam e importantes quanto ao conteúdo, mas estavam muito longe de representarem um resumo de todo o alcance do pensamento marxista, tal como Marx e Engels o vinham desenvolvendo em seus muitos escritos.[31]

Gerações posteriores de intelectuais marxistas, principalmente do Ocidente, costumavam menosprezar os feitos de Engels como sintetizador literário; alguns chegavam a achar que o processo de síntese literária resultava inevitavelmente em uma distorção das ideias fundamentais. Tal como ocorre em todas as grandes escolas de pensamento, os intérpretes de Marx esforçavam-se por determinar as origens dos equívocos interpretativos.

Contudo, o maior obstáculo à sistematização do marxismo estava no fato de que, à medida que o pensamento deles amadurecia e suas pesquisas prosseguiam, as ideias de Marx e Engels sofriam modificações. Eles eram afetados pelas mudanças ocorridas no mundo que observavam. Como pessoas inteligentes, não esperavam atravessar o mar da vida sem reconsiderações de rumo. E, às vezes, adaptavam circunstancialmente suas opiniões em público visando objetivos políticos imediatos. Ao mesmo tempo, porém, divulgavam uma imagem de si mesmos como os únicos analistas científicos da modernidade. Isso equivalia a alegar a posse de dons de infalibilidade intelectual. Agiam como se seus seguidores não tivessem o direito de contestá-los ou criticá-los. Incentivavam que eles os cultuassem como verdadeiros oráculos. A consequência disso foi que acabaram sendo tratados como profetas cujas palavras tinham que ser guardadas e observadas como verdadeiros tesouros. Os marxistas, pois, recorriam às obras de Marx e Engels como os cristãos em seu apego à Bíblia. Caso houvesse contradições em *O capital* ou em *Anti-Dühring*, tinham que ser negadas ou fazê-las passar como algo insignificante ou relevável. Mesmo quando ainda embrionário, o marxismo fomentou o desenvolvimento de "teóricos" em seu meio. Abundaram tentativas de provar que Marx e Engels haviam assentado as bases de um edifício conceitual que não era passível de revisão, nem mesmo de acordo com possíveis exigências de circunstâncias posteriores. Desde o início, o marxismo serviu como refúgio a uma espécie de intelectuais que,

MARX E ENGELS

na Idade Média, entregava-se a longas e estéreis discussões a respeito de quantos anjos poderiam caber na ponta de uma agulha.

Isso, por sua vez, teve como consequência o fato de que os cofundadores do marxismo não deixaram herdeiros intelectuais. Em várias ocasiões, tanto Marx quanto Engels aprovaram a imposição da ditadura e da opressão terrorista estatal ao povo. Zombavam de argumentos morais. Ridicularizavam o que chamavam de sentimentalismo de outras vertentes do comunismo (ou do socialismo). Afirmavam que suas doutrinas assentavam em bases científicas e que somente eles eram capazes de enxergar os rumos do desenvolvimento histórico. Declaravam que os pontos críticos das mudanças eram inevitáveis. Para eles, o comunismo viria mais cedo ou mais tarde, mas viria, com certeza. O capitalismo estava condenado por suas próprias contradições intrínsecas. A classe trabalhadora precisava que alguém lhe explicasse tais ideias, já que somente ela poderia encabeçar a revolução contra o capitalismo. Era necessário criar um partido que pudesse se incumbir dessa tarefa.

Embora as prescrições deles carecessem da devida clareza, era inquestionável que Marx e Engels desejavam um movimento proletário empenhado em uma linha de ação unificada. Acreditavam nas vantagens de organizações de larga escala — e pretendiam implementar isso na política e na economia, se algum dia chegassem ao poder. Para eles, disciplina revolucionária centralizada era a chave do sucesso. A longo prazo, logicamente, achavam que a sociedade comunista daria oportunidades às pessoas para a busca da realização de seus anseios sem serem constrangidas por nenhuma espécie de Estado. Enfatizavam que, enquanto esse dia não chegasse, era necessário empreender uma luta firme e resoluta. Eram polemistas ferrenhos. Cediam facilmente ao impulso de escarnecer e denegrir seus rivais socialistas. Só lhes interessava a consecução dos fins e não se importavam com os meios. Ademais, não se vê em nenhum trecho de seus escritos o reconhecimento dos méritos de procedimentos legais e constitucionais. Desprezavam a teoria liberal atinente à divisão de poderes. Para eles, democracias parlamentaristas eram, na verdade, ditaduras burguesas que permitiam que legisladores, administradores, polícia, juízes e exército se mancomunassem para a supressão do "proletariado". Exaltavam os revolucionários que apostavam na recusa de se deixar confinar nos limites estreitos da observação de preceitos doutrinários.

Nas doutrinas deles, o princípio da cautela era precário, para dizer o mínimo. Eles mesmos se beneficiaram da tolerância política no Reino Unido. Apesar de serem subversivos confessos, eram deixados em paz. Em suas vidas diárias, fruíam os benefícios do Estado de direito. Os lucros

DAS ORIGENS

da indústria de Engels e o acesso livre de Marx à Biblioteca do Museu Britânico eram direitos legítimos deles — sem os quais sua propaganda e atividade revolucionárias teriam sido tolhidas. Apesar disso, exaltavam o tipo de sociedade em que o governo do "proletariado" não teria limites. Nela, as pessoas iriam ter que se submeter à autoridade ou sofrer as consequências. Apresentavam-se despreocupadamente como os destruidores da democracia, da legalidade, do controle e dos meios de equilíbrio institucionais. Tudo teria que ser demolido antes que a reconstrução pudesse começar. As ideias de Marx e Engels continham inequivocamente, pois, as sementes da opressão e exploração dos povos sob o guante de um governo revolucionário marxista.

Isso não quer dizer que o legado deles carecia de ideias e agudeza de espírito. Estavam certos quanto à marcha irreprimível da globalização econômica. Eles previram o crescimento incoercível das atividades comerciais e industriais. Sua crítica analítica da tendência inerente ao capitalismo de recompensar os empreendedores que conseguissem maximizar o avanço tecnológico e minimizar os custos da mão de obra revelou-se precisa. Além do mais, fundamental em seus escritos foi a persistência em asseverar que a consciência humana não era imutável. A sociedade industrial avançada suscitou nas massas humanas um conjunto de atitudes e práticas sem precedentes. As pessoas foram moldadas pelo ambiente em que viviam e profundamente afetadas pelo tipo de economia, regime político e cultura que as cercava. Marx e Engels foram convincentes na previsão que fizeram de que as mudanças na consciência, à medida que as condições existenciais como um todo sofressem transformações, continuariam a ocorrer. E brilhantes ao demonstrar que os governantes de qualquer sociedade disfarçam a natureza de seu domínio sobre os povos. Entre alguns de seus melhores escritos estão os que tratam dos rituais inventados para fazer com que as camadas inferiores da sociedade aceitem a desigualdade como um fenômeno natural e eterno. Como ateístas, fizeram impressionantes acusações da conivência da religião organizada com os perpetradores do prolongamento das privações materiais e sociais dos povos.

Todavia, Marx não só deixou um legado confuso em sua teoria geral, mas também pouca orientação decisória a respeito de políticas práticas fundamentais. Uma questão especialmente complexa relacionava-se à forma pela qual os socialistas deveriam organizar-se enquanto atuassem sob o domínio de vários tipos de regimes, desde os de repúblicas parlamentaristas aos de monarquias absolutistas. Os marxistas precisavam também decidir-se quanto ao tipo de relações que teriam com outras espécies de socialistas. Deveriam aliar-se a eles ou tratá-los como inimigos disfarçados

MARX E ENGELS

de aliados? Na virada do século, os marxistas tendiam a acreditar que revoluções tinham que seguir uma sequência. Primeiro, deviam ser uma revolução "democrático-burguesa" contra o feudalismo. Só então os socialistas poderiam preparar-se para uma revolução contra o capitalismo e para "a transição em direção ao socialismo". Mas essa sequência estava lavrada em letras pétreas? Não poderia haver a fusão de dois estágios em um? E quanto àquela breve, mas significativa troca de correspondências entre Marx e Zasulitch sobre tratar os camponeses, em vez da classe operária industrial, como o principal grupo do avanço em direção ao socialismo na Rússia?

Além do mais, Marx e Engels nada disseram de forma definitiva sobre o tipo de governo socialista que objetivavam. Às vezes, revelavam-se adeptos da tomada violenta do poder e da instalação de uma ditadura provisória. Doutras, recomendavam a ascensão pacífica ao poder. Silenciaram quanto às instituições e às políticas de ambos os tipos de governo revolucionário. Mostravam-se tranquilos em relação às tarefas inerentes à consolidação de um regime marxista no poder. Presumiam que a revolução teria o apoio fervoroso da esmagadora maioria dos membros da sociedade. De vez em quando, escreviam entusiasmadamente sobre terrorismo estatal. Elogiavam os jacobinos da Revolução Francesa. Mas também entenderam que, se fora necessário o emprego desse tipo de opressão, a liderança jacobina deve ter tido muito pouco apoio na consecução de seus intentos.[32] Uma vez levantado o problema, eles o abandonavam. Tendiam a acreditar que quaisquer dificuldades de análise e predição seriam superadas pela "prática" na situação revolucionária prestes a instalar-se. E ainda se arvoravam em cientistas do desenvolvimento humano! No fundo, eram de uma índole tão meramente especulativa quanto os "socialistas utópicos", a quem ridicularizavam. A verdade fundamental nisso tudo é que eles expendiam mais esforços com elucubrações sobre a economia do capitalismo do que sobre a política de sistemas de governo socialistas.

Tampouco tinham Marx ou Engels muita coisa a dizer sobre a "questão das nacionalidades". Além disso, algumas de suas declarações foram vistas com antipatia por seus seguidores nos grupos nacionais e étnicos menores. Foram mordazes em suas críticas a alguns dos eslavos.[33] Supunham que a melhor solução seria a absorção deles pela cultura germânica e o fim das ambições de seus intelectuais nacionalistas. Os cofundadores do marxismo acreditavam piamente no papel civilizatório das grandes potências industriais. Censuravam energeticamente a exploração econômica de povos indígenas levada a cabo pelos impérios europeus, porém o imperialismo em si não era algo tão ruim assim aos olhos deles. O mundo ia se modificando à medida que o sistema industrial se ampliava. Para eles, isso era duro, mas inevitável.

Achavam que as grandes nações de economias e culturas avançadas acabariam absorvendo-os e não consideravam isso mais lamentável do que a possibilidade, que os preocupava, da eliminação da classe dos camponeses pela economia capitalista. Inobstante, de forma geral, fizeram poucas declarações a respeito de tais problemas e, pelo visto, preferiram deixar a discussão da questão para seus sucessores. Tampouco, discutiram mais frequentemente a "questão agrária", apesar do fato de a parte predominante da população global ser constituída de camponeses. Estavam convictos de que o capitalismo estava prestes a transformar todas as formas de agricultura e pecuária. Aparentemente, as gigantescas indústrias urbanas se achavam na iminência de se coligarem a enormes fazendas — os novos latifúndios —, que se organizariam de acordo com princípios capitalistas.[34] Falavam raramente também a respeito da "questão colonial", embora estivessem atravessando uma época de rápida expansão dos impérios europeus pela Ásia e África. No fim do século 19, praticamente não havia quem tivesse escapado, direta ou indiretamente, do domínio imperialista de uma ou outra das grandes potências capitalistas. A visão de Marx e Engels tinha limitações intelectuais. Já suas ambições eram ilimitadas, mas a extraordinária confusão de mudanças no mundo do fim do século 19 frustrou seu desejo de uma compreensão ampla e a consequente conclamação revolucionária na busca de objetivos socialistas. Embora endeusados por seus sequazes nas gerações posteriores, eles mesmos foram frustrados em seus esforços para alcançar o domínio de uma ciência cabal sobre a natureza e a sociedade humanas.

Todavia, isso nunca os deteve em sua luta para alcançar o impossível. Sua carreira inteira foi dedicada à coleta de novas provas corroborantes de suas teorias e à adaptação de suas análises e recomendações para explicá-las. Eles se divertiam. Para ambos, a pesquisa era um prazer, e deliciavam-se no exercício da política e da propaganda. A parceria entre os dois fez brotar neles o melhor de seus intelectos. Viveram uma época em que era fácil condenar o *status quo* político e econômico. Todavia, Marx e Engels, como intelectuais vitorianos, tinham pouco pressentimento dos empregos que se fariam de suas doutrinas extraordinárias. O marxismo era a codificação do perigoso brilhantismo deles.

3. O COMUNISMO NA EUROPA

Engels continuou a fornecer aconselhamento e incentivo ao Partido Social-Democrata da Alemanha até o fim da vida. Quando a lei antissocialista de Bismarck foi revogada, em 1890, as autoridades começavam a reconhecer que a perseguição era contraproducente: só servia para aumentar o ressentimento dos trabalhadores e pô-los contra as estruturas políticas e econômicas do *status quo*. A revogação do banimento do Partido Social-Democrata, porém, veio tarde demais para impedir que a liderança partidária endossasse o marxismo. Para grande alegria do envelhecido Engels, o programa e a ideologia básica do partido já estavam permeados por vínculos com o marxismo — e não houve esforço sério por parte de nenhum dos líderes partidários para mudar isso. Enquanto isso, Engels e a liderança partidária evitavam declarar qualquer coisa que pudesse provocar novas proibições. Estavam confiantes na possibilidade de os acontecimentos tenderem a seu favor, já que uma proporção cada vez maior da classe trabalhadora se pusera ao lado deles eleitoralmente. Outros partidos, inclusive os socialistas, competiam com eles na obtenção dos votos dos operários fabris e de mineradores. Porém, como marxistas, os sociais-democratas alemães acreditavam que somente a visão deles era consentânea com a futura realidade do país. Tinham certeza de que acabariam monopolizando a lealdade do "proletariado". Com a recém-concedida liberdade para fazer aliciamento político-partidário, puseram mãos à obra com um zelo imenso.[35]

Após organizar-se para as eleições do Reichstag, o partido conquistou facilmente um quinto dos votos. Este comemorou o feito como se tivesse conseguido a maioria absoluta do pleito; e, apesar do alarde exagerado da façanha, a influência dos "trabalhistas" no Império Germânico estava inequivocamente crescendo. Criou-se uma rede completa de comitês e jornais locais. O partido teve cuidado também com as necessidades recreativas de seus membros. Criou, ademais, instituições de ensino. Militantes promissores recebiam treinamento especial. Líderes como August Bebel e Wilhelm Liebknecht tornaram-se proeminentes figuras públicas.

Os sociais-democratas alemães formavam o mais influente partido-membro da Internacional Socialista, que foi uma organização criada em 1889 para substituir a extinta Associação Internacional dos Trabalhadores e ficou rapidamente conhecida como a Segunda Internacional. Muitos partidos em outras partes do mundo tiveram que enfrentar grandes dificuldades. Alguns foram proscritos ou banidos pelo governo de seus países; outros, afligidos por disputas internas. Outros mais não sabiam se deviam aliar-se ou não aos partidos liberais. Desde o início, o Partido Social-Democrata da Alemanha manteve-se altivo e independente. Sucessos eleitorais vieram um atrás do outro. Por volta de 1912, era o maior partido do Reichstag, no qual ocupava mais de um terço das cadeiras. Embora isso não significasse maioria absoluta, o porta-voz do partido — seus líderes, bem como os "teóricos", tais como Karl Kautsky — via isso como o início de uma onda insopitável de sucessos. Em tese, não abandonaram a necessidade de revolução armada, mas já não se comportavam como revolucionários. Falavam muito sobre revolução, porém era uma revolução adiada para um futuro distante. A verdadeira preocupação deles era fazer o melhor no presente e melhorar aos poucos as condições de vida e trabalho do "proletariado".[36]

É uma falácia dizer que as falhas do marxismo só ficaram evidentes depois que seus adeptos foram testados no poder. Marx e Engels foram figuras controversas na Primeira Internacional, organização que ajudaram a fundar. Eles sofriam críticas, mas também as faziam aos montes, e golpes ferinos foram desferidos à alegação deles de solidez intelectual. O que admira é que muitos marxistas ignoraram esses ataques. Para seus seguidores, o marxismo se tornara um conjunto de doutrinas infalíveis e o sucedâneo político da religião.

Marx e Engels em si não conseguiram ignorar as críticas. Em seu tempo, enfrentaram um oponente formidável, na figura de um aristocrata russo e militante antitsarista, que foi o anarquista Mikhail Bakunin. Enquanto os cofundadores do marxismo buscavam a validação científica de suas doutrinas, Bakunin aproveitava as ideias quando lhe pareciam interessantes e as desenvolvia à sua própria maneira. Bakunin tinha uma vida caótica. Marx e Engels o desprezavam. Consideravam-no um sujeito encrenqueiro e detestavam seus pontos de vista. Bakunin dissecou a alegação dos marxistas segundo a qual o marxismo era uma ideologia que levaria "ao definhamento do Estado". Ele argumentava que as doutrinas eram intrinsecamente incapazes de alcançar esse objetivo. Bakunin foi o primeiro a ver as falhas críticas do marxismo. Marx e Engels eram verdadeiros sabichões; sempre achavam que haviam descoberto a verdade absoluta, mesmo quando diziam

O COMUNISMO NA EUROPA

que estavam propondo ideias que precisavam ser testadas pela experiência revolucionária. Eram também partidários do centralismo político-econômico. Embora falassem em "livres associações de produtores", defendiam a disciplina e a hierarquia. Sua ideologia feria a dignidade dos trabalhadores; a orientação política deles era baseada na premissa da necessidade de arrebanhar essas pessoas em batalhões de revolta sob o controle exclusivo deles. Bakunin divulgou suas conclusões sobre a questão entre os membros do restante do movimento trabalhista europeu.[37]

E não houve trégua na contestação das doutrinas marxistas. O trabalho mais escrupuloso de Marx fora sobre economia e ele tinha proposto o "conceito da mais-valia" como uma contribuição fundamental para a compreensão de todas as sociedades do passado e do presente. Embora fosse um alicerce frágil para a sustentação de seu sistema político, tem sido, desde sua época até os dias atuais, um artigo de fé para os marxistas. Marx se convencera de que um valor extra era adicionado ao produto no processo de fabricação unicamente pelo esforço dos trabalhadores. Ele evitou até certo ponto tratar da questão no segundo e terceiro volumes de *O capital*, mas nunca abandonou de forma expressa essa hipótese. Um dos primeiros a atacá-lo foi Max von Böhm-Bawerk, que argumentou que fora um erro Marx ter omitido, de sua análise econômica, o fator da inventividade tecnológica e da iniciativa privada. Seu nome foi alvo de muito ódio por gerações de economistas marxistas, entre os quais estavam Rudolf Hilferding e Rosa Luxemburgo. Contudo, nenhum deles refutou a proposição fundamental de Böhm-Bawerk.[38]

Isso foi apenas o início da campanha do ataque dos intelectuais do século 20 ao marxismo. O sociólogo alemão Max Weber, apesar de ter ficado muito impressionado com Marx e Engels, criticou-os por haverem escolhido fatores econômicos como o principal impulsionador dos grandes movimentos históricos. Weber afirmava que os fatores culturais e religiosos também eram importantes. Ele ressaltou o papel desempenhado pelo protestantismo nas economias capitalistas nascentes. Weber acrescentou à explicação do surgimento e da expansão do capitalismo uma complexidade multidimensional e contestou as análises marxistas das sociedades industriais avançadas no fim do século 19. Propôs a implausibilidade das previsões sociológicas feitas por Marx e Engels. A Alemanha, longe de se tornar uma sociedade formada por apenas alguns "burgueses" donos de grandes propriedades e uma massa de "proletários", estava passando por uma explosão demográfica de profissionais e especialistas em administração. Nas previsões de Weber, seriam os burocratas que dominariam o cenário social, e não os banqueiros e industriais. Ele refutara o sistema político de Marx realçando aspectos culturais, religiosos e sociológicos que Marx apenas começara a abordar em seus apontamentos para o terceiro volume de O capital. E, obviamente, teria sido impossível para Marx e Engels aceitar o ponto de vista de Weber sem abandonar a causa à qual haviam dedicado suas vidas.[39]

Robert Michels e Gaetano Mosca se meteram na confusão. Negaram categoricamente a possibilidade de criação de qualquer sociedade futura sem um sistema de autoridade hierárquica. Argumentaram que as elites eram uma necessidade operacional, bem como uma consequência inevitável, das disputas políticas. O paraíso humano sem a existência do Estado previsto por Marx e Engels era, portanto, um sonho fútil. Michels submeteu o Partido Social-Democrata a uma investigação rigorosa e descobriu que seus dirigentes estavam muito longe de erradicar procedimentos autoritários do seio do partido. Eles se furtavam ao controle dos membros comuns do partido e decidiam sobre políticas fora do âmbito próprio à tomada de decisões democráticas da organização. Pagavam a si mesmos salários melhores do que os recebidos pelos trabalhadores da indústria. Além disso, afastavam discretamente o partido de qualquer atividade que lhes pudesse causar problema com o governo imperial; falavam em revolução, mas, na prática, cooperavam com o status quo político. O marxismo deles era uma máscara para a perpetuação de uma burocracia que servisse a seus interesses. Michels observou que, se eles se comportavam assim antes de chegar ao poder, era pouco provável que algum dia estabelecessem um sistema socioeconômico igualitário. O marxismo, longe de basear-se na observação científica, era tão utópico quanto as suas vertentes rivais do século 19 que haviam sido alvos do escárnio de Marx e Engels.[40]

Praticamente todos os setores do pensamento intelectual significavam constrangimento para os marxistas. Historiadores questionavam se as sociedades tinham mesmo seguido os simples estágios sucessivos descritos na maioria das obras de Marx e Engels: comunismo primitivo, sociedade escravista, feudalismo e capitalismo. Eduard Bernstein, o escrevente de Engels, foi o primeiro dos grandes marxistas a sentir a necessidade de se imprimir rumos totalmente novos à carroça doutrinária. Poucos estavam tão familiarizados com os escritos de Marx e Engels; ademais, em quase todos os sentidos, Bernstein era um seguidor fiel. Mas sabia pensar por si mesmo. Tal como seus mestres, acompanhava avidamente o curso dos acontecimentos. Sem desconsiderar as terríveis condições de vida e trabalho da maioria dos alemães, ele reconhecia que estava havendo certa melhoria. O movimento trabalhista organizado exigia concessões por parte dos empregadores. As greves causavam grande impacto. Cada vez mais, os grandes negócios aceitavam negociações coletivas de salário como uma necessidade normal. E o governo incentivava isso. Otto von Bismarck, chanceler alemão até 1890,

O COMUNISMO NA EUROPA

instaurou um sistema rudimentar de pensões e previdência social. O objetivo disso não era segredo para ninguém. As elites da economia e política alemãs queriam esvaziar o poço do apoio da classe operária à ação revolucionária. Esperavam fazer os trabalhadores alemães se sentirem integrados à sociedade e se verem como "verdadeiros" alemães.

Numa atitude de desafio a seus camaradas, Bernstein argumentou que os trabalhadores deveriam explorar essa oportunidade. Para ele, o Partido Social-Democrata da Alemanha deveria envolver-se em uma controvérsia legal e pacífica com o governo e os grandes empresários. Bernstein acreditava que a classe operária sairia vitoriosa dessa disputa. Não tinha ilusões em relação ao Kaiser Guilherme II e sabia que as liberdades de então poderiam ser suspensas a qualquer momento. Contudo, defendia a ideia de que, pelo menos por algum tempo, eles deveriam continuar dentro dos limites constitucionais. Bernstein tinha horror à violência. Marx e Engels haviam conversado informalmente sobre guerras civis e ditaduras do passado. Bernstein era um homem de atitudes mais sóbrias, tanto que ficou chocado com as animadas conversas que ouvira sobre a Revolução Francesa e conclamou os sociais-democratas alemães a abandonarem a preocupação com a luta armada e a ditadura. Depois de finalmente conseguir chegar a uma conclusão acerca do terceiro volume de *O capital*, volume publicado postumamente, instou seus correligionários a procurar entender que o futuro não assentaria em uma clara divisão entre burguesia e proletariado. Bernstein chamou a atenção para o crescimento de grupos sociais intermediários. Advertiu-os de que o marxismo teria que se adaptar para levar em consideração as mudanças que estavam acontecendo na sociedade capitalista.[41]

Entre os que concordaram com Bernstein, estava Eduard David, que propôs uma revisão das previsões econômicas básicas de Marx e Engels. David realizou uma pesquisa sobre a agricultura contemporânea e descobriu que as pequenas fazendas, longe de desaparecerem, vitimadas pela pressão de grandes proprietários de terras, estavam florescendo. Ele chegou à conclusão de que os marxistas não deveriam presumir automaticamente que todos os setores da economia aumentariam sua escala média de produção.[42]

Houve muitos esforços para defender o marxismo revolucionário do "revisionismo" de Bernstein e seus amigos. Entre esses defensores, figuravam Karl Kautsky, Otto Bauer, Rudolf Hilferding e Rosa Luxemburgo, na Europa Central, bem como Georgi Plekhanov, Vladimir Lenin, Yuli Martov e Leon Trotski, no Império Russo.[43] Foram figuras políticas e intelectuais importantes na Segunda Internacional. Kautsky foi o mais influente de todos. Com uma linguagem moderada — ele queria que suas palavras tivessem condições de ser publicadas legalmente —, afirmou a necessidade de o partido se manter fiel a seus objetivos revolucionários. Absteve-se de manifestar-se a favor de ação direta imediata, mas sugeriu que não ia longe o momento em que o regime imperial de Guilherme II chegaria ao fim. Kautsky sabia, assim como Bernstein, que as sociedades industriais avançadas estavam mudando de formas imprevistas por Marx e Engels. Mas se arvorou em papa do marxismo, em oposição a Bernstein, o antipapa. E protegia a "ortodoxia" de ataques em suas doutrinas fundamentais. Ele procurava honrar a memória dos cofundadores do marxismo. Chegou a escrever uma longa dissertação sobre a questão agrária, em que contestava as provas e a análise apresentadas por Eduard David. Tampouco deixou de frisar que os acontecimentos nas indústrias ao redor do mundo estavam seguindo o caminho previsto por Marx e Engels.[44]

Todavia, nenhum deles enfrentou adequadamente a questão dos danos causados às doutrinas marxistas por seus críticos. Eles só queriam manter a fé deles no marxismo. Para tanto, precisaram de uma sólida base de axiomas políticos e econômicos e investir um vasto cabedal de espertezas em seu esforço para tentar vingar Marx e Engels. Aliás, não eram os maiores reformuladores do pensamento contemporâneo. Albert Einstein, Sigmund Freud, Ernst Mach e Max Weber ocupavam um patamar intelectual bem mais alto. É verdade, porém, que alguns marxistas tentaram se servir das ideias de alguns desses grandes homens. Kautsky, por exemplo, não manifestou nenhuma objeção doutrinária à negação de Mach da questão da possibilidade da verdade absoluta. Outros ficaram fascinados com Freud. No entanto, de forma geral, o marxismo seguia na direção contrária a esses acontecimentos, já que os pensadores marxistas procuravam proteger o marxismo de uma infecção por bacilos estrangeiros.

O marxismo continuou a fazer adeptos na Europa. Embora a maioria de seus seguidores se concentrasse na Alemanha, havia também vigorosas organizações marxistas na Holanda e um interesse crescente por ele era notável na Itália e na França. Mas esses países eram a exceção. De forma geral houve pouca receptividade às doutrinas de Marx e Engels na Europa Ocidental. Tão pouca influência tiveram no Reino Unido que a polícia continuava a não pôr nenhum obstáculo à realização de reuniões públicas de marxistas estrangeiros em Londres. O marxismo ainda parecia uma tendência exótica, com pouca possibilidade de fincar raízes profundas no território britânico. Achava-se que tratar os marxistas como subversivos só serviria para fazê-los parecer aos olhos do público uma seita perseguida. No leste e sudeste da Alemanha, a história era um pouco diferente. Organizações marxistas estavam crescendo na Bulgária e nos territórios

O COMUNISMO NA EUROPA

checos e poloneses da monarquia dos Habsburgos, bem como no Império Russo. A filiação partidária não era tão numerosa quanto na Alemanha; a razão para isso estava, principalmente, no fato de que a industrialização ainda se achava num estágio inicial nesses países e o incentivo para se juntar a um movimento voltado para a conquista do apoio dos trabalhadores da indústria era menor.[45]

Esse prestígio crescente levou os críticos a prosseguir com os ataques contra o marxismo tradicional. A história do movimento operário tornou-se controversa. Marx e Engels haviam argumentado que a chave para o avanço da classe trabalhadora estava na criação de grandes partidos políticos. Achavam que os partidos cuidariam dos interesses do "proletariado". Nem todos concordavam com isso. O escritor polonês Jan Machajski produziu uma obra em que alegava que os partidos socialistas costumavam incumbir intelectuais, em vez de operários, da administração de seus comitês. Ele via isso como uma consequência lógica, pois, argumentou, a elite intelectual tinha o preparo técnico para criar um aparato administrativo adequado. Daí a se proceder à supressão dos interesses da classe trabalhadora, faltava pouco. Observou também que, se algum dia houvesse mesmo uma revolução socialista, o governo revolucionário aninharia veladamente em seu âmago uma elite de membros oriundos da classe média.[46]

A literatura a respeito do assunto crescia a cada dia. Robert Michels, socialista por inclinação, deixara o país para trabalhar na Universidade de Turim, onde denunciou os acordos que existiam no cerne das práticas partidárias na Alemanha. (Como simpatizante da esquerda, ele não podia ocupar cátedra na Alemanha.) Na análise devastadora que apresentou, Michels informou que os figurões do partido tinham interesse em preservar o *status quo* político alemão, pois perderiam suas cômodas fontes de renda se o partido fosse banido. Como negociadores junto a empregadores e ao governo, porém, o papel que tinham que desempenhar era crucial, mas podiam também apontar para o acúmulo constante de resultados positivos a seu favor. Tinham representantes no Reichstag e eram tidos como porta-vozes de uma classe inteira. Michels sugeriu que o Partido Social-Democrata era administrado por seu "aparato" e para os interesses desse "aparato". Sem um incentivo para subverter o *establishment* político do império, seus dirigentes haviam se transformado em pessoas conservadoras.[47]

Havia críticos da liderança social-democrata na Segunda Internacional também. As flechas mais aguçadas dessas críticas eram disparadas pelos estrangeiros. Entre eles, achavam-se os poloneses Rosa Luxemburgo e Karl Radek e o holandês Anton Pannekoek. Luxemburgo e Radek, fluentes em alemão e refugiados da Polônia "russa", tinham várias alianças partidárias.

Pertenciam simultaneamente ao Partido Social-Democrata do Reino da Polônia e Lituânia e ao Partido Operário Social-Democrata Russo, bem como ao Partido Social-Democrata da Alemanha em si.[48] Luxemburgo, Radek e Pannekoek percebiam a falta de entusiasmo revolucionário em seus camaradas alemães. Eles não precisavam conquistar a aprovação da liderança partidária de Berlim para agir. Eram confiantes, fervorosos e frequentemente concitavam seus correligionários a adotar políticas mais radicais nos congressos do partido. Todos argumentavam que o marxismo alemão contemporâneo era forte em matéria de retórica e fraco em preparativos para a ação política. Perguntavam o que a liderança social-democrata alemã estava planejando para travar o derradeiro conflito com o Kaiser Guilherme e seu governo. Escarneciam qualquer empenho para a negociação de salários. Pois qual o sentido disso se os líderes partidários acreditavam piamente que a era do socialismo incondicional estava próxima? Não havia o perigo de degeneração política se o partido continuasse a lutar em prol de objetivos alcançáveis sob o governo de Guilherme?[49]

Luxemburgo criou uma oposição "esquerdista" informal para levar a questão ao exame popular nas ruas. Sua forma preferida de desestabilização e derrubada do poder situacionista era a "greve de massas". Baseada em suas observações da situação da Rússia revolucionária de 1905-1906, ela argumentava que a Alemanha podia ser igualmente engolfada em uma situação de emergência. Para ela, o partido deveria incentivar os trabalhadores a entrar em conflito com os patrões da indústria. Greves desencadeariam mais greves e poderiam ser usadas para politizar a classe trabalhadora inteira. Os trabalhadores deveriam ser incentivados também a pensar por si mesmos e empreender iniciativas como essas. Ocorreria a deflagração da luta final entre a burguesia e o proletariado e a visão revolucionária de Marx e Engels seria concretizada.[50]

Outro aspecto do marxismo alemão que causava inquietação era seu silêncio sobre a "questão das nacionalidades". Karl Kautsky e outros argumentaram que os imigrantes trabalhadores poloneses na Alemanha deveriam receber tratamento igual; e os sociais-democratas passaram a receber de braços abertos recrutas entre o povo que não fossem cidadãos alemães. Mas ideias fundamentais sobre a forma de organizar um Estado multinacional eram poucas, fato percebido pelos marxistas que viviam nas terras da monarquia dos Habsburgos. Os seguidores austríacos de Marx e Engels estavam profundamente conscientes das muitas tensões entre os vários grupos nacionais do império. Era provável a ocorrência de hostilidades entre uma nação e outra quando os Habsburgos fossem removidos do poder. Os marxistas de Viena empenharam-se em sérios debates, a fim de achar

O COMUNISMO NA EUROPA 61

possíveis soluções para o problema. Ajudou pouco a ideia de compulsar minuciosamente os escritos dos fundadores do marxismo.[51] Nem Marx nem Engels haviam dito muita coisa sobre a "questão das nacionalidades", e, geralmente, o que tinham dito ou escrito era muito desrespeitoso para com as nações menores. Os "austromarxistas", tal como eram conhecidos, ficaram irritados com isso. Achavam que a consciência nacional, longe de definhar no início do século 20, continuaria a crescer. Atribuíam isso à combinação da expansão da produção econômica capitalista, da educação maciça da população e da imprensa. Achavam que a tendência era o povo trocar sua identidade local — principalmente a rural — pela identidade nacional. Escritores como Otto Bauer e Karl Renner ponderavam que o marxismo não poderia simplesmente enfiar a cabeça na terra e ignorar o fenômeno.[52]

Negavam que a divisão do império em nações-Estado independentes resolveria os problemas entre os grupos nacionais. A monarquia dos Habsburgos era uma espécie de colcha de retalhos, feita de várias minorias étnicas vivendo em muitas regiões. Não seria possível, pois, a efetivação de uma divisão clara em regiões administrativas. Em vez disso, os austromarxistas resolveram conceber um plano segundo o qual cada grupo étnico ou nacional elegeria sua autoridade política central, que administraria a respectiva nação junto com o regime que governava todo o Estado multinacional. A ideia era permitir que essas nações conquistassem "autonomia cultural-nacional". Com isso, seria dado um fim à opressão nacional e étnica e o governo conseguiria prosseguir com o objetivo de instalação de uma sociedade socialista.[53] É possível que essas ideias causassem certa confusão burocrática. Mas a ânsia de Bauer e seus camaradas em fazer concessões às nações atraíam muito os marxistas de outras regiões do mundo. Os mencheviques, no Império Russo, adotaram o projeto de autonomia nacional-cultural com entusiasmo.

No Congresso da Segunda Internacional, em Stuttgart, em agosto de 1907, houve uma tentativa por parte dos marxistas, bem como de outros socialistas, de criar uma política preceituadora da ação de partidos nas situações de guerra e paz. Era uma medida fundamental, pois o mundo estava entrando em uma nova fase de mudanças e incertezas. As potências europeias competiam entre si para conquistar colônias além-mar. Frequentemente, interesses britânicos, franceses e alemães conflitavam entre si. A Europa estava passando por uma nova demarcação territorial, já que os países dos Bálcãs procuraram e acabaram conseguindo independência do Império Otomano. Guerras eclodiram nos Bálcãs em 1912-1913. A monarquia dos Habsburgos sofria também graves tensões internas. Seus

DAS ORIGENS

grupos nacionalistas, principalmente os húngaros e os checos, ressentiam-se do que consideravam opressão austríaca. Iniciou-se uma corrida armamentista entre o Reino Unido e a Alemanha. Outras potências também, inclusive a França e a Rússia, preparavam planos para a própria defesa. O perigo de uma guerra continental — e até mesmo uma guerra mundial — era evidente. O Congresso criou resoluções para opor-se ao militarismo e ao imperialismo. Mas o que deveria ser feito se uma guerra como essa estourasse? A essência das resoluções do Congresso determinava que, se as grandes potências entrassem mesmo em guerra, o dever dos socialistas era opor-se aos governos de seus países. Aos representantes parlamentares foi determinado que se recusassem a aprovar liberação de verbas para financiar a guerra. Uma campanha política deveria ser organizada para estabelecer a paz. Os partidos da Segunda Internacional concordaram em agir fraternalmente entre si e extrair o espinho do chauvinismo da vida pública europeia.[54]

Exatamente como isso seria feito não ficou claro. Alguns partidos propuseram que uma insurreição revolucionária seria necessária; outros queriam manter-se dentro da lei e evitar formas violentas de ação. Porém, predominava como artigo universal de fé a ideia de que a oposição total a qualquer guerra era um dever socialista. Dizia-se que os banqueiros e fabricantes de armamentos eram os únicos que se beneficiavam com conflitos militares. Os monarcas ficaram também sob suspeita. A Segunda Internacional assumiu uma posição contrária a todas as providências dos governos de exacerbar a situação na Europa.

Isso também deixava em aberto que tipo de sociedade os marxistas da Europa desejavam criar. Quase nenhum deles falava com frequência em comunismo — e, logicamente, os não marxistas da Internacional Socialista sempre evitavam falar no assunto. Nenhum país tinha uma organização que se intitulava marxista. A Alemanha havia criado o precedente no uso de designações consideradas menos obviamente subversivas. O resultado foi que os termos socialismo, social-democracia, comunismo e até anarquismo continuaram a ser empregados indiferentemente pelos inimigos da esquerda política; e a esquerda política em si continuou vaga ou confusa em relação à própria visão definitiva da questão. (A neblina que obumbrava a terminologia se dispersaria um pouco com a obra de Lenin *Estado e revolução*, de 1917, mas nunca foi totalmente dissipada.)[55] Os sociais-democratas alemães mantiveram um compromisso formal para o estabelecimento do comunismo no mundo inteiro. Atraíam para suas fileiras membros sinceramente inspirados por uma visão comunista. Entre esses, militavam os alemães Karl Liebknecht e estrangeiros como Rosa Luxemburgo. Mas o objetivo

O COMUNISMO NA EUROPA

supremo — o comunismo — não era discutido com frequência e até nem sequer se cogitavam discussões a esse respeito. Na maioria dos países, os marxistas estavam ocupados com a liderança de greves, a luta em prol de reformas das condições de vida do povo e o esforço de denunciar e minar governos liberais e conservadores. Portanto, aconteceu que o comunismo acabou se desenvolvendo mais incisivamente em um país situado a leste da Alemanha. Esse país foi a Rússia.

No entanto, os marxistas do Império Russo não estavam sozinhos no esforço de manter viva a fé no marxismo. Foi um fenômeno pan-europeu que ocorreu antes da Primeira Guerra Mundial. Marxistas e outros radicais da esquerda eram minoria na extrema-esquerda europeia, mas constituíam um impaciente grupo de inimigos do capitalismo. Muitos desses militantes acreditavam que os maiores partidos socialistas dos países da Europa Ocidental e Central estavam negligenciando suas obrigações políticas. Eles jamais abandonavam seus partidos e se esforçavam por trazer os camaradas mais moderados para o seu lado. Era uma situação precária, porém. O marxismo continuava a ser a ideologia oficial apenas do Partido Social-Democrata e de alguns outros grandes partidos da Europa. Estava em andamento uma batalha para a conquista de corações e mentes dos socialistas na Europa e na América do Norte. Praticamente todos os países nos dois continentes criaram algum tipo de organização marxista. O exemplo menos marcante eram os EUA, onde os marxistas costumavam ser, em esmagadora maioria, imigrantes recentes e onde o Partido Socialista lhes era hostil. Mas cada partido da esquerda política tinha muitos militantes frustrados com os acordos feitos por seus líderes com o pessoal do *status quo* político. Certamente, eram circunstâncias que seriam exploradas por qualquer partido extremista e internacionalista que chegasse ao poder.

4. VARIANTES RUSSAS

As expectativas de Marx e Engels eram de que o marxismo fixasse raízes inicialmente em um país como a Alemanha. Baseavam suas esperanças na industrialização, nas crescentes cidades e em trabalhadores da indústria e das minas; contavam naturalmente com o fato de que as economias avançadas forneceriam sectários políticos à satisfação de suas ambições. No entanto, outros países produziram muitos marxistas revolucionários, entre os quais a Polônia, a Bulgária e a Itália. O desapontamento de Marx e Engels residia na débil impressão que suas ideias causaram em socialistas radicais em seu país de exílio, o Reino Unido, onde um forte partido marxista não surgiu nos primeiros anos do século 20, embora as autoridades britânicas não interferissem muito no movimento operário. Liberdades civis e conforto material, apesar de suas limitações até mesmo na Grã-Bretanha, funcionavam como antídoto ao extremismo político. Marx e Engels tiveram consciência disso e escreveram a respeito da questão.

A realidade estava demonstrando que a pobreza e a opressão constituíam o melhor solo para o cultivo do marxismo, tanto que o Império Russo acabou se tornando um gigante em comparação com todos os outros países, com exceção da Alemanha, em sua ânsia de adoção das ideias marxistas. A Rússia, na década de 1870, quando o marxismo começou a causar um impacto generalizado em sua população, era uma autocracia. Não havia partidos legais ou sindicatos no país. Tampouco um parlamento. Impunha-se rigorosa censura ao debate político. De mais a mais, o governo era lento na disseminação de uma rede de ensino. A maior parte dos camponeses, que constituíam a gigantesca maioria do povo, achava impossível, pois, escapar de uma situação de extrema pobreza. Várias nações do império, principalmente a Polônia, desejavam a independência; e outras, tais como a Geórgia e a Finlândia, estavam muito irritadas com as restrições à liberdade de expressão de sua identidade nacional. A corrupção era endêmica na burocracia. A Igreja Ortodoxa Russa era ferozmente reacionária. Embora romancistas e poetas achassem formas de fazer críticas à ordem social reinante, grupos organizados de dissidentes ficavam sujeitos a uma

VARIANTES RUSSAS

perseguição eficiente. Geralmente, a punição envolvia o banimento para as regiões inóspitas da Sibéria — e, nos casos mais graves, os condenados eram obrigados a realizar trabalhos forçados.

Depois da Guerra da Crimeia (1854-56), a dinastia dos Romanov entendeu que sua segurança futura dependia do sucesso na promoção da expansão industrial e dos modernos meios de transporte, comunicação e governo. Era também essencial incentivar a formação de um número crescente de militares profissionais. Tais mudanças, porém, traziam consigo certos perigos. Ex-estudantes desencantados ou trabalhadores desempregados eram facilmente atraídos por círculos revolucionários. Operários de fábricas mal remunerados não tinham quase nenhum sentimento de lealdade para com o trono imperial. Os camponeses, mesmo os que eram fervorosamente a favor da monarquia, estavam revoltados com a "questão agrária": e só havia uma solução na visão deles — a transferência de todas as propriedades agrícolas para as suas mãos.

A polícia secreta (Okhrana) era eficiente, apesar da falta de verbas. Ela conseguira infiltrar-se nos grupos rebeldes organizados de todas as gerações, prender e deportar seus membros para a Sibéria. Ainda assim, isso jamais bastou para livrar o país de descontentes, e o governo acabou reconhecendo que as atividades revolucionárias prosseguiriam indefinidamente. A Okhrana requintou suas técnicas, jogando uma facção militante contra a outra. Quase sempre, era conveniente deixar que um grupo continuasse a operar, embora em condições mais precárias, para que as autoridades se mantivessem informadas das atividades desses grupos. Ademais, a Okhrana recrutava espiões entre os próprios revolucionários. Recorriam a chantagens, subornos e persuasão ideológica. Os informantes penetravam em todas as organizações subversivas. Grupos revolucionários tiveram que aprimorar seu sistema de conspiração. Passaram a ser cautelosos na admissão de novos membros e procediam à investigação das atividades de membros suspeitos. O controle central foi reforçado. Era uma medida típica dessas organizações criar uma base no exterior para que seus jornais, sistema de correio e reuniões para debates pudessem funcionar. Genebra, Londres e, depois, Paris eram seus locais favoritos. A polícia reagiu a essas providências ampliando o alcance geográfico de suas operações. Embora não pudesse destruir essas organizações, conseguia conturbá-las, desmoralizá-las e restringir suas atividades revolucionárias. No século 19, realizavam seu trabalho com uma eficiência impressionante.

O jogo de gato e rato entre a Okhrana e os rebeldes teve consequências duradouras. Os membros do movimento revolucionário russo, por não terem oportunidade de participação concreta na vida pública de forma legal, acabaram ficando obcecados por "teoria". Seus adeptos deram início a desgastantes discussões internas sobre a questão da ordem social do país e passaram a lançar uns contra os outros veementes e acerbos discursos sobre política, economia e filosofia. Suas abstrações, entretanto, eram inúteis, pois não podiam ser testadas na prática. Uma orientação altamente teórica passou a fazer parte da vida de revolta contra as autoridades. Instalou-se também internamente uma tendência a exaltar o líder de qualquer organização revolucionária. Alguns desses líderes tomaram gosto por esses elogios e tornaram-se vezeiros em eliminar impiedosamente quaisquer oponentes. O exemplo mais notório foi Sergei Nechaev, que, em 1869, ordenou que sequazes de seu pequeno grupo assassinassem um crítico interno. Para levar seus seguidores a uma submissão total à sua vontade, ele se fingia representante de uma agência internacional imaginária conhecida como Vingança do Povo.

Até o início da década de 1880, os revolucionários do Império Russo sustentaram o axioma de que sua militância socialista deveria levar em conta a natureza predominantemente agrária e retrógrada da economia. Grã-Bretanha, França e Alemanha tinham conseguido um grande avanço industrial e cultural. Já a Rússia e as regiões fronteiriças ao império haviam ficado para trás. Os pensadores revolucionários procuraram tirar o máximo proveito disso propondo tornar os camponeses o centro de suas ideias. Buscaram inspiração para a sociedade socialista do futuro na comuna agrária dos povoados russos. Achavam que a tradição dos camponeses de redistribuição periódica das terras poderia servir como base de uma transformação igualitária. Tal pensamento, contudo, começou a perder força, visto que os próprios camponeses se mostraram persistentemente indiferentes aos apelos por atividades revolucionárias. Ademais, era grande o crescimento de fábricas, minas e estradas de ferro. Muitos socialistas do Império Russo começaram a negar que era realista depositar esperanças em um campesinato que parecia destinado ao monte de lixo da história. Um sujeito chamado Georgi Plekhanov resolveu dar um basta nisso. Declarou que a Rússia já estava trilhando o caminho econômico das avançadas potências capitalistas e que o "proletariado" se achava em processo de formação. Em vez de camponeses, portanto, seriam os trabalhadores que liderariam a revolução.[56]

De acordo com Plekhanov, a solução era os revolucionários adotarem o marxismo, que estava se espalhando pela Alemanha. Ele e seus companheiros do grupo Emancipação do Trabalho haviam fugido da Rússia para Genebra. Com seu proselitismo político entre dissidentes intelectuais russos a distância, conseguiram fazer seguidores rapidamente. Vera Zasulitch era

VARIANTES RUSSAS

membro do minúsculo grupo na Suíça. Fora a ela a quem Marx escrevera em 1881 para explicar que não descartava a possibilidade de que um movimento revolucionário baseado na força dos camponeses poderia ser bem-sucedido no Império Russo.[57] O grupo Emancipação do Trabalho manteve toda essa correspondência longe das vistas de outros correligionários. Para eles, o importante era que a economia e o desenvolvimento social russos seguissem na direção contrária à dos camponeses, dos povoados e das comunas.

O fato de Marx não gostar dos esforços deles como marxistas não os desanimava. Eles haviam sido contagiados pela fé marxista e, portanto, pregariam o evangelho do marxismo. Assim, enviaram panfletos clandestinamente para o Império Russo. Círculos de apoiadores surgiram em Vilna, São Petersburgo, Tbilisi e alhures. Os marxistas começaram a contatar trabalhadores e atraí-los para cursos de doutrinação. Tentaram liderar greves durante o processo de industrialização. Na década de 1890, formavam o grupo de tendência mais vibrante no movimento revolucionário russo. Pretendiam consolidar essa posição criando o próprio partido, cujo congresso inaugural foi realizado em Minsk, em março de 1898. Embora seus delegados tenham sido rapidamente presos, a luta para a criação de um Partido Operário Social-Democrata Russo prosseguiu. Um dos seguidores de Plekhanov, Vladimir Ulianov, deixou a Rússia após cumprir exílio na Sibéria e criou um jornal — o *Iskra* ("A Centelha") — para coordenar e controlar esses esforços. O II Congresso do Partido foi realizado no verão de 1903, no qual a maioria dos participantes endossou as ideias de Plekhanov. Mas Ulianov, que adotara o pseudônimo Lenin, estava em ascensão como seu principal organizador. Ele ficara farto de receber ordens de Plekhanov. Achava que tinha, por si só, clara ideia do que precisava ser feito no partido e expressou isso sem se preocupar com quantos marxistas russos ofenderia.[58]

Quem era esse Lenin? Na época em que surgiu pujante no proscênio das atividades revolucionárias, era considerado um dos principais intelectuais do movimento, bem como faccionário encrenqueiro. Agora, porém, era ridicularizado por seu próprio protegido, Leon Trotski. Os vitupérios e manipulações de que Lenin fora alvo no II Congresso o transtornaram. Trotski previu em seus escritos que as ideias leninistas acabavam levando um "ditador" a assumir o controle do partido. Ele escreveu isso num tom sarcástico. Não quis dizer realmente que Lenin se tornaria o tal líder despótico. Na verdade, insinuou com isso que, se Lenin realmente chegasse ao topo um dia, isso só poderia ser consequência de uma farsa política.[59]

Vladimir Lenin, nascido em 21 de abril de 1870, era oriundo de uma família que poderia ser chamada de novos-russos. Seu pai era possivelmente de origem calmuca; sua mãe, com certeza, era descendente de judeus e escandinavos. Ambos almejavam uma Rússia melhor, mais educada e moderna. Seus filhos foram estudar em um liceu, onde tencionavam preparar-se para desempenhar um papel importante na sociedade futura que seus pais almejavam. Todos eles, porém, rejeitaram o liberalismo e tornaram-se revolucionários da extrema-esquerda. O irmão mais velho de Vladimir, Alexander, foi enforcado em 1886 por envolver-se numa tentativa de assassinato contra o imperador Alexandre III. Vladimir havia se tornado membro de grupos rebeldes clandestinos. Pego pela Okhrana, foi enviado como exilado para a Sibéria em 1897. Lá, escreveu um tratado sobre o desenvolvimento econômico russo, alegando que o capitalismo já era a forma de produção dominante no país. Fez fama, porém, com *Que fazer?*. Esse livreto encarecia a necessidade de se criar normas no partido para garantir o centralismo, a disciplina e a investigação do caráter e reputação de recrutas. A obra causou um rebuliço no II Congresso do Partido Operário Social-Democrata Russo quando o grupo Iskra, que havia dominado a sessão, se dividiu. Mal acabara de ser formada, a organização sucumbiu ao facciosismo.

As severas regras propostas por Lenin, bem como seu zelo contestador e seus métodos escusos, irritaram até mesmo muitos de seus aliados. Ele conseguiu maioria no Congresso por uma diferença ínfima, e isso possibilitou que ele se referisse a seu grupo como majoritários (ou *bol'sheviki*, em russo, e bolcheviques, em português) e, a seus oponentes, como minoritários (ou *men'sheviki*, ou mencheviques). Mas durou pouco seu domínio sobre os principais grupos do partido. Plekhanov, o nobre ancião do marxismo russo, passou para o lado dos mencheviques e, assim, fez a balança pesar a favor destes. O cisma foi mais acerbo entre os exilados políticos. Lenin acusava os mencheviques, liderados por seu ex-amigo Yuli Martov, de serem usurpadores. Os mencheviques, por sua vez, inculpavam Lenin e os bolcheviques de autoritarismo obsessivo. As duas facções começaram a editar seus próprios jornais e dispor de seus próprios emissários espalhados pelo Império Russo.

Tanto os bolcheviques quanto os mencheviques foram tomados de surpresa pelo súbito deflagrar da revolução na Rússia. O estopim foi o Domingo Sangrento, em 9 de janeiro de 1905, quando uma marcha de manifestantes pacífica foi dispersada com violência e centenas de pessoas foram mortas ou feridas. Seguiram-se meses de distúrbios, e greves foram organizadas, concomitantemente à criação de conselhos operários (ou "sovietes"). O mais famoso deles foi o Soviete de Petersburgo, liderado pelo brilhante e jovem

VARIANTES RUSSAS

orador marxista Leon Trotski. Os sovietes exigiam reformas básicas do sistema e lutavam para suplantar os órgãos do governo local. Houve também a deflagração de motins nas Forças Armadas. Camponeses começaram a expropriar os bens de proprietários de terras. Em outubro, o imperador se sentiu compelido a publicar um manifesto prometendo adotar um sistema parlamentarista. Essa decisão abrandou muito a exaltação de grupos liberais, como o do Partido Constitucional Democrata (ou Partidos dos Cadetes). Os liberais haviam ficado abalados pela ação direta dos partidos socialistas nas semanas anteriores. A maioria dos socialistas — bolcheviques, mencheviques e socialistas revolucionários — suspeitava que Nicolau II restauraria seus poderes autocráticos na primeira oportunidade. Os bolcheviques continuaram a perseverar em seus esforços para provocar um levante. Quando isso aconteceu, em dezembro de 1905, em Moscou, as Forças Armadas o debelaram com eficiência. Menos de dois anos depois, a liderança marxista tinha voltado para o "exílio".

Lenin havia iniciado sua atividade revolucionária como sequaz do terrorismo narodista, mas, como outros de sua geração, passou para o lado do que considerava marxismo ortodoxo. Ele continuou a admirar os narodistas e aconselhou o Partido Operário Social-Democrata Russo a adotar algumas das ideias deles. Sua insistência na instituição de uma organização partidária clandestina rigidamente organizada fora inspirada nos narodistas. De 1905 em diante, Lenin passou a advogar a ideia de que, para ser bem-sucedida, qualquer revolução na Rússia demandaria uma aliança de partidos que representasse os trabalhadores e os camponeses. Isso significou o rompimento com a tradicional suposição dos marxistas russos de que estes deveriam buscar uma aliança com membros da classe média na luta contra a monarquia imperial.

Lenin perdera o controle sobre o núcleo da liderança do partido em disputas e dissensões partidárias em 1904. À medida que a Rússia mergulhava em agitações revolucionárias, ele foi perdendo o domínio sobre os próprios bolcheviques. Muitos deles se recusavam a entrar para os sovietes, porque os achavam produtos típicos de atividades operárias espontâneas: os bolcheviques esperavam liderar, em vez de seguir os acontecimentos; e a maioria deles rejeitava a ideia de concorrer a cargos nas eleições partidárias no parlamento (Duma) do novo Estado. Um dos principais expoentes dessa ideia foi Alexander Bogdanov. Ele e outros argumentavam que não deveria haver transigência na busca do objetivo da insurreição revolucionária. Principalmente Bogdanov afirmava que os trabalhadores deveriam evitar qualquer ligação com a Rússia oficial e iniciar o desenvolvimento de uma "cultura proletária" própria e independente. Lenin ficava irritado com essas coisas. Para ele, era óbvio que os bolcheviques deveriam explorar todas as oportunidades para aumentar sua importância e influência. Deixar de entrar para os sovietes ou concorrer a cargo eletivo à Duma lhe parecia tolice. Fazia críticas severas à inflexibilidade intelectual de seus companheiros facciosos.[60]

Além disso, Lenin começou a gostar dos benefícios oriundos da cooperação com os mencheviques, pelo menos para contrapor-se à posição extremada dos bolcheviques. Aliás, estes e os mencheviques se reuniram no IV Congresso do Partido, em Londres, em 1906. Ao mesmo tempo, porém, Lenin anunciou uma estratégia geral bastante antipática ao menchevismo. Ele declarou que as classes médias russas estavam se aliando à monarquia. Propôs, portanto, que os marxistas tratassem os camponeses, em vez da burguesia urbana e rural, como aliados do proletariado. Argumentou também que a revolução contra o governo de Nicolau II, para ser triunfal, exigiria o recurso à luta armada. Na visão dele, uma transferência pacífica do poder era inconcebível. Afirmou também que seria necessário adotar provisoriamente uma ditadura do proletariado e dos camponeses para instaurar liberdades civis, bem como para facilitar o desenvolvimento econômico capitalista.

Dessarte, não surpreende que o marxismo russo tenha continuado a ser uma casa dividida contra si mesma. Os mencheviques e outros podem até ter concordado com a inclusão da "ditadura do proletariado" no programa partidário adotado no II Congresso do Partido, em 1903, mas eles viam as coisas de outro ângulo. Não tinham nenhuma intenção de estabelecer uma ditadura de classes conforme as pretensões de Lenin. Formularam a frase mais por mera concordância com o que Marx e Engels talvez houvessem tido em mente.[61] Os mencheviques viam a sociedade capitalista avançada como uma ditadura da burguesia apenas no sentido de que os agentes e prepostos do poder enviesavam as diretrizes fundamentais da economia, das leis e da política para os interesses da burguesia. Mas eles queriam trabalhar com os liberais para se livrar da monarquia imperial. Além disso, aceitavam os anseios de instituição do sufrágio universal. Queriam a instauração de direitos civis universais para os cidadãos e rejeitavam qualquer argumento de que um governo socialista poderia instituir restrições a esses direitos com base na divisão de classes. Esforçavam-se para participar do movimento operário legal no Império Russo, embora se mantivessem revolucionários radicais. Achavam que a monarquia teria que ser derrubada com protestos públicos e pela violência; pretendiam lutar em prol dos interesses da classe operária. Todavia, ainda que comungassem do linguajar marxista com os bolcheviques, o projeto político deles para a Rússia era muito diferente.

VARIANTES RUSSAS

Os chamados Partido Menchevique e Partido Bolchevique (leninista) eram as mais bem-coordenadas facções do Partido Operário Social-Democrata nos territórios de população russa do império. O primeiro tinha um Comitê Organizador que coordenava as atividades dos exilados políticos e militantes locais, enquanto o segundo fazia o mesmo com seu Comitê Central. Havia também outras facções, tais como os Plekhanovitas, os Liquidadores e os vários bolcheviques que rejeitavam o leninismo, além de várias organizações nacionais. Algumas operavam dentro de limites territoriais bem definidos na Lituânia, na Polônia sob domínio russo, na Armênia e na Geórgia; e havia também os bundistas (União dos Operários Judeus da Lituânia, Polônia e Rússia), bem como o partido muçulmano Hummet, marxistas de origem azeri.

De vez em quando, Lenin lançava críticas contra todas as facções rivais, alegando que tinham traído o marxismo em questões fundamentais. Ele se apresentava como o paladino da ortodoxia marxista. Sem dúvida, em sua excentricidade, ele não poderia ter sido mais fiel às doutrinas e ao legado de Marx e Engels. Os cofundadores do marxismo haviam aprovado o recurso à revolução violenta, à ditadura e ao terror; tinham previsto o advento da "ditadura do proletariado" e torciam por isso. Haviam ridicularizado socialistas que preferiam a cautela à ação. Nunca alegaram que cada país teria um dia sua própria revolução por meio de uma série de etapas uniformes e harmoniosas. Muitas hipóteses do leninismo são filhas diretas do marxismo de meados do século 19. Lenin e os bolcheviques de toda espécie esposavam o fomento da industrialização e da urbanização; era grande a ânsia deles para promover a educação. Acreditavam que as organizações de grande porte eram a chave da modernização. Tinham por objetivo erradicar a religião e as tradições da vida rural da velha Rússia. Estavam compromissados com o planejamento urbano e a estruturação social. Não se interessavam por normas constitucionais e sutilezas políticas. Pretendiam criar uma "vanguarda" gigantesca para lograr a transformação revolucionária.[62]

Mas tanto os bolcheviques quanto os mencheviques causaram apenas impactos intermitentes no movimento operário russo. Os líderes exilados, independentemente de sua aliança faccionista, viviam nas mesmas cidades europeias. Seus lugares preferidos eram Genebra, Zurique, Paris e Londres. (A aversão de Lenin a Paris era um caso à parte, que aumentou quando lhe roubaram a adorada bicicleta no lado de fora da Bibliothèque Nationale e porque a mulher que ele pagara para tomar conta dela não demonstrou o mínimo de preocupação com o fato.)[63] Nas férias, faziam excursões a pé pelas montanhas da Suíça. Doutras vezes, um grande grupo deles alugava casas nas cidades do litoral da Bretanha. Para variar, chegavam a experimentar uns dias na ilha de Capri, no litoral sul da Itália, onde o romancista Maximo Gorki estava sempre de portas abertas. Quer no período que viviam nessas cidades, quer durante as férias de verão, quase sempre se mantinham juntos. Bloomsbury, em Londres, atraiu importantes revolucionários do Império Russo. A Rue de Carouge, em Genebra, era um microcosmo da Rússia radical, com suas bibliotecas russas, lojas de *kefir*, bancas de jornal e cafés. Falavam russo quase o dia inteiro e liam os jornais de São Petersburgo. Embora acompanhassem os acontecimentos políticos de seus países de exílio, a Rússia continuava a ser o centro de suas atenções.[64]

A Okhrana transtornava suas atividades com a infiltração de espiões no âmbito das atividades do Partido Operário Social-Democrata na Rússia e no exterior. Organizações baseadas nas maiores cidades russas eram frequentemente desmanteladas, e seus líderes, enviados para o exílio na Sibéria. O partido sofreu anos de depressão depois da crítica situação revolucionária entre 1905 e 1907. Seu número de partidários caiu de 150 mil para alguns milhares de filiados.[65]

Os marxistas passaram a reagir às frustrações tornando-se intransigentes quando se lhes deparava a possibilidade de envolvimento com o sistema. Nenhum líder revolucionário que valesse o pão que comia concordava em trabalhar para a burocracia imperial ou nos altos escalões da economia. Leon Krasin foi uma exceção. Krasin era engenheiro de estupenda competência que recebia salário tanto da Rússia quanto da Alemanha, como funcionário da empresa de eletricidade Siemens — e concomitantemente vendia seus préstimos como especialista em finanças e armamentos aos bolcheviques para ataques a bancos antes da Primeira Guerra Mundial.[66] Não era nada ingênua a forma dos revolucionários de se absterem de manter relações com o governo. Recusavam-se a ter qualquer ligação com ele caso isso comprometesse sua integridade política. Tornavam-se involuntariamente refratários a qualquer necessidade de questionar suas convicções fundamentais acerca do mundo. Discutiam violentamente entre si, e isso dava uma impressão ao mundo de que tinham como líderes intelectuais livrespensadores. Mas a realidade era que esses líderes haviam assimilado um conjunto de ideias que eles protegiam do mais ligeiro ceticismo inquisitorial. Intelectualmente, os bolcheviques eram os mais inflexíveis de todos. Pensavam e agiam constantemente com base em certas premissas; haviam se vacinado contra o contágio de quaisquer argumentos contrários à sua ideia de "revolução".

Socialistas europeus que vinham se encontrando com os revolucionários russos desde meados do século 19 sempre os acharam pessoas estranhas.

VARIANTES RUSSAS

Romances como *Os Demônios*, de Fiódor Dostoiévski, e *Sob o olhar do Ocidente*, de Joseph Conrad, enfatizaram a ruptura com padrões comuns de moralidade que caracterizavam muitas organizações antitsaristas. A Internacional Socialista, porém, chegou a uma conclusão menos preconceituosa a esse respeito. Para ela, nem todos os revolucionários russos eram fanáticos. Principalmente os socialistas revolucionários e os mencheviques lhe pareciam razoáveis e flexíveis em suas visões políticas. Até os bolcheviques tiveram seus frequentes excessos perdoados. Eles podiam até ser irritantemente intransigentes, mas o Partido Social-Democrata da Alemanha achava que a Rússia, um país exótico e subdesenvolvido, estava fadado mesmo, pelo menos por algum tempo, a produzir revolucionários selvagens, além de imperadores despóticos e camponeses incultos. De forma análoga, os socialistas europeus faziam vista grossa às excentricidades de seus camaradas russos. Quando o Partido Operário Social-Democrata Russo realizou seu V Congresso em Londres, em 1907, um socialista cristão, reverendo Bruce Wallace, pôs à disposição dele a igreja de Brotherhood, em Hackney.[67] Obviamente, ele não fazia ideia da militância ateísta e a pronta aceitação da ditadura, do recurso ao terrorismo e à guerra civil como métodos revolucionários esposados pelos participantes bolcheviques do congresso.

Nem todos, porém, tinham essa atitude indulgente. Com certeza, Rosa Luxemburgo percebia a ameaça que os bolcheviques representavam. Filiada tanto ao Partido Operário Social-Democrata Russo quanto ao Partido Social-Democrata da Alemanha, ela se achava em uma situação excepcionalmente privilegiada para dizer: "O ultracentralismo defendido por Lenin não é algo nascido de um espírito criativo, mas do espírito estéril e negativo da sentinela."[68] Além disso, ela não gostava das políticas de Lenin para as questões agrárias e das nacionalidades e as via como um desvio oportunista do verdadeiro espírito do marxismo. No entanto, nem mesmo ela fez críticas ao gosto dele por ditaduras. Até o fim da Primeira Guerra Mundial, a Segunda Internacional tratou os bolcheviques como uma seção legítima do movimento socialista europeu.

Em todo caso, isso teve pouca importância imediata no Império Russo, pelo menos não até o movimento operário se fortalecer novamente, fato que aconteceu em 1912. Um surto de progresso industrial seguiu-se aos anos de recessão. Os trabalhadores ficaram menos preocupados com o desemprego e, portanto, retomaram a militância. Como sempre, as autoridades agravaram a situação com sua reação exageradamente agressiva, tanto que um massacre de mineradores grevistas nas minas de ouro de Lena, na Sibéria, em abril de 1912, provocou manifestações de protesto em todo o país. Só em 1913 ocorreram 2.404 greves. A monarquia e os grandes empregadores de várias regiões do Império Russo ficaram perplexos. Uma segunda revolução parecia despontar no horizonte. Mas as facções bolchevique e menchevique pretendiam tirar proveito dessa turbulência. Os mencheviques tentaram reunificar o Partido Operário Social-Democrata Russo. Todavia, foi um esforço em vão. Os bolcheviques — ou melhor, o subgrupo leninista de bolcheviques — realizaram sua própria convenção em Praga, em janeiro de 1912, onde elegeram um Comitê Central, que se apresentou como a única e legítima liderança do partido. Isso provocou raiva e sarcasmo em igual proporção, mas Lenin deixara de importar-se com o que outros marxistas russos pensavam a respeito dele: pretendia romper definitivamente com todas as outras facções e atrelar o movimento operário na Rússia aos objetivos políticos do bolchevismo.

As eleições para a IV Duma Estatal, em 1912, tinham dado sete cadeiras aos mencheviques e seis aos bolcheviques. O novo "Comitê Central", cujas instalações se situavam em Cracóvia, parte da Polônia controlada então pela Áustria, e em seus arredores, levou os deputados bolcheviques da Duma a se organizarem de forma autônoma do grupo de mencheviques. Criaram em São Petersburgo, portanto, um jornal de circulação diária, bolchevique e legalizado, chamado *Pravda*. Os militantes bolcheviques receberam ordens de atuar nos sindicatos sem a colaboração dos mencheviques. Lenin estava disposto até mesmo a sofrer o anátema da Segunda Internacional por reter o repasse de verbas, que, verdade seja dita, deveriam ser compartilhadas com a facção menchevique, e parecia provável que ele romperia relações com Karl Kautsky por causa disso.[69]

Mas o conflito decisivo na Segunda Internacional entre Lenin e Kautsky nunca ocorreu. Acontecimentos mais importantes suplantaram disputas pessoais. A guerra estourou na Europa em julho de 1914. De um lado, estavam as Potências Centrais: a Alemanha e o Império Austro-Húngaro. Do outro, posicionavam-se os Aliados: Rússia, França e Reino Unido. Seria uma luta titânica. As Forças Armadas russas fizeram um rápido avanço sobre a Prússia Oriental, mas foram apanhadas em uma manobra em pinça na Batalha de Tannenberg. O triunfo militar alemão não ficou restrito ao conflito com os russos. Apesar das precauções adotadas pelos franceses, os exércitos do Império Alemão atravessaram rapidamente a Bélgica rumo ao norte da França. Então, as frentes de batalha se equilibraram. Varsóvia e Bruxelas caíram diante dos alemães, mas os Aliados mobilizaram imensas reservas humanas e materiais para impedir uma catástrofe. Os Aliados e

VARIANTES RUSSAS

75

as Potências Centrais ficaram frente a frente nas trincheiras entre 1915 e 1916, com poucos indícios de que uma das coalizões fosse capaz de desenvolver uma estratégia para romper a paralisação dos combates. Longe de terminar em poucas semanas, tal como era esperado pela maioria das pessoas, a Grande Guerra continuou a sugar os recursos de todos os Estados beligerantes. Em pouco tempo, o conflito passou a envolver sociedades inteiras. O recrutamento militar foi universal. Indústrias foram incorporadas à economia do esforço de guerra. A máquina de propaganda oficial aplicou-se rapidamente a instilar nas massas formas extremadas de patriotismo.

Antes de 1914, a Segunda Internacional havia levado seus partidos-membros a assumir o compromisso de se oporem à participação dos governos de seus países em qualquer guerra continental. Os revolucionários russos ficaram divididos em sua reação à deflagração do conflito. Até mesmo alguns bolcheviques participaram de manifestações em prol da causa patriótica russa. Porém, muitos bolcheviques, mencheviques e socialistas-revolucionários mantiveram-se fiéis a seus princípios. Para eles, a guerra era um conflito interimperialista que beneficiaria a burguesia de uma ou outra coalizão militar, mas que só poderia gerar pobreza e morte entre os trabalhadores comuns do mundo. Os socialistas de outras partes do globo tendiam a votar a favor da liberação de verbas para uso militar pelo governo de seus países. Todavia, alguns esquerdistas cumpriram o compromisso que haviam feito antes da guerra. Desses faziam parte grupos de socialistas franceses, alemães, holandeses e suíços, e foi o líder suíço Robert Grimm que organizou uma conferência da esquerda política antibelicista no vilarejo alpino de Zimmerwald, em 1915, da qual, no entanto, só participaram três dúzias de militantes. Trotski observou espirituosamente, a esse respeito, que os militantes do socialismo da extrema-esquerda caberiam em uns poucos carabãs na viagem montanha acima, até o local do encontro.[70]

A união não era fácil de alcançar, e a culpa era de Lenin, que exigiu que todos os partidos socialistas buscassem lograr de forma efetiva a derrota militar dos exércitos de seus países; convocou-os para uma "guerra civil europeia" do proletariado contra a burguesia. Foram demonstrações claras de fanatismo excêntrico de sua parte. Muitos de seus próprios sectários passaram a achar que dessa vez ele tinha mesmo perdido o juízo. Por que, perguntavam eles, deveriam os bolcheviques lutar pela vitória dos soldados de longas botas dos exércitos do Kaiser Guilherme?[71] Que fato ou aspecto da realidade convencia Lenin de que os trabalhadores de todas as nações europeias iriam querer secundar a terrível guerra de então com uma consequente guerra civil? O movimento desencadeado por Zimmerwald, minuciosamente investigado por agências de espionagem, não teve quase nenhuma influência nos acontecimentos. Essas agências faziam panfletagem. Realizavam propaganda nos campos de prisioneiros de guerra. Mantinham contato entre si e discutiam de forma pouco amistosa sobre estratégia política. Contudo, tinham certeza de que o dia da revolução socialista ia raiando no horizonte. A guerra e suas crueldades e privações precipitariam os capítulos da história. Elas e seus mandantes queriam estar preparados para enfrentar uma situação revolucionária quando e onde esta se apresentasse. Já soavam os dobres de finados dos políticos da Europa, tanto para os liberais quanto para os conservadores. E os socialistas que haviam se recusado a se opor à participação de seus governos na guerra, conforme proposto pela Segunda Internacional, logo se arrependeriam de sua pusilanimidade.

Era a situação na Rússia a que oferecia as melhores oportunidades para a realização de uma revolução. À medida que a guerra se estendia para além das expectativas de umas poucas semanas de duração, as tensões foram aumentando. O governo conseguiu enviar 12 milhões de soldados para guarnições e a linha de frente. Seus contratos com as indústrias metalúrgicas e têxteis produziram o material para equipar os exércitos. O Alto-Comando fortaleceu o sistema de defesa contra o ataque das Potências Centrais. Mas isso teve um preço. A inflação disparou, uma vez que o ministro das Finanças fez emissão de moeda para pagar empréstimos estrangeiros. Os camponeses passaram a ter cada vez menos incentivos para comercializar sua produção, já que a indústria não produzia mais o necessário. Os confortos urbanos se deterioram. Embora os salários tivessem aumentado nas fábricas de armamento, não conseguiram acompanhar o aumento do custo de vida. Os negócios privados, que mal conseguiam se manter em tempos de paz, desmantelavam-se. A corte atolava-se cada vez mais num lamaçal de desprestígio e desrespeito por parte do povo. Numa atitude nada sábia, Nicolau II transferiu-se para um quartel-general em Mahilou, deixando Alexandra, sua esposa, e seu confidente Grigori Rasputin na capital. Aumentaram os rumores sobre corrupção na área das finanças e um relacionamento sexual ilícito. Rasputin foi assassinado em dezembro de 1916. Políticos da Duma discutiram em particular sobre a possibilidade de estar próximo o fim da monarquia, mas não fizeram nada. Generais discutiram a questão também, porém preferiram abster-se de agir. Os trabalhadores, contudo, sentiam-se pressionados além do suportável. Greves irromperam em Petrogrado (o nome que recebera São Petersburgo, para que soasse menos teutônica) no fim de 1915 e novamente em 1916.

5. A REVOLUÇÃO DE OUTUBRO

Por volta de 1917, a monarquia imperial russa estava totalmente desmoralizada. Conservadores moderados e liberais da direita nutriam a esperança de poderem instituir uma monarquia constitucional baseada no modelo britânico. Já outros liberais queriam livrar-se definitivamente da dinastia; e os mencheviques e socialistas revolucionários, empenhados no planejamento de uma revolução democrata-burguesa, pretendiam formar uma oposição recorrendo ao artifício de proteger os interesses dos trabalhadores, camponeses e recrutas das Forças Armadas: uma de suas principais exigências era restringir o esforço de guerra russo a objetivos defensivos e instaurar um sistema de amplas liberdades civis.

Nicolau II não conseguia perceber a gravidade de sua situação. A hora da verdade chegou na última semana de fevereiro de 1917, quando operários da indústria têxtil entraram em greve na capital. A força de trabalho nas fábricas de armamentos aderiu ao movimento e soldados das guarnições puseram-se ao lado dos grevistas. O imperador demorou muito para voltar à razão. Incapaz de retomar o controle da situação, abdicou e, após alguns dias de confusão, criou-se um Governo Provisório. Seu líder foi o liberal Georgy Lvov e membros do Cadete, mas outros liberais ocuparam os principais cargos do gabinete. Novas políticas foram anunciadas. O Governo Provisório permaneceria no poder até que se pudesse eleger uma Assembleia Constituinte. Até que esse dia chegasse, os membros do gabinete se empenhariam numa guerra defensiva contra as Potências Centrais. Os objetivos da guerra expansionista de Nicolau II foram anunciados. Ministros proclamaram a implantação de um pacote completo de liberdades civis, graças ao qual as pessoas poderiam conversar, escrever, rezar, reunir-se e organizar-se da forma que quisessem. Fizeram isso na esperança de que o povo reagisse a essas reformas com gratidão. O gabinete contava também com a ajuda dos aliados ocidentais e transmitiu uma mensagem anunciando que, agora que a Rússia era um país livre, suas forças militares combateriam mais eficientemente. O otimismo foi o sentimento dominante nas primeiras semanas depois da Revolução de Fevereiro.

DAS ORIGENS

Contudo, o Governo Provisório já estava severamente cerceado no exercício do poder. Trabalhadores e soldados haviam formado um Soviete em Petrogrado, cuja liderança foi formada por mencheviques e socialistas revolucionários. Nem os mencheviques nem os socialistas-revolucionários, porém, queriam formar um gabinete, já que achavam que a Rússia não estava preparada para o socialismo. Mas queriam influenciar o Governo Provisório, e a aprovação deles era necessária para que o ministério liberal pudesse continuar no poder. Instalara-se, pois, uma situação de divisão de poder. Lvov entendeu isso; Pavel Milyukov, seu ministro das Relações Exteriores, não. Em abril, Milyukov enviou um telegrama a Paris e Londres reafirmando a intenção da Rússia de conquistar territórios do Império Otomano se e quando os aliados ganhassem a guerra. Trabalhadores e soldados saíram às ruas em Petrogrado para protestar contra o abandono de uma estratégia puramente defensiva, e Milyukov teve que deixar o cargo. Líderes mencheviques e socialistas-revolucionários foram persuadidos a entrar para a coalizão, concordando em dividir a responsabilidade governamental com eles. Essa cooperação foi sempre problemática. Liberais opunham-se à concessão de autonomia à Finlândia e à Ucrânia; além disso, desaprovavam a ideia de seus colegas socialistas de ministério de criar tribunais de arbitragem industrial e permitir que "comitês agrários" cedessem terras incultas a comunas de camponeses. No fim de junho, ficaram fartos dessas discordâncias e renunciaram a seus cargos no gabinete.[72]

A essa altura, o Governo Provisório enfrentava uma ameaça da facção bolchevique. No início, houve certa confusão entre os bolcheviques. O plano original deles era estabelecer uma ditadura revolucionária provisória com outros partidos socialistas, mas isso não aconteceu. O Comitê Central do Partido Bolchevique, sob a liderança de Lev Kamenev e Joseph Stalin, resolveu evitar um confronto aberto com o Governo Provisório e afastou sem cerimônia os militantes que queriam uma agenda mais radical. Isso irritou Lenin, que enviou da Suíça telegramas furiosos a Petrogrado. Muitos bolcheviques na Rússia queriam muito que um líder como ele assumisse o comando da situação. Lenin e outros exilados contrários à guerra obtiveram permissão do governo de Berlim para atravessar o território alemão num trem lacrado. Os alemães queriam aproveitar-se do empenho dos russos para tirar a Rússia da guerra. O grupo de Lenin chegou à Estação Finlandesa, em Petrogrado, nas primeiras horas do dia 4 de abril.

Lenin tinha voltado para um ambiente político que ele sabia que podia explorar. Com suas *Teses de abril*, exigia que o gabinete fosse substituído por uma equipe de governo socialista. Em essência, isso era uma conclamação para se acender o estopim de uma revolução. Lenin argumentou que

A REVOLUÇÃO DE OUTUBRO

o Governo Provisório jamais resolveria os problemas do país. Dizia que as terras deveriam ser entregues aos camponeses e que os trabalhadores tinham que exercer o "controle" sobre a produção industrial; que todos os povos deveriam ter o direito de autodeterminação nacional; que se deveria pôr um fim à guerra na frente oriental; que os sovietes, como conselhos formados eletivamente por trabalhadores, camponeses e soldados, deveriam ser transformados em órgãos governamentais. Esses argumentos foram considerados delírios de um louco. Muitos bolcheviques os rejeitaram e deixaram a facção. Mas outros se sentiram atraídos pelo homem e seu projeto, ainda que, na época, os mencheviques e os socialistas-revolucionários tivessem o apoio das fábricas e das guarnições. Kamenev e Stalin passaram para o lado dele e o Comitê Central do Partido Bolchevique ratificou sua estratégia. A violenta discussão por causa do telegrama de Milyukov do fim de abril convenceu outros indecisos de que Lenin estava mesmo certo ao afirmar que o Governo Provisório não era digno de confiança. Na convenção do partido no fim de abril, os bolcheviques romperam definitivamente com o restante do Partido Operário Social-Democrata Russo e se estabeleceram separadamente como o principal partido de oposição.

A indústria sofria com a falta de recursos financeiros e matérias-primas e as coisas pioravam com as greves. Trabalhadores, com medo do desemprego, recorriam a militantes, que exigiam a redução da liberdade de empregadores e gerentes. O fornecimento de alimentos às cidades diminuía. Os camponeses obtinham menos do que antes por seus produtos em valores reais e quase não havia artigos industrializados à venda. Eram poucos os incentivos para comercializar a safra. Além disso, os camponeses sentiam-se enganados diante da recusa do governo de ceder todas as terras agrícolas a eles. Passaram a ouvir os líderes socialistas — principalmente a ala esquerda do Partido dos Socialistas-Revolucionários —, que os concitava a apossar-se de tudo que quisessem. Não havia o mínimo de simpatia popular pelas exortações patrióticas dos ministros. A ofensiva russa na linha de combate oriental em junho redundou em derrota militar e mais perdas de território na Ucrânia. Soldados já não tinham nenhuma confiança na competência e sinceridade de seus oficiais. Primeiro, as guarnições, e depois os soldados nas trincheiras, exigiram o fim da guerra. O governo mostrava-se impotente para melhorar a situação. A coalizão liderada pelos liberais deu lugar em julho a um ministério chefiado pelo socialista-revolucionário Alexander Kerenski, que era orador brilhante, mas a situação estava além de sua capacidade de retificação. A Rússia estava mergulhando no caos.

O avanço político dos bolcheviques havia sido momentaneamente interrompido em julho, quando o Governo Provisório acusou o partido de atividades subversivas. O partido havia ajudado a organizar uma manifestação armada em Petrogrado; havia também alguns indícios de que os bolcheviques tinham recebido dinheiro de Berlim. Quando o Ministério do Interior acusou Lenin de ser espião alemão, ele fugiu da capital e escondeu-se em Helsinque. Apesar disso, o partido conseguiu virar-se sem ele. Os bolcheviques obtiveram conquistas nas eleições para cargos nos sovietes, em comitês de oficinas, de fábricas e em sindicatos. Atuavam com dinamismo. Diferentemente dos mencheviques e dos socialistas-revolucionários, nenhuma responsabilidade os atrelava a políticas governamentais. Seus comitês nas províncias faziam a coleta de queixas das populações locais, bem como de componentes mais genéricos da agenda partidária.[73]

O sucesso crescente deles era alimentado pela incompetência grosseira de Kerenski. Em agosto, ele resolveu fazer os sovietes andarem no trilho e ordenou que Lavr Kornilov, seu principal comandante, transferisse para Petrogrado uma força da frente de batalha. Kornilov, baseado no quartel-general de Mahilou, era o xodó da direita política. Grupos antissocialistas na Rússia haviam caído em completo silêncio depois da Revolução de Fevereiro, mas a necessidade de achar um homem para assumir as rédeas do poder estava ganhando força entre os proprietários de terras da elite. Após deixar o quartel-general, sempre que chegava à cidade em visita, Kornilov era recebido com especial atenção nos salões festivos da alta-roda. Pouco antes do deslocamento das tropas para a capital, Kerenski desesperou-se ao saber que Kornilov estava tramando um golpe de Estado contra ele e revogou a ordem que emitira. A essa altura, Kornilov achava que Kerenski perdera a vontade de restaurar a ordem nas fábricas e nas guarnições militares e acabou resolvendo executar o golpe que antes não pretendia. A Revolução de Fevereiro corria o risco de fracassar. Kerenski buscou ajuda junto aos mencheviques, aos socialistas-revolucionários e até aos bolcheviques. Agitadores socialistas partiram às pressas ao encontro dos trens que transportavam os soldados de Kornilov. Palavras, em vez de fuzis, foram suas armas, na triunfal tentativa de fazer a tropa obedecer ao Governo Provisório. Kornilov foi preso, e o golpe, debelado antes de começar de fato.

Os bolcheviques conseguiram apoio para sua causa, argumentando que a única opção da Rússia era escolher entre eles, militantes da esquerda, e uma ditadura militar, almejada pelos sectários da direita. Como resultado da realização de eleições frequentes, os sovietes de Petrogrado e Moscou lhes proporcionaram maioria política. Em setembro, isolado em Helsinque, Lenin exortou o partido a tomar o poder em nome dos sovietes. O Comitê Central do Partido Bolchevique recusou-se a atender a exigência dele, classificando-a como imatura. Mas seus membros, animados com a adesão

A REVOLUÇÃO DE OUTUBRO

de Leon Trotski ao partido em meados do verão, concordaram que se aproximava a hora de derrubar o Governo Provisório.

Sua visão sobre a possibilidade de tomada do poder não se restringia à Rússia. Afirmavam que a crise final do mundo capitalista era iminente e que a era da revolução socialista europeia estava prestes a começar. Lenin incluiu essa ideia em *O Estado e a revolução*, que escreveu reclinado no sofá da hospitaleira casa do chefe de polícia de Helsinque. Os partidos da Segunda Internacional, afirmou ele, haviam traído o marxismo concentrando-se em métodos pacíficos, legais e políticos e contando com a possibilidade de que o "Estado burguês" acabasse sendo preservado quando os socialistas chegassem ao poder. O parlamento, o exército e a burocracia também seriam preservados. Lenin achava que isso era um passo na estrada que levaria a mais transigências para com o capitalismo, e ponderou que já na era do imperialismo estava claro que o "capital financeiro" dos países imperialistas havia aprendido o truque de subornar a oposição. Os segmentos qualificados da classe operária nas economias avançadas recebiam salários cada vez maiores e, assim, tornavam-se menos compromissados com mudanças sociais radicais. Às vezes, os partidos socialistas alimentavam a retórica da revolução, mas, na realidade, havia entre seus líderes e as classes dominantes um conluio de forças cada vez maior.[74]

Lenin havia procurado indícios seguros de que Marx e Engels acreditavam no recurso a revoluções violentas e na ditadura do proletariado. Aceitava a ideia de que eles haviam levado em conta a possibilidade de uma "transição" pacífica para o socialismo no Reino Unido e na Holanda, mas afirmava que os acontecimentos no século 20, em ambos os países, tinham originado um militarismo que tornava a tomada do poder pelos socialistas a única estratégia revolucionária viável.

Na verdade, Marx e Engels não tinham uma visão definitiva sobre revoluções violentas e ditadura do proletariado. Porém, escreveram bastante sobre violência, e parece que Marx usou frases como "a ditadura do proletariado" uma dúzia de vezes. Lenin vasculhou os escritos deles, à procura de referências nesse sentido, como um verdadeiro investigador intelectual. Portanto, suas análises e pontos de vista, embora algo justificáveis, assentavam nas bases de um tratamento altamente tendencioso dos incoerentes escritos de seus heróis intelectuais. Alegava que apenas procurava explicar os objetivos deles e se apresentava como o mais modesto de seus discípulos. O máximo que reivindicava como sua ideia era que aplicava os princípios analíticos de seus mestres às modificações sofridas na sociedade do século 20 — e acreditava que essa interpretação se enquadrava na Europa como um todo, e não apenas na Rússia.[75] Lenin afirmava que o "Estado burguês" tinha que ser triturado por uma revolução armada e uma ditadura do proletariado. No lugar dele, era necessário instalar um sistema inteiramente novo. Achava que isso acabaria sendo feito com base nos conselhos cuja existência e atuação testemunhou na Rússia em 1905 e em 1917: os sovietes. Uma vez que estes eram corpos deliberativos eleitos e organizados apenas por trabalhadores e soldados, haveriam de ser transformados, de acordo com Lenin, no núcleo da ditadura proletária marxista.

Lenin aferrava-se à ideia de que só mesmo uma ditadura seria a solução. Nenhum outro meio, asseverava, podia garantir a "transição para o socialismo". Para ele, inevitavelmente as classes média e alta apoiariam uma contrarrevolução e teriam que ser debeladas onde quer que revelassem a intenção de fazer isso. Os direitos civis, pois, teriam que ser suprimidos. Lenin chegou a deixar escapar que governos ditatoriais exigiriam o uso do terrorismo de Estado. Mas combinou isso com a previsão de que, assim que os sovietes assumissem o governo, o poder do "povo" pesaria decisivamente contra as forças antirrevolucionárias. Para ele, a revolução seria um empreendimento relativamente fácil. Se estourasse uma guerra civil, logo terminaria.

Sua obra *O Estado e a revolução* mudou definitivamente o discurso dos políticos esquerdistas. Depois de 1917, nenhum grupo socialista conseguia formular ideias sem levar Lenin em consideração, mesmo que apenas para repudiá-lo. Recorrendo incessantemente aos textos sagrados de Marx e Engels, Lenin postulava a ideia de que seria necessário atravessar dois estágios históricos após a deposição do governo capitalista e alegava que o marxismo ensinava que o primeiro estágio seria socialista, e o segundo, comunista. O primeiro estágio em si deveria ser iniciado com a ditadura do proletariado, que começaria com a introdução de reformas sociais e econômicas radicais, bem como com a supressão dos direitos da classe média e a aplicação do seguinte princípio: a cada um conforme sua capacidade, a cada qual segundo o trabalho realizado. As pessoas seriam recompensadas conforme o benefício que gerassem para a sociedade. Quando as exigências coercitivas das autoridades diminuíssem e a ditadura do proletariado se tornasse uma lembrança de um passado distante, o segundo estágio começaria. Este seria o comunismo em si. Até as cozinheiras dariam sua contribuição à governança do Estado. A história chegaria ao fim. Então, o princípio operacional se materializaria: a cada um conforme a sua capacidade, a cada qual segundo as suas necessidades. Achava, assim, que a visão profética de Marx e Engels se cumpriria.

Era uma interpretação precipitada e excêntrica do marxismo. Lenin era vulnerável por causa de sua teimosia absoluta em advogar que uma

A REVOLUÇÃO DE OUTUBRO

estratégia socialista pacífica se tornara definitivamente impraticável e que um levante violento, seguido de uma ditadura do proletariado, era o único caminho para o desenvolvimento. Tão controverso quanto isso era o fato de ele arvorar-se em intérprete exclusivo e supremo dos "ensinamentos" de Marx e Engels, tanto que se apresentava descaradamente como "discípulo" deles. Outros intérpretes, como Kautsky, afirmava ele, haviam prostituído a pureza doutrinária. Lenin e os bolcheviques procuravam, portanto, convencer socialistas da extrema-esquerda europeia e norte-americana a adotarem a estratégia bolchevique. Pretendiam estabelecer uma Terceira Internacional — Internacional Comunista — para reunir sob a bandeira vermelha os partidos comunistas de diferentes países.

A conclamação de Lenin não deixava de ser ambígua e incoerente. Enquanto, por um lado, instava a adoção de políticas comunistas, de outro exigia reformas socialistas e uma "revolução socialista europeia". Na extrema-esquerda, somente os ativistas mais requintados entenderam o significado de sua teoria. Sempre houve diferenças entre socialistas quanto a ideias e métodos. Entre eles, nunca existiu um tempo em que o significado de termos como comunismo, socialismo, social-democracia e até anarquismo não coincidisse somente em parte. Lenin estava se apropriando do termo comunismo para estabelecer uma distinção entre seu partido e suas ideias e o restante da esquerda política.[76] Objetivava com isso, principalmente, monopolizar os debates marxistas. Kautsky, como o mais influente intérprete do marxismo na época, tornou-se alvo de intensas críticas. A maioria dos socialistas de fora da Alemanha — e talvez muitos sociais-democratas alemães — nunca tinha ouvido falar de Kautsky. Em seu *O Estado e a revolução*, Lenin falou obsessivamente sobre ele. Isso não era apenas consequência de uma singularidade psicológica da mentalidade de Lenin. Originava-se também de sua ambição de reunir todos os revolucionários da extrema-esquerda sob a bandeira internacional de sua visão marxista e de repudiar todos os grupos que se recusassem a seguir suas exortações. O livro em si só foi publicado em 1918. Contudo, as ideias básicas confirmavam tudo o que fora dito e escrito por Lenin após seu retorno da Suíça. Isso é que era um líder determinado.

Se Lenin fosse o único a pensar dessa forma, teria sido o eterno colunista de jornais extremistas, mas ineficazes. Aliás, ele dera essa impressão a seus seguidores algumas semanas antes da Revolução de Fevereiro. De fato, ele se fizera o líder de um partido grande e dinâmico e era justamente esse partido que estava prestes a tomar o poder em Petrogrado. Suas ideias, porém, não eram aceitas ainda por todos os membros do partido e até então ele carecia da autoridade para impô-las. Mesmo no Comitê Central, a maioria se opunha à sua recusa de dividir cargos no governo com os mencheviques e os socialistas-revolucionários após a derrubada do Governo Provisório. Nos escalões inferiores do partido havia a mesma inquietação em relação a ideias de uma ditadura de partido único. Bolcheviques, entre os quais tanto figurões locais quanto novos recrutas comuns do partido, esperavam formar um "governo exclusivamente socialista" e adotar procedimentos democráticos. Lenin e seus seguidores íntimos mantiveram silêncio sobre suas intenções. Eles precisavam do máximo de união partidária interna antes de tomarem o poder. Não era à toa que Lenin dizia que fazer revolução era uma arte, e não uma ciência. Bem poderia ter acrescentado que essa arte envolvia dissimulação, além de intuição e audácia.

Lenin tinha um círculo íntimo de importantes camaradas que, apesar das reservas ocasionais, eram assessores dedicados. Entre eles, estavam Joseph Stalin e Yakov Sverdlov, que chefiaram juntos o Comitê Central na ausência dele a partir de junho. Mas o partidário que avultava mais do que Stalin e Sverdlov era o ex-antibolchevique Leon Trotski. Não havia alguém mais brilhante do que ele no partido. Ninguém escreveu para o *Pravda* com uma prosa de um brilhantismo mais coruscante do que o dele. Trotski, com seu pincenê e seus ondulados cabelos castanho-avermelhados, tornou-se um dos mais prontamente renomados bolcheviques. Sua força estava tanto na capacidade de organização quanto na de propaganda. Quando o Soviete de Petrogrado formou um Comitê Militar Revolucionário para coordenar seu trabalho nas guarnições da capital, Trotski foi a escolha óbvia do partido como um de seus membros. Ao contrário do originalmente planejado pelos marxistas russos tradicionais, ele sempre desejara reduzir a apenas um os dois estágios do processo revolucionário russo. Lenin, em suas *Teses de abril*, endossou implicitamente esse desejo. Os dois não tiveram problema em trabalhar juntos após anos de antipatia mútua.

No entanto, a teoria de revolução de Lenin era considerada, ao mesmo tempo, moderada demais por Nikolai Bukharin e vários outros líderes bolcheviques, que defendiam a ideia de que o Estado deveria controlar totalmente a economia. Os bolcheviques anelavam transformar o mundo — e esse era o caso também dos pertencentes ao lado menos radical do partido, que achavam que Lenin propunha um caminho que poria o partido em uma situação de perigoso isolamento. Eram todos milenaristas. Calculavam que a reforma da Rússia, Europa e América do Norte ocorreria em questão de semanas, talvez até dias. Os bolcheviques simplesmente não conseguiam imaginar que o capitalismo seria capaz de sobreviver à guerra. Para eles, estava próxima, pois, a "era do socialismo". Em seus momentos de maior sensatez, é possível que se tenham perguntado se isso estava garantido

A REVOLUÇÃO DE OUTUBRO

pelo que sabiam sobre greves e motins no Ocidente. Mas esses momentos eram fugazes. Assim que tornavam a se juntar a seus companheiros bolcheviques, voltavam a enxergar o mundo pelo prisma apocalíptico. Esse otimismo aumentou com a facilidade dos avanços políticos intermitentes após a Revolução de Fevereiro. Sovietes, sindicatos e comitês de fábricas-oficinas foram submetidos ao domínio deles. Achavam que, se isso podia ser feito na Rússia, certamente fazia sentido antever sucessos revolucionários na Alemanha, Áustria, Grã-Bretanha e França. Os bolcheviques consideravam os trabalhadores russos, apesar dos méritos, "atrasados" e "incultos" em comparação com as forças operárias da indústria da Europa Central e da Ocidental.

Em cima da hora, os membros do Comitê Central Kamenev e Zinoviev extinguiram a luz dessas ideias com o sopro do ceticismo. Mas voltaram atrás rapidamente. O senso de solidariedade para com os camaradas prevaleceu sobre suas reflexões equilibradas. Suas vidas só tinham sentido para eles como filiados ao partido. Precisavam sentir-se parte do grupo. Companheiros sensíveis demais para aceitar o projeto de Lenin simplesmente deixavam a organização. Num passado distante, e também não tão distante assim, existiram movimentos milenaristas, alguns dos quais os bolcheviques admiravam, como, por exemplo, o dos anabatistas de Münster, na Alemanha. Enalteciam os terroristas jacobinos da Revolução Francesa. Tommaso Campanella e Thomas More eram figuras das mais importantes em suas preferências literárias. Os bolcheviques eram tão inspirados por esses antigos sonhos de sociedade perfeita quanto o eram por Marx e Engels, e tinham certeza de que poderiam torná-los realidade. Nunca se deixavam deprimir pelas dificuldades no Estado e na sociedade. Era como se tivessem olhos na nuca, porém nenhuma visão periférica: jubilavam-se em contemplar credulamente as quimeras de seus predecessores. A maioria deles desdenhava das ideias contemporâneas estranhas ao cânone marxista. Recusavam-se a olhar para os lados e ponderar se havia algo importante a aprender com os grandes e inovadores pensadores da época.

Como todos os marxistas, creditavam a si mesmos, no entanto, uma compreensão científica da realidade. Achavam que sabiam tudo o que era necessário saber para lograrem o sucesso da revolução que colimavam. Mesmo porque seriam pródigos em medidas repressivas. A Comuna de Paris, de 1871, havia tombado, argumentavam eles, porque seus líderes tinham deixado de ser suficientemente rigorosos com seus inimigos. Já eles, os marxistas, não cometeriam o mesmo erro. Alexander Herzen, um dos maiores ensaístas russos de meados do século 19, temia a possibilidade de uma revolução sangrenta em seu país. Ele achava que, se algum dia os camponeses se insurgissem contra seus senhores, talvez fossem liderados por algum "Gêngis Khan com o uso do telégrafo". Com essa ideia profética, queria dizer que a moderna tecnologia permitiria a prática do terrorismo com uma ferocidade sem precedentes. Sua visão, porém, estava errada num aspecto fundamental. Os líderes bolcheviques não estavam introduzindo uma força estranha na Rússia; afinal, nasceram e foram criados no império dos Romanov. Tampouco estavam interessados apenas em poder e glória: objetivavam também modificar mentes. O deles era um evangelho que pretendiam levar aos de boa vontade e impor aos de má vontade. Estudaram a Revolução Francesa incansavelmente; eram jacobinos com o telefone e a metralhadora à disposição. Não houve gente como eles nos séculos anteriores.

Se porventura fossem assaltados por alguma dúvida, reprimiam-na imediatamente. Aquilo que os sustentava era a certeza sobre a situação do mundo. A guerra na Europa havia lançado em descrédito todo o sistema internacional. Milhões de pessoas tinham sido mortas ou estavam sofrendo nas trincheiras. Os lucros dos financistas e dos fabricantes de armas eram impressionantes. O nacionalismo fora explorado pelo governo de todos os países. As igrejas haviam se tornado megafones para a causa militar dessas nações. A retórica da "guerra para acabar com todas as guerras" não convenceu muitos socialistas da extrema-esquerda europeia e norte-americana. Para eles, era improvável que aquela seria a última guerra mundial. O resultado mais provável era a paz do vencedor, que seria contestada na geração seguinte pelos vencidos ressurgidos das cinzas. A era dos impérios não havia terminado. Aquele que vencesse a Grande Guerra assumiria o controle das colônias e também subjugaria as potências imperiais derrotadas.

Essa conclusão parecia óbvia nos círculos da extrema-esquerda. O capitalismo era uma doença e tinha que ser extirpada com a cirurgia da revolução. Os bolcheviques afirmavam que não havia alternativa. Os mencheviques e os socialistas-revolucionários não haviam gerado nenhum benefício perceptível para o povo juntando-se ao Governo Provisório. O colapso militar e econômico despontava no horizonte. Por conseguinte, os bolcheviques haviam agido acertadamente ao repudiar os outros partidos socialistas russos. Orgulhavam-se de serem independentes e achavam que a história estava do lado deles. De pequena facção marxista antes da Revolução de Fevereiro, haviam se transformado num partido de massas. Trabalhadores que nunca tinham ouvido falar no nome de Lenin compareciam em grande número aos gigantescos comícios e votavam nos bolcheviques nas eleições dos sovietes. Os bolcheviques sempre se mostravam céticos em relação ao potencial revolucionário autônomo do "proletariado",

A REVOLUÇÃO DE OUTUBRO

mas suas preocupações foram apaziguadas pelo avanço político do bolchevismo com o apoio da classe trabalhadora no verão e no início de outono de 1917. Presumiram que seu sucesso na Rússia se eternizaria e que o restante da Europa seguiria o exemplo deles. Não deram a mínima importância às advertências dos mencheviques e dos socialistas-revolucionários sobre os perigos de uma revolução baseada na ditadura e na guerra civil.

Haviam feito a sua escolha. Fariam uma revolução a seu modo e que se danassem as consequências. Mas como e quando? Lenin voltou para Petrogrado sob disfarce e clandestinamente, com medo de ser preso, mais ou menos no início de outubro. Ficou na periferia da cidade, onde uma adorável secretária do Comitê Central, Margarita Fofanova, lhe ofereceu um quarto e uma cama. De lá, ele bombardeava o Comitê Central com exigências destemperadas de realização de uma insurreição. Quem deveria organizá-la e que tipo de governo deveria ser instalado ele não disse. O importante para ele era que concordassem com a realização de um levante armado.

Em 10 de outubro, ainda usando peruca como disfarce, compareceu ao Comitê Central do Partido Bolchevique e expôs com veemência seus argumentos diante dos camaradas em uma reunião que durou horas. Com sua inteligência e temperamento, venceu o debate. Com dez votos a favor e dois contra, ficou decidido que se abalançariam à tomada do poder. Os detalhes da ação ficaram indefinidos. Reinou também entre os participantes a impressão de que uma decisão tão importante assim requeria mais uma reunião do Comitê Central, marcada para o dia 16 de outubro com representantes dos comitês partidários de Petrogrado, Moscou e outras grandes cidades. Lenin compareceu a essa reunião também: não queria saber de mais delongas no momento decisivo, pois achava que não haveria outra oportunidade para realizar a revolução. Era agora ou nunca. Não precisava ter se preocupado tanto, já que, pela segunda vez, a votação foi inteiramente a seu favor e o Comitê Central do Partido Bolchevique deu início aos preparativos para a tomada do poder. Ficou acertado que deveriam procurar fazer isso com inteligência. O II Congresso dos Sovietes de Deputados Operários e Soldados estava prestes a ser realizado. A liderança precisava evitar passar a impressão de que um único partido estava usando violência para monopolizar o comando da revolução. Consequentemente, atuaram por intermédio do Comitê Militar Revolucionário do Soviete de Petrogrado. Foi esse órgão, com sua influência sobre as tropas da guarnição da capital, que tiraria o Governo Provisório do poder e o confiaria ao II Congresso.

As pessoas presentes em Petrogrado em 25 de outubro de 1917 se lembrariam de quanto tudo correra tranquilamente nesse dia. As lojas abriram

DAS ORIGENS

normalmente, como sempre. As escolas funcionaram. Os bondes também — felizmente para Lenin, que usou o transporte público para se deslocar da periferia até o Instituto Smolny, onde se realizava o II Congresso. Ficara óbvio que um conflito entre o Governo Provisório e as unidades armadas controladas pelo Comitê Militar Revolucionário de Petrogrado estava mais perto a cada dia. O Comitê Central do Partido Bolchevique havia concordado em adotar uma estratégia insurrecionista em 10 de outubro. Lenin havia retornado da Finlândia para defender a causa. Depois disso, voltou para o esconderijo, no apartamento de Margarita Fofanova, onde aguardaria a convocação do Comitê Central para entrar em ação. A insurreição começou na noite de 24 para 25 de outubro, mas Lenin pressentiu que os insurretos não se mostrariam suficientemente determinados. Ele não tinha opção: enfaixou a cabeça, pois, como nova forma de disfarce, e pegou o bonde para o centro da cidade. No Instituto Smolny, deparou com os comissários do Comitê Central cuidando dos detalhes da derrocada do Governo Provisório de Kerenski. Isso ainda não parecia suficiente para Lenin, que exigiu espírito de urgência e dedicação fanática — com sua presença, conseguiu garantir a conclusão da tarefa.

O Governo Provisório estava acabado. Kerenski tinha um compromisso sincero com a democracia, o patriotismo e a busca da vitória na guerra. Porém, não contava com nenhum apoio de fato. Os liberais não se opunham a ele, mas também não haviam feito praticamente nada para deter o avanço das forças golpistas de Kornilov, que já se encontravam na ferrovia que ia de Mahilou a Petrogrado. A economia estava em queda livre. A indústria fora arruinada pelos banqueiros, que se recusavam a fazer financiamentos, e por fornecedores de matérias-primas, que pararam de comercializar. Os generais do exército jamais voltaram a confiar em Kerenski depois da tentativa de golpe de Kornilov. Sua autoridade ia pouco além dos muros do Palácio de Inverno. Os mencheviques e os socialistas-revolucionários começavam a pensar em substituí-lo e realizar reformas mais radicais. Contudo, tinham divisões internas e careciam de vontade suficiente para agir. Enquanto isso, os bolcheviques demonstravam unidade de objetivos. Detestavam Kerenski e concitavam abertamente seus seguidores a derrubá-lo. Prometiam soluções imediatas: terras para os camponeses, controle das fábricas pelos trabalhadores, autonomia nacional. Mas também, principalmente, trazer paz ao país. Haviam feito os preparativos no Comitê Militar Revolucionário do Soviete de Petrogrado. Enquanto outros apenas falavam em revolução socialista, eles fariam uma de fato.

Kerenski havia tentado anular o levante fechando jornais bolcheviques. Essa medida foi insignificante demais e excessivamente tardia. Soldados

A REVOLUÇÃO DE OUTUBRO

leais ao Soviete de Petrogrado começaram a tomar edifícios-chave. As instalações telegráficas e a estação ferroviária foram ocupadas antes mesmo de o Palácio de Inverno ser cercado. Por volta das 10 horas do dia 25 de outubro, Lenin pôde anunciar que o Governo Provisório havia sido deposto. Enraivecidos com o golpe, os mencheviques e os socialistas-revolucionários se retiraram do II Congresso de Sovietes. Isso permitiu que Lenin fosse em frente e formasse um novo governo. Sob sugestão de Trotski, seria chamado Conselho dos Comissários do Povo (ou Sovnarkom, em seu acrônimo russo). O início da era da revolução socialista foi anunciado. Os bolcheviques acreditavam que estavam decretando a morte do capitalismo global.[77]

6. O PRIMEIRO ESTADO COMUNISTA

Os bolcheviques chegaram ao poder sem um modelo detalhado para a instituição de uma nova ordem estatal. Inventaram sua forma de governar quase como fruto de uma reflexão tardia. Nas primeiras semanas após a Revolução de Outubro, concentraram-se no estabelecimento de sua autoridade e no anúncio de políticas fundamentais. Lenin publicou rapidamente seu Decreto das Terras. Com isso, determinava a expropriação dos bens da coroa, da Igreja e das propriedades da pequena nobreza sem indenização e os punha à disposição dos camponeses. Das canetadas de Lenin saiu também o Decreto da Paz. Com ele, exigia o fim imediato da guerra e conclamava todos os países beligerantes a parar de lutar. A Rússia tentou conseguir um armistício na linha de frente oriental. Os bolcheviques continuavam a acreditar que isso desencadearia revoluções na Alemanha e na Áustria. O Decreto do Controle Operário dava poderes aos trabalhadores para exercer autoridade de supervisão sobre os administradores de empresas. Isso tinha como objetivo aumentar a ordem nas fábricas, bem como melhorar as condições de operários assalariados. O Decreto da Jornada de Oito Horas de Trabalho ampliava ainda mais os direitos da força operária. Lenin e Stalin assinaram a Declaração dos Direitos dos Povos da Rússia, medida que abolia todos os privilégios com base na nacionalidade e garantia a autodeterminação de todos os grupos nacionais e étnicos. Foi proclamado também o Decreto da "Separação da Igreja e do Estado".

Os bancos foram estatizados sem indenização, e os empréstimos contraídos pelos governos de Nicolau II e Kerenski, unilateralmente cancelados, bem como proibidos os negócios de importação e exportação. O governo assumiu o controle das maiores fábricas e minas e as desapropriou. Ao mesmo tempo, Lenin declarava ser necessário proteger o capitalismo. O paradoxo era explicado pela economia marxista. Os bolcheviques reconheciam que muitos setores da economia imperial estavam "atrasados" e precisavam passar pelo desenvolvimento capitalista para que se pudesse alcançar a concentração da produção. Feito isso, achavam que seria mais fácil

O PRIMEIRO ESTADO COMUNISTA

para o partido realizar expropriações e destinar as indústrias à produção de bens para o benefício da sociedade como um todo.

Lenin deu suma importância à consolidação do poder político dos bolcheviques. O Decreto da Imprensa foi uma das primeiras medidas do Sovnarkom, o qual lhe conferia poderes para fechar qualquer jornal hostil ao novo governo revolucionário. Ele teve problemas, contudo, em seu próprio Comitê Central, por conta de sua recusa de convidar mencheviques e socialistas-revolucionários para participar de um governo de coalizão. Pelo apoio que haviam dado ao Governo Provisório, tornaram-se parceiros políticos eternamente inaceitáveis em todos os sentidos. Vários importantes bolcheviques abandonaram seus postos de autoridade em protesto contra essa intransigência. O Sindicato dos Ferroviários decretou greve com o objetivo de forçar Lenin e Trotski a negociar. Mas o grupo de Lenin não cedeu, e a greve acabou enfraquecendo. Convinha a Lenin e a Trotski, no entanto, incorporar os socialistas-revolucionários de esquerda ao Sovnarkom como parceiros minoritários, pois os bolcheviques, ao contrário deles, tinham poucos seguidores no interior do país. Isso era o máximo que aceitavam como transigência política. O Comitê Central do Partido Bolchevique seguiu adiante na imposição da autoridade do governo revolucionário. Criaram uma polícia política — a Comissão Extraordinária de Combate à Sabotagem e à Contrarrevolução (ou Cheka) —, cujo primeiro diretor foi Felix Dzierzynski; seu trabalho era erradicar e esmagar a resistência à Revolução de Outubro. Os inimigos deveriam ser eliminados. Durante anos, Lenin apregoara as virtudes da "ditadura do proletariado". Ninguém sabia se ele era apenas um cão que latia, mas que não mordia. Todos souberam depois que, além de latir, ele mordia, e com força.

Poucos haviam apostado que o regime soviético conseguiria sobreviver. Presumia-se em toda parte que suas chances para tanto não eram sequer melhores do que as do ineficiente governo de Kerenski. Os próprios bolcheviques ficaram com as malas prontas, pois sabiam que, a qualquer momento, talvez tivessem que fugir de Petrogrado. As eleições para a Assembleia Constituinte em novembro de 1917 lhes deram precoce motivo de preocupação, porquanto menos de um quarto do eleitorado votou nos bolcheviques. Os socialistas-revolucionários, legenda que tinha em suas fileiras candidatos da ala esquerda que haviam rompido sua aliança com o partido, conquistaram quase dois quintos das cadeiras. Os votos conseguidos pelos dois partidos com a coalizão do Sovnarkom não lhes davam maioria eleitoral. Recorreram simplesmente, pois, à decisão de suprimir a Assembleia Constituinte. Isso foi uma tragédia para o povo do antigo Império Russo, sua democracia e seu socialismo. Podemos ver que, se juntarmos os votos

DAS ORIGENS

dados a partidos socialistas, quatro quintos do eleitorado apoiaram algum tipo de socialismo. O maior partido era o dos socialistas-revolucionários, liderado por Viktor Chernov, mas o partido não tinha o poder das armas para se proteger. A Assembleia voltou a reunir-se numa atmosfera de medo em 5 de janeiro de 1918, porém, em nome de Lenin, o Sovnarkom ordenou que o edifício fosse esvaziado e fechado no dia seguinte. Zhelezhnyakov, o chefe da guarda, anunciou rispidamente que seus homens estavam cansados. Como se vê, a democracia russa foi aniquilada sob o pretexto de que alguns vigias armados estavam com sono.

Nesse ínterim, as questões internacionais haviam mudado decisivamente. Os bolcheviques entabularam conversações de paz com as Potências Centrais em Brest-Litovsk, a cidade mais próxima da linha de frente oriental. Trotski, como Comissário do Povo das Relações Exteriores, fez com que as discussões se prolongassem, adiando a assinatura do tratado. Tornou seu lema a expressão "nem guerra nem paz", uma vez que achava que os comunistas não podiam vencer os exércitos da Alemanha e do Império Austro-Húngaro. Mas o ultimato ficou cada vez mais ameaçador e, em janeiro de 1918, Lenin decidiu que deveriam assinar um tratado de paz à parte, para impedir que os alemães ocupassem a Rússia. Iniciou-se, assim, uma disputa acirrada. Trotski e Bukharin, líderes dos chamados comunistas de esquerda no Comitê Central do Partido Bolchevique, admitiram que a situação militar da Rússia era grave. Contudo, recusaram-se a engolir um acordo de paz draconiano. Para eles, era melhor morrer lutando do que contribuir traiçoeiramente com o "imperialismo alemão". Concitaram o povo, portanto, a lançar-se em uma "guerra revolucionária". Porém, nem os trabalhadores nem os soldados russos estavam dispostos a continuar lutando contra a Alemanha e o Império Austro-Húngaro.[78] O governo e a economia achavam-se em uma situação caótica. Aos poucos, Lenin ia vencendo resistências e conseguindo maioria na busca de seus objetivos no Comitê Central. No dia 23, realizaram uma votação definitiva, graças à qual foi dada permissão para a assinatura de um tratado de paz em Brest-Litovsk.

Em 3 de março de 1918, essa "paz obscena" tirou a Ucrânia, Bielorrússia, Lituânia, Letônia e Estônia do controle russo. Diplomatas soviéticos abriram mão de qualquer direito de governo sobre quase metade da população do antigo império russo e, com isso, perderam uma enorme parcela da indústria de exploração de carvão e minério de ferro e o grosso das terras agrícolas mais férteis da região. Suportaram a humilhação para que o regime tivesse um "tempo para respirar" e aprofundar suas reformas econômicas e sociais. Com isso, os inimigos seriam eliminados e o bolchevismo expandiria sua autoridade.

O PRIMEIRO ESTADO COMUNISTA

Imbuídos do mesmo sentimento de repulsa de todos os partidos políticos russos para com o Tratado de Brest-Litovsk, os integrantes do Partido Socialista-Revolucionário de Esquerda abandonaram a coalizão do Sovnarkom. Fizeram o mesmo muitos membros da esquerda comunista, deixando para trás o que sobrara do Partido Bolchevique. Quase sem que se desse conta disso, a república soviética tornou-se um Estado de partido único. Enquanto isso, os socialistas-revolucionários transferiam-se para Samara, cidade situada a sudeste, onde criaram um governo rival conhecido como Comitê dos Membros da Assembleia Constituinte (ou Komuch). Chernov preparou-se para a luta. O espocar da guerra civil era apenas uma questão de tempo, até que ambos os lados montassem suas Forças Armadas. E estourou mesmo, da forma mais esquisita, no fim de maio. Uma legião de ex-prisioneiros de guerra checos viajava para a Europa pela Ferrovia Transiberiana quando seus membros desconfiaram que os bolcheviques haviam prendido e maltratado alguns de seus companheiros. Quando estavam no meio da Sibéria, voltaram e foram aniquilando os sovietes pelo caminho. Ao chegarem a Samara, aliaram-se aos socialistas-revolucionários. Em questão de semanas, tinham avançado para o norte, em direção a Cazã. A Assembleia Constituinte e o Sovnarkom estavam em guerra, e os legionários checoslovacos encabeçaram uma ofensiva contra os bolcheviques nas cidades às margens do Volga. Os bolcheviques formaram um Exército Vermelho e, inspirados por Trotski como Comissário do Povo para Assuntos Militares, detiveram o avanço das forças do Komuch em Moscou.

Esse triunfo foi anulado no fim do ano, quando o chamado Exército Branco começou a surgir das orlas da região central da Rússia. O primeiro contingente ativo dele foi liderado pelo almirante Kolchak, em Omsk. Kolchak derrubou o Komuch e dirigiu suas forças para o centro da Rússia. Outro contingente militar, sob o comando do general Denikin, estava sendo formado no sul. Um terceiro, comandado pelo general Yudenich, colheu recrutas e equipamento na Estônia. Todos objetivavam derrubar a república soviética e restaurar a antiga ordem social. Seus oficiais eram tipicamente monarquistas. A família imperial em si havia sido executada em Ecaterimburgo, em julho de 1918. Os Brancos, quase tão furiosos com os liberais quanto com os bolcheviques, pretendiam estabelecer uma ditadura militar para restaurar a velha ordem e a integridade territorial do país. O Exército Vermelho os venceu soldado após soldado em 1919: o de Kolchak depois de abril, o de Denikin no verão e o de Yudenich em novembro. A topografia estava do lado deles. Por haverem se mantido firmes em suas posições no norte e centro da Rússia, conseguiram preservar a vantagem sobre os oponentes em matéria de quantidade de equipamento militar

94 DAS ORIGENS

e recrutas. As principais linhas férreas e telegráficas ramificavam-se a partir de Moscou e Petrogrado. Os Vermelhos lutavam não apenas com ímpeto político, mas também com poderio militar. Não deixavam que trabalhadores, camponeses e soldados se esquecessem de que os Brancos reverteriam as reformas feitas desde a queda dos Romanov, em fevereiro de 1917.

Os bolcheviques nunca foram muito populares. Reagiam a qualquer dissensão com intensa violência do aparato de repressão estatal. Greves contra seu governo foram sufocadas no primeiro ano do "poderio soviético". Quando, nos sovietes urbanos, os trabalhadores votavam nos mencheviques, os bolcheviques anulavam as eleições e enviavam suas tropas para lá. Camponeses, longe de demonstrarem gratidão pelo Decreto das Terras, retinham a produção como forma de protesto contra os preços baixos constantes que recebiam por seus produtos. Diante disso, o Sovnarkom despachava pelotões armados para confiscar grãos. As revoltas no campo proliferaram. Ocorreram motins até no Exército Vermelho. Mas os bolcheviques resistiram e triunfaram. Usaram oficiais do exército imperial para liderar os Vermelhos e recrutaram elementos do antigo governo dispostos a colaborar e integrar os novos comissariados do povo. Além disso, incentivaram a prática de um Terrorismo Vermelho para "expurgar" as cidades de "inimigos do povo": para tanto, todas as restrições na atuação da Cheka foram suprimidas. Mesmo assim, a resistência popular aumentou em 1920-1921. Zonas rurais de províncias inteiras se levantaram em rebelião. O movimento grevista casou transtornos até em Petrogrado. Em fevereiro de 1921, o Politburo decidiu fazer concessões econômicas. A Nova Política Econômica (NPE) foi lançada pelo X Congresso do Partido em março e executada no mês seguinte. Tratava, basicamente, da substituição do confisco de safras por um conjunto de impostos tributáveis na forma de produtos, com alíquotas baixas o suficiente para permitir que os camponeses realizassem pequenos negócios. Enquanto isso, o Exército cuidava de suprimir revoltas, inclusive um motim da guarnição naval de Kronstadt, em março. A cenoura foi servida junto com um porrete maçudo e aculeado.[79]

A outra razão da sobrevivência política dos bolcheviques foi a ordem estatal que eles criaram. O poder era monopolizado por um único partido e, cada vez mais, por uma só ideologia. O emprego do terrorismo de Estado era abertamente defendido como uma arma necessária no arsenal do partido. Mais ou menos no fim da guerra civil, eles haviam se apoderado do controle de gigantescos setores da economia. Todas as indústrias passaram a pertencer ao Estado. O comércio de grãos era monopólio do governo. Escolas e imprensa passaram a ser vigiadas pelos comunistas. O partido tornou-se o órgão supremo do Estado. O governo e outras instituições públicas, cujos

O PRIMEIRO ESTADO COMUNISTA 95

cargos dos escalões mais altos eram ocupados pelos bolcheviques, emitiam um fluxo contínuo de instruções sobre políticas. Deu-se prioridade à centralização do comando estatal. Procedimentos eleitorais tornaram-se mera formalidade. O povo — os trabalhadores, os camponeses pobres e os recrutas militares —, em cujo nome a Revolução de Outubro havia sido realizada, era tratado como simples meio empregável em quaisquer tarefas ou trabalhos que a liderança central do partido determinasse.

Os bolcheviques sempre acreditaram em disciplina e centralismo rigorosos e estavam piamente convictos de que eram a "vanguarda" onisciente da militância revolucionária. Era a fé deles desde o nascimento do bolchevismo. Mas eles jamais haviam praticado religiosamente o que pregavam. Eram as injunções do cetro do poder que os levavam a agir de acordo com o evangelho comunista. Enfrentaram grande resistência política e militar. Tiveram que confrontar o caos no governo e nos sistemas de comunicações e de transportes. Praticamente não havia instituição no "centro" que fosse capaz de garantir a obediência das esferas de governo "locais". As linhas normais de hierarquia haviam se desintegrado. Os comunistas tiveram de restaurar a situação rapidamente. A economia, principalmente no setor de abastecimento alimentar, teve que ser recuperada, além de cumpridas as ordens da autoridade central. Tiveram que refazer as Forças Armadas, com novos recrutamentos, treinamentos, equipamentos e embarques para as linhas de combate. Por si só, a retórica revolucionária não conseguiria fazer isso, tampouco reuniões infindáveis em salas cheias de fumaça. Lenin e o Comitê Central viram claramente que a reforma organizacional e estrutural das instituições era uma questão de vida ou morte, bem como o debate sobre o Tratado de Brest-Litovsk, e felizmente para eles não tinham que impor isso a um partido indisposto a colaborar. Os líderes bolcheviques locais gostavam da necessidade prática de um sistema de comando unificado.[80]

Em todos os níveis da administração governamental, do Kremlin ao menor dos distritos, era o Partido Comunista que a tudo dominava. Após transferir-se para Moscou em março de 1918, o Comitê Central havia reunido seus funcionários e os familiares desses dentro dos muros do Kremlin. Doze meses de revolução, porém, haviam transformado o lugar em uma tremenda bagunça. Os cavalos da cavalaria imperial tinham deixado bosta em toda parte. Reparos e consertos haviam sido negligenciados. Poucos membros do Comitê Central ficaram lá por muito tempo. Trotski e a maioria dos outros membros se apressaram em partir rumo a outras terras para reforçar governos regionais ou assegurar o controle político do Exército Vermelho. No início de 1919, decidiram criar dois órgãos internos no Comitê Central. Esses foram o Bureau Político (Politburo) e o Bureau

Organizacional (Orgburo). O primeiro ficou encarregado de supervisionar praticamente todos os assuntos públicos, inclusive a gestão econômica, a estratégia militar e a política externa, bem como o comando político; o segundo deveria supervisionar as disposições organizacionais internas do partido e gerenciar os assuntos do Secretariado. O resultado disso foi a delegação de imensa responsabilidade diária a um pequeno grupo de líderes. Até o Politburo, com cinco membros, se reunia poucas vezes. Lenin e Yakov Sverdlov operaram uma diarquia virtual até a morte de Sverdlov, em março de 1919.[81]

Essa tendência existia também nos escalões inferiores. Quando destacados ativistas se ofereciam como voluntários ou eram empregados no serviço militar, os assuntos do partido ficavam ao encargo de chefes de comitês, que atuavam sozinhos ou com a ajuda de uns poucos subordinados. Embora, em 1920, tivessem passado a ser chamados de "secretários", esse título, mais modesto, disfarçava o aumento de seu poder.[82] Enquanto combatia na guerra civil, o partido foi adquirindo uma estrutura e uma visão organizacional militarizadas. E instruiu com esse novo viés os órgãos governamentais do centro do país e de suas províncias.

Os Conselhos de Comissários do Povo foram os sucessores dos órgãos dos ministérios do império; o corpo de funcionários herdado pelo novo governo foi um eterno alvo da desconfiança do partido. Os bolcheviques viviam tentando inventar formas de investigar e controlar a máquina do governo. Uma das inovações institucionais foi confiada a Stalin. Ela foi a Inspetoria dos Operários e Camponeses, que enviava seus membros aos escritórios do governo para examinar as contas estatais e avaliar o grau de lealdade dos funcionários às políticas partidárias. Houve tentativas ocasionais de se criarem órgãos fora do rotineiro controle partidário. Os "departamentos políticos" do Exército Vermelho eram exemplos disso. Eles recebiam grande apoio de Trotski, que havia sido antibolchevique antes de 1917, e o entusiasmo que ele tinha por eles gerou o receio de que pudessem se transformar em veículos de um movimento inspirado pelo exército contra o partido. Houve um precedente desse tipo na Revolução Francesa, quando os radicais de 1789 acabaram sendo substituídos pelo cônsul e depois imperador Napoleão Bonaparte. Ele achava que talvez a mesma coisa pudesse acontecer na Rússia soviética. As preocupações nesse sentido se intensificaram em 1920, no fim da guerra civil, quando Trotski tentou estender o modelo de departamento político às tarefas de restauração da ordem nas ferrovias e nos rios. Trotski tentou também criar "exércitos de operários" com recrutas do Exército Vermelho para a execução de obras de reparos para o governo.

Contudo, em outros aspectos, à medida que o partido impôs o seu domínio, o sistema instituído em 1917-1919 se fortaleceu. Órgãos partidários

O PRIMEIRO ESTADO COMUNISTA

centrais decidiam a indicação de todos os cargos importantes. O Politburo, atuando em nome do Comitê Central, reservava as principais decisões para si mesmo, enquanto deixava o restante — em ordem decrescente de importância — para o Orgburo e o Secretariado. Os líderes do partido ficavam ansiosos para poder destinar esses cargos exclusivamente a seus colegas comunistas. Sverdlov recorria à excelente memória para escolher velhos camaradas. Todavia, à medida que o Estado soviético passou por uma sólida expansão, tanto territorialmente quanto na abrangência governamental, surgiu a necessidade de se criar um sistema de arquivamento confiável no Secretariado. Foi criado, pois, o Departamento de Registros e Atribuições (Uchraspred), em 1919, por Yelena Stasova.[83] Em 1923, instituíram confidencialmente uma política de listagem de todos os cargos fundamentais para os interesses do partido. Isso foi chamado de "nomenklatura" ("burocracia"). No início, foi aplicado ao "centro". Foram incluídos nessa lista desde cargos como o da chefia do Snovarkom até os do comando da guarda do Kremlin, bem como todos da chefia dos comitês provinciais do partido. Esses procedimentos foram depois reproduzidos nas "localidades". Dessa forma, o partido podia introduzir grupos de funcionários confiáveis em instituições públicas e assegurar o cumprimento das políticas centrais.

O pagamento e as condições relacionados com cada cargo foram estabelecidos com extremo cuidado. Havia uma hierarquia de compensações materiais. Mas isso era apenas parte da história. A nomeação para determinados cargos significava acesso a lojas, clínicas e hospitais inacessíveis a outros cidadãos. Quanto mais alto o cargo nas nomenklaturas, maiores os privilégios. As vantagens da vida pública, porém, não tinham atingido o auge. Em agosto de 1918, quando houve uma tentativa de assassinato contra Lenin, sua irmã Maria se recusou a mandar buscar medicamentos nas farmácias das redondezas. Sabedora de que a maioria dos médicos era anticomunista, ela temia que um deles envenenasse o líder vitimado pelo ataque.[84] Além disso, a penetração de instituições públicas pelos cidadãos comunistas era mais fácil do que parecia. Em meados de 1919, Lenin fez uma visita à periferia de Moscou. Nevava e a visibilidade ficou ruim quando sua limusine entrou no distrito de Sokolniki. Três assaltantes saltaram para a estrada, pararam o veículo e roubaram o revólver de Lenin. Nem adiantou ele dizer: "Eu sou Lenin!" Ao serem capturados pela Cheka, eles disseram que tinham ouvido mal a vítima, achando que ela havia dito Lévin. Ficou óbvio, pois, que acreditavam que assaltar pessoas com nome judeu era uma atenuante do crime que haviam cometido.[85]

Nessa época, o país estava um caos e o sistema soviético de governo preservou muitas características informais do antigo regime. Para conseguir emprego no Kremlin, era vantajoso ser parente de um dos líderes. Foi por isso que a jovem esposa de Stalin, Nádia, que havia abandonado o ensino médio, começou a trabalhar como uma das secretárias de Lenin; e, quando a família de Nádia ficava sem comida, ela recorria ao intendente do Kremlin Abel Enukidze, seu padrinho, para reabastecê-la.[86] Ocorriam muitos casamentos entre parentes dos comunistas. Olga, irmã de Trotski, casou-se com Kamenev, colega dele no Politburo. A prática do nepotismo — ou talvez, melhor ainda, do "familismo" — era intensa e tinha raízes no isolamento do partido. Comunistas só podiam confiar em comunistas. Esse mesmo tipo de ambiente fomentou o desenvolvimento de uma espécie de clientelismo na política. Líderes de todos os escalões atuavam como patronos de sequazes muito bem escolhidos. Embora redes dessa espécie tivessem caracterizado a vida pública russa durante séculos, vinham perdendo força, uma vez que a profissionalização da burocracia e de outros setores estava aumentando. Sob o regime comunista, as coisas se inverteram. Importava mais quanto tempo a pessoa era comunista e qual líder ela conhecia pessoalmente do que seu grau de competência nas funções do cargo. A lealdade contava mais do que a capacidade.

O partido impôs controle sobre o Exército Vermelho, a Cheka e os Conselhos de Comissários do Povo. Os sindicatos foram também submetidos a rigoroso controle. Trotski recomendou que esses sindicatos fossem transformados em secretarias de um "Estado operário" dedicadas aos interesses do proletariado. Essa sugestão extremista de Trotski foi rejeitada. Mas, quando Mikhail Tomski tentou sorrateiramente aumentar a autonomia dos sindicatos, Lenin ameaçou expulsá-lo do Comitê Central do Partido.[87] Instituiu-se, ademais, um monopólio ideológico. Organizações religiosas tiveram suas terras confiscadas. Padres, imãs e rabinos foram rotineiramente mortos ao longo de toda a guerra civil, e realizaram-se julgamentos de fachada e execuções de líderes da Igreja Ortodoxa Russa em 1922. Romancistas, filósofos e intelectuais foram poupados dessas brutalidades (embora o poeta Nikolai Gumilev tenha sido fuzilado em 1921). Em junho de 1922, criaram um órgão de censura — o Glavlit. O sistema soviético requeria hegemonia não apenas sobre instituições, mas também sobre ideias. Nicolau II havia abolido a censura prévia na crise revolucionária de 1905-1906. Esta voltou, porém, com força redobrada durante a vigência da NPE. Toda publicação artística e intelectual tinha que passar pelo crivo dos censores indicados pelo regime. Dezenas de intelectuais, inclusive o filósofo cristão Nicolau Berdyaev, foram sumariamente deportados no navio a vapor *Oberbürgermeister Haken* em setembro de 1922.[88] Decidiram que o sistema soviético deveria isolar-se do mundo enquanto suas autoridades realizassem a doutrinação do povo com a variante leninista do marxismo.

O PRIMEIRO ESTADO COMUNISTA

Havia muito que as disputas eleitorais tinham desaparecido. Na Rússia, apenas os mencheviques tinham sobrevivido à guerra civil. Conseguiram continuar publicando alguns jornais, por meio dos quais faziam críticas ocasionais aos comunistas dos sovietes. Todavia, muitos deles foram presos, e, após o julgamento de fachada dos socialistas-revolucionários, em junho de 1922, Lenin quis dar o mesmo tratamento à liderança menchevique. Aliás, o Politburo decidiu contra a instauração de processo judicial contra os mencheviques,[89] porém o restante da oposição ao Estado soviético foi eliminado. Algumas organizações socialistas aceitaram ser incorporadas ao Partido Comunista, entre as quais o partido dos borotbistas, que era o equivalente ucraniano dos Socialistas-Revolucionários de Esquerda da Rússia.[90] Também muitos membros do partido judeu Bund foram induzidos a passar para o comunismo. Isso aconteceu porque Lenin considerava essa a única forma rápida de aliciar ativistas ucranianos e judeus para o Partido Bolchevique na Ucrânia e na antiga Zona de Confinamento de Judeus. Os prosélitos tinham que aceitar um severo controle político de Moscou em troca de poder local. Contudo, nem todos os líderes bolcheviques achavam essa manobra segura — e a aposta esmigalhou-se nas mãos do partido no fim da década de 1920. Mas tamanha era a influência de Lenin que a experiência fora posta em prática.

O sistema de partido único foi duramente atacado em 1921. Facções do Partido Comunista foram proscritas. Disputas internas haviam dividido o partido durante a guerra civil. Primeiro, houve a controvérsia entre Lenin e os Comunistas de Esquerda sobre a questão do Tratado de Brest-Litovsk. Depois, em 1918-1919, a Oposição Militar, inspirada nos bastidores por Stalin, se opôs à política de empregar oficiais do exército imperial. Mal a poeira havia baixado, os Centralistas Democratas iniciaram uma campanha contra o autoritarismo interno do partido. Por volta de 1920, a Oposição Operária passou a protestar contra o aumento das restrições à influência direta da classe operária sobre a política econômica. O Politburo ordenou o "expurgo" desses encrenqueiros do partido.

Os líderes soviéticos pretendiam construir uma sólida e inconfundível escala hierárquica do topo à base da pirâmide do poder. O único degrau em que tropeçaram foi na questão da criação das repúblicas soviéticas e de fazê-las coexistir com a original República Socialista Federativa Soviética da Rússia (RSFSR). Lenin e Stalin tiveram sérias desavenças por causa disso. Stalin estivera disposto a aceitar o "liberalismo das nacionalidades" como um expediente para vencer a guerra civil, mas seu principal objetivo era fazer a RSFSR incorporar as outras repúblicas no fim do conflito. Lenin acreditava que os conturbados sentimentos dos diferentes povos do antigo Império

Russo tinham que ser apaziguados com a criação de uma Constituição Federal. Assim, a República Soviética da Ucrânia existiria como o equivalente formal da RSFSR. Lenin, porém, não estava sendo tão gentil quanto queria aparentar. O Partido Comunista continuaria centralizado e não federado, e o Politburo, em Moscou, a dar ordens à liderança comunista ucraniana que compunha o governo da República Soviética da Ucrânia. Lenin, apesar da doença em 1922, venceu a disputa política, e em grande parte esse plano, que formava a base do projeto da União das Repúblicas Socialistas Soviéticas (URSS), que foi sancionado no fim do ano. Essa combinação de centralismo rigoroso com a aparência formal de poderes federais se estenderia por todo o tempo de existência do Estado comunista, exceto nos seus últimos anos de vida.

O partido havia concedido liberdade aos não russos de ter um sistema editorial e de imprensa independente e lecionar em seus próprios idiomas. Criaram também uma política de seleção de jovens recrutas de cada nacionalidade, os quais poderiam educar e treinar para torná-los fervorosos membros do partido e do governo. Mantiveram um sistema de rigorosa vigilância ao possível nascimento de um movimento nacionalista russo, e a igreja e a *intelligentsia* russa eram mais severamente vigiadas do que suas equivalentes nas outras repúblicas. O objetivo continuava a ser o de criar uma comunidade de povos que pudessem se fundir em uma sociedade socialista sem opressão política, econômica ou nacional. A visão global russa também permaneceu inalterada. Lenin pretendia formar uma Internacional Comunista (ou Comintern), que agruparia todos os partidos marxistas que rejeitavam todas as transigências aceitas pelos partidos pertencentes à Segunda Internacional; e ele achava que, quando acontecesse a "revolução europeia", seria realizado um congresso do Comintern em Berlim e que o idioma oficial seria o alemão, em vez do russo.[91] A maior parte do que aconteceu, porém, foi diferente do que havia sido oficialmente pretendido. Habitantes muçulmanos da Ásia Central achavam que os comunistas russos da guerra civil se comportavam de uma forma um tanto diferente das Forças Armadas imperiais do passado. Camponeses ucranianos tiveram a mesma impressão diante das depredações e opressão feitas pelos Vermelhos. Contudo, quando o calor da refrega militar diminuiu, os comunistas tiveram uma chance de apelar para a boa vontade de grupos nacionais e étnicos.

Nem todos os bolcheviques aprovavam essas transigências; alguns deles achavam que o eclodir de sentimentos nacionalistas seria o resultado inevitável. Mas Lenin e Stalin persistiram. Argumentavam que, com a concessão de certo grau de liberdade de expressão cultural às nações da URSS, eles

O PRIMEIRO ESTADO COMUNISTA

aplacariam suspeitas de um "nacionalismo grão-russo". Os comunistas eram amantes dos livros e tratavam *O capital*, de Marx, como um livro sagrado. Para eles, as pessoas não conseguiriam estudar e aprender as doutrinas efetivamente sem que fossem ensinadas no idioma russo. Camponeses bielorrussos nem sequer entendiam russo, mas, assim que aprendessem a ler em sua língua materna, poderiam ser doutrinados pela cartilha leninista. A tolerância a sensibilidades nacionais seria a cabeça de ponte para se chegar ao socialismo.[92]

O Partido Comunista incentivava os cidadãos a participar daquela que pretendiam que fosse considerada por eles sua própria revolução. Infelizmente, as pessoas que estavam famintas demais e desempregadas não se sentiam nem um pouco dispostas a construir tal Estado. O ambicionado objetivo de uma "ditadura do proletariado" foi transformado na realidade de uma ditadura do partido, tanto que se criaram os chamados dias adicionais de trabalho voluntário (não remunerados) — *subbotniki* ("sábados") — durante a guerra civil. Lenin deu o exemplo dedicando alguns minutos à remoção de neve com uma pá nas dependências externas do Kremlin. Aliás, esses dias especiais não estavam livres de um caráter compulsório. Em uma época em que os habitantes das cidades dependiam de rações alimentícias do Estado, era difícil recusar os chamados para trabalhar em troca de nada. Os membros da antiga classe média tinham menos escolhas ainda. Os comunistas simplesmente expulsavam os aristocratas e senhorios de suas casas e ordenavam que limpassem as ruas. Tais práticas foram relaxadas, porém não extintas, após a guerra civil. Nem todas as tarefas envolviam trabalho pesado. A liderança partidária central tentava conquistar consciências organizando grandes cerimônias e realizando festivais estatais. O Dia do Trabalho e o da Revolução de Outubro tornaram-se feriados quando os heróis do comunismo revolucionário puderam ser comemorados. Realizavam-se desfiles na Praça Vermelha.

Uma grande parcela do controle da economia e da regulamentação estatal sobreviveu à guerra. Embora o comércio de produtos agrícolas tivesse sido liberado e pequenos empreendimentos industriais houvessem sido devolvidos à iniciativa privada em 1921-1922, os "setores mais importantes da economia" — indústrias de larga escala, serviços bancários e comércio exterior — continuaram nas mãos do Estado. Os comunistas detestavam ter que desnacionalizar empresas. Todavia, comparada com os outros países da época ou do passado, a URSS tinha uma economia intensamente controlada por sua liderança política central.

Já no início da década de 1920, podemos notar as principais características do sistema soviético. A URSS era um Estado centralizador, de ideologia e partido únicos, e que lançava mão do terrorismo estatal para sufocar qualquer resistência, doutrinar e mobilizar seu povo. Esse sistema sofreu transformações nos anos subsequentes e ainda assim um modelo mais completo estava para ser construído. O partido continuava mais intolerante do que a política oficial exigia. Os recursos da Cheka foram reduzidos e ela teve suas funções repressivas moderadas diante da criação da NPE. A religião era praticada livremente. Clientes de camponeses idosos não eram incomodados. Setores inteiros da economia foram liberados do controle estatal. A situação geral do país serviu para limitar aquilo que os comunistas podiam fazer. Sistemas de integração governamentais ainda apresentavam as danosas marcas da guerra civil. As comunicações eram precárias e a Rússia e suas regiões fronteiriças continuavam deficientes em estradas, sistemas de comunicação telefônica, radiofônica e funcionários públicos letrados e preparados. Sempre que o Politburo examinava os relatórios das "localidades", seus membros se davam conta de que seu domínio sobre a sociedade deixava muito a desejar. O Partido Comunista era como uma rolha boiando num mar de indiferença, ressentimentos e oposição.

Não obstante, os Vermelhos haviam inventado um sistema estatal que serviu como base do governo soviético por mais de setenta anos. E tinham feito isso sem um plano grandioso. Mesmo assim, suas doutrinas originais os impulsionaram na direção que eles haviam tomado. Tinham sido muitas as influências em ação. Marx e Engels haviam sido importantes, mas existiam as particularidades da interpretação leninista do marxismo. As tradições russas contribuíram para essas interpretações, além da experiência dos bolcheviques em sua luta contra a monarquia imperial. Vários líderes bolcheviques tinham ficado impressionados com a economia de guerra centralizada alemã a partir de 1914. Ao chegarem ao poder com o conjunto de ideias colhidas nessa impressão, depararam com uma situação inesperada, e as consequentes dificuldades no país e no exterior os compeliram a imaginar soluções práticas. O instinto os fez forçar o ritmo dos acontecimentos por um caminho que levasse ao estabelecimento de um Estado de um só partido e ideologia. Embora não tivesse sido esse o resultado pretendido por eles, gostaram muito do que haviam feito. Sua invenção seria imposta com mão de ferro a outros países que estivessem passando pela comunização nas décadas vindouras.

Cartaz do IV Congresso da Internacional Comunista, em 1922, em que Lenin declara: "Que as classes dominantes tremam diante da revolução comunista." Ele está de pé em cima de um globo, apontando convicto para um futuro radiante. Observe os lustrosos sapatos, característica marcante nessas representações.

Cartaz de Biro simbolizando um trabalhador com uma musculatura improvável, criado em 1919 para o 1º de Maio em Budapeste. O martelo é tão flexível quanto o torso. É quase uma parte integrante do próprio trabalhador.

Resposta contrarrevolucionária representada no cartaz de Biro: em 1919, o aflito trabalhador comunista percebe que destruiu o país com os golpes de seu martelo, processo simbolizado num bloco despedaçado apresentando as cores da bandeira nacional.

Cartaz anticomunista húngaro: "Eles se lavam!" Um camarada com aparência animalesca lava o corpo banhado no sangue que escorre abundante dos grandes edifícios governamentais do Estado.

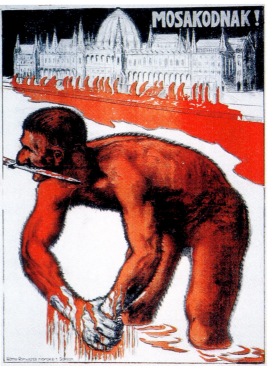

Acima. Mensagem patriótica polonesa em 1920: os Vermelhos Soviéticos prendem e saqueiam quando sua invasão é bem-sucedida. Um soldado russo triunfante atormenta o cadáver de uma vítima. O gado e os porcos são tirados do local enquanto a residência da fazenda é devorada pelas chamas.

À esquerda. Os poloneses são advertidos sobre as consequências da sovietização: era 1920. Um soldado polonês conta a um compatriota que, a menos que ele abandone a fazenda para lutar por seus irmãos polacos, ele também sofrerá sob o jugo dos bolcheviques. Integrantes do Exército Vermelho, de coturnos, brandem um chicote e um rifle. Ao fundo, um polonês pendurado na forca.

Cartaz da RSFSR condenando a agressão dos poloneses de 1920. A Polônia é retratada como "o último cão capitalista da Entente"; os pelos do focinho estilizando um bigode à moda antiga e os olhos injetados de sangue transmitem a ideia de uma atitude extremamente reacionária.

Camponesa comunista ucraniana de Stalin e sua coletivização agrícola. O ditador parece calmo e pensativo. No cartaz, não existe nenhum sinal da fome que flagelou a Ucrânia no início da década de 1930.

Trabalhadores soviéticos da década de 1930 prometem com alegria produzir mais grãos, combustível e metais do que o exigido pelo plano quinquenal. Como de costume, um deles aponta para o céu.

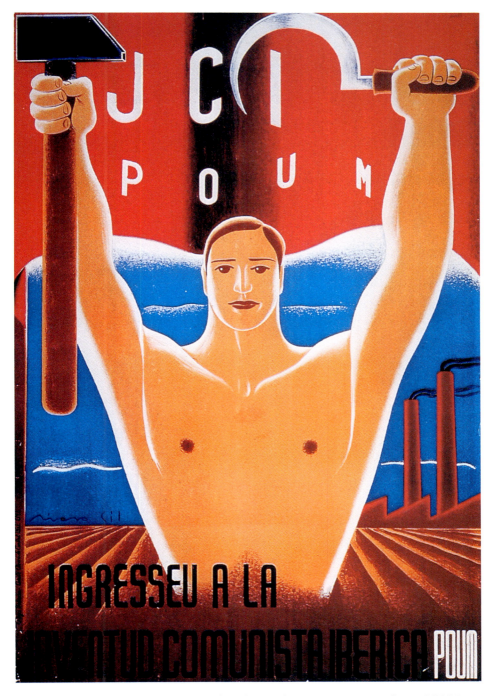

Apelo lançado à juventude espanhola pelo partido comunista e antistalinista POUM na Guerra Civil. Um jovem forte e de ombros largos brande o martelo e a foice — o POUM recusou-se a deixar que Stalin monopolizasse o símbolo da URSS.

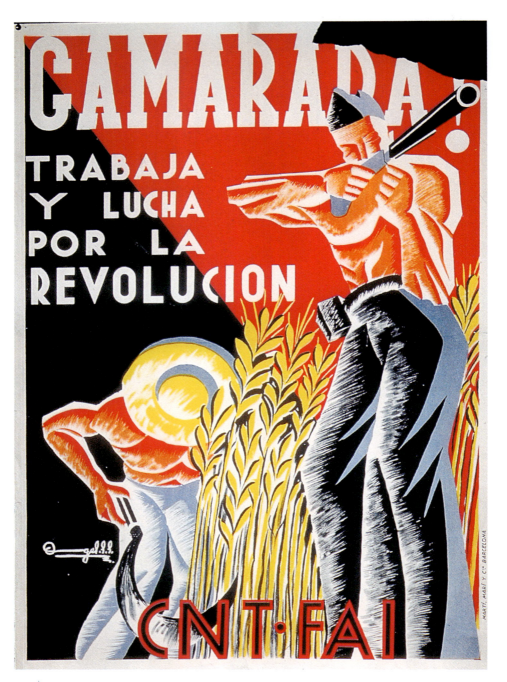

Republicanos espanhóis conclamam os camaradas a trabalharem e lutarem para derrotar o inimigo na guerra contra as forças de Franco. Duas figuras aparecem despidas até a cintura, uma delas manejando a foice, e a outra, um rifle.

PARTE DOIS

EXPERIÊNCIA

1917-1929

7. REVOLUÇÕES EUROPEIAS

Os bolcheviques nunca pretenderam restringir suas ações à Rússia e às regiões fronteiriças do país. A tomada do poder, proclamaram eles, havia inaugurado "a era da revolução europeia" e o que eles estavam fazendo na Rússia logo se repetiria em outros lugares. Pelo menos era nisso que acreditavam. Se outra tivesse sido a fé deles, não teriam feito a revolução. Os socialistas russos que discordavam da avaliação de perspectivas revolucionárias deles na Europa pertenciam a legendas como o Partido Menchevique e o Partido dos Socialistas-Revolucionários. Quando Kamenev e Zinoviev acharam falhas nas predições internacionais de Lenin antes da Revolução de Outubro, Lenin apresentou denúncia em que os condenava como "fura-greves" que haviam traído seus companheiros e o proletariado global.

Em março de 1918, o Partido Bolchevique havia sancionado o Tratado de Brest-Litovsk com relutância. Mas seus líderes pretendiam ajudar companheiros revolucionários da extrema-esquerda política assim que tivessem uma chance. Acreditavam piamente que os grandes Estados do continente europeu estavam maduros para uma mudança fundamental. O Partido Bolchevique ficou esperando e torcendo para que a Alemanha fosse derrotada, pois isso aumentaria as chances de uma revolução na Europa Central — e, se os alemães vencessem a Grande Guerra, rasgariam o Tratado de Brest-Litovsk e derrocariam os bolcheviques do poder na Rússia. Porém, quando os aliados forçaram a rendição da Alemanha, em novembro de 1918, livros e dinheiro foram enviados às pressas para a Alemanha. Todavia, essa ajuda não foi nada, comparada com o que Lenin desejara fornecer. Desde o verão, ele vinha formando o Exército Vermelho e os estoques de grãos soviéticos com o objetivo de ajudar a revolução na Europa Central se e quando o poderio militar alemão esboroasse.[93] Quando as Forças Armadas alemãs se renderam, ele se achava impotente para pôr seu plano em prática. Aliás, um governo formado por sociais-democratas, liderados por Friedrich Ebert e Gustav Noske, assumiu o poder em Berlim. Seus ministros tinham um passado de apoio à causa alemã na Grande Guerra. Moscou achou que as chances de eles sobreviverem no poder eram menores ainda do que as do gabinete de Kerenski, na Rússia de 1917.

A derrocada alemã na frente de batalha ocidental pegou a maioria das pessoas de surpresa. No entanto, a extrema-esquerda estava preparada. Karl Liebknecht enviou um cabograma a Moscou com notícias sobre a queda da monarquia em Berlim: "A revolução do proletariado alemão começou. Essa revolução poupará a Revolução Russa de todos os ataques e varrerá do mapa todas as bases do mundo imperialista."[94] Liebknecht era um dos principais companheiros de Rosa Luxemburgo e Leo Iogiches na Liga Espartaquista, que haviam criado por indignação para com o apoio do Partido Social-Democrata ao esforço de guerra nacional. Os espartaquistas estavam em busca de ações revolucionárias, tanto que anunciaram em seu manifesto: "A questão atual não é democracia ou ditadura. A questão que a história pôs na agenda é a seguinte: ou democracia burguesa ou democracia socialista." Em 29 de dezembro, eles reuniram os adeptos da Liga Espartaquista para o congresso inaugural do Partido Comunista da Alemanha. Em 1º de janeiro de 1918, "organizaram" um levante em Berlim. Talvez fossem sagazes mesmo, mas não tinham nenhuma aptidão para planejamento prático. Luxemburgo não fez nada para deter a empreitada, apesar de ter dúvidas bem-fundadas. O governo recorreu às forças irregulares, os *Freikorps*, ávidas para se vingarem de inimigos do espírito patriótico. A insurreição foi um fiasco; seus líderes, caçados até a morte, e o corpo de Rosa Luxemburgo, abandonado do lado de fora do jardim zoológico.[95]

Os comunistas húngaros tiveram mais sorte. O armistício de novembro significou um golpe definitivo à monarquia dos Habsburgos e o grande Estado multinacional desmoronou. A Hungria reivindicou independência, antecipando-se ao acordo de paz, que estava prestes a ser imposto pelas potências vitoriosas. Instalou-se um governo provisório em Budapeste sob a liderança do conde Mihály Károlyi. Ficou estabelecido que os húngaros governariam a Hungria sem interferência estrangeira. O gabinete governamental enfrentou problemas gigantescos no esforço de manter a ordem pública e o abastecimento alimentar. Porém, suas chances de sucesso eram nulas, mesmo porque a intenção dos Aliados de efetuar uma drástica redução do território húngaro era sabida por todos[96] — e os comunistas, ainda que poucos deles, ganharam destaque ao se opor ao que estava sendo planejado. O povo húngaro fora seriamente ofendido pelo plano de redução do território da Hungria a um terço de seu tamanho original, com a cessão de terras à Romênia, Checoslováquia e Iugoslávia. A devastação econômica piorou a situação. Károlyi renunciou, juntamente com os ministros, em 20 de março de 1919. Foi nesse dia que os franceses enviaram um comunicado ao governo húngaro exigindo a retirada subsequente de suas tropas, o que tornou sua permanência no cargo insustentável. Károlyi esperava que

REVOLUÇÕES EUROPEIAS

um governo formado por sociais-democratas assumisse o poder. No dia seguinte, porém, soube que os sociais-democratas haviam feito um acordo com os comunistas para formar uma coalizão: ambos os partidos estavam determinados a resistir às humilhantes condições de paz formuladas pelos Aliados.[97]

Embora os sociais-democratas houvessem tomado a iniciativa, foram Béla Kun e os comunistas que alimentaram a força propulsora do movimento. A Hungria estava prestes a ser engolfada num turbilhão revolucionário. Sob o amparo de uma coalizão política de esquerda, o Partido Comunista Húngaro mostrou-se resoluto em sua ambição de causar um impacto político. Se houve algum revolucionário comunista que perdeu o juízo, esse foi Béla Kun. Lenin levou meses para escancarar os portões e soltar o seu Terror Vermelho; Kun, porém, fez isso em seu primeiro dia no poder. Filho de um tabelião judeu, fora parar na área do jornalismo e da militância política antes de ser recrutado para o exército do Império Austro-Húngaro na Primeira Guerra Mundial, durante a qual caiu como prisioneiro dos russos, em 1916. Foi libertado quando os bolcheviques tomaram o poder, aos quais ofereceu prontamente seus serviços como propagandista no idioma húngaro. O Partido Bolchevique o tinha enviado de volta para a Hungria depois do desmantelamento militar das Potências Centrais, em novembro de 1918. Seu ódio pelo antigo regime era feroz. As fogueiras que ardiam no país foram espevitadas por sua experiência em sua volta para Budapeste, onde foi preso e surrado pelos carcereiros. Ao ser solto, ainda exibia as cicatrizes dos ferimentos que sofrera na cabeça.[98] No entanto, seu otimismo permaneceu incólume. A admiração de Kun pelo sistema soviético, tal como ele se apresentava em seu desdobramento durante a guerra civil, era ilimitada. Baixo e troncudo, queria ser o Lenin da Hungria.

"O comunismo", disse ele aos visitantes da Comissão Federal de Ajuda Humanitária Americana em julho de 1919, "me parece alcançável na prática, com o passar do tempo, e acabaremos conseguindo triunfar nisso. Na Hungria, o sistema está cada vez melhor".[99] Ele afirmou isso quando a fome, o caos governamental e a corrupção nunca haviam sido tão grandes e num momento em que era intensa a resistência popular a seu governo. A solução de Kun para o problema era que os Aliados suspendessem o bloqueio econômico e lhes enviassem matérias-primas para a recuperação do país. Ao mesmo tempo, deixou entrever seu desejo de formar uma liga comunista com a Áustria, Boêmia, Alemanha, Itália e Rússia. Com certeza, ele sabia que as potências capitalistas não achariam isso atraente. Então lançou mão de outro estratagema: "Quanto a mim, levando em conta a política atual, sou socialista, e não comunista." Ele ponderou que só tinha

EXPERIÊNCIA

permitido que seu partido se denominasse comunista para que ficasse clara a distinção entre seus membros e os sociais-democratas da ala direita dos comunistas alemães, como Philipp Scheidemann.[100] Se ele achou que esse astucioso subterfúgio confundiria as autoridades governamentais americanas, estava redondamente enganado. Já outros visitantes ele conseguiu iludir. Por exemplo, ele disse a Alice Riggs Hunt, inglesa curiosa e questionadora, que seu governo havia libertado os muitos presos políticos sem lhes causar um arranhão sequer — e Hunt repassou essa mentira ao governo de seu país ao voltar para Londres.[101]

De gosto apurado, os comunistas húngaros gostavam de imagens simbólicas e do culto à elegância exterior. Tanto que, além de hastearem a bandeira vermelha sobre o palácio imperial, mudaram o nome do Grand Hotel Hungaria, onde as famílias dos Comissários do Povo se hospedavam, para Casa dos Sovietes.[102] Faziam apelos aos trabalhadores e a camponeses pobres em discursos, cartazes e panfletos. Béla Kun e o jovem Mátyás Rákosi eram oradores notáveis. Foram eles que anunciaram o fim da era capitalista em Budapeste. No país, todos passaram a chamar uns aos outros de "camaradas". Carregadores e porteiros de hotéis foram instruídos a recusar gorjetas e dizer aos visitantes estrangeiros que eles recebiam salário digno. Donas de casa foram oficialmente reconhecidas como parte integrante da classe trabalhadora. Além de tomarem os cinemas e os teatros de seus legítimos donos, deram 90 por cento de seus ingressos aos sindicatos, de forma que fossem distribuídos entre seus membros, e anteciparam as sessões de espetáculos e exibições para as 17 horas, de modo que os operários pudessem frequentar essas casas após seus turnos de trabalho.[103]

A realidade veiculada pela propaganda comunista era uma verdadeira fantasia: as reais condições de vida e sobrevivência na Hungria eram péssimas. Embora Kun estivesse certo ao dizer que a maioria das pessoas queria mudanças sociais e econômicas, elas não endossavam o extremismo dos Sovietes de Budapeste. O que elas menos queriam era uma guerra civil, e poucas conseguiam entender por que os comunas diziam ser necessário, assim que o governo dos Habsburgos fosse desmantelado, a instituição de uma ditadura. A proclamação de uma república soviética havia posto a Hungria de quarentena: os Aliados lhe impuseram um bloqueio econômico. Os soldados de Kun aumentaram o isolamento do país atirando contra navios que trafegavam pelo Danúbio.[104] Os americanos teriam ficado contentes em verem as forças aliadas derrubarem Kun do poder, porém acharam que isso deveria ser feito por exércitos europeus, sem a ajuda deles. O comandante francês, marechal Foch, calculou que precisariam de 350 mil soldados para realizar o feito, mas isso não era politicamente exequível

REVOLUÇÕES EUROPEIAS

na época. Já na opinião de uma das autoridades americanas da comissão de ajuda humanitária, "um batalhão e uma corneta sob os auspícios da Stars and Stripes" seriam suficientes.[105] A Hungria foi abandonada à própria sorte, já que, pelo visto, os britânicos e os franceses achavam que uma contrarrevolução interna eclodiria em breve e daria um fim ao bolchevismo em Budapeste.

Os comunistas húngaros nutriam o desejo de levar a fermentação ideológico-revolucionária para além de suas fronteiras. Viena já fervilhava num caldeirão de conflitos políticos. As agências de segurança nacional austríacas alegavam haver descoberto o plano secreto de Kun para ocupar Viena.[106] Na verdade, esse plano não existia, mas o governo austríaco tinha motivos para esconder uma preocupação geral em relação ao próprio país. Além do mais, a essa altura, organizações da extrema-esquerda socialista operavam na Itália e na Checoslováquia. As forças aliadas do Ocidente estavam preocupadas com a possibilidade de que o contágio revolucionário chegasse aos seus países. O próprio Kun enviou parte de suas forças militares à Eslováquia, onde vivia uma grande minoria de húngaros. Ele estava procurando toda chance possível para expandir a zona de problemas que os aliados tinham que enfrentar. Via rádio, Kun mantinha contatos estreitos e diretos com Lenin, em Moscou, e com Trotski, em campanha, e começou a implorar que lhe enviassem tropas do contingente do Exército Vermelho estacionado na Ucrânia.[107] (Mal sabia Kun que os americanos baseados em Viena estavam interceptando suas mensagens.)[108] Sem dúvida, se o Exército Vermelho ainda não estivesse enredado no cipoal de conflitos da guerra civil soviética, os bolcheviques o teriam mobilizado para ajudar Kun.[109] Mas também Lenin teria obrigado Kun a obedecê-lo: ele não via sentido em políticas que provocavam manifestações de resistência que podiam ser evitadas. Isso seria como o roto rir do esfarrapado, porquanto, evidentemente, era mais fácil para Lenin identificar "aventureirismo" comunista em outros países do que no seu, e tal continuou sendo o caso em relação aos conselhos dados pelos soviéticos a outros países após sua morte.[110]

A falta de gêneros alimentícios na Hungria se agravou. À medida que proprietários de minas de carvão e fábricas têxteis foram desapossados de seus patrimônios, os índices das atividades industriais despencaram e os financiamentos voltados para as obras de reconstrução do pós-guerra desapareceram. A reforma agrária agradou aos camponeses, que se apoderaram das propriedades de seus senhorios. Entretanto, eles detestaram ter sido obrigados a entregar ao governo, após o longo inverno de 1918-19, quaisquer estoques de produtos agrícolas que tivessem em seu poder; ressentiram-se também da decisão de Kun de transformar as grandes propriedades rurais em fazendas coletivas. Com isso, as rebeliões proliferaram.

EXPERIÊNCIA

O governo revolucionário reagiu intensificando a política de terror em massa. Tibor Szamuely criou um esquadrão chamado os Garotos de Lenin e marchou à frente deles para debelar as rebeliões no campo; sua extravagância repressiva deixou até Kun horrorizado.[111]

A principal dificuldade para Kun era a situação internacional. Em abril, as forças húngaras, comandadas por oficiais militares outrora a serviço dos Habsburgos, mas atuando agora sob o olhar atento dos comissários políticos, rechaçaram os invasores romenos e checos.[112] Kun obrigou prisioneiros checos a marcharem pelas ruas da capital para exibir a eficiência militar do regime.[113] Em julho, ele retomou a campanha contra os romenos e ficou impressionado com a metódica disciplina do Estado-Maior Geral, o qual ele comparou favoravelmente com a do Exército Vermelho na União Soviética. Todavia, quando se queixou de questões nacionalistas, disseram-lhe com firmeza que os recrutas somente combateriam sob os auspícios das cores e da bandeira de seu país, e não sob o patrocínio da bandeira vermelha do comunismo.[114] A essa altura, ele estava tão desesperado que recuou em suas pretensões. Mas isso não fez nenhuma diferença. Soldados romenos conquistaram os territórios setentrionais do Estado húngaro, então já bastante reduzido. Ademais, revoltas camponesas obrigavam as forças do Exército Vermelho a se concentrarem em outras frentes de batalha e, diante dos abusos e da ineficiência dos comunistas, aumentou o descontentamento das populações urbanas. Enquanto isso, os romenos prosseguiram em seu avanço e ocuparam Budapeste em 4 de agosto. Esbulharam grande parte do trigo, açúcar, remédios e equipamentos ferroviários, provocando fome no país.[115] Somente uma intervenção política dos aliados do Ocidente salvou a Hungria da ruína total. A República Soviética da Hungria desabou sobre uma poça de sangue e humilhação.

Kun fugiu às pressas para a Áustria e depois se refugiou na União Soviética. Szamuely não teve tanta sorte — foi morto a tiros na fronteira com a Áustria durante a fuga. Comunistas conhecidos foram presos e executados numa operação de Terror Branco* iniciada pelos romenos e concluída pelo governo húngaro, chefiada pelo almirante Miklós Horthy. Kun ficara no poder por apenas 133 dias.

---

* Em geral, a expressão Terror Branco se refere a atos de violência executados por grupos reacionários (geralmente monarquistas ou conservadores) como parte de uma contrarrevolução. Em particular, durante o século 20, em diversos países a expressão Terror Branco foi aplicada a atos de violência contra socialistas e comunistas reais ou suspeitos. (N. T.)

REVOLUÇÕES EUROPEIAS

No entanto, esse curto tempo de permanência no poder foi maior do que o conseguido pelos líderes da República Soviética da Baviera. Munique, a capital da Baviera, teve sua parcela de dissabores na humilhação nacional, desemprego em massa e falta de gêneros alimentícios, sofrida pela Alemanha logo depois da guerra. A situação foi agravada pela incerteza sobre o tratado de paz que lhe seria imposto. Ademais, corriam rumores de que o território da Alemanha seria dividido e que transformariam a Baviera num Estado independente ou, de certa forma, amalgamado com a Áustria. Greves, manifestações de protesto e conselhos eleitos por trabalhadores (*Räte*) se alastraram para Munique, com sua grande base industrial. A partir de novembro de 1918, Kurt Eisner tornou-se o primeiro-ministro, crítico de teatro judeu e líder do Partido Social-Democrata Independente na Baviera. Eisner dançava, conforme a música doutrinária, entre as facções de seu partido, e embora, em conversas particulares, houvesse assegurado que se oporia a medidas de feitio comunista, era amplamente detestado em outros círculos políticos, onde o tinham como extremista vermelho.[116] Em 21 de fevereiro de 1919, um jovem aristocrata da extrema-direita o assassinou, fato que provocou tumultos nas ruas de Munique. O Conselho dos Trabalhadores, estabelecido semanas antes, resolveu assumir o poder. A morte de Eisner removeu o último obstáculo para a subida dos comunistas locais ao poder. Em 7 de abril, proclamaram a República Soviética da Baviera.

O líder comunista era um tal de Max Levien, que se tornou ainda mais amplamente detestado do que Eisner. Levien, tal como muitos da liderança da República Soviética da Baviera, provinha de uma família judia. Mas o extraordinário era que ele não vivera na Alemanha durante a maior parte de sua vida. Tinha sido criado na Rússia, donde partira para a Europa Central em 1906, quando as coisas ficaram difíceis para os militantes revolucionários. Enquanto estudava zoologia em Zurique, manteve contato com políticos da extrema-esquerda.[117] Recebeu a Revolução de Outubro, na Rússia, com entusiasmo. Ele e seu companheiro político Eugen Leviné haviam se oposto à participação da Alemanha na Grande Guerra e desprezavam o Partido Social-Democrata da Alemanha. Sonhavam em criar uma república soviética na Baviera. A oportunidade para fazer uma revolução socialista surgiu em suas vidas de repente e, a partir de então, traçaram o objetivo de igualar Lenin em seu esforço para abraçá-la. Assim como os bolcheviques, eram ótimos em baixar decretos. Assim, o porte de armas por qualquer pessoa que não fosse integrante do Conselho dos Trabalhadores foi proibido. Grandes fábricas passaram a ser propriedade do Estado. Levien enviou um telegrama a Moscou dando as boas-novas, informando que a revolução havia eclodido nas terras germânicas, e Lenin enviou uma resposta para lhe

EXPERIÊNCIA

dar os parabéns. Aparentemente, a grande "revolução socialista europeia" começara no país onde a primeira eclosão do fenômeno nessa parte do continente fora prevista.

Entretanto, embora Munique tivesse algumas indústrias pesadas e uma grande classe proletária, tinha também muitas pessoas que odiavam o comunismo. O antissemitismo era forte no seio do clero, da classe média urbana e dos camponeses. Em rememorações de certos episódios da época, o núncio apostólico Eugenio Pacelli, que mais tarde se tornaria o papa Pio XII, observou que vira "uma turma de mulheres jovens de aparência duvidosa, judia, como todas as demais [...] com uma atitude provocadora e sorrisos sugestivos"; notou que Levien era "um homem jovem, na faixa dos 30, 35 anos de idade, também russo e judeu. Pálido, sujo, com olhos inexpressivos, voz rouca, vulgar, repulsivo, com um semblante ao mesmo tempo inteligente e dissimulado".[118] Pacelli dá uma amostra da atitude anticomunista convencional de seu tempo. Para ele, comunistas eram judeus fanáticos e asquerosos e Munique tinha que ficar livre deles.

As chances de Levien e seus camaradas conseguirem se consolidar no poder não pareciam menores do que as dos bolcheviques na Rússia de 1917. Eram homens atraídos das profissões mais comuns, das quais o jornalismo era a opção preferida. Entre eles havia oradores notáveis e, no caso de Ernst Toller, um excelente escritor. Sentiam-se estimulados por acreditar que a história estava do lado deles. Chegaram a afirmar que as autoridades militares, econômicas e religiosas do governo imperial eram corresponsáveis pela morte de milhões de seus compatriotas. Viam o "proletariado" da capital bávara como mais que suficiente para enfrentar o desafio representado pelas forças contrarrevolucionárias. Todavia, em outros aspectos, assim como Béla Kun, ficavam muito aquém dos bolcheviques de Lenin, até porque o aço de seu fervor revolucionário não tinha a têmpera de décadas de perseguição estatal e atividades políticas clandestinas. Tanto que, quando chegaram os momentos mais difíceis e decisivos, mostraram que não dispunham das armas da resistência física e psicológica que poderiam ter obtido nas provações extremas. As linhas das redes de sua organização eram novas e frágeis; suas metas para o futuro da Baviera, obscuras. Tinham ligações superficiais com socialistas de outras partes da Alemanha e da Áustria. Ademais, sem refletir muito sobre a questão, presumiram que, se um discurso fosse bem recebido num comício de trabalhadores, a realização de uma revolução seria simples e fácil.

O desemprego se generalizava. O número de crimes aumentou muito depois que libertaram prisioneiros comuns da prisão. Nesse ínterim, a liderança do conselho assumiu o controle absoluto da economia. Como ela

REVOLUÇOES EUROPEIAS

fechou as portas de todas as lojas de Munique, Leviné, quando foi comprar flores para a esposa, não achou nenhum estabelecimento aberto.[119] A mistura de crueldade, incompetência e insensatez prosseguiu mesmo depois que Levien e Leviné tiraram o desarrazoado Toller do caminho. Mas Toller não se importou com isso; ele vestiu um uniforme de soldado e anunciou que estava disposto a morrer nas fileiras das forças revolucionárias sob a liderança deles: ele adorava tomar decisões grandiosas, explicou.[120] O ministro das Relações Exteriores, dr. Lipp, tentou conseguir emprestadas sessenta locomotivas da Suíça. Quando as autoridades suíças se recusaram a atender ao seu pedido, Lipp declarou guerra à Suíça. Enquanto isso, Levien e Leviné ordenaram a criação de um Exército Vermelho e tentaram fortalecer os laços com a Hungria e a Rússia soviéticas.[121]

A chance de sucesso deles era pequena. Unidades dos *Freikorps* haviam se reunido em Bamberg, no norte da Baviera. O governo alemão em Berlim buscava pôr um fim na República Soviética, e Gustav Noske, seu ministro da Defesa, já tinha feito vista grossa para os excessos militares cometidos contra os espartaquistas.[122] Quando, em maio, tropas regulares alcançaram Munique, correu a notícia de um massacre de dez prisioneiros políticos nas mãos de apoiadores do conselho. A retaliação foi brutal. Em números oficiais, seiscentos comunistas e simpatizantes foram mortos, mas talvez isso tenha sido quase a metade dos números reais. Levien conseguiu escapar. Leviné, todavia, se manteve em seu posto, apesar de saber que era inútil continuar resistindo. Em seu julgamento, declarou: "Nós, comunistas, somos todos homens mortos [ainda gozando] de licença", aguardando execução.[123] Toller, que passava o tempo publicando uma carta aberta dirigida "aos jovens de todas as nações",[124] escapou de uma punição mais séria, porém foi condenado a uma longa pena de prisão. O uso que Noske fez de suas forças regulares e de unidades armadas da extrema-direita política se revelara altamente eficaz. Do início ao fim, a República Soviética da Baviera não passou de uma aventura desastrada. Quando os comunistas russos descobriram como Levien e Leviné haviam se comportado, não houve nenhum entusiasmo em Moscou para festejá-los como heróis revolucionários.

Enquanto isso, revoltas começavam a espocar simultaneamente no norte da Itália. Fábricas em Turim e Milão eram focos de agitação da extrema-esquerda. Greves e manifestações de protesto paralisaram a produção industrial. O Partido Socialista Italiano estava sendo dilacerado por disputas sectaristas, enquanto os radicais eram atraídos e induzidos por forças externas a abandoná-lo para formar seus próprios partidos comunistas. Isso ocorreu com frequência em 1921. Entre os defensores de ações revolucionárias armadas, estava o jovem militante siciliano

EXPERIÊNCIA

Antonio Gramsci. Tal como seus companheiros, sentiu-se atraído pelo que soubera a respeito da Revolução de Outubro. Gramsci era o editor do *L'Ordine Nuovo* ("A Nova Ordem"), em Turim. Acolheu com prazer os conselhos de fábricas eleitos pelos operários da cidade do verão de 1919 até o fim de 1920. Tinha-se a impressão de que o norte da Itália seguiria o mesmo caminho trilhado pela Hungria e pela Baviera — e talvez com mais sucesso em favor do comunismo.

Nessa época, a guerra civil na Rússia havia terminado e Lenin queria aproveitar toda oportunidade para engendrar a "revolução socialista europeia". Durante o ano de 1919, ocorreram conflitos esporádicos entre as forças polonesas e soviéticas. Ainda era necessário consolidar fronteiras e Estados a leste de Varsóvia. A Conferência de Paz em Paris se limitou a decisões cujas deliberações pudessem ser prontamente impostas. Os Tratados de Versalhes, St. Germain, Trianon e Sèvres, firmados entre junho de 1919 e agosto de 1920, decidiram o destino das terras do Império Germânico, da monarquia dos Habsburgos e do Império Otomano. Em todo caso, relações russo-polonesas estavam fora dos termos de referência da Conferência de Paris. O comandante do exército polonês Józef Pilsudski, que já dominava a política de seu país, estava ansioso por uma oportunidade para tornar a Polônia mais segura, formando uma federação com a Ucrânia. Naturalmente, isso envolvia uma operação de conquista preliminar. Depois de um dos frequentes conflitos de fronteira na primavera de 1920, ele anunciou essa ambição e mobilizou suas tropas. O sucesso foi imediato. Em 7 de maio, seus soldados marcharam sobre Kiev. A mobilização das tropas polonesas foi tão rápida que os soldados do Exército Vermelho, parados em pontos de ônibus, à espera de condução, a fim de seguirem para o trabalho, ficaram surpresos. Os Vermelhos, porém, se recuperaram e arregimentaram recrutas entre muitos russos e ucranianos — inclusive entre antigos oficiais militares do império — que se sentiram instigados a atender ao apelo de repelir as tradicionais forças inimigas da nação. Pilsudski bateu em retirada, com seus sonhos expansionistas em frangalhos.[125]

Lenin ficou exultante. Finalmente, acreditou, ele poderia iniciar "uma guerra revolucionária". Desde o Tratado de Brest-Litovsk, ele prometera que, se algum dia o Exército Vermelho se tornasse forte o bastante, ele o lançaria contra o Ocidente. O propósito dessa mobilização militar seria o de uma revolução política, e não de conquista territorial. Ele tinha a Alemanha em mira, e não apenas a Polônia. Com atitudes intimidatórias, Lenin enfrentou os camaradas que duvidavam que as forças Vermelhas fossem suficientemente fortes. Entre eles, havia líderes que, ao contrário de Lenin, tinham experiência militar. No Politburo, tanto Trotski quanto Stalin se opuseram

REVOLUÇÕES EUROPEIAS

à ideia. Mas eles estavam em campanha militar e longe de Moscou, ao passo que Lenin se mantinha no controle das alavancas do poder, no Kremlin. Portanto, conseguiu persuadir todos a aceitar sua visão. Contudo, em pouco tempo, comandantes do Exército Vermelho e comissários políticos envolvidos no serviço ativo foram brutalmente desiludidos, já que os trabalhadores e camponeses poloneses não se sublevaram contra os donos de fábricas, padres, proprietários de terras e, ao contrário do esperado, cerraram fileiras com Pilsudski. Enquanto isso, os Vermelhos adotaram uma estratégia confusa, que foi agravada pela arrogância e indisciplina de Stalin. Foram detidos abruptamente em seu avanço sobre Varsóvia e acabaram sendo derrotados na Batalha de Vístula. Mas essa não foi a única razão do desânimo dos comunistas. O governo italiano suprimira a ação dos rebeldes em Turim antes que conseguissem conquistar a cidade. Gramsci e seus camaradas continuaram em liberdade, porém sua revolução terminou antes mesmo de começar. O comunismo fora esmagado em ambas as extremidades da Europa.

O quadro das perspectivas geopolíticas de Lenin despedaçou-se. Embora ele fosse alguém que raramente admitia os próprios erros, dessa vez fez um esforço e apresentou uma espécie de semidesculpa — porém, ao mesmo tempo, deixou que Stalin assumisse o grosso da culpa.[126] Foi uma situação muito diferente da existente algumas semanas antes, quando ambos trocaram considerações sobre a melhor forma de organizar os Estados europeus após sua "sovietização". Lenin planejara expandir a federação dos estados soviéticos para o Ocidente, de forma que abrangesse a Polônia, a Alemanha e outras terras "libertadas" do continente. Stalin, apesar de haver viajado pouco pelo exterior, achou isso inviável. Não conseguia imaginar a possibilidade de alemães ou poloneses sentindo-se confortáveis numa vida dentro de um Estado criado e governado pelos russos. A solução proposta por ele era a criação de duas vastas e fraternas federações, lideradas pela Rússia soviética e pela Alemanha. Assim, iniciou-se o costumeiro duelo por meio de telegramas. Enquanto Lenin fuzilava verbalmente os planos de Stalin de abandonar o internacionalismo autêntico, Stalin revidava o fogo "amigo" exprobando a atitude de Lenin de subestimar as suscetibilidades dos nacionais.[127]

A política externa da Rússia soviética sofreu uma mudança brusca no outono de 1920. Os russos buscaram um acordo de paz com a Polônia e assinaram um tratado em Riga, em março de 1921. Lenin disse ao partido que o Exército Vermelho, pelo menos a curto prazo, não tentaria exportar a revolução com baionetas. Os comunistas russos estavam com sorte. Desde

EXPERIÊNCIA

o fim de 1919, a França e o Reino Unido haviam decidido que não realizariam ações militares contra a Rússia soviética, já que franceses e britânicos precisavam enfrentar terríveis esforços de recuperação econômica e teriam acirrado a oposição de seus próprios partidos socialistas e sindicatos se tivessem instigado, entre seus cidadãos, uma cruzada antissoviética. Além disso, havia certa pendência entre russos e franceses, que se ressentiam da decisão unilateral dos russos de anular os débitos contraídos pelos governos de Nicolau II e Alexander Kerenski. O primeiro-ministro Georges Clemenceau declarou que os franceses bloqueariam qualquer tentativa de reconciliação com Moscou até que os russos honrassem seus compromissos financeiros. Mas o governo britânico estava sendo pressionado pelos círculos industriais e comerciais a restabelecer as relações comerciais com a Rússia.[128] Isso convinha ao primeiro-ministro David Lloyd George, que acreditava que o fanatismo soviético seria anestesiado por uma dose de capitalismo injetada nas veias do povo russo pelo comércio exterior. Assim, um acordo comercial anglo-soviético foi assinado em Londres em março de 1921 e Lenin teve de prometer que desistiria de espalhar sua propaganda subversiva pelo Império Britânico.[129] Em troca, a URSS conseguiria derruir os muros do próprio isolamento e recuperar sua arruinada economia. Até que a fase da "estabilização econômica" fosse superada e até que reaparecesse um novo "clima revolucionário" na Europa, isso era o melhor que Lenin e Trotski podiam esperar em relação ao desenvolvimento de seus planos imediatos.

O governo britânico, cedendo a pressões dos franceses, rejeitou uma reconciliação mais profunda com a Rússia na Conferência de Gênova, em abril de 1922. Lenin determinou que Georgy Chicherin, na condição de Comissário das Relações Exteriores do Povo, tentasse conseguir um acordo com a Alemanha. Isso foi feito com o máximo de sigilo em Rapallo, localidade situada a alguns quilômetros de distância, na parte sul do litoral. (Na verdade, o hotel onde eles se encontraram ficava mais para o norte, na próspera cidade de Margherita.) Nesse local, as duas ovelhas negras do rebanho europeu — a URSS e a República de Weimar — assinaram um tratado. Na parte do acordo acessível ao público, via-se que ficara estabelecido o objetivo de se estabelecer o comércio externo em larga escala entre os dois países. Já em sua parte sigilosa, os russos davam aos alemães a oportunidade de realizar treinamentos militares secretos em solo soviético, embora esse não fosse o resultado geoestratégico esperado outrora pelos bolcheviques, mas era melhor do que outras alternativas. Com isso, a República Soviética poderia prosseguir com seu processo de consolidação política e a recuperação de sua economia. No entanto, os comunistas russos e europeus

REVOLUÇÕES EUROPEIAS

continuavam confiantes de que testemunhariam o advento da "revolução socialista europeia" antes de morrerem.

Enquanto isso, no início de 1921, Béla Kun continuava aprontando das suas em Berlim, poucas semanas antes de os acordos terem sido assinados com a Polônia e a Grã-Bretanha. Ele tinha sido enviado para lá, aparentemente sem o conhecimento de Lenin, com instruções de Zinoviev e Radek que permanecem obscuras até hoje. Todavia, o que está claro é que, ao chegar lá, ele promoveu agitações para um levante dos comunistas alemães contra o governo. Logo depois de comandar um massacre de oficiais do Exército Branco na Crimeia, Kun ignorou as sensatas objeções de seus camaradas alemães Clara Zetkin e Paul Levi às suas convocações insurrecionais. Os traços mais marcantes de sua personalidade estavam no auge de suas manifestações: bravatas retóricas, planos improvisados, malfeitos e presunção. Nos últimos dias do mês de março, o levante não teve o apoio do "proletariado" de Berlim e foi rapidamente sufocado pela polícia e pelo exército: 145 insurretos foram mortos. Kun fugiu para os braços de Lenin em Moscou, onde enfrentaria o severo julgamento do líder soviético.[130] Nesse ínterim, por toda a Europa os borralhos da conflagração revolucionária esfriavam. Mesmo assim, Lenin e seus camaradas não desistiram. Eles acreditavam que o "sistema de Versalhes", que para eles significava a solução completa das questões internacionais segundo os interesses dos mandatários da Conferência de Paz de Paris, havia transmitido germes de transtorno e desmantelamento do sistema capitalista aos assuntos europeus — e presumiam que, mais cedo ou mais tarde, a Alemanha se rebelaria contra a própria "escravização". Assim, o Comintern foi acusado de incompetência em questões práticas, e não de falta elementar de discernimento.

Em outubro de 1923, outra tentativa de provocar um levante comunista foi feita na Alemanha por ordem de Zinoviev. Porém, mais uma vez, a avaliação de questões políticas e o planejamento do processo revolucionário foram deploráveis. Zinoviev agiu movido pela ideia sentimentalista de realizar a ação revolucionária no aniversário da tomada do poder pelos bolcheviques e a empreitada acabou resultando em verdadeiro fiasco, fácil de prever, por sinal. É possível que ele tenha desejado provar suas qualidades de revolucionário enquanto a disputa pela sucessão de Lenin se intensificava. Stalin foi o único líder soviético a manifestar ceticismo em relação ao plano de sedição, mas notícias de turbulenta agitação da classe trabalhadora alemã acabaram persuadindo-o a abraçá-lo. O Politburo, inclusive Trotski, apoiou a tentativa.[131] Todavia, mais uma vez o resultado foi um desastre: os insurretos foram esmagadas pelas forças policial e militar. Lenin, caso sua saúde tivesse permitido, gastaria todo o seu latim sarcástico com eles

EXPERIÊNCIA

por haverem superado Kun na gestão do processo revolucionário de forma tão crassa. Os fiascos comunistas de 1921 e 1923 na Alemanha geraram uma consequência inusitada e salutar no Comintern: eles demonstraram que iniciativas revolucionárias fora da Rússia tinham que ser realizadas com extremo cuidado, pelo menos durante algum tempo. Foi uma lição que aprenderam com o derramamento de sangue da classe operária na Hungria, Itália e Alemanha.

8. O COMUNISMO E SEUS DESCONTENTES

As revoltas contra os bolcheviques em 1920-1921 haviam infernizado a vida dos comunistas soviéticos. Trabalhadores, camponeses, soldados e marinheiros ficaram furiosos com eles. As pessoas estavam fartas de mobilizações comunistas e irritadas com o confisco de grãos, bem como convictas de que era necessária uma mudança fundamental no sistema político. Sentiam uma falta imensa das liberdades da Revolução de Fevereiro. Introduzida na primavera de 1921, a Nova Política Econômica (NEP) foi o mínimo de concessão necessária para que o partido se mantivesse no poder; qualquer outro governo em Moscou teria concedido muito mais.

Apesar disso, Lenin e o Politburo conseguiram escapar impunes, até porque o regime tinha uma força superior e coordenava bem a situação. Ademais, haviam reunificado o país territorialmente ou, nas palavras dos russos, tinham "reagrupado as terras" e tiravam proveito do senso de fatalismo de milhões de pessoas que haviam sido oprimidas durante séculos. Breves explosões de rebeldia popular entremearam-se com longos intervalos de carrancuda complacência por parte dos figurões do poder político central. Contudo, as autoridades exploraram essa situação. Lenin foi transformado em herói oficial, embora sua saúde se houvesse fragilizado após um ataque cardíaco em 1922. Enquanto se preparava para uma morte prematura, ficou preocupado com a questão de quem poderia sucedê-lo. Em seu testamento confidencial, ele deu sinais de que nenhum de seus companheiros estava à altura da tarefa. No entanto, ao escolher Trotski e Stalin como os mais prováveis para realizar o feito, ele os criticou por cometerem exageros no exercício do poder. Isso foi de uma hipocrisia gritante, já que veio de um líder que mergulhara seu país num fundo caldeirão de despotismo e terror estatal. Ele receava que, caso Trotski e Stalin competissem entre si pelo cargo sucessório, isso provocasse uma cisão no partido. Confiante no avanço do processo revolucionário somente quando tinha o controle das rédeas do poder, Lenin achava que não estava deixando estruturas e práticas suficientemente fortalecidas para perdurarem sem ele.

Mesmo acamado e doente, discutia com Stalin, criticando-o arduamente por querer enfraquecer o monopólio estatal com a prática de comércio

EXPERIÊNCIA

exterior. Acusou Stalin de que, apesar de ser georgiano, estava agindo como um "grande russo chauvinista" em relação à Geórgia. Na visão dele, Stalin, como secretário-geral do partido, havia lançado mão de métodos burocráticos e autoritários. Na verdade, os dois não discordavam quanto a questões fundamentais. Mas Lenin ficara irritado com a atitude ofensiva de Stalin. Além do mais, estava mentalmente esgotado por causa da doença e do aborrecimento resultante do fato de que o outro se recusava a dar mostras de obediência imediata. Ele sugeriu que Stalin fosse destituído do cargo de secretário-geral.[132]

Após a sua morte, em 21 de janeiro de 1924, Lenin não teve seu desejo atendido. Seu corpo tornou-se objeto de veneração num mausoléu construído na Praça Vermelha, em Moscou, e Stalin se estabeleceu como o principal sacerdote do novo culto. Seguiu-se uma disputa sectarista. Já haviam enfrentado problemas desse tipo no ano anterior, quando Trotski e a Oposição de Esquerda fizeram objeções à redução do crescimento de investimentos industriais no país durante a vigência da NPE, bem como à contínua "burocratização" do partido. Em sua condição de líderes predominantes, Zinoviev, Kamenev, Stalin e Bukharin rejeitaram as razões de Trotski e o destituíram dos cargos mais importantes no governo. Contudo, em pouco tempo esses mesmos líderes se desentenderam entre si. Zinoviev e Kamenev estavam irritados com o crescente poder de Stalin; acreditavam que, tal como Trotski vinha asseverando, o Politburo estava se afastando do radicalismo comunista na Rússia e no exterior. Sua oposição em Leningrado foi esmagada por Stalin e Bukharin. Apavorados com a situação, Zinoviev e Kamenev recorreram a Trotski e formaram com ele a Oposição Unificada. Mas Stalin e Bukharin não se abalaram com isso. Encheram as reuniões do partido com sectários fiéis dispostos a importunar opositores. Novas nomeações para cargos do aparato governamental passaram a ser feitas com base na fidelidade às diretrizes doutrinárias e políticas do partido. A atuação da imprensa foi rigidamente mantida dentro dos limites dos interesses da maioria do Politburo.

O receio de Lenin em relação ao perigo de uma cisão no partido tinha de fato fundamento. Ele se enganou, porém, sobre a forma pela qual isso ocorreria. Ele achava que Trotski e Stalin deparariam disputas por parte da classe trabalhadora e dos camponeses em busca de predomínios faccionistas. Mas a verdade é que nem Trotski nem Stalin conseguiram atrair um grande número de sequazes fora das fileiras do partido. Trotski fez o melhor que pôde nesse sentido, porém a classe operária se recusou a responder aos seus apelos; já Stalin usou a violência estatal para assegurar

O COMUNISMO E SEUS DESCONTENTES

que nem trabalhadores nem camponeses conseguissem influenciar o curso dos acontecimentos.

O conflito entre facções no Partido Comunista Russo na década de 1920 atingiu um clímax que jamais seria igualado em nenhum outro lugar. Líderes comunistas estrangeiros, ao analisar a história da URSS, tomaram certas precauções, para que as coisas não fugissem ao seu controle. No entanto, não podiam evitar a repetição da experiência soviética em seus países sob certos aspectos. Os bolcheviques russos foram os primeiros a topar com certos obstáculos ou dificuldades. Uma delas foi o despreparo do partido para lidar com suas tarefas revolucionárias. Isso não deveria ter sido nenhuma surpresa. Na época da Revolução de Fevereiro, bolchevistas militantes chegavam, no máximo, a uns poucos milhares. Nos meses subsequentes, porém, o partido cresceu muito. Contudo, após a Revolução de Outubro, muitos desses novos partidários se afastaram dos comunistas, ao passo que outros morreram na guerra civil. Havia uma mudança constante na composição do partido e as circunstâncias não facilitavam a propagação das doutrinas marxistas. As tarefas práticas tinham prioridade sobre as demais. Nem sempre os que se filiavam ao partido se destacavam por sua dedicação aos ideais revolucionários ou até por seus padrões de cultura e sua capacidade para lidar com números. Pesquisas regulares indicavam que o "nível cultural" dos integrantes do partido devia ser motivo de preocupação.[133]

Além disso, ocorriam fenômenos indesejáveis nos escalões superiores do partido. Muitas autoridades do governo comunista eram novatas em matéria de bolchevismo e, como os veteranos das lideranças central e regional não confiavam nelas, costumavam escolher, para ocupar certos cargos fundamentais, membros de um pequeno grupo de "bolcheviques da velha guarda". Isso era feito de forma cabal quando existia necessidade de preencher cargos dos comitês do partido. Mas havia uma grave falta de pessoal administrativo qualificado. Com isso, comunistas recém-admitidos nas fileiras do partido e até não comunistas (bem como, aliás, anticomunistas enrustidos) tinham que ser empossados em cargos do governo e de outras instituições públicas. A liderança central do partido sabia disso e, por receio de ser alvo de críticas em congressos do partido, ocultava informações sobre a extensão do problema. A espinha dorsal do Partido Comunista Russo era formada por homens e mulheres que haviam lutado contra a monarquia dos Romanov. Constituíam uma diminuta parcela de um partido de massas que ainda teria que ser transformado no tipo de organização que desejavam criar. O partido em si era um navio vagando nas águas procelosas de um oceano de hostilidades populares e quase tão ruim para as perspectivas do comunismo era o fato de que, na melhor das hipóteses, a maioria dos trabalhadores se revelava indiferente a ele. O Estado comunista, se quisesse mesmo ser bem-sucedido, precisava de um ambiente de entusiasmo. Mas ele nunca conseguiu converter mais do que uma minoria de pessoas para se dedicar com zelo à causa revolucionária.

Não queremos dizer com isso que os comunistas soviéticos estavam totalmente desprovidos de apoio fora do partido. Com o tempo, muitas pessoas passaram a ver os bolcheviques como modernizadores e até como patriotas, já que, pelo menos aparentemente, havia uma elite governante incondicionalmente compromissada com a competitividade econômica e cultural em âmbito global. O grupo Mudança de Rumo surgiu com Nikolai Ustryalov e exilados políticos russos que atravessaram a fronteira da Rússia com a cidade de Harbin, no norte da China, que adotou a linha revolucionária de que os bolcheviques estavam se afastando, abandonando seu fanatismo original.[134] Ustryalov elogiou Lenin e seus camaradas por haverem "reagrupado as terras" do antigo império e imporem a ordem onde, desde 1917, predominava o caos. Os membros do grupo acreditavam também que o Partido Comunista estava removendo os velhos obstáculos a pessoas talentosas que subiam a escada da ascensão estatal e social. Os bolcheviques eram muito conhecidos como meritocratas. Ao contrário de seus rivais, eram bastante cruéis e competentes para realizar seus objetivos. Sua predileção por planejamentos econômicos era vista por muitos observadores como sinal de que a União Soviética — ou a Rússia em sua última manifestação — conseguiria canalizar suas energias e recursos para a meta de transformar de novo o país numa potência europeia e asiática. Até mesmo pessoas que nunca tinham ouvido falar no grupo Mudança de Rumo nutriam a esperança de que tal análise estivesse correta.

Os próprios comunistas se preocupavam com as tendências em seu partido e procuravam obter informações sobre isso. De acordo com uma pesquisa de 1923, feita pela cidade de Petrogrado, 60 por cento dos membros de seu partido eram "politicamente analfabetos" e somente 8 por cento estavam familiarizados com o marxismo.[135] Tal exatidão demonstrava a seriedade com que buscavam coletar dados inúteis — todos no país sabiam disso, sem que fosse necessário realizar trabalhosas pesquisas. O partido ganhava e perdia membros movidos por motivos equivocados. Novos correligionários o abandonavam quando descobriam que o comunismo não estava cumprindo o idealismo autêntico de anos anteriores. O fenômeno oposto era igualmente equívoco: novos adeptos entravam para o partido na esperança de melhorarem suas próprias condições de vida e as de suas famílias. O carreirismo era um problema impossível de erradicar.

O COMUNISMO E SEUS DESCONTENTES

A maioria dos trabalhadores jamais desejara ter qualquer tipo de vínculo com o Partido Comunista. Embora os bolcheviques tivessem se dado conta de que havia muita hostilidade ou mesmo indiferença em relação a ele antes da Revolução de Outubro, tinham presumido que suas políticas mudariam isso.[136] Mas eles estavam errados. Exaustão física e irritação política por causa do bolchevismo se tornaram um problema grave. Com isso, grupos comunistas dissidentes, tais como o Verdade Operária, lutavam para atrair os descontentes e formar uma sólida força contrária ao regime. Porém, rapidamente, a Cheka dissolveu todas as tentativas. Todavia, a classe trabalhadora se mantinha emburrada, contrariada e hostil nas fábricas e minas, tanto que interrupções da produção continuaram durante a década de 1920. O partido e a polícia acabaram reconhecendo que ruidosos atos de repressão poderiam piorar as coisas e passaram a negociar com líderes grevistas. O plano dessas forças repressoras era abafar a manifestação de descontentamento e mantê-la circunscrita ao local em que ocorria. Os grevistas recebiam promessas de melhoria nas condições de trabalho e salários maiores, enquanto a seus líderes eram dadas garantias de imunidade contra sanções punitivas. Geralmente, isso funcionava. Assim que os trabalhadores encerravam a greve e voltavam ao trabalho, a Cheka sequestrava os que haviam fomentado a contestação e os entregava às autoridades. A ideia era que a decapitação constante da militância produziria uma força de trabalho submissa.[137]

Manifestações de protesto contra a ordem comunista não aconteciam na capital ou em outras cidades, já que, desde 1921, as autoridades controlavam tudo com mão de ferro. No entanto, problemas contra a ordem estabelecida nunca desapareceram de fato. Na verdade, foram exacerbadas pelas promessas utópicas feitas pelo Partido Comunista. Embora, em tom de previsões, houvessem prometido um paraíso operário à população, ninguém que vivia nas degradadas paisagens urbanas ou que mourejava nas fábricas praticamente arruinadas após a guerra civil conseguia acreditar que tal coisa pudesse ser criada num futuro próximo. Apesar disso, o partido continuou a propalar seu compromisso com a "autonomia proletária". Esse conceito nunca foi devidamente definido, mas todos sabiam que implicava algum tipo de governança por parte do proletariado. Só que a realidade era totalmente diferente: o partido e a Cheka dominavam a política. Exortações oficiais para abandonar práticas restritivas no trabalho e para "racionalizar" a produção eram causa de aborrecimento para a maioria das pessoas. Pomposos e empertigados, agentes de governo circulavam por toda parte. O extremado gosto deles por jaquetas de couro e botas pretas — sem falar em seus costumeiros sermões enfadonhos sobre a onisciência do marxismo-leninismo — irritava as "massas laboriosas". Os bolcheviques eram mais insuportáveis do que haviam sido as autoridades antes de 1917. Não raro, baixavam-se decretos dos altos escalões de mando. Moscou imperava, soberana.

Todavia, não conseguiram impor submissão total à classe trabalhadora. A má vontade que havia predominado nos ambientes de trabalho desde a época posterior à Revolução de Fevereiro jamais foi erradicada, pois inexistiam as penalidades das práticas irrestritas do capitalismo e, se quisesse que fossem o farol das realizações socialistas aos olhos do mundo, o regime não podia ameaçar os membros da força de trabalho com demissões. No entanto, tinham falta de técnicos e trabalhadores qualificados. Dessarte, os diretores dos empreendimentos soviéticos tinham que mantê-los no quadro de funcionários.

A *intelligentsia* era outra fonte de problemas para os governantes comunistas. Os bolcheviques chegaram ao poder com quase nenhum membro do partido que fosse atuante nas áreas das ciências humanas, lecionasse em universidades ou realizasse pesquisas científicas. Poucos intelectuais bandearam para o lado comunista na guerra civil. O poeta Vladimir Maiakovski foi uma exceção — mas até ele cometeu suicídio, em abril de 1930. Sem haver tido tempo para criar sua própria geração de jovens escritores, pintores, pensadores, tecnólogos e cientistas, o partido contentou-se em recorrer a "companheiros peregrinos" (tais como eram conhecidos os visitantes estrangeiros simpatizantes do regime soviético). Trotski e Zinoviev promoveram esse tipo de política. Em troca de restrita liberdade de expressão e um estilo de vida privilegiado, seus adeptos tinham que evitar criticar as políticas bolcheviques. Era difícil resistir a esse atrativo. Na década de 1920, eram poucas as instituições privadas para publicações, pesquisas e as oportunidades de fugir para o exterior desapareceram, já que a polícia secreta fechou as fronteiras. Deixar de cooperar com as autoridades resultava em grandes privações e sofrimento.[138] Muitos intelectuais, aliás, acabaram se imbuindo de certa simpatia pelo comunismo, principalmente porque ele defendia o desenvolvimento da educação, das ciências e da indústria. Talvez tenham imaginado também que o Estado comunista moderaria suas tendências repressivas. Ademais, comungavam na esperança do grupo Mudança de Rumo de que os líderes do Politburo acabariam se tornando modernizadores civilizados. Certos bolcheviques, como Kamenev e Bukharin, eram tidos como representantes do lado mais flexível do marxismo-leninismo.

Enquanto isso, o Partido Bolchevique autorizava a prática de algum experimentalismo cultural. Permitiu a formação de uma orquestra sinfônica

O COMUNISMO E SEUS DESCONTENTES 125

que dispensava o emprego de um maestro. Isso foi aprovado na tentativa de alinhar o desenvolvimento da arte musical com uma orientação favorável ao "coletivismo" e à "participação das massas". Maiakovski produziu sua poesia "futurista" com a chancela do partido (embora ele tivesse que explicar seus princípios a Trotski, e Lenin a tivesse detestado). Marc Chagall criou uma escola de belas-artes em Vitebsk — e seu desejo de incluir trabalhadores como alunos o ajudaram a conseguir os recursos de que precisava para criar seus quadros místicos de violinistas, vacas e graciosas jovens nas cidades judias da antiga Zona de Confinamento. Porém, de forma geral os intelectuais não gostavam de ser humilhados. Perseguidos na Rússia imperial, eram tidos como "governo alternativo" tanto pelo imperador quanto pelo povo. Haviam contornado a censura recorrendo a formas de críticas indiretas à ordem estabelecida pelo Estado. Em 1917, tiveram uns poucos meses de liberdade para dizer, escrever ou pintar tudo que quisessem. Portanto, continuaram a alimentar o desejo de atuar como consciência da sociedade. E não era somente a parte artística e erudita da *intelligentsia* que se recusava a aceitar essas condições. Engenheiros, professores, bibliotecários e médicos detestavam a intromissão do Estado em suas vidas profissionais. O comissário mandão e arrogante era uma figura desprezível para eles.

O descontentamento aumentou diante da realidade da espécie de gente que prosperou durante a NPE. As agências secretas haviam reprimido os antigos estratos da classe média na guerra civil. Banqueiros, grandes industriais e proprietários de minas foram eliminados; agora, apareciam apenas como bichos-papões nas histórias em quadrinhos soviéticas. Na década de 1920, o suprassumo do empreendedorismo era o "nepelodita", ostentando seu opulento casaco de pele, gesticulando com seus charutos caros, acariciando a prostituta de luxo da vez. Geralmente, esses indivíduos eram pequenos comerciantes que haviam feito fortuna obtendo em outras regiões produtos de grande escassez. Muitos deles tinham ligações com o submundo do crime e precisavam recorrer a astúcias para evitar cair na rede dos investigadores oficiais. A Cheka realizava frequentes batidas em suas lojas e barracas. No entanto, foram eles que movimentaram as engrenagens do comércio após a guerra civil. Caso os "nepeloditas" tivessem sido sistematicamente suprimidos, a NPE teria sido desmantelada. Contudo, os trabalhadores se perguntavam como era possível conciliar esse estado de coisas com o marxismo-leninismo, já que o objetivo dos revolucionários fora tornar a URSS um "Estado proletário", e não um covil para a criação de "parasitas". O tipo de capitalismo predominante na década de 1920 era movido por malandros atuantes no mercado negro, vigaristas e fraudadores.

Tanto quanto o povo, as autoridades do partido se sentiam incomodadas com a existência deles.

Mas os comunistas desconfiavam também dos camponeses que se mantinham em situação de relativa prosperidade, os quais eram estigmatizados, tachados de cúlaques ("punhos" ou "mãos de vaca"), pois conservavam o restante dos camponeses sob o tacão dominador de seus interesses individualistas. Exploravam outras famílias de seus vilarejos comprando ou alugando suas terras e depois contratando seus membros como trabalhadores. Os bolcheviques os viam como capitalistas em processo de gestação. Fazia muito que os proprietários rurais tinham partido; o cultivo de terras ao feitio camponês era universal, exceto nas fazendas coletivas, pertencentes ao Estado. Contudo, a propriedade coletivista da terra não impediu que alguns camponeses ficassem mais ricos com a volta da economia de mercado.[139]

Os bolcheviques odiavam a economia de mercado, tanto na teoria quanto na prática. Não conseguiram perceber e assimilar seu crescente sucesso com a introdução de novas técnicas de cultivo. Ao mesmo tempo, tinham razão em achar que, quanto mais tempo durasse a NPE, mais as pequenas cidades se afastariam dos objetivos do marxismo-leninismo. O comunismo soviético jamais seria incutido na mente dos camponeses sem a adoção de novas medidas. A riqueza dos camponeses soviéticos, usando como padrão de comparação a dos países ricos, não era riqueza. Em algumas partes do país, aliás, não havia a mínima chance de se lucrar com a agricultura. No norte da Rússia, o solo era pobre e as condições climáticas muito inóspitas. Mas os bolcheviques acharam que tinham uma solução para isso. Eles sempre presumiram que o futuro do país estava na "industrialização" da agricultura soviética. Para os habitantes das áreas rurais, inclusive os chamados cúlaques, tratores eram algo quase desconhecido. (Logicamente, tal ainda era o caso de regiões da Europa e da América do Norte.) Durante séculos, a prática da agricultura no país envolvera pequenos campos de cultivo, arados de madeira e cavalos. Achavam que a tecnologia do avançado Ocidente tinha que ser incorporada às novas fazendas coletivas. Para isso, tinham que tirar as terras dos camponeses. Os inimigos do comunismo instalados nas áreas rurais tinham que ser derrotados. A consolidação de seu status, desde 1921, tinha que ser desfeita.

Vinculada às preocupações do partido sobre desenvolvimento socioeconômico na década de 1920, havia a intensa preocupação da "questão das nacionalidades". A política de concessões aos não russos na área do ensino, da editoração e de recrutamento e seleção havia surtido um efeito totalmente contrário ao esperado. Para grande irritação dos membros do Politburo, os nacionalistas estavam se aproveitando dela. O historiador

O COMUNISMO E SEUS DESCONTENTES   127

de linha conservadora Mykhaylo Hrushevsky dava palestras em Kiev explicando os crônicos maus-tratos dos ucranianos nas mãos do Estado imperialista russo. Bispos georgianos e armênios, bem como imãs azeris, contavam às suas congregações quanto seus ancestrais haviam sofrido tribulações acerbas no passado recente. Essas pessoas mal dissimulavam seus sentimentos antissoviéticos. O OGPU (Diretório Político Unificado do Estado), tal como a Cheka passou a ser conhecida a partir de 1924, apresentava com frequência ao Politburo relatórios sobre os efeitos desestabilizadores do fervor religioso na comunização do país. Os problemas da dissensão política não se restringiam às terras além das fronteiras soviéticas. O trânsito de pessoas e mercadorias continuava, apesar das proibições oficiais. Não era uma dificuldade insuperável para as pessoas viajarem ao exterior sem serem paradas em postos de fiscalização aduaneira. E esse era um problema de mão dupla. Poloneses, turcos e chineses conseguiam entrar na URSS. Os poloneses eram um verdadeiro bicho-papão para a liderança central do partido. Seu receio era de que o governante polaco Józef Pilsudski estivesse enviando agentes secretos à Ucrânia para fomentar problemas. Firmavam-se também na suposição de que conseguiam entrar clandestinamente nas grandes comunidades polonesas de cidadãos soviéticos da república.[140]

Uma causa de preocupação das mais insuspeitadas seria encontrada também no próprio Partido Comunista. Autoridades bolcheviques, principalmente as dos escalões inferiores, davam preferência a seus compatriotas e os favoreciam secretamente. Os comunistas da época posterior à Revolução de Outubro fizeram numerosos recrutamentos nas áreas fronteiriças do antigo Império Russo. Em alguns casos, o recrutamento foi de natureza coletiva. Em razão do fato de que o partido era fraco na Ucrânia e de que seus líderes e militantes originários de lá costumavam ser judeus, poloneses ou russos, em 1919 Lenin passou a introduzir, de forma geral, membros do Partido Borotbista em suas fileiras. Os borotbistas eram uma organização socialista-revolucionária radical dedicada à causa dos camponeses, ao passo que a Ucrânia, um país quase totalmente agrário; e os borotbistas eram ucranianos. Lenin argumentou que a única alternativa seria incorporá-los ao Partido Comunista Russo e usá-los como instrumento de propagação do socialismo.[141] Na parte sul do Cáucaso, havia um problema semelhante. No Azerbaijão, a liderança central do partido, desesperada, estava disposta a recrutar imãs de tendência esquerdista para a causa revolucionária. Aos recém-incorporados ao bolchevismo foram dados altos cargos na vida pública de suas regiões.[142] Essa era a realidade do partido de se "nativizar" nessas localidades (*korenizatsiya*). O bolchevismo estava se tornando uma igreja secular da boa vontade; estava tentando evangelizar

EXPERIÊNCIA

por meio de conciliações que teriam parecido inimagináveis antes de outubro de 1917.

As tradições sociais, principalmente nas áreas fronteiriças, foram reforçadas. O sistema político estava infestado de práticas de apadrinhamento e favoritismo. Cada patrono, assim que assumia o cargo, promovia seus apadrinhados e favoritos. O "camaradunismo", ou o comunismo camarada, estava em ascensão. Em certos casos, isso tinha origem no emaranhado de famílias coligadas entre si, com seus integrantes procurando meios de dar emprego a parentes e amigos, independentemente de suas qualificações profissionais. Além disso, chefões partidários distantes da supervisão cerceadora do Kremlin enchiam suas máquinas governamentais de leais seguidores. Deles exigia-se que fossem fiéis primeiramente à república, à sua região ou à sua cidade e só depois ao Kremlin. A observância da caprichada linha vertical de comando e obediência traçada pelas cartilhas bolcheviques era frequentemente desrespeitada. O fenômeno não se restringia às "fronteiras". Ocorria em toda a URSS e era tão intenso em Moscou quanto na menor das cidades ou dos povoados.

Esse estado de coisas se revelaria comum em sociedades que passaram pelo processo de comunização em anos posteriores. Num país após outro, nos anos subsequentes, um padrão semelhante de descontentamento e inconformismo para com os objetivos e as práticas do governo revolucionário ganhou vulto. Com isso, acumulou-se, antes do deflagrar de novas revoluções em outras sociedades, prévio conhecimento do grau de hostilidade ao comunismo que talvez elas tivessem que enfrentar. Os comunistas ascenderam ao poder na Europa Oriental, na China, em Cuba e em outras partes do mundo conscientes das dificuldades que os esperavam. As dificuldades na URSS — os reveses, as frustrações, os erros de cálculo estratégico e os perigos — foram abertamente discutidas na década de 1920: nenhuma delas foi impedida de chegar ao conhecimento do Comintern. Todavia, o que acontecera na Rússia após outubro de 1917 havia pegado Lenin e os bolcheviques de surpresa. No início, eles recuaram, mas depois repensaram a melhor forma de lidar com a situação. Líderes soviéticos tentaram convencer a si mesmos de que estavam simplesmente lidando com "resquícios do passado". Como bons marxistas, compreendiam que a "consciência" sempre fica atrás de mudanças objetivas nas condições políticas e sociais. Sabiam que não conseguiriam arregimentar para a causa das revoluções muitos padres, proprietários de terras e imóveis ou banqueiros. Certamente, essas "pessoas retrógradas" (*byvshye lyudi*), tal como pejorativamente as chamavam, seriam uma pedra no sapato deles.

O COMUNISMO E SEUS DESCONTENTES

Pelo menos durante algum tempo, os comunistas esperavam que as dificuldades se dissipassem, à medida que as gerações que tinham vivido sob o Império Russo morressem. Tentaram também pôr em prática uma solução rápida, realizando prisões, bem como campanhas de doutrinação. Contudo, a experiência deles já era uma indicação clara de que qualquer partido comunista que subisse ao poder nos anos seguintes teria que se preparar para a revolução de uma forma mais sóbria do que Lenin e Trotski, em 1917, Béla Kun, em 1919, ou Antonio Gramsci, em 1920. Kun ficou no poder por um período curto demais para aprender a lição por si mesmo. Gramsci nunca formou um governo revolucionário e, em 1926, foi atirado numa das prisões de Mussolini. No entanto, a experiência soviética após a guerra civil foi aplicável ao comunismo em todos os países, em todas as épocas. Os comunistas podiam até conquistar o poder em outras terras e enfrentar a contento tentativas de contrarrevolução política e militar, mas iriam ter que lidar com um longo período de hostilidades, desobediência pacífica e obstrução que acometeu o Partido Comunista na URSS na década de 1920. O estabelecimento de um Estado com partido e ideologia única não conseguiria, por si só, resolver os problemas. Tal Estado, aliás, geraria suas próprias pressões internas. A história da URSS na década de 1930 estava prestes a demonstrar que a alternativa de Stalin aos compromissos da NPE estava cheia de problemas de peso e importância idênticos.

9. A INTERNACIONAL COMUNISTA

Entre os poucos planos práticos na cabeça de Lenin quando ele tomou o poder em Petrogrado estava o de estabelecer uma organização que sucedesse à Segunda Internacional. Ele havia conversado sobre a necessidade de uma Terceira Internacional durante toda a Grande Guerra e isso continuou em sua mente mesmo depois do Tratado de Brest-Litovsk, em março de 1918. Yakov Sverdlov formou um pequeno grupo organizacional que trabalhou na elaboração de um plano prático em setembro de 1918.[143] Portanto, convites haviam começado a ser enviados a Moscou antes mesmo da rendição militar dos alemães, dois meses depois. Lenin e Trotski estavam eufóricos. O congresso inaugural da III Internacional concretizou os sonhos de Lenin em março de 1919. Ela passou a ser conhecida também como Internacional Comunista (ou Comintern) para sinalizar com mais ênfase que seus objetivos eram mais radicais do que os dos partidos da Segunda Internacional. Cinquenta e dois delegados a ela compareceram, como representantes de 25 países. A "revolução socialista europeia", imaginavam eles, estava se aproximando.

Os comunistas objetivavam dividir o movimento socialista mundial em duas partes e pôr a extrema-esquerda sob sua liderança. Eles mesmos afirmavam que os objetivos do socialismo eram inexequíveis sem uma revolução violenta e uma ditadura revolucionária; não hesitavam diante da possibilidade de uma guerra civil, de uma intervenção militar externa e de práticas de terrorismo estatal. Escarneciam de clamores por eleições em bases multipartidárias e respeito aos direitos civis universais. Estavam determinados a usar medidas coercitivas para erradicar tradições religiosas, culturais e sociais contrárias ao marxismo. Acreditavam que somente eles tinham as políticas corretas e consideravam seus inimigos da esquerda traidores da causa. Sua ambição era fomentar a criação de partidos comunistas iguais ao deles no mundo inteiro. Apesar disso, compartilhavam de muitas das políticas dos partidos socialistas, social-democratas e trabalhistas que desprezavam. Um traço de união entre eles era o compromisso com o controle econômico e a propriedade dos meios de produção pelo Estado, um abrangente sistema de bem-estar social, condições de emprego para todos e

A INTERNACIONAL COMUNISTA

o fim dos privilégios sociais. Todos eles haviam pertencido outrora à mesma Internacional Socialista. Alguns tinham sido marxistas, ao passo que outros não. Haviam permanecido juntos movidos pela crença de que o futuro estava nas ações políticas que beneficiassem a classe operária — e acreditavam fervorosamente que, no fim das contas, isso criaria uma sociedade mundana perfeita.

Mas agora altas muralhas os separavam. Os comunistas queriam o tipo de Estado que seus inimigos da esquerda consideravam a antítese da tradição socialista, mesmo porque, quando passaram a se denominar Partido Comunista Russo, os bolcheviques enfatizaram as diferenças que havia entre eles e outros socialistas. As dissertações teóricas de Lenin haviam aprofundado o abismo que os separava. Para ele e outros bolcheviques, o "socialismo" era um estágio inferior do "comunismo" no futuro desenvolvimento da humanidade. Mesmo assim, os bolcheviques ainda se denominavam tanto socialistas quanto comunistas. O resultado foi que liberais e conservadores se tornaram incapazes de estabelecer uma distinção entre os partidos socialistas e os partidos comunistas de seus países. Foi uma confusão que perdurou por décadas.

Lenin era um mestre da manipulação. Muitos delegados chegavam a Moscou sem nenhum mandato formal de seus partidos. Alguns falavam em nome de partidos que nem existiam ainda. Outros já viviam na república soviética e eram membros do mesmo partido de Lenin, sujeitos, portanto, à sua disciplina. Já os socialistas que detestavam o comunismo não eram nem convidados nem incentivados a participar. Firmavam-se na suposição de que todos os potenciais partidos afiliados espalhados pelo mundo precisariam ser representados antes que qualquer assembleia deles pudesse ser chamada de congresso, na acepção plena do termo. Lenin deixou que os delegados pensassem assim até o dia da sessão inaugural. Então, anunciou que a reunião deveria ser denominada congresso inaugural. Rosa Luxemburgo e Karl Liebknecht haviam desconfiado de que Lenin tramara nos bastidores para erigir uma organização global controlada por Moscou, já que tinham visto o que ele aprontara no Partido Operário Social-Democrata Russo antes de 1917 e conheciam seus métodos.[144] Se Luxemburgo tivesse comparecido ao congresso, teria criado dificuldades, uma vez que rivalizava com Lenin em matéria de debates. Mas a sua morte, no levante espartaquista, anulou essa possibilidade. O delegado alemão que deu as caras em Moscou, Hugo Eberlein, argumentou audaciosamente que o "congresso" havia sido convocado com base numa premissa falsa, porém não conseguiu o efeito desejado, já que Lenin impressionou os participantes.

EXPERIÊNCIA

Ele e os líderes soviéticos saturaram os delegados presentes no I Congresso do Comintern com o relato de experiências destinadas a incutir neles um espírito de colaboração. Chegaram a levá-los a Petrogrado para uma visita aos famosos locais da Revolução de Outubro: a Estação Finlandesa, o Instituto Smolny e o Palácio de Inverno. Os visitantes ficaram admirados por vivenciarem um clima de fatos históricos recentes. Nas ruas, havia faixas e cartazes da Revolução de Outubro. Entre os principais palestrantes, figuravam os melhores oradores do Partido Comunista Russo: Trotski, Zinoviev, Bukharin e — como um entusiasmado mestre-escola — o próprio Lenin. Trabalhadores e soldados de Petrogrado tinham uma confiança que não haviam visto em outros países; a recusa deles em demonstrar reverência aos seus "superiores" contrastava com o comportamento dos estratos sociais inferiores de seus países. Antes alvos de desconfiança e menosprezo no movimento socialista internacional, os "russos" ascenderam à condição de proeminentes agentes do movimento. Tinham realizado uma revolução socialista, enquanto os outros — a maioria deles — haviam permanecido na esfera da teorização ou simplesmente desaparecido do palco revolucionário. Haviam sobrevivido, apesar de todas as previsões contrárias. Agora, estavam travando sua guerra civil, e era absolutamente certo que os Vermelhos a venceriam. Os simpatizantes visitantes, que foram hospedados no confortável Hotel Lux, estavam dispostos a apoiar seus anfitriões.

Um comitê executivo foi criado então sob a chefia de Grigori Zinoviev com representantes de vários países. Os principais líderes bolcheviques escolheram a dedo os componentes da nova comissão, deixando claro que pretendiam minimizar objeções às ideias e práticas de Moscou. Com isso, os russos tencionavam manter rígido controle da situação a médio prazo.

Representantes diplomáticos e agentes secretos foram despachados para a Europa e a América do Norte, levando consigo o vírus da revolução. Tanto os comunistas quanto seus inimigos usavam essa imagem figurada para se referir a tal hipótese; na época, todos consideravam as sociedades adeptas de formas de capitalismo avançado organismos vulneráveis à infecção comunista. Após o Tratado de Brest-Litovsk, Karl Radek tinha ido para a Alemanha, onde abriu as portas de seu apartamento, usado como centro de acolhida de socialistas da extrema-esquerda que haviam se afastado do Partido Social-Democrata da Alemanha. Radek adorava cumprir esse papel de anfitrião. Judeu-polonês que fumava um cigarro atrás do outro, sempre armado com uma enfiada de piadas acerbas, aproveitou a oportunidade para ridicularizar velhos inimigos políticos protegido por imunidade diplomática, que o impedia de ser preso. Quando a Alemanha foi derrotada na Primeira Guerra Mundial, a República Soviética Russa voltou a ficar

A INTERNACIONAL COMUNISTA

internacionalmente isolada. Ela tentou se livrar dessa situação enviando mais representantes à Suécia, à Suíça e ao Reino Unido. O membro do Politburo Lev Kamenev e Lev Krasin, Comissário do Povo de Comércio Exterior, foi a Londres em busca de um acordo comercial e reconhecimento diplomático (e, no caso de Kamenev, para refestelar-se nas delícias do Café Royal).[145]

Em seus primeiros anos, o objetivo geral do Comintern era capacitar os socialistas de esquerda a romper os laços com seus partidos e criar seus próprios partidos comunistas. O Comitê Executivo do Partido Comunista e o Conselho de Comissários das Relações Exteriores liberaram verbas para a Internacional Comunista. Entre os liberadores de verbas estava o suíço Willi Münzenberg, que, durante seu exílio, conhecera Lenin. A tarefa de Münzenberg era viajar pela Europa à procura de lugares e pessoas para a realização de revoluções. O sujeito era uma figura exótica. Como Kamenev, sentia grande atração por uma vida de luxo e, aliás, foi bem-sucedido em combinar política com empreendedorismo. Seus interesses comerciais o tornaram um homem muito rico antes de ser morto, em 1940, por agentes de segurança soviéticos.[146]

A liderança em Moscou estava recorrendo ao emprego de técnicas usadas antes de 1917, enviando espiões para repassar ajuda financeira a simpatizantes no exterior, tanto que havia uma lista secreta, mantida manuscritamente com os gatafunhos de um funcionário do Conselho de Comissários das Relações Exteriores entre 1919 e 1920. Como esses mensageiros espiões podiam ser revistados em postos alfandegários, não era viável que levassem consigo quantias em dinheiro. Em vez disso, viajavam com diamantes e colares de pérolas. Embora a produção industrial soviética estivesse em declínio, expropriações chefiadas pela Cheka eram uma indústria próspera. As elites endinheiradas do império haviam deixado para trás celeiros inteiros de preciosidades, que foram usadas em favor da causa revolucionária. Joias eram mais fáceis de esconder do que dinheiro; aliás, podiam ser usadas sem problemas por agentes secretos femininos. Quando chegavam ao seu destino, grupos comunistas podiam vender as joias e dispor de seu valor correspondente em moeda local. A Europa era a principal receptadora desses generosos presentes. Segundo consta em alguns registros, Krasin recebeu mercadorias avaliadas em mais de 7 milhões de rublos para uso político no exterior.[147] Nem todos os emissários eram muito discretos; nos primeiros dias desse tipo de operação, alguns deles acabaram revelando o caráter sigiloso de sua missão ao realizarem veementes discursos durante suas excursões.[148] Tal era o espírito revolucionário da época. Ademais, como nem todos eram honestos, o Comintern teve que despachar outros agentes para localizar e capturar os vigaristas. (Corria a história de que

134 EXPERIÊNCIA

o teórico comunista György Lukács foi enviado a Viena armado com uma pistola para recuperar o dinheiro de um desses malfeitores.)

Enquanto regulava e lubrificava seu aparato político-governamental em Moscou, o Comintern criou uma rede internacional de comunistas para assessorar — na verdade, instruir mesmo — os partidos afiliados no exterior. Pessoas proficientes em outros idiomas, confiabilidade política e experiência com trabalho partidário clandestino eram as favoritas. Nem precisavam ter sido bolcheviques antes de 1917. O mais importante era que fossem testadas como instrumentos fiéis da vontade do Comitê Executivo. Assim, um tal de "Williams", conhecido também como Mikhailov entre dezenas de outros pseudônimos, foi enviado a Berlim, em 1922, como representante do Comintern. Ele esteve presente no fracassado levante em Hamburgo, ocorrido em 1923. Mas isso não arruinou sua carreira. Por volta de 1924, ele cumpriu as mesmas funções para o Comintern em Paris, já que seu francês era tão bom quanto o alemão. Em 1926, foi transferido para o Reino Unido e depois de volta para a Alemanha. De lá, foi despachado para a Índia, com o objetivo de fomentar sentimentos anti-imperialistas. Preso pelos serviços secretos britânicos, manteve-se prudente após ser solto e, em 1930, foi enviado para a Argentina e o Chile. Depois de uma vida inteira de passaportes falsos e atividades clandestinas, acabou como relações-públicas da embaixada soviética em Paris.[149]

Em Moscou, as lideranças políticas entendiam que o comunismo em outros países precisava adotar um perfil político e uma estrutura organizacional diferente. Para isso, denominações partidárias distantes de um simples "socialista", "social-democrata" e "operário" eram fundamentais. O problema para Lenin era que o entusiasmo deles pela causa não era tão sólido assim. Não podiam confiar neles. Por volta de julho de 1920, quando o II Congresso do Comintern foi realizado, em Moscou, o Politburo sentia-se confiante no sucesso da imposição de seu padrão de comportamento a partidos filiados. Afinal, os Vermelhos tinham praticamente vencido a guerra civil com a derrota de Anton Denikin, no fim de 1919, enquanto os Brancos fugiam desbaratados. A reputação dos líderes da Revolução de Outubro atingira um nível sem precedentes e o sucesso do Exército Vermelho em repelir a invasão de Pilsudski à Ucrânia a fez subir ainda mais. O subsequente fracasso dos socialistas de extrema-esquerda dos países da Europa Central e Ocidental em reproduzir esse sucesso revolucionário aumentou o prestígio de Lenin, Trotski e seus camaradas. Foi nessas circunstâncias que os participantes do II Congresso do Comintern concordaram em aceitar as 21 condições de filiação que Lenin havia esboçado.

A INTERNACIONAL COMUNISTA

Essas condições foram formuladas com base nas normas do Partido Comunista Russo. Princípios de centralismo, obediência e seletividade foram impostos. O Comitê Executivo do Comintern recebeu poderes para orientar e disciplinar partidos afiliados. Pelo menos em tese, o Partido Comunista Russo ficou igualmente submetido ao seu comando. Os formuladores do projeto exigiram o recurso a ações coordenadas, firmados na hipótese de que operações comunistas em um país poderiam afetar o bem-estar de partidos comunistas em outras terras. Ficou assente também que todos os comunistas deveriam ser militantes integrantes do exército do movimento comunista mundial.

A alegação do Comintern e de seus partidos aliados era que a ordem soviética constituía a única personificação autêntica do socialismo. A competição no seio do movimento operário foi intensa depois da guerra. Na esteira de seu avanço, vários partidos social-democratas, socialistas e operários entraram para o aparato governamental. O Partido Social-Democrata Alemão criou uma administração nacional em novembro de 1918 e continuou oficialmente compromissado com um programa partidário marxista. O Partido Trabalhista Britânico chegou ao poder em outubro de 1924. A Segunda Internacional, apesar de ter sido gravemente afetada durante a guerra, começou a restaurar as antigas ligações entre os países. Seus partidos aliados objetivavam acabar com desigualdades nas oportunidades sociais e fornecer educação, serviços de saúde, aposentadorias e moradias gratuitamente. Fizeram planos para acabar com o desemprego, bem como com a corrupção e as injustiças. Tinham o compromisso de acabar com discriminações motivadas por diferenças de raça, nacionalidade, sexo ou religião. O fato de que os comunistas e seus rivais esquerdistas buscavam a realização dos mesmos objetivos serviu para exacerbar a hostilidade que havia entre eles. Os comunistas afirmavam que somente eles punham plenamente em prática o que apregoavam. Já seus inimigos retorquiam alegando que ideias de governo ditatorial e terror estatal impediam o comunismo de realizar melhorias fundamentais nas sociedades que os comunistas queriam governar.

Entretanto, uma parcela suficiente de propósitos comuns sobreviveu, na década de 1920, para dissuadir socialistas anticomunistas europeus de apoiar cruzadas militares contra a república soviética. Além disso, socialistas tinham aliados discretos entre homens de negócios que queriam reatar laços comerciais com a Rússia. Governos de países ocidentais, independentemente do tipo — conservador, liberal ou socialista —, se conjugavam a essa tendência. Empresas estrangeiras faziam vista grossa à opressão ditatorial soviética, tanto assim que empresários reagiram prontamente

EXPERIÊNCIA

a convites para assinar "concessões" na indústria. Os soviéticos chegaram a fazer uma proposta a empresas estrangeiras para criarem empreendimentos agrícolas,[150] e a empresa alemã Krupp negociou um acordo dessa natureza. Mas diretores e especialistas enviados pela Krupp acharam a experiência desanimadora. Se os camponeses nativos houvessem recebido com mais simpatia e boa vontade os alemães do que às autoridades do Partido Bolchevique que, durante a guerra civil, haviam feito a primeira tentativa de coletivização da agricultura, isso teria sido surpreendente. Contudo, outros setores da economia se beneficiaram da injeção de capital externo. Assim, geralmente avanços tecnológicos na indústria e na mineração durante a NPE eram associados às concessões feitas às empresas estrangeiras.[151] A dificuldade era que os investidores externos continuavam preocupados com a confiabilidade das promessas das autoridades soviéticas e isso, inevitavelmente, só possibilitava uma injeção moderada de capitais europeus e americanos na URSS.

Além do mais, o Politburo se preocupava muito com as pretensões geoestratégicas das grandes potências. Em Moscou, eram frequentes os temores com a possível deflagração de uma nova guerra. Uma vez que não havia nenhum sinal óbvio de uma iminente cruzada por parte de alguma delas contra a URSS, os líderes soviéticos viviam sob a tensa expectativa de que algum Estado fronteiriço, aliciado pelas potências, se mobilizasse contra o primeiro Estado socialista a seu alcance — quando não a Polônia, talvez a Romênia ou a Finlândia. A expectativa dos soviéticos era de que a Grã-Bretanha ou a França armaria um desses países até os dentes e o incitaria a lançar uma ofensiva militar contra eles.

Na prática, a situação ainda era precária. Ramison, um agente do Comintern, foi ao Rio de Janeiro para acelerar a criação de um partido comunista no Brasil. Pouco depois de chegar ao país, ele se encontrou com o eminente jornalista e anarquista Edgard Leuenroth: "Por que o cavalheiro não cria o Partido Comunista do Brasil?" Leuenroth respondeu: "Porque não sou bolchevista!" Ramison não desistiu: "Nesse caso, dê-me o nome de alguém que seja capaz de fazer isso." Após uma breve pausa, Leuenroth acabou cedendo: "Vou lhe dar um nome. Telefone para Astrojildo Pereira. Ele está morando no Rio de Janeiro."[152] Não existiam comunistas prontos fora da Rússia, onde a ideologia bolchevique tinha sido criada. A fonte mais rica de minério estrangeiro esquerdista, da qual se poderia obter o ferro comunista, estava nos partidos socialistas e operários existentes até então. Como, normalmente, esses partidos viviam dominados por disputas internas, o conselho do Comintern era de que se engendrasse um racha formal neles e se arregimentassem os extremistas de esquerda para formar

A INTERNACIONAL COMUNISTA

partidos comunistas nacionais. A Grande Guerra e a Revolução de Outubro haviam modificado as linhas gerais da discussão política.[153] Foi assim que o Partido Comunista Italiano nasceu. Havia muito que Antonio Gramsci tinha se cansado do programa político da liderança do Partido Socialista Italiano. A criação do Comintern deu a ele o incentivo prático de que ele precisava para realizar a ruptura institucional.[154]

Em meados da década de 1920, quando dezenas de países haviam estabelecido relações diplomáticas e comerciais razoavelmente normais com a URSS, as agências secretas soviéticas puderam substituir, em suas operações, o uso de joias por moeda corrente. O jovem Henri Barbé, o líder em ascensão da Federação da Juventude Comunista Francesa, ficou surpreso quando solicitaram que levasse malas com 3 milhões de dólares para Paris em maços de notas de 10 e 100 dólares.[155] O comunismo global estava ficando cada vez mais confiante e agora os mensageiros espiões tinham que ter a força de levantadores de peso para operar.

O V Congresso do Comintern, em 1924, aprovou uma resolução explícita sobre bolchevismo. As poucas singularidades de estruturas e práticas organizacionais foram eliminadas e a Rússia se tornou o modelo de virtude, além de juiz de seus imitadores. Destinadas a receber comunistas do mundo inteiro, escolas de ensino da doutrina e de linha de atuação do partido foram erguidas em Moscou. O currículo incluía exercícios físicos e treinamento com armas, além do ensino da ideologia marxista-leninista; às vezes, os alunos eram enviados para trabalhar em fábricas nas províncias, de forma que conhecessem de perto o fabuloso proletariado russo.[156] Mas nem sempre isso terminava tal como esperado pelo Comintern, já que jovens estrangeiros questionadores testemunhavam a baixa qualidade e as precárias condições do trabalho da força operária. O jovem Waldeck Rochet, que mais tarde chefiaria o Partido Comunista Francês, disse a um amigo enquanto frequentava os cursos em Moscou: "Se contássemos a trabalhadores franceses o que estávamos vendo aqui, eles atirariam maçãs podres em nós."[157] Escolas do partido foram estabelecidas também em outros países em que havia suficiente liberdade de atuação política. Os franceses erigiram uma a nordeste de Paris, em Bobigny. Essa forma de superar a carência de trabalhadores qualificados ficou conhecida na França como "bobignização":[158] o currículo ficava sujeito à aprovação de membros do Comintern, que se esforçavam para criar um conjunto de partidos obedientes, a serviço de Moscou.

Além do Comintern, outras instituições foram criadas para propagar as políticas e a organização comunistas. Entre elas, estavam a Internacional Sindical Vermelha (Profintern), o Socorro Vermelho Internacional (MOPR), a Internacional Camponesa (Krestintern) e até a Internacional Desportiva

EXPERIÊNCIA

Vermelha (Sportintern). Com isso, os comunistas esperavam que, mesmo que o Comintern deparasse com obstáculos políticos, pudessem continuar a influenciar o movimento operário em todos os países. Apesar da generosa ajuda financeira de Moscou, as novas agências causaram pouco impacto em suas áreas de atuação. Mas a criação delas demonstrou que a fé na revolução comunista global não havia sido abandonada.

O Comintern teve que atuar com certa prudência depois que Lenin, ao aprovar o tratado anglo-soviético, em março de 1921, concordou em suspender as operações de interferência nas políticas do Império Britânico. Pelo menos na aparência, embaixadores russos observaram o cumprimento de convenções diplomáticas durante o restante da década. E, em Moscou, o Conselho de Comissários do Povo insistia em afirmar que não tinha nenhum controle sobre o Comintern. Realmente, isso era verdade. Era o comitê executivo do Partido Comunista Russo que tomava as decisões e que, durante todos esses anos, se manteve atento a qualquer sinal de que a "relativa estabilidade do capitalismo" estava chegando ao fim. Dinheiro, agentes secretos e instruções continuaram a ser enviados por Moscou. O problema — o único problema para o Politburo e o Comintern — era que as grandes potências ocidentais estavam conseguindo aliviar as tensões sociais que motivavam as pessoas a se voltarem para o comunismo. Os adeptos do marxismo-leninismo argumentavam que a rivalidade entre essas potências era insuperável; afirmavam que o capitalismo não conseguiria evitar frequentes crises econômicas e que, com isso, certamente as classes trabalhadoras debandariam para a extrema-esquerda política. Contudo, no mundo capitalista, as condições socioeconômicas nos meados da década se revelaram incomodamente tranquilas para os comunistas. Arautos da crise final do capitalismo não apareciam para dar as boas-novas de jeito nenhum.

Como o Comintern aparentava que não chegaria a lugar nenhum, o Politburo ordenou que ele instruísse os partidos comunistas no exterior a modificarem suas políticas e a criarem "uma frente operária unificada". A ideia era de que os comunistas se reunissem com os membros dos escalões inferiores dos partidos socialistas, social-democratas e operários para se lançarem em campanhas de combate ideológico contra a ordem capitalista. Todavia, eles não parariam de acusar e reprovar ideologicamente esses partidos; de fato, continuariam a declarar que somente os comunistas tinham a necessária determinação para realizar uma melhora radical nas condições de vida e trabalho do universo operário. Pretendiam também infiltrar-se nos partidos de esquerda rivais (e embora, desde 1925, o Partido Trabalhista Britânico os tivesse proibido de filiarem-se a ele

A INTERNACIONAL COMUNISTA

individualmente, a proibição não os impediu de fazer isso).[159] Os comunistas eram incentivados a conseguir filiação partidária dupla e lutar em favor da predominância dos objetivos do Partido Comunista no interior de outras organizações. Mais tarde, isso ficou conhecido como "entrismo". Frustrados com sua incapacidade independentista, os militantes comunistas se tornaram parasitas nos partidos socialistas que haviam alcançado maior sucesso eleitoral do que eles. A "frente operária unificada" se revelara uma denominação totalmente errônea, já que a política comunista na década de 1920 era de intensificar as acirradas polêmicas na esquerda política e a "luta de classes" contra o capitalismo.

No entanto, em 1926, as políticas da Europa entraram, subitamente, numa fase de turbulência. Dois anos antes, o Partido Trabalhista Britânico tinha sido desalojado do poder e os conservadores formaram um novo governo, que era solidamente antissoviético. Além disso, estava determinado a restringir as pretensões do movimento trabalhista no Reino Unido. No mesmo ano, o Conselho Geral dos Sindicatos britânicos fez uma retaliação ao organizar uma greve geral. As exigências dos grevistas eram mais materiais do que políticas. Era uma situação que não podia ser negligenciada pelo Partido Comunista Britânico. Com o endosso do Comintern, ele tentou dar caráter político ao descontentamento. Porém, o movimento operário britânico era avesso ao desrespeito às leis. Agitadores comunistas eram bem-vindos quando defendiam a necessidade de maiores salários, mas eram ignorados quando exigiam uma modificação total do regime. O governo e a polícia enfrentaram a oposição de forma inteligente e a greve acabou se dissolvendo. Esse era o padrão dos acontecimentos na Europa. A Alemanha decepcionou o Comintern nas esperanças que ele havia depositado nela. Embora a França sofresse distúrbios frequentes causados por interesses conflitantes na indústria, ela jamais aparentou que estivesse realmente prestes a sucumbir ao comunismo. A Itália estava sob o firme controle da ditadura fascista, instalada por Benito Mussolini em 1922. Os comunistas ficaram esperando e observando.

Ademais, continuaram a criar partidos onde ainda não existiam e conseguiram progressos nesse sentido mesmo fora dos países capitalistas avançados. Em 1920, desapontados com seus fracassos na Europa, os líderes soviéticos haviam convocado o I Congresso dos Povos do Oriente, em Baku. Seu objetivo era atuarem como parteiras do nascimento do comunismo na Ásia. Se as grandes potências imperialistas não tombassem diante da revolução vermelha, talvez países como a China, a Turquia e a Índia a ela sucumbissem. E, com certeza, tal acontecimento afetaria a estabilidade política pelo mundo. Se a revolução não conseguia entrar pelo portão principal,

EXPERIÊNCIA

por que não tentar a porta dos fundos? Contudo, nesses primeiros anos só obtiveram um único sucesso nesse sentido. Quando a guerra civil se aproximou do fim na Sibéria, o Exército Vermelho atravessou suas terras para invadir a Mongólia e ocupou Urga, sua capital, em julho de 1921. Em 1924, o poderio militar soviético assegurou a proclamação da República Popular da Mongólia, que se tornou, essencialmente, um governo-fantoche, que moldava suas políticas internas de acordo com as formas mutantes das políticas do Kremlin para a URSS. Atos de repressão a tradições sociais e religiosas foram severos antes mesmo de a Mongólia seguir os passos da Rússia no banho de sangue da década de 1930. O tratamento brutal dispensado à República Popular da Mongólia foi uma demonstração prévia da forma pela qual a URSS trataria as chamadas democracias populares do Leste Europeu depois da Segunda Guerra Mundial.[160]

Mas a Mongólia continuou como uma exceção isolada, como uma espécie de regime "fraterno" para a URSS; e o comitê executivo do Comintern tratou de ocupar-se da criação de uma comissão permanente para lidar com cada uma das grandes regiões do planeta. A indicação dos dirigentes da comissão era feita com a devida solércia. Cidadãos de países da região em questão não podiam ser escolhidos; era uma medida que objetivava restringir a capacidade de os "nativos" interferirem nas vontades do comitê executivo e evitar que cometessem atos de vingança "nacionalistas" contra a Internacional Comunista. Bolcheviques russos haviam se comportado mal para com a Segunda Internacional, bem como para com seu Bureau Socialista Internacional antes de 1914, e não estavam dispostos a deixar que outros os tratassem da mesma forma. Essas regiões incluíam a "América", o "Oriente" e a América Latina. Funcionários do Comintern mantinham suas antenas sintonizadas com as exigências da liderança comunista russa e atentas a sinais de manobras nos partidos da Internacional Comunista. Nem Zinoviev, o presidente do Comintern, nem seu sucessor, Bukharin, após sua destituição, em 1926, tinham tempo para ficar de olhos atentos a tudo, já que sua necessidade maior era cuidar das questões políticas do Partido Comunista Russo. Contavam com o secretário, Osip Piatnitski, para mantê-los a par dos acontecimentos. "Le père Piat", tal como ele era conhecido pelos franceses,[161] dava o melhor de si. Mas ele também estava remando contra a forte maré de trabalhos intensos e os dirigentes da comissão se tornaram as peças mais importantes nas engrenagens do movimento comunista global.

Esses mesmos dirigentes sabiam que o fio tecido pelo Politburo para sustentá-los no poder era frágil demais. Alguns deles conseguiram valer-se da

A INTERNACIONAL COMUNISTA

força da juventude e manter-se no poder. Entre eles estavam os que faziam visitas ocasionais aos gabinetes do Comintern no Kremlin e que se recusavam a seguir à risca e de forma automática as diretrizes oficiais. Os italianos eram frequentes criadores de caso. (Em comparação com eles, militantes alemães, franceses e britânicos foram sempre submissos, até a década de 1980.) De Amadeo Bordiga, em 1922, a Angelo Tasca, no fim da década, puseram todos a boca no trombone diante das autoridades moscovitas.[162] Mas os de espírito independente se tornaram cada vez mais raros, pois o Comintern tinha um aparato completo para isolá-los e, se insistissem em mostrar-se importunos, destituí-los da liderança do partido.

O modelo de membro do Partido Comunista devia ser uma pessoa estudiosa, rigorosa e dedicada à causa. Zhen Bilan, uma jovem que entrou para o Partido Comunista Chinês, rompeu o noivado com um amigo da família e abriu mão de qualquer interesse por relações amorosas. Ela corria um risco terrível: às vezes, famílias chinesas assassinavam noivas desobedientes.[163] Zhen, no entanto, estava determinada a aprofundar seus conhecimentos sobre marxismo. Membros de círculos de estudos tinham que explicar suas conclusões e se mostrarem abertos a críticas. Assim que a linha doutrinária fosse reconhecida e estabelecida, todos tinham que aceitá-la. A confiança no distante futuro comunista — mas talvez ele realmente chegasse antes, e não só depois de muito tempo — era obrigatória. Comunistas eram infiltrados em sindicatos, em escolas e em muitos tipos de instituições hostis às classes dominantes. Um dos critérios da condição de membro do partido era que o filiado tinha que ser bastante militante. Além disso, precisava aderir automaticamente às políticas do Comintern. Zhen Bilan era uma pessoa conscienciosa e independente. Ela se opôs à ideia de o Partido Comunista Chinês ser incorporado ao Partido Nacionalista (Kuomintang), liderado por Chiang Kai-shek. Em 1929, ela foi expulsa do partido.[164]

Mas, de forma geral, a mentalidade da obediência foi assimilada rapidamente. O Comitê da Região Norte do Partido Comunista Chinês enviou uma circular aos seus órgãos subordinados apresentando a seguinte descrição de suas células políticas:

1. É o órgão básico e a unidade organizacional do partido.
2. É a escola do partido para doutrinação e propaganda.
3. É o cerne do partido em meio às massas.
4. É o instrumento de desenvolvimento do partido.
5. É o centro da vida partidária.
6. É a arma do partido para a luta.[165]

EXPERIÊNCIA

Esse mantra foi criado para elevar o moral dos correligionários e melhorar a coordenação e a unidade partidária, bem como para encaminhar o partido inteiro na direção exigida pelos líderes centrais — e os próprios líderes deveriam comportar-se como um apêndice político do Kremlin.

O Comintern — e o Politburo como seu órgão supervisor — aproveitava toda oportunidade que aparecia. Ademais, como sofria críticas constantes da esquerda bolchevique, não via a hora de poder provar suas qualidades internacionalistas. Quando nenhuma oportunidade apareceu, ele mesmo criou uma. Em 1925, o Partido Comunista Búlgaro, que já havia organizado um levante dois anos antes, foi incentivado a realizar uma luta armada novamente. Comissões do Politburo e do Comintern tinham gasto dois anos discutindo a questão, de forma que evitassem o planejamento improvisado dos golpes de Estado revolucionários na Alemanha em 1921 e 1923.[166] Todavia, as autoridades búlgaras souberam antecipadamente da execução do plano subversivo e o partido foi violentamente reprimido. Mesmo assim, o desastre búlgaro não bastou para estancar o fluxo de ordens revolucionárias emanadas de Moscou. Depois disso, a bola da vez foi a China. Até os meados da década de 1920, Stalin e Bukharin haviam insistido na ideia de que os comunistas deveriam se aliar a nacionalistas, tais como Chiang Kai-shek e seu Kuomintang. Porém, de repente, mudaram de ideia, após haverem se convencido de que o Partido Comunista Chinês era bastante forte para valer-se por si mesmo. Assim, a realização de uma revolução foi anunciada e, tal como propalado, ocorreu um levante em Xangai em abril de 1927 sob as ordens do Comintern. Contudo, em vez de derrotar o Kuomintang, os comunistas chineses levaram uma tremenda surra.

O grupo dominante no Politburo tinha feito previsões e cálculos totalmente equivocados. Derrotado nas lutas faccionistas em Moscou, Trotski ficou jubilante com os erros de avaliação de Stalin e Bukharin. O prestígio do Comintern estava em frangalhos. O único aspecto positivo disso tudo foi a prova que deram, não pela primeira ou última vez, de que o Kremlin não se havia conformado, de jeito nenhum, com a ideia de restringir o comunismo dentro das fronteiras da União Soviética. Ele ainda achava que, se quisessem que a Revolução de Outubro continuasse viva, teria que acabar se espalhando pelo exterior. Como se vê, a visão original de Lenin não se apagara da mente dos pósteros.

No Reino Unido, dois meses depois surgiu um novo problema para os comunistas. O acordo anglo-soviético estipulava que a URSS não poderia usar o Comintern para provocar a subversão de governos e causar prejuízos a empresas privadas britânicas em lugar algum. Enquanto assinavam os documentos do acordo, os comunistas piscavam astutamente um para

A INTERNACIONAL COMUNISTA

o outro. O Comintern, a serviço das ordens do Kremlin, transformou Londres numa central de comunicações e organização clandestinas para empreender ações de subversão política mundial. Agentes secretos britânicos sabiam que, em Hampstead, a ARCOS (acrônimo de All-Russia Co-operative Society, ou "Sociedade de Cooperação Pan-Russa") era uma frente de subversão do serviço de inteligência soviético. Eles invadiram as instalações da empresa em maio de 1927 e levaram consigo documentos comprometedores. O governo dos conservadores rompeu relações diplomáticas com a URSS imediatamente, aumentando as preocupações do Politburo com a possibilidade de iniciarem uma cruzada contra a União Soviética. O caso ARCOS parecia indicar que o "imperialismo internacional" estava prestes a retomar sua marcha sobre o mundo mais uma vez. Com isso, ficou claro também o caráter frágil e efêmero da política global. Trotski argumentou que o episódio era um caso que justificava a adoção de uma política externa mais agressiva. Ele queria pôr a revolução socialista global de volta na agenda, como item de prioridade máxima. Queixava-se de que a política do Comintern para com as grandes potências capitalistas era muito confusa, de que não servia para nada. Ele não tinha a mínima ideia de que seu inimigo Stalin estava prestes a ordenar que os partidos comunistas espalhados pelo mundo adotassem uma militância mais agressiva.

10. SONDANDO A AMÉRICA

O comunismo americano nasceu em bolsões de sectarismo político importado do Império Russo. A Revolução de Outubro causou grande alvoroço entre os militantes da esquerda nos Estados Unidos. Alguns ficaram extasiados, enquanto outros se mostraram céticos ou até francamente hostis. Entre os entusiastas de Lenin e seus camaradas, havia socialistas veteranos que jamais tinham tido muito tempo para se conhecerem melhor, já que suas disputas eram travadas com grande hostilidade, tanto na esfera ideológica quanto no âmbito pessoal. O resultado disso era o caos em suas relações políticas. Aliás, em 1919 houve a criação não apenas de um, mas de dois partidos. Eles eram o Partido Comunista dos Estados Unidos e o Partido Comunista Operário. Cada um deles alegava representar o leninismo de forma mais eficiente do que o outro. Charles Ruthenberg declarou sem cerimônia, em nome do Partido Comunista dos Estados Unidos: "Reafirmamos nossa oposição à possibilidade de unificação com o Partido Comunista Operário."[167] O Partido Comunista Operário reagiu à altura. Cada qual dava como certa a vitória no concurso de beleza política em Moscou, mas ambos ficaram decepcionados. O comitê executivo do Comintern insistia na fusão dos dois partidos. Do contrário, nenhum deles teria permissão de filiar-se ao Comintern.[168]

Essa conclusão seria inevitável assim que os detalhes da disputa atravessassem o Atlântico e chegassem a Moscou. Líderes do Comintern, arquissectaristas antes de 1917, não podiam dar-se o luxo de permitir que dois partidos comunistas rivais o representassem na luta contra a economia capitalista mais avançada do mundo. Ciúmes pessoais e discórdias faccionistas deveriam ser abandonados e dar-se prioridade às tarefas de realizar a revolução. Em dezembro de 1921, realizaram um congresso inaugural em Nova York. A organização unificada foi batizada de Partido dos Trabalhadores da América e reuniu todos os partidos dispostos a aceitar o Comintern como a autoridade suprema. Numa época em que comunistas conhecidos eram rotineiramente presos como subversivos, esperavam que essa denominação desviasse a atenção do governo e da polícia.

SONDANDO A AMÉRICA

145

Jamais houve uma chance real de revolução comunista nos Estados Unidos. E isso continuou assim durante os anos posteriores. Antes da Primeira Guerra Mundial, marxistas bem-informados sempre se mantiveram pessimistas em relação ao movimento operário.[169] Contudo, dominados pela euforia suscitada pela Revolução de Outubro, comunistas russos não faziam comentários negativos a esse respeito em público. Esquecidos de dúvidas anteriores, achavam que todas as sociedades capitalistas estavam "maduras" para a "transição rumo ao socialismo". Dois eminentes líderes da cúpula de mando em Moscou, Bukharin e Trotski, haviam morado nos EUA antes de 1917 e conheciam bem o país. Seus deveres para com o partido, todavia, exigiam que papagaiassem que as condições da sociedade americana eram propícias à revolução comunista. Mas no fundo sabiam que, para seus companheiros do outro lado do Atlântico, a luta revolucionária de ascensão ao poder seria das mais escabrosas. Em sua linha de pensamento, o Comintern achava que os EUA deveriam ser um dos principais alvos da revolução e da sovietização. E os recém-formados comunistas americanos concordavam com isso. Eles haviam entrado para o partido porque comungavam na crença das mesmas possibilidades revolucionárias — e acusavam os partidos socialistas do país de não terem a coragem e nenhum senso de estratégia para engendrar modificações fundamentais na ordem sociopolítica americana.

Os EUA tinham algumas semelhanças com o antigo Império Russo. As condições de trabalho nas fábricas e os salários eram muito ruins e o influxo de imigrantes europeus dificultava o trabalho dos sindicatos em seu esforço de conseguir melhorias para os operários. Além disso, os integrantes do movimento operário eram perseguidos, a polícia e os tribunais de justiça apoiavam os patrões, e gangues violentas eram pagas para acabar com as greves. Os anarquistas italianos Nicola Sacco e Bartolomeo Vanzetti foram presos em 1920, em Boston, e depois acusados de haverem assassinado um tesoureiro de fábrica. A acusação não tinha provas, mas os dois foram considerados culpados após um julgamento arranjado e tendencioso. Eles foram executados na cadeira elétrica em 1927. O assassinato jurídico serviu para advertir radicais dos perigos de se ingressar em grupos subversivos. Tais condições existiram na Rússia, onde o resultado da luta entre o governo e os revolucionários fora a derrubada dos Romanov do poder e, meses depois, a Revolução de Outubro. Antes de 1917, a opressão fizera heróis entre os bolcheviques aos olhos dos radicais, e as autoridades tsaristas não tinham conseguido extirpar o bolchevismo de seu território. Os comunistas americanos esperavam um desenlace semelhante em seu país.

EXPERIÊNCIA

O crescimento industrial americano após a Primeira Guerra Mundial foi impressionante e transformou o país na primeira potência econômica global. Avanços tecnológicos nos setores automotivo, elétrico e químico foram enormes. As universidades estavam produzindo diplomados de qualidade. Os americanos conseguiram esse sucesso apesar dos resultados das eleições, que, depois que Woodrow Wilson deixou o governo, em 1921, produziram uma série de presidentes sem nenhuma distinção em matéria de grandes iniciativas. Os Estados Unidos destacavam-se no cenário mundial como nação que avançava a passos largos pela senda do progresso, apesar de sua liderança política.

A imigração em massa foi um dos fatores do surto econômico do país, pois sem mão de obra barata teria sido impossível manter as impressionantes taxas de crescimento. Enxames de imigrantes atravessavam o Atlântico, vindos principalmente da Rússia e do Leste Europeu. Contudo, as autoridades tomaram poucas medidas para recebê-los e integrá-los à sociedade. Eles viviam espremidos em bairros de operários da indústria e da mineração. Recebiam baixos salários e eram maltratados. A inclusão deles na força de trabalho gerou ressentimentos e divisões, tal como fora o caso em Petrogrado na Primeira Guerra Mundial. Ademais, muitos refugiados russos trouxeram consigo ideias políticas radicais. Os comunistas esperavam poder explorar essa situação, já que não teriam que começar do zero e que existia no país um partido socialista, liderado por Eugene Debs, que levou 5 por cento dos votos na eleição presidencial de 1912.[170] Os socialistas eram divididos por disputas estratégicas e conflitos faccionistas, e grupos locais do imenso país desafiavam a política nacional com frequência. Se partidos comunistas fortes podiam nascer do ventre de partidos socialistas da velha Europa, não havia por que o Novo Mundo não pudesse seguir o exemplo deles.

O Comintern ampliou seus contatos com o Partido dos Trabalhadores da América. Ocorria a troca constante de telegramas entre Nova York e Moscou e agentes secretos atravessavam o Atlântico, em ambos os sentidos, em navios a vapor. Líderes soviéticos ficaram irritados com as intermináveis disputas políticas internas entre os americanos e enchiam suas correspondências de instruções detalhadas: eles estavam determinados a manter um rígido controle sobre a nascente organização comunista nos EUA.

Quando, em agosto de 1922, a polícia invadiu as instalações do partido em Nova York, achou um documento de dez páginas assinado por Nikolai Bukharin, Karl Radek e Otto Kuusinen "relacionado com as próximas tarefas do Partido Comunista da América [sic]". No documento estava determinado que a principal tarefa dos comunistas era apoiar a Rússia soviética de todas

SONDANDO A AMÉRICA

as formas possíveis. Deveriam também formar um partido legítimo sem abandonar formas ilegais de ação política — seria tolice tentar "liquidar" logo o trabalho na "clandestinidade".[171] A tarefa prática deles deveria ser a criação de um partido de massas. No entanto, o "partido real" permaneceria a central de controle e atuação dos líderes e dos militantes que desprezavam as leis em suas operações. A responsabilidade maior e o poder supremo continuariam nas mãos deles. Eles teriam que treinar novos recrutas. E os membros do partido de massas americano deveriam infiltrar-se em organizações de esquerda e manipulá-las. Os líderes do Politburo e do Comintern quase não conseguiam dissimular suas baixas expectativas pelo sucesso dos camaradas americanos. Moscou explicou-lhes pacientemente que deveriam se infiltrar em sindicatos e organizações de "negros", porém jamais, em nenhuma hipótese, atuarem no seio da Ku Klux Klan. Deveriam realizar campanhas contra a aprovação de legislação antigreve, tal como a Lei de Antigreve Industrial do Kansas, bem como se unir a pequenos fazendeiros e fazer agitações contra execuções de hipotecas por parte dos bancos. Ficariam encarregados também de criar uma imprensa comunista: "Levando em conta que o partido não tem pelo menos um ou dois jornais diários em inglês, ele ainda está apenas engatinhando."[172]

Jules Humbert-Droz, suíço multilíngue e sujeito espevitado, chefiava a Comissão Americana do Comintern, onde atuava como intermediário entre os americanos e Moscou. Mas nem sempre ele conseguia os resultados exigidos por Zinoviev e pelo Comitê Executivo. Os problemas da estratégia comunista nos EUA eram complexos. Além do mais, Moscou não podia operar sem informações detalhadas e conselhos dos companheiros americanos. Isso deixava uma brecha para que esses mesmos camaradas enviesassem decisões na direção que desejassem, tanto assim que, às vezes, os americanos pareciam ter o controle dos rumos do processo revolucionário doméstico. O emissário que enviaram a Moscou em maio de 1924 reportou com euforia que a Internacional Comunista tinha "aceitado a análise básica [deles], que informava que havia uma crise sociopolítica nos Estados Unidos".[173] Entretanto, a euforia deles era também um sinal de que a chave para o sucesso estava na sua capacidade de defenderem uma causa nacional no "centro". Para os soviéticos, os líderes comunistas americanos tinham que ser pleiteantes eficientes.

A autoridade dos comunistas americanos foi minada por conflitos partidários internos. Havia entre eles uma disputa incessante pelo predomínio de políticas. Choques entre personalidades era um tormento para a vida partidária. Geralmente, tinha-se a impressão de que os líderes estavam mais preparados para se desmoralizarem entre si do que para fazer proselitismo em prol da causa comunista. A composição multinacional dos quadros partidários só piorava essa situação. A força de trabalho industrial tinha uma grande parcela de imigrantes recém-chegados ao país e que falavam um inglês muito deficiente. Tal era o caso também dos recrutados para as fileiras do comunismo: em meados da década de 1920, metade deles havia nascido fora dos EUA.[174] No interior do partido, foram criadas seções estrangeiras para checos, estonianos, iugoslavos, lituanos, italianos, judeus, búlgaros, alemães, finlandeses, húngaros e vários outros. Havia até uma seção inglesa.[175] Os iugoslavos, como um todo, criavam um número infindável de problemas, a ponto de o comunista americano Max Eastman escrever a Trotski e a Lenin em 1923, instando-os a permitirem que o partido cortasse relações com eles. Eastman achava que eles eram problemáticos demais.[176] Os judeus eram os mais contenciosos, sempre falando mal uns dos outros e discutindo com os líderes do partido (dos quais quase a metade era de judeus).[177] Num dos relatórios, os dirigentes do partido revelaram que haviam desistido de dar um jeito neles, apesar das punições: "Isto aqui está um caos."[178] Somente os "cerca de cem fazendeiros", que tinham uma pequena seção dedicada a eles, não causavam problemas — e talvez isso só acontecesse porque a seção deles não era muito ativa.[179] Em junho de 1925, o Comintern acabou determinando que o partido extinguisse todas as seções estrangeiras.[180]

A liderança americana resolveu encarar a difícil situação, declarando-se orgulhosa de abrigar no seio do partido uma mistura de gente das mais diversas origens. Mas o Comintern não se convenceu desse orgulho dos ianques camaradas, já que a maior minoria racial dos EUA era formada por negros (tais como eram conhecidos os afro-americanos). O partido chegou a se manifestar oficialmente compromissado com a tarefa de integrá-los em suas fileiras, porém não fez quase nada para concretizar isso. Quando, em 1925, a delegação americana enviada a Moscou foi questionada a esse respeito por Stalin, seus membros admitiram que existiam, sim, "preconceito e discriminação" no partido.[181] O Comintern tomou uma medida drástica. Em 1927, ordenou que a liderança do partido enviasse dez negros devidamente preparados para um curso na Universidade Comunista dos Trabalhadores do Oriente, em Moscou.[182] Isso causou pânico no partido americano, visto que o Comitê Político achava que conseguiria reunir, no máximo, dois ou três candidatos adequados.[183] O próprio Comintern era enrustidamente racista, pois por que deveriam os negros americanos, descendentes de escravos africanos e totalmente incorporados à cultura e à economia americanas, serem associados com a Ásia? Ao chegarem a Moscou, os estudantes negros se recusaram a ser segregados e submetidos a sofrimentos por conta do racismo "branco".[184] Nos EUA, problemas correlatos

SONDANDO A AMÉRICA

persistiam no partido. Para vergonha de seus integrantes, membros negros do partido, ainda em 1929, eram proibidos de participar da festa de ajuda humanitária aos mineradores.[185]

A vontade do Comintern acabou prevalecendo. Os comunistas americanos não se restringiram, portanto, apenas a prestar ajuda aos negros, mas difundiram um projeto para criar uma república independente para os negros nos estados do sul. O principal fomentador dessas ideias foi Harry Haywood, que também era negro. Haywood havia frequentado a escola do partido em Moscou e trabalhou lá para o Comintern até 1930.[186] Seu projeto se transformou em política do partido. Essas mesmas ideias foram repassadas a comunistas na África do Sul, onde o partido recebeu instruções para realizar campanhas com o objetivo de criar uma "república sul-africana independente para os nativos".[187] Em nenhum dos dois partidos isso era visto com bons olhos, porém o Comintern insistia em levar adiante o projeto. Nenhum de seus membros parecia haver se perguntado como seria possível evitar uma segunda guerra civil nos EUA com isso. Talvez usassem o projeto apenas como isca, a fim de atraírem novos adeptos negros para o Partido Comunista.

Alguns comunistas americanos sempre detestaram a interferência do Comintern, tanto que, numa carta enviada ao partido, Charles Ruthenberg se queixou: "Basicamente, [o Partido Comunista] era uma sociedade festiva para comemorar boas notícias enviadas da Rússia."[188] Mas esse tipo de queixa foi se tornando raro à medida que os resmungões e céticos abandonavam suas fileiras. Frequentemente, os comunas americanos se curvavam para o leste, tal como fazem os muçulmanos ao orarem em Meca — e "Meca", nesse caso, era o codinome da liderança de Moscou, presente em seus telegramas.[189] Uma mentalidade degradante acabou se instalando no cerne partidário dos ianques camaradas. Numa mensagem enviada ao partido em 1926, a cúpula dos mandachuvas do partido declarou: "Se quisermos mesmo nos tornar bolcheviques, temos que usar a técnica da autocrítica implacável." Praticavam essa técnica sempre que recebiam críticas de Moscou. E a alegria deles era ilimitada quando Moscou enviava sinais de aprovação: "Somos o partido! Foi a Internacional Comunista quem disse isso."[190] O jovem James Cannon, que depois abandonaria o partido e se juntaria aos trotskistas, não era um sujeito de adotar e seguir prontamente diretrizes à risca soviética, mas até ele foi seduzido pela oportunidade de encontrar-se com membros do Politburo na década de 1920. Na fase final de sua vida, ainda se lembrava de sua experiência na Rússia soviética como "uma escola incomparável".[191]

150 EXPERIÊNCIA

As facções do Partido dos Trabalhadores dos EUA viam Moscou como um tribunal de julgamento de suas disputas. Contudo, o Comintern nem sempre tinha paciência com isso. Em abril de 1927, mandou que o partido pusesse um fim às disputas internas e realizasse agitações para desencadear protestos contra a invasão da Nicarágua pelo Corpo de Fuzileiros Navais dos EUA.[192] Jay Lovestone e o grupo dominante da liderança do partido obedeceram à determinação de Moscou, mas não pararam de conspirar; informaram ao Comintern que haviam conseguido alcançar apenas uma união artificial e que a oposição continuava a promover agitações para que Lovestone fosse destituído do cargo de secretário-geral em favor de William Weinstone. Contudo, alegaram, eles mesmos estavam procurando evitar atitudes de provocação a todo custo.[193]

No fim das contas, Lovestone foi removido do cargo, embora, aparentemente, tivesse o apoio de nove décimos da totalidade dos membros do partido.[194] Isso aconteceu em 1929, por ordem de Moscou, e o motivo de sua ruína foi sua proximidade política de Bukharin. Em setembro de 1928, Lovestone tinha avisado Bukharin por escrito que líderes estrangeiros, principalmente Heinz Neumann, da Alemanha, estavam falando mal dele.[195] Isso foi como pedir socorro a um homem que estivesse se afogando, com a cabeça imersa na água. Não que Bukharin não soubesse que o grupo de Stalin estava atuando em meio às delegações que andavam manchando a reputação dele. Era assim que Stalin sempre operava antes de realizar um ataque franco e direto. Lovestone foi chamado aos gabinetes do Comintern, onde Otto Kuusinen o repreendeu com severidade, em abril de 1929, por ser simpático ao Desvio de Direita.[196] Algumas semanas depois, uma delegação de comunistas americanos foi depor súplicas aos pés de Stalin, mas ele os considerou insuficientemente submissos: "Quem vocês acham que são? Trotski me desafiou. Onde ele está agora? Zinoviev me desafiou. Onde ele está agora? Bukharin me desafiou. Onde ele está agora? E vocês? Quando vocês voltarem para os Estados Unidos, ninguém ficará a seu lado, exceto suas esposas."[197]

As decepções do Comintern com os EUA eram constantes. William Z. Foster foi o candidato do partido na eleição presidencial americana de 1924. Ele conseguiu um patético 0,1 por cento dos votos. Os comunistas alegaram que haviam sido vítimas de fraude eleitoral. O secretário Ruthenberg e o candidato Foster enviaram um cabograma à Rússia: "A ditadura capitalista se recusa a computar os votos dos comunistas."[198] Segundo eles, a ordem capitalista sempre conspiraria para trapaceá-los.

Nos anos seguintes, a história subsequente do comunismo americano confirmaria a insignificância do potencial revelado pelo partido em sua

SONDANDO A AMÉRICA

primeira década de existência. A Quebra da Bolsa de Valores de Wall Street, em abril de 1929, deveria ter ocasionado, de acordo com o prognóstico global do Comintern, um grande aumento na popularidade do partido. No entanto, o número de filiados cresceu, de 7.500 membros em 1929, para apenas 90 mil em 1939.[199] Nos meados de 1930, Stalin havia chegado à conclusão de que o Comintern deveria moderar seu combate contra F. D. Roosevelt, cujo New Deal incluía um compromisso de intervenção estatal no funcionamento da economia.[200] O Kremlin aprovou a formação de um batalhão, denominado Abraham Lincoln, para lutar na guerra civil espanhola. Note que não foi um batalhão Lenin, mas um que homenageava um presidente americano que não tinha fama de simpatizar com o socialismo. Earl Browder tornou-se o líder comunista americano em 1934, e foi ele o candidato do partido para concorrer à eleição presidencial americana de 1936. Sua campanha como candidato foi fraca e ele conseguiu pouco mais de 80 mil votos. Aliás, Roosevelt teve permissão de concorrer menos como democrata do que como líder extraoficial de uma coalizão em prol de uma política "progressista". Pelo menos temporariamente, o Kremlin harmonizou seus interesses com a necessidade que via em ajudá-lo a garantir a vitória e passou as devidas instruções à liderança comunista americana. Se isso tivesse sido uma corrida de cavalos, os organizadores do evento teriam feito uma investigação para apurar possíveis infrações nas regras do jogo.

Apesar de tudo, o Partido Comunista dos Estados Unidos, tal como passou a ser conhecido a partir de 1930, desfrutava de uma evidência política cada vez maior. Browder aparecia em fotografias dos veículos de imprensa fumando cachimbo, tal como seu supervisor no Kremlin, com a diferença de que, visando conquistar a respeitabilidade convencional dos leitores, ele aparecia nas fotos exibindo uma gravata listrada. O mais importante era causar impacto na opinião pública. Para tanto, chegaram a abordar colegas de viagem que publicavam artigos favoráveis ao comunismo em jornais semanais. O partido procurava vender a imagem de única organização partidária na política americana incondicionalmente dedicada à conquista da justiça socioeconômica e da igualdade racial, além de empenhada na luta contra o fascismo e o imperialismo. Para reforçar isso, chegou a pôr em circulação o seguinte slogan: "O Comunismo é o Americanismo do Século 20." Embora os comunistas fossem sinônimo de derrota espetacular em todas as eleições, não há dúvida de que aumentaram sua influência, principalmente entre os intelectuais. Além disso, empresas com contratos de negócios na URSS não recebiam nenhum incentivo para criticar Stalin ou Browder.[201]

As políticas gerais do partido eram controladas por Moscou, e Browder era um obediente apreciador dessas leis. Quando, em setembro de 1939, estourou a Segunda Guerra Mundial, após a assinatura do pacto nazi-soviético e a invasão alemã da Polônia, ele conclamou os EUA a se manterem fora do conflito, tal como solicitara Stalin. Aos militantes comunistas, independentemente de suas opiniões pessoais, disseram que procurassem ser tão relutantes quanto qualquer isolacionista europeu conservador em tentar tirar a Europa de dificuldades. Até dezembro de 1940, Browder excursionou pelo país para dar o recado a correligionários e simpatizantes nos portões de fábricas e estaleiros. Preso e julgado, foi encarcerado na prisão de Atlanta "como o primeiro prisioneiro político na segunda guerra imperialista".[202] Ele e seu partido continuaram a declarar que o Reino Unido estava tentando induzir os EUA a firmarem uma aliança desnecessária e indesejável. Browder defendia com veemência a neutralidade dos irlandeses e não fazia nenhuma objeção à branda política do governo de Dublin para com o Terceiro Reich. Ao mesmo tempo, ele se opunha à presença de "forças nas comunidades judaicas", com a alegação de que elas induziam os EUA a participarem da carnificina na Europa.[203] Assim, com essa obediência subserviente às instruções da Internacional Comunista, as conquistas do partido em matéria de influência sobre a opinião pública foram atiradas no lixo.

A política dos soviéticos sofreu uma mudança radical quando Hitler invadiu a URSS, em junho de 1941, e o partido recebeu instruções para ser o líder de torcida dos EUA e vibrar para que estes abrissem uma "segunda frente" de combate na Europa Ocidental. Mas isso de nada adiantou, pelo menos não até o ataque japonês a Pearl Harbor, em dezembro de 1941. Então, explodiu o conflito entre os EUA e o Japão, e Hitler declarou guerra aos Estados Unidos. De uma hora para outra, os comunistas americanos passaram a poder desfilar pelas ruas com seu partido como organização patriótica e Browder foi solto em maio de 1942.[204] Depois de tampar o caixão da política de águas passadas, ele — zeloso como sempre, porém desta vez exibindo um fervor mais natural — elogiou o potencial de uma grandiosa aliança entre a URSS, os EUA e o Reino Unido. De acordo com Browder, a necessidade de alcançar a vitória militar sobrepunha-se às tradições da "luta de classes". Chegou a opor-se à realização de greves e manifestações de protesto enquanto a guerra durasse. Ademais, Stalin queria assegurar Roosevelt de seu compromisso com a aliança para o esforço de guerra. (Não que isso tenha impedido Stalin de providenciar para que espiões comunistas americanos, com a conivência de Browder, prosseguissem em suas operações de espionagem em busca de segredos políticos e tecnológicos.)[205] Em maio de 1944, Browder fechou o partido e criou a Associação Política Comunista — isso foi, em verdade, uma forma de manter uma organização partidária dando a impressão de que não havia nenhuma: o objetivo era

SONDANDO A AMÉRICA

transmitir confiança ao governo americano.[206] Foram criados clubes comunitários comunistas para promover a Grande Aliança, estudar o marxismo-leninismo e fazer lobby junto a políticos locais e federais.[207] Enquanto isso, Browder e seus camaradas faziam campanhas em prol da harmonia nas relações entre os EUA e a URSS, exortavam os trabalhadores a aumentarem a produção e incentivavam o alistamento voluntário no Exército e na Marinha para que os cidadãos lutassem na guerra contra a Alemanha e o Japão.

A visão que Bowder tinha do futuro pós-guerra era exclusiva e inequivocamente sua. E ele espalhava suas ideias pelo mundo. Em 1943, por exemplo, solicitou oficialmente a Roosevelt que não exigisse que a URSS se envolvesse no teatro de guerra do Pacífico depois que a Alemanha tivesse sido derrotada.[208] Porém, o mais importante foi que ele asseverou que o "capitalismo e o socialismo haviam começado a trilhar o caminho de uma convivência e colaboração pacíficas", em bases duradouras.[209] Foi uma ideia que uma geração posterior de comunistas conhecida como eurocomunistas propagou de novo. Ele propôs também uma colaboração contínua entre patrões e trabalhadores. Moscou ficou perplexa com Browder e sabia que, com isso, ele havia acentuado a oposição de seu rival, William Z. Foster.[210] Os soviéticos procuraram conhecer as explicações de ambas as partes. Foster criticou Browder por recomendar que se evitassem a realização de greves na indústria e outras formas de "lutas de classe" no período pós-guerra — e o Departamento Internacional do Secretariado do Partido Comunista concordou com Foster.[211] Stalin não se envolveu imediatamente na questão. Contudo, as ideias de Browder o irritaram e o eminente líder comunista francês Jacques Duclos, incentivado por Moscou, o denunciou em abril de 1945.[212] Isso deu início ao processo de expulsão de Browder das fileiras do comunismo americano como revisionista. Embora Moscou não supervisionasse todos os detalhes das políticas dos partidos comunistas espalhados pelo mundo, exigia obediência ao seu ponto de vista estratégico. Browder havia assumido um risco e pagou um preço por isso.

Não obstante, o Partido Comunista dos Estados Unidos, então recentemente recomposto, era uma débil força na política americana. Assim, os comunistas apoiaram o antigo vice-presidente do governo Roosevelt, Henry Wallace, que disputou a eleição contra os democratas e os republicanos como candidato à presidência pelo Partido Progressista na campanha eleitoral de 1948. Em anos anteriores, Wallace havia demonstrado viva simpatia pela URSS,[213] mas, no governo de Harry Truman, após a Segunda Guerra Mundial os democratas trataram Stalin como a maior ameaça à paz mundial. A Guerra Fria começava.[214] Os comunistas americanos continuavam a buscar e executar as ordens do Kremlin. Isso ia muito além da realização

154 EXPERIÊNCIA

de campanhas contra a política externa dos EUA. As agências de espionagem soviéticas continuaram a recrutar membros do partido e simpatizantes como espiões, que repassavam informações secretas a Moscou. Com isso, os segredos dos projetos de bomba atômica americanos ficaram à disposição de cientistas da URSS.[215] No entanto, a devoção robótica do partido à URSS o havia feito cair em descrédito total, tanto assim que, nos primeiros anos da década de 1950, o senador Joe McCarthy participou de clamorosas campanhas contra a infiltração de comunistas no governo e na imprensa.[216] Desse modo, o número de membros do Partido Comunista caiu. Por volta de 1957, ele só tinha 3 mil filiados.[217] A essa altura, a imprensa nacional não dava quase nenhuma atenção às suas disputas internas e campanhas públicas.

O secretário-geral Gus Hall, o simplório entusiasta das políticas soviéticas, recebeu de braços abertos a decisão dos russos de debelarem o Levante Húngaro de 1956 e de acabar com a Primavera de Praga, em 1968.[218] Se a URSS tivesse invadido o Alasca, talvez ele houvesse interpretado isso como uma feliz incursão de engrinaldados amantes da paz ao Estado americano. Aliás, isso não era nem mais nem menos do que o esperado por Moscou da parte de um líder do Partido Comunista dos Estados Unidos. Na época, apenas uns poucos tições da nativa fogueira marxista ainda ardiam no país. A jovem negra Angela Davis surgiu de um movimento antigovernamental estudantil de afrodescendentes no fim da década de 1960. E entrou para o partido. Mas sua flâmula de militante bruxuleou por pouco tempo nas telas de TV e se apagou. O Partido Comunista jamais se pôs à frente das manifestações públicas de protesto contra a intervenção americana na Guerra do Vietnã.

Durante todos os anos da détente ideológica entre os EUA e a URSS, Hall e bajulões soviéticos camaradas seus concitaram os dois países a manterem suas relações diplomáticas, comerciais e culturais. Elogiavam Leonid Brejnev, pintando-o como o maior fomentador da paz e do progresso globais e apresentavam a União Soviética como o farol da democracia. As reformas de Gorbatchev, no fim da década de 1980, surgiram como uma decepcionante surpresa para Hall.[219] A sorte do Partido Comunista americano somente mudou quando a URSS adotou medidas para uma reforma fundamental. Hall assinou um recibo de 2 milhões de dólares enviados pelo partido soviético em 1988,[220] mas suas críticas mal dissimuladas irritaram Gorbatchev, que cancelou os subsídios no ano seguinte. Hall ironizou a decisão afirmando que o "novo pensamento" de Gorbatchev não tinha nada de novo, mas era basicamente a mesma coisa que o desgraçado Earl Browder vivia dizendo durante a Segunda Guerra Mundial.[221] (Isso não era

SONDANDO A AMÉRICA

totalmente inverídico em relação a Gorbatchev com respeito às relações EUA-URSS.)[222] Portanto, ele ficou radiante com a tentativa de remover Gorbatchev do poder, em agosto de 1991. Todavia, quando Gorbatchev foi libertado e voltou para Moscou, foi Hall que ficou em apuros. Um grupo pioneiro, do qual fazia parte Angela Davis, surgiu no partido americano para enfrentar Hall na convenção nacional em novembro de 1991.

Então na faixa dos 80 anos de idade, Hall queixou-se veementemente da "liderança enganosa" de Gorbatchev.[223] Após enfrentar com denodo "Dump Gus" na campanha de escolha do candidato, acabou saindo como vencedor. Ele tinha sido líder do partido desde 1959 e seu derrotado candidato em quatro eleições presidenciais. Hall morreu em 2000, sem que ninguém lamentasse sua morte, exceto um minguante grupo de ianques camaradas que mantinham a fé no processo revolucionário, mesmo depois da queda do comunismo nos países do Leste Europeu e na União Soviética. Agora, eles não tinham mais muitos países estrangeiros para admirar. A China e o Vietnã estavam trilhando a via do capitalismo em suas políticas econômicas. Embora ainda achassem que valia a pena dar apoio a Cuba, como valoroso sobrevivente ao bloqueio americano, sua confiança no turismo e sua reconciliação com a Igreja Católica não ajudavam em nada o avanço do comunismo. Para a admiração dos veteranos cabeças-duras do comunismo americano, sobrou apenas a Coreia do Norte.

Desde seu nascimento, em 1921, o Partido Comunista dos EUA jamais teve uma vida saudável e independente, e o "desinteresse" dos americanos de se tornarem comunistas exemplifica a falha inerente à visão de Marx e Engels. Os Estados Unidos imperaram como a maior potência industrial do mundo da Primeira Guerra Mundial em diante. Seu dinamismo tecnológico ao longo das gerações não teve igual. A suposição fundamental dos comunistas era de que as miseráveis condições de sobrevivência transformariam os trabalhadores americanos em seguidores do comunismo. De fato, dezenas de milhões de americanos viviam e vivem na pobreza. Contudo, a maioria das pessoas experimentou melhorias materiais em suas vidas. Marx e Engels haviam levado isso em conta já no fim do século 19. Kautsky, Lenin e Trotski reconheceram que a América capitalista seria um osso político duro de roer para os comunistas. Chegaram a assinalar, com acerto, que os trabalhadores americanos usufruíam dos benefícios atraídos para seu país por sua posição de líder global na economia e na política. Estavam certos quando declararam que os membros mais qualificados da classe trabalhadora americana haviam sido atraídos das fileiras do radicalismo por altos salários e que esses trabalhadores se tornaram — usando um jargão do marxismo — uma "aristocracia operária".

EXPERIÊNCIA

Entretanto, aferraram-se ao dogma de que o capitalismo nos EUA estava à beira de um colapso irreversível. Sucessivas gerações do Partido Comunista americano, seguindo a liderança soviética de Lenin em diante, continuaram a sustentar essas suposições básicas, mesmo diante de suas experiências práticas e inequívocas. No fim das contas, em 1991, foi a URSS, e não os Estados Unidos, que caiu no esquecimento.

11. ENTENDENDO O COMUNISMO

Os bolcheviques afirmaram que uma "revolução proletária" havia ocorrido na Rússia e que um Estado controlado pelos trabalhadores estava sendo criado. De vez em quando, admitiam que não haviam conseguido evitar "distorções burocráticas", mas, quase sempre, alegavam estar concretizando o sonho de Marx e Engels. Nikolai Bukharin e seu amigo Ievguêni Preobrajênski explicaram os princípios fundamentais dessa ordenação política estatal em *O ABC do comunismo*, em 1920. Eles pretendiam usá-lo como a cartilha ideológica do partido.[224] No entanto, seus capítulos quase não faziam menção do partido em si. Somente em 1924, Lazar Kaganovich, um funcionário, criou um panfleto explicando o funcionamento e a estrutura da organização.[225] Nele, Kaganovich, já então um forte aliado de Stalin, explicava o funcionamento do sistema de comando vertical, necessário no Estado-partido se os comunistas quisessem aprimorar os seus poderes.[226] A maioria dos "teóricos" bolcheviques falava pouco a respeito da discrepância entre as promessas pré-revolucionárias e as realidades pós-revolucionárias. Ficava entendido, pois, que a função do partido era tomar o poder e depois deixar o proletariado governar. Esse era o tema fundamental das políticas bolcheviques em 1917.[227] Às vezes, Lenin e outros líderes partidários deixavam escapar a verdade de que as políticas eram caracterizadas por uma ditadura do partido, porém, geralmente, eles preferiam ocultar a realidade.[228] Apesar disso, tinham que admitir, ainda que vagamente, que de fato não era a classe trabalhadora que governava o Estado soviético. Para eles, o maior culpado disso era o atraso cultural da Rússia. Mas asseguravam que não demoraria muito para se corrigir essa situação.

A maioria dos analistas estrangeiros rejeitava essa visão otimista do bolchevismo, embora informações precisas fossem difíceis de obter. Depois do Tratado de Brest-Litovsk, quando os aliados do Ocidente fecharam suas embaixadas, somente as Potências Centrais mantiveram suas representações diplomáticas. O embaixador alemão, conde Wilhelm von Mirbach, pagou o preço máximo por sua imprudência, quando, em julho de 1918, foi assassinado por um esquadrão da morte da esquerda socialista revolucionária. No fim da Grande Guerra, a embaixada alemã sumiu do mapa. Enquanto isso,

EXPERIÊNCIA

Londres e Paris enviavam conselheiros não para Moscou, mas para os alto-comandos do Exército Branco. O Ocidente recorria, de forma cada vez mais intensiva, às suas redes de espionagem clandestinas para se manter a par dos desdobramentos da evolução do comunismo na Rússia.

Como os britânicos não conseguiram manter, em Petrogrado, seu agente Sir Paul Dukes abastecido com um fluxo contínuo de fundos, Dukes se alistou no VIII Exército dos Vermelhos para receber rações alimentares e chegou a entrar para o Partido Comunista Russo: "Meu cartão do partido era um "abre-te, Sésamo" em toda parte."[229] Ele não guardou rancor pelo tratamento que recebera do serviço secreto de seu país. Suas últimas instruções em Londres, antes de meras três semanas de treinamento, haviam sido: "Não vá deixar que o matem!" Como falava russo com algum sotaque, resolveu passar-se por ucraniano. Para despistar a vigilância, ele tirava (ou punha de volta) os dentes postiços da frente.[230] Suas memórias relatando suas fugas em Petrogrado e nas linhas de frente da guerra civil estão entre os clássicos das peripécias temerárias. Outro bom contador de histórias foi Robert Bruce Lockhart, tanto pelos relatórios que ele enviou ao serviço secreto britânico quanto, subsequentemente, pelo que relatou em suas memórias. Tal como Dukes, Lockhart era um inveterado conservador em matéria de política. Ele havia recebido ordens para travar amizade com os bolcheviques e tentar mantê-los na Grande Guerra. Conheceu Lenin e Trotski e tinha esperanças de persuadir este último a abraçar algum tipo de aliança contra os alemães. Mas aí foi assinado o Tratado de Brest-Litovsk. Lockhart ficou numa situação difícil em Moscou e, depois do atentado contra a vida de Lenin, em agosto de 1918, Dzierzynski ordenou que a Cheka o prendesse. Mais tarde, foi solto numa operação de troca de prisioneiros envolvendo um comunista russo suspeito e detido pelos britânicos.[231] Esses infortúnios estancaram o fluxo de informações e análises documentais que seguia para o ministério em Londres. A partir dali, a política passou a ser feita na base da adivinhação.

Nos primeiros anos do processo revolucionário soviético, as autoridades americanas alimentaram esperanças de realizar um trabalho melhor. O presidente Woodrow Wilson, sempre otimista, tentou fazer com que a guerra civil na Rússia terminasse mais cedo. Para alcançar esse objetivo, em 1919 enviou William C. Bullitt, um emissário escolhido pessoalmente por ele, para negociar com Lenin em Moscou. Bullitt era um jovem brilhante que queria que Washington reconhecesse oficialmente o regime soviético. Ele acreditou na palavra dos bolcheviques quando alegaram que estavam dispostos a chegar a um acordo com os Brancos. Acreditava também que o bolchevismo moderaria sua ferocidade ditatorial. Bullitt não permaneceu

ENTENDENDO O COMUNISMO

tempo suficiente em terras soviéticas para comprovar suas suposições — e os Vermelhos continuaram a combater os Brancos até a exaustão e alcançarem a vitória incondicional.

As agências de espionagem buscavam ajuda junto a correspondentes da imprensa. Vários jornalistas brilhantes, à procura de oportunidades para entrevistar bolcheviques, ganharam acesso privilegiado à liderança do partido. Arthur Ransome, correspondente do *Manchester Guardian*, foi um deles. Ransome apoiou publicamente a causa dos bolcheviques de forma tão fervorosa que o insigne propagandista soviético Karl Radek redigiu a introdução de *Carta à América*, de autoria de Ransome, introdução que foi traduzida para ser distribuída em Nova York.[232] No decorrer de seu trabalho como correspondente, Ransome havia se apaixonado por Ievguênia Shelepina, a atraente secretária de Trotski. Tempos depois, eles se casaram e se mudaram para Cúmbria, no norte da Inglaterra.[233] Durante todo o tempo que permaneceu na Rússia, porém, Ransome atuou como informante do serviço secreto britânico.[234] Sem dúvida, ele abrandou em seus relatos a natureza opressiva do Estado soviético. Todavia, ele era também um britânico patriótico e achava que suas relações amistosas com os bolcheviques serviriam aos interesses do Reino Unido. Contudo, este não é o fim da embolada linha de intrigas, pois a nova senhora Ransome não era a inocente secretária que parecia ser. Em outubro de 1922, ela foi a destinatária de um presente enviado pelo Conselho de Comissários das Relações Exteriores, de um tipo muito acima dos sonhos mais ambiciosos dos cidadãos soviéticos: diamantes no valor de 1.039.000 rublos.[235] Ela e seu marido estavam deixando o país para sempre, e o Estado soviético não tinha o hábito de dar presentes de casamento. Era óbvio que se tratava de uma espiã soviética, em certa medida. Muito provavelmente, estava contrabandeando ajuda financeira para os comunistas britânicos.

Entretanto, não se sabe ao certo se ela continuou a trabalhar para a causa leninista nas colinas da Cúmbria, a quase 500 quilômetros da capital inglesa. Em cumprimento da promessa que haviam feito a si mesmos, ela e Arthur abandonaram seu antigo estilo de vida em favor das paisagens idílicas do meio rural e Arthur conseguiu fama não por sua atuação política, mas por conta de *Swallows and Amazons* e os outros livros para crianças que ele escreveu. É um episódio intrigante: um informante secreto britânico se casou com uma espiã soviética. Basicamente falando, não existe de fato nenhuma contradição aqui. Afinal, Ransome havia sido grande admirador dos bolcheviques, e seu objetivo, com os relatórios que apresentava ao serviço secreto britânico, era fazer com que a política do Reino Unido fosse aceita pelo Sovnarkom (Conselho de Comissários do Povo); Ievguênia tinha

160

EXPERIÊNCIA

se oferecido para trabalhar como voluntária para a liderança dos bolcheviques. Em todo caso, é possível que ela tenha transferido o valioso pacote para um contato indicado pelos soviéticos em sua passagem por Londres e que depois não haja tido mais nenhum tipo de ligação com o bolchevismo, mas, atualmente, a verdade continua tão insondável quanto as águas mais profundas de Lake District.

Outros jornalistas mantinham uma distância maior em relação às agências de espionagem. Entre eles, havia o jornalista americano Albert Rhys Williams, pastor protestante e socialista de ascendência galesa. Williams trabalhou na Rússia para o *New York Evening Post*. Sua simpatia pelo Sovnarkom era tanta que os jornais bolcheviques publicavam alguns de seus despachos em suas páginas.[236] Além de jornalista e socialista, John Reed era mais um desses que apoiavam a política revolucionária da Rússia. Reed era atraído para os locais problemáticos do mundo como a mariposa para a luz e esteve presente no II Congresso dos Conselhos Populares (Sovietes), quando o poder foi tomado ao Governo Provisório Russo. Seu livro *Dez dias que abalaram o mundo* conquistou a aprovação de Lenin, que o leu "sem jamais desviar a atenção" e redigiu um prefácio para a publicação da obra em âmbito mundial.[237] Reed e sua esposa Louise Bryant deixaram Moscou e voltaram para os Estados Unidos, onde excursionaram pelo país para falar sobre os méritos do comunismo — deram a eles objetos de valor avaliados em 1 milhão de rublos para ajudar campanhas de propaganda e organização revolucionárias.[238] Nos EUA, fundaram o Partido Comunista Operário. Contudo, ao voltar para a Rússia, Reed contraiu tifo e morreu em 1920. Seu funeral teve honras de chefe de Estado e seu corpo foi enterrado sob o Muro do Kremlin, junto com os heróis tombados nos conflitos da Revolução. Americanos comunistas criaram o John Reed Clubs em sua homenagem.

Aliás, Reed havia rompido relações com Zinoviev por conta de uma discórdia envolvendo estratégia sindical e pediu exoneração do cargo no Comitê Executivo do Comintern. Após ser alvo de uma chuva de críticas, Reed decidiu retratar-se.[239] A possibilidade de ele ter mantido ou não uma aliança com o Comintern é questão em aberto. O que está claro é que muitos da esquerda política no Ocidente, principalmente os anarquistas, passaram a detestar o comunismo soviético. Emma Goldman e Alexander Berkman, ao chegarem dos EUA, em 1919, estavam dispostos a dar um voto de confiança aos leninistas, mas ficaram horrorizados com a perseguição que testemunharam em toda parte na Rússia soviética, inclusive o tratamento brutal dispensado a seus camaradas anarquistas, até porque os comunistas haviam precisado da ajuda deles em sua guerra civil. Assim

ENTENDENDO O COMUNISMO

que o prato da balança do poderio militar pendeu decisivamente para o lado dos Vermelhos, restabeleceu-se o conflito político e a Cheka prendeu e matou anarquistas importantes.[240] Goldman e Berkman souberam, da parte de seus amigos anarquistas, que os comunistas, agindo com astúcia, conseguiam expurgar elementos indesejáveis do cenário político antes que visitantes chegassem às cidades. Os líderes problemáticos de grupos não comunistas eram invariavelmente removidos. Os russos faziam tudo para criar a ilusão de um regime amado por seu povo e punham em circulação a mentira de que os que lutaram contra os bolcheviques — inclusive os amotinados de Kronstadt, em março de 1921 — foram instrumentos voluntários das potências capitalistas estrangeiras.

As experiências vividas por Goldman a inimizaram para sempre com a Revolução de Outubro. Ela ficou furiosa com Lenin e Trotski. Após rever seus princípios gerais, abandonou a defesa de uma vida inteira de recurso à violência como forma de modificar a sociedade. "Jamais em toda a história", escreveu ela, "nenhuma autoridade, governo, Estado, revelou-se tão radicalmente retrógrado, reacionário e até contrarrevolucionário".[241]

Rosa Luxemburgo, opositora de Lenin de longa data, criticava o regime soviético. Ela detestava seu desprezo pela democracia e pelo respeito aos direitos civis universais como pré-requisitos para o socialismo. Não era pacifista e, portanto, acreditava que algum tipo de força seria necessário para consolidar no poder qualquer governo socialista, mas criticava duramente o menosprezo do comunismo russo pela democracia. Além do mais, enojava-se ante a facilidade com que Lenin se mostrava disposto a transigir com as aspirações dos camponeses russos e minorias étnicas. Na visão dela, ele estava dando as costas às tradições urbanas e internacionalistas do marxismo. As críticas de Luxemburgo foram publicadas postumamente no livro *A Revolução Russa*.[242] Karl Kautsky, outro oponente do leninismo, compartilhava de várias ideias dela sobre democracia. Foi com entusiasmo que Kautsky respondeu aos escritos dos bolcheviques, publicados em 1917, em *A ditadura do proletariado*, no ano seguinte. Ele negava que Marx e Engels tencionassem restringir os direitos civis em sua estratégia revolucionária. Observou também que a suposição de Lenin de que, inevitavelmente, a sociedade se dividiria em duas grandes classes, a do proletariado e a da burguesia, não era confirmada por tendências demográficas. Portanto, a aposta estratégica dele na transição para o socialismo não era nem científica nem apresentava probabilidade de que seria eficaz.[243]

Os argumentos de Kautsky se harmonizavam com o pensamento do líder menchevique Yuli Martov. Após sua morte, em 1922, uma coletânea dos escritos de Martov sobre o regime comunista soviético foi publicada em

Berlim.[244] Seu trabalho não havia sido divulgado em seu próprio país desde a guerra civil. Na Rússia, os mencheviques não tinham meios materiais legais para propagar suas ideias. Suas organizações partidárias haviam sido fechadas, e seus líderes, proibidos de participar de eleições políticas. Muitos deles foram aprisionados no antigo monastério da ilha de Solovki, no mar Branco, ou exilados, enquanto o restante vivia sob a ameaça de perseguição. Martov, contudo, já havia feito um esboço das razões pelas quais achava que a Revolução de Outubro fora um erro terrível. Na avaliação dele, os bolcheviques haviam introduzido ideologias estranhas no marxismo russo, principalmente no caso de sua absoluta adesão à ditadura e ao terrorismo estatal. Segundo os mencheviques, o princípio da burocracia opressiva estava no interesse dos bolcheviques de aumentar o poder econômico e social do regime. Eles esperavam — e procuraram se convencer disto — que os rumos da Revolução poderiam ser "corrigidos" quando os bolcheviques fossem forçados a reconhecer que haviam levado o país para um beco sem saída. A Revolução de Outubro estava cheia de falhas graves, mas era a única revolução com que podiam contar e ela tinha que ser reformada.

Enquanto, por um lado, a censura proibia que os leitores soviéticos conhecessem aquilo que os antibolcheviques haviam escrito, por outro, a URSS investia pesado em traduções dos escritos de Lenin, Trotski e outros comunistas. Livrarias de literatura esquerdista em terras do centro e do oeste europeu vendiam dezenas de milhares de exemplares baratos dessas obras. O livro *O ABC do comunismo* era popular como instrumento complementar do manifesto comunista. Nessas obras, os desdobramentos do processo revolucionário na URSS eram pintados com as cores mais favoráveis possíveis. Já as barbaridades dos Vermelhos na guerra civil contra os Brancos não eram mencionadas e a versão oficial sobre o maligno envolvimento das potências capitalistas no motim de Kronstadt, em 1921, era a que prevalecia.

Todavia, nem mesmo a poderosa propaganda soviética conseguia ocultar a verdade a todos os sectários da política de esquerda do Ocidente, até porque delegações de socialistas partiam em viagem para Moscou para descobri-la por si mesmos.[245] Dois escritores britânicos de primeira categoria ficaram tão intrigados com a experiência soviética que também viajaram para a Rússia com o objetivo de entrevistar líderes soviéticos. Eram eles os romancistas H. G. Wells e o filósofo Bertrand Russell. Esses escritores haviam lido tudo sobre Lenin e Trotski, bem como sobre Marx e Engels. Ficaram impressionados com a inteligência de Lenin quando o conheceram pessoalmente, porém, antes de terem a chance de apresentar seus próprios pontos de vista, detestaram ter que aguentar suas ferinas críticas

ENTENDENDO O COMUNISMO

contra iniquidades capitalistas. Na ocasião, Wells chamou a atenção para o caos e as ineficiências do governo russo e fez observações também sobre os métodos opressivos do comunismo.[246] Russell fez críticas a Lenin por conta do comportamento do Exército Vermelho na linha de frente e na retaguarda durante a guerra civil. Wells, membro da Fabian Society, do Reino Unido, tinha certa simpatia por engenharia social radical, mas ele entendia os perigos do utopismo e da impaciência de Lenin e disse isso a ele. Assim como Wells, Russell era membro da Fabian Society, mas também politicamente liberal e ficou mais horrorizado do que Wells com o tratamento dado às pessoas pelos executores das práticas e da política oficial soviéticas.[247] Com isso, os livros de Wells e Russell se tornaram best-sellers. Eles haviam dado aos comunistas uma justa oportunidade para se explicarem antes de lavrarem seu veredicto condenatório: nenhum dos dois queria que se instalasse um regime idêntico ao soviético nas terras verdejantes e aprazíveis da Inglaterra nem em nenhum outro lugar.

Entretanto, ambos tinham perdurante afinidade para com certos objetivos socialistas proclamados pelos bolcheviques. Não conseguiam deixar de admirá-los por lutarem em prol de um sistema de governo compromissado com o bem-estar social, a educação gratuita, o planejamento econômico centralizado e a abolição dos privilégios de classe. (O próprio Russell, embora aristocrata, condenava o sistema de classes britânico.) Marxistas austríacos, tais como Otto Bauer, compartilhavam do desejo de manifestar alguma aprovação nesse sentido também. Porém, ao contrário de Kautsky, Bauer não se declarava abertamente contrário ao regime soviético, ainda que Lenin continuasse a criticá-lo com veemência em seus discursos por causa de seus escritos sobre a "questão das nacionalidades". Bauer era democrata e inimigo da ditadura. Na opinião dele, a ordem soviética, bárbara como era, adequava-se mais às condições do antigo Império Russo. Ele achava que a Áustria e a Alemanha poderiam fazer coisa melhor para seus cidadãos. Contudo, precisamos considerar que na Rússia os marxistas tinham que lidar com o problema de uma sociedade carente de tradições políticas e de tolerância. A Grande Guerra tinha agravado esse problema. Era totalmente irrealista esperar que a atrasada Rússia fosse capaz de desenvolver um socialismo sofisticado, tal como propalado por Marx e Engels. Os próprios bolcheviques eram bárbaros e, portanto, o tipo de modernizadores apropriados ao país que governavam.

Wells, Russell e Bauer escreviam com critério e moderação e influenciaram um vasto universo de leitores. De forma geral, porém, esse tipo de ponderação e comedimento não estava em moda e a maioria das pessoas procurava descrições e prognósticos simples. Os sequazes da experiência política soviética sentiam-se atraídos pelos escritos de John Reed; já os detratores do regime soviético gostavam das memórias ao estilo de Sir Paul Dukes. Em ambos os pratos, havia um condimento com forte sabor de exotismo. Os escritores pró-soviéticos insistiam em afirmar que o otimismo e a confiança dos cidadãos soviéticos haviam aumentado e que lhes tinham sido dadas oportunidades para melhorar suas condições de vida e subsistência, de elevá-las a um nível sem comparação com a de outros países. Em tese, os comunistas estavam desenvolvendo um modelo de sociedade que superava todas as grandes realizações da humanidade. Esses escritos tinham um toque marcante de coisas de um mundo sobrenatural. Neles, faziam os russos parecer diferentes dos povos das outras nações. Essa experiência de representação esdrúxula da realidade tinha sua antagônica irmã gêmea no trabalho dos escritores antissoviéticos. Para eles, desde outubro de 1917 a Rússia fora um abatedouro de seres humanos. Na obra desses autores, os comunistas, longe de serem idealistas inspiradores, eram apresentados como fanáticos que haviam mergulhado as mãos no sangue de suas vítimas. Ali, a república soviética não era uma utopia, mas um pesadelo para seu povo, e o Partido Bolchevique tinha liderado um dos maiores horrores da história: com sua polícia terrorista, sua ditadura, suas torturas satânicas, suas carnificinas militares, desnutrição e doenças causadas por eles.

Os partidos comunistas usavam meios justos ou astúcia para refutar as críticas de seus detratores e concentravam esforços, nesse sentido, em trabalhadores e intelectuais. Recorriam também a grupos de outras nacionalidades que haviam sofrido tratamento discriminatório. E perseveravam na propagação de ideias comunistas em colônias dos impérios europeus e em países da América Latina. Como sabiam que havia, nas classes trabalhadoras do mundo, homens e mulheres raivosos, alienados e idealistas, os partidos comunistas trabalhavam para levá-los para suas fileiras. Aos novos adeptos, apresentavam uma visão de um futuro perfeito e incutiam neles uma sensação de dignidade e condição vantajosa ao optarem pela filiação partidária. A rivalidade entre os partidos da esquerda política continuava acirrada; porém, embora os comunistas não tivessem o monopólio do sucesso em suas campanhas de recrutamento, foram logrando êxito cada vez maior durante a década de 1920.

Eram mais bem-sucedidos também com alguns grupos estrangeiros, étnicos ou religiosos do que com outros. Os judeus chegaram a fornecer líderes e ativistas a partidos revolucionários no Império Russo numa proporção bem maior do que a de sua população. Não apenas os bolcheviques, mas também os mencheviques e os socialistas-revolucionários

ENTENDENDO O COMUNISMO

conquistaram muitos adeptos judeus. Os políticos antissocialistas, tanto na Rússia quanto no exterior, exploravam isso. A posição mais extremada foi a da extrema-direita europeia, que chamou a Revolução de Outubro de conspiração judaica contra os valores civilizados. Hitler, o cabo austríaco que combateu nas Forças Armadas alemãs na Primeira Guerra Mundial, já então estava incluindo essa acusação em seus incendiários discursos para concitar as massas na República de Weimar. O antissemitismo, cujas origens remontavam a quase dois milênios, foi abruptamente intensificado pelos relatórios informando que os judeus ocupavam cargos fundamentais no Sovnarkom. E o fato inequívoco de que o Sovnarkom objetivava governar o mundo fomentava ressentimentos contra os grupos judeus que viviam em muitas sociedades que enfrentavam problemas essenciais de recuperação provocados pela Primeira Guerra Mundial. Trotski, Zinoviev e Kamenev se tornaram bodes expiatórios de agitadores fascistas, cartunistas e escritores sensacionalistas.

Contudo, deixando de lado considerações sobre a propaganda insana, podemos dizer que, certamente, os judeus se sentiram atraídos pelo comunismo na década de 1920 de uma forma extraordinária, embora nem todos se filiassem a partidos comunistas. Longe disso: a maioria se mantinha totalmente afastada da política. Em Nova York, as autoridades ficavam perplexas com a confusa onda de complexidade de sectarismo religioso judeu que inundava a cidade desde a virada do século. Contudo, uma importante e notável minoria de jovens judeus, tanto de homens quanto de mulheres, abraçou o marxismo, já que repudiava a crença de seus ancestrais.[248] A liderança do Partido Comunista dos Estados Unidos era formada por uma maioria esmagadora de descendentes de judeus. Por que esses líderes e seus seguidores debandaram para o marxismo? Entre as causas do fenômeno, estava a busca por um conjunto de ideias apoiadas em premissas internacionalistas. De acordo com os imperativos da cartilha marxista, todo comunista deveria ser nacionalisticamente cego. Outro atrativo específico do comunismo era o fato de que proporcionava, em certa medida, um ambiente para a reprodução das tradições judaicas de culto ao conhecimento livresco e teórico, a práticas exegéticas e antecipações prognósticas. E, uma vez que judeus, em muitos países, inclusive nos EUA, vinham de comunidades ainda atoladas em charcos de pobreza e trabalhos exaustivos, não é de surpreender que tenham se voltado em grande número para uma ideologia da extrema-esquerda. Era como se pudessem enterrar sua identidade religiosa num credo secular que prometia o paraíso na Terra àqueles que estivessem dispostos a lutar pelos princípios em que acreditavam.

O marxismo foi deveras inspirador para as minorias estrangeiras em muitas sociedades que recompensavam realizações do indivíduo na área da educação e das relações sociais. Essa característica do fenômeno marxista não se restringiu aos judeus. Onde quer que as minorias achassem que a predominante ordem das coisas lhes fosse desfavorável, havia uma oportunidade para os propagadores do comunismo atuarem na disseminação da ideologia. Nesse particular, a atuação dos chineses no Sudeste da Ásia seria um exemplo marcante depois da Segunda Guerra Mundial. O que impressionava os novos seguidores do comunismo ao redor do mundo era a determinação dos marxistas para eliminar preconceitos raciais. O comunista indiano M. N. Roy participou de congressos em que os presentes tiveram a primeira experiência em que "homens pardos e amarelos [se encontraram] com homens brancos que não eram imperialistas arrogantes, mas amigos e camaradas, ansiosos para compensar as coisas malignas do colonialismo".[249]

Líderes comunistas soviéticos aproveitavam as oportunidades que apareciam com enérgica determinação. O departamento de agitação e propaganda política deles, no aparato da central do partido, incentivado pelo braço propagandista do Comintern, publicava jornais e panfletos louvando as políticas do dia. O pluralismo só existia graças a disputas faccionistas em Moscou. Geralmente, elas ocorriam de forma circunscrita. Embora Trotski chamasse a atenção para a necessidade do aumento de planejamento da economia centralizada, continuava a apoiar a NPE. Kamenev e Zinoviev advertiam que o programa político deveria ser reajustado, em vez de abandonado. Os centralistas-democratas encareciam a adesão a procedimentos democráticos num Estado de partido único, mas não viam nenhuma contradição entre suas exortações para a implantação de uma "democracia soviética" e a ditadura de um só partido. A facção bolchevique que chegou mais perto do sucesso na subversão dos princípios básicos do bolchevismo foi a representada pelos integrantes do grupo Oposição dos Trabalhadores. Em 1921, Chiliapnikov e Kollontai haviam feito campanhas para que os "produtores" — os trabalhadores e os camponeses — tivessem algum controle sobre decisões em relação à forma de organização da produção e de distribuição de produtos. Lenin tachou a Oposição dos Trabalhadores de desvio anarcossindicalista. Foi um exagero controverso da parte dele. A Oposição dos Trabalhadores havia elaborado uma combinação confusa de ideias. O desejo de seus integrantes era reformar o sistema de poder apenas o bastante para que trabalhadores comuns pudessem ter alguma influência no funcionamento do sistema, porém não advogava o desmantelamento do aparato centralizador da ditadura partidária.

ENTENDENDO O COMUNISMO

Do lado de fora das fileiras do marxismo organizado, Alexander Bogdanov continuava a promover agitações em prol da "cultura proletária" (a qual estivera entre os motivos de sua ruptura política com Lenin em 1908).[250] As autoridades comunistas eram complacentes com ele, a ponto de subsidiarem o movimento Proletkult, que oferecia aos trabalhadores cursos de escultura, pintura e ciências naturais, bem como aulas de leitura, redação e aritmética. Bogdanov tinha a firme convicção de que a tomada de poder pelos socialistas era inútil, a menos que a classe operária desenvolvesse confiança em sua capacidade de autonomia. Ele detestava o autoritarismo da *intelligentsia* e achava que Lenin e Trotski eram os principais exemplos do tipo de gente que a compunha. De acordo com Bogdanov, o bolchevismo oficial estava permeado por uma mentalidade autoritária. Na opinião dele, a salvação estava em fazer com que os trabalhadores aplicassem os princípios da mentalidade coletivista nas tarefas de construção de uma sociedade nova e melhor, sem a interferência da burguesia radical. Não recebeu de bom grado a Revolução de Outubro, mas aceitou-a como uma realidade da vida e tentou fortalecer, dentro dos limites impostos pelo regime soviético, o Proletkult. Ele era a inspiração do movimento. No entanto, logo ficou decepcionado: seu sonho de ajudar a classe trabalhadora a desenvolver uma mentalidade de confiança no coletivismo, em sua capacidade de realizações ambiciosas e de independência, para que pudesse elaborar sua própria versão de socialismo, não foi concretizado. Bogdanov morreu num misterioso acidente durante uma transfusão de sangue — ou foi suicídio? — em 1928.

Outro marxista que pensava também em questões dessa espécie era Antonio Gramsci, que fundou o Instituto de Cultura Proletária.[251] Gramsci era um comunista que tinha na personalidade uns traços de figura libertária. Sujeito amigável, de aparência juvenil, era o queridinho do Partido Comunista Italiano. Ao contrário de Bogdanov, idolatrava Lenin, mas disse a um amigo: "Sou italiano, estudo Marx e a Revolução Russa; vivo pensando e falando sobre Lenin e vejo que ele não aplicou a teoria marxista simplesmente como alguém que a estivesse papagaiando. Então, por que eu não deveria adaptar o marxismo e [o exemplo] da Revolução Russa à situação italiana?"[252] Gramsci jamais se esqueceu de sua experiência com a efervescência revolucionária em Turim, em 1919-1920. Tinha plena consciência de sua herança cultural italiana e apreciava as obras dos grandes pensadores, principalmente Nicolau Maquiavel e Benedetto Croce. Aparentemente, jamais ouvira falar em Bogdanov, porém, com certeza, deve ter indagado se o desenvolvimento autônomo de uma "cultura do proletariado" era realmente exequível. No entanto, tinha em comum com Bogdanov um repúdio

168

EXPERIÊNCIA

pelos estreitos limites do comunismo soviético. Gramsci compreendia a necessidade de se modificar a cultura fundamental dos povos se quisessem também que a política sofresse modificações essenciais.

O que ele queria dizer com isso? Como líder do Partido Comunista Italiano, queria que suas próprias ideias fossem levadas a sério. Ele jamais divulgou suas objeções às diretrizes do Comintern. Preso por ordens de Mussolini em 1926, Gramsci dissimulou a essência de seu pensamento em seus escritos lançando mão de um estilo esopiano, já que as autoridades estavam sempre alerta. Ademais, Gramsci perdeu contato com o que estava acontecendo no movimento comunista global, embora tivesse muito a dizer. Foi profundamente abalado pelo que soube a respeito da Roma antiga e depois sobre a história da Itália renascentista. Embora marxista, aceitava o princípio de que a coerção econômica e política era importante para a sociedade feudal ou capitalista, mas não era só isso: ele afirmava que as classes dominantes, para se manterem como tais, tanto durante o feudalismo quanto no capitalismo, dependiam do sucesso da imposição de sua "hegemonia" cultural. Segundo ele, os monges davam ajuda indispensável aos cavaleiros feudais, ao passo que o clero, os acadêmicos e cientistas ajudavam banqueiros e industriais. Assim, para que o socialismo fosse bem-sucedido, seus defensores tinham que incutir suas ideias na classe operária. Os trabalhadores precisavam ter autoconfiança em sua cultura, de tal forma que conseguissem influenciar decisivamente a maioria dos grupos da sociedade socialista: eles tinham que desenvolver sua própria posição hegemônica.

Gramsci não gostava do lado militarista do bolchevismo. Em seu *Cadernos do cárcere*, chama a atenção para a inconveniência dos exércitos do trabalho, de Trotski e, mais tarde, chegaria a uma conclusão semelhante em relação à confiança de Stalin na "virtude das armas". Ele tinha também reservas para com Bukharin, que lhe parecia se apegar a uma crença bárbara na realidade objetiva do mundo exterior. Gramsci queria que os comunistas testassem todas as suas ideias na prática, em vez de começarem a agir com base em propostas axiomáticas.[253] Ele identificou problemas no "enrijecimento" do Partido Comunista. Entre os livros de sua biblioteca pessoal que mandou buscar, havia o estudo clássico dos partidos políticos por Robert Michels, que expôs a tendência dos líderes de se isolarem de seus seguidores.[254]

Doente e abandonado, Gramsci morreria na prisão em abril de 1937. Mesmo que ele tivesse conseguido escapar do cativeiro, é de duvidar que teria sido tratado com gentileza por um Comintern que havia se aferrado aos preceitos correntes do bolchevismo. (Ele fora surrado pelos próprios camaradas na prisão por se opor à decisão de Stalin de executar Zinoviev,

ENTENDENDO O COMUNISMO

em 1936.) Gramsci não era o único marxista estrangeiro a lutar em prol de um marxismo menos rígido e mesquinho. György Lukács, Comissário do Povo da Educação Pública na República Soviética da Hungria em 1919, havia se refugiado na URSS, onde escreveu *História e consciência de classe*. Tal como Gramsci, ele mantinha a crença na necessidade de uma "revolução proletária" caracterizada pela emancipação da classe trabalhadora. Em 1917, tal conceito teria sido aceitável entre a maioria dos bolcheviques ou pelo menos poderia ter sido aceito se pudesse ser compreendido, pois Lukács se expressava usando terminologia hegeliana incompreensível por qualquer um que não tivesse pós-graduação em filosofia. No entanto, os tempos haviam mudado. Num período em que a primazia do papel do partido na ação revolucionária se impunha como incontestável, o livro de Lukács era considerado herético. Quando Zinoviev denunciou suas ideias, ele retratou-se imediatamente: não suportaria viver fora do amplexo do comunismo oficial.

A rixa global entre os marxistas era algo absolutamente incompreensível pela maioria das pessoas que se interessavam pelo comunismo. Contudo, nos últimos anos da década de 1920, as notícias sobre a União Soviética haviam melhorado muito. As estruturas, práticas e políticas do comunismo estavam se tornando mais conhecidas, graças ao trabalho de diplomatas, correspondentes da imprensa e agências de inteligência. Ademais, exilados revolucionários bem-informados adicionavam seu ponto de vista ao quadro da situação revolucionária. Entretanto, suas declarações eram contestadas pelos partidos comunistas e seus camaradas viajantes. Durante toda a década, houve uma disputa em relação à predominância de certas ideias, já que cada uma das partes alegava ser a única capaz de entender e explicar o comunismo.

12. A URSS ATORMENTADA

Em janeiro de 1928, Joseph Stalin iniciou uma série de viagens de inspeção nos montes Urais e na Sibéria. Levou consigo uma equipe formada por autoridades escolhidas a dedo. O motivo das viagens era a insuficiência no fornecimento de suprimentos alimentares às cidades. Se nada fosse feito, era possível que a fome se abatesse sobre elas no fim do inverno. Os detalhes do trabalho de Stalin nessa região não haviam sido informados e ele adorava essa indefinição. Ele viajou pela Ferrovia Transiberiana num vagão que estava longe de ser luxuoso — só na Segunda Guerra Mundial construíram um para uso exclusivo dele. Seu destino era Novosibirsk, no meio da Sibéria. Nas reuniões que fez nas paradas para descanso, ele soltou os cachorros em cima de seus assessores. Longe dos olhares observadores dos membros do Politburo ele se comportava como queria.

Autoridades do partido na região ouviram dos lábios de Stalin que era necessário empreender algo muito além da restauração do equilíbrio comercial. Por iniciativa própria, ordenou o confisco de grãos e, por fim, a criação de fazendas coletivas. Anunciou que o desempenho dos funcionários do governo encarregados da tarefa seria avaliado com rigor. Para ele, somente resultados práticos contavam. Alguns dos procedimentos recomendados eram semelhantes aos usados na guerra civil — Stalin não precisou elaborá-los. Determinou que os cúlaques — os camponeses em melhor situação — fossem isolados dos outros habitantes rurais e que os partidos trabalhassem com camponeses pobres para descobrir depósitos clandestinos de grãos. Aqueles que ajudassem a descobri-los seriam recompensados com uma parte do que fosse achado. Longe das vistas do Politburo, o secretário-geral estava modificando o programa de ação governamental. Sua figura intimidatória causava impacto imediato, e ele voltou para Moscou em fevereiro com vagões cheios de grãos. Contudo, entre os camponeses, ele esfacelara toda confiança duradoura no governo que porventura existisse. Como houvessem sonegado ao mercado o fornecimento de grãos, em razão dos baixos preços dos produtos agrícolas, bem como por conta da pouca oferta de produtos industriais, as famílias rurais ficaram furiosas com o que ficou conhecido como o "método uralo-siberiano" de Stalin de obtenção de grãos. Ele não havia apenas minado a NPE; ele a tinha destruído.

A URSS ATORMENTADA

Ríspido e inconstante, Stalin declarou que havia chegado a hora de lançar o partido na via da transformação econômica fundamental. Ele objetivava resolver outros problemas básicos que vinham atormentando os líderes de partido. Parecia disposto a acertar as contas de uma vez por todas com seus inimigos internos do partido, bem como com os grupos sociais hostis à Revolução de Outubro, e se revelou disposto a responder a todas as críticas dos que advertiam que os objetivos do bolchevismo haviam sido esquecidos. Ele ficou irritado com a observação escarnecedora de Trotski, que o tachara de "coveiro" da revolução. Uma vantagem que ele tinha sobre os inimigos era que eles o subestimavam, embora expressassem, com frequência, temores em relação à sua conduta.[255] Mas não faziam nada quanto a isso e Stalin, tal como Napoleão, achava falta de educação interromper seus inimigos quando estavam cometendo erros. Eles se recolhiam no casulo de suas presunções, até o momento em que ele resolvesse partir em seu encalço. Jamais conseguiam saber do que Stalin era realmente capaz. Seus rivais na disputa pela sucessão de Lenin o avaliaram com critérios errados. Ele não falava alemão, francês ou inglês. Era um orador mais do que medíocre. Jamais fora exilado político. Faltava-lhe garbo nos ambientes finos. Ele era simplesmente grosseiro.[256]

No entanto, era mais inteligente e dinâmico do que eram capazes de avaliar seus inimigos e ninguém o superava na sede de poder. Nascido em 1978, no seio de uma família de um pobre sapateiro da Geórgia, havia sido escolhido para se tornar padre. Brilhante e indisciplinado, detestava o ambiente austero do seminário. Primeiro, voltou-se para a poesia e, depois, descobriu o marxismo. Apesar de ter sido preso muitas vezes, mantinha-se aferrado à vida de revolucionário. Além de competente administrador, editor e, embora cultivasse a imagem de integrante da classe operária, era também homem de boa formação escolar, com uma fome voraz por livros. Por volta de 1912, ele havia sido cooptado pelo Comitê Central. Passou quatro anos na Sibéria antes de retornar à militância política. Em 1917, assumiu a responsabilidade de realizar importante trabalho administrativo, editorial e político para o partido. Depois da Revolução de Outubro, tornou-se comissário das nacionalidades no Conselho dos Comissários do Povo. Entrou para o primeiro Politburo permanente e o Orgburo em 1919. Conhecia o marxismo e era dedicado leninista. Estava louco para provar o seu valor e vingar-se das afrontas que, na visão dele, havia sofrido injustamente. Estava determinado a ser o líder que levaria a Revolução de Outubro adiante. Não queria figurar nos livros de história numa simples nota de rodapé.

Stalin era o mais violento dos líderes bolcheviques. Suas campanhas terroristas na guerra civil foram horripilantes. Adotou como trajes habituais um casaco ao estilo militar e botas pretas longas. Seu grosso bigode dava a impressão de um homem combativo e agressivo. Em matéria de tática e conspiração, era mestre. Alcançara uma posição de domínio no partido antes que Trotski, Zinoviev, Kamenev e Bukharin soubessem o que tinha acontecido. Não havia como conter o avanço de um homem mau na política da URSS. Ele seguia os passos e as atitudes das muitas autoridades do partido, de sua jovem organização — a Comsomol (União da Juventude Comunista) — e da Cheka. A URSS estava ficando para trás em relação aos avançados países capitalistas no poderio tecnológico industrial e militar. A NPE jamais conseguiria vencer o abismo que a separava deles. Além do mais, as políticas e programas governamentais geraram problemas sociais, nacionais, religiosos e culturais para o Estado soviético. Afinal, o bolchevismo militante estava sendo humilhado. Os bolcheviques veteranos não tinham realizado a Revolução de Outubro e combatido na guerra civil para presidir uma organização desviada de seus sonhos revolucionários. Stalin sabia que poderia contar com o apoio das elites centrais e regionais se ele abandonasse a NPE. Tudo de que precisava era de habilidade tática e vontade política, e ele tinha ambas as qualidades em abundância.[257]

Ao voltar das viagens pelos montes Urais e pela Sibéria, em fevereiro de 1928, Stalin rompeu sua aliança com Bukharin. Como este previra, a intransigência no trato da questão rural se intensificou. O Politburo trilhou caminhos tortuosos em matéria de programas governamentais nos meses subsequentes, mas, no fim das contas, decidiu que a execução das medidas de emergência do líder soviético tinham que ser prorrogadas se quisessem assegurar a obtenção de grãos. Stalin começou a argumentar que havia chegado a hora de substituir a agricultura familiar por uma agricultura coletivista. Assim, nas cidades e povoados, comerciantes do setor foram presos.[258] A hostilidade de Stalin para com os cúlaques foi igualmente rigorosa. Nenhum cúlaque nem seus parentes poderiam entrar para o novo sistema agrícola e foi ordenado que fossem submetidos a severa repressão. Alguns foram fuzilados, outros, deportados para regiões inóspitas da URSS, como a Sibéria e o Cazaquistão; os mais afortunados foram simplesmente banidos do distrito onde residiam e forçados a recomeçar a vida com parcos recursos em outro lugar. Oficialmente, o restante dos camponeses deveria ser induzido a aceitar a coletivização de maneira persuasiva. Todavia, na prática, as autoridades lançavam mão de qualquer força necessária para arrebanhar esses camponeses no redil do novo sistema criado para eles em Moscou. O poder central fixava os prazos para a coletivização. Stalin despachou emissários para coagir os camponeses a cumpri-la e esses agentes não ousavam voltar sem apresentar relatórios com o êxito de sua missão. Lançaram, pois, uma *blitzkrieg* de ações governamentais no campo.

A URSS ATORMENTADA

Em 1929, os camponeses foram pegos de surpresa com os assaltos ideológicos lançados sobre eles. Quando as intenções das autoridades governamentais se tornaram claras, houve efetiva resistência, que foi mais intensa em regiões como o norte do Cáucaso e na Ásia Central, onde o sentimento patriótico e religioso era forte. O sul da Rússia ficou em chamas também, com revoltas contra o comunismo. O regime esmagou esses levantes dos camponeses. O Politburo mobilizou o Exército Vermelho, apesar de temer que os recrutas passassem para o lado dos camponeses. O regime arregimentou também 25 mil voluntários, organizados em pelotões armados, investidos do poder de impor a coletivização agrícola. Autoridades soviéticas e partidárias foram mobilizadas também. Todos esses agentes haviam sido doutrinados para ver a fome e a morte por inanição como resultado da sabotagem e resistência dos cúlaques. Quando os camponeses tomaram conhecimento do destino que os aguardava, uniram-se para repelir os coletivizadores. Contudo, os insurgentes não eram páreo para os invasores. As autoridades possuíam um poder de fogo muito superior ao deles e estavam em melhor posição para coordenar suas operações sobre vastas regiões.

Um milênio de costumes e tradições dos camponeses foi brutalmente destruído. Por volta de março de 1930, a proporção de pequenas propriedades rurais coletivizadas chegou a 55 por cento. A essa altura, queixas sobre "excessos" deixaram Stalin constrangido e ele apelou para que usassem de moderação. Mas, em questão de meses, lançaria os coletivizadores novamente sobre os campos e repreenderia severamente todo comitê partidário que fracassasse em assegurar o andamento ininterrupto do programa. E conseguiu o que queria. Quase 99 por centro de todas as terras cultivadas haviam sido incorporados às fazendas coletivizadas até os últimos meses de 1937. O preço macabro exato pago pelos camponeses ainda tinha que ser calculado, porém talvez cinco milhões de pessoas tenham morrido por causa de perseguições ou de fome nesses anos.[259] Ucranianos e cazaques foram os que mais sofreram entre a maioria dos outros povos. A Ucrânia, rica em solos agrícolas e em número de fazendeiros independentes, foi afligida pela fome em 1932-1933. As ordens de Stalin para que interrompessem o fluxo de pessoas que estavam deixando a Ucrânia em busca de trabalho e comida pioraram as coisas. A situação não era melhor para os cazaques. Esses povos pertenciam a grupos tribais nômades que nada sabiam a respeito de sedentarismo agrícola. Cerca de metade de sua população pereceu durante o processo de sedentarização. Ucranianos e cazaques capturavam ratos com armadilhas para se alimentar, comiam cascas de árvores e cozinhavam folhas, já que suas fontes alimentares normais foram extintas pela ação brutal do Estado. O restante deles morreu.

EXPERIÊNCIA

Originalmente, as expectativas de Stalin eram de que as rendas obtidas com a exportação de grãos — ou o "tributo", tal como o chamava em particular — pagassem os altos salários, bem como financiassem os investimentos num rápido crescimento industrial. À classe trabalhadora prometeram uma melhoria drástica nas condições de vida. O Comitê Estatal de Planejamento (Gosplan) recebeu ordens para criar um plano quinquenal de industrialização. Sempre que o Gosplan apresentava um esboço do plano, o Politburo aumentava ainda mais as metas de produção. Ferro, carvão, aço e máquinas tiveram prioridade. Conselhos da maioria dos economistas foram ignorados. Sergei Strumilin, o proponente do planejamento "teleológico", foi um dos raros que apoiaram Stalin espontaneamente. O Politburo e o Gosplan idearam cotas para a economia, independentemente das dificuldades previstas. A meta do primeiro plano quinquenal, cuja conclusão estava programada para o fim de 1933, era assegurar o progresso da URSS pelas vias do desenvolvimento, para que se tornasse uma sociedade socialista e industrial moderna.

Diretores de indústria e chefes partidários locais receberam ordens para realizar esse sonho. Fizeram vista grossa aos métodos grosseiros de gestão; só os resultados importavam. Isso estava longe de ser planejamento, na verdadeira acepção da palavra. A liderança comunista era como um cego tentando pintar um belo quadro. A ideia era exportar grãos em troca de importação de tecnologia. Todavia, o preço dos grãos no mercado global despencou inesperadamente. Stalin nem se abalou. Em vez de tocar a economia e a indústria sem maquinário de última geração, incluiu outras verbas no orçamento, preferindo sacrificar os cidadãos com a queda do padrão de vida. Os salários despencaram. As prateleiras das lojas ficaram quase vazias. Trabalhadores fabris, mesmo os com empregos que exigiam qualificação profissional e recebiam salários acima da média, mal tinham o suficiente para se alimentar. A maioria deles se tornou vegetariana contra a própria vontade. Os soviéticos criaram cidades onde recursos naturais valiosos haviam sido descobertos. Magnitogorsk, o novo centro de produção de aço, foi um grande exemplo. Mas as perspectivas e condições de vida eram sombrias para a maioria dos habitantes da cidade e de outras também, até porque as autoridades davam prioridade orçamentária ao crescimento da produção industrial, em detrimento de programas habitacionais e alimentares para seus empregados e suas famílias. Os barracos em que se abrigavam à noite eram pouco melhores do que estábulos.

Apesar disso, esse período foi de entusiasmo revolucionário, em que chegaram a proclamar uma revolução cultural. As autoridades se mostravam determinadas a transformar a sociedade inteira, enquanto intensificavam

A URSS ATORMENTADA

o esforço para a industrialização do país. Expandiram a rede de escolas e criaram programas de aulas noturnas para analfabetos e pessoas incapazes de realizar operações matemáticas elementares. Assim que os professores terminavam o curso de preparação, eram enviados para as novas escolas. Trabalhadores que demonstrassem qualquer sinal de talento garantiam a chance de um curso universitário ou profissional. Os promovidos enxameavam nos empreendimentos e escritórios socialistas, onde vertiam sobre os colegas os princípios gerenciais e administrativos oficiais do programa de governo estatal. Havia centenas de milhares deles.[260] Ingressavam também nos partidos, onde exortavam os trabalhadores e camponeses a trabalhar duro para construir as fundações de uma sociedade perfeita. Ensinavam que a tarefa da geração atual era dedicar-se aos ideais do marxismo-leninismo. Achavam que seu mundo comunista poderia ser edificado no transcurso de uma única vida. Jovens cerravam fileiras para pôr em prática as cruéis medidas exigidas por Stalin e pelo Politburo. A indústria estava crescendo rapidamente e empregos eram abundantes nas cidades. Dos campos, camponeses desmoralizados desaguavam caudalosos nos centros urbanos em busca de emprego, pois qualquer coisa era melhor do que o que haviam deixado para trás. Os migrantes, visto que chegavam temerosos e sem dinheiro a esses lugares, suportavam condições de sobrevivência que, na década de 1920, teriam provocado greves e manifestações de protesto.

A industrialização era realizada na base da coação. Em Shakhty, na bacia do Donets, por ordem de Stalin, dezenas de diretores e engenheiros foram presos e acusados de sabotagem industrial. Entre eles, havia consultores estrangeiros. Stalin lançou mão de todos os recursos em sua campanha terrorista para forçar a classe gerencial a submeter-se. Os réus eram expostos publicamente em "julgamentos de fachada". Depois de surrados pelos asseclas do OGPU, não tinham a mínima condição de resistir à exigência de que confessassem suas atividades criminosas. Outros julgamentos se seguiram nas grandes cidades de outras regiões, com Stalin supervisionando todo o processo. Ele organizou o forjamento de casos contra conspirações antissoviéticas de antigos mencheviques e socialistas-revolucionários que trabalhavam nas agências de planejamento do Estado. Entre eles, estavam economistas brilhantes, como Nikolai Kondratev, Vladimir Groman e Alexander Chayanov. Stalin fez com que os "conspiradores" fossem acusados de terem ligações com os direitistas dentro do próprio Partido Comunista. Fizeram Bukharin passar por traidor à causa do partido. O julgamento de Shakhty terminou em condenações que iam de longas sentenças de prisão a execuções. Geralmente, os juízes dos outros casos, que eram dirigidos pelas autoridades políticas de Moscou, condenavam os réus a anos de árduos trabalhos forçados.

EXPERIÊNCIA

Esses arremedos de autoridades envolvidas no processo judiciário alcançavam os resultados esperados, enquanto planejadores, diretores e gerentes se esforçavam para provar seu entusiasmo pela transformação econômica. Para concretizá-la, as autoridades ordenaram que dessem ênfase às relações da indústria com a agricultura. De acordo com o Politburo e o Gosplan, a economia rural seria impulsionada pela "tratorização". Cem mil tratores deveriam ser fabricados à medida que o ritmo da modernização da economia aumentasse. Além disso, armamentos de última geração precisariam ser produzidos e postos à disposição das Forças Armadas soviéticas. A URSS estava determinada a se tornar uma grande potência no cenário europeu e no asiático. O primeiro plano quinquenal foi concluído um ano antes do programado, em dezembro de 1932. Embora as autoridades adulterassem os registros oficiais e fingissem que quase todos os setores da economia tivessem atingido as metas oficiais, não havia como negar que o país tinha avançado bastante na direção da industrialização.

O ímpeto do programa econômico começou a ser moderado em 1933. O segundo plano quinquenal determinava que deveriam transferir a energia do esforço industrializante para as fábricas recém-criadas, a fim de que produzissem mais, e para o esforço de eliminar a desordem na indústria e no comércio. As cotas de produção foram reduzidas. Gerentes e trabalhadores foram conclamados a trabalhar mais arduamente do que nunca, mas receberam a promessa de um aumento nas compensações. As verbas para a produção de bens de consumo, serviços de saúde, bem-estar e moradia foram aumentadas; escolas, teatros e parques deveriam ser construídos também, porém as necessidades da área militar não poderiam ser esquecidas. A piora da situação internacional, principalmente depois que Hitler subiu ao poder, acentuou a percepção da necessidade da modernização tecnológica das Forças Armadas. No entanto, deveria ser mantida a ênfase em aproveitar da melhor maneira possível o que havia sido criado, em vez de se prosseguir com uma despreocupada expansão industrial. Isso não ocorreu sem acaloradas discussões no Politburo, mas Stalin ficou do lado dos que defendiam a moderação. No entanto, os grupelhos internos do partido que faziam críticas a ele continuaram a proliferar. Por algum tempo, contudo, ele achou prudente tratar com moderação políticos dos escalões inferiores, diretores de empresas e da sociedade como um todo. Apesar disso, continuava irritado com a situação política.

Ademais, o Politburo havia modificado o programa político em relação à "questão das nacionalidades" no fim da década de 1920. Antes, os povos não russos tinham uma liberdade considerável para o exercício da liberdade de expressão em sua imprensa, escolas e governos. Contudo, a liderança do

A URSS ATORMENTADA

partido tomou a resolução de controlar essa autonomia. Figuras públicas que haviam promovido as causas de suas respectivas nações durante a NPE foram denunciadas e demitidas. Mykola Skrypnik, um notável veterano comunista ucraniano, cometeu suicídio, desesperado com a nova orientação política. Levaram professores, clérigos e velhos ativistas a julgamento, sob a acusação de "nacionalismo burguês". Forjaram acusações de que os réus haviam criado organizações contrarrevolucionárias e de que estavam tramando a remoção do Partido Comunista do poder. Inicialmente, a repressão antinacionalista foi imposta tanto aos russos quanto aos outros povos. Em 1930, instauraram-se processos judiciais contra a fictícia União dos Povos da Luta pela Regeneração da Rússia.[261] Mas Stalin decidiu que era um erro tratar os russos dessa maneira. Em 1932, ele parou de prender russos por "nacionalismo burguês". A Rússia e suas virtudes começaram a ser comemoradas. Ao mesmo tempo, ele restringiu drasticamente a já então limitada liberdade dos outros povos.

A ideia era vestir os russos com uma identidade soviética que todas as outras nações copiassem. Isso excluiria toda associação com religião. Para tanto, Stalin pôs em ação a Liga dos Ateus Militantes, com o objetivo de perseguir os clérigos. Padres, imãs, rabinos e xamãs passaram a correr o risco de serem presos. Milhares deles foram fuzilados, e tesouros pertencentes a denominações religiosas, confiscados. Nas publicações oficiais, matérias zombavam do "deusinho" das grandes religiões.

O XVII Congresso do Partido, na URSS, iniciado em janeiro de 1934, foi chamado de Congresso dos Vitoriosos. Afinal, Stalin tinha derrotado a oposição partidária interna, conseguira garantir a execução de seu programa de industrialização e coletivização e induzira seus camaradas a aceitar os princípios básicos do "comunismo num único país". Membros das delegações participantes aclamaram-no o "Lenin Moderno". A essa altura, ele superava o próprio Politburo em prestígio e poder. Entretanto, à medida que um grande número de delegados foi se acumulando em Moscou, instalou-se certa inquietação no partido, pois corria o boato de que uma parcela considerável deles estava determinada a substituí-lo por Sergei Kirov, seu colega do Politburo. Não obstante, Stalin manteve-se no cargo e saboreou seu triunfo público. Mas ele continuou alerta — no íntimo, sentia-se muito solitário e ansioso após o suicídio da esposa, em 1932. E depois também, em 1934, um assassino matou Kirov em Leningrado. Se foi Stalin o mandante do crime, ninguém sabe com certeza ainda. O certo é que ele se aproveitou da situação para adotar medidas de emergência, com as quais pôde criar tribunais presididos por três pessoas (*troiki*) para fazer o julgamento de suspeitos sem seguir os costumeiros procedimentos legais.

178   EXPERIÊNCIA

Com isso, Stalin objetivava eliminar qualquer resistência real ou potencial por parte dos escalões superiores do partido comunista.

Tomou providências também para se livrar de "elementos antissoviéticos" na sociedade, de modo geral. Desde 1928, suas medidas haviam causado grandes ressentimentos, pois havia perseguido cúlaques, clérigos, "nacionalistas burgueses", membros de partidos de extinção forçada, ex-oposicionistas e "povos antigos". Dez milhões de pessoas fizeram parte desses grupos de perseguidos. Muitas delas estavam voltando dos campos e áreas de reassentamento após cumprirem suas sentenças de prisão. Outras haviam escapado das garras do OGPU durante o primeiro plano quinquenal. Elas odiavam Stalin e seus sequazes. Viam que o culto prestado a Stalin não deixava dúvidas sobre quem era o responsável pelas consequências dos traumas que vinham sofrendo. Portanto, Stalin não precisava inventar seus inimigos. Suas atividades haviam criado um gigantesco número deles nas cidades e nas áreas rurais da URSS.

Após o assassinato de Kirov, as atividades repressivas foram intensificadas. Num piscar de olhos, centenas de milhares de "povos antigos" — uma sobrevivente multidão de velhos nobres, banqueiros, proprietários de terras e suas famílias — foram expulsas das maiores cidades do país. Sob o menor dos pretextos, os que voltavam dos campos eram novamente condenados e enviados de volta para o confinamento. As penas de trabalhos forçados eram executadas pela Administração Geral dos Campos de Trabalho Correcional e Colônias (ou Gulag) — e o termo Gulag tornou-se rapidamente sinônimo de toda a rede de campos de trabalho forçado. Presos políticos, principalmente ex-trotskistas, jamais eram libertados desses campos. Com isso, Stalin se assegurava de que as rancorosas camadas da sociedade nunca conseguiriam achar líderes que as pudessem guiar. A culpa pela morte de Kirov foi atribuída a Kamenev e Zinoviev. Na verdade, o assassino foi Leonid Nikolaev, que havia aderido a um grupo zinovievita no fim da década de 1920. Isso foi o bastante para Stalin pôr o fardo da responsabilidade moral e ideológica nos ombros de Kamenev e Zinoviev e levá-los a julgamento, cujo processo foi filmado para ser exibido em cinejornais. Ameaçados de receberem a pena de morte, os réus concordaram em se confessar culpados em troca de uma condenação à prisão. Aceitaram também ser submetidos a humilhações. Enquanto isso, iniciaram uma caçada para descobrir pessoas que estivessem alimentando simpatias por ideias das esmagadas oposições da esquerda e da direita.

No inverno de 1936-1937, Stalin havia tomado a decisão de realizar uma sistemática campanha de prisões e execuções, hoje conhecida como o

A URSS ATORMENTADA

Grande Terror. O Politburo estava acostumado a curvar-se diante de suas exigências. Mesmo assim, ele teve que persuadi-lo com lisonjas e solércia para conseguir a realização de seus intentos. Um membro do Politburo, Sergo Ordjonikidze, cometeu suicídio quando viu o rumo que as coisas estavam tomando. O Comitê Central teve que ser persuadido também da mesma forma. Stalin providenciou a realização de sessões plenárias em que Nikolai Yejov, então recém-nomeado chefe do NKVD, explicou que haviam sido detectados atos de traição em todo o partido. O NKVD era o Conselho de Comissários de Assuntos Internos; em 1934, ele havia assumido as funções do OGPU. Yejov revelou que relatórios indicavam que Bukharin e outros estavam tramando algo. Quando Bukharin negou a acusação, Stalin o pôs cara a cara com o denunciante. Não apenas Bukharin, mas também o Comitê Central inteiro, estava sendo aterrorizado e desmoralizado.

Stalin queria impor a todos seu despotismo incondicional. O partido era a única instituição que restara que apresentava a capacidade para modificar a direção dos acontecimentos. Muitos líderes comunistas nas repúblicas e nas províncias, mesmo quando o elogiavam em público, ficavam horrorizados com seu fanatismo político e econômico. Stalin teve que passar a faca no próprio partido para se assegurar de que seus quadros pudessem contar somente com elementos "saudáveis". Ele tinha a intenção de fazer a mesma coisa no Alto-Comando do Exército Vermelho. Assim, Mikhail Tukhachevski e outros líderes militares foram presos em maio de 1937 e fuzilados em junho após terem sido forçados a se confessarem traidores do Estado — as manchas de sangue permaneceram na confissão assinada por Tukhachevski. O Comitê Central reuniu-se em sessão plenária e foi solicitado a sancionar o que estava sendo feito. Osip Piatnitski, funcionário de alto escalão do Comintern, se opôs aos massacres. Expressou dúvidas quanto à validade das acusações feitas contra o partido. Isso foi o mesmo que chamar Stalin de tirano e velhaco, mas Piatnitski se recusou a desdizer-se. Sua filiação ao Comitê Central foi cassada e depois ele foi sequestrado por agentes do NKVD e executado. Ninguém nos órgãos do partido supremo repetiu seu ato de coragem suicida.

Yejov e Stalin formularam, em conjunto, um plano para uma "operação" em massa, programada para ser iniciada no fim do verão. O decreto 00447 determinava que 259.450 "elementos antissoviéticos" deveriam ser detidos. Vinte e oito por cento deles seriam executados, enquanto o restante, encaminhado para campos de trabalho forçado, onde cumpriria longas penas. Foram feitas especificações das pessoas que deveriam ser caçadas, entre as quais estava qualquer um que fosse cúlaque, padre, menchevique, socialista-revolucionário, "nacionalista burguês", aristocrata ou banqueiro.[262] Outras operações dessa espécie se seguiram. Grupos nacionais específicos, principalmente os que viviam nas regiões fronteiriças da URSS, junto a compatriotas em países limítrofes, foram os alvos: poloneses, gregos, alemães e coreanos.

O Grande Terror só foi encerrado em novembro de 1938; Stalin começou a agir com mais prudência somente após esgotar todas as alternativas. A operação havia sido executada de acordo com o sistema de cotas estabelecido no planejamento econômico. Sem isso, Stalin não tinha como confiar ao NKVD e ao partido a execução dessas tarefas de forma eficiente. O resultado foi o caso característico da campanha de industrialização soviética. Quando os expurgadores não conseguiam achar pessoas nas categorias sociais e políticas estabelecidas como alvos das perseguições por Stalin e Yejov, eles simplesmente punham mãos à obra para atingir indiscriminadamente as suas cotas — e quase sempre iam muito além da parcela que lhes cabia. Chefes de polícia local que fracassavam em alcançar suas cotas se tornavam, imediatamente, vítimas eles próprios. Os envolvidos trabalhavam sob o incentivo de capturar qualquer um que estivesse fora das ruas. O próprio Stalin escolhia vítimas de forma sumamente arbitrária. Durante a campanha, trezentos "álbuns" lhe foram apresentados. Na frente de alguns nomes, ele punha um número "1" (para fuzilamento), enquanto em outros um número "2" (para ser condenado a dez anos de trabalhos forçados no Gulag). Naqueles em que ele grafava um "3", a decisão do que fazer ficava ao encargo de Yejov.[263] Era evidente que ele estava determinado a substituir a maioria dos membros da liderança governamental da URSS. Ele trabalhava com base na suposição de que aqueles que ocupavam altos cargos deveriam ser tratados como traidores, a menos que houvesse um motivo seguro para que poupasse suas vidas. Embora tivesse motivos para desconfiar de que muitos queriam vê-lo derribado do poder, conspirações reais tramadas contra ele foram poucas e ineficientes. Basicamente, Stalin estava supervisionando uma campanha de ações preventivas, para se livrar de pessoas que tivessem a mínima possibilidade de se opor a ele.

Stalin tinha um grave distúrbio de personalidade, pois não se importava com o fato de que estava assassinando companheiros totalmente inocentes, inclusive vários que foram fuzilados enquanto proclamavam sua afeição pelo líder. Ele jamais teria conseguido agir com tamanha impunidade se não tivesse a cooperação de membros do Politburo. Além disso, contava com a ajuda do partido, da polícia e do governo; afinal, ele havia construído a força institucional deles nos anos anteriores e podia empregar o poder do Estado sem receio de resistência popular. Enfim, Stalin podia recorrer aos princípios brutais da ideologia leninista.[264]

A URSS ATORMENTADA

O processo era facilitado pela oportunidade que ele oferecia de se conseguir promoções. Muitos jovens funcionários do governo, de todas as instituições, estavam dispostos a denunciar seus superiores. Com isso, conseguiam os cargos e os apartamentos deles e compravam seus pertences, mas eles mesmos alimentavam vãs esperanças de se manterem fora do alcance da máquina do terror estatal. Nem sempre trabalhadores e camponeses eram avessos a colaborar com o NKVD, até porque a maioria dos membros da sociedade havia enfrentado privações terríveis. As autoridades argumentavam que os responsáveis por isso eram funcionários públicos traiçoeiros, que haviam atuado como sabotadores e espiões para potências estrangeiras, objetivando restaurar o capitalismo no país. Trabalhadores, depois de anos de ressentimentos, denunciavam com sofreguidão seus atormentadores: militantes do partido, administradores de fazendas, diretores de empresas, professores e engenheiros. Era perigoso que achassem que o sujeito havia protegido um "inimigo do povo". A melhor forma de se manter ao lado do NKVD era se mostrar ávido para denunciar. Com isso, ocorreu uma ruptura gigantesca nos padrões estabelecidos da vida social. Milhões se deslocaram do interior para as cidades. Vizinhos eram estranhos entre si. Famílias haviam sido divididas. Pessoas se sentiam tentadas a cuidar de si mesmas demonstrando falta de gentileza e civilidade para com outras.

A partir de meados da década de 1930, havia sempre nos campos de trabalhos forçados cerca de dois milhões de condenados. Existiam também outros milhões de oprimidos, coagidos a viverem como colonos, arrancados de seus lares e meios de subsistência e atirados nas partes mais sombrias e desoladoras do país, onde foram usados como mão de obra para a execução de importantes projetos do segundo e terceiro planos quinquenais. Eles abriam canais, cortavam madeira, trabalhavam na mineração de ouro e construíam novas cidades. Campos de trabalhos forçados eram criados na Sibéria e no norte da Rússia sempre que fosse necessário satisfazer aos imperativos de um novo objetivo econômico.

13. O MODELO SOVIÉTICO

Embora Stalin e seus camaradas houvessem desencadeado a tempestade revolucionária, devem ter se preocupado com a possibilidade de serem levados de roldão por seus ventos tormentosos. Mas, se sentiam mesmo tais preocupações, silenciavam sobre elas. Dentro do grupo dirigente, Stalin sufocava quaisquer escrúpulos tendentes a revelá-las. Estava determinado a concluir o trabalho que havia iniciado. Ou eles obedeciam ou sofreriam brutal punição.

Os últimos componentes do modelo soviético de comunismo haviam sido encaixados em seus devidos lugares. Outras variantes do modelo teriam sido experimentadas se Trotski, Zinoviev ou Bukharin houvessem assegurado a sucessão política, mas exatamente o que cada um desses líderes alternativos teria desenvolvido é difícil dizer. Tal como Stalin, haviam modificado seus programas governamentais desde 1917 e poderiam tê-lo feito facilmente de novo. Contudo, a questão mais importante é que aprovaram muitas das características da URSS sob a liderança de Stalin. Concordavam com o conceito de que o comunismo deveria ter uma ditadura de partido único, com o monopólio ideológico, a legalidade revogável, a mobilização social e a militância urbana. Até Bukharin aceitava isso. Tampouco está claro se eles teriam continuado com suas alternativas caso houvessem vislumbrado a possibilidade de ocorrer ações de resistência no campo (tal como, certamente, teria sido o caso). Principalmente Trotski tinha a fama de tentar persuadir a oposição com brandura, porém se comportar ferozmente no poder. Ele havia sido derrotado na disputa pelo poder supremo no partido por um homem que falara e agira com brutalidade nos primeiros anos após a Revolução de Outubro. Contudo, ninguém havia esperado que até mesmo Stalin fosse elevar tão alto a pirâmide do terrorismo estatal soviético. Alguns afirmavam com frequência que o legado de Lenin havia sofrido abusos.

No início da década de 1930, o poder supremo de Stalin ainda não havia sido assentado em bases totalmente sólidas. Trotski e Bukharin ainda alimentavam esperanças de voltar a serem líderes da URSS e ambos mantinham seu cortejo de admiradores. Bukharin foi reabilitado em 1934 e tornou-se editor-chefe do jornal estatal *Izvestiya*, embora não estivesse

O MODELO SOVIÉTICO

mais no Politburo; no entanto, se Stalin tivesse tropeçado e caído, ele teria ficado em excelente posição para esmagá-lo com os pés. Trotski, depois de ter sido expulso da URSS, em 1929, manteve restrito contato clandestino com apoiadores em Moscou e publicou seu *Boletim da oposição*. Ele afirmou que a coletivização deveria ter sido realizada de forma espontânea e que haveria gerido os assuntos do Estado com muito mais competência durante a execução dos programas governamentais. Desde 1923, criticava a redução dos procedimentos democráticos no partido. Chegou mesmo a reivindicar maior autoridade para os sovietes. Bukharin, embora concordasse com Trotski na condenação da violência na coletivização, estava ávido para restaurar a NPE em sua totalidade (ao passo que Trotski vinha exigindo um rápido aumento de investimentos na indústria enquanto a NPE durasse); deu também muita ênfase a um programa para trabalhadores e camponeses que os capacitaria a escrever e publicar queixas contra atos de corrupção e ineficiência do governo.

No entanto, essas diferenças envolviam principalmente questões táticas e estratégicas, e não objetivos fundamentais. Nos meados de 1920, Bukharin havia recomendado insistentemente ao regime que abandonasse a agressividade política: "Acho que devemos, o mais rapidamente possível, adotar uma forma mais 'liberal' de governo soviético; menos repressão, mais conformidade com a lei."[265] Todavia, isso não chegava a ser uma proposta para reformas fundamentais, já que, a propósito, estava contido numa carta confidencial enviada à polícia secreta e ele jamais fez campanha aberta em favor de sua adoção.

Bukharin, como todo bolchevique, tinha como objetivo preservar o poder político dos comunistas e impedir que os mencheviques, os socialistas-revolucionários ou os cadetes voltassem à vida pública. Para aqueles, a política na URSS deveria continuar a ser um monopólio dos comunistas. Tanto Trotski quanto Bukharin queriam uma economia totalmente controlada e planejada pelo Estado. Para eles, a competição na indústria, na agricultura e no comércio deveria desaparecer assim que possível. Embora talvez isso levasse mais tempo do que Stalin previra, nenhum bolchevique dos escalões de mando pretendia permitir que o capitalismo continuasse a existir para sempre no país. É verdade que Trotski e Bukharin exigiam maior liberdade de debates e contestação para os bolcheviques, mas eles não abandonaram seu compromisso para com um partido rigidamente centralizado. Eles idealizaram a estrutura organizacional do partido na guerra civil, arcabouço que havia sido criticado por oposicionistas na época, considerado por eles intoleravelmente autoritário. Não faziam nenhuma objeção a uma censura severa ou ao controle absoluto da imprensa pelo Estado. Tal como

184

EXPERIÊNCIA

Stalin, pretendiam expurgar a ideia da religião, de autonomia nacional e de outras ideologias anticomunistas dos meios de comunicação. Conquanto desaprovassem os distúrbios e agitações políticas dos primeiros anos da década de 1930, endossavam a perseguição dos inimigos do comunismo de forma geral. Aliás, já não achavam que atos repressivos dessa natureza fossem perseguição: presumiam que revoluções tinham que ser defendidas com medidas implacáveis.

Continuaram a acreditar, com reservas insignificantes, que a liderança central do partido tinha o direito e o dever de decidir tudo. Na visão deles, a opinião pública podia ser rejeitada sempre. Após 1917, o bolchevismo readotou o velho discurso de que era necessário dizer às "massas" o que era bom para elas. A discriminação legal e constitucional contra as antigas classes dominantes e seus sectários deveria ser mantida. Achavam que aristocratas, padres e ex-policiais eram descartáveis, por considerá-los "pessoas retrógradas". Enquanto isso, gestores e propagandistas do partido deveriam trabalhar com o restante da sociedade — o "povo" em si. Exigências de aumentos de salário deveriam ser combatidas, além de ignorados os camponeses que solicitassem redução de impostos. Todos estavam obrigados a lutar pelo comunismo, que era o bem comum maior.

Os comunistas haviam doutrinado e comandado desde a Revolução de Outubro e essa praxe foi reforçada na década de 1930. As autoridades do partido se tornaram os sabichões absolutos, com prerrogativas de punição. À medida que a NPE foi sendo eliminada, o Estado penetrou em mais setores da vida social. O espaço para a existência de uma sociedade civil foi praticamente extinto; todas as organizações com o mínimo de autonomia em relação ao controle dos comunistas foram postas sob ataque. A Igreja Ortodoxa Russa foi tratada com extrema severidade. Dezenas de milhares de padres foram mortos, bem como demolidas suas edificações eclesiásticas — o mais impressionante é que a Catedral do Cristo Salvador, situada no centro de Moscou, foi destruída com explosivos à noite, em 1932, para dar lugar ao Palácio dos Sovietes, cuja concepção era tão grandiosa que ele jamais seria construído. A Liga dos Ateus Militantes teve liberdade total para agir com sua propaganda. A publicação de textos sagrados, inclusive da Bíblia, foi proibida. Nenhuma edificação religiosa foi erguida nas novas cidades construídas pelo país. Sinos de igrejas foram levados para fundições, onde seriam derretidos para uso industrial. O cenário das igrejas foi transformado. Não mais as badaladas dos tocadores de sino convocariam os fiéis para assistir a missas; não que houvesse muitos tocadores de sino, sacristãos ou padres em liberdade depois da supressão intensa e violenta.

O MODELO SOVIÉTICO

A Academia de Ciências sofreu intimidações. Notemos que essa era uma das instituições que até os imperadores da dinastia Romanov haviam relutado em molestar. Em verdade, Stalin se absteve de apontar quais acadêmicos deveriam ser perseguidos, porém mandou prender aqueles dos quais desconfiava de deslealdade e foi com satisfação que aceitou o título de membro honorário da instituição. Ademais, o rádio e a imprensa eram monopólios do Estado. Nada podia ser transmitido ou publicado sem a prévia aprovação das autoridades. Até mesmo as partituras musicais eram submetidas a censura antecipada.

Vários grandes artistas foram sumariamente presos por agentes do NKVD e atirados no Gulag ou executados. O poeta Osip Mandelstam foi enviado como exilado político para Voroneje. Após um período de liberdade temporária, morreu de fome e cansaço a caminho de um campo de trabalho forçado em 1938. Em todos os setores das artes — prosa literária, poesia, pintura, cinematografia e teatro — a repressão prosseguiu. Stalin criou uma estrutura de controle institucional. Em 1932, induziu o romancista Máximo Gorki a convocar um congresso para a criação da União dos Escritores Soviéticos. Aqueles que quisessem ganhar a vida como escritores tinham que se filiar a ela e atuar dentro de suas fronteiras regulamentares. Seu secretário, Alexander Fadeev, era policial da censura literária. Com a filiação à União dos Escritores vinham benefícios atraentes: direito a dachas (casas de veraneio) e sanatórios, direitos autorais vultosos e prestígio oficial. Sobre todos os ramos das artes e do conhecimento jazia um pote de ouro aguardando a cobiça de intelectuais, ainda que com o mínimo de talento, desde que se prosternassem diante de Stalin. Sindicatos e organizações profissionais eram administrados por camaradas sujeitos ao controle do partido e do governo. Para todas as ocupações profissionais havia uma agência para lidar com elas: advogados, metalúrgicos, médicos e até ateus militantes. Isso foi ideia de Trotski, em 1920, quando propôs a "estatização" (*ogosudarstvlenie*) dos sindicatos.

Os tentáculos do Estado deveriam ser onipresentes, tanto que o futebol, a ginástica e outros esportes ficavam sob os cuidados e patrocínio do Estado. O NKVD administrava o clube de futebol Dínamo de Moscou, enquanto a Comsomol controlava o Spartak. Stalin compareceu à Praça Vermelha para assistir a uma partida de futebol de exibição no Dia da Educação Física em 1936.[266] Até mesmo minúsculos grupos recreativos eram postos sob o controle e a vigilância do Estado. Passatempos inofensivos, tais como praticar esperanto ou filatelia, eram considerados subversivos. Por volta de 1937, os esperantistas passaram a ser rotineiramente presos, sob a acusação de serem espiões das grandes potências; filatelistas que colecionavam selos

186   EXPERIÊNCIA

estrangeiros não tinham sorte melhor. O princípio básico que norteava essas ações era que pessoas que se reuniam sob o mesmo teto para fruir qualquer tipo de atividade recreativa só podiam fazê-lo sob regulamentação do Estado.

O sistema de nomenclatura de privilégios categorizados era reproduzido em todas as esferas da vida pública. Os únicos homens e mulheres que não eram funcionários do Estado, de uma forma ou de outra, eram os criminosos, os doentes mentais, os padres e os muitos idosos. A maioria das pessoas com idade para aposentadoria precisava de um trabalho qualquer para ter algum tipo de renda. Mas até os trabalhadores com os mais baixos salários podiam usar cantinas, jardins de infância e barracos residenciais de suas empresas estatais. Pelo menos no seio de uma minoria da força de trabalho, incentivos fomentavam cooperação ativa. Em 1935, o minerador da região da bacia do Donets Alexei Stakhanov quebrou o recorde da extração de carvão num único turno de trabalho. O exemplo dele foi publicado no *Pravda* e aí lançaram uma conclamação nacional para que os trabalhadores soviéticos competissem com ele. Eles recebiam prêmios na forma de rações e salários extras. Contudo, os luxos a que os integrantes do ápice do poder tinham acesso eram inimagináveis pelos cidadãos comuns. Políticos do Kremlin tinham casas de veraneio, babás, governantas, entregas de comestíveis especiais em domicílio e roupas elegantes. O sistema de privilégios estendia-se de forma controlada, devidamente graduada, pelos escalões dos cargos governamentais abaixo. Nos casos em que, além do salário, o funcionário de um escritório recebia apenas um pacote de açúcar ou manteiga, isso era mais do que a pessoa comum poderia conseguir nas lojas.

As pessoas tinham de lutar muito para cuidar de si mesmas e de suas famílias. Os modos dos cidadãos eram grosseiros e pautados pelo imediatismo. A vida nunca era "um passeio sobre um mar de rosas", e insuportável sem o hábito de recorrer a artifícios malandros desenvolvidos na década de 1920. No trabalho, as pessoas embromavam com a certeza de que não seriam demitidas. Não tinham o mínimo de consciência durante o expediente; roubavam das empresas e vendiam os produtos ilegalmente no mercado paralelo. Grupos de amigos se solidarizavam entre si e desdenhavam as políticas públicas. O sistema de protetores e apadrinhados permeava todo o regime soviético.

Na década de 1930, as autoridades da cúpula do poder se arrependeram de haver levado o povo a abandonar as antigas características sociais, pois a coesão das comunidades estava se desmantelando. Assim, o Kremlin decidiu mudar de rumo e passou a exigir que os jovens acatassem automaticamente as orientações e decisões dos mais velhos e de seus superiores.

O MODELO SOVIÉTICO

As mulheres foram incentivadas a ter quantos filhos quisessem — e puseram à disposição delas jardins de infância e cantinas para que pudessem continuar integradas à força de trabalho. Já a prática de divórcios e abortos foi dificultada. Em 1932, os veículos de comunicação elogiaram o garoto Pavlik Morozov, que havia sido assassinado depois de denunciar o pai por minar o gerenciamento de sua colcoz (nome do tipo mais disseminado de fazendas coletivas). Depois disso, a autoridade paterna foi valorizada e incentivada a obediência ao pai de família. Stalin exigiu relações harmoniosas no lar e no trabalho. Uniformes voltaram a ser adotados pelas escolas e as meninas tiveram que usar rabo de cavalo. Houve a ampliação do treinamento militar. Até os funcionários do Conselho de Comissários de Assuntos Internos se vestiam como soldados. O ambiente de turbulência no processo de industrialização e coletivização tinha que ser moderado. Ordem, respeito à hierarquia, obediência e vigilância eram as palavras de ordem. A efervescência social da primeira década após a queda da monarquia dos Romanov tornou-se alvo de reprovação. Em troca, o regime ampliou as vias de acesso a promoções. Oportunidades nas áreas da educação, na formação técnico-industrial e no acesso à cultura estavam garantidas. Aos cidadãos disseram que poderiam esperar melhorias no fornecimento de bens materiais e instalações recreativas.

A arquitetura da ordem soviética, tal como reprojetada por Stalin, não era como a das casas rurais, feias e disformes, às quais anexos, torres e sótãos eram acrescentados ao sabor dos caprichos da geração de famílias endinheiradas. A URSS tem sido comparada com frequência a uma pirâmide egípcia, com as pedras do topo sustentadas por uma ampla plataforma de camadas, de cima para baixo. No entanto, essa comparação não é tão próxima da realidade assim. Apesar de sua aparência externa simples, a pirâmide típica ocultava em seu interior um labirinto de túneis secretos; e, com o escoar das eras, muitas pirâmides perderam suas pedras mais altas sem desabar sob a ação dos ventos do deserto. Já a URSS, sem sua liderança com poderes supremos, não teria sobrevivido um único dia sequer. O edifício comunista tinha uma rigidez arquitetônica absurda, inexistente nas edificações comuns. Nela, a política era muito centralizada e, em âmbitos regionais, reduzida o máximo possível a um processo de obediência a instruções administrativas e submissão total. Políticos da cúpula do poder se intrometiam de forma direta e deliberada em todos os setores da vida social. Ideologia, economia, lazer, vida familiar e hábitos pessoais estavam todos sujeitos à invasão do Estado e a serem mantidos numa coligação de laços inquebrantáveis.

EXPERIÊNCIA

A eliminação de associações civis autônomas fortaleceu a ordem soviética. Com isso, o Kremlin pôde instituir programas governamentais sem consultar toda uma rede formada pela política, economia, sociedade, doutrina ideológica e tradições culturais. Era possível adotar mudanças drásticas de rumo sempre que a cúpula da liderança política precisasse. Igualmente impressionante era a capacidade desses líderes para concentrar poderes. Fábricas podiam ser nacionalizadas, fazendas, coletivizadas, e integrantes de grupos sociais, presos. Com obediência implícita, os integrantes da hierarquia institucional foram treinados para repassar decisões do centro do poder para os recantos mais distantes e diminutos da periferia da esfera governamental. A cúpula do poder tinha um número infindável de punições à disposição. A ideologia comunista dava legitimidade e confiança aos administradores encarregados de executar as determinações. Além do mais, o isolamento do país em relação ao restante do mundo facilitava a eficiência operacional e, com isso, as autoridades ficavam em melhores condições para proteger os cidadãos do contágio de ideias estrangeiras.

Questões sobre que tipo de país a URSS era começaram a ser levantadas. Uma nova resposta sobre o assunto começou a ser proposta nos últimos anos que antecederam a Segunda Guerra Mundial. Em linhas gerais, ela propunha a definição de que a União Soviética constituía um novo tipo de Estado. A palavra usada para qualificá-lo era "totalitário". Ela tinha sido cunhada por Benito Mussolini, usada para definir seus objetivos para com a Itália fascista. Tornou-se corrente então nas descrições sobre a URSS de Stalin e a Alemanha de Hitler. Até 1945, definições precisas sobre o fenômeno eram raras, mas a ideia geral era amplamente aceita. O que mais chamou a atenção dos observadores foi a disposição autoritária que esses três ditadores tinham em comum para suprimir o pluralismo político, esmagar os críticos da imprensa e minimizar a propagação das ideologias alternativas. O recurso a processos legais fora eliminado e instalado o culto ao Grande Líder. Só podia existir um partido. O credo da instauração de um sistema milenarista era incutido em massa na consciência de todos os cidadãos. Ordens desciam dos altos degraus de comando sem o recurso a consultas com as baixas camadas do sistema político ou ao povo. Associações da sociedade civil foram eliminadas ou enfraquecidas. Mas reconheceu-se que nenhuma dessas três ditaduras conseguiu alcançar seus objetivos de maneira integral. Mussolini deixou que a monarquia sobrevivesse e assinou um acordo com a Igreja Católica. Hitler fez a cooptação dos controladores dos grandes negócios, subjugando-os aos seus interesses sem eliminar sua liberdade de forma absoluta. Stalin não aniquilou de fato a Igreja Ortodoxa Russa nem erradicou a obtenção de lucros dos que militavam na economia.

O MODELO SOVIÉTICO

Em toda parte, o totalitarismo fracassou em seu desiderato de se impor aos povos de modo completo.

A ordem instituída por Joseph Stalin envolvia centralismo político, hierarquia, disciplina, mobilização e terrorismo estatal; um poder estatal sem precedentes na história mundial — pelo menos até o Terceiro Reich, de Hitler — havia sido concentrado nas mãos de alguns. A intromissão política na vida social se assemelhava à cena de um punhal sendo cravado num tablete de manteiga. O direito à privacidade perdeu seu valor. O Estado era tudo; o indivíduo era nada. As pessoas eram tratadas como produtos, tais como carvão ou trigo: tornaram-se um recurso passível de exploração em prol da causa pública. Para os que o viam de fora, parecia que o comunismo já havia conseguido um vasto controle — talvez até absoluto — sobre a sociedade soviética inteira.

Nada obstante, inevitavelmente a corrupção e a desinformação proliferaram de forma ainda mais intensa do que na maioria dos países democrático-liberais. Medidas eram formuladas com base em dados falsos. Embora os líderes supremos sempre quisessem se manter informados das dificuldades, os funcionários públicos dos níveis inferiores tinham motivos para reter consigo a verdade e, com isso, induzir seus líderes deliberadamente a interpretações equívocas.[267] Governos dos países ocidentais operavam ao lado de instituições que, às vezes, podiam opor-se a eles: igrejas, a imprensa, o Judiciário e várias associações sociais. Os comunistas, porém, consideravam essas instituições antros de vigarice "burguesa". O argumento dos marxistas-leninistas era de que a sociedade capitalista dava a impressão de tolerância e respeito à diversidade, mas, ao mesmo tempo, buscava impiedosamente a satisfação dos interesses da classe dominante. Os comunistas exageravam, de modo grosseiro, a natureza fundamentalmente monopolizadora das sociedades capitalistas; esse tinha sido um defeito capital na obra de Lenin *O Estado e a revolução*, defeito que não era peculiar somente a Stalin e à sua igrejinha. Consequentemente, a ordem soviética não tinha os componentes que capacitam a autocorreção e a autorrenovação dos sistemas de governo menos rígidos. Na URSS, não havia veículos de imprensa que pudessem se opor a políticos que agiam desonesta ou incompetentemente. Não tinham os soviéticos nenhuma instituição religiosa que pudesse evidenciar as inconveniências morais dos governantes. Inexistiam no país universidades cujos intelectuais pudessem publicar críticas às políticas e programas oficiais sem sofrerem punições.

À medida que as arbitrariedades se acumularam, o nível de coerção necessário para se conseguir fazer qualquer coisa que fosse passou a afetar o comportamento do povo. Embora setores das sociedades se entusiasmassem

EXPERIÊNCIA

com os programas governamentais de Stalin, milhões de pessoas só obedeciam aos impositivos do governo por medo de punições. Dessarte, era sempre difícil obter da sociedade a aprovação genuína das ações governamentais. Tal situação criou um círculo vicioso de desobediência passiva por parte das pessoas comuns — e, em muitos casos, de dirigentes políticos —, trazendo como resultado intensa pressão do governo para que seus comandados as obrigassem a executar as tarefas que lhes haviam sido atribuídas. É verdade que isso fazia parte de uma antiga tradição russa, porém os comunistas estavam invalidando os avanços que vinham sendo feitos desde antes de 1917, embora fizessem isso inconscientemente, porquanto, depois de conquistar o poder, movidos pelo desejo de destruir a velha Rússia, eles restauraram muitos de seus piores costumes. Quando outros Estados comunistas foram criados depois da Segunda Guerra Mundial, ocorreu o mesmo fenômeno de ressentimento, insatisfação e alienação popular por causa da mesma imposição de autoridades que, além de não terem sido eleitas pelo povo, agiam sem consultá-lo.

O meio de contornar essa dificuldade era criar aparatos burocráticos para supervisionar e regulamentar burocracias. Assim, os chamados órgãos de controle proliferaram, pois não se podia confiar nem ao partido nem às instituições governamentais a liberdade de cuidarem, por si mesmas, de prosseguirem com o cumprimento de suas tarefas. Os órgãos de controle passaram a ingerir-se regularmente nos assuntos institucionais para verificar o comportamento dos funcionários, o andamento das finanças e o cumprimento dos devidos procedimentos. Isso acontecera na primeira década dos comunistas no poder. A diferença em relação à década de 1930 foi a predominância constante da ação dos agentes do NKVD nas investigações. De corporação subordinada ao partido, subiu à condição de contrapeso à autoridade dele. Stalin passou a usá-lo para manter as autoridades do partido e os comitês sempre dispostos a executar suas ordens. O NKVD era também a agência que realizava pesquisas sobre a opinião popular e as analisava. Com isso, enviava mensalmente relatórios confidenciais a Stalin, os quais serviam para avaliar a extensão e a natureza de todo tipo de insatisfação. As autoridades estavam sempre preocupadas com as atitudes das pessoas nas massas de trabalhadores, camponeses e minorias étnicas.[268] Logicamente, esses relatórios eram tendenciosos. A polícia tinha interesse em exagerar nos índices de insatisfação popular, já que, desse modo, justificava sua existência. De mais a mais, compreendia a necessidade de fornecer a Stalin o tipo de informação que ele gostava de receber, visto que, do contrário, seus integrantes corriam o risco de serem expurgados. No entanto, o próprio Stalin era prisioneiro do sistema, haja vista que, sem os órgãos de controle,

O MODELO SOVIÉTICO

ele teria ficado ainda mais mal-informado sobre os acontecimentos. O sistema soviético não podia funcionar sem eles.

Ele precisava também de um reforço nas barragens de propaganda atiradas sobre o povo. Assim, sob a autoritária expectativa de aplausos gerais e incessante aclamação, a cartilha da história oficial do partido foi publicada em 1938. Foi o caso também da biografia de Stalin. O *Pravda*, como o jornal da central do partido, propagandeava com zelo religioso e ansiosa satisfação a mudança do dia nas diretrizes governamentais do Estado comunista.

Mesmo assim, o povo da URSS demonstrou uma resistência impressionante em relação ao marxismo-leninismo. Fiéis de todas as crenças haviam se acostumado com o direito de professar livremente a sua fé, e as autoridades seculares achavam que a amputação dessa tradição acabaria com a existência das religiões no país. Só que isso não ocorreu. Quando, em 1937, realizaram um censo, souberam que 55 por cento dos cidadãos acreditavam na existência de Deus. Com certeza, a porcentagem real era maior, mas era perigoso para qualquer cidadão fazer profissão de fé nesse ano de ações de terrorismo estatal selvagens, e milhões de pessoas devem ter fingido que eram ateias. Portanto, verificou-se que o povo continuava a alimentar suas crenças e, quando as tropas do Terceiro Reich invadiram a URSS, na Segunda Guerra Mundial, Stalin reconheceu essa realidade religiosa do país convocando representantes da Catedral Metropolitana de Moscou ao Kremlin, onde ofereceu um modesto grau de liberdade à Igreja Ortodoxa Russa em troca de seu apoio ao esforço militar. A impressão que tinham é de que a atividade religiosa havia se intensificado, em vez de diminuir, em alguns grupos. Tal foi o caso de várias seitas cristãs que viam Stalin como o Anticristo. Esse aumento ocorreu também por causa da reação de muitos muçulmanos, que buscaram consolo no Alcorão depois das depredações sociais e econômicas da década de 1930. Principalmente nos povoados submetidos à coletivização, o ódio por Stalin era extremo. Nas vituperações que ele lançava contra as religiões, os fiéis viam um bom motivo para continuar a acreditar em seus credos.

Entretanto, certamente o ateísmo fazia também os seus prosélitos, já que, principalmente nas escolas, os jovens eram vulneráveis à doutrinação comunista. Nesse sentido, de geração em geração os números demográficos penderam a favor dos interesses ideológicos das autoridades, ainda que a secularização estivesse demorando mais tempo para ser imposta às massas do que o inicialmente pretendido. A doutrinação marxista-leninista produziu resultados, bem como o esforço de remoção cirúrgica da religião do seio do povo. A própria urbanização gerava efeitos secularizantes, tal como ocorreu em muitos outros países do mundo, exceto nos EUA. Portanto, o espaço ocupado pela fé religiosa na URSS foi reduzido.

Apesar disso, mesmo os cidadãos soviéticos que foram levados a comungar na fé dos conceitos ateístas oficiais estavam sujeitos a abrigar no íntimo pensamentos muito diferentes sobre muitas questões. O que George Orwell denominou "doublethink" (em português, "dissonância cognitiva") foi um fenômeno que permeou toda a sociedade soviética. Todos, exceto os santos, os imprudentes e os tolos, papagaiavam as verdades comunistas na fábrica ou no escritório. Aquele que não fizesse isso corria o risco de enfrentar consequências desastrosas. Se algum delator ouvisse uma camponesa se queixando das condições em sua fazenda coletiva, ela era enviada para um campo de trabalho forçado na Sibéria. A maioria das pessoas era hábil na arte de manter ocultos seus pensamentos. No máximo, elas os revelavam aos cônjuges ou a amigos íntimos na reclusão de seus lares. Mas até isso era arriscado. Quase sempre as casas das personagens de grande autoridade sofriam o implante de sistemas de escuta. Ademais, o NKVD intimava os cidadãos a revelarem os segredos de conversas recentes. Camareiras, carregadores, faxineiros, porteiros e motoristas eram rotineiramente empregados para apresentar relatórios sobre conversas suspeitas.[269] A URSS, além de Estado bisbilhoteiro, com uma curiosidade insaciável, incentivava a prática de denúncias anônimas. Isso tinha um efeito pernicioso em possíveis propensões de solidariedade social entre os cidadãos. Delatar outros era uma forma tentadora de se ver livre de capatazes prepotentes ou de vizinhos inconvenientes. Era também uma forma de se livrar de um rival e tomar o emprego dele. Ninguém podia ter certeza absoluta, por mais correto que fosse, de que uma falsa denúncia não traria em seu rastro consequências danosas. A fama do NKVD não estava exatamente no hábito de fazer investigações de maneira escrupulosa, principalmente em épocas em que sofria pressões para cumprir suas cotas de prisões.

Hipocrisia é uma coisa que existe em maior ou menor grau em todas as sociedades — geralmente, certa dose dela é um necessário lubrificante para o bom funcionamento das engrenagens sociais. Todavia, a arte do subterfúgio foi transformada numa característica fundamental de todo o sistema soviético. O recurso à incoerência tornou-se um estilo de vida. Os cidadãos precisavam dizer uma coisa e fazer outra se quisessem sobreviver ao terrorismo estatal.

Outra forma de evasiva era fornecida pelos clássicos literários russos, muitos dos quais foram publicados como fontes modelares da grandiosidade do país. Eram um instrumento de fácil compreensão pelas massas, por

O MODELO SOVIÉTICO

meio do qual as autoridades procuravam identificar-se com as realizações culturais do passado. Mas o tiro saiu pela culatra. Os leitores compravam com avidez os livros de Alexander Pushkin, Ivan Turgueniev e Leon Tolstói, já que, desse modo, conseguiam um prazeroso vislumbre do mundo que haviam perdido desde a Revolução de Outubro. Aos não russos era dada permissão de acesso a pelo menos alguns dos gigantes literários de suas nações. Assim, em toda a URSS o facho da cultura que não tinha nada a ver com marxismo-leninismo foi mantido aceso. As obras proibidas ou cujo acesso sofria restrições severas — tais como os romances de Fiódor Dostoiévski e a poesia de Alexander Blok e Anna Akhmatova — tornaram-se alvo de eufórico interesse clandestino. E a lição foi aprendida rapidamente. As pessoas descobriram que era uma forma de preservarem a própria sanidade mental num mundo fantasmagórico. Embora de forma branda e precavida, muitos gostavam de zombar das autoridades, inclusive do próprio Stalin, uma vez que o culto interesseiro à imagem dele o punha acima do restante da humanidade. Já em anedotas populares, ele figurava como vilão e impostor. Os camponeses viviam chamando-o de o Anticristo.

Enquanto isso, as velhas superstições continuavam vivas. Funcionários do partido, professores e jornalistas faziam duras críticas a antigas crendices populares dos que acreditavam na existência de demônios dos bosques e espíritos habitantes de lagos. A bruxaria era ridicularizada. Ciganos astrólogos eram alvo de escárnio. E isso não ocorria apenas porque os propagandistas jovens e recém-formados não pareciam ter vivido o bastante para serem convincentes. Outro fator responsável pelo fenômeno era que a ordem soviética havia privado a maioria dos cidadãos dos consolos psicológicos tão necessários numa época de mudanças turbulentas. Ademais, os profitentes do marxismo-leninismo sempre apresentavam previsões para o advento do paraíso soviético num futuro distante e as mãos da religião organizada jaziam prensadas sob os coturnos dos comissários do povo. Ideias costumeiras, que, em outras circunstâncias, poderiam ter desaparecido do âmago das massas, ganharam novo fôlego — e havia poucos padres, imãs ou rabinos disponíveis para condená-las, porque irracionais. E a tendência de extinção desses agentes sociais foi alimentada pela rápida urbanização do país; era uma tendência imanente aos líderes comunistas de todas as regiões do globo, que se estendeu ao regime de Pol Pot, no Camboja, em meados da década de 1970. Na União Soviética, camponeses convergiram em massa para as cidades, buscando escapar do coletivismo e conseguir trabalho remunerado. Dessarte, costumes e tradições se transferiram do campo para as cidades e foram difíceis de extirpar. Por haverem esvaziado

EXPERIÊNCIA

o espaço reservado à religião, as autoridades comunistas testemunharam sua ocupação por crendices que remontavam ao período anterior à proliferação do cristianismo pela Rússia.

PARTE TRÊS

DESENVOLVIMENTO

1929-1947

14. UMA ESTRATÉGIA GLOBAL

O abandono da Nova Política Econômica, em 1928, ajudou a manter vivo o radicalismo revolucionário da política externa soviética. Camaradas ao redor do mundo receberam ordens para adotar uma atitude mais militante e a "revolução global" voltou para a agenda do Comintern como item prioritário. Nesse particular, a Europa tornou-se a arena do embate revolucionário, cujo prêmio seria a disseminação do comunismo. O ambiente na região era explosivo e nenhum dos mais eminentes bolcheviques na União Soviética estava contente com o fato de que tão pouco estivesse sendo feito para fomentar a revolução no exterior. A política da "frente de esquerda unificada" foi abandonada também. Em lugar disso, o Politburo determinou que os integrantes da Internacional Comunista tratassem o restante do movimento de esquerda europeu — sociais-democratas e socialistas — como inimigos mortais do comunismo. Os comunistas deveriam passar a referir-se a eles como "sociofascistas". No verão de 1928, o VI Congresso do Comintern endossou a "guinada para a esquerda". A Revolução de Outubro havia iniciado o primeiro período, que foi caracterizado pelo surto revolucionário. O segundo período, iniciado com a derrota do Exército Vermelho na Batalha de Varsóvia, havia testemunhado a "relativa estabilização" do capitalismo. Com a proclamação do "Terceiro Período", Stalin afirmou que as perspectivas para atos revolucionários haviam experimentado uma melhora súbita. O Comintern foi orientado a passar instruções aos partidos filiados para que iniciassem os devidos preparativos. O início da luta final e decisiva contra o mundo imperialista havia sido anunciado.

Muitos líderes comunistas europeus estavam ávidos para pôr em prática a nova orientação política do Comintern. Imbuídos de uma abominação visceral pelos sociais-democratas e socialistas, eles haviam entrado para seus partidos na esperança de reproduzirem em seus países as realizações do bolchevismo na Rússia. Adoraram a oportunidade para provar suas qualidades de revolucionários. Embora o fato de que aceitavam ordens e dinheiro de Moscou os constrangesse às vezes,[270] orgulhavam-se da ligação que tinham com a União Soviética. Em resposta aos críticos em dezembro de 1929, o líder comunista checoslovaco Klement Gottwald declarou: "Vamos a Moscou para aprender com os bolcheviques russos como torcer os seus pescoços!"[271]

No entanto, a orientação política oficial continuou a avançar em mais de uma direção. Stalin ainda aspirava à instauração de um "socialismo num só país", porém, se quisesse vender os grãos soviéticos no exterior e comprar tecnologia e assessoria técnica especializada para a industrialização do país, tinha grande necessidade de manter laços comerciais com os países de capitalismo avançado. A paz entre a URSS e as grandes potências era fundamental e o Conselho de Comissários das Relações Exteriores foi buscar no exterior fornecedores de máquinas necessárias ao fomento dos planos quinquenais. Stalin insistia em afirmar ao mesmo tempo, contudo, que era imprescindível que todos os partidos comunistas se empenhassem em realizar um rápido processo revolucionário em seus países. Ele dissimulava essa intenção fazendo com que a Internacional Comunista repassasse a eles as devidas ordens. Talvez Stalin tivesse calculado que o capitalismo global estava tão apodrecido que se achava prestes a ruir e que a URSS iria adquirir as máquinas de que precisava dos novos Estados revolucionários. Membros do Politburo avaliavam constantemente as perspectivas revolucionárias na Europa. Questão jamais ausente de suas mentes eram quais medidas os ajudariam a seguir nessa direção sem pôr em perigo os interesses da URSS. Certamente, considerações de ordem faccionista levavam Stalin a ser ousado: se ele quisesse remover os bukharinistas do caminho, precisava de uma justificativa na forma de uma nova orientação política.

O secretário-geral deixava desesperados seus especialistas nas relações internacionais. Depois da Revolução de Outubro, ele não foi ao exterior, exceto quando em campanha na Guerra Polonesa-Soviética, em 1920; e suas viagens anteriores antes da Grande Guerra tinham sido poucas e de curta duração. Georgy Chicherin, que foi comissário do Conselho de Comissários das Relações Exteriores até 1930, expressou sua preocupação a respeito disso: "Como seria bom se você, Stalin, resolvesse modificar a aparência e viajar ao exterior por algum tempo, acompanhado por um verdadeiro intérprete, em vez de por um sujeito tendencioso. Aí você conheceria a realidade!"[272] Chicherin, apesar de ser ex-menchevique, que dependia do reconhecimento, por parte do Politburo, de sua competência profissional para se manter no cargo, não se preocupava em ser demitido. Ele considerava perigosa tolice denunciar os outros socialistas, sob a acusação de "sociofascistas", e cientificou a liderança soviética de sua opinião sobre a questão.[273]

Propagou-se a ideia de que Stalin deixava a política externa aos cuidados de outros, enquanto procurava concentrar-se em manobras partidárias

UMA ESTRATÉGIA GLOBAL

internas e na transformação econômica da URSS. Ele não chefiava o Comintern, e parece que o Conselho de Comissários das Relações Exteriores elaborava a política externa. Aliás, ninguém ousava tomar uma iniciativa sem consultar Stalin — e isso incluía até os membros do Politburo.[274] O Comintern não era mais supervisionado com rigor. Osip Piatnitski, como secretário do Comitê Executivo, e depois, a partir de 1935, Georgi Dimitrov, como secretário-geral, executavam zelosamente as ordens emanadas do Kremlin. Dimitrov conquistara fama e admiração como corajoso réu num julgamento realizado pelo Terceiro Reich em Leipzig, em 1933. Ao ser libertado da prisão, em 1934, ganhou cidadania soviética e foi recebido como asilado político em Moscou. Ele nunca deixou que o Comintern tratasse com escárnio a orientação política oficial do Politburo. Tal foi o caso também do Conselho de Comissários das Relações Exteriores sob a chefia do sucessor de Chicherin, Maxim Litvinov, que havia cooperado com Stalin em assaltos a bancos realizados pelos bolcheviques antes da Primeira Guerra Mundial. Mas Stalin não era sentimentalista. Se Litvinov quisesse mesmo influenciar a formulação das políticas externas, precisaria persuadir Stalin e o Politburo a respeito de seu caso particular.

Não que Piatnitski, Dimitrov ou Litvinov deixassem de dizer abertamente aos poderosos aquilo que pensavam. Aliás, essa era a atribuição deles. Com seu conhecimento da realidade e qualificações técnicas, esperavam deles que soassem alarmes e sugerissem iniciativas. No entanto, quando o Politburo se decidia na adoção de diretrizes, sabiam que estavam inapelavelmente obrigados a executá-las sem reclamar. Eles eram tratados mais como técnicos gabaritados do que como políticos que pudessem determinar o rumo da diplomacia soviética ou das atividades comunistas globais.

Stalin e seus camaradas mantiveram sua visão internacionalista enquanto davam o máximo de atenção às tarefas políticas relacionadas com o primeiro e o segundo planos quinquenais. Afinal, fora desse modo que haviam sido orientados em sua formação como marxistas. Além do mais, estavam procurando pensar de forma pragmática — e as pessoas, na época e depois também, não conseguiram perceber isso. Os líderes soviéticos sabiam que, a menos que pusessem um fim ao próprio isolamento, a URSS continuaria vulnerável e sujeita a uma invasão pelos países capitalistas. Durante toda a década de 1920, recearam que as grandes potências armassem e lançassem contra eles a Polônia, a Finlândia ou a Romênia. Até que a URSS fosse capaz de competir com elas industrial e militarmente, a diplomacia soviética continuaria a ser impedida de conseguir avanços. Fazia sentido, pois, direcionar esforços para a criação de um poderio militar e econômico. (Não que os métodos assassinos da industrialização stalinista fossem necessários ou justificáveis.) Era razoável também para o Politburo buscar oportunidades para provocar revoluções na Europa e em outros lugares. Se conseguissem desestabilizar a Alemanha e fazê-la avançar pelas vias da revolução comunista, poderiam ver no fim do túnel a luz que guiaria a URSS para fora do isolamento político. Ademais, as atividades do Comintern não eram muito caras: Moscou poderia fornecer subsídios, escolas político-partidárias e conselheiros sem gastos excessivos. Não era a primeira vez que, depois da Revolução de Outubro, a liderança soviética estava tentando matar dois coelhos com uma cajadada só.

Anos de complacência por parte dos intelectuais do partido começaram a esboroar-se à medida que a supremacia de Stalin como líder foi se confirmando. Antes mesmo de ser destituído do cargo de presidente do Comitê Executivo do Comintern, Bukharin foi desmoralizado e, em julho de 1928, escreveu a Stalin: "Não quero e não vou lutar."[275] Nem todos os funcionários do Comintern eram tão covardes. Na tentativa de proteger os "direitistas", Jules Humbert-Droz asseverou que afirmar que os discursos de Stalin tinham alguma "relação com a verdade" era o mesmo que dizer que "dois mais dois são cinco". Ângelo Tasca, um comunista italiano com uma linha de pensamento independente, declarou que Stalin era "o porta-estandarte da contrarrevolução".[276] Ambos foram mantidos longe de cargos de influência. Não foram apenas os seguidores de Bukharin que ficaram horrorizados. György Lukács, exilado em Moscou, e Antonio Gramsci, preso na Itália, protestaram contra a falta de slogans exigindo reformas democráticas na Europa.[277] Conversas sobre vanguardas e insurreições revolucionárias eram melhores do que nada, porém marxistas sérios e judiciosos sabiam que as chances de sucesso rápido não eram maiores do que haviam sido na década de 1920. Todavia, Stalin sabia muito bem o que ele queria. Ele não queria uma oposição leal: na verdade, ele não queria nenhuma oposição. Ele almejava o poder absoluto e, em abril de 1929, destituiu Bukharin do cargo de presidente do Comitê Executivo do Comintern.

Quando comunistas estrangeiros se recusavam a reconhecê-lo como o novo chefão, ele os punha no olho da rua. Os principais sequazes de Bukharin foram expulsos de seus partidos. Somente uma retratação inçada de ideias preconizando repúdio a tendências direitistas poderia salvá-los — e até isso nem sempre era suficiente. Bukharinistas que puderam ser identificados como tais foram destituídos de seus cargos do Comintern em Moscou. Nenhuma aliança faccionária era tolerada, a não ser com sua própria ala, em disputas no Kremlin. A supremacia pessoal de Stalin como líder foi, portanto, internacionalizada.

UMA ESTRATÉGIA GLOBAL

Três meses depois, ele teve razões objetivas para acreditar que os políticos globais estavam pendendo para as fileiras do comunismo. Em outubro de 1929, depois de semanas de caos nas bolsas de valores mundiais, o pânico tomou conta dos banqueiros e dos operadores americanos. Ações começaram a ser vendidas num ritmo frenético, enquanto credores exigiam o pagamento de dívidas. O resultado foi a quebra da Bolsa de Valores de Wall Street. As economias de países ao redor do mundo foram profundamente afetadas e o presidente Herbert Hoover, herói da campanha humanitária de combate à fome na Europa após a Primeira Guerra Mundial, não tinha nenhuma ideia prática que pudesse assegurar a recuperação da economia americana. O sistema capitalista mundial foi atirado num estado de depressão econômica paralisante. Stalin já havia radicalizado a estratégia mundial de ação comunista antes da crise. A impressão era de que sua aposta estava compensando o capital empatado. Em várias partes do globo, os partidos comunistas esperavam beneficiar-se da crise financeira mundial. O cálculo deles era simples: quanto mais a situação piorasse, melhores seriam as perspectivas de revolução. A Alemanha, que sempre fora o alvo predileto das esperanças bolcheviques, foi mais duramente atingida do que qualquer outra das economias avançadas. O desemprego e a inflação alemães alcançaram níveis estratosféricos. Os salários se tornaram insuficientes para pagar o custo de vida; as cidades transbordavam de insatisfação. O Comintern rejubilou-se diante das oportunidades. Hitler e seus comparsas nazistas foram tratados como um sintoma da podridão capitalista, não como uma força que poderia deter o avanço do comunismo sobre os poderes constituídos.

Tanto Trotski, após ser deportado para a Turquia, em 1929, quanto Bukharin, atirado num poço de desgraça em Moscou, haviam discordado entre si a respeito da política externa soviética ao longo de toda a década de 1920. Contudo, como veteranos observadores da política global, concordavam quanto às falhas existentes no pensamento de Stalin e do Politburo. De acordo com eles, Mussolini era bastante ruim para o mundo, mas Hitler era pior ainda. Trotski e Bukharin entendiam a contento os perigos das políticas dos fascistas e de outros grupos de extrema-direita na Europa. Eles previram que, se Hitler chegasse ao poder algum dia, sua primeira decisão seria eliminar o Partido Comunista da Alemanha e mandar prender seus militantes. Estavam certos em afirmar que a indiferença de Stalin em relação aos nazistas era um erro de uma crassidão monumental. Trotski observou também que a política externa de Stalin não implicava, de jeito nenhum, o abandono do compromisso para com a criação do "socialismo num só país". Ele estava certo: o Politburo continuou a dar prioridade à segurança do Estado soviético e a descartar o recurso a aventuras externas com o emprego antecipado do Exército Vermelho. Todavia, algo que Trotski — e, sem dúvida, Bukharin também — não conseguiu perceber foi que Stalin não desconsiderava o potencial da Alemanha para destruir a segurança internacional e a estabilidade política na Europa. Ao contrário de Stalin, porém, eles sabiam que os comunistas enfrentariam tempos difíceis durante o governo nazista. Desse modo, concitaram seus camaradas a envidarem todos os esforços possíveis para impedir que Hitler chegasse ao poder.

Mas então os japoneses invadiram a Manchúria, em 1931. Houve consternação na URSS quando os dirigentes em Tóquio estabeleceram um governo fantoche e instalaram seu Exército de Guandong no território recém-conquistado. O receio era que o Japão estivesse de olho gordo nos recursos naturais da Sibéria e que podia, a qualquer momento, lançar suas forças através da fronteira da Manchúria para rapiná-los. Preocupações com o Extremo Oriente foram um fator constante nas decisões da liderança soviética durante as primeiras semanas da Segunda Guerra Mundial.

Era cada vez maior o número de organizações direitistas com fascistas imiscuídos em suas entranhas nos países do centro e do leste Europeu. O Partido Nazista, de Hitler, cuja popularidade vinha caindo, se beneficiou com a crise econômica. Apesar disso, Stalin determinou que o Comintern ordenasse que os partidos comunistas concentrassem seu poder de fogo nos outros partidos de esquerda. Segundo essas ordens, nenhum vestígio de solidariedade deveria sobreviver. Partidos socialistas, social-democratas e trabalhistas teriam que ser tratados como fomentadores do "sociofascismo" e denunciados. Como se vê, é um discurso extremista e uma política perigosa. A política da "frente comunista unificada", cujos executores encarregavam comunistas de fazer proselitismo político entre membros das bases partidárias dos outros partidos da esquerda, foi abandonada. Em vez de providenciar um ataque preventivo conjunto contra os nazistas, Stalin canalizou as forças do Partido Comunista da Alemanha para objetivos de desmoralização de potenciais aliados. Com isso, conflitos entre comunistas e sociais-democratas não eram acontecimentos raros nas ruas de Berlim. Vários líderes comunistas alemães ficaram apreensivos com a nova orientação política, mas Stalin disse a eles que não se preocupassem. De acordo com suas previsões, se os nazistas chegassem ao poder, rasgariam o Tratado de Versalhes e causariam uma crise política na Europa. Isso, presumiu Stalin, criaria um clima propício a revoluções, que os comunistas poderiam explorar. Assim, os nazistas agiriam, inconscientemente, como facilitadores da revolução comunista: para ele, a história estava do lado do Comintern e da classe operária.

UMA ESTRATÉGIA GLOBAL

Os comunistas alemães empreenderam clamorosas campanhas em favor de uma greve geral. Num período em que os trabalhadores receavam ser demitidos, já que a economia estava em crise, essa diretriz não podia mesmo ser de grande apelo popular. Em abril de 1929, quando o partido fez suas primeiras convocações para a greve geral, os trabalhadores de uma única fábrica (que fabricava chocolates) atenderam ao chamado de paralisação. Nos anos subsequentes, as coisas não melhoraram muito para os comunistas, mesmo com o partido contando com um aumento no número de filiados. O comunismo na Alemanha caminhava para um impasse estratégico.

No fim de 1932, os nazistas surgiam no cenário político como o maior partido da eleição nacional. Embora não tivessem conquistado maioria absoluta nas urnas, Hitler pressionou o presidente Hindenburg para que este o tornasse o chanceler da Alemanha. Essa exigência foi cumprida em 30 de janeiro de 1933. A URSS havia tido relações cordiais com a Itália fascista, apesar da perseguição de Mussolini imposta ao Partido Comunista Italiano, mas, com o Terceiro Reich, foi diferente. Os nazistas não procuraram travar amizade com Stalin. Hitler desvinculou-se da colaboração militar secreta com a URSS, que persistira desde o Tratado de Rapallo, em 1922. Além disso, restringiu os laços comerciais, baniu o Partido Comunista Alemão e enviou seus líderes para campos de concentração. Hitler prosseguia com suas violentas investidas verbais contra o "bolchevismo judeu". Ainda assim, o Comintern continuou com seus esforços de desmoralização dos socialistas europeus, por causa de sua "colaboração de classes" com a burguesia. Embora o espectro do fascismo houvesse encarnado no coração da Europa, o Partido Comunista Alemão cuidava simplesmente de tentar vencer seus partidos camaradas da esquerda em disputas polêmicas. De acordo com o prognóstico marxista-leninista, a Alemanha, com sua classe trabalhadora, ainda era o país que apresentava a maior chance de implantação de um governo revolucionário. Stalin e o Politburo foram os culpados pela absoluta pobreza de imaginação política. De mais a mais, sobre eles recaía o grosso da responsabilidade pelo fato de os partidos da esquerda terem sido impedidos de formar uma frente unificada.

O comissário Litvinov achava que alguma coisa drástica precisava ser feita para se pôr um fim ao isolamento internacional da URSS. O perigo de uma cruzada militar por parte da Alemanha era óbvio demais para ser ignorado e Litvinov, como judeu, estava perfeitamente consciente do racismo nazista. Da opinião dele compartilhava, no Comintern, o secretário-geral Georgi Dimitrov. Eles encheram Stalin de rogativas para que ele modificasse a orientação política em relação à Europa. Membros dos

204

DESENVOLVIMENTO

partidos francês e checoslovaco haviam dirigido o mesmo tipo de apelo aos líderes soviéticos depois que Hitler baniu o Partido Comunista Alemão, em março de 1933. Simplesmente, disseram a eles que se calassem.[278] Entretanto, caso seus companheiros quisessem mesmo que o comunismo internacional tivesse alguma influência séria no concerto das nações, eles não podiam ser tratados dessa forma indefinidamente. Fora da URSS e da China, a França e a Checoslováquia eram os países que tinham os maiores partidos comunistas, além de fronteiras com a Alemanha, e seus líderes e militantes comunistas não queriam ter o mesmo destino que seus camaradas alemães.[279] Contudo, finalmente, ainda que das bases, a mudança começou a chegar quando, em fevereiro de 1934, os militantes dos partidos comunistas e socialistas combinaram em Paris de organizar uma greve geral contra a propagação de atividades fascistas para a França. Entre os comunistas, o respeito à disciplina imposta pelos partidos estava desmoronando e, a essa altura, não havia nada que Maurice Thorez, líder do Partido Comunista Francês, pudesse fazer para suprimir esse tipo de colaboração.

Contudo, a menos que Stalin pudesse ser persuadido, ninguém podia tocar nas diretrizes político-governamentais da URSS e do Comintern. Contudo, por fim, a mudança chegou em setembro de 1934, quando o líder russo fez a União Soviética entrar para a Liga das Nações. Isso foi uma reviravolta completa. Antes, os comunistas consideravam a liga uma organização pela qual as potências capitalistas vitoriosas na Grande Guerra asseguravam seu domínio global sobre as nações. Agora, Stalin ordenou que seus diplomatas buscassem estabelecer laços de cooperação com essas potências para frear a expansão da influência da Alemanha e do Japão. Segurança conjunta tornou-se o lema dele. Os russos fizeram propostas diplomáticas a todos os países preocupados com a disseminação do fascismo e do militarismo na Europa e na Ásia.

As implicações dessa decisão para o Comintern foram profundas. Agora, em vez de ficarem acusando socialistas e sociais-democratas de traidores do movimento operário, os comunistas deveriam procurar estabelecer alianças com eles. Até com os liberais precisariam tentar firmar acordos de cooperação. Afinal, era necessário achar uma forma de fazer com que todos os partidos antifascistas unissem esforços. A Itália e a Alemanha já eram uma causa perdida, mas o Partido Comunista Francês — instigado por Stalin — firmou um pacto com socialistas e liberais para a formação de uma Frente Popular em julho de 1935. E isso não foi apenas um prato requentado da política da "frente comunista unificada" da década de 1920.[280] A ideia era de que os comunistas franceses trabalhassem com seus parceiros socialistas em todos os níveis. Estava planejada também a observância de um pacto

UMA ESTRATÉGIA GLOBAL

eleitoral com eles e até com governos. Deveriam moderar a "luta de classes". Obviamente, isso envolveria a necessidade de pararem de se referir aos socialistas como sociofascistas. O Terceiro Período havia terminado; o ultraesquerdismo nos partidos comunistas foi renegado. A Itália e a Alemanha haviam se tornado fascistas; a França tinha que ser salva de seguir o mesmo destino. Em discurso no VII Congresso da Internacional Comunista, em agosto de 1935, Georgi Dimitrov definiu o fascismo como "a ditadura de terrorismo aberto composta por elementos dos mais reacionários, ultranacionalistas e imperialistas do capital financeiro".

Enfim, mais adiante em sua mensagem, ele afirmou que Hitler e Mussolini eram representantes de um sistema político terrível, sem precedentes na história. Nada obstante, os políticos continuaram a tratar os ditadores fascistas como os brinquedos das forças econômicas e a insistir na previsão do iminente fim do capitalismo, embora a nova orientação política reconhecesse a necessidade prática de se estabelecer relações com aliados. Assim, a URSS alinhou-se com todos os países da Europa dispostos a combater o fascismo onde quer que ele ousasse dar as caras. Conquanto os delegados do congresso do Comintern achassem difícil modificar suas ideias da noite para o dia, acharam uma forma de ocultar isso em seus discursos. Em todo caso, vários líderes ficaram aliviados com o fato de que modificações haviam sido feitas. Palmiro Togliatti, cidadão italiano exilado em Moscou depois de fugir da Itália em 1926, escreveu com eloquência em apoio às frentes populares. Vítima de Mussolini, ele não precisava que ninguém lhe explicasse quanto a ditadura de extrema-direita poderia se tornar perniciosa para o movimento operário.[281]

Ainda que se concentrasse em assuntos de diplomacia e segurança, Stalin não perdia de vista a questão do panorama econômico corrente. Quando falava em público, fazia-o como se estivesse instaurando uma nova autarquia industrial no país; jamais mencionava o fato de que o Estado soviético realizava compras no exterior. Na verdade, ele e o Politburo sabiam que a autossuficiência tecnológica era um objetivo que só poderia ser alcançado a longo prazo. Portanto, a URSS dependia da capacidade de comprar serviços e produtos dos países de capitalismo avançado. Ela vendia seus grãos e recursos naturais no exterior para poder pagar suas contas em dia, e as empresas do Ocidente estavam mais do que dispostas a fazer negócios. A quebra da Bolsa de Valores de Wall Street havia afetado profundamente a economia mundial, e a avidez de Stalin de fomentar relações comerciais foi uma dádiva de Deus para a indústria americana. Destarte, a Ford Motors transferiu equipamento, técnicos e especialistas em tecnologia para a construção de uma imensa fábrica de automóveis em Nijíni Novgorod, às margens do rio Volga.[282]

A nova cidade de Magnitogorsk teve seu projeto principal criado pela McKee Corporation, em Cleveland, Ohio.[283] Após fracassar na tentativa de levar de volta para o Azerbaijão a Nobel Oil Company, durante a vigência da Nova Política Econômica, o Politburo convenceu empresas europeias e americanas a ajudar na reforma das refinarias de Baku e iniciar a produção perto de Ufa.[284] Desse modo, a URSS foi integrada à economia mundial. Por trás do conflito político entre o capitalismo e o comunismo estava a disputa entre capitalistas competindo entre si para participarem do desenvolvimento econômico do mundo comunista soviético.

E assim os americanos substituíram os alemães como os principais colaboradores do desenvolvimento econômico de Stalin.[285] Os próprios homens de negócios envolvidos na empreitada se mantinham discretos a respeito dela. Uma vez que eram anticomunistas em seu próprio país, não queriam ser vistos como pessoas indulgentes para com o primeiro Estado comunista do mundo. Embora ambicionassem ser vistos aos olhos de Stalin como pequenos colaboradores seus, não queriam que ninguém soubesse disso. Esse seu desejo foi respeitado pelo presidente F. D. Roosevelt. Despachando de seu gabinete na Casa Branca, ele preparou o caminho para o reconhecimento diplomático da URSS.

Em maio de 1935, russos e franceses tinham assinado um pacto franco-soviético. O Comintern e o Partido Comunista Francês viram esses desdobramentos como o início de um autêntico sistema de segurança conjunta na Europa. Contudo, a situação internacional continuou a piorar. Quando o líder italiano Benito Mussolini conquistou a Abissínia, em outubro de 1935, a Liga das Nações protestou muito, mas permaneceu como mero espectador na plateia que assistia aos acontecimentos. Nesse ínterim, o Comintern reforçou suas diretrizes de frentes populares pela Europa. Os partidos comunistas receberam ordens para formar alianças que capacitassem os países a fazerem forte oposição ao expansionismo do Terceiro Reich. O sucesso mais notável dessa orientação política ocorreu na França, onde o Partido Comunista conseguiu uma vitória impressionante nas eleições nacionais, em maio de 1936, e com isso o socialista Léon Blum formou um conselho de ministros. O Partido Comunista Francês se recusou a fornecer ministros; porém, com 72 representantes eleitos, apoiou Blum com regularidade na Câmara dos Deputados. Além disso, procurou dar um fim ao conflito na indústria. Quando, no verão, um grande movimento grevista estourou, os comunistas se manifestaram a favor de se estabelecerem negociações. Foi uma situação muito explosiva. Em junho, o número de grevistas chegou aos dois milhões de trabalhadores e ocorreram muitas ocupações de fábricas.

UMA ESTRATÉGIA GLOBAL

Ainda assim, Thorez não cedeu, insistindo em dizer que a prioridade era manter Blum no poder. Ações revolucionárias foram proibidas. "Devemos ter consciência", explicou Thorez, "da melhor maneira de terminar uma greve".[286]

Pouco depois, em julho de 1936, a guerra civil irrompeu na Espanha, quando o general Franco trouxe suas forças rebeldes de volta da África e iniciou um avanço constante na direção de Madri. Blum teve vontade de enviar armas para o governo espanhol. Mas foi pressionado a desistir do intento. Na Câmara de Deputados, deixaram claro que a unidade nacional que haviam conseguido ruiria caso ele se aliasse à Espanha. O governo britânico fez também advertência nesse sentido, por recear que isso pudesse levar alemães e italianos a prestar ajuda efetiva a Franco. Por conseguinte, Londres e Paris declararam neutralidade diplomática em relação ao conflito e estabeleceram um embargo ao envio de armas (embora Blum tenha permitido a remessa clandestina de suprimentos militares através da fronteira franco-espanhola).[287] Essa proibição não teve nenhum efeito sobre Hitler e Mussolini, que de forma mais ou menos franca enviaram forças para ajudar Franco.

O Comintern, que vinha fazendo apelos em favor da cooperação entre os partidos de esquerda, expressou repúdio contra o que ele chamou de ineficiência de Blum. O governo de Madri conseguiu o apoio das organizações de esquerda do país, inclusive do minúsculo partido comunista, para repelir o avanço de Franco. Confrontado com a perspectiva de instauração de um terceiro Estado fascista nas fronteiras da França e o colapso da política de segurança conjunta da Europa, Stalin mobilizou tanques, aviões de caça, canhões e assessores militares,[288] enquanto o Comintern incentivava a formação de brigadas internacionais de voluntários para fortalecer a causa. Madri foi salva e o Partido Comunista da Espanha experimentou um acentuado crescimento de filiados e de influência política.

Os líderes comunistas concordavam com os republicanos liberais e o grosso do Partido Socialista que o esforço de guerra deveria ter precedência sobre todas as outras ambições; eles repudiaram as prioridades revolucionárias dos anarcossindicalistas da CNT (Confederação Nacional do Trabalho) e dos semitrotskistas do POUM (Partido Operário de Unificação Marxista). Uma rigorosa disciplina política e militar foi imposta e Stalin intensificou ainda mais a campanha de centralização do esforço de guerra, ordenando que o Partido Comunista da Espanha realizasse um violento expurgo no POUM. Assim, ele transferiu os métodos, ou talvez a proporção com que eram aplicados, do Grande Terror da URSS para o solo ibérico.[289] Trotski trovejou invectivas contra tamanha barbaridade. Condenou também o Comintern e o Partido Comunista Francês por haverem deixado de lutar em prol da revolução na França em meados de 1936. Como sempre, Trotski superestimou a possibilidade de sucesso de um levante em solo francês. Se os comunistas tivessem adotado uma estratégia insurrecionista, teriam ficado isolados no âmbito da esquerda política francesa. Ao contrário da Rússia em 1917, a França não tinha uma esmagadora massa de integrantes da classe trabalhadora industrial a favor da tomada do poder. Trotski estava certo, porém, ao evidenciar a cautela de Stalin. Perguntou, com acerto, que tipo de situação levaria algum dia o Comintern a sancionar um levante comunista. Todavia, fazia tempos que o Comintern deixara de responder às críticas dele. Afinal, seu aparato era a fiel criada dos interesses soviéticos relacionados com a segurança. O antifascismo havia substituído a revolução socialista como seu objetivo estratégico imediato.

Entretanto, Stalin teve razões para concluir que nem as democracias europeias nem os Estados Unidos tinham coragem para enfrentar Hitler. Assim, uma após a outra, o exército de Franco conquistou as principais cidades do país, e o resultado disso, por volta de fevereiro de 1939, foi a derrubada do governo e a ascensão de Franco ao poder. Hitler, por sua vez, livrou-se de todas as restrições às próprias ambições. Em novembro de 1936, a Alemanha e o Japão haviam assinado um acordo para combater o comunismo internacional, pacto a que a Itália aderiu no ano seguinte. O Pacto Anticomintern, como ficou conhecido, era destinado à extirpação da influência comunista ao redor do mundo. Os acontecimentos nos países da Europa Central ganharam importância imediata ainda maior à medida que o Terceiro Reich ampliava seu poder e suas fronteiras com impunidade. Tudo começou com a reocupação da zona desmilitarizada da Renânia, em março de 1936. A Áustria foi anexada em março de 1938. A Grã-Bretanha e a França, vitoriosas na Grande Guerra, fizeram uma concessão após outra às exigências dos nazistas. Em Munique, em setembro de 1938, Neville Chamberlain e Edouard Daladier concordaram em entregar a região dos Sudetos ao Terceiro Reich. Em março de 1939, Hitler se apossou com volúpia do restante da Checoslováquia. Em seus escritos e discursos antissoviéticos, ele tratava Moscou como o centro de uma conspiração mundial do bolchevismo judeu aliada aos interesses financeiros de Wall Street.

Para o Comintern, a entrega dos Sudetos aos alemães foi um ato de conciliação inaceitável. Com isso, o Partido Comunista Francês retirou seu apoio ao governo de Daladier e organizou uma greve geral em novembro.[290] O programa de frentes populares na Europa ficou em pedaços. O sonho de segurança conjunta na Europa morreu: as democracias liberais haviam

UMA ESTRATÉGIA GLOBAL

sido postas à prova pela diplomacia em forma de ultimatos dos nazistas e fracassaram.

Stalin e seus subordinados estavam ficando desesperados com a segurança da URSS. No cenário da política internacional, ela não tinha nenhum aliado confiável e enfrentava ameaças do leste e do oeste. Ademais, o Kremlin via-se obrigado a presumir que as grandes potências talvez fizessem vista grossa se a URSS fosse invadida pela Alemanha ou pelo Japão. Na Europa, o comunismo era barulhento, mas ineficiente em seus esforços para conquistar poder. Seu maior feito — na França, na Grã-Bretanha e nos EUA — foi influenciar opiniões de forma geral, sem, contudo, ter a chance de formar um governo. Isso não quer dizer que os partidos mais distantes do Comintern tivessem caído no esquecimento. A essa altura, os comunistas chineses haviam realizado sua Longa Marcha para o norte do país e estavam formando um Exército Vermelho formidável. O Partido Comunista da Índia foi notável nas agitações políticas contra o domínio britânico. No Vietnã e no restante da Indochina, a luta anticolonial foi reforçada com a participação dos comunistas. O Comintern tinha partidos afiliados por toda a América Latina, e até no continente africano organizações comunistas brotavam rapidamente. Mas isso era um tesouro para o amanhã, e não para o presente. A URSS estava no centro do movimento comunista mundial. Ela iria sobreviver ou tombar pelo que fosse feito pelas grandes potências globais, e sua vulnerabilidade a ataques de forças estrangeiras não havia diminuído desde a década de 1920, apesar do aumento da capacidade militar e industrial soviética.

Membros do Politburo, inclusive Stalin, ainda acreditavam na superioridade do comunismo em relação aos sistemas político-econômicos rivais. Eles continuaram a apregoar que o tipo de revolução deles seria uma consequência inevitável em todo o mundo. Suas realizações foram impressionantes. Muito tinham conseguido, desde 1928, para concretizar o poderio industrial, educacional e militar da URSS — embora os líderes soviéticos não estivessem nem um pouco preocupados com o preço pago em forma de perda de vidas humanas. Transações comerciais e industriais, principalmente com empresas americanas, haviam sido numerosas e bem-sucedidas. Mesmo assim, a "história" estava se mostrando lerda demais para os interesses dos soviéticos, até porque a URSS continuava na condição de Estado sitiado pelas forças ideológicas contrárias. Mas o Politburo, no governo de Stalin, podia alegar que estava conduzindo os assuntos estrangeiros tal como Lenin o teria feito. Além do mais, o próprio Stalin vivia citando a recomendação leninista aos soviéticos para que ficassem fora de qualquer guerra envolvendo as principais nações capitalistas. Portanto, a URSS não

DESENVOLVIMENTO

iria "salvar a pele" do capitalismo. Stalin vivia repetindo também — e acreditava firmemente nisto — a previsão de Lenin de que haveria uma série interminável de guerras mundiais até que o capitalismo fosse varrido da face do globo. Ele vivia e respirava os perigos que defrontavam a União Soviética.

15. A IDEOLOGIA STALINISTA

Nos anos de Stalin, a disseminação da ideologia marxista-leninista foi realizada de maneira extremamente rudimentar. Todavia, isso foi feito como que numa casa de muitos cômodos. Stalin e seus propagandistas pretendiam seduzir o cientista e o operário, o engenheiro e a produtora de leite, o funcionário do partido uzbeque e o novato sectário do comunismo francês, hindu ou americano, de forma que pudessem deixar espaço a diversas interpretações e adaptações. Em sua época, foram exitosos no esforço de atrair para suas fileiras milhões de pessoas. Em versões modificadas, características básicas da ideologia foram repassadas a gerações posteriores na URSS e em outros países comunistas.

A constituição de 1936 definia a União Soviética como um "Estado socialista formado por trabalhadores e camponeses", proveniente da "destituição do poder de proprietários de terras e capitalistas". Suas cláusulas eram incessantemente exaltadas pelos propagandistas. Observadores estrangeiros — logicamente, não havia observadores extraoficiais em Moscou — não perceberam que o texto da constituição evitava dizer se a União Soviética continuava a ser uma ditadura. Ignoraram também o fato de que Stalin, quando apresentou o documento, enfatizou que os métodos ditatoriais geraram benefícios para o povo. Essa desatenção foi lamentável, mas não que deixe de surpreender, já que Stalin e seus porta-vozes se empenhavam em salientar que a exploração do homem pelo homem havia sido extinta na URSS. Pintavam os direitos dos cidadãos soviéticos com as cores mais agradáveis possíveis. Segundo eles, a constituição garantia a liberdade de expressão e de culto, uma imprensa livre, direito de reunião e realização de passeatas. Os cidadãos tinham assegurados também o direito a emprego (numa época em que as outras economias globais haviam sido atingidas pela Grande Depressão), a educação, a descanso remunerado e ao lazer. Garantiam que, com ela, o sufrágio era universal, e o voto, secreto. Os porta-vozes se gabavam perante os ouvintes de que o povo da URSS desfrutava de garantias que, em outras partes do mundo, outros povos só podiam ter em sonhos — afirmavam, enfim, que estava sendo criado um paraíso na Terra sem a necessidade da intervenção divina.

Na verdade, a constituição soviética nem ao menos continha em seu texto princípios democráticos. Em nenhum de seus artigos a expressão foi mencionada pelo menos uma vez. Entre os que afirmavam que Stalin defendia ideias e práticas democráticas estava uma maioria de estrangeiros crédulos e ingênuos. Apenas o artigo sobre o direito a emprego refletia a realidade. As autoridades, tal como todo trabalhador ou camponês tinha razão em lamentar, tinham a misteriosa capacidade de achar trabalho para as pessoas.

Fundamental para a ideologia soviética foi a história oficial do Partido Comunista, publicada com estardalhaço em 1938, alguns trechos da qual eram publicados pelo *Pravda* diariamente. A obra *Breve história* apresentava um relato do caminho percorrido pelo comunismo de Marx e Engels aos julgamentos de fachada de 1936-1937 e versava sobre história, política, economia e filosofia. O próprio Stalin redigiu o longo subcapítulo sobre "materialismo dialético". O livro foi elaborado para ser a Bíblia do regime, que esperava que seus cidadãos lessem alguns capítulos em casa após o trabalho.[291] (Isso lembra um pouco o caso dos primeiros protestantes, em seus estudos do Novo Testamento.) Tornou-se convencional dar um exemplar de presente a alguém como rito de passagem. Estudantes no fim do curso escolar ou universitário ganhavam um exemplar com preceitos ideológicos em tons camaradas. Ninguém com ambições de ascensão na sociedade soviética podia dar-se o luxo de não ter o livro ou deixar de lê-lo. A ideia de Stalin era de que o livro proporcionasse a todos, exceto aos ideólogos profissionais, a capacidade de compreender de forma satisfatória os objetivos comunistas. Dez milhões de exemplares foram impressos com capa roxo-escura e papel de boa qualidade. Logo depois de sua publicação, os comunas providenciaram traduções para os principais idiomas do mundo. O Comintern anunciou a obra como o ápice dos portentos em matéria de sabedoria, declarando que ninguém poderia continuar num partido de esquerda se não reconhecesse a *Breve história* como a fonte cristalina da análise crítica revolucionária.

Ao contrário das hodiernas presunções consensuais a respeito da obra, o livro em si não era totalmente desprovido de agudeza intelectual. Nele, seus autores enfatizaram a necessidade de os comunistas avaliarem a importância e validade das diretrizes políticas à luz do dinamismo mutante das situações. O sucesso do marxismo, asseguraram eles, exigia flexibilidade na interpretação teórica e em sua aplicação prática. O que era adequado em determinado contexto histórico talvez não fosse automaticamente aplicável em outro. Ainda de acordo com eles, as proporções da mistura norteadora do marxismo-leninismo precisavam ser adaptadas de geração em geração.

A IDEOLOGIA STALINISTA

Organizações, lemas, luta de classes e relações internacionais tinham que ser apropriados a circunstâncias que demandassem reconsiderações constantes por parte da liderança comunista. Embora a Revolução de Outubro, na Rússia, devesse ser considerada o maior acontecimento de libertação da humanidade, a meta suprema ainda precisaria ser alcançada: a disseminação do sistema comunista pelo mundo.[292] Evidentemente, devia ter limites a ufania dos soviéticos por esse texto elementar, fonte dos princípios doutrinários oficiais do comunismo mundial. Ele tinha sido escrito para todos os partidos do Comintern. Leitores sagazes que preferiam acreditar no melhor em matéria de pronunciamentos emanados de Moscou convenciam a si mesmos de que era melhor depositar sua confiança em Stalin. E para isso tinham, ao mesmo tempo, que anular sua capacidade de duvidar.

De qualquer forma, tal como Lenin, Stalin negava que as premissas da doutrina fossem passíveis de reconsiderações. Disseram que a obra *O capital* era infalível e, embora camadas de polimento intelectual lhes pudessem ser adicionadas, levando em conta subsequentes desdobramentos esclarecedores da questão, afirmaram que o móvel original era o depositário da verdade absoluta. A passagem do cabedal intelecto-ideológico de Marx para Stalin via Lenin foi tratada como a única linha de sucessão legítima no marxismo.

Dessarte, havia se tornado uma obrigação reconhecer o portento da mentalidade ideológica de Stalin. Certa feita, o escritor francês Andre Gide sentiu vontade de enviar a ele, do sul do Cáucaso, um telegrama com palavras cordiais: "Durante nossa maravilhosa viagem com destino a Gori, senti uma necessidade imensa de me corresponder com você..." Nisso, seu intérprete soviético o interrompeu. Explicou a ele que Stalin não podia ser tratado meramente como "você". Disse a Gide que ele deveria adicionar uma frase tal como "líder dos trabalhadores" ou "professor dos povos" e que o telegrama não seria enviado enquanto não fosse devidamente modificado. (Quando voltou para casa, ele soube que os jornalistas soviéticos haviam alterado o teor de sua mensagem oral e escrita, sem permissão, em muitas ocasiões.)[293] Obviamente, cidadãos soviéticos não podiam fazer críticas como Gide. Embora Stalin afetasse de ressentido com tanta adulação e pedisse que o número de referências a ele em *Breve história* fosse reduzido, era só fingimento. É verdade que em *Breve história* havia menos citações relacionadas a ele do que a Marx e Lenin,[294] mas não deixaram dúvidas ao afirmar: "Stalin é o Lenin moderno." Ele foi tratado como um exemplar perfeito da espécie humana. Como arquiteto do sistema soviético desde 1928, ele não tinha rival. Aos comunistas, ensinavam que "Stalin, o partido e as massas" estavam coligados pelo compromisso de ajudar o comunismo a alcançar o ápice das realizações revolucionárias.

A ascensão do comunismo na Rússia era narrada como uma saga de lutas contínuas. Os comunas apregoavam que falsos profetas haviam surgido um após o outro, empenhados em desviar os verdadeiros socialistas do caminho da verdade e da virtude. Os marxistas russos tiveram que combater os socialistas — os *narodniki* —, que queriam fundar o socialismo nas bases de um conceito idealizado de vida campestre. Depois disso, os comunas resvalaram para disputas internas. Os bolcheviques, sectários de Lenin, atacavam os pérfidos mencheviques, liderados por Martov. Os próprios bolcheviques tinham disputas entre si que persistiam desde 1917, quando Lenin, auxiliado por Stalin, eliminou os camaradas que se opunham à tomada do poder. Ao longo dos anos subsequentes, esse padrão de relações políticas se repetiu, à medida que sucessivos grupos tentaram subverter as "corretas" diretrizes políticas de Lenin. Os supostos subversivos eram Trotski, Zinoviev, Kamenev e Bukharin. A hostilidade deles para com a dupla liderança de Lenin e Stalin os levou a pactuar com potências estrangeiras antissoviéticas, e eles trabalharam conscientemente pela restauração do capitalismo. Diziam que a coragem e a sabedoria de Stalin haviam salvo a URSS da perdição. Tudo era luz, em contraste com as trevas. Na política, só podia haver um correto corpo de diretrizes governamentais por vez. Os comunistas foram alertados de que inimigos do povo, inclusive alguns disfarçados como comunistas, estavam em toda parte. A vigilância tinha que ser constante.

Stalin asseverava que o "materialismo dialético" de Marx e Engels não era simplesmente uma forma inquestionável de entender a sociedade do passado, presente e futuro — e isso era uma pretensão gigantesca —, mas a bússola necessária à orientação da pesquisa nas ciências naturais. Para os soviéticos, a ciência inspirada pelo comunismo era intrinsecamente superior às suas rivais no Ocidente.[295]

O Professor dos Povos resolveu ir além disso. Embora não tivesse nenhuma formação em ciências naturais, ele publicou princípios sobre genética. Seu predileto era o cientista charlatão Timofei Lysenko, que estava tentando criar uma nova variedade de trigo mantendo suas sementes expostas ao frio do inverno russo. Lysenko sustentava a ideia de que as plantas eram capazes de se adaptar a quase todas as condições, adquirir novas características e passá-las à geração seguinte.[296] Essa forma de pensar na esfera das ciências naturais exemplifica o que Stalin pensava a respeito da humanidade e de seu potencial para se transformar. Já biólogos notáveis, tais como Nikolai Vavilov, pereceram em campos de trabalho

A IDEOLOGIA STALINISTA

forçado por serem "contrarrevolucionários". Tempos depois, Stalin assegurou que a teoria da relatividade, de Einstein, era pura "mistificação da burguesia". Hitler fez coisa parecida, mas evitou perseguir cientistas alemães — a menos que fossem judeus — que seguiam os passos de Einstein na busca das verdades científicas. Stalin tratava todo apoio à teoria da relatividade como conivência para com tentativas de subversão da ordem soviética. Quando, depois da Segunda Guerra Mundial, Beria argumentou, em tons clamorosos, que físicos soviéticos precisavam das equações de Einstein para fabricar a bomba atômica, Stalin foi indulgente com ele: "Esqueça-o. Podemos muito bem fuzilá-lo depois."[297]

O mundo material tinha que ser conquistado. Lenin havia asseverado que, para continuar avançando, o desenvolvimento econômico de um país precisava contar com a criação de um setor de bens de produção. Isso significava que a satisfação das exigências dos consumidores teria que esperar e que precisariam dar prioridade ao setor de produção de máquinas. Na visão dos comunistas, a fabricação de tornos mecânicos, tratores, caminhões e tanques de guerra era o critério que deviam observar para conseguirem uma industrialização bem-sucedida. Precisavam também aumentar a produção de ferro, aço, níquel e ouro ao máximo. Vale notar que o nome Stalin deriva da palavra russa para designar aço, ao passo que Molotov tem origem na palavra martelo. Assim, o metal foi transformado em objeto de veneração. Preocupações com a ecologia foram ignoradas. A URSS não foi o primeiro país em que isso aconteceu. No entanto, a intensidade de seu esforço no desenvolvimento industrial, sem se importar com as consequências, foi único. A intenção deles era fazer com que o exemplo soviético se tornasse um modelo para os países comunistas que surgissem no futuro. Florestas foram derrubadas de modo indiscriminado. Fábricas lançavam gases tóxicos na atmosfera. Construíram represas e desviaram o curso de rios, mesmo em prejuízo dos habitantes locais. Os cursos d'água encheram-se de líquidos venenosos.

A propaganda oficial ocultava isso publicando cenas maravilhosas de rios limpos, florestas de vidoeiros virgens e tigres de bengala. Enfatizavam que os interesses das pessoas estavam recebendo os devidos cuidados. Ademais, pelo visto, o bem-estar proporcionado pelo Estado tornara obsoleta a ideia de caridade, tanto que dar dinheiro a mendigos foi proibido. Mas André Gide observou que essa proibição era ignorada, pois as pessoas simplesmente não conseguiam entender por que deveriam negar compaixão aos infelizes que as abordassem para pedir ajuda.[298] Aliás, achavam mais difícil evitar as exigências que lhes eram impostas no local de trabalho. O *Pravda*, a propósito, elogiava, em seus editoriais, a dedicação espontânea

DESENVOLVIMENTO

de trabalhadores e camponeses que "optavam" por trabalhar até a exaustão. As autoridades esperavam que os cidadãos sacrificassem seus confortos em benefício das gerações vindouras. Cuidados elementares com a segurança foram ignorados, e a saúde dos trabalhadores, negligenciada, em favor da causa comunista. A imprensa não fazia nenhum comentário a esse respeito, nem publicava nenhuma matéria sobre como evitar acidentes — e, quando fazia alguma menção deles, os atribuía invariavelmente a atos de sabotagem. Apontaram o cumprimento das cotas especificadas nos planos quinquenais como a meta suprema. Tanto os seres inanimados quantos os vivos, inclusive os seres humanos, haviam se tornado mera fonte de recursos para explorar.

Se a URSS não tivesse sido tão territorialmente vasta e rica em recursos naturais, talvez os líderes comunistas tivessem que arcar com as consequências dos efeitos danosos de suas ações — e depois quiçá a experiência comunista não teria sido repetida no Leste Europeu depois de 1945. Contudo, felizmente talvez, a devastação ecológica geralmente ocorria em locais distantes das principais cidades. Ambiciosas autoridades governamentais locais sabiam que sua promoção — e sua sobrevivência física no fim da década de 1930 — dependia de conseguirem alcançar as metas dos planos quinquenais. Alojada no âmago das ideias marxista-leninistas, essa prática deveria ser transmitida aos comunistas das gerações posteriores do mundo inteiro. As mentalidades estavam dominadas pela suposição de que era natural que explorassem impiedosamente todos os recursos que possuíssem. Entretanto, as autoridades reconheciam que o progresso acarretaria também privações e sofrimento para os seres humanos. Sabiam que muito ainda tinha que ser feito. Muitos "erros" e "excessos" tinham sido devidamente registrados para possíveis correções futuras, porém, como costumavam dizer os comunistas: "Pequenos sacrifícios são inevitáveis quando se pretende alcançar grandes objetivos." Assim, urgia que abandonassem os conceitos tradicionais de moral e que os comunistas se esforçassem para atingir objetivos aparentemente impossíveis. "Não existem fortalezas", declarou Stalin em 1931, "que nós, bolcheviques, não possamos expugnar".[299]

Stalin — e Lenin, antes dele — havia despojado o comunismo de muitas vestimentas utópicas. Hierarquia, disciplina e punição eram a base do sistema soviético, porém, ainda na década de 1930, as autoridades russas continuavam a alimentar a crença de que, com o tempo, conseguiriam criar um mundo perfeito. Ideias milenaristas grudavam como carrapicho no comunismo. As dificuldades correntes eram então atribuídas a forças internas e externas que acossavam o partido. Pelo visto, se não conseguiam alcançar a perfeição, não era culpa das doutrinas, análises e práticas bolcheviques.

A IDEOLOGIA STALINISTA

Os cristãos que aguardavam o segundo advento de Jesus Cristo, nas semanas após sua ascensão aos céus, tiveram que se conformar com o mesmo golpe desferido contra suas expectativas. Como a decepção inicial deles deu lugar à aceitação de que prever o dia da volta de Jesus era impossível, não abandonaram a própria fé, pois, com certeza, o Cristo voltaria, sim. Nos séculos seguintes, grupos de cristãos chegaram a se convencer de que sua volta era iminente. Os comunistas se comportavam de forma parecida. Tinham certeza de que sua análise e diretrizes governamentais eram abençoadas pelas contribuições oniscientes dos clássicos marxistas. Acreditavam que eram pessoas especiais. Para eles, o movimento comunista mundial era um rebanho de poucos escolhidos e iluminados. Em sua visão, é certo que, na vida prática, os partidos podiam cometer equívocos de vez em quando, mas a linha fundamental de seu desenvolvimento histórico era fixa e o futuro estava no comunismo.

Esses não eram seus únicos traços de semelhança com o cristianismo primitivo. No Conselho de Niceia, no ano de 325 d.C., os bispos da Igreja decidiram quais livros deveriam ser incluídos na Bíblia Sagrada. Vários evangelhos em circulação na época foram oficialmente considerados espúrios ou impróprios. Desse modo, o Novo Testamento foi coligido de acordo com o critério dos dignitários eclesiásticos e continuou assim até os dias de hoje.

Um processo semelhante ocorreu em Moscou na década de 1930, quando certas obras de Marx, Engels, Plekhanov, Lenin e Stalin foram enxertadas no cânone da ideologia comunista. Por acaso, o Instituto do Marxismo-Leninismo tinha em seu poder um acervo bem maior de textos originais. As autoridades haviam desencadeado uma campanha para que se reunissem todos os escritos de Lenin. Até seus cartões-postais enviados nas férias deveriam ser zelosamente preservados. O especialista em bolchevismo David Ryazanov, que conhecia Marx como ninguém, foi enviado a Amsterdã para negociar a compra do legado literário de Marx e Engels. Entretanto, nem tudo que ele achou em Moscou e Amsterdã foi considerado aceitável pela orientação política do partido, já que Lenin havia escrito muitas críticas a Stalin. Por sua vez, Marx escrevera artigos de jornais em que repudiava o papel exercido pela Rússia nas relações internacionais nos meados do século 19, ao passo que, na época, Stalin estava demonstrando simpatia crescente pelo sistema de governo dos Romanov. Os estudiosos do marxismo sabiam também que não deveriam publicar a obra *Grundisse* (Elementos fundamentais para a crítica da economia política), que Marx havia delineado em 1857-58. *Grundisse* era um tratado filosófico em que Marx salientava a suma importância que se deveria dar à criação de uma sociedade na qual as pessoas pudessem desenvolver, sem nenhum tipo de coerção, todo o seu potencial como seres humanos. Na URSS do Grande Terror, isso não teria soado como música aos ouvidos dos líderes soviéticos.

O marxismo oficial estava esvaziando as mentes de seus adeptos para enchê-las depois com sua poderosa droga. (E o trotskismo, apesar de criticar severamente "a escola stalinista de falsificação da história", fez pouco para mudar os ingredientes essenciais de sua fórmula.) Marx, Engels e Lenin haviam se declarado filhos do Iluminismo e afirmado seu compromisso com a ciência e a razão; atacavam brutalmente ideologias rivais, inclusive as socialistas, acusando-as de se basearem em premissas falsas. Os marxistas gostavam de ostentar suas credenciais científicas. Porém, sempre se desconfiara de que os próprios fundadores do marxismo, embora verberassem formas metafísicas de pensar, tachando-as de reacionárias, tinham a alma imbuída de um tipo de religiosidade secular. Criados num ambiente permeado de tradições judaico-cristãs, talvez nunca as tenham abandonado completamente. Na verdade, permaneciam inconscientemente influenciados por ideias religiosas de uma sociedade futura perfeita e de salvação da humanidade. Estavam tão solidamente aferrados à sua fé ateísta quanto qualquer judeu ou cristão às suas crenças. Lenin considerava Marx e, embora não ao nível deste, Engels os infalíveis progenitores de uma visão de mundo onisciente. Portanto, toda crítica às obras deles e a atividades correlatas era tratada por leninistas como um crime político imperdoável. Os comunistas soviéticos, tal como fazem as pessoas religiosas com seus textos sagrados, costumavam fazer citações de trechos dos livros de Marx, Engels e Lenin.

A mente do próprio Stalin estava cheia da religiosidade que ele havia sorvido junto com o leite materno. Embora tivesse estudado para ser padre, ele viveu num ambiente em que as pessoas misturavam princípios cristãos formais com velhas ideias, tais como a crença em bosques cheios de espíritos, bruxaria e malefícios noturnos. O bem tinha que ser protegido, se necessário com feitiços, contra o ataque das trevas.

Algo típico dessa mentalidade era a crendice na hipótese de que a aparência das coisas e das pessoas podia ser enganosa. A realidade poderia ser o contrário do que aparentava e todas as pessoas decentes tinham que ter cuidado para não serem enganadas. Truques e artifícios malandros estavam em toda parte. Essa visão de mundo, passada de uma geração à outra por famílias camponesas da Rússia, mas também da Geórgia, transparece, com um linguajar marxista, em *Breve história*. Os stalinistas viam a si mesmos como combatentes da causa da integridade e do bem; e, uma vez que muitos

A IDEOLOGIA STALINISTA

deles provinham de famílias rurais, era fácil para que a propaganda oficial se arraigasse em suas mentes. O stalinismo tinha duas caras: com uma delas, acenava favoravelmente na direção da modernidade, enquanto, com a outra, olhava enternecidamente, conquanto talvez de forma inconsciente, para o passado distante. Para eles, oponentes nunca eram meros adversários, mas agentes a soldo das potências alienígenas e cujo único objetivo era prejudicar a URSS e o comunismo mundial. Seguindo essa mesma linha, *Breve história* não poupava de seus golpes seus adversários e os aplicava bem abaixo da cintura. O mundo tinha que se livrar deles, sem nenhuma piedade. Stalin, ainda mais intensamente que Lenin e Marx, condenava todo tipo de brandura e sentimentalismo. Para ele, os comunistas tinham que ser friamente analíticos e resolutamente implacáveis; tinham que cumprir sua responsabilidade executando atos de repressão sem limites.

Ademais, alegavam que os "inimigos do povo" podiam ser mais perigosos ainda depois que tivessem sido derrotados politicamente. Essa foi uma das poucas contribuições originais de Stalin ao pensamento marxista. Antes, os marxistas acreditavam que, assim que os inimigos fossem derrotados, a transição para o comunismo seria mais fácil. Stalin rejeitava isso. Para ele, havia a necessidade de se manter um estado de alerta eterno. Afinal, conspiradores estavam sempre tramando algo e muitos deles eram membros do Partido Comunista. Não obstante, ele nunca apresentou provas a esse respeito. As únicas pessoas que tiveram coragem para contestá-lo na URSS haviam sido executadas ou estavam morrendo de exaustão nos campos de trabalho forçado.

Oponentes ou críticos eram rotulados de "serviçais", "lacaios", "sabujos" ou "mercenários";[300] era como se Stalin estivesse enchendo as publicações comunistas oficiais com o vocabulário de uma obra de ficção histórica ordinária. Eram palavras que raramente apareciam no linguajar do russo comum. Como se não bastasse, mesclava nelas o armazém inteiro da terminologia marxista. Ele falava em "relações dos meios de produção" em suas conversas sobre a economia. Discorria longa e cansativamente sobre as potências "imperialistas". Nas descrições que fazia daqueles de que não gostava, recorria a termos populares: "nojento, "podre", "sujo", "cruel". Vivia alegando insinceridade da parte dos outros. Todos, de dissidentes do partido a líderes políticos estrangeiros hostis, eram criminosos que "pilhavam", "assaltavam", "corrompiam", "enganavam" e "camuflavam" enquanto no caminho para alcançar poder e riqueza. Esses eram "vermes" ou "porcos" e não deveriam simplesmente ser combatidos: tinham que ser "esmagados", "exterminados", "liquidados".[301] Stalin e seu partido não eram os únicos que usavam uma linguagem de tamanha violência e grosseria. Nesse sentido, os nazistas não diferiam deles em nada. A diferença do nazismo em relação ao marxismo-leninismo-stalinismo era que este tinha maior capacidade para exportar sua retórica. O movimento comunista mundial adotou o jargão desenvolvido em Moscou e passou a empregá-lo, com poucas modificações, nos vários países em que atuava.

Mas cabe-nos perguntar por que muitos milhões de pessoas na URSS e no exterior se sentiram atraídos por essas ideias e esse tipo de discurso. Algo que parece ter sido importante era o equilíbrio entre essa crueza desagradável e a promessa de melhoria de vida que havia na propaganda. Aliás, o *Pravda* e o *Izvestiya* não publicaram quase nada sobre o Grande Terror, exceto relatórios detalhados dos espalhafatosos julgamentos de fachada de 1936-1938. Por outro lado, a maioria das edições dos principais jornais do país exibia a fotografia de um jovem trabalhador fabril de Stakhanovite ou de uma vaqueira recordista na produção de leite. Era óbvio que as autoridades, enquanto expurgavam de seu território "inimigos do povo", procuravam concentrar-se no prometido futuro promissor que haviam anunciado para o país. E conseguiam isso com esperteza. Assim, exploradores do Ártico, aviadores que percorriam grandes distâncias com suas aeronaves e atletas campeões eram festejados com mais entusiasmo do que autoridades do partido e chefes do NKVD. Faziam também esforços para associar o regime a uma imagem de juventude, progresso e modernidade. A ciência e o ateísmo eram enaltecidos e preconizados como antídotos da superstição, da religião e de costumes ultrapassados.

Isso era reforçado com a publicação de romances e poesia. Stalin pôs fim à inveterada diversidade das tendências culturais do país e insistia em determinar que os escritores deveriam se restringir ao "realismo socialista". Esse conceito foi formulado de maneira muito vaga, mas a exigência básica era de que obras de arte literária contassem histórias, em linguagem acessível, sobre nobres trabalhadores, engenheiros ou funcionários do partido. A doutrina stalinista precisava de temas revolucionários edificantes e os enredos dos livros não podiam mais ter um fim trágico: tinham que indicar que a história caminhava na direção prevista pelo Estado soviético. Não seria mais permitido que as obras literárias fossem apolíticas. Assim, o realismo soviético foi apresentado no Congresso de Escritores, que contou com a presença de Maximo Gorki, em 1934. Os comunas tinham a intenção de estender sua aplicação a todas as outras artes. Isso era mais fácil na pintura do que na música instrumental. Entretanto, *Lady Macbeth do Distrito de Mtsensk*, ópera de Dmitri Shostakovich, ofendeu Stalin, com sua exibição de sensualidade feminina e, tão grave quanto isso, não apresentava melodias que o público conseguisse reproduzir com assobios. Shostakovich

A IDEOLOGIA STALINISTA

sofreu uma avalanche de críticas. Foi coagido a repudiar o próprio trabalho e a prometer fazer coisa melhor no futuro. Figuras mais servis no ambiente cultural da URSS destacaram que o verdadeiro herói no mundo contemporâneo era o comunista que se esforçava para alcançar melhores condições de vida para a classe trabalhadora, que as sensibilidades da burguesia não eram mais questão apropriada ao trabalho do artista sério.

A campanha para erradicar o analfabetismo facilitava a disseminação desse tipo de mentalidade. Livros escolares para crianças e adultos exaltavam os avanços que estavam sendo feitos sob a "sábia liderança" do "Líder dos Povos". Em alguns casos, a ideologia inteira era assimilada pelas mentes. Em outros, era a sensação de modernização efetiva ou de orgulho patriótico que conquistava admiradores para Stalin. Para tanto, a mensagem era adaptada a públicos específicos. Aos estrangeiros, asseguravam que os objetivos internacionalistas do marxismo-leninismo continuavam a ser o sustentáculo das atividades do Politburo. (Segundo consta, porém, Stalin confidenciou a seu círculo íntimo de assessores que Marx e Engels haviam sido excessivamente influenciados pela filosofia clássica alemã, principalmente a de Kant e Hegel.)[302] No entanto, na URSS, havia uma tentativa consciente de valorizar e cultuar a visão de mundo dos compatriotas russos. Até mesmo imperadores russos e seus generais — ou pelo menos os que eram vistos como tendo sido "progressistas" — foram restituídos à condição de figuras prestigiosas. Desse modo, a Revolução de Outubro era descrita como uma conquista realizada predominantemente por trabalhadores, soldados e camponeses russos. A nação russa era representada como o "irmão mais velho" aos olhos dos grupos nacionais e étnicos da URSS. O romance de Alexei Tolstói *Pedro, o grande* e o filme de Sergei Eisenstein *Alexander Nevski* reforçaram o conceito de que a União Soviética soubera tirar proveito dos melhores elementos das tradições da velha Rússia.

Se houve uma palavra que foi mais empregada do que outras para se criar uma imagem positiva do país, essa palavra foi "modernidade" (*sovremennost*). Stalin se aproveitou muito de seu propalado compromisso com o esforço de alcançar o Ocidente em matéria de avanços e depois ultrapassá-lo. Segundo ele, a URSS desenvolveria formas de tecnologia mais avançadas do que quaisquer outras já inventadas, e verbas, recursos acadêmicos, técnicos, pesquisas seriam direcionados para a realização de coisas que satisfariam as necessidades do povo e aumentariam o poderio e o prestígio do país. Ao mesmo tempo, o capitalismo era violentamente criticado e pintado como algo incorrigivelmente ruinoso, sujeito a crises frequentes. Na literatura em geral, era descrito como "corrupto", "decadente" e "fadado ao fracasso". O *Pravda* se contentava em apresentar caricaturas de homens de negócios americanos gorduchos e estereotipados, usando cartola, com os bolsos transbordantes de dólares e armamentos. Outra imagem favorita deles era o nazista de coturnos, que geralmente aparecia como um fanfarrão inofensivo, em vez do possível causador de perigos mortais à URSS: Stalin dizia aos cidadãos soviéticos ou aos comunistas que o Exército Vermelho os repeliria e esmagaria em qualquer invasão que lançassem contra o país. Os comunistas afirmavam que a quebra da Bolsa de Valores de Wall Street e a Grande Depressão não foram acidentais, mas evitavam predizer se o fim do capitalismo ocorreria por causa de uma revolução política, de uma crise financeira ou de uma guerra mundial. De acordo com eles, bastava um desses acontecimentos para produzir as condições da "transição para o socialismo". Assim, os sequazes do movimento comunista mundial foram postos em estado de alerta, com instruções para que ficassem prontos para agarrar toda oportunidade que aparecesse.

Stalin não usou apenas sua visão de modernidade comunista para cooptar os adeptos do movimento comunista mundial. Desde a época de Lenin, o marxismo-leninismo exaltara as virtudes da liderança política e os métodos impiedosos de governar. Enquanto ao mesmo tempo velava, com manhosa sutileza, as pavorosas barbaridades do terrorismo estatal perpetradas depois da Revolução de Outubro, Stalin ensinava aos comunistas estrangeiros que a firme condução da política por um único partido podia engendrar um efeito positivo na sociedade de qualquer país. Observava que a Rússia, antes de 1917, era atrasada economicamente e, de forma geral, profundamente atrelada a "potências imperialistas" estrangeiras, tais como o Reino Unido e a França. Argumentava que a modernização da União Soviética servia como modelo de como romper os grilhões do atraso e da sujeição colonial, acrescentando que, se os comunistas conseguiram fazer isso no antigo Império Russo, por que a mesma coisa não poderia acontecer na China ou na Nigéria?

A essência de sua argumentação era de que, já então, as modalidades de economia planejada da URSS haviam tornado o capitalismo obsoleto. Sob o governo de Stalin, o marxismo-leninismo não prometia acabar rapidamente com desigualdades materiais e sociais. Talvez isso levasse muitos anos para acontecer. As pessoas tinham que trabalhar muito, suar e obedecer. Era possível que tivessem poucos confortos nas fábricas, minas e fazendas coletivas, mas, de acordo com declarações de Stalin, em 1935, "a vida estava ficando mais agradável". Mesmo os condenados a trabalhos forçados tinham boas perspectivas, pelo menos de acordo com um livro que trazia informações sobre um canal em construção e que ligaria o mar Branco a Moscou. Dezenas de milhares de prisioneiros morreram durante

A IDEOLOGIA STALINISTA

a execução do projeto. Todavia, escritores asseguravam que pessoas condenadas a trabalhos forçados se regeneravam, já que trabalhavam pelo bem comum e aprendiam princípios marxistas. O Gulag era comparado favoravelmente ao sistema penitenciário dos EUA, em que aos presos não era dada quase nenhuma condição moral ou material para se recuperarem. Contudo, o fato é que o romancista Maximo Gorki pertencia ao quadro editorial dos responsáveis pela publicação e isso dava prestígio às justificativas laudatórias apresentadas no livro.[303] Exaltado em todos os aspectos, o sistema de governo soviético era apresentado como o mais progressista, humanitário e sincero da história. Stalin fez uso da regra prática anunciada por Joseph Goebbels: quanto maior a mentira, mais influência ela tem sobre os ouvintes.

16. POR DENTRO DOS PARTIDOS

Os partidos do Comintern haviam sido organizados de acordo com o modelo soviético desde o início da década de 1920. Eles eram centralizadores e disciplinados. Extirparam do próprio âmago todas as facções e proibiram debates assim que as diretrizes partidárias foram decretadas. Propagavam o marxismo-leninismo, idolatravam Stalin e enalteciam as realizações econômicas e culturais da URSS. Além disso, obedeciam às ordens do Comintern emitidas por Moscou: seus membros haviam se tornado comunistas porque admiravam a União Soviética e seu objetivo era instaurar uma ditadura do proletariado em seus próprios países. Os partidos comunistas recrutavam uma multidão de sectários sempre que as condições políticas permitiam. Embora asseverassem que o estabelecimento do comunismo no mundo inteiro era inevitável, sabiam que um imenso esforço seria necessário para concretizar isso. Acreditavam que, para onde quer que seus camaradas soviéticos fossem, mais cedo ou mais tarde todos os demais países seguiriam para lá também.

Por enquanto, porém, não podiam mais do que apenas sonhar em instalar-se na política, visto que, na maioria dos países, as atividades comunistas tinham sido banidas, além de perseguidos os seus adeptos ou — no mínimo — sujeitados à vigilância policial. No Terceiro Reich e na Itália fascista, bastava que os comunistas fossem vistos para serem presos. Quando encarcerava jovens alemães suspeitos de professar o comunismo, a Gestapo os incentivava a falar sobre coisas sem relação com a política. Seus agentes calculavam que, mais cedo ou mais tarde, acabariam usando termos do jargão marxista-leninista. Arthur Koestler, por exemplo, observou que, caso os detidos usassem simplesmente a palavra "concreto" como adjetivo — tal como, nas condições concretas atuais — bastava para ficar comprovado que eram marxistas.[304] Geralmente, os interrogadores usavam métodos brutais. A Alemanha nazista enviava militantes comunistas para campos de concentração. Já Mussolini encarcerava os comunistas do país e recusava-se a dar-lhes um tratamento digno. O teórico comunista italiano Antonio Gramsci, por exemplo, morreu de tuberculose na prisão, por falta de assistência médica, em 1937. Na Alemanha e na Itália, partidos comunistas

POR DENTRO DOS PARTIDOS

eram lançados na clandestinidade política. As condições eram insignificantemente melhores na maioria dos países do centro e do Leste Europeu. Os comunistas perderam grande parte de sua multidão de filiados e tiveram que enviar seus representantes para o exílio na União Soviética, a fim de poderem prosseguir com atividades partidárias.

Pessoas que se tornavam militantes tinham que aceitar a possibilidade, ou até a grande probabilidade, em muitos países, de serem presas. Os mesmos indivíduos que defendiam a implantação de ditaduras mal tinham condições de, pelo menos, começar a protestar. Eles acreditavam que a "luta de classes" precisava ser travada com absoluta desumanidade. Seus inimigos, por sua vez, em muitos países, adotavam a mesma atitude. Depois que Hitler fechou o Partido Comunista da Alemanha, apenas 16 de 72 partidos representados no Comitê Executivo do Comintern tinham status de legalidade em seus países.[305]

A situação continuou a piorar para os partidos comunistas pelo mundo. Na Ásia e na África, as potências imperialistas mantinham os comunistas sob vigilância e, com frequência, empreendiam ataques para suprimi-los. A situação era um pouco mais tranquila para o Comintern nas Américas do Norte, Central e do Sul. Durante a presidência de Lázaro Cárdenas, de 1934 a 1940, o Partido Comunista do México atuou livremente no país, com muitos clamores públicos e veementes protestos.[306] (Foi Cárdenas que concedeu asilo político a Trotski.) O país tinha muitos grupos de extrema-esquerda. Menos sorte teve o Partido Comunista Brasileiro, que se viu obrigado a atuar clandestinamente, enquanto seu líder, Luís Carlos Prestes, definhava na prisão.[307] Nos Estados Unidos, a atuação dos comunistas não sofreu restrições, porém, como seus camaradas mexicanos, eles conseguiram pouco apoio nas eleições, mesmo quando sua influência nos debates públicos estava em ascensão.[308] O Comintern trabalhou intensamente para se manter a par dos acontecimentos em todos esses países e repassou instruções categóricas a seus partidos, quer eles desfrutassem de condições legais para atuar, quer trabalhassem clandestinamente, à margem da lei. A palavra de Moscou em muitas disputas locais era definitiva, mas os funcionários continuavam inevitavelmente dependentes do repasse de informações e sugestões dos partidos em si.

O Comintern continuou a concentrar sua atenção na Europa e foi justamente lá que a situação do comunismo sofreu mais deterioração, à medida que o Terceiro Reich expandia suas fronteiras e suas influências política e econômica. O único sucesso durável do Comintern foi na França, onde os comunistas, por volta de 1937, tinham cerca de 300 mil membros. Isso

DESENVOLVIMENTO

tornava o partido francês a maior organização desse tipo fora da URSS e da China. No entanto, ninguém podia ter certeza da possibilidade de governos começarem de repente a empenhar-se na supressão de partidos comunistas. Quando o general Franco venceu a Guerra Civil Espanhola, passou anos mandando prender, maltratar e executar comunistas de todos os tipos. Tal fora o caso também dos remanescentes do Partido Comunista Chinês que não conseguiram se juntar a Mao Tsé-tung em sua Longa Marcha, para longe das garras exterminadoras do Kuomintang, em demanda da cidade de Yanan, na província de Jiangxi, no extremo norte da China. Chiang Kai-shek tratava brutalmente os comunistas que lhe caíam nas mãos, a menos que pudessem ser coagidos a entrar para suas Forças Armadas. Na Europa — fora da Escandinávia, Países Baixos, Grã-Bretanha e França —, regimes de extrema-direita autoritários perseguiam implacavelmente os partidos comunistas. Fora da URSS, os comunistas eram mais oprimidos do que oprimiam e conquistavam respeito como valentes que enfrentavam o fascismo e o antissemitismo onde quer que eles surgissem: na maioria das vezes, seus partidos assumiam, de forma inconsequente, os riscos que ordenavam que corressem e assim arrostavam voluntariamente qualquer perigo.[309]

O militante comunista europeu comum levava uma vida sitiada pelas forças contrárias aos seus objetivos. Se esses ativistas continuassem a trabalhar nas organizações clandestinas do partido, podiam ser presos e maltratados pelos algozes das agências secretas de seu país. Mas, caso se mudassem para a União Soviética, entravam sem saber numa zona ainda mais perigosa. Centenas de comunistas poloneses fugiram das perseguições das agências secretas de Pilsudski, buscando exílio político na URSS. Havia muito que se respirava em Moscou um clima de preocupação com a possibilidade de ser esse um dos meios pelos quais Pilsudski infiltrava seus agentes em território soviético, através da fronteira. Em agosto de 1938, Stalin ordenou que Dimitrov, secretário-geral do Comintern, fechasse o Partido Comunista da Polônia. Enquanto isso estava sendo feito, os exilados comunistas poloneses foram presos pelos agentes do NKVD, na gestão de Yejov. A maioria deles foi assassinada. Os que conseguiram evitar esse fim trágico viviam com medo de morrer.

Os tentáculos das agências secretas soviéticas se estendiam para muito além das fronteiras da URSS. Embora a Mongólia fosse oficialmente um Estado comunista, isso não impediu Yejov de enviar seus comandados para prender e executar líderes políticos em Ulan Bator. Segundo consta, agentes

POR DENTRO DOS PARTIDOS

soviéticos, a serviço do NKVD ou do Comintern, ordenaram que fosse torturado e executado o líder do POUM Andreu Nin, considerado trotskista e contrarrevolucionário. Conquanto isso não tenha sido provado de forma inquestionável, é inegável que Nin discordava de Trotski sobre estratégia revolucionária e que isso não impediu Stalin de tentar aniquilar organizações comunistas no exterior que se recusavam a reconhecer o Kremlin como a sede da autoridade suprema.[310]

O Partido Comunista Chinês realizava atos de repressão interna sem precisar ser induzido a isso por Moscou. Durante a Longa Marcha, iniciada no sul da China, em 1934, e depois também na base do Exército Vermelho em Yanan, o espírito de camaradagem foi liquidado pelos esforços de Mao Tsé-tung para erradicar todo tipo de oposição. Ele inventava acusações contra os rivais. Para ficar sempre bem aos olhos de Stalin, alegava cinicamente que eles eram trotskistas. Mas Stalin não se deixou enganar e enviou Wang Min — um confiável funcionário chinês do Comintern —, a Moscou para atuar como contrapeso aos desmandos de Mao. Porém, Mao acusou Wang de traição contrarrevolucionária e somente o apoio de Moscou o salvou.[311] A reação de Mao foi ordenar que seu médico particular, Dr. Jin, lhe administrasse veneno durante um tratamento médico. Depois de meses de pioras na saúde, Wang resolveu passar a cuspir os comprimidos e começou a se sentir melhor imediatamente. Providenciou que examinassem sua urina e com isso conseguiu provar a Stalin o que andaram fazendo com ele.[312] No entanto, Mao havia conseguido o que queria: manter-se como o líder supremo do comunismo chinês.

Mao estava longe de ser bondoso, considerando a forma pela qual tratava os soldados do Exército Vermelho e os membros das bases do partido. Em Yanan, mandou deter milhares deles, considerados por ele suspeitos de colaboracionismo, e os prendeu em cavernas locais. Membros de suas próprias unidades atuaram como guardas; era uma maneira de tornar a todos cúmplices da campanha de terrorismo interno. Muitos jovens voluntários tinham feito a penosa marcha para Yanan na expectativa de acharem um ambiente livre para a liberdade de pensamento e o igualitarismo. O jovem escritor e comunista Wang Shi-wei tornou-se o advogado deles afixando cartazes em muros com críticas ao sistema de privilégios:

> ... Não acho necessário nem justificável que haja graduações para o tipo de comida e roupas... Se enquanto os doentes não podem nem tomar uma colher de sopa... alguns mandachuvas muito ricos continuarem a se refestelar, beneficiados por privilégios extremamente desnecessários e injustos, os soldados rasos vão acabar desertando.

Mao ficou furioso com isso e conseguiu submetê-lo acusando-o de trotskista. Porém, Mao não perdoou nem esqueceu o incidente. Anos depois, voltou a atacar Wang, porém dessa vez fazendo-o sofrer uma morte horrível, em 1947, quando ele foi esquartejado e as partes de seu corpo atiradas dentro de um poço seco.[313]

O líder chinês ainda não tinha estabelecido um Estado totalitário, mas o seu já era um exército despótico. Os suspeitos de dissidência eram submetidos a interrogatórios sob tortura. As vítimas de suas perseguições podiam ser privadas do sono por duas semanas. Se isso não funcionasse, talvez fossem chicoteadas, mortas por asfixia pelas mãos de um algoz qualquer ou tivessem os joelhos torcidos na "bancada do tigre" até quebrarem. Os gritos à noite deixavam aterrorizados todos aqueles que os ouviam nos acampamentos instalados a quilômetros das cavernas. Os comunas chineses organizavam também comícios gigantescos para exibir os "espiões", nos quais repetiam publicamente as "confissões" que haviam aceitado fazer sob a coação de seus interrogadores; e aqueles que desdissessem o que haviam declarado eram arrastados de volta para novas sessões de tortura. Enquanto aguardava a retomada da guerra civil contra os partidários do Kuomintang, as unidades do Exército Vermelho eram submetidas a sessões de doutrinação e treinamento militar. Mao fazia em seus soldados uma verdadeira investigação mental antes de participarem de batalhas. Com essa prática, copiada do exército japonês, cada soldado era levado a pôr no papel "exames de consciência", de forma que — nas palavras de Mao — "revelassem todas as coisas que abrigassem na mente e que talvez não fossem muito boas para o partido". Delatar colegas tornou-se uma obrigação partidária. A confiança entre os camaradas praticamente desapareceu, já que Mao procurava reservar para si o monopólio de única pessoa confiável.[314]

O Pensamento de Mao Tsé-tung era a expressão que já então ia se consolidando como frase de uso corriqueiro, pensamento cuja essência era martelada na mente dos soldados antes de entrarem em combate. Tudo isso era feito de maneira informal, uma vez que Mao não tinha a confirmação oficial de seu poder supremo no partido e no exército. Talvez estivesse sendo cauteloso, evitando tomar uma decisão até que conseguisse o apoio de Stalin. Considerando a dependência dos comunistas chineses pelos suprimentos militares soviéticos na década de 1930, era imprudente contrariar o Kremlin. Mas a ambição de Mao não tinha limites e, em 20 de março de 1943, convocou o Politburo do partido e empossou-se como presidente do Politburo e do Secretariado chinês.[315] Nem mesmo Stalin, cujo título do cargo partidário continuou sendo secretário-geral, exaltou tanto a própria autoridade.

POR DENTRO DOS PARTIDOS

Nessa época, Stalin e Mao foram extraordinários na perseguição a que submeteram seus partidos. O ditador soviético desejava assegurar o poder absoluto do comunismo na URSS e aplicava uma política de repressão em massa para esse fim. Embora Mao ainda não exercesse o poder político, seu Exército Vermelho era como um Estado comunista em gestação e suas medidas repressivas seguiam a mesma lógica de Stalin. Os precedentes soviético e chinês seriam seguidos nos países do Leste Europeu, no Camboja e em outras terras depois da Segunda Guerra Mundial.[316] Se Harry Pollitt, sujeito ríspido e contestador, porém, em outros aspectos, um jovial líder do Partido Comunista da Grã-Bretanha, teria seguido o mesmo caminho, não podemos saber. Em caso de uma improvável revolução comunista britânica, os revoltosos teriam enfrentado uma violenta oposição no país, além de tentativas do exterior de fomentar uma contrarrevolução. Tal cenário teria fortalecido os argumentos dos integrantes do Partido Comunista da Grã-Bretanha que esposavam a realização de uma campanha de caça às bruxas política e bárbaros métodos revolucionários de acerto de contas. Pollitt teria tido que decidir se queria ser vítima ou causador de vítimas. O estabelecimento de um Estado de ideologia e partido únicos carregava em si uma lógica cruel, ainda que os próprios líderes não tivessem se sentido atraídos por medidas repressivas antes de haverem conquistado o poder. Poucos deles eram monstros travestidos de seres humanos; era o sistema comunista que os fazia se comportar de forma monstruosa.

Em todo caso, a prosternação servil de Pollitt ante as imposições e ditames de Stalin não basta para firmarmos a convicção de que teria resistido a uma ordem imperiosa de Moscou para extirpar os "inimigos do povo", até porque plenipotenciários secretos do Comintern eram vinculados a todos os partidos fora da URSS. Viviam com nomes falsos, transmitindo diretrizes oriundas do comitê central e enviando para lá relatórios sobre tendências comunistas em outros países. Os partidos tinham seus próprios representantes em Moscou, mas estes estavam longe de levarem uma vida agradável na capital soviética: no fim da década de 1930, era um encargo que ninguém ambicionava. O agente de Moscou em Paris era Eugen Fried. Quando achava que não podia confiar nos integrantes da liderança francesa do partido, procurava travar conversas confidenciais com funcionários e militantes dos escalões inferiores.[317] Maurice Thorez, secretário-geral do Partido Comunista Francês, tinha que procurar se manter no lado correto dele, pois, caso Fried despachasse um relatório desfavorável, Thorez ficaria em maus lençóis políticos. Além do mais, os políticos franceses permaneciam divididos por dissensões internas. Facções organizadas não existiam mais. Contudo, embora aceitassem ordens do Comintern, geralmente os líderes de todos os escalões entravam em conflito acerca da melhor forma de executá-las. Os partidos comunistas fervilham num clima de tensões pessoais e políticas, e Moscou continuava a ser usada como forma de combater disputas locais. Denunciar camaradas do alto escalão era uma prática comum.

Entretanto, militantes comunistas, além de travarem disputas entre si, continuavam a lutar a favor da causa dos trabalhadores. Tinham grandes esperanças de que conseguiriam chegar ao poder e, como viviam numa época tumultuosa, achavam que tinham todos os motivos para serem otimistas. Na década de 1920, o capitalismo havia se estabilizado, reduzindo as oportunidades de ação da extrema-esquerda política. O fascismo continuava restrito à Itália, mas tudo mudou entre 1929 e 1933. Primeiro, veio a quebra da Bolsa de Valores de Wall Street, depois a ascensão política de Hitler, que se tornou chanceler. A política na Europa foi profundamente abalada. Isso apenas serviu para fortalecer a determinação dos partidos comunistas de impedir a expansão de ditaduras de direita. Nos Estados Unidos, o ambiente socioeconômico parecia oferecer grandes chances à realização de agitações comunistas e à arregimentação de novos sectários. Em outras partes do mundo, os movimentos anticoloniais estavam se fortalecendo. E a confiança dos comunistas se intensificava ante a existência da URSS, que ano após ano aumentava sua força política e militar. A história parecia estar do lado do comunismo mundial.

Jovens de ambos os sexos continuavam a ter prazer em lutar pela causa comunista, embora poucos deles tivessem uma vida fácil. A vida do camarada inglês Ernest Darling demonstra o nível de dedicação deles. Darling nasceu em 1905; após abandonar o ensino fundamental, em Londres, teve vários empregos, em diferentes áreas. Pouco depois de ingressar no movimento operário, seu nome entrou na lista negra após participar, em 1925, de uma tumultuada greve de vendedores de livros. Em seguida, durante os períodos de desemprego que enfrentou, Darling dedicou suas horas vagas ao estudo de livros sobre comunismo. Tal como vários da extrema-esquerda britânica, ele não via nada demais em viver à custa do Partido Trabalhista e, além de assistente de pesquisas do New Fabian Research Bureau, tornou-se membro do Partido Trabalhista. Em 1932, entrou para o Partido Comunista da Grã-Bretanha. Concluiu que havia finalmente achado seu lar político. Como membro da célula comunista Adelaide Road, denunciou a penosa situação dos inquilinos do norte de Londres, coletou dados sobre pobreza, falta de condições de higiene, aluguéis altos e trabalhou incansavelmente para tentar sanar os males que via à sua volta. Além disso, preparou material gráfico para a participação do partido nas eleições constituintes do parlamento e participou de manifestações de protesto contra a realização de

POR DENTRO DOS PARTIDOS

reuniões fascistas em Kilburn. Quando a Segunda Guerra Mundial estourou, estava fazendo o curso de engenharia e esfalfou-se na organização de um protesto contra a comida intragável que serviam no centro de estagiários: "Era parte do 'salário', mas 75 por cento dela eram deixados no prato."[318]

Darling tinha uma maneira independente de pensar e, como não gostava de ser tratado de modo prepotente pelo partido, enviou uma carta a Pollitt para expressar sua irritação: "Só existe uma resposta para a classe operária, os marxistas e o partido a qualquer pergunta ou série de perguntas que se façam. A pergunta é: qual é essa resposta atualmente — de forma geral e individualmente falando? A resposta é político-partidária: a pergunta é, portanto — o partido está sempre certo?"[319] A pergunta dele expressava o grande dilema que envolvia a vida do militante comunista. Dos comunistas, na acepção legítima do termo, só se podia esperar que fossem rebeldes, até porque, naturalmente, tinham que lutar por seus ideais e interesses intelectual, política e institucionalmente. Contudo, esperavam também que obedecessem e modificassem diretrizes sempre que necessário ou exigido. Portanto, todo militante partidário tinha que ser como um molusco: duro o bastante para repelir interferências externas indesejadas, mas suficientemente flexível para reagir favoravelmente a pressões de Moscou. Pollitt e Darling tiveram uma longa troca de correspondências. Darling nunca se opôs, de forma direta, a qualquer estratégia geral corrente, e Pollitt, apesar de sempre ávido para expulsar membros dissidentes do partido, queria manter o incômodo camarada em suas fileiras. Todavia, em setembro de 1946, Pollitt ficou farto das contestações do companheiro Darling e o aconselhou a "reconsiderar [sua] posição em relação ao partido"[320]. Isso fez Darling entrar na linha, pois achava insuportável a vida fora das fileiras do partido.

A vida emotiva dos comunistas britânicos, de Pollitt até o mais novo dos filiados, era estreitamente entrelaçada com as atividades do partido. Ao filiar-se, tinham que abandonar todas as aspirações de alcançar as camadas superiores da sociedade. As exceções eram espiões, como Kim Philby, que se tornou comunista no início da década de 1930, mesmo sendo estudante da Universidade de Cambridge: essas pessoas tinham que manter em segredo sua filiação partidária para que conseguissem ingressar no *establishment* britânico.[321] A maioria dos membros do partido comunista tinha experiências diárias muito diferentes entre si. Não conseguiam imaginar uma vida desvinculada do partido. A filiação partidária lhes dava grupos de amigos, um conjunto de ideais, todo um sistema de crenças e sua parcela de tarefas práticas para realizar.

A curiosidade intelectual estava entre as características que os haviam atraído para o partido. Tinham buscado respostas ao porquê das condições em seus países e no mundo e continuaram a discutir essas questões durante as décadas de 1930 e 1940. Municiados com os métodos de Marx de denunciar os ocultos mecanismos econômicos e políticos na vida pública, condenaram o fracasso dos governos britânico, francês e americano para erradicar o fascismo e o militarismo na Europa e na Ásia. Os comunistas afirmavam que as colônias europeias jamais seriam libertadas sem o emprego da força. Assim, o anti-imperialismo era uma cruzada muito sedutora para eles. Com seus panfletos, acusavam "as classes dominantes" de aumentarem a miséria dos povos que elas governavam. Comunistas canadenses criticavam acerbamente as condições de trabalho nas minas e nas usinas siderúrgicas do país; comunistas da África do Sul protestavam com veemência contra a discriminação racial em seu território; os comunistas do Ceilão atacavam o sistema financeiro global, acusando-o de ser o culpado pela opressão dos trabalhadores nas plantações de chá. Os membros do partido eram eloquentes — nas reuniões de células partidárias, nas greves e em passeatas — em suas conclamações por uma transformação revolucionária.

Uma vez que poucos comunistas a visitavam, a Terra dos Sovietes continuou sendo — fato bastante conveniente para os comunas soviéticos — um objeto de devoção desconhecido, tanto que nenhum leal adepto estrangeiro do comunismo publicou um trabalho intelectual de peso sobre a União Soviética no período entre guerras.[322] O fervor ideológico e a disciplina partidária eram inseparáveis. A única opção dos críticos internos era abandonar o partido e muitos fizeram isso na década de 1930. O número de filiações e desfiliações dos partidos comunistas da Europa e da América do Norte foi alto nos anos do entre guerras. A maioria deixava o partido por tédio ou desgosto, enquanto outros eram expulsos mesmo. Bastava que fossem suspeitos de apoiar Trotski ou Bukharin para sofrerem severa reprimenda e, se a atitude persistisse, eram expulsos do partido. Assim, os comunistas perderam suas mentes mais brilhantes. Nesses ambientes, vigorava a lei da involução, graças à qual os indivíduos mais aptos da selva revolucionária eram justamente os que não conseguiam sobreviver. Quase todos os partidos comunistas eram chefiados por secretários-gerais cujo traço mais marcante era uma disposição infinita para se conformarem às mutantes diretrizes traçadas para eles por Stalin, explicadas a eles pelo aparato do Comintern.

O efeito disso foi apagar a chama da curiosidade intelectual e perquiridora da mente dos adeptos do partido. Richard Wright, o romancista negro americano, observaria após deixar o Partido Comunista:

Bastava uma hora ouvindo o que eles costumavam dizer para se conhecer a fanática intolerância de mentes vedadas à assimilação de novas ideias,

POR DENTRO DOS PARTIDOS

fatos, sentimentos, atitudes e sugestões para se encarar a vida. Condenavam livros que jamais tinham lido, pessoas que nunca haviam conhecido, ideias que em tempo algum poderiam entender e doutrinas que não saberiam julgar. O comunismo ... os estagnara num nível de ignorância mais inferior ainda do que aquele em que haviam se mantido antes de o conhecerem.[323]

Dinamismo intelectual era visto com maus olhos pelos intérpretes infalíveis do marxismo-leninismo-stalinismo.

A maioria dos dissidentes do comunismo se transferiu para partidos socialistas ou optou por abandonar a militância política. Alguns se tornaram ativistas de direita, pois haviam conhecido de perto os métodos comunistas e ficaram determinados a denunciá-los ao mundo. Alguns comunistas, porém, se sentiram atraídos por organizações de sectários do trotskismo. Em 1933, Trotski fez a conclamação para a instauração da IV Internacional, que se concretizou cinco anos depois. Trotski criou a nova organização para substituir a III Internacional Comunista. Até então, nutrira esperanças de arregimentar para as suas fileiras adeptos de outros partidos comunistas e acabar conseguindo atrair a própria Internacional Comunista; desejava muito voltar para Moscou como líder do movimento comunista mundial. Todos os trotskistas alegavam usar procedimentos democráticos em sua organização interna. Mas a realidade era outra, mais autoritária do que democrática. De seu local de exílio, na ilha de Prinkipo, perto de Istambul, Trotski transferiu-se como um nômade para a França, a Noruega e — por último — o México. Ele carecia de conhecimentos essenciais para repassar normas sensatas a seus assessores na França, na Alemanha e nos EUA. Todavia, dirigiu a IV Internacional de forma mais firme do que Lenin o fizera em seu controle da facção bolchevique nos anos de emigração.

Esperava que esse fosse o padrão de gestão das organizações trotskistas e outros grupos comunistas dissidentes. As agências de segurança da URSS se esforçavam para infiltrar seus agentes em suas atividades e lhes causar transtornos. Antes de 1933, tiveram muito sucesso na Alemanha, onde os irmãos Sobolevicius, Abraham e Ruvin lideravam os trotskistas de Berlim, mas atuavam secretamente a serviço de Moscou. Trotski sentiu a barbaridade de Stalin na pele. Sergei, seu filho caçula, foi preso na URSS em 1935, ao passo que Leon, seu filho mais velho, morreu misteriosamente, talvez nas mãos de um agente soviético, num hospital parisiense, em 1938. Os seguidores de Trotski na Rússia, tanto os reais quanto os que tiveram forjadas contra eles acusações de serem trotskistas, sofreram torturas e foram enviados para o Gulag. Seu nome foi submerso num profundo lamaçal de difamações e ele ficou marcado para morrer. Em junho de 1940,

234 DESENVOLVIMENTO

uma tentativa amadora para matá-lo, chefiada pelo pintor muralista David Alfaro Siqueiros, quase deu certo. (Siqueiros disfarçou-se de militar, trajando uma farda de serviço para participar do ataque.) Apesar de todas as precauções adotadas, Trotski não conseguiu impedir que agentes soviéticos se infiltrassem em sua casa e em seu escritório. Em 22 de agosto de 1940, ocorreu o inevitável. Ramón Mercader conquistou a confiança de Trotski e acabou matando-o com golpes de picareta na cabeça.

Trotski havia assentado os princípios doutrinários básicos da IV Internacional, os quais esperava que, nas décadas subsequentes, fossem repassados adiante por outros líderes do universo de novos grupos comunistas. Dessas bases doutrinárias ao estabelecimento de um culto informal ao novo líder foi um pulo. No entanto, nada que os trotskistas fizeram chegou pelo menos perto da autoridade e influência exercidas por Moscou. Trotski argumentou que a IV Internacional continuaria de pé ou ruiria, dependendo da capacidade para recrutar trabalhadores radicais da indústria, embora ele mesmo não tivesse nenhuma forma concreta para que seus integrantes realizassem isso. Nunca teve mais de alguns milhares de adeptos na Europa e na América de Norte. A condição financeira deles era precária e atraíam, principalmente, o interesse de rapazes da classe média. Além do mais, um país europeu após outro havia resvalado para uma ditadura de direita e adotado medidas de supressão do comunismo. Ainda assim, organizações na França, Bélgica, Holanda, Grã-Bretanha e EUA continuavam a agitar a bandeira da IV Internacional. Mas não conseguiram exercer nenhuma influência significativa na política da extrema-esquerda global, exceto no Ceilão e na Bolívia. Trotski havia dito que o stalinismo só podia criar raízes de fato na "atrasada" Rússia. Ele parecia não conseguir perceber que o trotskismo estava conseguindo pouco progresso na maioria dos países de capitalismo avançado e que o stalinismo estava se saindo melhor.

Enquanto isso, nenhum partido coligado ao Politburo podia deixar de demonstrar, ainda que minimamente, fidelidade a Moscou. Mao Tsé-tung conseguiu preservar alguma autonomia e demonstrar certo brio, apesar de sua dependência de suprimentos militares da URSS. Tito conseguiria fazer o mesmo em tempos de guerra na Iugoslávia. Só que Mao e Tito se beneficiaram do isolamento de seus países em relação ao restante do mundo: Stalin não tinha, assim, meios de exercer um controle mais efetivo sobre eles. Todavia, o Partido Comunista da Índia e o Partido Comunista Brasileiro ficavam distantes também da capital soviética e mantinham apenas contatos esparsos com o Kremlin. Apesar disso, tanto os indianos quanto os brasileiros, assim que conseguiram expulsar seus descontentes (inclusive

POR DENTRO DOS PARTIDOS

Manabendra Nath Roy, o mais famoso comunista indiano), foram fiéis executores das vontades de Moscou.

Membros de partidos comunistas espalhados pelo mundo adoravam Stalin com sinceridade; adaptavam-se às suas políticas e eram ávidos estudiosos de suas obras. A ênfase dos comunistas na aprendizagem baseada em livros melhorou o nível de educação de milhares de membros que haviam desperdiçado a oportunidade da educação formal. Trabalhadores curiosos e perquiridores criavam em si mesmos uma consciência do próprio valor. Neófitos de origem judaica descobriam que seus hábitos tradicionais de dissecar passagens controversas do Talmude os haviam capacitado a participar de discussões sobre questões mais sutis dos textos marxistas.[324] Assim também as tradições das denominações protestantes cristãs ajudavam novos adeptos a se arrebanharem nos partidos. Comunistas que haviam se acostumado a pregar nas capelas metodistas ou nas congregacionais conseguiam realizar a transição para a militância política da extrema-esquerda com uma facilidade admirável; ademais, tinham o hábito de formular seus argumentos fazendo referências aos textos sagrados. Assim, *O capital* e *Breve história* substituíram o Novo Testamento. Todos os partidos comunistas se transformaram em sínodos de complexos debates políticos. (Com exceção da URSS e da China, onde o reinado interno do terrorismo estatal envenenou os poços em que ávidos pelo saber trocavam conhecimentos.) O resultado foi que os comunistas se tornaram ideologicamente mais eloquentes que os seguidores do socialismo, da social-democracia ou dos partidos operários.

Com a decisão de se tornarem comunistas, repudiavam todo um universo de escolas do pensamento social, político e econômico. A abertura mental dos socialistas para o mundo intelectual da época foi abandonada, já que a escolha dos textos fundamentais era feita em Moscou. Na realidade, cada "teórico" do partido não passava de mero parafraseador. O rajá Palme Dutt, austero adepto comunista de origem anglo-indiana, formado por Oxford, era um exemplo notável no Partido Comunista britânico. Reverenciado e até temido por seus companheiros de partido por sua mordacidade intelectual, toda vez que se dava conta de que suas opiniões contrariavam a linha de orientação política do dia ditada por Moscou, agia como um estudante adolescente que tivesse que admitir que havia aprontado alguma; e adorava reprochar seus camaradas, inclusive seu próprio líder, Harry Pollitt, sempre que não conseguiam se prosternar ao lado dele para venerar os sábios soviéticos. Afinal, o comunismo europeu tinha que aceitar que o sol, independentemente da hora do dia, brilhava sempre no leste.[325]

DESENVOLVIMENTO

A disciplina partidária cegava sua curiosidade natural. Os adeptos do comunismo se acostumaram a rir de não comunistas que expressassem dúvidas em relação à Revolução de Outubro ou ao último plano quinquenal. Isso exigia o recurso constante à prática de autoilusão, com a qual alguns lidavam melhor que outros. Pollitt era um mestre nessa técnica, considerando-se, por exemplo, que o secretário-geral britânico tinha amigos que haviam desaparecido em Moscou. Aliás, ele fez grandes esforços para localizar sua antiga namorada, Rose Cohen, em 1937, jovem que havia recebido uma proposta de casamento dele 14 vezes. Ela fugira para Moscou com um agente do Comintern e, não bastasse a primeira tolice, abrira mão da cidadania britânica. Embora Stalin houvesse dito a ele que faria todo o possível para libertá-la, na verdade ela já tinha sido assassinada.[326] Pollitt lidava com as brutalidades bizarras da União Soviética de Stalin recusando-se a pensar nelas. Jamais criticou os julgamentos de fachada, a coletivização, os expurgos sanguinários ou — exceto durante alguns dias em 1939, após a assinatura do pacto entre nazistas e soviéticos[327] — a política externa da URSS. O caso de Pollitt não era incomum. A capacidade de se silenciar quando necessário era uma qualidade de suma importância para o militante continuar a ser comunista. Isso era mais fácil para o grosso dos filiados do partido do que para sua liderança central. Os militantes locais não sabiam que diretrizes político-partidárias eram impostas inapelavelmente a Londres por Moscou. Certas informações não eram compartilhadas de forma integral nem mesmo entre os dirigentes do partido. Somente Pollitt e um pequeno grupo de assessores sabiam que o partido dependia do envio constante de subsídios de Moscou. Ao restante dos integrantes do partido ensinavam que deveriam considerar boatos sobre "ouro de Moscou" a mais abjeta calúnia.

17. AMIGOS E INIMIGOS

Stalin exerceu uma força de atração e repulsão ainda maior sobre as mentes estrangeiras do que Lenin o fizera em seu tempo. O mundo inteiro se agitava num oceano de interesses e comentários sobre o desenvolvimento da União Soviética. Seu sucesso industrial, científico e militar estimulava observadores a analisar atentamente o que estava acontecendo no leste. A essa altura, eram poucos os que presumiam que a URSS ruiria em breve. Afinal, a União Soviética estava exercendo grande poder no cenário político da Europa. Além disso, constituía um modelo de Estado e sociedade muito diferente do das potências rivais. Aumentaram os esforços, pois, para se estudar o sistema que havia surgido dos escombros do Império Russo.

Os livros de Trotski ganharam fama instantânea. Como jornalista experiente, ele sabia que, se quisesse conquistar um grande universo de leitores, teria que escrever num estilo adequado ao alvo de seus interesses. Assim, sua autobiografia *Minha vida* e sua *História da Rússia revolucionária* atraíram a atenção de pessoas que, não fosse por isso, teriam demonstrado quase nenhum interesse por elas.[328] Com essas obras, conquistou simpatia em várias partes do mundo e, em 1937, o filósofo americano John Dewey, que não era nenhum amigo do comunismo, concordou em participar da realização de um simulacro de julgamento em Coyoacán, como se Trotski estivesse sendo acusado dos mesmos crimes que lhe haviam imputado nos julgamentos de fachada em Moscou. A decisão do tribunal de mentirinha foi favorável a Trotski e contrária às canhestras imposturas dos stalinistas.[329] Trotski continuou a desenvolver seus temas favoritos. Escreveu que a Revolução de Outubro havia sido traída por Stalin e seus asseclas, que Lenin e seu legado haviam sido rejeitados. Em 1917, a Rússia era um país atrasado econômica e culturalmente. A "luta de classes" não produziria um vencedor inquestionável; a classe trabalhadora era incapaz de se governar com competência e a antiga classe média era pequena demais para que pudesse dominar a política depois da queda da monarquia imperial. O estrato burocrático da sociedade havia se aproveitado do impasse e tornou-se a força dirigente da URSS. Essas ideias formaram a base das críticas trotskistas à URSS.[330]

238   DESENVOLVIMENTO

Outros escritores da esquerda política apresentaram diferentes explicações para a situação na União Soviética. O marxista austríaco Otto Bauer e o russo menchevique Fiódor Dan concluíram que o "socialismo" soviético talvez fosse a melhor e mais apropriada forma de socialismo que a URSS poderia abraçar. Outros observadores propuseram que a Nova Rússia era simplesmente a Velha Rússia disfarçada de vermelho. Nikolai Berdyaev, que foi deportado em 1922, asseverou que o tsar e o cristianismo ortodoxo haviam sido substituídos pelo secretário-geral do partido e pelo marxismo-leninismo. Outra variante era o conceito de que a Rússia, por estar situada entre a Europa e "o Leste", havia desenvolvido uma civilização singular e independente, com centralismo autoritário arraigado em suas entranhas — e os comunistas eram vistos como os que tinham continuado essa tradição. Nikolai Trubetskoi e os eurasianistas, tal como designavam a si mesmos, publicavam seus pareceres em jornais de exilados russos, mas não podemos dizer que outros analistas — com a notável exceção de Trotski — atraíram muito mais atenção do que eles no Ocidente.[331]

No Reino Unido, os luminares da Fabian Society Sidney e Beatrice Webb eram mais influentes que Bauer, Dan, Berdyaev e Trubetskoi. Ambos eram escritores fecundos e influenciaram o pensamento social e econômico do Partido Trabalhista. Beatrice era o arquétipo da literata de classe média que desejava um sistema social mais justo e achava que precisava empregar seu método "científico" para lidar com certas questões e apresentar as ideias necessárias a esse respeito. Sidney, seu marido, pensava da mesma forma. Com a barba bem-cuidada e alinhado, percorreu os meandros do poder e da intelectualidade e ajudou a criar a Escola de Economia de Londres. Na década de 1920, ambos haviam criticado a opressão soviética, achando que a experiência política na Rússia prejudicou a causa do socialismo em outras partes do mundo. Entretanto, ficaram intelectualmente abalados com os efeitos globais da quebra na Bolsa de Valores de Wall Street. Sem esperança de reformas no Reino Unido, encantaram-se com o caso singular dos soviéticos, de economia centralizada.[332] De borboletas elegantes que exprobavam Lenin, transformaram-se em lesmas admiradoras de Stalin e, em 1932, decidiram conhecer de perto a URSS fazendo uma viagem para Moscou organizada pela Intourist.

A falta de curiosidade deles pela propaganda soviética da época foi uma vergonha para a intelectualidade. Acreditaram em tudo que os agentes da polícia secreta soviética (OGPU) lhes disseram. Quando voltaram da Rússia, não disseram nada — absolutamente nada — que não fossem elogios às cenas que tinham visto e, em 1935, publicaram seu *Comunismo soviético: uma nova civilização?*.[333] Dois anos depois, removeram o sinal de

AMIGOS E INIMIGOS

interrogação na segunda edição — esse deve ter sido o pior erro de pontuação do século 20! Na obra, os Webb defenderam Stalin e suas políticas contra as críticas do Ocidente; chegaram a asseverar, sem o menor conhecimento do idioma russo ou da política interna dos bolcheviques, que os julgamentos de fachada de 1936-1938 foram exemplos de processos judiciais decentes. Duvido que Stalin tenha desejado uma ajudazinha mais estimulante do que essa.

Os Webb ridicularizaram outra pessoa que visitou a URSS e que via as coisas de forma diferente. Essa pessoa foi Malcolm Muggeridge, o correspondente em Moscou do jornal *Manchester Guardian*. Muggeridge excursionou de trem pelas regiões da Ucrânia atingidas pela fome, onde testemunhou as consequências das medidas oficiais. Viu que camponeses desesperados lotavam as plataformas das estações de trem enquanto ele seguia viagem para o sul. Os corpos inchados de crianças famintas, órfãs de pais que haviam sido executados ou morrido por inanição, o deixaram horrorizado. A indiferença de funcionários do governo e do partido local quando ele perguntou o que estava acontecendo não conseguiu enganá-lo. Recusou-se também a deixar-se iludir por bajuladores comunistas. Infelizmente, geralmente seu editor em Manchester preferia dar um tratamento mais brando a matérias relacionadas com a União Soviética. Muggeridge pediu demissão do jornal, mas não sem antes conseguir publicar pelo menos alguns de seus despachos. Aliás, o *Manchester Guardian* aceitou publicar também um relato de Gareth Jones, um antigo secretário de David Lloyd George, fluente em russo. Jones ficou horrorizado com o que viu em povoados ucranianos e fez veementes discursos sobre o assunto quando voltou para a Grã-Bretanha.[334] Muggeridge escreveu um cáustico relato de suas experiências em seu livro *Inverno em Moscou*.[335]

O interessante é que Kitty, a esposa de Muggeridge, era sobrinha de Beatrice Webb. O professor e a senhora Webb tratavam Kitty como uma jovem tola e transviada. A própria Beatrice — tia Bo, tal como a chamavam — teve uma conversa com Ivan Maiski, embaixador soviético na corte de St. James, sobre as condições na URSS de modo geral. "[Maiski]", escreveu em seu diário, "nos deixou tranquilos em relação à falta de alimentos". Tamanha era a confiança no embaixador que Sidney chegou a lhe mostrar os rascunhos de *Comunismo soviético* para saber o que ele achava. Eles não viam nada de estranho no fato de que recebiam ajuda "de forma desinteressada das autoridades soviéticas". O jovem Malcolm continuou a enviar-lhes cartas com severas críticas ao sistema de governo soviético. A tia Bo, por sua vez, se perguntava presunçosamente se ele não poderia ter sido curado de seus problemas "com psicanálise" e um tratamento antecipado no jardim de infância e na escola.[336]

Os Webb se recusavam a investigar as bizarras acusações feitas contra os réus nos julgamentos de fachada de 1936-1938. Somente o pacto nazi-soviético, de agosto de 1939, os deixou preocupados, mas não por muito tempo. Beatrice escreveu em seu diário, em 1943: "Levamos a vida que sempre desejamos e fizemos o trabalho que pretendíamos fazer; e acabou ficando provado que estávamos certos em relação ao comunismo soviético: uma nova civilização. Que mais podemos desejar além de um fim de vida sem dor na consciência?"[337] Tanto ela quanto o marido permaneceram convictos, até o fim da vida, de que estavam certos. Foi o caso também do reverendo Hewlett Johnson, decano de Canterbury, que escreveu *O poder soviético*. Numa década em que Stalin estava exterminando dezenas de milhares de padres da Igreja Ortodoxa, esse proeminente clérigo inglês declarou: "O comunista faz o cristão se sentir envergonhado com seu zelo na busca integral de uma sociedade harmoniosa. É assim que ele prova ser o herdeiro do propósito cristão."[338] A visita de John à União Soviética, em 1937, o deixou em estado de permanente êxtase, em vista das realizações do país, e, como vice-presidente da Sociedade de Relações Culturais com a URSS, manifestou-se em defesa do espírito soviético da época de forma mais fervorosa do que em relação às qualidades divinas do próprio Espírito Santo.

Já H. G. Wells e André Gide foram escritores mais renomados, que também visitaram Moscou. Para Gide, a experiência foi uma viagem de desilusões. Embora ele tenha sido pastoreado para longe das cenas macabras testemunhadas por Muggeridge, não conseguiram despistá-lo. Tampouco conseguiu digerir as mentiras, a submissão abjeta e a hostilidade política para com noções de caridade.[339] Wells, então em sua segunda visita à Rússia, teve uma impressão diferente, em que se combinaram aspectos positivos e negativos. Ele entrevistou Stalin em 1934 durante três horas, numa conversa em que os dois trocaram frases e palavras cordiais. Wells iniciou a entrevista dizendo ao ditador que tinha visto "rostos felizes, de pessoas saudáveis", ao contrário de sua visita anterior a Moscou, em 1920. Mas também criticou abertamente as arbitrariedades, a discriminação das classes sociais, a violência estatal e a falta da liberdade de expressão.[340] Stalin gostou da disputa de pontos de vista que travou com ele e deu respostas sempre à altura do teor ousado das perguntas. Ficou tão satisfeito com a experiência e o desempenho de Wells que lhe deu permissão para publicar a conversa. Wells, como presidente do PEN Club, com sede em Londres, entidade que defendia o direito de autores de escrever sem serem intimidados, tinha ido à União Soviética com a esperança — sempre o otimista — de persuadir

AMIGOS E INIMIGOS

Stalin a mudar de lado com a força de seus argumentos. Quase no fim de sua breve visita ao país, ele entendeu que provavelmente não haveria tão cedo nenhuma reforma no Estado soviético. Nenhum outro estrangeiro havia falado com Stalin dessa forma em seu período de poder supremo. Nenhum cidadão soviético poderia fazer isso sem atrair para si alguma penalidade, na forma de um tipo qualquer de execução.

Os Webb não eram os únicos escritores que rejeitavam posições antissoviéticas. O dramaturgo e comentarista George Bernard Shaw havia feito também uma rápida visita a Moscou em 1931, da qual voltou cheio de entusiasmo. Com sua barba ruiva e rosto pálido de irlandês, Shaw tinha a autoridade de um intelectual que estava acostumado a pronunciar-se com propriedade. Tal como os Webb, ele era socialista, além de vegetariano e abstêmio: palavras, e não comida e bebida, eram os quitutes de sua intemperança. Seus relacionamentos amorosos não o satisfaziam, mas isso não o incomodava.[341] Shaw era um pavão da intelectualidade que se vangloriava da fama de ser capaz de compreender como ninguém as realidades da política contemporânea. Nunca lhe ocorreu que ele havia sido oficialmente convidado a visitar Moscou porque era um sujeito crédulo. Podemos ter uma ideia de sua "sagacidade" com este comentário sobre a questão dos expurgos: "Não podemos ter a pretensão de assumirmos ares de moralistas quando o mais empreendedor de nossos vizinhos [isto é, a URSS] liquida, de forma humana e judiciosa, um punhado de exploradores e especuladores para tornar o mundo seguro para os homens honestos." Shaw enfeitava, com a elegante guirlanda de sua capacidade escarnecedora, o pescoço de todos que tentassem provar o contrário.

Ele não tinha como se justificar. W. H. Chamberlin, correspondente em Moscou do *Christian Science Monitor*, era casado com uma exilada de origem russo-judaica, que explicou a Shaw que, se eles tivessem que depender dos víveres que conseguiam com o carnê de racionamento, morreriam de fome. Shaw a aconselhou a alimentar o bebê com leite materno. Quando ela observou que o menino já tinha 4 anos de idade, o visitante respondeu que os esquimós davam leite materno aos filhos até os 14 anos. Ao saber da história dos Chamberlin, Muggeridge registrou o seguinte em seu diário: "Ele é um velho tolo e insensato."[342]

Entre os tolos defensores de Stalin, figurava o jornalista americano Maurice Hindus, que tinha fugido dos *pogroms* perpetrados no Império Russo na virada do século e declarou, após inspecionar uma prisão soviética: "A ditadura ... na verdade transbordava de gentileza."[343] Já o correspondente do *New York Times* Walter Duranty proclamou: "Atualmente, qualquer relato de crises de fome na Rússia é um exagero ou propaganda maligna!"[344]

Duranty era um farsante que se beneficiava de tratamento privilegiado das autoridades soviéticas; sabia que eram outras as condições na URSS e que seus distanciados editores suspeitavam de que essa era a realidade. Mas ele estava no local dos acontecimentos. Escrevia com absoluta confiança e ridicularizava Muggeridge e Jones, acoimando-os de mentirosos.[345] Caso semelhante é o do jornalista americano Edgar Snow, que viajou até o norte da China para entrevistar Mao Tsé-tung após o término da Longa Marcha. Snow elaborou um relato elogioso, com uma matéria intitulada "A Estrela Vermelha sobre a China", na qual condenou as tristes condições existenciais que haviam sido impostas por Mao aos habitantes locais e também às suas próprias Forças Armadas.[346] Contudo, pelo menos, Snow levava a sério seus estudos sobre o comunismo. Joseph Davies, o embaixador americano em Moscou nos fatídicos anos de 1937-1938, foi muito mais insensível. Em seus relatórios enviados a Washington, assegurou que as acusações contra os réus nos julgamentos de fachada em Moscou haviam sido provadas "de forma inquestionável" e que "as penas impostas" foram absolutamente justas.[347]

Figura de maior autoridade política foi Henry Wallace, secretário da Agricultura dos EUA a partir de 1932 e vice-presidente do governo Roosevelt de 1940 em diante. Wallace visitou o leste da União Soviética em maio de 1944. Ele teria assumido automaticamente o cargo de presidente em abril de 1945, ano em que Roosevelt morreu, se este não guardasse certa desconfiança sobre ele e acabasse escolhendo Harry Truman como candidato à vice-presidência na eleição do ano anterior. O próprio Roosevelt se mostrou complacente em negociações diplomáticas com Stalin. A de Wallace, porém, foi ainda mais indulgente. "Quando olhamos para a Rússia", opinou ele, "temos que considerar seu passado histórico. Comparado ao que eles tinham sob o governo do tsar, os russos estão bem de vida hoje ... Eu não desejaria o comunismo aqui, mas faz sentido na Rússia".[348]

Na URSS, as autoridades tratavam os visitantes com tato e astúcia. Assim, Wallace teve uma recepção de rei. E, para desfazer quaisquer dúvidas que ele talvez tivesse, foi convidado para uma visita ao campo de trabalho forçado de Vorkuta para inspecionar o programa de reabilitação de prisioneiros. Note que a taxa de mortes de trabalhadores de Vorkuta era notória. Assim, o NKVD tomou a precaução de substituir os prisioneiros esqueléticos por agentes da polícia secreta no dia da visita de Wallace. Os agentes estavam bem-nutridos, com roupas decentes, e conversaram seguramente com os membros da delegação americana. Wallace ficou impressionado com o humanitarismo da política oficial e falou favoravelmente de Stalin em Washington. A farsa inteira havia sido um sucesso espetacular.[349] Outro artifício muito bom era restringir os direitos de locomoção

AMIGOS E INIMIGOS

dos correspondentes pelas terras soviéticas. Embora fossem ruins as condições de vida em Moscou, eram muito piores na Ucrânia e no Cazaquistão — não obstante, Muggeridge foi extraordinário na chance que aproveitou para testemunhar a fome enquanto atravessava o território ucraniano rumo a Dnepropetrovsk, numa viagem com patrocínio oficial. Ademais, as autoridades se livravam de jornalistas que se recusavam a cooperar revogando seus vistos. Por isso, despachos eram redigidos com certa cautela. Esse era o caso, principalmente, dos que tinham esposa russa, por causa do medo constante de retaliações contra membros da família — tanto assim que pelo menos um escritor austríaco retirou seus comentários sobre o Gulag após sofrer ameaças.[350]

Apesar disso, essa indulgência para com o sistema soviético é difícil de entender ou desculpar. Walter Duranty, por exemplo, era um salafrário, capaz de dizer qualquer coisa que pudesse preservar suas comodidades e atividades comerciais na capital soviética; de acordo com Muggeridge, ele exportava produtos ilegalmente da URSS.[351] Edgar Snow, Joseph Davies e Hewlett Johnson não eram arguciosos, nem tinham profundidade intelectual. No entanto, ninguém pode dizer com justiça que era pequena a capacidade de análise dos Webb e de Bernard Shaw. Quem os inspirou a falar a favor de Stalin? A resposta está principalmente nos objetivos que acalentavam em benefício de seu próprio país. Eles acreditavam que a economia planificada e a centralização da administração pública pelo Estado melhorariam a vida das pessoas. Eram reformadores culturais, mas também ditadores, conquanto inconscientes da própria condição; achavam que seus princípios governamentais e políticos eram a única visão racional do futuro. Seu papel na sociedade foi fraco porque não tinham poder, apenas influência. Comungavam nas presunções fundamentais dos comunistas e viam Stalin como o admirável arquiteto de uma nova civilização. Sofriam de grave falta de imaginação e não tinham malícia. Criados em democracias liberais, eram incapazes de imaginar que pessoas que compartilhavam de seus objetivos na esfera da engenharia social pudessem ser gângsteres sanguinários. Consideravam os EUA e o Reino Unido o centro do mundo civilizado. Para a geração deles, era consensual considerar a Rússia um país exótico que talvez precisasse de amargas pitadas de governo severo para alcançar a necessária transformação.

A partir de 1933, diante da ameaça de Hitler, acharam mais um motivo para apoiar Stalin. O expansionismo alemão apavorava os defensores da democracia liberal, os quais perceberam a ineficácia da reação dos governos de seus países. Nenhuma potência na Europa, exceto a URSS, estava disposta a enfrentar os nazistas. Mais do qualquer outra coisa, esse foi o motivo que mais os levou a se empenharem em conquistar simpatizantes para a União Soviética. Poetas, como Stephen Spender, sufocaram as próprias dúvidas em relação ao comunismo e partiram para a Espanha, com o objetivo de se juntarem à Brigada Internacional. Jovens da classe trabalhadora fizeram a mesma coisa. Somente quando puseram os pés em solo espanhol, descobriram o divisionismo altamente destruidor instigado por Stalin no seio das próprias forças republicanas. Muitos dos desprovidos de experiências diretas com o comunismo soviético simplesmente se recusavam a acreditar nos relatos que se faziam a respeito de suas diretrizes políticas. Só a partir de agosto de 1939, quando Stalin fez um acordo com o Terceiro Reich, os defensores das políticas soviéticas se viram livres do véu das cavilações e enxergaram que haviam se equivocado ao considerar a URSS o bastião inexpugnável de combate ao nazismo.

Antes, a simpatia pela URSS fora reforçada pela proliferação de livros e panfletos publicados do mesmo modo pelo Clube dos Livros da Esquerda, fundado por Victor Gollancz, em 1936, cujas tiragens chegavam a dezenas de milhares de exemplares. Todo mês recomendavam um novo livro aos assinantes e tinham um catálogo com verdadeiras joias de análise crítica, tais como *A democracia soviética*, de Pat Sloan, e *Uma breve história da revolução russa*, de R. Page Arnot. Ambos os escritores eram membros do Partido Comunista cuja contribuição intelectual os punha à altura de autores pertencentes a outros partidos da esquerda.[352] O comunismo estava ganhando respeito político. Os conservadores tentaram rivalizar com a iniciativa de Gollancz, criando, em Londres, o Clube dos Livros da Direita, mas jamais conseguiram alcançar o público com a mesma força e aceitação que seu rival da esquerda. Nesse particular, uma das denúncias mais impressionantes saiu da máquina de escrever do correspondente da United Press Eugene Lyons, que tinha ido a Moscou como simpatizante do comunismo e voltou de lá revoltado e decepcionado. Suas reportagens e, depois, seu livro, *Assignment in Utopia* ("Missão no país da utopia"), tal como o clássico de Muggeridge, denunciou a mentira de que os colcozes da Ucrânia desperdiçavam seu tempo fazendo bonecas de palha e dançando em festejos de término de colheita em seus povoados.[353] Nesse livro, Lyons se concentrou nas políticas de Moscou, mas também versou suficientemente sobre as condições de sobrevivência na capital e em algumas regiões para propalar suas virulentas críticas ao sistema soviético.

O correspondente do londrino *Times* R.O.G. Urch publicou *The Rabbit King of Siberia* ("O coelho-rei da Sibéria") pelo Clube dos Livros da Direita, cujo conteúdo era mais sugestivo do que baseado em fatos. Nele, Urch conta uma história de aventuras que, segundo consta, induziu

AMIGOS E INIMIGOS

Stalin a acreditar que os problemas de abastecimento alimentar na URSS poderiam ser superados com a destinação de milhões de rublos para a criação de grandes fazendas coletivas, nas quais se usassem os últimos avanços da biogenética para desenvolver coelhos gigantescos, criados para o consumo dos habitantes das cidades. "Destruidores de coelhos" seriam levados a julgamento. Outra ideia era solucionar dificuldades na criação de gado criando porcos com uma dieta alimentar à base de girinos. O problema é que nem os camponeses nem os porcos se entusiasmaram com o projeto.[354]

Livros de memórias de exilados políticos entraram na discussão pública também. Entre os desertores da URSS estava o agente secreto do OGPU Walter Krivitsky e o diplomata Serguei Dmitriévski.[355] Nesse acervo havia até uma coletânea das recordações de Boris Bazhanov, que fizera parte do círculo de assessores diretos de Stalin na década de 1920. Bazhanov fugira às pressas para Paris antes que fosse preso.[356] Esses autores não deixavam dúvida a respeito da personalidade singularmente cruel do secretário-geral, num ambiente cheio de políticos desagradáveis, onde viviam sob o medo constante de acabarem sendo presos pela polícia soviética por um motivo qualquer. Até porque agentes do OGPU, depois denominado NKVD, haviam se infiltrado em comunidades russas espalhadas pela Europa, onde assassinatos e até sequestros de "inimigos do povo" eram frequentes. O general Kutepov, por exemplo, foi sequestrado em 1930, e o general Miller, em 1937 — aliás, ambos vinham criando redes de ação antissoviética na URSS. Os tentáculos do Kremlin atravessavam os continentes, mas ele tinha garras também, que eram tão fortes quanto o enlace da jiboia. Havia muitos relatos à disposição dos interessados, em francês e inglês, que denunciavam as iniquidades que estavam sendo perpetradas pela URSS de Stalin. Seus autores apareciam na Europa de repente e, depois de abandonarem a aliança com os soviéticos, repudiavam qualquer ligação com as políticas de esquerda.

Contudo, num âmbito mais popular também, havia rejeição do comunismo em toda parte. Os veículos de comunicação cumpriram um papel fundamental nisso. É verdade que editores de revistas de centro-esquerda dos EUA, tais como a *New Republic*, ficaram impressionados com as políticas soviéticas de combate ao fascismo na segunda metade da década de 1930. No entanto, jornais americanos eram menos complacentes para com a URSS e, embora a intervenção de Stalin na Guerra Civil Espanhola houvesse atenuado críticas a ele por parte dos liberais e da esquerda moderada, isso foi a exceção do paradigma no universo dos que o condenavam.

As ficções de grande sucesso refletiam e confirmavam a opinião antissoviética do público. Os heróis dos livros infantis de Richmal Crompton,

DESENVOLVIMENTO

William e os fora da lei, organizaram uma edição de debochadas eleições gerais de mentirinha na obra do autor intitulada *William — o malvado*. Ruivo, o camarada fora da lei, se apresentou como o candidato comunista:

> "Senhoras e senhores", começa ele em seu discurso. "Ser comunista significa fazer guerra contra todos os povos que não sejam comunistas, subjugá-los e matá-los".
>
> "Mas matar pessoas é errado!", objetou a [sem nome] promessa da Escola Dominical. "Pessoas que matam outras pessoas são enforcadas. E é bem feito pra elas!"[357]

Ruivo rebateu argumentando que a vitória no conflito armado tornaria obsoleta essa questão.[358] Todavia, como comunista, suas chances de se eleger eram menores do que as de Henry, que era socialista, ou do que as de Douglas, o candidato dos liberais; e William, mais por força da personalidade do que por capacidade de persuasão política, venceu a disputa pelo cargo de primeiro-ministro como o candidato dos conservadores. As pessoas associavam comunismo com assassinatos, desordem e destruição sem nenhum exame ou prevenção, como se inculcassem inconscientemente em suas cacholas mais um postulado — e não apenas crianças, mas seus pais também liam e se deliciavam com a série de livros que saíam da pena da srta. Crompton. Em suas histórias, travessuras na escola eram perdoadas desde que não perturbassem o *establishment*; já o comunismo adulto era o flagelo infernal da humanidade.

Outra escritora, a baronesa Orczy, vendeu milhões de livros sobre a Revolução Francesa. Um dos principais personagens de suas histórias, Sir Percy Blakeney, era conhecido pelos inimigos como Pimpinela Escarlate. Mestre do disfarce, ele se infiltrava nas esferas políticas de Paris para resgatar aristocratas que estivessem ameaçados de ser presos e executados. A baronesa era de origem húngara e iniciara sua série de histórias antes da Primeira Guerra Mundial. Embora ela não escrevesse nada diretamente relacionado com o comunismo do século 20, os leitores adoravam suas histórias de terror, tortura, arbitrariedades políticas e despotismo e, assim, associavam os acontecimentos na França do século 18 com os mais recentes, na Rússia, e, sem dúvida, com os da Hungria, sua terra natal.

Mas não podemos deixar de fora desse quadro Robert W. Service (nenhum parentesco comigo), um dos poetas mais lidos do século 20. Service nasceu na Inglaterra como filho de pais escoceses, porém, quando ainda era jovem, emigrou para o Canadá, onde compôs os versos que lhe fizeram o renome do famanaz poeta de Yukon. Service visitou a União

AMIGOS E INIMIGOS

Soviética na década de 1930 e anotou suas impressões. Sua obra *Bar-Room Ballads* ("Baladas de salão de bar") continha "Balada sobre o túmulo de Lenin", que versejava assim:

> Eu era um terrorista da Cheko — Ah, como servi bem aos comunas!
> Até o dia em que um deles me checa na lista do jardim das ossadas,
> Por medo que contasse isto ao mundo e a Ti, que comigo comungas!;
> Temerosos de que relatasse o que vi, e que só eu enxerguei,
> Puseram-me na prisão com pelotão para fazer-me defunto sem grei.
> Mas fugi e aqui estou hoje te contando a minha história;
> Embora estranhas palavras bárbaras, pelas barbas de Lenin, ajuda-me, Deus!
> É tudo verdade! Ajuda-me sem dilatória![359]

Depois de fugir de Moscou, o espião do "Cheko" — ou da Cheka —, foi parar no outro lado do Atlântico, onde contou sua "história" a um amigo no "Casey's Bar". Para Service, tudo na União Soviética era opressão, farsa e arbitrariedade. Ele tinha visto a realidade soviética de perto e contou sua história com burlescas versalhadas de pé quebrado, que deliciavam suas legiões de leitores.

Assim, histórias envolvendo anticomunistas não eram tratadas exclusivamente por escritores da direita política. Não apenas o então socialista Malcolm Muggeridge, mas também George Orwell, filiado ao Partido Operário Independente, destroçou a fama internacional da URSS. Orwell (cujo nome verdadeiro era Eric Blair) foi aluno do Eton College. Tempos depois, foi trabalhar para o Império Britânico como policial em Burma. Orwell era um sujeito que combatia e desprezava as convenções do ambiente em que fora criado. Além de adotar um pseudônimo para ocultar a origem de seu estrato social, engajou-se em campanha, como escritor de destaque cada vez maior, em favor de uma reforma radical da sociedade britânica. Sentiu-se atraído pela Guerra Civil Espanhola e se ofereceu como voluntário para combater ao lado dos republicanos.

Assim que pôs os pés em solo espanhol, percebeu o abismo intransponível que havia entre os comunistas e outros partidos da esquerda. Por ordem de Moscou, Palmiro Togliatti — conhecido como Ercole Ercoli — determinou que o Partido Comunista da Espanha se empenhasse em expungir as forças anarquistas e trotskistas republicanas de suas entranhas. Foi uma tarefa que envolveu execuções. Orwell ficou horrorizado com a chacina e os pérfidos estratagemas empregados, ele que tinha ido a Barcelona com a mente aberta para cooperar com os comunistas.

DESENVOLVIMENTO

Mas viu que havia se equivocado em suas avaliações. Assim, entrou para a organização militar do Partido Operário de Unificação Marxista (conhecido, em espanhol, pelas iniciais POUM), fundado por Andreu Nin, em 1935. Nin, embora não fosse trotskista na acepção plena do termo, com certeza era simpatizante. Por isso, o POUM era um alvo especialmente visado pela raiva de Stalin. Muitos membros foram executados por pelotões de fuzilamento, e o próprio Orwell, ao voltar da frente de batalha, conseguiu escapar desse infausto destino graças ao fato de sua esposa tê-lo avisado a tempo. Em 1937, ele abandonou o conflito militar por invalidez e registrou suas experiências de forma pungente em *Lutando na Espanha*. Passou a ter absoluta aversão pelo comunismo oficial.[360]

Embora já tivesse sido aclamado com seus escritos publicados pelo Clube dos Livros da Esquerda, não conseguiu convencer Gollancz a publicar o relato de sua experiência em solo espanhol. Orwell disse ao editor que aquilo que ele vira na Espanha fora simplesmente o resultado dos métodos políticos soviéticos de transmissão de sua ideologia a países estrangeiros. Desmascarou toda a falácia de que os socialistas não tinham inimigos na esquerda. Acabou levando seu livro para a editora Secker and Warburg e, apesar de sofrer críticas de seus velhos companheiros, cumpriu seu dever de cidadão do mundo. Com sua dupla faceta de narrativa de viagem e panfletagem política, *Lutando na Espanha* continua a ser uma das obras-primas da literatura antistalinista.

Na década de 1930, o comunismo continuou a ser alvo de intenso debate público. A brusca ruptura ideológica entre as políticas de esquerda e de direita havida na década anterior dera lugar a um cenário ainda mais conturbado. Nem todos os conservadores ou liberais se opunham a Stalin, e alguns deles — principalmente os que se apegavam à defesa de seus interesses comerciais — com certeza buscaram estabelecer relações mais amistosas com a URSS. No governo Roosevelt, a Casa Branca foi notável em sua opção de fazer análises brandas em relação aos acontecimentos em Moscou. No entanto, sem dúvida, foram os socialistas europeus e norte-americanos que mais baixo se prosternaram em sua admiração por Stalin. Se outra houvesse sido a realidade, Orwell teria tido mais facilidade para publicar suas críticas à União Soviética. Mais do qualquer outra coisa, foi o desespero suscitado pela incapacidade das democracias liberais de promoverem reformas econômicas e sociais, bem como fornecerem proteção contra o fascismo, que confundia algumas das melhores mentes na Europa e nos Estados Unidos. A maioria dessas pessoas — mas nem todas — sofreria um choque terrível em agosto de 1939, quando Hitler e Stalin tramaram um plano para dividir

AMIGOS E INIMIGOS

entre si o esbulho das terras pilhadas de outros povos, jacentes entre os territórios dos dois países. A essa altura, era tarde demais para que escritores que sempre haviam denunciado os crimes da URSS se comprouvessem com pecadores arrependidos.

18. O COMUNISMO NA GUERRA MUNDIAL

Joachim von Ribbentrop, o ministro das Relações Exteriores de Hitler, embarcou num avião para Moscou em 23 de agosto de 1939. Nas primeiras horas do dia seguinte, Ribbentrop e seu colega russo Molotov assinaram um acordo de não agressão entre o Terceiro Reich e a URSS. Stalin, que só ficou observando, estava de bom humor. Como, nos anos anteriores, as relações internacionais haviam sido complexas e perigosas, Stalin monitorou os detalhes dos procedimentos todos os dias. A URSS temia ser apanhada pelas garras da invasão do Império do Japão e do Terceiro Reich. Os japoneses, os alemães e os italianos já estavam coligados pelo Pacto Anticomintern. Quando, em maio de 1939, o Exército Guandong do Japão atacou as forças soviéticas em Nomonhan, Stalin enviou tanques e aviões para o Extremo Oriente e indicou Georgi Jukov para comandar a operação de retaliação.[361]

Os líderes soviéticos sabiam que, sozinho, o Japão tinha os recursos materiais e humanos para devastar a Rússia se Jukov fracassasse em impedir o avanço dos japoneses. Entretanto, o conflito nipo-soviético estava acontecendo numa época de grande tensão nos países da Europa. A Alemanha havia anexado a Áustria em março de 1938; os Sudetos, em setembro de 1938; e o restante da Checoslováquia, em março de 1939. Hitler jamais velara seu objetivo capital de atacar a URSS; em seus discursos, lançara uma chuva de imprecações sobre Moscou, acusando-a de ser o centro da conspiração mundial do bolchevismo judeu contra a raça ariana. Era fundamental para Stalin conseguir parceiros diplomáticos com vistas a estabelecer uma "segurança conjunta" na Europa e enfrentar o expansionismo nazista. Obviamente, os candidatos mais cotados para serem seus parceiros eram as democracias liberais representadas pela França e pelo Reino Unido. Infelizmente para a URSS, nem os ministros franceses nem os britânicos estariam dispostos a formar uma aliança confiável com ela. Os soviéticos tinham motivos para suspeitar que as potências do Ocidente não ficariam contrariadas se Hitler, em vez de devastar os países da Europa Central, voltasse suas Forças Armadas para o leste e demolisse o comunismo na União Soviética. Até porque o expurgo perpetrado por Stalin no corpo de oficiais de suas próprias Forças Armadas em 1937-1938 o havia transformado num

O COMUNISMO NA GUERRA MUNDIAL

líder que, na condição de possível aliado, não era muito estimulante. Afinal, depois disso, quem poderia ter confiança no Exército Vermelho como uma grande força mobilizável contra a Wehrmacht?

No verão de 1939, os britânicos resolveram sondar a situação com vistas a um possível acordo, mas enviaram apenas um funcionário de baixo escalão para conversações e, além disso, despacharam-no num navio a vapor. Stalin estava ficando desesperado. Havia meses, conversações sobre acordos comerciais vinham sendo realizadas em Berlim entre diplomatas soviéticos e membros do governo nazista, com ambos os lados procurando saber se algum tipo de cooperação seria possível. Parecia que as negociações não iriam dar em nada quando, inesperadamente, Hitler fez uma proposta direta a Moscou e despachou Ribbentrop para apresentá-la. Horas depois, ambas as partes haviam pactuado um acordo de não agressão. De acordo com seus termos, a Europa Oriental seria dividida em zonas de influência entre o Terceiro Reich e a URSS. Aos olhos do público, fizeram parecer que as duas potências haviam simplesmente estabelecido um acordo para aumentar as trocas comerciais, e não com vistas a não se agredirem. Mas os objetivos do acordo secreto eram inconfundíveis: a Alemanha queria invadir a Polônia e assegurar-se da concordância da URSS. O nazismo e o comunismo se tornaram aliados apenas no papel.

Essa foi a sensação diplomática do século. Maxim Litvinov, que até maio havia sido Comissário do Conselho das Relações Exteriores, disse surpreso à esposa: "Eles pretendem mesmo coligar-se aos alemães?"[362] A bandeira da suástica foi hasteada na embaixada do Terceiro Reich na capital soviética, e filmes antigermânicos, tirados de circulação. O *Pravda* explicou que o tratado seria garantia de paz e segurança. Nesse ínterim, porta-vozes da URSS e da Alemanha se retratavam em tudo que haviam dito sobre seus países desde 1933. Embora Stalin houvesse se comportado mal em relação à guerra civil espanhola, era inquestionável que tinha resistido à expansão do fascismo. Contudo, de repente, engatou a ré na condução de seu programa político e permitiu que os nazistas abocanhassem ainda mais território. Em 1º de setembro, Hitler iniciou uma guerra-relâmpago contra a Polônia, vencida por ele facilmente. Seu grande erro foi subestimar a determinação de britânicos e franceses. Todavia, quando Londres e Paris lançaram um ultimato, exigindo que ele retirasse suas tropas do país, ele as ignorou e teve início a Segunda Guerra Mundial. Durante 15 dias, Stalin reteve os contingentes do Exército Vermelho aquém das fronteiras soviético-polonesas, até que pudesse assegurar um acordo de paz com o Japão no Extremo Oriente. Depois disso, os blindados soviéticos roncaram esmagadores na direção das terras ocidentais da Polônia desmembrada. A URSS tornou-se colaboradora ativa de Hitler.

Stalin convocou Dimitrov e ordenou que repassasse novas instruções aos partidos do Comintern. De acordo com elas, o conflito na Europa Ocidental deveria ser condenado, classificado como "imperialista", e ficava estipulado que os comunistas não poderiam tomar partido. Tal como Lenin em 1914, Stalin decidiu que o marxismo era uma ideologia que requeria que seus seguidores evitassem prestar serviço militar ou qualquer outro tipo de apoio aos governos de seus países. Ao contrário disso, os partidos comunistas ficariam obrigados a levantar a bandeira da "luta de classes" e a realizar campanhas contra os patrões capitalistas, que insistiam em fazer fortuna lucrando com a carnificina.

O movimento comunista mundial ficou profundamente chocado com o conluio diplomático e militar da União Soviética, mesmo porque partidários haviam se tornado comunistas justamente porque a URSS e o Comintern tinham prometido travar um combate incondicional contra o fascismo. Na Inglaterra, os comunistas haviam enfrentado batalhas nas ruas contra integrantes da União dos Fascistas Britânicos, chefiada por Mosley, no East End, Londres. Além do mais, alguns deles haviam se oferecido como voluntários para servir na Brigada Internacional, na Guerra Civil Espanhola. Abominavam Hitler e tudo que ele representava. Dois partidos comunistas, o francês e o britânico, tiveram que escolher entre a disciplina do Comintern e seu compromisso com a luta contra o fascismo. Os camaradas franceses optaram por acatar imediatamente as ordens de Moscou e concitaram o governo de seu país a lançar apelos ao Terceiro Reich em favor da paz.[363] No entanto, assim como Lenin não havia conseguido convencer companheiros russos em 1914, muitos comunistas no Reino Unido não tiveram estômago para engolir os impositivos do Comintern. O secretário-geral britânico Harry Pollitt se alinhou entre os que apoiaram a declaração de guerra da Grã-Bretanha. O Comintern, porém, enviou-lhe um cabograma informando que Moscou havia assumido uma posição contrária. Ele ignorou o aviso, talvez achando, esperançoso de que tal fosse o caso, que tinha ocorrido algum mal-entendido no aparato do Comintern.[364] Em 2 de setembro, seu Comitê Central lançou um manifesto com uma convocação para se organizar uma resistência contra a agressão nazista.[365]

No Comitê Central, em 2 de outubro, ele voltou a apresentar argumentos para conseguir apoio ao esforço de guerra britânico. A essa altura, Dave Springhall, o representante do partido em Moscou, tinha chegado a Londres com ordens do Comintern no bolso. Pollitt continuou a defender a decisão dos britânicos. Diante disso, o Comitê Central o destituiu do cargo de secretário-geral e uma nova liderança, sob a chefia do rajá Palme Dutt,

O COMUNISMO NA GUERRA MUNDIAL

assumiu e anunciou sua recusa em tomar partido na "guerra imperialista".[366]
Essa continuou sendo a linha de orientação política do comunismo britânico
por quase dois anos. Palme Dutt e seus aliados rebatiam veementemente
qualquer oposição ao Terceiro Reich; em vez disso, fizeram exortações, de
uma forma quase surrealista, em prol da "paz dos povos". Reconheciam que,
por algum tempo, nem um "governo de trabalhadores revolucionários" nem
uma "ditadura do proletariado" seria possível. Iniciaram uma campanha
em favor de um "governo dos povos", do qual, por sua própria natureza,
ficariam de fora parlamentares conservadores e trabalhistas. Afirmavam
que a prioridade dos comunistas era desenvolver a consciência política do
povo britânico.[367] (Numa época em que os membros desse mesmo povo
estavam enfrentando a Alemanha nazista sozinhos na Europa, isso foi o
cúmulo da impertinência!) Segundo esses mesmos, a compreensão do marxismo precisava ser aprofundada entre os membros do partido. Exaltavam
o sucesso da Escócia com seus grupos de estudo e recomendavam que as
filiais londrinas do partido procurassem emulá-la.[368] Nunca na história das
organizações comunistas do país, os comunas britânicos haviam ficado tão
distantes dos interesses e das preocupações do povo.

No entanto, o governo britânico procedia com cautela. Procurou evitar
prender comunistas, embora tivesse proibido a circulação de jornais do partido. Foi com satisfação que Pollitt excursionou pelo país defendendo a nova
orientação política do partido, linha a que antes ele se opusera: afinal, isso
era bom para a disciplina comunista...[369] Em Glamorganshire, em outubro
de 1939, escarneceu os governantes do país, por conta de sua política anterior, de tentar apaziguar Hitler.[370] No discurso que fez em Cardiff, em junho
de 1940, declarou:

> Enviamos milhões para o apoio do fascismo na Alemanha quando Hitler
> estava em dificuldades. Por quê?... Por que nosso país ajudou a criar esse
> Frankenstein? Pois é justamente nisso que ele está começando a se trans-
> formar! Fizemos isso porque existem pessoas no poder que gostariam de
> ver a Federação dos Mineradores da G.B. destruída, bem como o Partido
> Operário e o Partido Comunista, e também ver o bolchevismo aniquilado...
> Quando na Alemanha alguém chega ao poder e afirma que é isso que pre-
> tende fazer, todos os cavalheiros deste país lhe dão apoio total... Sabe-se
> lá como, mas alguma coisa não deu certo e parece que temos apostado
> dinheiro no cavalo errado.[371]

Apesar do teor das declarações, as autoridades britânicas o impediram de
prosseguir com os discursos, pois perceberam que o Partido Comunista era

DESENVOLVIMENTO

mais um transtorno do que simples ameaça. Aliás, os ministros achavam Mosley e sua União dos Fascistas Britânicos, 747 dos quais ficaram presos durante a guerra, muito mais perigosos.[372]

O Partido Comunista Francês foi menos incomodado pela tensão interna. Seu líder, Maurice Thorez, desertou das Forças Armadas francesas em novembro de 1939, após ser recrutado; a liderança do partido precisava dele para manter a organização funcionando. Enquanto Thorez trilhava o caminho da fuga para Moscou, o restante dos líderes cumpria fielmente as instruções. Contudo, quando a França caiu diante dos ataques da Wehrmacht, em junho de 1940, perderam contato com o líder e tiveram que agir por conta própria. Numa decisão patética, resolveram procurar os alemães com vistas a pedir permissão para continuar a publicar seus jornais. Achavam que, já que os nazistas haviam assinado um acordo com a URSS, Hitler não veria motivo para suprimir o comunismo na França. A solicitação deles foi recebida com desprezo. Na Europa Central e na Oriental, agentes da SS e da polícia local prenderam os remanescentes que apoiavam o Comintern.[373] No entanto, o Partido Comunista Francês continuou a acatar a decisão de Moscou, por meio da qual os soviéticos determinavam que os comunistas deveriam condenar o conflito militar, acusando-o de "segunda guerra imperialista" e que se recusassem a dar preferência tanto aos britânicos quanto aos alemães.

Em 22 de junho de 1941, Hitler ordenou que suas forças atravessassem o rio Bug para invadir a URSS, na Operação Barbarossa. No início, Stalin se recusou a reconhecer o que havia acontecido. Durante horas, o comando de seu exército implorou que ele desse permissão para que retaliassem. Nas semanas seguintes, os alemães continuaram a avançar rapidamente e conquistaram a Lituânia e a Bielorrússia. No outono, os alemães haviam alcançado as cercanias de Leningrado e Moscou, além de terem ocupado a Ucrânia. Parecia que o comunismo estava a ponto de ser demolido na única potência em que havia sido estabelecido. Nesse ínterim, Stalin acabou reagindo positivamente às propostas feitas pelo sitiado Reino Unido. No fim do ano, ele ficou eufórico quando os americanos entraram na guerra, após a Força Aérea japonesa haver bombardeado sua frota e força aérea em Pearl Harbor e Hitler ter declarado guerra aos EUA. Assim, foi formada a Grande Aliança, composta pelo Reino Unido, pela URSS e pelos EUA — e o Comintern passou instruções a todos os partidos-membros, determinando que apoiassem os governos antinazistas e que se juntassem a todo movimento de resistência ao nazismo. Decidiram que trabalhadores norte-americanos e britânicos não deveriam ser mais convocados para participar de greves. Ficou assente que as lideranças precisavam dizer a eles

O COMUNISMO NA GUERRA MUNDIAL

que era seu dever político se oferecerem como voluntários para servir nas Forças Armadas ou para ajudar a aumentar a produção de armamentos, visto que a Operação Barbarossa havia mudado totalmente a face das coisas. Os partidos comunistas não poderiam mais se manter neutros em relação à guerra, mas procurar causar transtornos na capacidade da produção bélica do Terceiro Reich e de seus aliados.

O efeito disso nos partidos comunistas dos países simpáticos à causa antigermânica e antinipônica foi empolgante. De subversivos em tempo de guerra, os comunistas se transformaram em militantes defensores da luta contra o Terceiro Reich. Com isso, os partidos no Reino Unido e nos EUA recuperaram seu prestígio público. Na França, Grécia, Itália e Iugoslávia, eles formaram grupos armados e combateram o fascismo da melhor forma possível. O ressurgimento do comunismo foi notável também na América Latina. Em 1939, havia apenas cem mil comunistas nessa vasta região do mundo; por volta de 1947, esse número tinha aumentado para meio milhão.[374]

E, ao contrário de uma expectativa quase universal, a União Soviética não ruiu. A lama do outono e a neve do inverno detiveram o avanço da Wehrmacht, e o Exército Vermelho defendeu cada metro do território soviético. Stalin repreendeu duramente seus oficiais, exigindo que organizassem uma contraofensiva, independentemente dos riscos estratégicos. Insistiu que isso fosse feito na primavera de 1942. O resultado foi mais um desastre e os alemães avançaram mais ainda. Mas Stalin manteve a pressão. A ordem nº 270 tornava ilegal a eventual decisão do soldado de se render ao inimigo — uma proibição, tanto na prática quanto moralmente falando. Assim, as forças soviéticas foram postas sob o império de uma obrigação legal selvagem. Já a ordem nº 227 estabelecia, também como o lema oficial do Estado em seu esforço de guerra, que era proibido dar "um único passo atrás", e até recuos temporários foram proibidos. De forma discreta, porém, Stalin procurou controlar seus instintos e, depois de esgotar todas as alternativas, começou a comportar-se de modo mais saudável. Ainda assim, para um pouco mais de equilíbrio nas ações de guerra, foi necessária a intervenção de um corajoso comandante, como Jukov, para contestar as imposições do líder soviético. Mas Stalin, ao contrário de Hitler, começou a aceitar aconselhamento profissional. A esse respeito, parece que ele chegou a criticar com severidade seu desambicioso filho, Vasili: "Você deveria ter tentado obter diploma na Academia Militar tempos atrás." Vasili tinha a resposta na ponta da língua. "Ora", retrucou ele com rispidez, "você também não tem diploma".[375] Todavia, Stalin empenhou-se muito para aprender técnicas de guerra, deixando contentes seus comandantes com sua crescente competência nessa área.

Entretanto, Leningrado permanecia sitiada, ao passo que Moscou corria grande perigo. Enquanto isso, a Wehrmacht avançou esmagadora para o rio Volga e planejava um assalto a Stalingrado. Mas a URSS achou recursos para resistir. No auge do processo, o recrutamento militar armou e preparou para o combate 12 milhões de homens e mulheres soviéticos. Nos Urais, as fábricas foram esvaziadas, e armamentos, produzidos em abundância crescente. A essa altura, as forças alemãs estavam prejudicadas em sua mobilização, por conta de suas vias de suprimentos militares de uma extensão astronômica. Uma campanha cuidadosamente planejada pelo Exército Vermelho cercou os germânicos nos arredores de Stalingrado. Mesmo assim, Hitler proibiu uma retirada estratégica de suas tropas. Essa foi uma ordem extremamente tola emitida pelo líder nazista, tanto que, após intensos combates corpo a corpo, Stalingrado voltou ao controle dos soviéticos, em janeiro de 1943. Foi a primeira derrota do Terceiro Reich na Segunda Guerra Mundial.

Contudo, os combates na frente de batalha ocidental ainda não haviam terminado. Os alemães retomaram Carcóvia, no leste da Ucrânia, em março, provando sua capacidade de recuperação. Em julho, os dois exércitos se prepararam para uma gigantesca batalha de tanques perto de Kursk. Embora nenhum dos lados tivesse conseguido a vitória, Hitler estava em menos condições que Stalin de permitir que o conflito ficasse irresoluto, pois as fábricas do *Führer* não conseguiam acompanhar o desempenho da URSS na produção de tanques e aeronaves de combate — e, apesar das dificuldades, o povo soviético estava determinado a perseverar até a vitória. Além disso, a URSS tinha a vantagem numérica de soldados que podia convocar para a luta. Carcóvia voltou para as mãos do Exército Vermelho em agosto, ao passo que Kiev, em novembro. Em janeiro de 1944, o cerco a Leningrado foi desfeito. Em 22 de junho, época em que a Operação Barbarossa completara três meses, Stalin iniciou a Operação Bagration, cujo objetivo era recuperar a Bielorrússia e a Lituânia. Minsk e Vilnius se tornaram cidades soviéticas novamente em julho e o Exército Vermelho parou de avançar, estacionando na margem leste do rio Vístula, para se reorganizar e recuperar, abstendo-se de interferir por ora nas ações do exército alemão, que sufocou o Levante de Varsóvia e arrasou a capital polonesa. A ofensiva foi retomada em janeiro de 1945, quando, finalmente, as forças soviéticas atravessaram o Vístula. Apesar de uma defensiva feroz dos alemães, a Wehrmacht não conseguiu deter o avanço soviético. O Exército Vermelho, sob o comando do marechal Jukov, ocupou o Reichstag, em Berlim, em 30 de abril.

O COMUNISMO NA GUERRA MUNDIAL

A espinha dorsal da Wehrmacht foi esfacelada na frente de combate oriental. Só em junho de 1944 as forças britânicas e americanas foram capazes de empreender a invasão anfíbia do norte da França, atravessando o Canal da Mancha. Stalin fizera críticas severas e frequentes aos Aliados do Ocidente por sua demora em abrir uma segunda frente de batalha, já que subestimava as dificuldades logísticas do cometimento. Churchill preferiu abster-se de responder que, em 1940, quando o Reino Unido fora bombardeado, a URSS era uma ativa aliada do Terceiro Reich, embora apenas nominalmente. Além do mais, os Estados Unidos precisavam de tempo para enfrentar duas ameaças militares, de japoneses e alemães, enquanto se viam às voltas também com a necessidade de adaptar suas fábricas para a produção de guerra, além de convocar e treinar recrutas. Roosevelt e seus comandantes estavam determinados a fazer com que suas forças se preparassem primeiro, para depois terem condições de atacar o inimigo com um poderio muito superior. A economia inteira dos EUA se beneficiou com isso e os efeitos da quebra da Bolsa de Valores de Wall Street, de 1929, foram finalmente superados. Os negócios americanos floresceram e as profundas feridas resultantes do desemprego em massa foram curadas. Em todo caso, Stalin sabia que os EUA, o Reino Unido e a URSS tinham que se unir para derrotar Hitler, e seus líderes procuraram evitar discussões e desentendimentos ao máximo. Enquanto isso, Roosevelt incluiu Moscou e Londres no programa amparado pela Lei de Empréstimos e Arrendamento de seu governo. Com isso, as Forças Armadas soviéticas receberam uma enorme ajuda material. Jipes, açúcar, pólvora e carne em conserva foram enviados à União Soviética para suprir as deficiências da produção dos camaradas.

Os Três Grandes — Stalin, Roosevelt e Churchill — tinham um ego enorme e confiança ilimitada em sua capacidade de análise e negociação. Roosevelt estava determinado a dar-se bem com Stalin, levando essa resolução ao ponto de zombar cordialmente de Churchill na presença do ditador soviético nas conferências que realizaram em Teerã, em novembro de 1943, e em Yalta, em fevereiro de 1945.[376] O embaixador americano Averell Harriman, porém, estava convicto de que seu presidente não conseguia entender o abismo intransponível que havia entre o sistema soviético e os Estados democráticos.[377]

Os Aliados ocidentais iniciaram uma campanha para atrair simpatia e financiamentos para o esforço de guerra soviético e para a Grande Aliança. Stalin foi homenageado *in absentia*. Os americanos realizaram concertos de levantamento de fundos para a URSS e uma estátua de Lenin foi erguida perto de seu antigo local de hospedagem em Percy Circus, uma rua vicinal à Pentonville Road, Londres. (Não foi uma ideia muito feliz: ativistas

258 DESENVOLVIMENTO

anticomunistas vandalizavam frequentemente o monumento, e a polícia metropolitana tinha que desviar agentes de seu escasso contingente para vigiá-lo.) Embaixadores soviéticos passaram a ser aplaudidos toda vez que saíam às ruas em Washington e Londres. Começaram a circular panfletos, com aprovação governamental, exaltando a robustez dos soldados do Exército soviético. Stalin foi eleito a Personalidade do Ano pela revista *Time* pela segunda vez em janeiro de 1943 — ele tinha ganhado o título pela primeira vez no início de 1940 por causa, nada mais, nada menos, da assinatura do pacto nazi-soviético; somente Roosevelt foi homenageado mais vezes com essa honraria. No dia do aniversário de Stalin, Sir Adrian Boult realizou um concerto com obras de Prokofiev, patrocinado pela BBC, para homenagear o líder soviético.[378] O rei George VI enviou ao ditador camarada uma espada entalhada para comemorar a Batalha de Stalingrado.[379] Frequentemente, Churchill e Roosevelt expressavam sua gratidão a Stalin e ao Exército Vermelho em seus discursos transmitidos pelo rádio. As Forças Armadas dos Aliados foram para a guerra elogiando o Tio Joe.* Todos na frente de combate oriental comungavam sentimentos de gratidão pelos sacrifícios dos camaradas, exceto uns poucos irreconciliáveis espíritos antissoviéticos, tais como Evelyn Waugh. Unidades polonesas estacionadas na capital britânica odiavam a URSS tanto quanto a Alemanha nazista, mas os Aliados nem quiseram saber de sua opinião.

Militantes comunistas britânicos discursavam em reuniões de fábricas. Chegaram a servir nas Forças Armadas dos Aliados ocidentais. (Contudo, caso sua aliança com o partido fosse descoberta, poucos alcançavam o posto de oficial: havia limites em sua possibilidade de promoção.) Membros do partido e simpatizantes do comunismo conseguiram ocupar altos cargos no governo britânico. Washington e Londres estavam mais ansiosos em ter relações amistosas com a URSS do que se preocuparem com precauções severas contra espionagem — e Moscou se aproveitou ao máximo dessa negligência. Já Stalin, nesse sentido, fez menos concessões. Ademais, as agências de espionagem soviéticas mantinham espiões duplos nos escalões superiores dos *establishments* do Ocidente. Jornalistas americanos e britânicos conseguiam permissão para entrar no país somente de forma restritiva e jornais como o *Britanski soyuznik* ("Aliado Britânico") circulavam com uma edição limitada. Cidadãos soviéticos que fossem flagrados expressando admiração pela tecnologia americana ficavam sujeitos a ser presos, e a ajuda material americana quase não foi divulgada no *Pravda*.[380]

---

* Em inglês, "Uncle Joe"; alcunha dada pelos americanos a Joseph Stalin. (N. T.)

O COMUNISMO NA GUERRA MUNDIAL 259

Nesse ínterim, Stalin ficou acalentando a possibilidade de realizar uma reforma no movimento comunista mundial. Seu espantoso objetivo com isso era extinguir a Internacional Comunista. Dimitrov, seu secretário-geral, estava acostumado com as acusações do líder soviético contra a organização. Em 1937, Stalin dissera a ele com ríspida veemência: "Todos vocês no Comintern estão de mãos dadas com o inimigo."[381] Depois disso, Dimitrov deve ter ficado com a pulga atrás da orelha, perguntando-se quanto tempo ainda viveria. Em abril de 1941, Stalin voltou a tocar no assunto, porém num tom mais ameno. Dessa vez, argumentou que os partidos comunistas tinham que ser vistos como organizações de vida autônoma em relação a Moscou e interessadas em preservar os interesses nacionais de seus respectivos países; talvez ele tenha desejado assegurar a Hitler também que não iria provocar agitações sediciosas nos países ocupados pelo Terceiro Reich:

A Internacional foi criada na época de Marx, diante da expectativa de uma iminente revolução internacional. O Comintern foi criado também na época de Lenin num momento parecido. Hoje, todos os países veem surgir diante de si obrigações *nacionais* de suma importância. Não se apegue tenazmente ao *ontem*.[382]

A Operação Barbarossa desviou Stalin desse objetivo. Os desastres nas linhas de combate orientais tornaram imperiosa a necessidade de militares e governantes se concentrarem o tempo todo na defesa da URSS — e já não havia necessidade de demonstrar boa-fé nos nazistas.

Os funcionários do Comintern — pelo menos os que haviam sobrevivido ao Grande Terror — receberam ordens de seguirem para Ufa, no sul dos montes Urais. O próprio Dimitrov foi despachado para Kuibitchev (atual Samara), nas margens do Volga, com vários comissariados do povo da URSS. Enquanto isso, estações de rádio enviavam inspiradoras mensagens às regiões do Leste Europeu a respeito da "grande guerra patriótica" que estava sendo travada pelo Exército Vermelho e mensageiros partiam ao encontro de grupos comunistas clandestinos sobreviventes. O Partido Comunista da Polônia, dissolvido em 1938, foi reconstruído do zero, agora como Partido dos Trabalhadores da Polônia, a partir do fim de 1941. Durante todo o conflito mundial foram feitos esforços para se preparar um novo mundo pós-guerra, em que os comunistas fossem uma força política efetiva. Relatórios eram enviados a Moscou sobre as realizações dos comunistas nas organizações de resistência na Europa, bem como notícias sobre a capacidade de oposição e enfrentamento de forças comunistas iugoslavas, que anularam as ações da Wehrmacht. E o Comintern repassou também

260

DESENVOLVIMENTO

aos líderes soviéticos um resumo biográfico do líder militar Tito, a quem Moscou despachara para chefiar o Partido Comunista de seu país antes da guerra.[383]

Depois da Batalha de Stalingrado, enquanto refletia com urgência formas de conseguir espalhar o comunismo pela Europa, Stalin voltou a tratar da ideia de fechar o Comintern. Dimitrov, líder titular do comunismo mundial, recebeu ordem, em 8 de maio de 1943, para se demitir do cargo.[384] Tal como ordenado, ele providenciou imediatamente as formalidades numa reunião do Comitê Executivo organizada às pressas, cujos participantes concordaram entusiasticamente com a noção de que a existência do Comintern já não fazia sentido. Desnecessário frisar que Stalin assistia a tudo, com grande interesse, por trás dos bastidores.[385] Desde 1919, sempre que possível o Comintern e seus partidos comunistas haviam causado problemas para o capitalismo no exterior. Talvez Stalin quisesse assegurar aos americanos e aos britânicos de que não pretendia mais realizar uma revolução global. Quiçá alimentasse a esperança de que baixariam a guarda de sua vigilância política antes das iminentes conferências dos Três Grandes. Todavia, provavelmente, mais importante para ele era o desejo de aumentar ao máximo o interesse pelo comunismo nos países europeus prestes a serem invadidos então pelo Exército Vermelho. O fato é que o aparato central do Comintern foi simplesmente transferido para o Departamento Internacional do Secretariado do Comitê Central do Partido Comunista (bolcheviques). O novo chefe do departamento foi ninguém menos que Georgi Dimitrov. Tudo foi feito de forma sigilosa. O importante para Stalin era que cada partido comunista desse a impressão de que estava agindo sem instruções de Moscou.

A tentativa de Stalin de ampliar a influência do comunismo, principalmente para os países do Leste Europeu, envolveu o estabelecimento de um Comitê Pan-Eslavo. Para tanto, proclamou a confraternidade dos povos eslavos. O fato de que vários povos da região, inclusive os húngaros, não eram eslavos foi ignorado: a ideia era transmitir uma imagem positiva aos poloneses, checos e outras gentes, em vez de alienar os não eslavos. No entanto, foi um plano quimérico. Era inconcebível que os húngaros não vissem isso como um pacto antimagiar. Além do mais, uma segunda iniciativa, realizada em setembro de 1943, certamente foi uma tentativa mal dissimulada de imperialismo russo-soviético. Foi então que Stalin convidou clérigos da Igreja Ortodoxa Russa para uma visita ao Kremlin, onde propôs um abrandamento na repressão exercida sobre eles em troca de sua lealdade política, proposta que eles aceitaram com vivo interesse. Stalin ofereceu-lhes outra concessão também, mostrando-se disposto a repassar ao controle

O COMUNISMO NA GUERRA MUNDIAL

deles os edifícios da Igreja Ortodoxa Autônoma da Ucrânia quando as Forças Armadas soviéticas avançassem para o oeste.[386]

Algo que teria parecido quase inimaginável antes de 1941 havia ocorrido alguns anos depois: a URSS começou a ser tratada como país digno de estabelecer laços normais com o mundo. Empresários americanos estavam ansiosos para fazer negócios com Moscou e ajudar a reconstrução econômica da URSS, pois esperavam realizar lucros imensos. Eric Johnston, presidente da Câmara de Comércio Americana, declarou em outubro de 1944: "A Rússia será, se não o maior, pelo menos o nosso cliente mais fiel quando a guerra terminar." A elite empresarial acreditava mais na confiabilidade de Stalin no pós-guerra do que qualquer outro grupo da sociedade americana. O Departamento de Comércio Exterior e Interno dos EUA alimentou esse otimismo e calculou que pelo menos um terço das exportações americanas seguiria para a União Soviética no período pós-guerra.[387] As respeitáveis relações diplomáticas do presidente Roosevelt com o Kremlin intensificaram esperanças em Washington de que uma política de economia pacífica incentivaria o relacionamento entre os EUA e a União Soviética. Ambas as potências desejavam o fim dos impérios europeus. Os EUA e a URSS estavam determinados a impedir que a Alemanha ou o Japão voltassem a ser capazes de ameaçá-los no futuro. Havia entre eles também uma boa perspectiva de que Moscou e Washington chegariam a um acordo a respeito da melhor forma de administrar os assuntos globais.

Partidos comunistas das grandes potências do Ocidente — EUA, Reino Unido e França, então recém-libertada — passaram a poder atuar de forma livre, legalizada e com muito prestígio. Tinham seus escritórios centrais, sua própria imprensa e seus fervorosos militantes. Na América do Norte e na Grã-Bretanha, haviam desempenhado o útil papel de animadores de torcida na esquerda política, incentivando o esforço de guerra. Não viam a hora da chegada da oportunidade em que pudessem aumentar sua popularidade. O comunismo não era muito respeitado, mas pelo menos já não era tido como uma palavra indecente nos lábios da maioria das pessoas. Em todo o Ocidente, Stalin era visto como herói.

Na Iugoslávia, Itália, França e Grécia, os comunistas podiam reivindicar o mérito por realizações muito maiores. Embora recebessem muita ajuda dos países Aliados do Ocidente e não pouca coisa da URSS, os guerrilheiros de Tito realizaram grande parte do trabalho de se livrarem dos ocupantes alemães. Churchill, veterano hostilizador do comunismo mundial, elegera Tito, entre os iugoslavos, o mais eficiente inimigo do Terceiro Reich — e fez a controversa opção de apoiá-lo, em vez de a seu inimigo nacionalista sérvio Draza Mihailovitch. Em meio à luta contra o nazismo, foi travada também uma sangrenta guerra civil e étnica nos Bálcãs. Entre outros inimigos na região, os guerrilheiros comunistas haviam tido a ousadia de enfrentar o regime pró-germânico da Ustase, na Croácia, e o derrotara. No sul, o Partido Comunista da Grécia tinha procurado igualar esse feito. Enquanto, em outubro de 1944, os alemães se retiravam para o norte, os comunistas gregos se apressaram em conquistar cidades e fortalecer seu potencial para assumir o governo do país. A guerra civil estava começando na Grécia; era uma questão em aberto se o que prevaleceria seriam os comunistas ou um governo monarquista de direita. Nesse ínterim, os grupos de guerrilheiros liderados por comunistas na França e no norte da Itália desmantelavam as defesas da Wehrmacht contra os Aliados do Ocidente. O comunismo na Europa estava saindo da Segunda Guerra Mundial mais fortalecido e mais confiante do que no início do conflito.

19. IMPONDO A PAZ

A destruição do Terceiro Reich foi o ponto culminante na carreira de Stalin. No entanto, ele não perdeu muito tempo com comemorações. Ele já estava pensando nas perigosas incertezas envolvendo a política global. Quando Khrushchev o parabenizou pela rendição alemã, Stalin o deixou perplexo com o monte de insultos que lançou sobre ele. Sentiu quase a mesma raiva depois da frustrada tentativa de montar num puro-sangue árabe branco, como preparativo para a parada dos vitoriosos. O fogoso garanhão o atirou ao chão. Ele acabou passando a honra de desfilar de cavalo ao marechal Jukov. Conseguiu relaxar um pouco, todavia, no banquete que organizou para seus camaradas. Numa mesa vergando ao peso de tanto caviar e vodca, elogiou os feitos militares dos russos: "Qualquer outro povo", declarou ele, "talvez houvesse dito a seus governantes: 'Vocês não se mostraram à altura de nossas expectativas; portanto, entreguem seus cargos, que instalaremos outro governo, que fará um acordo de paz com a Alemanha e conseguirá alívio para nós'".[388] Foi o máximo que ele conseguiu fazer para se desculpar do erro cometido no início da Operação Barbarossa.

A última conferência com a participação integral dos líderes e das maiores autoridades das forças Aliadas foi realizada em julho de 1945, em Potsdam, Berlim. Dois novos membros — Harry Truman e Clement Attlee — se juntaram aos Três Grandes depois da morte de Roosevelt, em 12 de abril, e após Churchill haver perdido a eleição em meio aos procedimentos da conferência. As decisões em Potsdam foram tomadas rapidamente. De acordo com elas, o Japão deveria ser desmilitarizado e a Alemanha, dividida em quatro zonas de ocupação. A URSS recebeu a promessa do direito a reparações de guerra por parte dos países derrotados. Houve também um acordo para transferir os alemães que habitavam regiões do Leste Europeu para a Alemanha territorialmente reduzida. Truman, porém, não queria mais pressionar Stalin a juntar-se à guerra contra o Japão, pois que os cientistas americanos que trabalhavam no Projeto Manhattan tinham inventado a bomba nuclear. Agora, a Força Aérea americana poderia acabar com a resistência do Japão rapidamente e sem ajuda de aliados. A essa altura, graças a seus espiões, Stalin já sabia disso e insistiu em obter os ganhos

DESENVOLVIMENTO

territoriais no Extremo Oriente prometidos a ele na Conferência de Yalta — e Truman não se opôs a isso. O tratamento de outras grandes questões dos acordos do pós-guerra foi adiado. Embora houvesse a expectativa de que providenciassem um "governo provisório de união nacional" para a Polônia, não tentaram de imediato traçar planos detalhados para o futuro político dos países do Leste Europeu.

Enquanto as forças americanas procuravam avançar em direção ao Japão, combatendo pelo mar e pelos ares, as forças soviéticas invadiram a Manchúria. Então, Truman estava ansioso para vencer a guerra com o mínimo de ajuda de Moscou. Em 6 de agosto, bombardeiros da Força Aérea americana sobrevoaram Hiroshima, de um dos quais foi lançada a bomba atômica sobre um inimigo pela primeira vez. Dois dias depois, uma segunda bomba foi atirada sobre Nagasaki. O artefato causou uma destruição numa escala sem precedentes na guerra inteira. A óbvia determinação de Truman em continuar usando a bomba atômica aterrorizou o imperador Hirohito e o restante da liderança japonesa, forçando-os a se renderem incondicionalmente. A Segunda Guerra Mundial havia terminado. Soldados americanos, que dias antes vinham se preparando para empreender uma campanha sem previsão para acabar, com ataques a cada metro do solo japonês, instalaram no país um governo de ocupação militar. Os americanos haviam cumprido um papel decisivo no Extremo Oriente, mas, nos últimos instantes da guerra, o Exército Vermelho fizera apenas o bastante para assegurar a posse de um território na orla do oceano Pacífico, considerado vital por Stalin para a segurança da União Soviética.

As aparências enganam. Embora a URSS houvesse derrotado seus inimigos e se tornado uma potência mundial, sua situação interna não era de causar inveja a ninguém. Afinal, 26 milhões de cidadãos soviéticos haviam morrido no conflito com a Alemanha. Mortes nos campos de batalha, em campos de concentração ou por desnutrição e excesso de trabalho atingiram quase todas as famílias. O país formigava de órfãos e pessoas mutiladas. Nada menos que 1.710 cidades jaziam solapadas sob escombros e cinzas. Setenta mil povoados haviam sido arrasados. Stalin não fora mero espectador nessa história. Sua política de terra arrasada, em 1941-1942, havia causado grandes sofrimentos, com os trabalhos forçados nos Gulags e as operações de deportação do NKVD aumentando ainda mais as mortes e as agruras do povo. Embora a economia satisfizesse as necessidades militares com eficiência, isso ocorria em detrimento de outros setores. A agricultura foi arruinada. As fábricas tinham praticamente parado de produzir bens de consumo. As exigências e tensões da guerra haviam esfrangalhado os serviços públicos e, com pouca ajuda de Moscou, os funcionários do governo

IMPONDO A PAZ

tiveram que enfrentar graves dificuldades em seus locais de atuação. Ao mesmo tempo, a URSS lutava com preocupações sobre a forma pela qual poderia consolidar sua autoridade nas regiões do Leste Europeu. De um jeito ou de outro, se Stalin quisesse preservar suas conquistas, os povos da região quase continental tinham que ser alimentados e recuperados economicamente, bem como governados por seus ministérios, polícia e Forças Armadas, todos já sobrecarregados e com seu campo de ação assaz ampliado sobre imensos territórios.

Os líderes soviéticos posavam de democratas enquanto, ao mesmo tempo, fortaleciam e aumentavam sua tirania. Stalin foi franco com seu estreito círculo de assessores. Ordenou que desferissem "um duro golpe" em qualquer apelo de relaxamento do regime na URSS.[389] Determinou que a ordem governamental anterior à guerra fosse restaurada e que tratassem de proteger os ampliados interesses da URSS no exterior.

O governo e o Partido Comunista repararam os prejuízos causados pela guerra às redes de administração pública. Ao mundo disseram que estava tudo na mais perfeita ordem de funcionamento, posto que, se os EUA conhecessem a extensão da ruína provocada na URSS, haveriam sido fracas as cartas que Stalin teria nas mãos para jogar na mesa de negociações. O terrorismo estatal foi estendido a grupos suspeitos. Elites políticas, econômicas e culturais da Estônia, Letônia e Lituânia foram presas e deportadas para a Sibéria — ou pelo menos indivíduos pertencentes a elas que haviam conseguido escapar das operações de aprisionamento na época da primeira anexação soviética, em agosto de 1940. Qualquer um que tivesse estudado Stalin deveria saber isto: a remoção cirúrgica do câncer de toda potencial oposição havia sido uma característica constante de seu governo. Porém, mesmo em comparação com seu costumeiro padrão de crueldade, ele foi bárbaro no tratamento que deu a prisioneiros repatriados, caídos outrora nas mãos dos alemães. De acordo com o estipulado pela ordem nº 270, os prisioneiros de guerra soviéticos deveriam ser classificados como traidores da pátria. Então, chegou-lhe às mãos a notícia sobre as severas condições que eles haviam enfrentado como prisioneiros no Terceiro Reich. Mesmo assim, Stalin foi implacável. Ordenou que todo soldado libertado das garras do nazismo fosse interrogado pelas agências de inteligência e que metade dos casos fosse atirada num campo de trabalho forçado. Mais de um milhão de pessoas tiveram esse destino. Muitas foram enviadas para minas de exploração de urânio; por si só, isso era quase a mesma coisa que uma sentença de morte. Depois de haverem sofrido os horrores do nazismo, os militares soviéticos foram transferidos para uma situação de miséria e sofrimento em seu próprio país.[390]

DESENVOLVIMENTO

Civis comuns foram tratados de uma forma menos desumana. No início, os órgãos de planejamento estatal receberam instruções para aumentar as dotações orçamentárias para a produção de bens de consumo. A deterioração das relações entre a URSS e os EUA acabou com tudo isso. O quarto plano quinquenal, iniciado em 1946, foi bruscamente redirecionado para o desenvolvimento e a produção de armamentos.[391] Houve um aumento de impostos. Os camponeses das fazendas coletivas foram profundamente afetados, já que passou a incidir um imposto sobre cada uma de suas vacas e árvores frutíferas. Isso era feito sem nenhuma consideração, mesmo diante de relatórios informando as privações sofridas pelos camponeses. A fome se alastrou pela Ucrânia e chegaram a descobrir casos de canibalismo. Mas, quando Khrushchev pediu isenções das cotas impostas sobre a produção de grãos, foi denunciado por Stalin por falta de fidelidade aos princípios marxista-leninistas.

Stalin sabia o tipo de URSS que ele queria e a espécie de governantes necessários para isso. O Estado soviético exaltava seu poderio militar e concitou os cidadãos a abrir mão de seus confortos — e de suas vidas — para defender os interesses do país. Iniciou-se uma campanha de culto ao passado russo. Desde a década de 1930, isso era uma tendência crescente e agora Stalin começou a instigar no povo um sentimento de xenofobia generalizado. "Prosternar-se diante do Ocidente" era considerado traição. Até Pedro, o Grande, a quem Stalin via como valioso pioneiro da modernização do país, teve propalada a imagem de figura que adotara os modelos holandeses e ingleses sem discriminação. As realizações soviéticas eram propagandeadas de forma incessante. De acordo com as autoridades, a Rússia tivera um potencial que somente o Estado comunista fora capaz de explorar e desenvolver e que o obstáculo ao progresso do país havia sido a opressão e a exploração do sistema imperial do país. Proclamavam, ademais, que a Revolução de Outubro havia aberto uma larga via de acesso a promoções pessoais por mérito e que, finalmente, todo o potencial do povo estava aflorando e sendo incentivado o seu desenvolvimento. Além disso, a meta de modernidade dos soviéticos era a criação de uma sociedade industrializada, instruída e coletivista. Para os stalinistas, parecia óbvio que os planos quinquenais e a vitória na guerra provavam a superioridade do sistema comunista. Asseveravam que todas as outras nações poderiam e deveriam copiar esse modelo.

Para Stalin, as pessoas só tinham importância como instrumentos de execução de suas políticas governamentais. Assim, ele adiou a satisfação das necessidades materiais dos cidadãos, e a política de segurança estatal prendia todos os insatisfeitos. Até o dia de sua morte, a indústria pesada foi a prioridade estratégica oficial da ordem soviética. O pressuposto básico era que a expansão dos "meios de produção" era fundamental para gerar crescimento econômico. Também axiomática era a crença de que organizações de larga escala eram vitais para o sucesso econômico; o stalinismo implicava megalomania. O exercício da liderança e de um poder estatal implacáveis era intrínseco ao sistema soviético. As "massas" deveriam aprender a obedecer a tudo que seu líder e seus assessores ordenassem. Essas ideias eram inculcadas na população como princípios marxistas fundamentais e inalteráveis.

O extravagante culto à personalidade de Stalin aumentou. O líder era o deus e o sacerdote-mor, cujos livros e imagens, às centenas de milhões, eram propagandeados e postos à disposição de seus concidadãos. Ele já não pensava em formas de melhorar as instituições existentes; preferiu se acomodar como comunista conservador. Confiava a maior parte da autoridade dirigente do país aos órgãos do governo. O partido supervisionava a ideologia e a indicação de funcionários e era impedido de interferir em outros assuntos. Qualquer ideia de que as Forças Armadas, recém-egressas de seu triunfo nos combates à Wehrmacht, pudessem conseguir alguma autonomia era banida, tanto assim que Jukov foi transferido para o Distrito Militar de Odessa; outros generais foram levados a entender que teriam o mesmo destino — ou pior —, a menos que demonstrassem ostensiva obediência a Stalin. Os serviços de espionagem tinham agentes em toda parte. Seus líderes eram frequentemente remanejados; Stalin não deixava que nenhum chefe de polícia se sentisse eternizado no cargo: foi se impondo uma exigência cada vez maior por um leal e meticuloso cumprimento de deveres sob o olhar atento do secretário-geral. As instituições funcionavam sob condições singulares, de agitada estabilidade. As pessoas não eram mais postas em altos cargos do governo sem que tivessem as devidas qualificações, tal como ocorrera com frequência no fim da década de 1930. Formação e competência profissionais, além de um curso sobre marxismo-leninismo, eram o pré-requisito e parecia muito improvável que novos funcionários deixassem de demonstrar a Stalin a mais profunda lealdade.[392]

Ele mesmo evitava transmitir qualquer ideia de que medidas econômicas radicais estavam a caminho. Independentemente da quantidade de trabalho que realizavam, deixava claro que as colcozes não seriam transformadas em fazendas estatais, em que camponeses se tornassem funcionários assalariados, e que mudanças voluntariosas nos programas governamentais eram coisa do passado.[393] Exatamente qual rumo os assuntos do Estado tomariam após a sua morte foi questão que permaneceu obscura. Numa atitude instintiva, Stalin evitou estabelecer procedimentos formais para sua sucessão

DESENVOLVIMENTO

política e executou vários líderes soviéticos para fazer os outros entrarem na linha. Em 1949-1950, ele liquidaria a elite política de Leningrado inteira, por suspeitar que seus membros não obedeciam à sua vontade de forma absoluta, bem como por seu presumido apoio ao nacionalismo russo. Entre as vítimas, estava o membro do Politburo Nikolai Voznesenski.[394] A nenhum político era dada a chance de alimentar qualquer dúvida de que Stalin estava sempre disposto a recorrer aos métodos mais sanguinários possíveis.

No entanto, as políticas governamentais não ficaram enterradas eternamente numa sepultura de concreto. Assim, seus planejadores receberam ordens para elaborar um meio de provocar um drástico aumento na produção de bens de consumo, pois que o povo da União Soviética tinha vencido a guerra e agora deveria colher os frutos de seu vitorioso esforço. (Logicamente, com isso ninguém deveria sonhar com a possibilidade de eleger seu líder político ou em ser consultado a respeito de algo realmente importante.) Stalin não revogou imediatamente as pequenas concessões às manifestações culturais feitas nos tempos de guerra, tampouco voltou atrás em seu acordo informal com a Igreja Ortodoxa Russa. Eram altas, porém, as expectativas populares de um afrouxamento nas políticas governamentais de modo geral. Soldados haviam entrado para o partido durante a guerra, confiantes de que o regime abandonaria seu zelo repressivo: afinal, essa foi uma das razões pelas quais lutaram tão arduamente contra os nazistas. Stalin era considerado, por muitos milhões de cidadãos soviéticos, um líder heroico. Muitas foram as vezes em que as autoridades haviam falado sobre a necessidade de se unirem "o partido e as massas" de forma indissolúvel e harmoniosa. Agora, as pessoas queriam que as autoridades fossem coerentes com as palavras proferidas por elas, pondo-as em prática. E passaram a denunciar autoridades que abusavam de seus cargos. Exigiram mais comida, melhores condições de moradia e de trabalho. Muitas não hesitavam em registrar por escrito as suas queixas. Afinal, haviam travado e vencido uma guerra. Com a vitória, sentiram-se confiantes para exigir os seus direitos.

A resistência ativa contra o comunismo continuou após a Segunda Guerra Mundial. Na Rússia, porém, foi fraca, já que os instrumentos de opressão estavam em ótimo estado e haviam sido manejados vigorosamente durante anos. Como sempre fizeram, os camponeses se queixavam da situação. Havia também grupos de jovens clandestinos dedicados à restauração do leninismo "autêntico". Os rebeldes mais pertinazes seriam encontrados nos campos de trabalho forçado, onde se reuniam, na tentativa de desmantelarem o sistema dos Gulags, como críticos que eram do

IMPONDO A PAZ

sistema político e religioso da ordem soviética oriundos das regiões fronteiriças da URSS. Apesar disso, geralmente a polícia de segurança estatal não se via assaz pressionada a agir contra a atuação deles. Já na Estônia, na Letônia, na Lituânia, no oeste da Bielorrússia e também no da Ucrânia, a situação era outra. Grupos guerrilheiros antissoviéticos desafiavam os anexadores de suas terras. Com suas bases em bosques e povoados, os Irmãos da Floresta realizaram uma campanha de assassinatos e sabotagem quando as Forças Armadas soviéticas tentavam caçá-los.[395] A mesma coisa acontecia em regiões mais para o oeste. As autoridades polonesas tratavam o clandestino Exército Nacional, que havia liderado o Levante de Varsóvia contra as forças nazistas de ocupação, como inimigo nacional. Os patriotas fugiram para áreas rurais do país e reformaram suas unidades militares para realizar ataques contra as forças oficiais. Nos conflitos que se seguiram, ambos os lados combateram com extrema selvageria.

Enquanto isso, as forças de Stalin estacionadas no Extremo Oriente tinham avançado sobre o norte da Manchúria, após terem sido transferidas da parte europeia da Rússia, tal como fora acordado em Yalta, em fevereiro de 1945. Além disso, tomaram posse dos territórios prometidos à URSS pelos Aliados, ocasião em que a ilha de Sacalina e as ilhas setentrionais do Japão foram anexadas. Stalin, sabedor da humilhação sofrida pelo Império Russo na Guerra Russo-Japonesa de 1904-1905, anunciou que uma "mancha vergonhosa" havia sido removida das cores nacionais. Ele declarou que apreciaria exercer algum poder direto sobre o novo governo japonês, mas os americanos rejeitaram suas solicitações imediatamente, até porque eles, e não o poderio militar da União Soviética, haviam reduzido o Japão à situação de país incondicionalmente derrotado e, portanto, não estavam dispostos a permitir que metesse o nariz na política de Tóquio. Já com respeito à China, Stalin teve mais sucesso nesse particular, uma vez que também continuava cético em relação às chances do Partido Comunista Chinês de conquistar o poder. Como seu financiador e fornecedor de suprimentos militares, teve como insistir para que ele mantivesse a aliança com o Kuomintang, de Chiang Kai-shek. Nesse ínterim, Stalin estabeleceu um acordo com Chiang. Na época, a China não estava em condições de se opor às exigências dos soviéticos. A URSS conseguiu, assim, permissão para usar as cidades portuárias de Arthur e de Dairen, onde faria instalações navais. Moscou conquistou também direitos em relação às ferrovias da Manchúria.

Os Três Grandes ainda se mantinham unidos, apesar da crescente desconfiança mútua. Antes do fim da guerra, haviam feito um acordo para criar uma instituição que substituísse a Liga das Nações. Ela seria a Organização das Nações Unidas (ONU). Inaugurada em São Francisco, teve suas instalações definitivas edificadas em Nova York. Seu principal objetivo era trabalhar na prevenção de guerras de uma forma geral. A URSS assumia seu majestoso assento no Conselho de Segurança da ONU, junto com os Estados Unidos, o Reino Unido, a França e a China. De fato, era inegável que Stalin liderava uma potência de poderio e fama globais.

O líder soviético concentrava sua atenção mais nos países do Leste Europeu. Certa feita, dissera ao emissário do governo iugoslavo Milovan Djilas: "Esta guerra não foi como as do passado; [nesta,] aquele que ocupa um território impõe também seu próprio sistema social. Todos impõem o seu sistema, até onde seu exército conseguir alcançar."[396] Mas até então, ele se achava fraco demais para empreender uma comunização abrangente dos países da região, embora não seja impossível que ainda não achasse isso um objetivo viável.[397] Mesmo porque, relativamente falando, os comunistas eram muito poucos e inexperientes, exceto na Iugoslávia: os nazistas e seus aliados foram vivos testemunhos disso. Embora o poderio do Exército Vermelho fosse inquestionável, Stalin carecia de um aparato administrativo confiável, de controle político e segurança estatal. Não dispunha dos recursos para soerguer rapidamente as economias dos países ocupados. Ademais, suas Forças Armadas não tinham a bomba atômica. Os americanos haviam demonstrado sua superioridade tecnológica apagando do mapa duas cidades japonesas. Portanto, podiam muito bem sobrevoar Moscou e repetir a devastação no território soviético. Mas Stalin albergava na mente um fator adicional. Afinal, a Grande Aliança elevara a ele e a seu país à condição de parceiros dos Estados Unidos e do Reino Unido. Além do mais, a URSS tinha recebido ajuda, enviada do outro lado do Atlântico, ao seu esforço de guerra, e Stalin e Molotov não haviam perdido a esperança de conseguirem um empréstimo para acelerar a recuperação econômica soviética. Em Yalta, Teerã e Potsdam, foram muitos os assuntos fundamentais que deixaram de discutir e, assim, Stalin resolveu agir com cautela.

Nesse entretempo, os espécimes da microfauna do Comintern exilados em Moscou voltaram para seus países de origem, com o objetivo de liderarem seus partidos comunistas. Mas houve exceções e, na Polônia, ela foi a de Wladyslaw Gomulka. Ao chegarem de Moscou, funcionários do partido polonês não conseguiram domá-lo e apresentaram queixas contra ele às autoridades soviéticas.[398] Todavia, Stalin ainda precisava agir com prudência. Conquanto Gomulka lhe parecesse um sujeito cultuante de indevida independência na maneira de pensar e até um tanto nacionalista, o líder soviético estava enfrentando problemas na Hungria, onde muitos

IMPONDO A PAZ

militantes húngaros tinham que ser contidos em seu excesso de impaciência para comunizar logo o país.[399]

Rumores sobre as intenções de Stalin começaram a se espalhar. Achavam que talvez ele forçasse os países da região a se tornarem repúblicas da URSS.[400] Na Romênia, diziam que a liderança comunista iria estabelecer "colcozes do tipo militarizado" e instituir uma jornada de trabalho de 12 horas.[401] Negativas feitas a esse respeito pelo líder comunista Gheorghe Gheorghiu-Dej não surtiram nenhum efeito na opinião popular. Os camponeses poloneses temiam também a perspectiva da implantação de um sistema de colcozes, e Gomulka, o chefão do Partido Comunista Polonês, avisou a Dimitrov: "Mesmo que alguém manifeste seu desejo de entrar para uma colcoz, nós não instalaremos o sistema aqui."[402] No fim das contas, o terrível quadro da história do comunismo na URSS falava por si mesmo: coletivização, expurgos, campos de concentração, ditadura de partido único. Mesmo que alguns desses rumores estivessem muito distantes da realidade, muitos deles eram bastante plausíveis. Por outro lado, houve um acordo entre os líderes dos Três Grandes em que ficou assente que os territórios ocupados se tornariam países independentes e democráticos, nos quais seus ocupantes realizariam eleições livres e promoveriam sua recuperação econômica. A URSS em si tinha poucas opções. Ela queria evitar uma guerra com os EUA, principalmente numa época em que as Forças Armadas soviéticas não podiam contar com a bomba atômica. Procurou obter ajuda financeira dos americanos e ouviu também, dos lábios dos dirigentes dos partidos comunistas do Leste Europeu, a verdade sobre a grande impopularidade deles em seus países.[403]

Pelo visto, era preciso dispensar um tratamento cauteloso à comunização dos países dessa região. Assim, os comunistas desses países foram avisados pela União Soviética de que esta não tinha os recursos financeiros necessários à recuperação de suas economias; aliás, alguns deles foram compelidos a aceitar que sua primeira obrigação nacional era pagar os custos das reparações de guerra exigidas pela URSS dos prejuízos causados por seus exércitos, que foram aliados do Terceiro Reich. Foi o caso da Hungria, Romênia, Bulgária e Alemanha Oriental. Indenizações de guerra pagas por Budapeste chegaram ao montante de metade da verba orçamentária anual da Hungria em 1947.[404] Para tanto, fábricas inteiras foram encaixotadas e enviadas para a Rússia. Stalin achou conveniente insistir que os líderes comunistas não tentassem abarcar o mundo com as pernas. Advertiu que, se eles assumissem o controle das economias de seus respectivos países, levariam a culpa pelas inevitáveis dificuldades e carências que haveria no período pós-guerra. Ponderou que deveriam lançar mão de certa moderação política. Para tal fim, estipulou que os partidos comunistas tratassem de avançar sob o véu de coalizões democráticas multipartidárias. Estava disposto a aceitar até mesmo uma "coligação" entre os comunistas e a Igreja Católica.[405] Calculou que essas manobras levariam os países aliados a parar de pressioná-lo, além de amenizarem a responsabilidade dos governos dos países do pós-guerra pelas dificuldades inevitavelmente resultantes do conflito. Observou que, com um pouquinho de malandragem, os comunistas conseguiriam assegurar para si ministérios e assim lidar implacavelmente com inimigos políticos. Recomendou também que, sempre que possível, tentassem conquistar postos nas forças policiais e de segurança.

Moscou aconselhou que se apresentassem como patriotas os comunistas que surgiam como candidatos a governanças no cenário político. Ademais, as lideranças partidárias estrangeiras procuravam evitar dar inconveniente destaque aos judeus que militavam em seu meio — e Stalin os incentivou a persistirem nessa atitude cautelosa.[406] Isso foi uma dificuldade notável na Polônia, Hungria e Romênia, onde era forte o antissemitismo da população. No Ministério da Segurança polonês, por exemplo, os judeus ocupavam a metade dos postos de liderança.[407] Na Romênia, respirava-se um clima de inquietação diante do fato de "a judia Pauker e o húngaro Luka" ocuparem cargos elevados.[408] Temiam os comunistas o risco de passarem a ser vistos como integrantes de um partido que concedia privilégios a essa malquista minoria. Entretanto, ao mesmo tempo Stalin ordenou que Gheorghiu-Dej se abstivesse de empreender uma romenização abrangente da liderança do partido, visto que se opunha à ideia de os comunistas romenos transformarem a organização partidária no país num "partido nativista".[409] Ademais, fizeram reforma agrária sem a coletivização de fazendas. Os antigos Estados, inclusive as imensas propriedades dos *Junkers*, famigerados direitistas da Prússia, foram divididos em pequenas propriedades, repassadas em seguida aos camponeses e aos devidos habitantes pobres das áreas rurais.[410] Os líderes soviéticos continuavam a conclamar os camaradas de outras terras a agirem com cautela. No caso da Romênia, Stalin asseverava que a burguesia havia passado o controle da economia aos comunistas porque sabia que eles teriam sobre os ombros um fardo impossível de carregar.[411]

Truman, Attlee e outros líderes do Ocidente reconheciam tacitamente que a URSS teria uma influência predominante sobre os países do Leste Europeu, mas não queriam deixá-los totalmente à mercê de Stalin. Bulgária, Romênia e Hungria haviam sido aliadas do Terceiro Reich até o fim da guerra. Conforme previsto no acordo firmado entre eles, os Três Grandes estabeleceram Comissões de Controle em suas capitais. Isso permitiu que os americanos e os britânicos acompanhassem o que estava acontecendo

IMPONDO A PAZ

e impedissem a opressão por parte dos comunistas. Contaram também com sólidos canais de comunicação e diligentes colaboradores na Polônia e na Checoslováquia. O Ocidente era sinônimo de democracia, economia livre e tolerância cultural e religiosa em toda a região e deixou isso claro para ministros e diplomatas.

Durante dois anos inteiros, Stalin e seus partidos comunistas da região testaram a determinação dos outros aliados e, tal como ele confidenciaria a Mao, não se sentia preso a nenhum dos acordos estabelecidos com os Aliados ocidentais.[412] Desde outubro de 1944, os comunistas já haviam conquistado a maior parte dos cargos no governo provisório da Albânia e tinham confirmado seu poder na Iugoslávia em novembro, numa eleição boicotada pelos partidos da oposição. Na Polônia, os comunistas — o Partido dos Trabalhadores da Polônia — formaram um governo de coalizão com o Partido Socialista da Polônia, o Partido Social-Democrata, o Partido Operário e o Partido dos Camponeses. O predomínio dos comunistas foi assegurado pelo fato de que a maioria de seus ministros havia pertencido ao Comitê de Libertação Nacional Polonês (Comitê de Lublin), organização controlada pela URSS e que havia atuado como autoridade do governo provisório. Intimidações contra o ressuscitado Partido dos Camponeses, de Stanislaw Mikolajezyk, que era de longe a maior organização partidária do país, se intensificaram. Em janeiro de 1947, o pleito nacional foi um arremedo de eleições. Quatro quintos dos votos foram supostamente dados pelos eleitores à Coligação Democrática, formada pelos comunistas, e, embora Josef Cyrankiewicz, do Partido Socialista Polonês, houvesse se tornado primeiro-ministro, o poder decisório de fato ficou com o Partido dos Trabalhadores. Uma transição semelhante ocorreu na Hungria, mas Stalin, preocupado com a Polônia, insistia em determinar que os comunistas procurassem avançar num ritmo mais lento. O Partido dos Pequenos Produtores Rurais conquistou maioria absoluta na eleição de novembro de 1945. Ainda assim, os comunistas ficaram com o Ministério do Interior e ganharam o controle da polícia de segurança. A partir dessa base, poderiam fazer muita coisa do que pretendiam sem grande interferência externa.

Em dezembro, os soldados soviéticos se retiraram da Checoslováquia, deixando no poder o socialista Eduard Benes. Este, que era o político mais popular do país, sujeitou-se às exigências dos líderes soviéticos e o líder comunista Klement Gottwald tornou-se primeiro-ministro. Em maio de 1946, foram realizadas eleições, nas quais os comunistas conquistaram 38 por cento dos votos. Nenhum comunista da região saiu-se melhor num ambiente eleitoral de razoável liberdade política. Aliás, nenhuma eleição se aproximava dos pleitos checoslovacos nesse aspecto. Isso serviu para

274   DESENVOLVIMENTO

mostrar que, se os comunistas fossem cuidadosos e moderados, não seria impossível que conseguissem conquistar o interesse e a simpatia do eleitorado, mas, logicamente, isso não era nenhuma garantia de que os eleitores continuariam fiéis a eles em disputas eleitorais futuras.

A Bulgária foi um osso duro de roer, mesmo depois da execução, incitada pelos comunistas, de líderes políticos da direita do espectro político. Depois disso, começou a perseguição de outros rivais dos comunas. Georgi Dimitrov voltou do exílio em Moscou para aumentar a lista de candidatos destes. Na eleição de novembro de 1945, a Frente Patriótica, liderada por comunistas, ganhou 86 por cento dos votos, mas os Aliados ocidentais contestaram com veemência a validade do pleito, em razão das muitas fraudes e de casos de violência. Na eleição do ano seguinte, a supremacia dos comunistas foi confirmada e Dimitrov tornou-se ministro-presidente, imerso num ambiente político de incessantes detenções. Os comunistas romenos criaram também suas coligações políticas. Contudo, apenas um comunista se tornou ministro na primeira coalização política depois do colapso do poderio militar alemão. Com a pressão que exerceram sobre a esfera política, os soviéticos conseguiram desmantelar o ministério do general Nicolae Radescu e puseram em seu lugar Petru Groza, líder da Frente dos Lavradores, considerado por eles bastante maleável. O controle da URSS sobre a Alemanha Oriental foi ainda mais direto, porém os comunas locais precisavam regularizar sua autoridade. A preferência deles era fundir sua organização com outros partidos da esquerda. A seguir, vieram as intimidações. Em abril de 1946, o Partido Comunista e o Partido Social-Democrata da Alemanha, depois de meses de ameaças feitas pelo Alto-Comando do Exército soviético, juntaram-se para formar o Partido da Unidade Socialista. Mesmo assim, não conseguiram obter maioria absoluta no mês de agosto desse ano. A política na Europa Oriental parecia fugir a toda tentativa de se exercer um firme controle sobre ela.

Ao mesmo tempo, Stalin estava determinado a eliminar da Finlândia a potencial ameaça a seus interesses. O país era um Estado vizinho que havia se alinhado com o Terceiro Reich na última guerra mundial. Os finlandeses não gostavam dos russos. Além do mais, eram ex-súditos do Império Russo, e Stalin acreditava que fora errada a decisão de o haverem arrancado das garras da Rússia no período revolucionário. As potências ocidentais achavam justamente o contrário; porém, na ocasião, não precisaram enfrentar nenhuma contestação. Stalin estava satisfeito com o fato de os comunistas finlandeses haverem conquistado um quarto dos assentos no Parlamento em 1945. Todavia, era iniludível a crescente evidência de sentimentos anticomunistas. No entanto, em vez de enviar para lá um exército

IMPONDO A PAZ

soviético, ele despachou Andrei Zhdanov para conseguir um acordo político. O emissário soviético propôs que, desde que se mantivesse neutra nas disputas entre a URSS e o Ocidente, a Finlândia poderia preservar sua independência. Os finlandeses, sob a liderança de Juho Kusti Paasikivi, lidaram com a situação de forma inteligente: deram garantias aos soviéticos de que nunca se alinhariam com os inimigos da União Soviética e que se manteriam permanentemente neutros. Em troca, pediram que os soviéticos os deixassem livres para desenvolver uma economia capitalista e uma democracia liberal, mas solicitaram também, com firmeza e polidez, que não os incorporassem à URSS, como mais uma república soviética. Por ordem de Stalin, Zhdanov aceitou o acordo.[413]

Em acatamento das diretrizes de Stalin, foi evitada a comunização total dos países do Leste Europeu nos primeiros anos posteriores à Segunda Guerra Mundial. Entretanto, em janeiro de 1946 os poloneses nacionalizaram todas as fábricas que tivessem pelo menos cinquenta trabalhadores.[414] Os polacos declararam que haviam posto um fim definitivo ao desemprego. Fizeram também a promessa de que um sistema de abrangente bem-estar social seria implantado à medida que a economia se recuperasse das adversidades do pós-guerra, bem como uma reforma agrária em todo o território nacional, e os camponeses receberam lotes de terra até mesmo dos ministérios de coalizão. As monarquias na Albânia, Bulgária, Romênia e Iugoslávia foram abolidas, além de presos e executados os principais colaboradores do Terceiro Reich. A direita política, independentemente do fato de seus representantes terem sido ou não pró-germânicos, foi erradicada da vida pública. Sucederam-se relatórios e mais relatórios contando histórias de perseguição de opositores políticos, líderes religiosos e intelectuais detratores. Toda vez que os aliados ocidentais se queixavam dessas denúncias, os soviéticos contavam uma história esfarrapada para se livrarem deles. O fato de que os comunistas haviam conseguido a investidura de ministérios relacionados com a segurança dava a eles a aparência de regularidade na execução de seus procedimentos. De mais a mais, todos os países da Europa Oriental ficaram numa situação caótica após a guerra e os comunistas se aproveitavam disso. Cometiam irregularidades e depois as negavam. Com isso, instalou-se um clima de medo e, enquanto as Forças Armadas soviéticas estivessem prontas para intervir, nenhuma medida séria poderia ser tomada contra os que abusavam do poder.

Com a ascensão de Truman ao poder e a derrota do Japão, os americanos endureceram sua política externa. Talvez até Roosevelt houvesse seguido nessa direção. Em todo caso, nos EUA era cada vez maior a intenção de ampliar o poder militar, político e econômico do país pelo mundo —

e, inevitavelmente, tanto a Grã-Bretanha quanto a URSS sentiriam os efeitos dessa imposição. Os poderosos americanos haviam derruído as barreiras do próprio isolacionismo. No entanto, Truman não queria correr o risco de desencadear a Terceira Guerra Mundial — ele estava sinceramente horrorizado com a devastação ecológica e humana causada pelo bombardeio atômico em Hiroshima e Nagasaki.

PARTE QUATRO

DISSEMINAÇÃO

1947-1957

20. A GUERRA FRIA E O BLOCO SOVIÉTICO

No verão de 1947, a temperatura das relações entre a URSS e as nações aliadas do Ocidente caiu como uma pedra solta sobre o fundo de um abismo. Esse foi o ano em que a Guerra Fria começou a esquentar pra valer. Os líderes dos países ocidentais não esperavam mais nada de Moscou, a não ser coisas ruins; Stalin e seus asseclas camaradas reagiram à altura contra a atitude política hostil de seus pares no Ocidente. Na verdade, nenhum dos lados queria que estourasse um conflito militar entre as partes. Truman, embora reafirmasse publicamente sua disposição para usar bombas nucleares mais uma vez, se os interesses vitais de seu país fossem ameaçados, sentia calafrios só em pensar na possibilidade de uma terceira guerra mundial, pois sabia muito bem que nada restaria vivo sobre a face do planeta se isso ocorresse, a não ser insetos.[415] Stalin, ademais, afetava de impassível ante o perigo imenso da nova tecnologia de guerra; ele se recusava a manifestar qualquer preocupação para com a segurança de seu país. Preferia aferrar-se ao preceito leninista que rezava que, enquanto o capitalismo mantivesse sua influência global sobre os povos do mundo, guerras mundiais continuariam a ser travadas entre potências capitalistas. Tal como fizera antes, declarou que a diplomacia soviética deveria ser elaborada e direcionada de forma que mantivesse a URSS fora de todo conflito dessa natureza.[416] Esse era o padrão estabelecido pela doutrina leninista. Mas, em círculos íntimos, ele admitia que uma guerra nuclear poderia transformar a Terra num mundo inabitável.[417] Ao mesmo tempo, pressionava a quem possível fosse para conseguir fabricar sua própria bomba. Para tanto, aliás, criou às pressas uma equipe de cientistas. Beria seria encarregado de supervisioná-los e ficou determinado que não deveriam poupar recursos para alcançar o objetivo em questão. Stalin não estava disposto a deixar que os americanos o coagissem a aceitar certos compromissos intimidando-o com a superioridade de sua tecnologia militar.

Os planos da estratégia do Ocidente foram traçados por dois diplomatas, George Kennan, pelos Estados Unidos, e Frank Roberts, pelo Reino Unido. Independentemente das posições determinadas pela liderança de seus respectivos países, ambos concitavam os povos envolvidos na consecução de seus objetivos estratégicos a observarem a necessidade de "contenção";

DISSEMINAÇÃO

a ideia deles era de que deveriam todos resistir a qualquer tentativa de expansão do poder comunista para além dos limites territoriais existentes então, mas de forma que se evitasse a conflagração de uma terceira guerra mundial. O uso da força, inclusive de armamento nuclear, só deveria ser feito se o Kremlin deixasse de aceitar essa determinação das potências ocidentais. Nessa missão que abraçaram, Kennan e Roberts procuraram adotar uma visão de longo prazo. Argumentaram que, em algum momento no futuro, por enquanto ainda impossível de prever, a União Soviética sofreria uma crise interna e o comunismo ruiria.[418]

Em junho de 1947, o secretário de Estado americano George Marshall anunciou um programa de recuperação econômica da Europa — incluindo países do leste — por meio de concessões e empréstimos financeiros. Os americanos ajudariam o continente a superar sua situação de penúria e total destruição criando um mercado para o excedente de sua própria produção de bens industriais. Os governantes da Europa Ocidental acolheram com satisfação a iniciativa. A Checoslováquia manifestou interesse também. Stalin e Molotov vinham fomentando esperanças de que a URSS ficasse entre os elegíveis para o recebimento de ajuda financeira. Mas logo ficou claro que Truman e Marshall esperavam que os países beneficiários dessem garantias de abertura de mercado e de respeito à lei em seus territórios. Stalin voltou atrás, horrorizado com a ideia de ver os empresários americanos se comportando na URSS como se estivessem atuando no país deles. Quando descobriu que ministros checos, inclusive comunistas, pretendiam ir a Paris para saber que tipo de acordo estava sendo oferecido, determinou que fossem a Moscou, onde os repreendeu severamente.[419] Advertiu que os países europeus situados a leste do Elba deveriam permanecer estritamente dentro da zona de influência soviética e que usaria todos os meios para defender essa posição. Com isso, as partes envolvidas chegaram a um ponto decisivo na história do pós-guerra, na qual a Grande Aliança, firmada durante o conflito e cuja estrutura vacilava desde o fim da guerra, acabou desabando de vez.

Marshall jamais pretendeu, de fato, tirar a URSS ou qualquer país sob seu domínio de dificuldades financeiras. As negociações sobre um empréstimo americano se dissiparam como fumaça. A essa altura, uma rede de bases militares americanas estava sendo criada ao redor do mundo e o governo americano avisou que relações diplomáticas amistosas com Washington dependeriam do acesso irrestrito que se desse aos produtos e serviços oferecidos pela economia americana. Enquanto oferecia ajuda à Europa, a fim de que se recuperasse das consequências da guerra, Truman manteve a pressão sobre as antigas potências imperialistas — Reino Unido, França, Holanda e

A GUERRA FRIA E O BLOCO SOVIÉTICO

Portugal — para que abrissem mão de seus privilégios comerciais em suas colônias. Com isso, objetivava eliminar quaisquer resquícios de dominação dos antigos impérios.[420]

Stalin contra-atacou com a criação do Bureau de Informação dos Partidos Comunistas e Operários (ou Cominform). Isso foi feito numa conferência inaugural em setembro de 1947, na qual os partidos comunistas de vários países do Leste Europeu, bem como da França e da Itália, seriam representados. O objetivo era orientar partidos comunistas na adoção de uma atitude ideológica mais agressiva. No Leste da Europa, isso deveria envolver certa mudança nas diretrizes políticas do movimento comunista, de adoção de uma campanha para a rápida comunização, nos moldes soviéticos, dos países passíveis de manipulação por Moscou. Na Europa Ocidental, isso implicaria uma campanha reforçada contra o Plano Marshall e uma mudança para uma atitude mais militante em relação aos governos nacionais. A possibilidade de uma reconciliação com os Estados Unidos foi descartada. Com essa decisão, Stalin ainda não estava procurando travar um conflito bélico de fato com os EUA, mas proteger as conquistas feitas pelo Exército Vermelho na Segunda Guerra Mundial. O comunismo europeu precisaria ser redirecionado para esse objetivo. Stalin achava que não tinha nada a perder. Os EUA tinham feito sua aposta, buscando com isso tornar-se a potência dominante na Europa. A base da economia soviética era mais fraca do que a americana e Moscou ainda não havia conseguido desenvolver uma bomba atômica. Apesar disso, o Exército soviético tinha o predomínio logístico sobre o território do Leste Europeu e os partidos comunistas da Europa Ocidental poderiam causar problemas.

A conferência foi realizada em Szkalarska Poreba, um solitário povoado polonês apreciado por veranistas, situado ao pé da cadeia dos Sudetos, na Baixa Silésia. O ponto do encontro era praticamente o centro geográfico da Europa — e talvez não tenha sido escolhido por acaso. Os procedimentos da conferência haviam sido elaborados com um requinte conspiratório. (Como se houvera um pingo de importância no fato de as potências do Ocidente saberem do que estava acontecendo!) Os representantes dos países participantes se reuniram como se fossem bolcheviques comparecendo a algum de seus congressos clandestinos. De qualquer forma, mesmo sabendo que, antes de 1917, a polícia espionasse esse tipo de encontros, as agências de espionagem soviéticas trataram de proteger a Conferência do Cominform dos olhos espreitadores de possíveis curiosos. Já a liderança comunista polonesa foi mantida às escuras acerca dos detalhes do evento. O sigilo que o envolveu foi obsessivo, tanto que aos delegados não revelaram o nome

DISSEMINAÇÃO

do povoado, mesmo depois de haverem chegado ao local.[421] Todos aceitaram submissamente essa maneira absurda de proceder.

Foi Stalin que decidiu quem deveria ser convidado a participar do encontro e recusou uma solicitação de Mao Tsé-tung, que deu mostras claras que achava que o plano era restabelecer a Internacional Comunista. Mas não foi à toa que Stalin desmantelara o Comintern, porquanto queria que o mundo achasse que os partidos comunistas operavam de forma independente em relação ao Kremlin. Porém, talvez o mais surpreendente tenha sido o fato de que ele não houvesse convidado os espanhóis e os portugueses. O motivo mais provável é que, em suas ações subversivas, eles não tivessem a mínima chance de vencer sua polícia fascista, e Stalin nao queria se dar o trabalho de lhes prestar ajuda efetiva nesse sentido. Os britânicos também não participaram da conferência. Talvez Stalin achasse que eram uma força política fraca demais para merecerem o convite. Em todo caso, ele não queria que os comunistas britânicos abandonassem a "via parlamentarista" e, certamente, a presença deles prejudicaria a mensagem que pretendia transmitir aos franceses e aos italianos.[422] Até os gregos foram mantidos longe do evento. Foi uma decisão notável do líder soviético, já que o Partido Comunista da Grécia estava travando uma guerra civil contra o exército monarquista, que era apoiado por Londres e Washington.[423] A ausência dos gregos foi um sinal de que Stalin achava perigoso comprometer-se militarmente com um país que não considerava fundamental para a segurança da URSS. Embora estivesse reagindo ideologicamente ao desafio americano, Stalin queria evitar qualquer perigo que, de alguma sorte, não pudesse beneficiá-lo.

Aos participantes da conferência não foi dado nenhum conhecimento prévio dos itens da agenda e foram tratados como se fossem prisioneiros ao chegarem ao local do encontro. Os organizadores da reunião chegaram a instalar um transmissor de rádio na área para manterem contato constante com Moscou, onde Stalin recebia frequentes relatórios de Malenkov e Zhdanov, seus homens especialmente postados no local. Somente participantes soviéticos, obviamente, podiam se comunicar dessa forma com o mundo exterior. Malenkov e Zhdanov repreenderam os poloneses por haverem deixado de adotar medidas comunistas radicais após a Segunda Guerra Mundial. Argumentaram que o Exército Vermelho tinha dado a eles todas as oportunidades para isso e que a URSS era o modelo a ser seguido. Apesar disso, prosseguiram, os comunistas poloneses e de outros países do Leste Europeu haviam apitado e assobiado, em vez de soprarem com força sobre as massas a carga de seu zelo revolucionário. Zhdanov argumentou também que existiam dois "campos de ação" na política global: o primeiro era o das democracias progressistas, amantes da paz e lideradas

A GUERRA FRIA E O BLOCO SOVIÉTICO

pela União Soviética, o qual era combatido pelo campo do reacionarismo político, do militarismo e do imperialismo da liderança dos Estados Unidos. A tarefa de Malenkov e Zhdanov foi facilitada pelo entusiasmo dos delegados iugoslavos Edvard Kardelj e Milovan Djilas, que condenaram com veemência os acordos de 1945-1947 feitos na região conquistada pelas Forças Armadas soviéticas. Os comunistas da Europa Ocidental provaram também uma fatia amarga desse bolo de críticas acerbas. Os partidos italianos e franceses foram rispidamente censurados por haverem se aferrado a métodos parlamentaristas e pacíficos de governança política. Zhdanov asseverou que não era assim que conseguiriam avançar em seu objetivo de conquistar o poder e que seria necessário empreender uma efetiva ação revolucionária.

O líder partidário polonês Gomulka foi singular na defesa de si mesmo e de sua forma de buscar uma solução nacional para a implantação definitiva do socialismo no país. Não sofreu nenhuma crítica, até chegar a vez de Malenkov e Zhdanov se pronunciarem. Argumentaram estes que os trogloditas do comunismo global precisavam saber aquilo que o Pai dos Povos queria antes que ousassem dizer qualquer coisa.[424] Esse comportamento da liderança soviética foi extremamente hipócrita. Em ambas as metades da Europa, o movimento comunista havia sido forçado a seguir as ordens do Kremlin ao longo dos anos anteriores. É verdade que, muitas vezes, essas ordens haviam se limitado à esfera da estratégia política, porém nenhum passo importante fora dado sem que se fizessem consultas a Moscou.

O Plano Marshall e o Cominform foram as rodadas iniciais da luta político-ideológica entre o Oriente e o Ocidente. A essa altura, as atitudes turbulentas de Tito já não eram toleradas. Os comunistas iugoslavos haviam sido úteis no estabelecimento do Cominform, mas haviam se intrometido excessivamente em assuntos de política externa cujo direito de desencargo Stalin reservava ao Kremlin. Na II Conferência do Cominform, em junho de 1948, a Iugoslávia foi expulsa da organização sem direito de apelo.[425] O Cominform foi transferido de Belgrado para Bucareste. Na verdade, ele nunca impôs um controle efetivo e constante sobre seus partidos-membros; simplesmente, seus funcionários distribuíam propaganda ideológica e não faziam muita coisa além disso. O fato é que Stalin continuava a usar o Departamento Internacional do Secretariado do Partido Comunista, em Moscou, para coordenar e orientar as atividades dos comunas dos outros partidos comunistas espalhados pelo mundo. Recebia informações diretamente desses partidos e por intermédio de suas embaixadas e agências de espionagem. Tal como antes, o Kremlin esperava ser consultado sobre mudanças importantes nos quadros de diretrizes políticas e da militância

284   DISSEMINAÇÃO

comunistas. Nenhum partido comunista ousava manifestar solidariedade pelos iugoslavos — e isso incluía partidos de fora da Europa Oriental. Em dado momento, por exemplo, começou a ganhar força a ideia de que as orientações do comunismo chinês direcionadas aos camponeses talvez pudessem servir de modelo para as sociedades agrárias. Nesse particular, o exemplo mais impressionante eram os comunistas do estado de Querala, na Índia. Mas o Partido Comunista da Índia suprimiu violentamente essa heresia, declarando que as únicas figuras de autoridade do comunismo eram Marx, Lenin e Stalin.[426]

Depois de criar o Cominform, Stalin fez uma exibição de força em Berlim negando aos países aliados ocidentais acesso à cidade através da Alemanha Oriental. Os Estados Unidos e o Reino Unido reagiram empreendendo uma operação de transporte aéreo, a fim de levarem suprimentos aos bairros da cidade ocupada pelos aliados. Os voos continuaram, até que, em maio de 1949, Stalin reconheceu-se vencido. Todavia, não desistiu da luta, de uma forma geral. Em janeiro do mesmo ano, ele tinha aprovado a criação do Conselho de Ajuda Econômica Mútua (ou Comecon) para manter unidos os países da Europa Oriental, sob o controle da União Soviética. Em abril, os americanos e seus aliados assinaram um pacto militar que deu origem à Organização do Tratado do Atlântico Norte (Otan); as regiões da Alemanha que eles controlavam foram transformadas na República Federal da Alemanha, enquanto, em outubro, a zona soviética era anunciada como um Estado independente, com o nome de República Democrática Alemã.

A simetria de forças não foi total, já que a URSS se absteve de assinar uma aliança militar para competir com a Otan até 1955, época em que fazia dois anos que Stalin tinha morrido: o ditador soviético depositava uma confiança implícita em seu exército e não confiava nos exércitos em formação nos países do Leste Europeu. De mais a mais, estava começando a ver motivos para ter uma confiança cada vez maior nas próprias forças. Afinal, os espiões e cientistas da URSS, em trabalho conjunto, conseguiram criar uma bomba atômica, que foi deflagrada pela primeira vez na presença de Beria, em agosto de 1949. Com isso, a política global começava a se bipolarizar. Desde a rendição japonesa, o Kremlin nunca havia se sentido tão seguro. Em outubro, contrariando muito os prognósticos de Stalin, as Forças Armadas de Mao Tsé-tung saíram vitoriosas da guerra civil chinesa e tomaram o poder em Pequim.[427] O mapa do mundo estava sendo redesenhado, já que um quarto da superfície do globo estava sob o controle direto dos comunistas. Em 1950, houve mais uma tentativa de expansão, quando os líderes soviéticos e chineses apoiaram a campanha militar dos comunistas liderados por Kim Il-sung, na Coreia do Norte, para ocupar todo

A GUERRA FRIA E O BLOCO SOVIÉTICO

o território da península coreana e reunificá-lo.[428] Stalin se deixou levar pela enganosa suposição de que os americanos não demonstrariam a firme vontade de conter o expansionismo comunista. Além disso, preocupara-o a possibilidade de que Mao conquistasse a condição de maior expoente do espírito revolucionário mundial.

Kim importunara Stalin com insistentes solicitações para que lhe desse permissão de levar a campanha adiante. Em meio a um grupo de comunistas compatriotas seus, o coreano se destacara seguindo na esteira do sucesso da campanha das Forças Armadas soviéticas no Extremo Oriente, no fim do verão de 1945. Tirado da obscuridade por seus patrões soviéticos, tornou-se o secretário-geral do então recém-amalgamado Partido dos Trabalhadores da Coreia. Segundo consta, depois de passar muitos anos na Sibéria com os russos, perdeu o domínio completo do idioma coreano. No país, iniciou-se imediatamente um culto à sua pessoa. Em 1946, os norte-coreanos comemoram os vinte anos que ele atuou como general entre seus colegas insurgentes, ainda que isso implicasse a ideia de que Kim tivesse sido general desde os 14 anos de idade. Todavia, uma vez confortavelmente instalado no aparato central do partido, passou a agir como se o cetro do poder fosse um direito de nascença seu.[429]

Mas Stalin, Mao e Kim tinham avaliado muito mal a situação. Os americanos, explorando a saída dos soviéticos do Conselho de Segurança das Nações Unidas, conseguiram a aprovação da instituição para criar uma força multinacional com o objetivo de defender a Coreia do Sul da invasão dos comunas.[430] Isso foi um importante sinal da determinação dos países do Ocidente. Se o território inteiro da península coreana tivesse caído nas garras do comunismo, a política global de contenção do expansionismo comunista teria ficado totalmente desacreditada. A Guerra da Coreia envolveu um número imenso de soldados. Os americanos e os aliados ocidentais, após fortalecerem os sul-coreanos, defrontaram-se com um confiante exército de norte-coreanos, que recebeu ajuda ostensiva e participação dos chineses e o apoio velado da URSS, tanto em forma de armamentos quanto até na de pilotos de avião. Os combates foram interrompidos a poucos passos de um confronto direto entre os EUA e a URSS. Além do mais, Truman rejeitou o apelo do general Douglas MacArthur de empregar bombas atômicas e o demitiu por conta de sua propensão para agir fora dos limites das ordens presidenciais. Mas foi uma guerra que esteve constantemente a ponto de se transformar num conflito armado mundial. Os capitalistas e a democracia liberal se envolveram numa luta titânica contra o comunismo. Truman estava determinado a provar que nenhum outro país de importância geoestratégica para Washington sucumbiria

DISSEMINAÇÃO

a tentativas de conquista do poder por forças comunistas. Enquanto isso, as frentes de combate recuavam e avançavam, sem que nenhuma das partes beligerantes conseguisse a vitória de fato.[431]

Com uma atuação mais discreta, os serviços de espionagem americanos e britânicos enviaram agentes à Albânia e à Ucrânia durante os anos da guerra, numa tentativa de subverter o poder de seus governos comunistas. A essa altura, os americanos estavam indo além dos limites da estratégia de mera contenção do avanço comunista: Truman não era avesso a que seus comandados procurassem sondar se eram fracos os fios da teia das instituições comunistas no Leste Europeu. Foi uma empreitada fadada ao fracasso, uma vez que estava sendo monitorada por Kim Philby, que trabalhava então na embaixada britânica em Washington e espionava para a URSS — e o resultado disso foi um fiasco sangrento.[432]

Nesse ínterim, Truman tomou precauções de longo prazo contra o parasitismo econômico comunista. Em 1949, havia sancionado uma lei de restrição de exportações para impedir que produtos estratégicos fossem vendidos à URSS. Criou também um Comitê de Coordenação (CoCom) para se assegurar de que outros países do Ocidente trilhariam esse mesmo caminho.[433] Não achemos que se tratou de um bloqueio econômico total. As relações comerciais dos EUA com a URSS e os países do leste da Europa prosseguiram normalmente. O fato é que Ernest Bevin, ministro das Relações Exteriores da Grã-Bretanha em maio de 1949, não gostava de publicidade envolvendo acordos comerciais. Além disso, os canadenses vinham criticando o Reino Unido por comprar produtos de países comunistas — madeira, produtos siderúrgicos e grãos — que o próprio Canadá era capaz de fornecer.[434] Enquanto isso, o Plano Marshall produzia resultados lentos, mas constantes. No entanto, como Truman não gostava de correr riscos, o Departamento de Estado americano e a CIA regaram a horta dos países da Europa Ocidental com enxurradas de dinheiro e garantias políticas. Ao mesmo tempo, infiltravam seus agentes secretos na Europa Oriental — em parte, isso foi menos eficaz, pois as agências de espionagem soviéticas haviam sido alertadas sobre o que estava acontecendo. A Otan, assim como seus inimigos, estava engajada numa luta feroz, sob o risco de provocar a Terceira Guerra Mundial, até porque os EUA não esperavam nada que não fosse a vitória. Já Truman acreditava numa gloriosa predestinação do país e na grandiosidade inata da política americana e de seu modelo econômico.

Por sua vez, Stalin estava atulhado de ideias sobre determinismo histórico fornecido pelo armazém ideológico leninista. Demais, seu regime procurava aprimorar sua segurança regional e aumentar ao máximo o seu poder sobre os países do Leste Europeu. Assim, o processo de comunização

A GUERRA FRIA E O BLOCO SOVIÉTICO

foi intensificado. Contudo, se fosse possível realizar pesquisas de opinião pública, ficaria demonstrado que os comunistas não teriam maioria em nenhum lugar dessa parte do território europeu, onde os líderes comunistas eram considerados marionetes dos soviéticos, e o comunismo em si, uma espécie de "escravização russa".[435] Dessarte, pilhagens ocorriam em toda parte. Estupros de mulheres locais cometidos pelos soldados do Exército Vermelho, principalmente quando bêbados, eram escândalos que chegavam a todos os recantos.[436] Na zona de ocupação soviética da Alemanha, tornou-se famosa a seguinte canção:

> Bem-vindos, libertadores!
> Vocês tiraram nossos ovos, carnes e manteiga, gado e rações.
> Mas também nossos relógios, anéis e outras coisas mais.
> Vocês nos libertaram de tudo, até de carros e máquinas!
> Levaram com vocês vagões e instalações ferroviárias inteiras.
> De todo esse lixo — vocês nos libertaram!
> Choramos de alegria.
> Como vocês são bons para conosco!
> Quanto era tudo tão ruim antes — e como é bom agora!
> Obrigado, povo maravilhoso![437]

O líder comunista da Alemanha Oriental Walter Ulbricht achava inaceitáveis as queixas de seus compatriotas contra o mau comportamento dos soldados soviéticos: "As pessoas que ficam tão indignadas com essas coisas hoje teriam feito algo muito melhor se tivessem ficado indignadas quando Hitler desencadeou a guerra!"[438]

Debates sobre a implantação de formas de socialismo com as características nacionais de cada país não haviam cessado de todo.[439] Contudo, agora, Stalin queria, na prática, que a Europa Oriental copiasse o modelo soviético da maneira mais fiel possível. Nesse aspecto, a Polônia era o país mais importante. Iniciaram, portanto, um processo de perseguição do Partido dos Camponeses da Polônia (PSL), organização chefiada por Stanislaw Mikolajczyk. Sabendo de que estava prestes a ser preso, fugira para o exterior em outubro de 1947. Somente o Partido Socialista da Polônia (PPS) tinha alguma independência, mas sofreu pressão para que se fundisse com os comunistas. O PPS recusou a fusão, porém concordou em se livrar dos elementos da ala direita do partido. A liderança comunista passou por uma reforma nos meses seguintes. O hábito de Gomulka de questionar "recomendações" enviadas por Moscou, junto com sua defesa de uma "via polonesa" para se chegar ao socialismo, o tornara uma pessoa suspeita aos olhos de

Stalin. Assim, Boleslau Bierut substituiu Gomulka no verão, além de criticá-lo rispidamente por impedir a criação de fazendas coletivas e demonstrar desconfiança para com a URSS. Enquanto isso, a espinha dorsal do PPS se esfacelava. Em dezembro de 1948, o partido juntou-se aos comunistas para formar o Partido Unificado dos Trabalhadores Polacos (PZPR). Na verdade, os comunistas estavam devorando seus principais rivais.[440] Embora, no ano seguinte, fosse criado o Partido Camponês Unificado, em substância o país já era uma ditadura de partido único.[441]

No outono de 1947, foi engendrada uma fusão semelhante de partidos de esquerda na Romênia. O clima de repressão piorou. Os comunistas alojados no Partido dos Trabalhadores Unificado dominavam o cenário político, como se o país já fosse um Estado de um só partido. O rei Michael foi obrigado a abdicar. O Partido dos Trabalhadores Unificado pressionou a maioria dos outros poucos partidos sobreviventes a formar a Frente Democrática Popular, que, beneficiando-se de uma fraude eleitoral grosseira, conseguiu uma vitória fácil na eleição de março de 1948.[442]

O Partido Comunista da Checoslováquia já controlava o Exército e a polícia. Passou da condição de mero aliado na composição de ministérios ao confronto direto com seus rivais. Em fevereiro de 1948, ministros não comunistas, exasperados, se demitiram dos cargos, mas, longe de isso irritar os líderes comunistas, a saída deles abriu uma brecha favorável aos comunas, que a preencheram com seus camaradas para formar um governo de partido único sob o comando de Klement Gottwald. Com isso, a oposição foi brutalmente debelada e o ex-ministro das Relações Exteriores Jan Masaryk morreu misteriosamente (provavelmente, foi assassinado) no mês seguinte. Na Hungria, a transformação parecia mais difícil. Embora os comunistas checos tivessem conquistado 38 por cento dos votos na eleição de 1946, seus camaradas húngaros continuaram deploravelmente impopulares. Na eleição de agosto de 1947, só conseguiram 22 por cento dos sufrágios porque manipularam os resultados.[443] Contudo, seu líder, Rákosi, não se abateu. Tornou insuportável a vida de seus principais inimigos do partido e os induziu a fugir para o exterior. Conseguiu forçar a fusão dos comunistas com os sociais-democratas para formar o Partido Socialista dos Trabalhadores Húngaros. A polícia de segurança — a ÁVO, e depois ÁVH — prendeu o restante de integrantes enrustidos da dissidência dispersos pelo país. A Hungria havia sido transformada num Estado de partido único, mas apenas no nome.[444]

Stalin reduziu os novos Estados comunistas à condição de meros serviçais da URSS. As três conferências do Cominform, realizadas em setembro de 1947, junho de 1948 e novembro de 1949, foram uma arma útil para ele.

A GUERRA FRIA E O BLOCO SOVIÉTICO

Porém, os escritórios do Cominform foram primeiramente instalados em Belgrado e depois transferidos para Bucareste, na tentativa de se consolidar o mito de que a liderança soviética dava liberdade aos partidos comunistas. Canais de comunicação mais regulares foram mantidos pelo Departamento Internacional do Secretariado do Partido Comunista. O Ministério das Relações Exteriores e o da Segurança do Estado (MGB) transmitiam também as vontades do Kremlin. Além do mais, Stalin mandou que instalassem uma linha telefônica para o contato direto com o líder do partido comunista de todas as capitais dos países do Leste Europeu. Somente Stalin podia usá-la sem permissão. Se, por exemplo, o presidente Bierut, da Polônia, quisesse falar com o Kremlin, tinha que agendar a conversa.[445] Stalin tornou-se o senhor do fuso horário de metade do continente. Assim, Berlim teve que acertar seus relógios pelo fuso horário de Moscou.[446] O líder soviético queria com isso que seus governantes-fantoches da Europa Oriental ficassem sempre prontos para responder a perguntas a qualquer momento e, geralmente, isso ocorria no meio da noite no país do interpelado, já que Stalin dormia quase o dia inteiro e trabalhava durante a noite.[447]

Tito não era o único líder suspeito aos olhos do ditador soviético. Todos os chefes comunistas da região tinham que provar constantemente sua lealdade e obediência ao tirano camarada. O líder comunista romeno Gheorghe Gheorghiu-Dej estava sendo denunciado por outros companheiros, acusado de se mostrar muito inclinado a fechar um acordo econômico com os "angloamericanos".[448] Em Moscou, o Secretariado do Partido Comunista inventou motivos suficientes para condenar os comunistas húngaros, classificando-os como vulneráveis à "influência burguesa", e para acusar os comunistas poloneses e checos por suas "posições ideológicas antimarxistas".[449] Líderes políticos soviéticos em missão no Leste Europeu precisavam também tomar muito cuidado com seus atos, tanto que, quando o membro do Politburo Kliment Vorochilov, numa visita a Budapeste em outubro de 1945, deixou de consultar Moscou sobre as ordens que estava dando aos líderes húngaros, os outros membros do Politburo o denunciaram a Stalin.[450]

Os soviéticos mantinham de pé também uma fachada de polidez nas relações interpartidárias. Assim, rezava, por exemplo, uma mensagem enviada ao Partido dos Trabalhadores da Polônia, com seu teor de sempre: "Estamos confiantes de que os senhores debaterão entre si nossas considerações e depois nos informarão de sua decisão."[451] Mas, às vezes, as mensagens eram menos educadas. Quando os búlgaros elaboraram um projeto de lei sobre a nacionalização dos bancos, os comunas russos disseram a eles que o modificassem imediatamente.[452] A Administração Militar Soviética realizava profundas incursões na elaboração de políticas na Alemanha Oriental:

> Quase todos os documentos publicados [pelo Partido da Unidade Socialista] são elaborados por nós. Quando eles fazem a minuta, damos uma olhada nela aqui e acrescentamos nossos comentários. Nenhum documento deixaria de ser formulado por nós e validado por eles; documentos elaborados de outra forma simplesmente não existem.[453]

Não me venham dizer mais que o Partido da Unidade Socialista foi a vanguarda do movimento revolucionário! A verdade é que Moscou dava as ordens e os partidos comunistas obedeciam.

Nos bastidores, os funcionários do governo soviético interrogavam os líderes de cada um desses países, geralmente cara a cara, em conversas particulares. Faziam isso em busca de possíveis discordâncias internas entre membros da liderança. Boleslaw Bierut, por exemplo, difamou Gomulka por escrito, e Moscou guardou sua carta, para o caso de precisar usá-la depois.[454] O Kremlin arrancava confidências de tudo e todos. Naturalmente, os líderes supremos de cada um desses países odiavam essa prática, visto que arruinava a possibilidade de um canal de comunicação exclusivo com Moscou. Os líderes partidários Gheorghiu-Dej, da Romênia, e Rákosi, da Hungria, fizeram sindicâncias para saber quem os havia denunciado a Stalin.[455] Mas não adiantavam nada suas tentativas de pôr um fim a essa prática caso irritassem Stalin. Simplesmente, as autoridades soviéticas providenciavam o recrutamento de seus próprios informantes de forma sigilosa. Isso também causava ressentimentos, porém somente os iugoslavos tinham a coragem de se queixar de Moscou e remover funcionários de seus cargos — e já faziam isso antes mesmo do racha entre a URSS e a Iugoslávia.[456] O Kremlin estipulara que deveria ser consultado sobre decisões de composição de lideranças partidárias e conselho de ministros na parte externa de seu império. Em 1946, Georgi Dimitrov, ao se tornar primeiro-ministro na Bulgária, apresentou a Zhdanov um "plano preliminar" de composição de seu conselho de ministros.[457] Se o Kremlin o tivesse reprovado, Dimitrov teria rasgado a lista com o nome dos ministros. Partidos em outros países se comportavam com reverência semelhante. Afinal, os governantes supremos da região viviam em Moscou.[458]

Depois de 1945, milhares de conselheiros e instrutores foram enviados aos países da Europa Oriental. Suas Forças Armadas e agências de segurança estatal formigavam de funcionários do governo soviético, munidos de plenos poderes, para reconstruir instituições de acordo com diretrizes

A GUERRA FRIA E O BLOCO SOVIÉTICO

soviéticas. Isso causava inquietação até entre os próprios comunistas, porém nenhum deles fez sequer uma queixa velada.[459] Andrei Vyshinski, o emissário de Molotov no Ministério das Relações Exteriores, descreveu a situação da forma mais franca e direta: "Não tenho dúvida de que nossos amigos precisam de orientação especializada para a realização de seu futuro trabalho nas novas condições."[460]

Os comunistas afirmavam que estavam instituindo sistemas democra ticos nos países do Leste Europeu. Só se fosse democracia de uma natureza singularíssima. Na época da guerra, Milovan Djilas dissera a Molotov que os iugoslavos pretendiam criar uma república democrática, mas não como "a dos franceses, e sim como a dos mongóis".[461] Bastava Djilas ter ficado alguns dias na República Popular da Mongólia para que talvez conseguisse curar-se dessa tolice. Aliás, a visita que fez a Moscou deveria ter servido para isso. (Uma década depois, ele reconheceria o erro que cometera alimentando admiração pelo sistema soviético.)[462] Foi nesse clima que Stalin adotou a expressão usada então pelos comunistas iugoslavos: democracia popular ou república democrática.[463] Vejam como ele defendeu o uso da expressão perante os líderes comunistas poloneses:

> O sistema de governo estabelecido na Polônia é democrático; é um novo tipo de democracia, sem precedente. Nem a democracia dos belgas nem a dos ingleses, tampouco a dos franceses, podem ser vistas por vocês como exemplo ou modelo. A democracia de vocês é especial. Nela, vocês não têm uma classe de grandes capitalistas. Vocês realizaram a nacionalização da indústria em cem dias, enquanto os ingleses vêm lutando por isso há cem anos. Portanto, não copiem as democracias do Ocidente. Deixem que elas os copiem![464]

Ele argumentou que a Europa Oriental, aproveitando-se do poderio militar soviético, poderia ser comunizada sem a necessidade da ditadura do proletariado e da guerra civil que se seguiram à Revolução de Outubro.

De acordo com Stalin, não existia nenhum risco sério de ocorrer uma ontrarrevolução.[465] Deturpando a mensagem deixada em *O Estado e a revolução*, Stalin ponderou que Lenin jamais considerara a ditadura do proletariado um pré-requisito para a construção do socialismo. Acrescentou que a ideologia comunista estava sendo adaptada às exigências da geopolítica da época. Achava-se ansioso para provar que os Estados comunistas do Oriente — que eram chamados com frequência cada vez maior de Bloco Soviético — estavam oferecendo níveis, sem paralelo, de tranquilidade social, progresso e democracia aos seus povos.

DISSEMINAÇÃO

No entanto, os direitos civis estavam suspensos em toda parte no Leste Europeu e os comunistas, fiéis à sua ideologia, sentiam imenso prazer em gabar-se de que suas políticas governamentais tomavam judicioso partido dos cidadãos mais pobres. O "povo" não constituía a população inteira. A diferença entre o salário de um gerente e o de um operário foi reduzida. Instituíram a universalidade e a gratuidade do ensino para todos. Todos que trabalhavam tinham direito a moradia, serviços de saúde e aposentadoria. Prometeram que pessoas de talento comprovado teriam condições de escalar os degraus do serviço público. Os comunistas compartilhavam com os partidos de centro-esquerda o compromisso com reformas, mas nenhum deles as realizou com a mesma determinação. Antes da Segunda Guerra Mundial, praticamente não havia país na região em que os trabalhadores, camponeses e outros membros dos estratos sociais mais baixos não se mostrassem insatisfeitos e ressentidos com as autoridades. Isso permitiu que os comunistas tivessem mais facilidade para implantar seus regimes. Agora, estavam realizando mudanças consideradas incontestáveis pela maioria das pessoas. De qualquer forma, seus governos eram um tipo de ditadura de classes. Essa verdade foi confirmada quando Dimitrov classificou a democracia popular como uma nova forma de ditadura do proletariado![466]

21. A VIA IUGOSLAVA

A ruptura entre a União Soviética e a Iugoslávia comunista causou um espanto geral. No fim das contas, Stalin dominara o comunismo mundial durante anos e dava como certa a obediência da maioria dos comunistas ao redor do mundo. A acirrada disputa de 1948 foi diferente de todos os conflitos anteriores no "movimento comunista mundial", já que envolveu dois Estados soberanos. O fato é que, mal havia o comunismo expandido suas fronteiras para além das terras da grande Pátria Soviética, abriu-se uma grande fenda no terreno de sua influência política. A unidade oficial do comunismo havia chegado ao fim.

O líder comunista iugoslavo Josip Broz Tito ficou tão perplexo quanto qualquer outra pessoa, até porque, ideologicamente, ele era comprovadamente stalinista. Filho de uma família de camponeses, foi criado num ambiente pobre e abandonou cedo a escola. Mas tornou-se comunista rapidamente, já que, antes da Segunda Guerra Mundial, era justamente o tipo de militante que estava sendo selecionado para ser preparado nas escolas político-partidárias de Moscou. Em 1937, o Comintern o despachou de volta para o país, onde fora incumbido de organizar o Partido Comunista Iugoslavo. Durante a guerra, manteve a confiança que o Kremlin depositava nele. Com a violenta revolta que Tito provocou contra a ocupação nazista, conseguiu desviar da frente de combate oriental dezenas de divisões germânicas. As façanhas militares de Tito atraíram a atenção dos britânicos. Assim, emissários despachados por Londres entraram de paraquedas na Iugoslávia para saber quais grupos armados antigermânicos deveriam receber ajuda material. O grupo de Tito foi o escolhido. Churchill apoiou os guerrilheiros comunistas e fez vista grossa à selvageria e ideologia deles em sua guerra civil contra os Chetniks de Draza Mihailovitc (que lutavam para expulsar a Wehrmacht do território sérvio) e a organização croata Ustase (que controlava o poder com a ajuda dos nazistas). Os comunistas foram extraordinários na ênfase que deram à promessa de acabar com as disputas étnicas: eles se diziam a favor de uma federação multinacional. Por volta de outubro de 1944, o Exército Vermelho soviético, em atuação conjunta com

294   DISSEMINAÇÃO

Tito e seus guerrilheiros, havia conquistado Belgrado. Foi um golpe do qual as forças tedescas jamais conseguiram recuperar-se na Iugoslávia.

As relações dos tempos de guerra entre o governo britânico e os comunistas iugoslavos foram um casamento de conveniências. No verão de 1945, o líder trabalhista britânico Clement Attlee, recém-eleito primeiro-ministro, se manifestou contrário às políticas do regime de Tito. Por outro lado, Tito, com o apoio de Stalin, ignorara o acordo feito entre este e Churchill em Moscou, em 1944, por meio do qual a URSS compartilharia do interesse pela Iugoslávia em pé de igualdade com os aliados do Ocidente.[467] Ao mesmo tempo, porém, as autoridades soviéticas ficaram preocupadas com o fato de que a propaganda política comunista iugoslava glorificava Tito, a ponto de exaltá-lo ao nível de Stalin,[468] porquanto só havia espaço para uma divindade na iluminada catedral do movimento marxista global.

Enquanto isso, Tito removia com violência os bolsões de resistência da Ustase e dos Chetniks, após conquistar a vitória na guerra civil. Nada menos que um quarto de milhão de pessoas pereceu em fuzilamentos em massa, marchas macabras e maus-tratos em campos de concentração nos primeiros anos subsequentes à Segunda Guerra Mundial.[469] Proibiram toda atividade política fora do âmbito da Frente Popular. Organizações religiosas sofreram assédios violentos e implacáveis. Os comunistas perseguiram também a Igreja Católica na Croácia, uma vez que, durante a ocupação nazista, seus padres haviam apoiado a Ustase e os alemães. Os muçulmanos foram acossados barbaramente na Bósnia e fechadas as suas mesquitas e escolas de ensino do Alcorão.[470] Tito desprezava a lentidão do processo de comunização em outras partes do Leste Europeu, e os iugoslavos criticaram isso na primeira conferência do Cominform, em setembro de 1947.[471] Ademais, exigiram a inclusão de Trieste no território iugoslavo como o preço de sua concordância com qualquer acordo de paz na Europa. Contudo, Trieste era uma cidade, em grande parte, habitada por italianos. O fato de que a atitude de Tito constituía um embaraço eleitoral para o Partido Comunista Italiano não o inibia — e, no início, Stalin ficou do lado dele na disputa diplomática com o governo de Roma. Pelo visto, estava bem viva e em grande forma a crença stalinista em Belgrado e Tito era seu sacerdote.

Stalin não estava inteiramente feliz com esse estado de coisas, mas mantinha os camaradas iugoslavos na condição de cachorros passíveis de açular contra quaisquer comunistas europeus que deixassem de demonstrar bastante zelo revolucionário. O abalo definitivo dessa situação veio com os desdobramentos da política nos Bálcãs. Em janeiro de 1948, Tito pensou em despachar soldados iugoslavos para repelir uma possível incursão dos gregos no sul da Albânia. Stalin o repreendeu com veemência por ignorar

A VIA IUGOSLAVA

o perigo de uma intervenção britânica. Aquilo que o Kremlin menos queria era um conflito armado entre as grandes potências mundiais. Em todo caso, Stalin, se as tensões no Ocidente aumentassem, queria ter o controle pessoal da política comunista internacional. Portanto, ordenou que elaborassem um memorando com repreensões aos iugoslavos por desconsiderarem a condição da URSS como potência global. No documento, alegaram que os iugoslavos pretendiam dominar os Bálcãs e que não acatavam os princípios marxista-leninistas. Afinal de contas, nos últimos três anos, Tito havia mencionado Marx apenas uma vez e nunca fizera uma referência sequer a Stalin![472] Advertiu que os líderes iugoslavos haviam causado problemas na questão envolvendo o domínio territorial sobre Trieste e interferido nas fraternas políticas governamentais da Bulgária, Albânia e, agora, até nas da Grécia. Até pouco tempo atrás, Stalin apoiara a ideia de se criar uma Federação dos Países dos Bálcãs,[473] mas chegou à conclusão de que Tito tiraria proveito de um projeto como esse para dominar os outros países. Além do mais, acrescentara, enquanto discursava com grandiloquência sobre o comunismo, Tito subestimara a ameaça dos cúlaques, nas zonas rurais. De acordo com o documento, ele e seus camaradas não eram marxistas autênticos.[474]

Tito, porém, não arredou pé e qualificou de blefe a atitude da URSS — e obteve o apoio de seu Comitê Central na questão. Isso o capacitou a dizer ao conselheiro soviético enviado a Belgrado:

> Achamos que, numa série de questões, não estamos ... em situação pior do que outros que tentaram nos criticar — e não apenas nos criticar, mas nos dar lições. Refiro-me aos húngaros, aos romenos e aos checos. Temos realmente mais capitalistas do que eles? Eles realmente têm menos cúlaques do que nós?[475]

A manobra de Stalin foi um fracasso espetacular. A julgar pela atitude de Tito e seus companheiros, o comunismo iugoslavo seria um produto caseiro, e repelidas quaisquer interferências externas.

Depois de uma sondagem para saber se a cisão entre Belgrado e Moscou poderia ser reparada, Tito passou ao ataque. Quando Milovan Djilas, seu supervisor de propaganda política, redigiu um artigo de jornal criticando Stalin, no início Tito a desaprovou, mas depois mudou de ideia: "Bom. Deixe assim. Já poupamos Stalin demais."[476] No entanto, Tito prosseguiu com a instalação de um sistema de governo comunista muito parecido com o da URSS. Desse modo, em 1949 iniciou uma campanha frenética para coletivizar a agricultura. Os mesmos camponeses que, pouco antes, haviam

DISSEMINAÇÃO

recebido pequenas propriedades foram forçados a entrar para "cooperativas de operários-camponeses" (SRZ). Quando os muçulmanos bósnios opuseram forte resistência às mudanças, a polícia e as Forças Armadas os eliminaram.[477] Muitos membros do partido, inclusive líderes como Andrija Hebrang e Sreten Zujovic, foram expulsos de suas fileiras sob suspeita de inclinações pró-soviéticas. Hebrang estava entre os 16 mil que foram presos.[478] Tito e seu sinistro chefe de segurança, Aleksandar Rankovic, fizeram um acordo informal para expandir o sistema de campos de prisioneiros em que pudessem reunir "mão de obra socialmente útil" e onde as condições de detenção eram piores do que na URSS. No campo da ilha de Bare, no norte do Adriático, os guardas obrigavam os detentos a surrarem prisioneiros recém-chegados da região continental do país. A barbaridade era sistemática.[479]

Não demorou muito e os líderes iugoslavos revisaram os métodos de práticas agrícolas e industriais de Stalin aprovados por eles. Além do absurdo macabro de causar milhões de mortes, o sistema administrativo ultracentralizado causava embaraços e falta de iniciativa nas camadas inferiores da economia, afetando até os trabalhadores e camponeses. Boris Kidric, membro do Politburo e presidente da Comissão de Planejamento, estava entre os últimos que reconheciam isso, embora, a cada 24 horas, recebesse relatórios sobre o andamento dos trabalhos de todas as fábricas e canteiros de obras do país: "Nem mesmo os russos conseguiram isso — eles recebem relatórios apenas mensalmente. Dois caminhões cheios por dia!" E olha que chegaram a adverti-lo de que ele e seus subordinados não tinham tempo nem qualificação suficientes para analisar as informações que chegavam. Em vez de aprimorar os procedimentos soviéticos, Kidric estava obstruindo os canais de produção. Mas, de repente, enxergou uma réstia de luz: "Sabe de uma coisa, [analisar] esses relatórios diários enviados por todos os empreendimentos [é] a mais pura idiotice burocrática — um trabalho impossível de realizar."[480]

Diante da constatação, iniciaram debates sobre a melhor forma de adotar um sistema econômico menos rígido do que o modelo soviético. Agora, os comunistas iugoslavos pretendiam "criar a livre associação de produtores de Marx". De fato, a descoletivização foi anunciada em março de 1953. A obrigação que pesava sobre os jovens de realizarem trabalho braçal foi revogada. A partir de junho de 1950, a indústria foi reformada à medida que o governo, embora mantivesse o direito de propriedade sobre as empresas, criava projetos de "sistema de autogestão de trabalhadores". Conselhos locais ganharam certa liberdade para estabelecer seus próprios orçamentos. A ideia era levar conselheiros urbanos, gerentes de fábricas

A VIA IUGOSLAVA

e trabalhadores a desenvolver um interesse concreto pelo aumento da produtividade. Enquanto isso, na zona rural, as cooperativas de operários-camponeses concediam aos trabalhadores agrícolas uma parcela de todo lucro obtido com o aumento da produção. Com isso, os líderes comunistas esperavam evitar o mesmo espírito de ressentimento popular que tomou conta da URSS.[481] O objetivo deles era explícito. Mesmo num sistema comunista, a Iugoslávia iria tentar realizar uma transformação revolucionária sem sofrer a coerção constante dos que eram mantidos sob o guante opressor de Stalin. Embora Tito continuasse bastante disposto a reprimir seus ostensivos inimigos políticos, tencionava agora formar um sistema de governo comunista capaz de lhe conferir popularidade.

Em 1946, a Iugoslávia adotou uma nova Constituição e se declarou uma república popular com seis repúblicas federadas: Sérvia, Croácia, Eslovênia, Montenegro, Bósnia-Herzegóvina e Macedônia. Duas províncias autônomas foram criadas na Sérvia, que foram o Kosovo e a Voivodina. Dentro de suas fronteiras, a nação titular de cada república teve assegurada considerável liberdade de expressão e autonomia. Os comunas iugoslavos tomaram providências para a criação de escolas e meios de comunicação voltados para os vários idiomas da federação. Apesar do ateísmo oficial, igrejas e mesquitas foram preservadas e puderam ser usadas pelos fiéis. Determinaram que o conflito bárbaro entre sérvios e croatas na Segunda Guerra Mundial deveria ser relegado ao esquecimento. Infelizmente, as fronteiras não podiam ser retraçadas segundo rigorosos critérios etnodemográficos. Assim, havia sérvios espalhados pela Croácia e croatas habitando partes da Sérvia. A Bósnia-Herzegóvina era uma confusa mistura de croatas, sérvios e outros povos — e muitos de seus cidadãos não eram cristãos, mas muçulmanos. O Kosovo era considerado um tesouro por patriotas sérvios, pois fora o local da batalha contra os turcos, em 1389, porém era habitado principalmente por albaneses (foi por esse motivo que os comunistas iugoslavos adotaram o princípio de província autônoma). O comunismo afirmava ser capaz de solucionar problemas de inimizades entre os povos de uma forma impensavelmente melhor do que qualquer outro sistema de governo iugoslavo, porém antigos inimigos não tinham sido extintos da região.

Tito era metade esloveno, metade croata. Sua herança mestiça ajudava a amenizar discordâncias populares. Era de grande ajuda também sua capacidade para defender o país. A Iugoslávia era malquista no leste da Europa e ficava agitada, com medo de guerras, toda vez que os soviéticos faziam mobilização de tropas. Quando, em 1950, estourou a Guerra da Coreia, houve séria preocupação em Belgrado diante da possibilidade de que Stalin aproveitasse a ocasião para invadir a Iugoslávia. Além do mais, a recuperação econômica do pós-guerra estava sendo lenta e dolorosa. A Iugoslávia precisava crescer economicamente para ampliar sua capacidade militar, e seu povo clamava por mais comida, roupas e moradia. Diante disso, os líderes iugoslavos foram em busca de parceiros estrangeiros. Tito fez propostas a partidos socialistas e social-democratas de países da Europa Ocidental. Procuraram também o Partido Trabalhista Britânico e, dessa vez, Attlee reagiu favoravelmente.[482] Os líderes iugoslavos estavam deixando de preocupar-se com o fato de seus prestadores de ajuda serem companheiros socialistas ou não. A reação dos componentes estranhos ao Pacto de Varsóvia foi entusiástica. Lester Pearson, secretário de Estado das Relações Exteriores do Canadá, observou: "Acho que nunca serei comunista, mas, se eu for, serei um comunista iugoslavo."[483] (Pearson era liberal.) O governo americano manifestou um entusiasmo parecido, já que levou em conta que Tito era o inimigo do principal inimigo do Ocidente e deveria ser tratado como amigo, independentemente de sua ideologia e de suas práticas repressivas.

Só entre 1949-1952, Belgrado recebeu ajuda de emergência no valor de meio bilhão de dólares.[484] Isso serviu para compensar o embargo econômico que Stalin impunha aos iugoslavos. A segurança militar foi aprimorada quando países da Europa Ocidental venderam armas à Iugoslávia.[485] Essa decisão engendrou justamente a situação que Stalin quisera evitar a todo custo: a intromissão do capitalismo ocidental no Leste comunista. Aliás, Tito teve que pagar um preço político por isso. Assim, abandonou seu apoio efetivo ao movimento revolucionário comunista na Grécia e desistiu de suas pretensões de anexação territorial de Trieste. A Grécia e a Itália eram aliadas dos Estados Unidos, e a Iugoslávia tinha que respeitar a integridade territorial desses países, pois, do contrário, perderia o direito à ajuda americana.[486]

Seu partido comunista foi reformado, de modo que se distanciasse de qualquer associação com a URSS. A partir de 1952, passou a ser chamado de Liga dos Comunistas da Iugoslávia. Junto com a mudança de nome, veio a promessa de reformas políticas. Deliberaram que a liga se limitaria a debater e doutrinar, além de parar de dar ordens.[487] Os intelectuais receberam permissão para explorar e debater os fundamentos do marxismo. Com isso, começaram a aparecer críticas a Lenin e suas políticas. Enquanto as discussões prosseguiam, Tito se manteve sossegado. Ao contrário de líderes comunistas contemporâneos seus, não fez nenhuma reivindicação a originalidades como pensador. O objetivo disso tudo era recapitular o que fora originalmente proposto por Marx e Engels. Ao refletirem sobre

A VIA IUGOSLAVA

a situação da URSS, os escritores iugoslavos negaram que algum dia ocorreria "a extinção do Estado", segundo as predições de Lenin em *O Estado e a revolução*. Asseveraram que o sistema político e econômico soviético não era socialista de jeito nenhum, mas um regime de "capitalismo estatal".[488] Já os membros da Liga dos Comunistas da Iugoslávia afirmaram que seus projetos de federalismo, descentralização institucional e sistema de autogestão de trabalhadores constituía um retorno, adiado de longa data, às fontes da pura tradição marxista.

Nem todos os principais comunistas iugoslavos estavam contentes com os desdobramentos das novas diretrizes políticas. Do grupo dirigente em torno de Tito, faziam parte Edvard Kardelj, Aleksandar Rancovitc e Milovan Djilas. Este último se firmava cada vez mais na oposição, pois detestava o culto prestado a Tito, que ele achava havia degenerado a função de comandante supremo. Odiava também a União Soviética, com sua burocracia opressora e tirania imperialista, e excedia até mesmo a Tito em sua vontade de dizer o que pensava sobre o Kremlin. Em 1954, devolveu sua carteirinha de membro do partido. Foi preso em novembro de 1956, quando Tito começou a querer provar que estava seriamente disposto a se reaproximar de Moscou. Mas Djilas se recusou a voltar atrás em suas opiniões e até escreveu *A nova classe*, uma das mais contundentes denúncias do abismo existente entre governantes comunistas e a classe trabalhadora, em cujo nome haviam feito a revolução. O que Djilas revelou era verdadeiro não apenas em relação à Iugoslávia, mas aplicável também a todo país em que o comunismo controlava o poder estatal.

A morte de Stalin havia aliviado a situação da Iugoslávia, uma vez que, em Moscou, o Presidium (tal como o Politburo passou a ser chamado a partir de 1952) procurou reconciliar-se com Belgrado. Tito deu boas-vindas às propostas de Nikita Khrushchev, o sucessor de Stalin, porém advertiu que só faria negociações se fosse tratado de igual para igual[489] e se recusou terminantemente a ir a Moscou. Em 1955, já ficando impaciente, Khrushchev decidiu embarcar com Malenkov num avião para a Iugoslávia. No país, deu o maior vexame com as piadas indecentes que contou em banquetes e por haver ficado bêbado até cair. Numa manobra inteligente, Tito pressionou os líderes soviéticos a aceitarem o direito da Iugoslávia de seguir seu próprio caminho na comunização do país. Enquanto isso, tratou de procurar outros amigos no mundo. Junto com Jawaharlal Nehru e Gamal Abdel Nasser, ajudou a criar o Movimento dos Países Não Alinhados, que buscava estabelecer uma via de trânsito político neutro entre a URSS e os EUA. A ideia era proteger os interesses das potências globais menores, e

Tito buscou ser o representante dos povos na condução das muitas lutas de libertação nacional. Isso o tornou um rival de Khrushchev na diplomacia internacional, fazendo com que as coisas pudessem degenerar, em pouco tempo, noutra ruptura política entre a Iugoslávia e a URSS. Os acontecimentos, porém, seguiram na direção oposta dessa perspectiva. Em 1956, o Levante Húngaro contra o comunismo assustou Tito, que recorreu ao apoio político da União Soviética, fazendo apelos para uma invasão militar ao território magiar. Para ele, a preservação do Estado de partido único era assunto inquestionável. Achava que os rebeldes húngaros mereciam ser eliminados.

As esperanças oficiais de melhora da economia iugoslava se revelaram irrealistas. Embora a produção industrial houvesse crescido 62 por centro entre 1952 e 1956, a maior parte desse crescimento ocorreu no setor de produção de bens de capital. E os consumidores se queixavam, acusando os dirigentes de haver negligenciado suas necessidades. Existiam também discrepâncias regionais. O norte do país tinha se beneficiado da herança do governo dos Habsburgos e avançava de forma constante e mais exitosa do que a região sul, sequela do Império Otomano.[490] A Eslovênia, a Croácia e o norte da Sérvia progrediam, enquanto o restante da Iugoslávia se arrastava. Diante do quadro, Tito passou a cultivar um exagerado senso de "iugoslavismo" (*Jugoslavenstvo*) e lutou para conseguir estabelecer uma ordem política consensual e uma economia vibrante.[491] Em todo caso, não fazia sentido ignorar o sul, com seus recursos naturais abundantes e seu universo de mão de obra ociosa.[492] As tensões decorrentes da governança política eram imensas. Nenhum dos líderes das repúblicas podia defender abertamente a adoção de uma agenda nacionalista, mas podiam todos fazer isso de maneira indireta e solerte, lançando apelos em favor de uma fatia maior das verbas estatais destinadas ao orçamento de cada república. Algo que piorava as coisas era o poder crescente da Sérvia. Os sérvios dominavam o corpo de oficiais das Forças Armadas da Iugoslávia e Aleksandar Rankovic, o chefe de polícia, favorecia sorrateiramente os interesses da Sérvia, em detrimento do restante da Iugoslávia.

Em 1968, Tito demitiu Rankovic da chefia da corporação. Rankovic, o homem de ferro da Revolução Iugoslava, desfez-se em lágrimas ao deixar a reunião, mas ninguém sentiu muita falta dele, exceto seu amigo Kardelj. Quando Tito conversou com ele a respeito de sua decisão de demitir Rankovic, Kardelj o surpreendeu com queixas sobre o fato de que havia anos que seu telefone estava grampeado. "Por que você não me disse isso?!", perguntou Tito brusca e rispidamente. "Achei que tinha sido *você* que havia mandado grampeá-lo...", respondeu Kardelj.[493]

A VIA IUGOSLAVA

A aposentadoria forçada de Rankovic foi acompanhada por uma mudança de atitude na política nacional e de segurança estatal. Foram feitas concessões às repúblicas. Mas Tito exigiu obediência, usando seu carisma e autoridade para estabilizar a situação política. Aprimoraram a autonomia cultural e administrativa do Kosovo e os albaneses ganharam uma universidade em Pristina.[494] Os croatas, que vinham dando mostras de inquietação, obtiveram concessões para sua república. A partir da década de 1960, continuaram as reformas na direção do relaxamento dos controles centralizadores da economia. As exigências fiscais do governo iugoslavo foram reduzidas.[495] Ainda assim, disso não resultou nenhuma melhora permanente na situação geral e vários problemas foram relegados ao abandono. Os jovens mais brilhantes começaram a partir em busca de emprego na Alemanha Ocidental. O êxodo na agricultura deixou para trás um setor agrário dependente do trabalho de um número crescente de idosos.[496] Os estudantes imitavam a juventude rebelde dos Estados Unidos e da Europa Ocidental. Em Belgrado, chegaram a bloquear o acesso a instituições acadêmicas, clamando: "Não existe socialismo sem liberdade, nem liberdade sem socialismo!"[497] A Iugoslávia era o único país do Leste Europeu que dava a impressão de que poderia ser convulsionado por uma revolta de estudantes insatisfeitos e anárquicos, tal como havia acontecido na França e na Itália.

Quando os líderes das repúblicas fracassaram em seu dever de serem justos e imparciais em seu tratamento das minorias nacionais, somente Tito foi capaz de impedir que as coisas saíssem do controle. Em 1971, ele censurou duramente os líderes da Croácia em Zagreb: "Desta vez, vou falar primeiro. Como podem ver, estou muito irritado. Foi por isso que os convoquei, mas a reunião não vai durar muito." Seguiram-se exonerações e demissões em massa. Em 1972, foi a vez dos líderes da Sérvia, os quais repreendeu com veemência e os fez entrar na linha.[498] Entretanto, as linhas que mantinham costurada a colcha de retalhos do sistema federativo estavam cada vez mais puídas e só mesmo Tito impedia que esse pano se rasgasse. Na época com setenta e poucos anos, ainda parecia indestrutível. Os políticos de sua geração estavam mortos ou aposentados da vida pública. No exterior, era festejado como o líder que havia se recusado a curvar-se ante as intimidações da União Soviética e continuava como um símbolo do Movimento dos Países Não Alinhados.

Em 4 de maio de 1980, a morte insinuou-se na fortaleza espiritual do leão da Iugoslávia — fundador do Estado no pós-guerra e seu líder vitalício —, e Tito morreu. Na época, correu de boca em boca a seguinte piada:

302

DISSEMINAÇÃO

Pergunta: Qual a diferença entre a Iugoslávia e os EUA?

Resposta: Nos EUA, você trabalha por quarenta anos e depois serve como presidente por quatro anos; na Iugoslávia, você combate durante quatro anos e depois permanece como presidente por quarenta anos.[499]

Durante algum tempo, os líderes republicanos se mantiveram unidos, pelo menos quando se encontraram em Belgrado, onde selaram um acordo para instalar uma presidência coletiva. Ficou acertado que o cargo seria ocupado em sistema de rodízio.[500] Prestavam-se homenagens constantes à memória de Tito, apesar de haver deixado um legado econômico nem um pouco invejável. A dívida externa iugoslava havia crescido para o equivalente a 8 por cento do Produto Interno Bruto. O número de credores dispostos a conceder empréstimos aos países do Leste Europeu era cada vez menor.[501] No país, começaram a ecoar apelos em favor da instauração de um sistema multipartidário e ressentimentos nacionalistas eram externados sem as inibições do passado. Embora os órgãos de censura prévia tivessem sido preservados, opiniões discordantes passaram a ser publicadas com frequência cada vez maior. A estagnação industrial agravou-se. A agricultura parou. Ninguém no país acreditava mais que o "modelo iugoslavo" de comunismo constituía um rival confiável das economias capitalistas. A morte do patriarca piorou uma situação já bastante crítica.

Todavia, as realizações do comunismo iugoslavo não eram nada desprezíveis. Afinal de contas, Tito foi o líder que enfrentou a URSS. Apesar de sua inquestionável determinação, não teria durado quase nada no poder se não fosse a ajuda econômica do Ocidente. Foi um líder verdadeiramente popular. Como o consagrado líder da luta pela libertação do país, foi alvo de um calor humano das multidões invejado por todos os governantes comunistas da Europa Oriental. O povo da Iugoslávia tinha o mais alto padrão de vida na região e era invejado pelo mundo comunista. Além do mais, a aplicação prática dos termos da constituição federal por parte de Tito foi magistral. Uma guerra poderia ter sido facilmente deflagrada no seio dos vários grupos nacionais e religiosos, mas a paz e a ordem prevaleceram. Os cidadãos da Iugoslávia podiam fazer viagens ao exterior. Aliás, o governo reconheceu os benefícios das remessas em dinheiro da Alemanha Ocidental e permitiu que seus trabalhadores exercessem seus ofícios lá como "trabalhadores convidados". A TV, o rádio e os jornais de Belgrado gozavam de considerável liberdade para criticar abusos de poder. Era maior no país a variedade de roupas e alimentos do que em qualquer outro dos Estados

A VIA IUGOSLAVA

comunistas. Os lares das áreas rurais tocavam suas vidas adiante sem a necessidade de se preocuparem com aquilo que o governo decretava.

Contudo, esse estava longe de ser o tipo de sociedade objetivado pelos camaradas da luta armada antes de 1945. Dissidentes como o ex-marxista Djilas e o estudioso filósofo marxista Mihaylov enxergavam a realidade de uma forma mais lúcida do que os entusiastas admiradores de Tito — que iam desde os membros da Quarta Internacional a astros do cinema, como Richard Burton e Elizabeth Taylor — e que lhe rendiam homenagens. A Liga dos Comunistas passou a governar o Estado de partido único. Embora Tito concedesse liberdade maior à dissidência do que a normalmente concedida então em outros países do Leste Europeu, esmagava o menor sinal de objeção ao comunismo. A economia já estava em frangalhos bem antes de sua morte: o sistema de autogestão dos trabalhadores era sinônimo de incompetência gerencial. Iniciativas de pesquisas e desenvolvimento tecnológico nacionais eram insignificantes. Os povos mal dissimulavam as hostilidades entre as nações da federação e havia grande ressentimento pelo poder que os sérvios detinham no Estado iugoslavo. Além do mais, o povo sabia muita coisa sobre as condições de vida nos países da Europa Ocidental. A ajuda financeira externa é que mantinha viáveis as dotações orçamentárias. A essa altura, a ideologia comunista empolgava o coração de poucos, até porque não havia mais a sensação de progresso ou perspectivas de avanço na Iugoslávia comunista. Em suas viagens pela Alemanha Ocidental à procura de trabalho, os "trabalhadores convidados" da Iugoslávia mencionavam nas cartas enviadas para casa as atrações do país estrangeiro. O abismo em matéria de liberdade, conforto material e expectativa de vida que havia entre o comunismo dos Bálcãs e as democracias capitalistas e liberais do Ocidente estava mais fundo do que nunca.[502]

22. A EUROPA OCIDENTAL

Enquanto o Bloco Soviético estava sendo estabelecido na Europa Oriental, os irmanados partidos comunistas da maioria dos países ocidentais se adaptavam para uma existência livre e aberta. Da Grécia à França, houve um prolongado surto de atividade generalizada em 1944-1945, quando os países foram libertados do jugo nazista. Na Europa Ocidental, as exceções foram Portugal e Espanha, onde os regimes fascistas do general Franco e de Salazar continuaram a banir partidos comunistas e prender seu minguante número de militantes. Dolores Ibárruri — conhecida como La Pasionaria — era cansativamente citada em Moscou, onde se refugiara depois da Guerra Civil Espanhola para denunciar a opressão massacrante das liberdades civis e políticas em toda a península Ibérica.

As democracias liberais haviam modificado suas estratégias de governo. Na Europa Ocidental, muitas delas estavam compromissadas com a redução das desigualdades sociais, o aprimoramento da educação em massa, o aumento da estatização e a regulamentação econômica. Em vários países, o fornecimento de bem-estar social ganhou importância em sua agenda política. Nesse sentido, os britânicos saíram na frente, elaborando um programa de previdência social e de serviços de saúde pública gratuitos. Os grupos políticos da região começaram a defender o recurso a planejamentos governamentais. Prática comum em todos os países beligerantes na época da guerra, foi, na verdade, preservado, já que considerado mecanismo-chave da recuperação industrial e econômica. Sindicatos começaram a surgir em toda parte. Nesse ambiente de pós-guerra, a democracia multipartidária e a liberdade cultural foram a norma, exceto na península Ibérica. A religião podia ser praticada, sem quase nenhuma interferência. A cooperação internacional foi aclamada como a meta a perseguir, num quadro político-social permeado de conversas constantes sobre a necessidade de se criar um mundo justo.[503] O governo Truman achava-se contente com o fato de que os países da Europa Ocidental estavam fomentando economias de mercado, promovendo liberdade e meios de profissão religiosa do cristianismo, bem como permitindo o acesso americano a suas economias. Porém, o mais importante era que seus governos eram hostis

A EUROPA OCIDENTAL

ao comunismo. Os políticos do Partido Trabalhista Britânico, tais como o ministro das Relações Exteriores Ernest Bevin, emulavam o líder do Partido Conservador, Winston Churchill, em denúncias de abusos cometidos na URSS e nos países do Leste Europeu.

Os partidos comunistas se revelavam flexíveis diante dessas pressões. Palmiro Togliatti, após viver anos como exilado político em Moscou, passou a insistir que Dimitrov lhe desse permissão de voltar para a Itália, onde Pietro Secchia, que logo se tornaria seu assessor de partido, chefiava a resistência antifascista italiana.[504] O líder comunista francês Maurice Thorez havia passado também o período da guerra na capital soviética, enquanto seu assessor, Jacques Duclos, continuou na França para coordenar as atividades da clandestina Maquis — mas Thorez não via a hora de voltar para seu país. Os comunistas franceses, italianos e gregos haviam engrossado a resistência aos nazistas com a realização de ações de sabotagem, transtornos e matanças. Ser capturado pelos nazistas significava morte na certa, geralmente após torturas horríveis. Eles surgiram no palco do combate antiocupacionista em 1945, como campeões de libertação de seus povos.

Esses comunistas denunciaram a triste história da atuação do clero cristão em seus países durante a guerra. Observaram que o Vaticano tinha se mancomunado com Mussolini e Hitler e que os bispos católicos franceses haviam apoiado o regime-fantoche do marechal Pétain, em Vichy, até o momento de seu colapso.[505] Ademais, destacaram a disposição de empresários e políticos conservadores para combater o Terceiro Reich ou promover reformas sociais fundamentais. Os comunistas da Europa Ocidental, após tirarem a venda que os induzia a defender cegamente o pacto nazi-soviético, alegavam que estavam sozinhos em seu esforço para defender os interesses nacionais e deter o avanço do "imperialismo americano". (De Gaulle, porém, subiu ao poder em 1945 com a intenção de prender Thorez, por este haver desertado do exército francês, e teve que ser convencido a desistir disso.)[506] Denunciaram também a corrupção existente no governo, no comércio e na indústria desde a libertação de seus países. Observaram que as grandes companhias que haviam prosperado durante a ocupação nazista ainda eram importantes no cenário nacional. Ridicularizavam outros partidos da esquerda por compactuarem com a burguesia e pintaram um quadro sombrio do futuro, que alegavam que só poderia ser evitado se os países da Europa Ocidental parassem de perder tempo com o capitalismo. Para eles, a luta contra o fascismo não era suficiente: teria que ocorrer uma transformação total da política, da economia e das condições sociais.

No fim da guerra, já havia ministros comunistas em governos de coalizão da França, Itália, Bélgica, Finlândia e Dinamarca. Antes de partirem de volta para seus países, Thorez e Togliatti haviam acordado suas futuras diretrizes políticas com os líderes soviéticos. Stalin teve uma longa conversa com Togliatti em março de 1944, e com Thorez, em novembro.[507] Informações trazidas de seus países eram complexas e sujeitas a atualizações, mas Stalin, Molotov e Dimitrov aceitaram, embora relutantemente, que tinham que confiar na análise e nos conselhos dos líderes comunistas refugiados. Ao mesmo tempo, tanto Thorez quanto Togliatti entenderam que o Kremlin se via pressionado pelos interesses da URSS e, principalmente, pela necessidade de evitar uma ruptura com os aliados do Ocidente. Sabiam também que eles solicitariam o apoio da União Soviética num futuro próximo — e, como experientes integrantes do Comintern, nunca questionavam a conveniência do unitarismo do comunismo global. As conversas produziram um acordo sobre a linha de ação a adotar. Togliatti achava que deveria lutar em prol de políticas radicais, tais como abolir a monarquia e separar a Igreja do Estado, mas Thorez e o próprio Togliatti aceitaram o conselho de Stalin, de que deveriam evitar superestimar a força deles.[508] Stalin desejava também assegurar a Roosevelt e a Churchill que não tinha nenhuma intenção de causar problemas desnecessários na metade ocidental da Europa, justamente numa época em que queria impedir que se intrometessem em seus assuntos no leste. Chegou a ordenar que os comunistas evitassem exibir "excesso de zelo" na defesa da União Soviética.[509]

Togliatti chegou a Salerno em 27 de março de 1944 e concitou o Partido Comunista Italiano a voltar a se comprometer com a realização de seus objetivos anteriores. Era algo difícil de conseguir. Afinal, os comunistas italianos estavam confiantes em sua capacidade para avançar sobre o poder, até porque tinham grupos armados e não viam nenhum grupo político no país que rivalizasse com eles como potenciais mobilizadores da opinião popular. Queriam seguir uma estratégia de ação direta e dinâmica. Tolgliatti objetou, afirmando que as esperanças dele de empreender uma insurreição liderada pelos comunistas deveriam ser abandonadas. Argumentou que precisavam achar "uma via nacional de instauração do socialismo"; que deviam criar um "novo partido" (*partito nuovo*), por meio do recrutamento em massa, e que a existência do pequeno partido clandestino não tinha mais razão de ser. Explicou que isso envolveria a necessidade de concentrarem esforços na tentativa de elegerem candidatos comunistas para o Parlamento e de conseguirem cargos num ministério de coalizão. Acrescentou que uma aliança com a democracia cristã no governo não deveria ser desprezada. Ponderou que deveriam evitar conflitos com a Igreja Católica e suspender a campanha contra a monarquia. Togliatti queria que os comunistas fossem reconhecidos

A EUROPA OCIDENTAL

como os verdadeiros patriotas do país. Desse modo, esperava conquistar os segmentos da sociedade que sempre foram hostis ao partido.

O Partido Comunista Francês seguiu essa mesma linha de ação. Certa vez, Thorez declarou: "Atualmente, a produção é a maior forma de dever de classe, do dever dos franceses." Ele afirmou isso numa reunião de mineradores no norte da França que achavam que ele tomaria a frente deles na realização de greves e manifestações de protesto.[510] Nem todos os comunistas aprovaram esses compromissos. Muitos militantes que haviam combatido na resistência antigermânica estavam loucos para pegar em armas de novo. Na Itália, Secchia revelou, embora talvez apenas entre os companheiros mais importantes, seu desejo de voltar a seguir a linha de ação insurrecionista.[511]

No início, os resultados obtidos por Thorez e Togliatti foram impressionantes. Assim, os comunistas franceses saíram das eleições de agosto de 1945 como o maior partido político da França, conquanto sem conseguir maioria absoluta. O resultado disso, porém, não foi um governo liderado por comunistas. De Gaulle, que era o presidente do país, recusou-se a atender a exigência deles de concessão de cargos ministeriais para lidar com política externa, defesa e segurança nacional na coalizão nascida do novo quadro político. A Thorez foi confiada apenas a pasta da administração das instituições públicas.[512] Embora De Gaulle tivesse renunciado em janeiro de 1946, persistiram as desconfianças em relação às intenções dos comunistas. Mas Thorez não desistiu da luta. Em novembro de 1946, seu partido foi novamente o vencedor do pleito, com maioria de votos. O socialista Paul Ramadier tornou-se primeiro-ministro, desta vez com Thorez como vice. Por fim, parecia que valia a pena os comunistas trilharem a "via parlamentar". No entanto, Thorez logo se decepcionaria. Em maio de 1947, os ministros comunistas foram demitidos e criaram uma nova coalizão, já que os socialistas estavam buscando ajuda política e financeira dos Estados Unidos. Quando os participantes da I Conferência do Cominform criticaram o Partido Comunista Francês por sua falta de zelo revolucionário, Jacques Duclos aceitou as críticas, sem mencionar que seus companheiros vinham seguindo as diretrizes de Moscou na época. (Ninguém se preocupava muito com ele: Duclos atuara como a marionete dos soviéticos na liderança do partido, denunciando o líder comunista americano Earl Browder em 1945 e criando a situação que resultaria em sua expulsão do partido.)[513]

Nas eleições italianas de abril de 1948, os comunistas e os democratas-cristãos se viram numa disputa direta, como os dois partidos mais populares. Fora uma campanha brutal, em que Togliatti esperava vencer, numa aliança com outros partidos da esquerda. Aliás, sua maior preocupação era sobre o que fazer se os inimigos do comunismo tentassem subverter os resultados. Nesse caso, o Partido Comunista deveria organizar uma revolta? Moscou repassou firmes recomendações, aconselhando Togliatti a não fazer isso.[514] Era evidente que a URSS não queria arcar com mais uma complicação nas relações com o Ocidente. Enquanto isso, os EUA atuavam nos bastidores, regando a horta de Alcide de Gasperi e dos democratas-cristãos com abundante apoio financeiro. Além do mais, os americanos prometeram devolver Trieste à Itália se os italianos formassem um governo não comunista e ameaçaram cortar os benefícios do Plano Marshall no caso de uma vitória eleitoral dos comunas. As Forças Armadas americanas foram mantidas secretamente de prontidão para intervir se o resultado nas urnas seguisse o caminho errado.[515]

Os comunistas italianos não conseguiram rebater a contento a acusação dos democratas-cristãos de que eram os meninos de recado de Stalin — até Umberto Terracini, importante membro do partido, repreendeu Togliatti acerbamente pelo fato de ele obedecer mecanicamente às ordens do Kremlin. (Com muita adulação, Terracini foi induzido a retirar suas críticas).[516] Na ocasião, o Vaticano engrossou o caldo da parlenda com ataques virulentos ao comunismo ateu e o papa Pio XII passando a rotular todo aquele que votasse em "partidos e potências que negassem a existência de Deus" como "desertor e traidor". A chegada de navios americanos com suprimentos foi exibida em cinejornais. Para desmoralizar os comunistas e causar-lhes transtornos desmanteladores, sem de fato bani-lo da vida política, o governo italiano fez tudo que lhe foi possível. A eleição sofreu uma contestação feroz, mas sem violência. Togliatti havia formado uma coalizão com o Partido Socialista Italiano, então sob a liderança de Pietro Nenni, para participar da disputa eleitoral, e, montado o aparato, fizeram críticas clamorosas aos problemas de desemprego, pobreza e desigualdade social, frisando que precisavam ser enfrentados com determinação. Até o dia da votação, o resultado da campanha continuou incerto. Por fim, apurou-se que os democratas-cristãos haviam levado 48,5 por cento dos votos, feito que, embora não fosse maioria absoluta, deu motivo para De Gasperi comemorar. Já a coligação entre comunistas e socialistas conseguiu apenas 31 por cento. De Gasperi formou uma coalizão com os partidos de centro e de centro-direita, descartando totalmente qualquer aliança com os comunistas.

Desse momento até a extinção espontânea do Partido Comunista Italiano, em 1991, nenhum governo italiano permitiu que comunistas participassem de coalizões. A Itália entrou para a Otan no ano de sua formação, em 1949, optando por uma orientação política em favor dos EUA e do Ocidente. Até a volta de Charles de Gaulle como presidente, em 1958, foi

A EUROPA OCIDENTAL

o caso também da França. (De Gaulle retirou seu país da estrutura militar da Otan em 1966, porém continuou a cooperar com os americanos sob o véu de uma retórica agressiva.)

Togliatti, contudo, excursionou em campanha pelas grandes cidades do norte e do sul, afirmando a resolução do partido para achar um meio de chegar ao poder. Recusou a proposta do "prezado camarada Stalin" para abandonar Roma e chefiar o Cominform.[517] Agora que havia conseguido escapar da jaula na URSS, não queria voltar para lá voluntariamente. Em julho de 1948, quase perdeu a vida na Itália, quando um estudante se aproximou dele e de seu companheiro Nilde Jotti e disparou-lhe um tiro no peito. O partido culpou o governo pelo atentado e organizou manifestações de protesto. Convocaram uma greve geral. Diante disso, aumentaram os boatos de que os líderes comunistas provocariam uma insurreição, como resposta à tentativa de assassinato. Felizmente, Togliatti teve uma recuperação rápida e ordenou que seus seguidores evitassem todo ato de violência. "Acalmem-se", determinou ele. "Não percam a cabeça!" Nas décadas seguintes, os comunistas constituíram o maior partido da oposição em sucessivas eleições. Apesar das críticas na I Conferência do Cominform, os comunistas italianos continuaram a se manter, obedientes ao seu princípio máximo de ação política, dentro dos limites da constituição, embora não fossem o que pareciam ser, mesmo porque, conquanto levantassem fundos de membros do partido, imploravam e recebiam secretamente verbas de Moscou.[518] Eles tinham um aparato clandestino, supervisionado por Pietro Secchia, para usá-lo em caso de possíveis situações de emergência, quando o governo resolvesse suprimir o partido. Enquanto se concentrava no fomento de seus objetivos por meios eleitorais, Togliatti mantinha-se preparado para o pior.

Na época, suas preocupações com uma possível supressão do partido não eram incomuns. John Gollan, subsecretário-geral do Partido Comunista da Grã-Bretanha, numa conversa com um visitante de nome ignorado em 1948, fez uma comparação desfavorável do Reino Unido com a União Soviética. Asseverou que, na URSS, a maioria das pessoas "nunca tinha visto um agente secreto e jamais veria". O visitante objetou: "Mas aqui ninguém sofre espancamentos ou execuções secretas!" Gollan não se comoveu: "Não. Porque não há necessidade de execuções *ainda*. Porém, um dia, haverá." Quando solicitado a justificar seu ponto de vista, ele contou uma história de um conhecido seu do País de Gales que fora "atirado ao chão por um policial e chutado várias vezes".[519]

De fato, as autoridades da maior parte dos países do Ocidente evitavam atos de violência em sua tarefa de controlar os comunistas. Na Itália e na

França, as pessoas reconheciam que a franca eliminação dos comunistas provocaria guerra civil e era inegável que os partidos comunistas tinham um apoio imenso da população em ambos os países. Por isso mesmo, os infensos ao comunismo intensificaram a propaganda ideológica contra o marxismo, a URSS e as ligações existentes entre o Kremlin e os partidos comunistas europeus.[520] Aumentaram também a vigilância e criaram planos de ação militar para uma possível ocasião em que os comunistas estivessem prestes a conquistar o poder.[521] Por meio do Plano Marshall, os americanos forneciam abertamente ajuda financeira aos países europeus para a recuperação de suas economias. Todavia, Washington usava também técnicas clandestinas para a defesa de seus interesses e inundava o solo europeu com recursos financeiros para apoiar partidos anticomunistas. Nas três décadas seguintes a partir de 1948, a CIA injetou em torno de 65 milhões de dólares na Europa — e esse total não inclui o dinheiro oferecido por fontes particulares.[522] Isso exigiu da URSS uma reação à altura. Embora o Partido Comunista Italiano sempre tivesse recebido fundos da União Soviética, essa ajuda aumentou quando Togliatti voltou à militância política. Assim, espiões viajavam constantemente entre Moscou e Roma, e os comunas chegaram a criar uma seção especial no aparato do Partido Comunista Italiano para mascarar a origem dos valores em moeda americana.[523] Nesse aspecto, a Itália e a França eram as peças-chave do fomento subversivo dos soviéticos e, no caso dos EUA em relação a esses países, alvos da manutenção da hegemonia americana.

Stalin estava fazendo estudos e sondagens para aprimorar a influência soviética na Europa Ocidental, mas de tal forma que evitasse a eclosão de uma guerra. Ao contrário daquilo em que muitos acreditavam, ele não se sentia preso a acordos feitos em Teerã, Yalta e Potsdam. De fato, testava frequentemente a determinação dos EUA, da Grã-Bretanha e da França em impedir o avanço de seus objetivos. Um exemplo inicial nessa história foi a situação da Grécia. Quando, em outubro de 1944, as forças alemãs se retiraram do país, o Partido Comunista da Grécia criou seu braço armado — ELAS —, que ficou subordinado ao exército britânico com a permissão de Moscou.[524] No entanto, em pouco tempo o Partido Comunista da Grécia optou pela autonomia e rebelou-se. Seguiram-se conflitos entre os comunistas e os britânicos junto com as forças do novo governo grego, apoiado pelos britânicos. Na época, porém, Stalin precisava manter boas relações com o Reino Unido por motivos estratégicos e ficou irritado com os companheiros gregos por não o terem consultado.[525] Sem ajuda externa, o Partido Comunista da Grécia não obteve sucesso e a revolta morreu. Contudo, Stalin mudou de ideia, movido pela esperança de conseguir inimizar os americanos

A EUROPA OCIDENTAL

e os britânicos com a Grécia. Para isso, teve a felicidade de poder contar com o líder do partido, Nikos Zachariadis, que engodaria o governo politicamente. Assim, os comunistas acusaram os ministros de promover o "monarcofascismo", mas também afirmaram que os britânicos queriam dominar o Mediterrâneo inteiro.[526]

Por volta de 1946, eles estavam ansiosos para retomar a luta armada. O obstinado Zachariadis deu prosseguimento à sua linha de ação política, participando de debates acalorados entre os companheiros da liderança partidária.[527] Ele precisava do apoio dos Estados comunistas para conseguir equipamento militar e obteve o que queria em suas viagens a Belgrado, Praga e Moscou. Seu plano era conquistar os povoados da Grécia com uma campanha discreta, de modo que evitasse uma intervenção precoce dos britânicos.[528] Todavia, Stalin voltou a mudar de ideia e o aconselhou a dar ênfase a medidas políticas, em vez de à luta armada.[529] Porém, Tito e os iugoslavos continuaram a prestar ajuda material e assessoria aos comunistas gregos. Achavam que, como tinham vencido uma guerra civil, seus camaradas de Atenas podiam fazer a mesma coisa e, com isso, expandir o comunismo para o litoral do Egeu. Depois do anúncio do Plano Marshall, Stalin tornou a abraçar a opção militar e parou de tentar conter o Partido Comunista da Grécia em suas inclinações revolucionárias. Desse modo, os soviéticos despacharam equipamentos militares às pressas e secretamente para a Grécia.[530] Os gregos instituíram um governo revolucionário provisório. Mas ficou claro que os comunistas gregos, bem como seus simpatizantes iugoslavos, haviam superestimado sua força e capacidade. Stalin se enganara e mandou que encerrassem o movimento insurrecionista na Grécia.[531]

O que contava para ele era o fato de que, na região do Mediterrâneo, o inimigo tinha uma força muito superior. Ele queria impedir que as potências ocidentais se sentissem tentadas a realizar incursões na Albânia.[532] Afinal, a Europa Oriental era sagrada para ele e estava determinado a preservar o que havia sido conquistado pelas Forças Armadas da URSS. Não achava nem um pouco atraente causas perdidas e atos de heroísmo sem sentido e esperava que o movimento comunista mundial aceitasse, sem objeção, a sua maneira de ver as coisas.[533] O Kremlin teria adorado se a Grécia tivesse se tornado comunista, mas isso não aconteceu e Stalin exigiu que outros partidos comunistas aceitassem sua decisão.

Os comunistas iugoslavos se opuseram à mudança de orientação política de Stalin. E não foram os únicos. O líder comunista búlgaro Traicho Kostov exortou os soviéticos a enviar ajuda aos revoltosos gregos.[534] Isso gerou consequências funestas para as relações iugoslavo-soviéticas, além

DISSEMINAÇÃO

de causar a condenação fatal de Kostov, que foi executado, com a conivência de Stalin, no fim de 1948. Porém, nos meses seguintes o próprio Stalin hesitou em relação à questão dos gregos: ainda se sentia tentado a apoiar a insurreição grega ou pelo menos causar problemas para os "anglo-americanos" na Grécia.[535] Mas aí acabou ordenando que os comunistas, sob a chefia de Nikos Zachariadis e Markos Vafiadis, pusessem um fim à guerra civil. Zachariadis e Vafiadis eram fiéis a Stalin e ficaram do lado dele quando ocorreu o rompimento político entre a URSS e a Iugoslávia. No entanto, apesar de serem privados do envio de recursos de Moscou, os gregos se recusaram a parar de combater as forças reais, que recebiam ajuda abundante dos americanos. Os comunistas estacionados nas montanhas passaram a tomar medidas desesperadas. Começaram a fazer reféns, a perpetrar massacres terroristas e iniciaram um programa de recrutamento forçado de adolescentes em massa. Povoados suspeitos foram arrasados. Em ambos os lados do conflito, prevaleciam atos de tortura e chacinas. Contudo, os insurgentes comunistas não tinham chances de conseguir a vitória. Nos últimos meses de 1949, a revolta comunista foi massacrada e as forças antigovernamentais remanescentes fugiram para a Albânia.

A vingança contra os comunistas gregos foi brutal. O governo reservara a desolada ilha de Makronisos para uso exclusivo como colônia penal. Embora fosse tida como centro de reabilitação, a ilha era usada para forçar os comunistas a viverem em barracas, nas quais passavam fome e sede durante a maior parte do tempo e eram constantemente torturados. Quando lhes conseguiam dobrar o espírito, eram forçados a se alistar nas Forças Armadas para combater seus antigos companheiros. Os indivíduos recalcitrantes eram postos diante de pelotões de fuzilamento. Comunistas continuaram na prisão ainda por muito tempo depois do fim da guerra civil. Quanto ao nível de brutalidade a que os suspeitos de adesão ao comunismo eram submetidos, Makronisos rivalizava com as instalações penais de Franco, erguidas após sua vitória militar na Espanha. Foi o pior exemplo de atrocidade contra os seguidores do comunismo na Europa Ocidental na segunda metade do século 20.

Meses antes da I Conferência do Cominform, as aguilhoadas de Stalin contra os comunistas franceses e italianos cessaram. O ditador soviético parou de fazer recriminações contra os principais companheiros comunistas da Europa Ocidental. Na II e III Conferências do Cominform, em junho de 1948 e novembro de 1949, os representantes soviéticos se viram às voltas, principalmente, com o tratamento da questão dos iugoslavos. A atitude mais sóbria de Stalin se refletiu no tratamento dispensado ao Partido Comunista da Grã-Bretanha. Seu novo programa, *The British Road to Socialism*

A EUROPA OCIDENTAL

313

("O Novo Caminho para o Socialismo"), foi publicado em 1951. Foi posto em circulação na forma de panfleto, que, de acordo com o Comitê Executivo, provava que o partido não vivia sob o domínio de Moscou. Os comunistas britânicos negaram que pretendiam reconstruir o país com base no modelo soviético. Riscaram o "comunismo" e a "ditadura do proletariado" da lista de seus objetivos confessos. Declararam que seu objetivo fundamental então era a reforma social e econômica e que fariam campanha em prol dele nas eleições parlamentares e por meios pacíficos. Segundo suas alegações, somente eles eram capazes de realizar isso e o Partido Trabalhista era simplesmente a ala esquerdista do Partido Conservador. Aos olhos das massas, apresentaram-se como o único partido britânico que lutava em benefício da paz mundial. Chegaram a declarar que haviam sido tachados de agentes em busca da destruição do Império Britânico, mas na verdade, alegaram, seu objetivo era reorganizar as relações entre a Grã-Bretanha e suas colônias em "bases democráticas".[536]

A independência dos comunistas britânicos, porém, era pura ficção. Stalin vetou a minuta do programa, a qual emendou ardilosamente. Em tempos de Guerra da Coreia e de julgamentos de fachada na Europa Oriental, tratou de reservar algum tempo para editar o programa de um partido comunista que não tinha nenhuma chance de alcançar o poder, embora essas providências fossem, no máximo, um incômodo para o *establishment* político britânico. Mas coordenação e subordinação eram necessárias no movimento comunista global e não podia haver exceções. Harry Pollitt, que se tornara secretário-geral de novo, em 1941, foi a Moscou expor seus pensamentos antes que o documento fosse publicado. Stalin instou-o a fazer revisões que enfatizassem que o partido tinha um compromisso de longo prazo com seu programa partidário. Pollitt, que vivia fazendo viagens ao exterior, não disse a quase ninguém de onde exatamente vinham "suas" ideias. Desse modo, teve muita dificuldade para convencer o rajá Palme Dutt, stalinista austero, da conveniência de se modificar o programa de longo prazo do partido. Todavia, com sua insistência, Pollitt acabou convencendo os membros do Comitê Executivo. Assim, conseguiu para Moscou o que Stalin exigira e, se este não tivesse tomado a iniciativa, os camaradas britânicos — isto está claro agora — jamais teriam sonhado em publicar *The British Road to Socialism*. (Somente após quarenta anos ficou patente a subserviência de Pollitt.)[537]

Enquanto isso, na Itália a situação de Togliatti para refutar a acusação de que o Kremlin lhe ditava as regras do jogo não era das melhores. Era difícil convencer alguém, exceto os companheiros do partido, que Trieste, a cidade cheia de habitantes italianos, situada no litoral norte do Adriático, deveria ser entregue à Iugoslávia. Ademais, Togliatti detestava que os inimigos do partido lhe perguntassem por que prisioneiros de guerra italianos detidos na URSS — a maior parte deles recrutas de Mussolini — precisavam ser mantidos em cativeiro. Os comunistas franceses e italianos não resistiam ao impulso de repetir que Stalin era o chefe de um mundo "democrático" e "amante da paz" na política global, além de líder de uma "humanidade progressista".[538] Esforçavam-se muito para transmitir uma imagem positiva do comunismo, mas, próximo às eleições italianas de 1948, o líder comunista húngaro Matyas Rákosi disse aos companheiros italianos que iria dar uma mãozinha a eles, executando alguns clérigos católicos, acusados de especulação financeira. "Diga a ele", ordenou Togliatti, "que [esse tipo de coisa] não deve ser feito!"[539] Togliatti recusou-se também a se opor à participação italiana no encontro de Paris de julho de 1947 para discutir as propostas dos EUA sobre o Plano Marshall. Achava que ele e a liderança de seu partido comunista precisavam passar a impressão de que tinham "uma posição independente".[540]

Togliatti tinha uma atitude esquizofrênica em relação à URSS. Ele a considerava o grande modelo do comunismo contemporâneo e vivia se manifestando a respeito dele, mas tanto positiva quanto negativamente. Certa vez, pediu aos líderes soviéticos que convidassem a seleção italiana de futebol para uma partida amistosa em Moscou e que lhe dessem uma surra em campo: "Nossos gladiadores viviam pavoneando seus feitos de campeões e uma lição seria algo muito bom para eles!"[541] Na visão dele — longe da visão sagaz de um fã de futebol —, isso aumentaria a popularidade da URSS na Itália. Sob sua liderança, o Partido Comunista Italiano demonstrou extrema fidelidade a Moscou, ainda que tivesse perdido amigos e companheiros, inclusive compatriotas italianos, no Grande Terror. Ele tinha conhecimento direto das péssimas condições de vida na União Soviética. Uma vez, quando deixou Moscou na companhia de sua colega Nilde Jotti, sussurrou-lhe ao ouvido, com alívio: "Finalmente livres!"[542] E só voltou lá depois da morte de Stalin.[543] Ana Pauker, uma líder comunista romena que passou os anos da guerra na capital soviética, expressou a questão com um aforismo lapidar: "Para Moscou sempre que nos apraz; de Moscou só quando eles nos deixam partir."[544]

Nesse ínterim, as autoridades americanas não perderam de vista — tal como tinham feito após a Primeira Guerra Mundial — que o interesse pelo comunismo aumentava em proporção direta com a carência de alimentos, moradia, emprego e chances de melhora individual e coletiva. À medida que a recuperação econômica foi ganhando força, a retórica soviética sobre a "escravidão econômica" da Europa teve pouca influência sobre as massas.

A EUROPA OCIDENTAL

Com isso, Togliatti e Thorez passaram a ser considerados, pela maioria das pessoas, meros papagaios engaiolados de Moscou.[545] Importante também foi a disposição das elites e dos governos europeus para continuar avançando na mesma direção. Na Europa Ocidental, ao contrário do Leste Europeu, os partidos comunistas enfrentavam acirrada competição por parte dos socialistas. Ali, os comunistas não tinham o monopólio de melhores candidatos a incentivadores da educação em massa, do bem-estar social e do "progresso", bem como a de agentes que poriam um fim aos privilégios sociais. É verdade que, durante vários anos após a guerra, foram ruins as condições materiais dos europeus ocidentais. Mesmo no Reino Unido, uma das potências vitoriosas na Segunda Guerra, o governo teve que adotar políticas de austeridade. Contudo, houve espaço também para alegria e diversão. Enquanto, na Europa Oriental, as autoridades sufocavam as artes e restringiam as liberdades, no Ocidente a cultura se desenvolveu de forma profusa e extravagante. Havia opções de entretenimento para todos, do gosto mais simples ao mais requintado. Quem na Polônia queria ler romances soviéticos contemporâneos? Quem no Reino Unido ou na Itália não se sentiu atraído pelos musicais, cantores e, em meados da década de 1950, roqueiros americanos?

Após os rigores do período de guerra, os povos do Ocidente passaram a valorizar mais seus direitos de escolha e privacidade. Tinham liberdade para escolher sua religião, sua ideologia política, seus passatempos e tipos de diversão e podiam fechar suas portas à indiscrição do Estado. Nesse ínterim, corriam informações de que as coisas não eram assim na Europa Oriental. Apesar disso, partidos comunistas continuaram a participar de eleições e a recrutar novos e entusiastas partidaristas. Prosseguiram alimentando a esperança de alcançar o poder nacional, mesmo considerando que as perspectivas imediatas estavam longe de serem maravilhosas. Na França e na Itália, os comunistas continuaram a representar um grande desafio para seus governos, pois tinham um grande universo de seguidores e, além de serem eficientes porta-vozes dos setores radicais do movimento operário, eram retumbantes críticos dos EUA, da Otan e do imperialismo europeu. Mas estavam remando contra a maré, porquanto era grande o número de pessoas que sabiam o que estava acontecendo no Leste Europeu e na China durante seu processo de comunização. Por outro lado, a Europa Ocidental se revelava assaz exitosa em sua recuperação econômica, social e política. Após 1945, seus partidos comunistas não perderam suas grandes oportunidades. Todavia, a realidade é que as oportunidades deles nunca foram grandes.

23. A PROPAGANDA DE GUERRA

Os líderes políticos do Ocidente, após haverem chegado à conclusão de que a URSS era seu inimigo mais perigoso, passaram a esforçar-se para convencer o público de seus países a abandonar a duradoura nostalgia em relação às coisas do Tio Joe e às Batalhas de Stalingrado e de Kursk. A retórica de Churchill atingiu o auge da eficácia num discurso a estudantes em Fulton, Missouri, em março de 1946:

> De Stettin, no Báltico, a Trieste, no Adriático, descerraram uma cortina de ferro sobre a Europa continental. Atrás dela, ficam todas as capitais dos antigos Estados da Europa Central e Oriental. Varsóvia, Berlim, Praga, Viena, Budapeste, Belgrado, Bucareste e Sófia, todas essas cidades famosas e com populações ao seu redor, estão situadas no que devo chamar de esfera soviética; todas elas sujeitas, de uma forma ou de outra, não apenas à influência soviética, mas também, em alto grau e em muitos casos, a medidas de controle cada vez maiores de Moscou.[546]

Na ocasião, Harry Truman equiparou-se a Churchill em determinação no combate ao comunismo declarando: "Não conseguiremos realizar nossos objetivos, todavia, sem que nos mostremos dispostos a ajudar os povos livres a manter livres as suas instituições e sua integridade nacional contra os movimentos agressivos, que lhes procuram impor regimes ditatoriais." Com isso, a opinião popular sofreu uma rápida transformação. O parceiro militar indispensável e respeitável de 1941-1945 tornou-se objeto de hostilidade convencional.

Nem todos os grupos da Europa Ocidental e da América do Norte aceitaram a política de barrar a expansão do comunismo. Os críticos mais clamorosos eram os porta-vozes de comunidades de exilados políticos dos Estados Unidos oriundos dos países bálticos e da Ucrânia, que conclamavam o Ocidente a tratar Stalin com mais severidade. Alguns argumentavam que as Forças Armadas americanas deveriam avançar sobre o Leste Europeu. Mas, de acordo com a opinião predominante, o presidente Truman não

A PROPAGANDA DE GUERRA

tinha uma alternativa realista. A certeza de que a URSS usaria suas bombas nucleares numa guerra mundial era aterradora para a maioria das pessoas, que pensavam na situação com calma.

Os políticos do Ocidente formavam um coro cujos integrantes cantavam no mesmo diapasão anticomunista. Todos eles queriam redirecionar a opinião pública e relegar a propaganda de guerra pró-stalinista ao esquecimento. Na Alemanha Ocidental, isso foi conseguido com cuidadosos esclarecimentos, mas também por meios severos, tais como, em 1956, o banimento do Partido Comunista da Alemanha, por concitar a população a derrubar o governo. Países da Europa e da América do Norte, exceto Espanha e Portugal, com suas ditaduras fascistas, achavam que esse tipo de proibição aumentaria o número de problemas, em vez de solucioná-los. Já o governo britânico achava que o mais importante era ouvir secretamente as conversas dos líderes comunistas em sua sede no número 16 da King Street, em Londres, e em outros locais de encontro dos comunas. Não que os comunistas não desconfiassem disso. John Gollan, subsecretário-geral do partido depois da Segunda Guerra Mundial, protestou: "Eles interferem em minha vida. Aquele maldito telefone — sabem que você me telefonou —, sabem o que eu disse a você — eles abrem nossas cartas —, comparecem a nossas reuniões ... os espiões estão em toda parte."[547] O método cuidadoso e delicado das autoridades funciona bem. Depois que os comunistas Willie Gallacher e Phil Pirati perderam seus assentos nas eleições de 1950, o partido nunca mais venceu uma eleição novamente. Ainda assim, a vigilância sobre os comunistas britânicos foi mantida. Até George Orwell, apesar de longe de ser grande amigo das autoridades, fornecia secretamente aos serviços de espionagem uma lista de pessoas que ele considerava comunistas ou camaradas em visita ao país. Seus comentários não eram isentos de pontos de vista racistas. Em suas descrições, Orwell dizia que seus suspeitos eram "judeus", "mestiços", "ingleses-judeus" e "judeus-poloneses".[548]

Não apenas na Grã-Bretanha, mas também nos Estados Unidos, os comunistas estavam mais distantes do que nunca do poder e de situações de influência. Porém, nem todos os anticomunistas estavam dispostos a agir às ocultas. Joe McCarthy, o senador do Wisconsin sem papas na língua, asseverava, tanto dentro quanto fora do Senado, que o comunismo estava sugando o sangue do povo americano. Ele apresentava provas — e às vezes as inventava — de que Moscou tinha colaboradores secretos em toda parte. Aparecia ao vivo na TV, brandindo listas de comunistas e seus defensores. Exigia que aqueles que ele identificava como subversivos "citassem nomes" de amigos comunistas, pois, do contrário, seriam arruinados profissionalmente. McCarthy concentrava seu arsenal nos setores cinematográfico e de outros meios de comunicação. Geralmente, suas acusações quase não tinham fundamento, porém ele conseguiu criar uma atmosfera de suspeita que permeou a vida pública americana. O dramaturgo Arthur Miller se recusou a se submeter às imposições do senador do Wisconsin e chegou a escrever *The Crucible* ("O cadinho depurador"), uma peça sobre a febre de caça às bruxas na Nova Inglaterra do século 17, obra que era uma óbvia alegoria de um caso de histeria e perseguição. As próprias atividades de McCarthy foram submetidas a investigação depois que ele foi acusado de procurar obter vantagens legais para seus protegidos. O senado realizou um debate sobre o caso dele e, por ampla maioria, decidiu que ele havia cometido abusos de poder. McCarthy morreu coberto de desonra em 1957.

No entanto, a influência dele na sociedade americana foi enorme e permanente. Nunca mais a imprensa americana da esquerda política tratou com delicadeza o marxismo, como fora o caso antes da Segunda Guerra Mundial. Palavras como comunismo e socialismo — e com o tempo até o termo liberalismo — se tornaram genericamente pejorativos. Nas esferas mais influentes da política americana, o discurso político sofreu drástica restrição. Geralmente, a simpatia pelo comunismo, onde, fora dos limites do Partido Comunista dos EUA, ela conseguiu sobreviver, ficou confinada a círculos de escritores ou grupos políticos estudantis. As ideias comunistas não exerciam quase nenhum apelo sobre a opinião pública.

Nos países mais poderosos do Ocidente, instituições acadêmicas receberam fundos para defender teses contra a URSS, e o estudo da política, economia, sociologia e história passou por um processo de profissionalização. As maiores delas ficavam nos Estados Unidos.[549] Intelectuais com obras publicadas simpáticas a Stalin tinham dificuldade para conseguir emprego. No Reino Unido, um caso espetacular foi o da destituição de Andrew Rothstein, conferencista de história da Rússia da Faculdade de Estudos Eslavos e do Leste Europeu da Universidade de Londres. Rothstein, membro-fundador do Partido Comunista da Grã-Bretanha que havia iniciado um trabalho no Departamento de Informações da embaixada soviética e passara anos no aparato do Comintern, em Moscou, jamais dissimulara seus vínculos políticos. Todos os anos, ele organizava um encontro de estudantes para comemorar o aniversário da Revolução de Outubro e fazer um discurso emocionado.[550] A administração da instituição se recusou a renovar seu contrato com base na (controversa) justificativa de que ele não havia publicado nada de mérito acadêmico,[551] mas o motivo fundamental foi sua filiação partidária e sua militância política. Depois disso, com vistas a instalar um clima de confiabilidade política na instituição, fizeram outras contratações. Achavam, porém, que o processo não precisava ser tão severo quanto em outros países da Europa

A PROPAGANDA DE GUERRA

e da América do Norte, onde os comunistas eram discretamente impedidos de ocupar cargos de ensino superior.

As igrejas aderiram também à luta contra o comunismo e seus ateus militantes. Partidos democrata-cristãos eram influentes na Itália, Áustria e Baviera, onde estenderam o anátema imposto pelo papa ao comportamento e às intenções dos comunistas em todos os lugares. A perseguição dos comunistas contra a Igreja Católica na Polônia e na Hungria após a guerra foi amplamente divulgada. Denominações protestantes eram igualmente ativas nesse combate. Uma de suas heroínas foi a copeira inglesa Gladys Aylward, que, com apenas duas libras e nove centavos na bolsa, partira para a China em 1930 para servir como missionária perto do rio Amarelo. Sobreviveu à ocupação japonesa, apesar das muitas desventuras, e conseguiu resgatar cem crianças chinesas das mãos dos invasores de seu país adotivo. Depois que Mao subiu ao poder, seus problemas continuaram. Ela acabou deixando o território chinês e montou um orfanato em Taiwan. Sua coragem era justamente aquilo que os editores da *Reader's Digest* viviam procurando.[552] Todas as edições da revista davam destaque aos exemplos de opressão nas terras comunistas. O governo americano, ao acordar para o potencial do cristianismo em seus objetivos de minar o "evangelho" do marxismo-leninismo, passou a financiar as missões evangelizantes lideradas por Billy Graham no Reino Unido.[553]

Além do mais, muitas das vítimas de Stalin haviam desaguado nas praias do oeste americano como destroços de naufrágio político em 1945, embora nem todos procurassem atrair atenção para a própria situação, principalmente os que haviam cometido crimes de guerra. Porém, a maioria deles tinha a ficha limpa e desejava alertar os países que a adotaram para os horrores dos governos comunistas. Livros de memórias, como *A longa jornada*, de Slavomir Rawicz, se tornaram campeões de vendas. Rawicz foi um polonês que alegou haver fugido de um campo de trabalho forçado soviético na Segunda Guerra Mundial. Em seus relatos, ele conta que se arrastou com uma determinação impressionante por milhares de quilômetros desde a Sibéria, atravessando o deserto de Gobi e o Tibete, onde espremeu suco de limão nos olhos para que ficasse parecido com um tibetano, antes de descer as encostas do Himalaia para alcançar a Índia britânica e a liberdade.

Nem todos, porém, confiavam em Rawicz. Em pouco tempo, levantaram dúvidas sobre a possibilidade de alguém conseguir aguentar uma jornada tão exaustiva e penosa — e acabaram apresentando argumentos plausíveis de que talvez sua história tivesse sido inventada.[554] Mas ninguém conseguia refutar de forma sensata o número crescente de obras literárias tratando das práticas de governos comunistas. Na época, foram publicados relatos fiéis das campanhas de terrorismo estatal de Stalin, os quais não provinham mais, principalmente, de Trotski e seus seguidores, eles mesmos, aliás, comunistas e movidos por interesses sectaristas. Nesses debates acerca do assunto, muitos escritores de origem russa e de países do Leste Europeu cerraram fileiras. Gratos por haverem conseguido chegar à América do Norte ou à Europa Ocidental, ficavam loucos para evitar que fossem enviados de volta para seus países comunistas. Os que eram judeus descreveram com acentuado destaque as escabrosas injustiças do comunismo muito antes de virem a público, na década de 1960, para elucidar os horrores do Holocausto. O ponto que tinham em comum era de que o marxismo-leninismo, em todas as suas formas históricas, era caracterizado por um governo ditatorial, terrorismo de Estado, intolerância ideológica e expansionismo revolucionário. A maioria via o comunismo em outros países como um tipo baseado no modelo único, desenvolvido na URSS. Asseveravam que, tanto no Leste Europeu quanto na China, predominavam as mesmas tendências opressivas. Como eram feitos por testemunhas oculares do processo de comunização, esses relatos ajudaram a moldar a opinião pública no Ocidente.

A captura de soldados americanos na Guerra da Coreia aumentou ainda mais o estado de alerta contra a influência do comunismo. Histórias provenientes da Coreia pareciam indicar que os comunistas chineses e coreanos haviam desenvolvido técnicas de doutrinação a que ninguém conseguia resistir. Corria o boato de que soldados e aeronautas americanos haviam se tornado comunistas fervorosos. Esse processo ficou conhecido como lavagem cerebral. O pânico tomou conta da imprensa popular. Muitos começaram a achar que talvez esses prisioneiros de guerra, quando libertados, voltassem para casa como subversivos clandestinos.

Demorou anos para que ficasse demonstrado que a tal lavagem cerebral era uma fantasia.[555] O fato é que, quando os prisioneiros, mortificados por torturas brutais e desnutrição, professavam adesão ao marxismo-leninismo, geralmente calculavam que, ao se fingirem de ideologicamente convertidos, conseguiriam parar os tormentos a que eram submetidos. Entretanto, naquela época predominava uma crença generalizada na eficácia da doutrinação e da organização comunistas. As revistas de histórias em quadrinhos eram os principais meios de divulgação da ameaça do comunismo. Personagens como Super-Homem, Capitão Marvel, Batman e Capitão América não limitavam o emprego de seus poderes ao combate de alienígenas fictícios, como visitantes do espaço sideral, mas os usavam também na proteção do Ocidente contra as forças malignas do comunismo. Assim, jovens leitores aprendiam muito sobre as insígnias de quepes dos coronéis do Exército Vermelho e da capacidade dos caças de combate a jato

A PROPAGANDA DE GUERRA

soviéticos MiG. As histórias em quadrinhos americanas eram muito populares, tanto em inglês quanto as traduzidas, em toda a Europa Ocidental. No Reino Unido, o capitão W. E. Johns, escritor de livros de suspense juvenis, tornou-se campeão de vendas com suas histórias sobre o piloto de caça Biggles e seus fiéis companheiros Algy e Ginger. Entre os livros com o personagem Biggles, havia um em que o herói realiza um resgate dramático de Von Stalheim, ex-nazista e outrora inimigo seu, que tomara a insensata decisão de viver na Alemanha Oriental e acabou sendo preso pela polícia política soviética no Extremo Oriente.[556] Os romances policiais de Agatha Christie e de escritores do gênero colegas seus evidenciavam também a abominação que tinham pelo comunismo.

Todavia, nesses mesmos anos, o comunismo sofreu também ataques mais refinados nessa área. Albert Camus, em *L'Homme revolté* ("O homem revoltado"), analisou doutrinas e práticas de revoltas contra a autoridade constituída e criticou duramente o regime soviético. Ainda mais influente foram as obras de George Orwell *A revolução dos bichos* e *1984*. Orwell nunca alegou que esses dois romances foram feitos apenas como resultado de seu enojamento para com a URSS. Aliás, essas obras contêm imprecações contra o totalitarismo tanto da direita quanto da esquerda. Porém, *A revolução dos bichos* é uma história de porcos que lideram uma revolução numa fazenda de criação de animais contra Jones, um fazendeiro explorador, embalados pelo lema "Quatro pernas, bom; duas pernas, ruim". Quase no fim da história, os líderes suínos aprendem a andar sobre duas pernas e reduzem os outros animais camaradas seus — cavalos, bois, vacas e galinhas — a uma condição degradante. É patente o fato de que o autor baseou o livro em sua análise da história soviética. De modo semelhante, O Grande Irmão, líder do regime revolucionário apresentado em *1984*, tinha um distante inimigo em Goldstein, personagem obviamente baseado na figura de Trotski. Os métodos de manipulação e o conteúdo da propaganda do Grande Irmão lembravam o que já se conhecia a respeito de Stalin. As obras de Camus e Orwell se tornaram clássicos do século 20 instantaneamente.

Ex-comunistas também se juntavam às fileiras dos contingentes de intelectuais que condenavam o comunismo. Geralmente, esses renegados eram mais combativos do que aqueles que sempre odiaram o comunismo. O mais famoso deles foi Eugenio Reale. Como amigo e confidente político de Togliatti, Reale representara o Partido Comunista Italiano na I Conferência do Cominform. As revelações que ele fez sobre a dominação que os soviéticos exerciam sobre as relações comunistas globais invalidaram a alegação de Togliatti de independência política em relação a Moscou.[557] O político do

Partido Trabalhista britânico Richard Crossman reuniu uma coletânea de declarações de antigos intelectuais comunistas em *O deus que fracassou*.[558] Essa obra continha as vivas lembranças da vida de Arthur Koestler como comunista no início da década de 1930, na qual Koestler fala sobre as rigorosas técnicas de manutenção da disciplina nas entranhas do partido. Com seus quadros realistas, em que descreve opositores sendo humilhados e forçados a se desdizerem com opiniões irrepreensivelmente razoáveis, deixou uma impressão indelével nas mentes de seus leitores. Seu romance *Escuridão ao meio-dia*, uma evocação romanceada da sina de Nikolai Bukharin, foi outro relato impressionante. Koestler afirmava que Nikolai Bukharin não conseguiria imaginar-se vivendo fora do mundo comunista e que estava disposto a cobrir a própria cabeça com o pó da terra e morrer em benefício dos interesses da causa oficial.[559]

A maioria dos observadores afirmava que o *establishment* soviético era uma forma extremada de um fenômeno que não se limitava aos sistemas de Estado da esquerda política. Tratava-se da teoria do totalitarismo. Embora muito distante de um aceitável padrão de análise política, era um conceito de controversa praticidade para os anticomunistas. Servia, principalmente, para enquadrar a URSS e o Terceiro Reich na categoria de regimes de estruturas e práticas similares. Dessarte, o inimigo do Ocidente então era conceitualmente associado com os nazistas, o recém-derrotado adversário do Ocidente na época. O efeito global dessa ideia foi fulminante. De admirada parceira na Grande Aliança, a União Soviética passou à condição de potência renegada.

Vários escritores rejeitavam essa definição da URSS e nem todos eram membros do Partido Comunista. Nos EUA, esses tipos preferiam limitar-se ao estudo discreto do assunto e elaborar monografias especializadas. (Várias delas resultaram em obras de análises pioneiras.)[560] Na França, Itália e Alemanha, prevalecia a ideia do "modelo totalitário". Foi na Grã-Bretanha que o debate sobre a questão levou à polarização de opiniões ao mais alto grau. Expoentes intelectuais, tais como Leonard Schapiro e Hugh Seton-Watson, consideravam totalitários a URSS e outros Estados comunistas, ponto de vista que sofria ataques constantes. Já o antigo subeditor do jornal *The Times* E. H. Carr e o estudioso trotskista independente Isaac Deutscher apresentaram uma análise positiva das condições de vida na URSS — e seus trabalhos tiveram tiragens consideráveis na América do Norte. Carr e Deutscher acreditavam que a URSS era capaz de promover o desenvolvimento interno. Segundo Carr, apesar das muitas maldades, a URSS já tinha fornecido ao mundo um modelo universal de desenvolvimento social e econômico. Só que ele não explicou exatamente como a situação no país

A PROPAGANDA DE GUERRA

mudaria para melhor. Já Deutscher, como marxista que era, não tinha essa dificuldade. Ele previu que, com o tempo, a classe trabalhadora soviética conseguiria enfrentar seus dominadores e algo parecido com a visão de mundo original de Lenin seria concretizada no país.[561]

No Ocidente, o comunismo oficial da URSS e da China tinha seus defensores na esfera das artes, da intelectualidade e até na da religião organizada. Hewlett Johnson, decano de Canterbury, vivia elogiando as realizações de Joseph Stalin e do sistema soviético. O comunismo ao redor do mundo foi enaltecido em seus *As coisas que vimos na Romênia* (1948) e *A revolução chinesa* (obra tão desprovida de críticas que os chineses a publicaram com enorme satisfação).[562] Desde a publicação, em 1939, de seu *Socialist Sixth of the World* ("O Sexto Socialista do Mundo"), nada mudara na mente do clérigo de galochas. Para anular sua influência, os britânicos o ridicularizavam, tratando-o como alvo de zombarias — e professores e pais mantinham os jovens do Canterbury College longe dele.[563]

Entre os amigos do comunismo que militavam no campo da literatura, podemos citar o poeta chileno Pablo Neruda, que compôs uma ode em homenagem a Stalin. Na pintura, temos Pablo Picasso, refugiado espanhol desde a guerra civil. Após entrar para o Partido Comunista Francês, em 1944, Picasso fez um retrato de Stalin. Mas o ditador soviético não ficou muito bem no quadro: Stalin parecia um jovem desajeitado, abobalhado e — aos olhos de todos, exceto aos do artista — um tanto cômico. Aliás, por muito menos que isso, pessoas tinham sido executadas em Moscou. Em Paris, a liderança do partido criticou muito o artista por abandonar seu estilo "realista", como se Picasso costumasse pintar de acordo com esse princípio. O último trabalho a óleo da pintora mexicana Frida Kahlo foi também um retrato de Stalin: uma representação pouco atraente, embora — ou talvez por isso — ela tivesse usado uma técnica mais representativa do que Picasso. Outro defensor do comunismo mundial foi Paul Robeson. Com seus discursos de antissegregação racial nos Estados Unidos, Robeson era aclamado na URSS como um campeão do progresso humano, ainda que jamais tivesse entrado para o Partido Comunista dos EUA. (Não que isso o tivesse eximido de ser investigado por Joe McCarthy.) Temos, ademais, o romancista inglês Graham Greene, que também nunca se filiou a um partido comunista e continuou sendo católico praticante. No entanto, Greene sentia uma forte atração pela alegação dos marxistas-leninistas de que sabiam como criar um mundo melhor para os povos oprimidos. Certa feita, ele se pronunciou em defesa do desertor britânico Kim Philby, acusado, em 1963, de ser agente da KGB.

Em 1949, o romancista americano John Steinbeck publicou seu *Russian Journal* ("Diário russo"), obra sobre sua viagem à URSS pela Intourist. Na obra, embora ele tivesse notado certas esquisitices no comportamento dos burocratas comunistas, de forma geral absolveu as autoridades soviéticas: "Além de longe de sermos vigiados, observados e seguidos, quase não conseguíamos convencer ninguém a admitir que estávamos lá de fato."[564] (Isso foi uma homenagem à eficiência da vigilância a que o submeteram.) Tal como havia feito antes da guerra, o jornalista Edgar Snow continuou a fazer proselitismo para Mao Tsé-tung e os comunistas chineses. Vários dos detalhes políticos e pessoais apresentados em *A estrela vermelha sobre a China* eram incompatíveis com a realidade do regime revolucionário em Pequim. Snow concordou em revisar seu trabalho, enquanto fingia que mantinha sua independência como escritor intelectual.[565] Ao contrário de Stalin, Mao ainda não tinha condições de organizar um aparato de propaganda política em seu benefício. Contudo, até o fim da Guerra da Coreia, de modo geral ficou livre de críticas. Com isso, o relato de Snow fez com que Mao fosse consagrado como herói pelos adeptos da esquerda política no Ocidente.

Durante o processo de preparação da segunda edição de sua biografia oficial, Stalin participou das reuniões editoriais.[566] Nos últimos anos então, todo o programa humano foi atribuído a ele. "Sem o cuidado especial de Stalin", declarou um jornal búlgaro em uma de suas edições, "as atuais técnicas de produção de compostos de carne, conservas e açúcar, peixe e tudo o mais que se faz no campo da indústria alimentícia não existiriam".[567] Assim, em todos os Estados comunistas, erigiram estátuas e exibiram cartazes em homenagem a Stalin. Ruas, fábricas e até cidades inteiras receberam o nome dele. Sua autoridade era constantemente invocada. Seus trabalhos tiveram centenas de milhões de exemplares publicados e foram traduzidos para os principais idiomas do mundo. Segundo a propaganda oficial, ele era a encarnação de um sistema de poder que havia provado seu amor à liberdade, sua posse de credenciais democráticas em tempos de guerra e que era o único caminho em direção à paz mundial e para o fim universal da opressão e da exploração. Já os Estados Unidos e seus aliados eram pintados como os criadores de um "campo de reacionarismo internacional". Na visão dos comunistas, a Otan figurava como a sucessora do Terceiro Reich, e os líderes ocidentais eram rotineiramente representados em ilustrações com braçadeiras exibindo a suástica. Konstantin Simonov criou a peça *A Questão Russa*, em que um jornalista americano escreve um livro sobre as intenções pacíficas da URSS e acaba perdendo o emprego, a esposa, a casa e depois até a vida, num acidente misterioso.[568] O objetivo da mensagem

A PROPAGANDA DE GUERRA

de Simonov era ressaltar que, no Ocidente, as pessoas nunca tinham acesso à verdade sobre o comunismo; a peça foi uma das favoritas do público soviético nos anos do pós-guerra.

No leste da Europa, os líderes do Kremlin podiam falar o que quisessem. Mas a rejeição aberta da propaganda política soviética seria suicídio e, embora a maior parte das pessoas tivesse dúvidas a respeito de Stalin, sem dúvida ele gozava de alguma popularidade. Não era incomum o fato de checos, poloneses ou húngaros se gabarem de terem um conhecido que conhecia outrem que o conhecera pessoalmente. Ele tinha certo fascínio mágico de um líder envolto em mistério, dotado de grande poder.

Todavia, a ambição do Kremlin era maior que a vastidão dos territórios dos países conquistados em 1944-1945. Seus ocupantes queriam vencer a guerra da propaganda ideológica no mundo inteiro. Para tanto, um dos artifícios empregados foi organizar reuniões de repúdio à guerra na Europa.[569] Em agosto de 1948, realizaram um Congresso Mundial pela Paz em Vratislávia, na Polônia, e convidaram intelectuais da Europa Ocidental, mas nem todos os participantes cederam à pressão para elogiar o Kremlin. Na ocasião, o filósofo francês Julien Benda dirigiu-se ao escritor soviético Ilya Ehrenburg e observou: "Em seu discurso, um de nossos companheiros se referiu a Sartre e O'Neill como chacais. Isso é justo ou, para dizer o mínimo, uma atitude sábia? E por que temos que aplaudir toda vez que o nome de Stalin é mencionado?"[570] Outro espírito independente era o historiador britânico A.J.P. Taylor. Discursando, como sempre, sem anotações, ele conseguiu eximir-se da censura dos organizadores e sua contribuição foi transmitida ao vivo pelas ruas da cidade polonesa. Numa atitude provocante, mas com uma observação precisa, Taylor ressaltou: "Nós e os franceses fomos os únicos povos que entraram em guerra contra a Alemanha nazista sem esperar que fôssemos atacados." Em seguida, deixou a delegação soviética ainda mais irritada ao fazer um apelo em favor da "libertação [de todos os povos] de prisões arbitrárias, da liberação [deles] da opressão persecutória de uma polícia secreta, da liberdade de expressarem suas opiniões sobre seus próprios governos e a respeito de outros também".[571]

Nos Estados Unidos, o Partido Comunista havia ficado na obscuridade até o senador McCarthy iniciar a caçada aos comunistas e seus forasteiros camaradas; quando terminou de caçar todos eles, a influência do partido junto ao público americano ficou reduzida a quase zero. Na Europa Ocidental, a história foi diferente. Os partidos comunistas na França e na Itália eram grandes e bastante ruidosos. Atuavam livremente também em outros países da região, exceto nos fascistas Espanha e Portugal. Quando, na

DISSEMINAÇÃO

década de 1940, os meios de comunicação se voltaram contra o comunismo, a URSS e a República Popular da China ainda podiam contar com certo apoio de adeptos europeus.[572]

Até o manhoso Stalin, porém, não se dera conta da conveniência de certos artifícios. Deu pouca atenção aos partidos comunistas fora da Europa, da China e da Coreia. Tampouco se importou com a política fora do âmbito dos partidos comunistas globais e quase não pensava nos países coloniais. Isso é estranho, já que Stalin fizera fama antes da Primeira Guerra Mundial como especialista em marxismo e na "questão das nacionalidades". Ademais, depois da Revolução de Outubro, discursara sobre a necessidade de se estender a mão ao movimento de libertação nacional dos povos sob o jugo dos impérios europeus. Mas, na década de 1930, sobreveio a *Realpolitik*. Assim, por achar conveniente não incomodar as grandes potências, manteve-se fora de suas esferas de influência. Porém, havia mais por trás disso, tanto que, mesmo com a eclosão da Guerra Fria, ele se absteve de concitar os povos das colônias do Reino Unido, da França e da Holanda a rebelar-se contra seus governantes. Esses foram justamente os anos em que os EUA, os credores da Europa, conclamaram as autoridades da Europa a porem um fim ao imperialismo europeu e nos quais os americanos tinham o instrumento econômico para tornar complicadas as coisas para os impérios que deixassem de atender a seus apelos. Em 1947, o Reino Unido concedeu a independência à Índia — e ele fez isso sem a pressão direta dos americanos. Nessa época, movimentos de libertação nacional espocavam pelas terras da Ásia e da África. Seu surgimento havia sido previsto por Lenin e pelo Politburo no início da década de 1920, mas tinham sido fracos até poucos anos atrás. Contudo, Stalin os louvou apenas da boca pra fora e não lhes deu quase nenhuma ajuda na prática.

E mantinha silêncio sobre seus motivos. Talvez achasse que a URSS estava muito ocupada com o enfrentamento de outros problemas, tais como o da Guerra Fria, do Leste Europeu e da reconstrução industrial de seu país. Quiçá achasse também que, a menos que os movimentos de libertação nacional não conseguissem fazer a maior parte do trabalho por si mesmos, toda ajuda serviria apenas para desperdiçar recursos dos soviéticos. Ainda assim, é difícil negar que Stalin não estivesse conseguindo entender as mudanças que ocorriam no mundo. Ele escreveu sobre as grandes injustiças do imperialismo e previu sua derrocada iminente, mas não destinou recursos para ajudar a concretizar isso.

Entretanto, nas colônias os líderes dos movimentos de libertação nacional, embora poucos deles fossem comunistas, viam o comunismo com simpatia. Sentiam-se atraídos por manifestações de repúdio ao racismo e ao

A PROPAGANDA DE GUERRA

imperialismo. Já o Ocidente eles consideravam extremamente hipócrita, até porque sabiam que os negros da região sul dos EUA não podiam frequentar as mesmas escolas, nem usar os restaurantes ou ônibus dos cidadãos de pele clara, e execuções sumárias de "negros pretensiosos" continuavam a ocorrer sem punições da justiça. A canção "Strange Fruit", de Billie Holiday, chamou a atenção do público para o problema. Na África do Sul, os rigores da segregação eram ainda maiores. E o Congresso Nacional Indiano, liderado por Jawaharlal Nehru, já estava irreconciliavelmente agredido pela combinação da opressão britânica com a indulgência de seus integrantes. Assim, a URSS parecia, aos olhos de um número considerável de radicais asiáticos e africanos, sincera e eficaz no enfrentamento de seus problemas raciais e étnicos. Além do mais, o fato de que quase nenhum dos radicais das colônias havia estado em Moscou fazia com que a propaganda soviética fosse aceita, na maioria dos casos, sem contestação.

Os líderes dos movimentos anti-imperialistas negligenciavam a sujeição dos países do Leste Europeu à URSS. Para eles, a Polônia e os países vizinhos eram a parte externa do Império Soviético, assim como a Ucrânia pertencia à sua parte interna. O alvo da atenção desses líderes eram os Estados Unidos. Afinal de contas, fazia mais de um século que os americanos mantinham a hegemonia sobre os países da América Central e do Sul. O Panamá era tratado como uma conveniência comercial para os produtos americanos e a baía de Guantánamo, em Cuba, tinha uma base militar americana. Os americanos realizaram intervenções armadas na Guatemala, em 1954, e no Líbano, em 1958. Enfim, os americanos não pareciam oferecer nenhuma solução real para o problema das colônias ao redor do mundo.

Algo que também conquistou admiradores nos vários movimentos de libertação foi o fato de que a URSS conseguira sair do "atraso" por esforço próprio e contrariando expectativas do mundo capitalista. (O envio de ajuda tecnológica e de técnicos especializados aos soviéticos ainda não era de conhecimento do público em geral.) Para eles, ela tinha conseguido fazer isso unicamente com métodos de centralização e planejamento do poder estatal. Aos seus olhos, a Rússia não era mais uma terra em que predominavam camponeses ignorantes, mas uma grande potência moderna. Sua sociedade passara da condição de terra desmantelada e desorganizada à de nação com a aparência de país esplendidamente organizado. Diante disso, os radicais anti-imperialistas mostraram-se dispostos, conscientemente ou não, a ignorar a abundância de evidências da terrível exploração e opressão exercida sobre as massas na União Soviética. Isso era um sinal das coisas que estavam por vir. Poucos rebeldes das colônias haviam tido um passado de pobreza. Muitos tiveram uma educação decente e assimilaram suas

DISSEMINAÇÃO

ideias políticas como alunos de universidades das metrópoles do império. Nutriam expectativas de conseguirem transformar seus países com a aprovação popular, porém fariam isso — se tivessem chance — de cima para baixo. Achavam que sabiam o que era melhor para suas sociedades e que, se fosse necessário conhecer a opinião do "povo", provavelmente a resposta que ele daria só serviria para atrasar as coisas, com a adoção de compromissos para com o tradicionalismo. Os rebeldes tinham mais coisas em comum com os marxistas-leninistas do que seria possível perceber.

Mesmo assim, Stalin permanecia indiferente a eles, ao passo que Mao não havia adquirido nenhuma especialização em relações internacionais, exceto em relação ao Japão, à Coreia e — para desgosto dele — à URSS. Contudo, outros líderes comunistas perceberam a importância dos movimentos anti-imperialistas. Nikita Khrushchev foi um deles. Contudo, ele não podia fazer nada com relação a essa percepção enquanto Stalin não deixasse o palco do poder: até 1953, a imagem e a força de atração do comunismo mundial do pós-guerra ficaram nas mãos de um homem cujos preconceitos deram certa vantagem ao Ocidente na disputa ideológica da Guerra Fria. Stalin, como supervisor de propaganda político-ideológica, foi seu próprio inimigo.

24. A REVOLUÇÃO CHINESA

Em 1º de outubro de 1949, os comunistas chineses assinalaram uma nova grande data — após 25 de outubro de 1917 — nos anais do comunismo do século 20. Foi então que Mao Tsé-tung escalou o Portal da Praça da Paz Celestial (Tiananmen), em Pequim, para anunciar a vitória da Revolução. O Exército de Libertação Popular — tal como o Exército Vermelho passou a se chamar em 1946 — tinha ocupado a capital em janeiro de 1949. A guerra civil chinesa contra as forças nacionalistas do Kuomintang, partido de Chiang Kai-shek, não havia terminado, mas o fim estava próximo. Enquanto consolidava seu poder em Pequim, Mao encaminhava suas Forças Armadas para o sul. O Exército de Libertação Popular avançou com uma rapidez impressionante. Após atravessar o rio Yang-tsé, tomaram Xangai em abril. Embora o Tibete ainda estivesse por ser conquistado, no sul Guandong estava a ponto de capitular. A essa altura, não havia mais dúvidas quanto ao resultado da guerra civil chinesa. Os líderes comunistas comemoraram a ocasião com grande pompa. Durante semanas, os militantes comunistas haviam se levantado cedo da cama para grafar slogans e fazer lanternas, flores e bandeirolas estreladas de cinco pontas com papel. Os que ajudaram o movimento foram convidados a participar da cerimônia do feito de outubro. Distribuíram convites intransferíveis, como garantia de segurança: tudo tinha que funcionar como um relógio. As ruas próximas ao local do evento foram isoladas. Havia agentes da polícia e do exército postados em toda parte e a chegada de Mao foi aclamada com aplausos ensurdecedores. O nervosismo o fez pigarrear várias vezes, porém ele se impôs sobre a multidão quando suas palavras ecoaram dos alto-falantes: "O povo chinês venceu!"[573]

Mao não esperava que o Kuomintang fosse sucumbir de forma tão abrupta. Stalin, embora tivesse enviado navios abarrotados de armas para as forças comunistas chinesas, ficou ainda mais surpreso. Aliás, ele havia aconselhado Mao a manter um acordo com Chiang Kai-shek até um ano antes de ele poder avançar com suas forças comunistas na direção de Pequim.[574] Mao, todavia, chegara a uma conclusão óbvia. Se os comunistas quisessem

DISSEMINAÇÃO

mesmo chegar ao poder na China, teriam que fazer isso por meio de uma estratégia própria e independente. Desde a década de 1930, Mao havia aturado muita coisa de Stalin e agora, finalmente, tinha a chance de alcançar o poder. Para tanto, tomara a fingida atitude diplomática de aceitar travar conversações com seu inimigo Chiang Kai-shek com vistas a evitar uma guerra civil, conflito que seria inevitável na visão de ambos. Stalin continuou a aconselhar moderação. Por que, inquirira ele, os comunistas chineses tinham que ser tão ambiciosos? Achava que deveriam se dar por satisfeitos em controlar apenas a parte norte de um país tão vasto quanto a China. Stalin não queria pôr mais um fardo sobre sua tensa relação com o presidente Truman. Mao não fez nenhuma objeção, preferindo apenas ignorar o conselho de Moscou. Ele sabia que, se os comunistas chineses derrotassem Chiang, Stalin receberia de braços abertos a criação de um grande Estado comunista na Ásia, independentemente das preocupações dos americanos.

Ambas as partes beligerantes da guerra civil chinesa tinham voltado a se enfrentar assim que os japoneses se retiraram. Seguiram-se combates violentos, e Mao ajustou sua estratégia geral: em vez de evitar as grandes cidades, decidiu que havia chegado a hora de conquistá-las. Para isso, Mao confiou a Lin Biao o comando militar da campanha da Manchúria. Apesar dos vários reveses, o sucesso veio e a Manchúria foi conquistada. Em seguida, Lin recebeu ordens para avançar em direção ao sul, a fim de cercar Tientsin e Pequim. Chiang cometera erros operacionais, mas seus comandantes mais ainda. Além disso, os equipamentos e o dinheiro fornecidos pelos americanos ficaram muito aquém do necessário para que ele opusesse sólida resistência aos revolucionários. O Exército de Libertação Popular superava em números as forças do Kuomintang e se achava com grande disposição para o combate. Quando, em janeiro de 1949, Pequim caiu nas mãos dos comunistas, Chiang exonerou-se do cargo de presidente e fugiu alguns meses depois, com 3 milhões de dólares e o remanescente de seu exército, para a ilha de Taiwan, no litoral do território chinês.

A essa altura, embora tarde demais, ele entendeu o que tinha dado errado. A corrupção havia se espalhado como praga pelo país sob o governo do Kuomintang e Chiang não fizera praticamente nada para combatê-la. Em várias regiões, comandantes militares — senhores da guerra — haviam suplantado os integrantes da administração oficial. A inflação atingira as alturas. A pilhagem de propriedades particulares se tornara comum, bem como a prática de estupro. Os naturais partidários do Kuomintang não se sentiam mais nem um pouco estimulados a continuar a apoiá-lo. Por outro lado, a eficientíssima propaganda do Exército de Libertação Popular acabou granjeando-lhe a fama de desinteresse por ganhos financeiros, e ele

A REVOLUÇÃO CHINESA

conseguiu também novos simpatizantes, iniciando uma reforma agrária preliminar nas regiões que conquistava. Além do mais, atos de repressão contra "tiranos locais e proprietários malignos" agradou a milhões de camponeses carentes de terras e recursos financeiros. Os comunistas vinham também cobrando pesados tributos nos territórios ocupados, porém prosperava uma crescente crença popular de que corrupção e privilégios sociais deixariam de existir quando eles conquistassem o poder. Afinal, eram marxistas, mas também patriotas chineses, conquanto impiedosos e bastante enérgicos. Desse grupo dominante faziam parte pessoas de talento excepcional, tais como Zhou Enlai, Liu Shoqi, Lin Biao e Deng Xiaoping. Somente Mao os superava em vigor e determinação como líder.

No entanto, ele ainda era pouco conhecido pela maioria dos chineses. Mao nasceu no seio de uma família de camponeses prósperos, na província de Hunan — cujo sotaque transparecia quando se expressava no idioma nacional.[575] Assim como seus compatriotas, ele cresceu imbuído de ressentimentos por conta da vulnerabilidade da China perante o poderio militar e econômico estrangeiro. Ele adorava a literatura clássica chinesa. Em sua época de jovem radical, ficou impressionado com a Revolução de Outubro russa e se sentiu atraído pelo comunismo. Estudou com afinco, principalmente por conta própria, e tornou-se militante marxista em Hunan. Identificado como organizador talentoso, foi promovido para servir no Comitê Central e trabalhou em Xangai. A partir de 1925, sob a influência do companheiro comunista Peng Pai, concentrou suas atividades nos camponeses. Ele acreditava que o comunismo na China tinha que concentrar seus esforços nos problemas correlatos representados pelos povoados e pela nação; isso formaria a essência do Pensamento de Mao Tsé-tung. Ao contrário de outros líderes comunistas, Mao não frequentou a escola do partido na URSS. Embora disposto, de forma geral, a aplicar o modelo soviético assim que instalado no poder, fez todas as adaptações que achou necessárias às peculiaridades das circunstâncias chinesas. Até porque havia sofrido adversidades durante décadas e não pretendia abrir mão de sua independência em favor de Moscou agora que, finalmente, tinha o controle das rédeas do poder.

Assim, o regime comunista pôs mãos à obra para iniciar a transformação da sociedade chinesa, mudança que seria sempre um processo com características selvagens. Repressão em massa de "inimigos de classe" haviam sido sistemáticas nas áreas ocupadas pelo Exército Vermelho durante a guerra civil.[576] Nas décadas anteriores, a política chinesa fora quase sempre brutal e não abrandara com a invasão e a ocupação japonesas. As frequentes crises de fome haviam tornado ainda mais grosseira a incivilidade das massas.

DISSEMINAÇÃO

Todas as cidades e povoados formavam um caldeirão de rivalidades e ressentimentos. O término da campanha militar não poria um fim ao conflito social e político.

A essa altura, os comunistas ainda não pretendiam sossegar em seu zelo militar, tanto que, em março de 1949, Mao advertiu o Comitê Central: "Depois que os inimigos tiverem sido eliminados, ainda teremos inimigos desarmados; certamente lutarão desesperadamente contra nós. Jamais deveremos subestimá-los. Se não levantarmos o problema e não entendermos bem isso, cometeremos erros muito graves."[577] Ele conclamou camponeses e trabalhadores a se tornarem aliados ativos na erradicação da oposição. Os comunistas soviéticos haviam usado suas forças de segurança para realizar essa tarefa na URSS e, a partir do fim da década de 1920, em Moscou o Politburo estabeleceu cotas precisas para o número de vítimas que deveriam ser presas, deportadas ou executadas em cada província. Mas os comunistas chineses agiram de forma diferente. Explicaram às massas o conteúdo genérico das diretrizes políticas de Pequim e depois confiaram a elas sua execução. Mao estava confiante de que saberiam a quem perseguir. Achava também que, se elas participassem da repressão, continuariam espontaneamente vinculadas ao regime revolucionário — e, uma vez que a política oficial envolvia também uma redistribuição popular de propriedades, elas teriam um incentivo para continuar a ajudar os comunistas.

Mao definia o Estado criado por ele não como uma "ditadura do proletariado", tampouco como uma "democracia popular", porém como uma "ditadura democrática popular". Era uma expressão inexistente no dicionário político da URSS: com manha e discrição, ele estava se livrando das rédeas mentais controladas pelos soviéticos. Mao asseverava que os camponeses podiam ser a principal classe revolucionária, mas também que, embora tencionasse arruinar os proprietários de terras, não pretendia entrar em conflito com a classe capitalista como um todo. Alegava que estava unificando o povo — ou a maior parte de seus elementos — na esteira de seu avanço revolucionário, ainda que seus métodos fossem ditatoriais.[578]

O partido nunca ocultara sua intenção de levar a "luta de classes" para um desfecho final e as elites endinheiradas haviam sido o alvo principal de sua propaganda hostil, ao lado dos invasores japoneses. Stalin achava que os comunistas chineses estavam superestimando suas possibilidades. No entanto, de fato eles se achavam numa situação muito mais vantajosa do que estiveram os bolcheviques na Rússia após outubro de 1917, pois não precisavam formar um Exército Vermelho a partir do nada. Longe de alcançarem o poder por meio da conquista da maioria dos votos em conselhos operários ou comunas camponesas, tinham conseguido avançar

A REVOLUÇÃO CHINESA

politicamente por meio de uma vitória militar. A guerra civil chinesa precedeu a ascensão ao poder. Isso significa que, estruturalmente, o sistema comunista chinês sempre foi um pouco diferente do modelo soviético. Durante as várias décadas seguintes, o exército seria um agente-chave nas deliberações tomadas nos mais altos escalões de mando do Estado. Seus líderes eram personagens de maior autoridade do que qualquer figura militar desde Trotski. Havia uma profunda interpenetração de elementos do partido e do exército na República Popular da China. Autoridades do partido se vestiam como se fossem participar de uma parada militar. Tampouco se esperava que, quando os líderes chineses elaborassem o orçamento, as Forças Armadas fossem constantemente tratadas como um setor de investimentos prioritários.

O partido trabalhava incansavelmente nas zonas rurais, enquanto o Exército de Libertação Popular varria do mapa os bolsões de resistência, que costumavam ser grandes. Esse foi mais um aspecto que diferençou a experiência chinesa da soviética. Na China, as desapropriações de terras começaram antes da conquista da capital e, em 1950, essa política foi sistematicamente aplicada em todo o país. As instruções eram transmitidas de Pequim. Talvez dois ou três milhões de pessoas tenham sido executados e outros milhões enviados para campos de trabalho forçado.[579] Os chineses obrigavam proprietários de terras a desfilarem cabisbaixos diante dos habitantes de povoados. Eles eram obrigados a confessar seus crimes, reais ou imaginários, antes de conhecerem a própria sentença. A partir da primavera de 1951, as cidades passaram a ser submetidas a operações de terrorismo estatal, quando inimigos do regime, conhecidos ou suspeitos, recebiam o mesmo tratamento. Nos campos — *laogai* —, instituíram trabalhos forçados, aplicavam severa disciplina (inclusive a pena de morte por infrações que não teriam suscitado esse tipo de punição nos Gulags) e realizavam doutrinações constantemente (prática a que as autoridades dos campos soviéticos não davam quase nenhuma importância). O trabalho era o caminho indicado pelas autoridades comunistas chinesas para a regeneração pessoal do infrator. Na verdade, um processo sinistro de intimidação e exploração, já que os condenados trabalhavam em minas de carvão, construíam estradas e represas e cultivavam os campos com uma alimentação tão precária que podiam morrer de fome.[580]

As autoridades distribuíam placas de identificação entre outros membros da sociedade. Os das categorias boas, "vermelhas", eram veteranos revolucionários, seus familiares, camponeses e trabalhadores pobres. Às categorias negras pertenciam os proprietários, camponeses ricos, maus elementos, contrarrevolucionários e direitistas. E todas que recebiam essa

334 DISSEMINAÇÃO

classificação ficavam marcadas para perseguições. Todos os cidadãos eram coligados a uma célula de trabalho na fábrica, na fazenda ou no escritório. Cada célula tinha um líder reconhecido, sobre o qual pesava a responsabilidade da lealdade e eficiência de seus integrantes e que, normalmente, havia sido classificado como pertencente a uma das categorias vermelhas. Esse sistema facilitava a supervisão das infindáveis campanhas políticas e econômicas elaboradas em Pequim. Qualquer negligência para com o dever dava início a uma caçada aos elementos hostis, dessarte facilmente identificáveis.[581]

De certa forma, a segurança da China em relação a ameaças estrangeiras ficou um tanto prejudicada com a decisão de Mao de ajudar militarmente os comunistas na Guerra da Coreia (embora a manobra tenha sido compensatória, já que mais um Estado comunista se consolidou na fronteira com a China como resultado do conflito).[582] Todavia, com o controle total que os comunistas chineses exerciam sobre o país, foi possível prosseguir com a reforma agrária sem a ajuda intensiva do Exército de Libertação Popular. Mais ou menos no fim de 1952, somente 10 por cento dos lares das áreas rurais não tinham sido alcançados pela reforma.[583] Isso foi um feito impressionante, considerando-se a exaustão e as persistentes deficiências administrativas do período pós-guerra. Os comunistas, com o repasse de cotas para a redistribuição de terras, tinham feito o que haviam prometido desapropriando os bens dos proprietários rurais.[584] Os camponeses foram os beneficiários dessas medidas. Contudo, os proprietários não foram o único grupo a sofrerem assaltos. No fim de 1951, os comunistas chineses iniciaram a Campanha dos Três Antis nas cidades do país. Ela objetivava acabar com os núcleos de corrupção. O partido fez isso em seu próprio benefício e também para aumentar sua popularidade: o comunismo tinha que ficar livre de qualquer mancha que levasse as massas a associá-lo com malfeitores. A Campanha dos Cinco Antis veio logo em seguida, essa voltada tanto à perseguição de contrarrevolucionários suspeitos como de conhecidos. O povo, em sua ânsia de demonstrar lealdade às autoridades, se esforçou bastante — fato que provocou execuções e suicídios às centenas de milhares.[585] Apenas em Xangai, os algozes dos futuros perseguidos receberam 200 mil cartas com denúncias.[586] Núcleos de organizada hostilidade política e econômica às autoridades comunistas foram sendo erradicados. Especialistas soviéticos ajudaram a criar mecanismos de planejamento para facilitar a regulamentação estatal. A comunização prosseguia em ritmo acelerado.

Iniciaram um programa de alfabetização universal. Redes de esgoto e saneamento urbano tiveram atenção prioritária. Os agentes do governo

A REVOLUÇÃO CHINESA

combateram com vigor pragas de gafanhotos e outros insetos. A essa altura imperava no país um dinamismo de esforço nacional nunca visto antes no século 20.

Por volta de 1953, o Estado era dono de quatro quintos da indústria pesada e dois quintos da indústria leve, além de controlar quase a metade dos negócios comerciais.[587] Mas o grande ímpeto desse esforço foi sentido na agricultura. Pouco tempo depois de haver distribuído as terras da nação entre os camponeses, Mao sentiu uma vontade imensa de comunizar a agricultura. Em setembro de 1951, a coletivização foi anunciada como uma das metas prioritárias do governo.[588] O sistema de comunas, tal como foram chamadas as fazendas coletivas na China, permitia que os camponeses mantivessem o controle sobre pequenos lotes de terra para subsistência familiar.[589] Porém, Mao recusou-se a simplesmente copiar os métodos de gerenciamento social e econômico dos soviéticos. Ele entendia que a campanha punitiva de Stalin contra os cúlaques, na URSS, havia sido um exagero contraproducente, como reação a supostas ameaças que representavam. Na China, em vez de serem fuzilados e deportados, os camponeses ricos tiveram permissão de permanecer nas comunas, embora sob vigilância, já que suas habilidades e seu trabalho eram valiosos. Havia também o desejo de se evitar forçar as comunas a atuarem como a principal fonte de desencadeamento e promoção do processo de industrialização. Mao não estava disposto a imitar Stalin, exigindo um "tributo" dos camponeses para custear a transferência para o país de tecnologia industrial estrangeira. Essa precaução ajuda a explicar por que a coletivização chinesa enfrentou muito menos resistência do que sua predecessora soviética. Serve também para explicar, até certo ponto, a reverência demonstrada a Mao por centenas de milhões de habitantes das áreas rurais. Pelo menos nos primeiros anos do governo comunista, as autoridades agiram com cautela. O decreto lavrado no papel estava ganhando prioridade sobre o exarado pelas balas de fuzis.

Mao tinha o instinto do capanga político e não era muito avesso a usar de violência na consecução de suas metas governamentais, tanto que, por volta de 1955, o número de prisioneiros políticos de um tipo ou de outro havia subido para algo em torno de 9,6 milhões de almas.[590] Porém, durante toda a sua carreira de líder comunista, havia centralizado os seus esforços na necessidade de manter o máximo de camponeses a seu lado e não abandonou essa postura quando organizou o sistema de comunas. Por enquanto, ia usando de gentileza no controle das massas, até quando achasse necessário pôr em ação o déspota que trazia dentro em si.

Não obstante, a coletivização foi prejudicada por um grave descalabro econômico. Isso provocou acirrados debates entre os líderes comunistas

DISSEMINAÇÃO

à medida que uma enxurrada de relatórios inundou Pequim, trazendo informes sobre os prejuízos causados à produção agrícola. Mao, contudo, rejeitou categoricamente os argumentos dos que queriam uma desaceleração — ou até mesmo uma reversão parcial — das mudanças que ele havia realizado. Esse conselho veio de seu assessor e suposto herdeiro político Liu Shaoqi, bem como de Zhou Enlai e Deng Xiaoping. Mao manteve-se irredutível. Aferrara-se aos seus objetivos de reunificação, segurança nacional e modernização econômica; considerava essas metas indissoluvelmente coligadas. No verão de 1955, identificou-se com a ala do partido que defendia a adoção de uma atitude mais ousada na condução do país e que cobria de escárnio "alguns dos camaradas, que titubeiam como mulheres de pés atados" — ele nunca falhava em sua busca de uma frase retumbante em disputas partidárias internas.[591] Contudo, não procurou se livrar desses ilustres companheiros. O Comitê Permanente do Politburo era composto por Mao Tsé-tung, Liu Shaoqi, Peng Dehuai e Deng Xiaoping. Obviamente, Mao não descartara uma maior aproximação sua da direita nem deixou de acreditar que era capaz de fazer seus subordinados obedecerem ao que lhes ordenasse.[592]

Entre 1949 e o fim do ano seguinte, o número de filiados ao partido aumentou de 2,8 milhões para 5,8 milhões.[593] Em 1956, o total de partidários chegaria a 10,7 milhões.[594] Esse aumento rápido do número de adeptos refletia as características das tomadas de poder por parte dos comunistas. Assim que todos perceberam que os comunistas tinham o firme controle do país, o recrutamento para as fileiras do partido se tornou uma tarefa fácil. Os voluntários começaram a aparecer aos montes, mas continuaram a ser uma gota no oceano da população como um todo, principalmente nas zonas rurais.[595] Geralmente, os membros do partido ignoravam a doutrina marxista-leninista e o Pensamento de Mao Tsé-tung, além de serem inexperientes nas funções de gestão de economia e política urbanas. Os líderes veteranos ainda tateavam pelos meandros do poder, sujeitos a cometer erros para tentar acertar. Responsabilidades gigantescas passaram a pesar sobre eles. Se, de fato, eram marxistas convictos, teriam que provar como conseguiriam adaptar seus princípios doutrinários à realidade com que deparavam num país de uma diversidade cultural, étnica e religiosa extraordinária. Já os comunistas que haviam servido nas Forças Armadas achavam que não tinham nada a aprender. Viviam ainda sob o forte impacto psicológico de anos de combate. Haviam esmagado seus inimigos. Seu comunismo era de uma variante altamente belicosa e, se necessário, estavam determinados a cravar as tachas de suas diretrizes político-governamentais no quadro da sociedade chinesa sem o mínimo grau de civilidade.

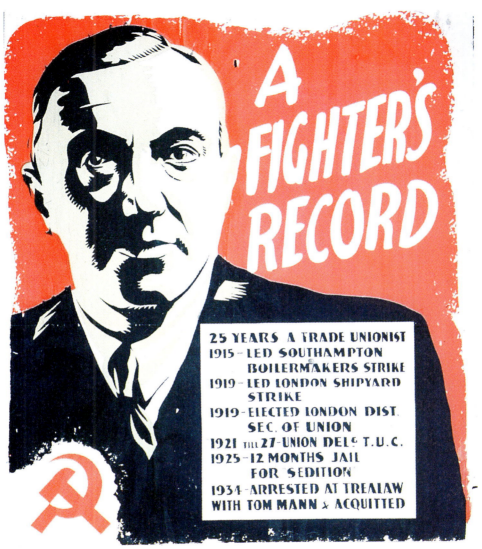

O líder comunista britânico Harry Pollitt em busca de votos para os comunistas antes da Segunda Guerra Mundial. Como se vê, no cartaz há uma ênfase em sua longa carreira de sindicalista militante e sua disposição de ir para a prisão por fidelidade a seus princípios.

Cartaz conclamando os soviéticos a uma guerra para acabarem com o Terceiro Reich: "Esmaguemos e aniquilemos o inimigo sem misericórdia!" Nele, Hitler aparece com suas "garras" rompendo o tratado de não agressão com a URSS e é atacado com a baioneta por um soldado soviético.

Comunistas australianos concitam o povo a participar da luta contra a Alemanha e o Japão na Segunda Guerra Mundial. Isso foi depois de 1939-1941, período em que, por ordem de Stalin, eles haviam se oposto a ambos os grupos beligerantes da guerra, considerados imperialistas.

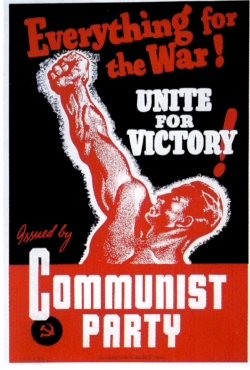

Após a Segunda Guerra Mundial, o líder comunista francês Maurice Thorez se diz defensor da França e da República. Com sua elegante gravata e seu sorriso fácil, ele aparece numa pose destinada a atrair a simpatia de uma vasta gama de eleitores.

Tito promete uma revolução popular na Iugoslávia no fim da guerra. Ele se parece um pouco com Thorez, mas, na atmosfera real de seu governo, o clima é menos condescendente: sua túnica militar passa a ideia de que ele está determinado a recorrer ao uso da força em busca da realização de seus objetivos.

Na Checoslováquia, os comunistas se apresentam como partidários da paz mundial. Ao mesmo tempo, lançam apelos para conseguir apoio para a causa dos norte-coreanos em sua luta contra a coalizão das Nações Unidas na Guerra da Coreia.

Trabalhadores da Alemanha Oriental são convocados para iniciar a reconstrução do país depois da Segunda Guerra Mundial e ajudar no avanço dos objetivos do Partido Comunista da Alemanha. O assentamento dos tijolos não parece ser de muito boa qualidade.

Apelo à juventude búlgara para trabalhar duro em prol do interesse nacional. A superfície da pá é tão lustrosa que se pode ver nela a imagem de uma tocadora de sanfona de cabelos cacheados.

Acima. Cidadãos chineses reunidos e atentos diante dos olhares observadores de Stalin e Mao enquanto recebem instruções de um especialista soviético. Tanto Mao quanto Stalin aparecem bem-humorados nas fotos. O cartaz retrata uma época anterior ao racha sino-soviético.

À direita. Jovens chineses dançam ao redor de uma bandeira nacional após a tomada do poder pelos comunistas. A diversidade dos costumes representada aqui é para comemorar a união de todos os povos da República Popular.

A imagem de Mao como objeto de veneração popular. Ele parece muito mais sombrio do que seus jovens seguidores.

A REVOLUÇÃO CHINESA

A história oficial das realizações do regime era ensinada aos camponeses por meio de uma canção:

> O comunismo é o paraíso.
> A comuna é a escada.
> Se construirmos essa escada,
> Poderemos alcançar as alturas.[596]

Os comunistas procuravam transmitir a imagem de líderes incansáveis e honestos, que tratariam de garantir a construção dessas escadas em toda a República Popular da China.

No entanto, os comunas não estavam livres das máculas da corrupção, como podemos ver nesta indignada canção popular:

> Às Pessoas do primeiro escalão
> Tudo é entregue na porta de casa.
> As pessoas do segundo escalão
> Precisam contar com a ajuda de outros.
> Já às pessoas do terceiro escalão
> Só resta reclamar.[597]

No regime dos camaradas, a camaradagem prosperou. Padrinhos políticos compensavam seus apaniguados com promoções e, em troca, conquistavam aliados. As pessoas conseguiam as coisas de que precisavam recorrendo à troca de favores[598] — *guanxi* era o equivalente chinês do que era conhecido como *blat* na URSS. Pequim nunca conseguia se satisfazer com a disposição delas para obedecer às suas ordens. Quase sempre, políticas oficiais eram modificadas quando chegavam às províncias chinesas pelos líderes locais que discordavam delas.[599] Na base da pirâmide social ficavam os camponeses e os trabalhadores, os quais, embora não pudessem criticar o regime impunemente, conseguiam negar-lhe cooperação. Assim, greves-tartaruga eram uma prática comum e generalizada. Os comunistas chineses, tal como os figurões do partido na URSS, não tinham autoridade para demitir recalcitrantes.[600]

A economia entrou numa recessão medonha. No outono de 1956, a seca atingira gravemente as zonas rurais. As condições climáticas continuaram muito ruins na primavera do ano seguinte e, no verão, a colheita foi desastrosa. As indústrias têxtil e alimentícia foram duramente atingidas. Com os trabalhos no campo afetados pelo clima, as comunas tentaram conseguir uma redução em seu repasse de cotas de produção, houve uma queda no

DISSEMINAÇÃO

moral dos camponeses e os artesãos que tinham sido forçados a filiar-se às comunas abandonaram seus ofícios. A essa altura, quase nada restava da grande popularidade gozada pelos comunistas no fim de 1949. Os argumentos dos integrantes da liderança que exigiam moderação no radicalismo político e econômico ganharam força.[601]

Mao entendeu os perigos da situação e, em abril de 1957, imprimiu uma mudança de curso em sua liderança política recorrendo a uma "campanha de retificação". Essa decisão ficou mais conhecida pelo slogan "Que Floresça uma Centena de Flores! Que Debatam entre Si uma Centena de Escolas de Pensamento!".[602] Na ocasião, Mao declarou: "Nossa sociedade não pode recuar [...] as críticas contra a burocracia estão melhorando o governo." Ele passou a exortar o povo a expressar suas críticas às políticas governamentais e apresentar propostas práticas. Determinou que dessem espaço para o debate aberto dos problemas do país — criando condições para o florescimento de uma multidão de novas ideias —, em vez de continuarem a forçar a nação a seguir uma única linha de orientação política comunista. Depois que Mao deu garantias ao povo de que ninguém sofreria consequências danosas por isso, o governo encheu sua agenda de diretrizes governamentais com a enxurrada de questões e problemas políticos, sociais e culturais apresentadas pelas massas. Na maioria dos casos, eram problemas comuns, relacionados com sua vida diária: muito poucos banheiros numa escola primária ou procedimentos incompetentes adotados por governos locais. Mas grandes questões foram trazidas à luz também, como a apresentada por alguns intelectuais, que exigiram o fim da proibição de circulação e publicação de certas obras literárias clássicas. Antigos membros de partidos democráticos manifestaram repúdio ao banimento político imposto a eles pelos comunistas. Muitos tinham sido descartados da vida pública com falsas justificativas: "Você é apenas filho de um proprietário de terras, sua ideologia é impura, seu passado é complicado, você nunca trabalhou de fato por nós." Foi grande o número dos que se queixaram de que "para se tornar chefe, é necessário filiar-se ao partido [comunista]".[603]

Manifestações de descontentamento se multiplicaram com a mesma rapidez com que brotam rebentos de bambu. Na década de 1920, a China respirara num clima de pluralismo político e as tradições da sociedade civil se desenvolviam cada vez mais. As elites chinesas haviam estudado as tendências contemporâneas no restante do mundo. Foi uma época em que empresas estrangeiras mantinham trocas comerciais constantes com suas cidades costeiras. E o fato é que intelectuais, empresários e estudantes conservaram as lembranças desses tempos depois do estabelecimento do regime comunista chinês.

A REVOLUÇÃO CHINESA

Na Universidade de Pequim, afixaram cartazes no "muro da democracia", criticando o Partido Comunista Chinês pelo tratamento desumano dado aos inimigos, bem como pela censura, incompetência econômica, corrupção e submissa adesão dos governantes chineses ao modelo soviético. Num desses cartazes, denunciaram: "Membros do partido desfrutam de muitos privilégios, vantagens que os tornam uma raça à parte!"[604] Noutro, queixavam-se: "A ditadura do proletariado é o proletariado de uns poucos!" Em mais outro, criticavam duramente o culto a Mao. Era o tipo de crítica ou observação que não se ouvia no seio do partido; porém, durante a Campanha das Cem Flores, variantes partidárias internas da militância comunista romperam os fios que sustentavam a unidade organizacional do partido. Alguns veteranos — que logo seriam rotulados de "direitistas" — simpatizavam com as críticas ao regime de forma geral.[605] Entre eles figurava o membro do Politburo Liu Shaoqi. Não seria equivocado presumir que Mao instigara a realização de francos debates justamente para induzir as "ervas daninhas" a se revelarem. Talvez isso seja atribuir uma frieza de cálculo grande demais a um dos compulsivos apostadores na política revolucionária. Contudo, é inegável o fato de que, depois disso, a reação de Mao se tornou intensa e repressiva. Afinal, essas ervas haviam se fortalecido com os nutrientes dos cataclismos da repressão política, da desordem administrativa, da injustiça social, da incompetência na gestão da economia e da fome.

Mao pretendia extirpá-las do solo político com a ajuda do ministro da Segurança Pública Luo Ruiqing. As pessoas que haviam criticado o partido ou suas políticas foram o alvo da operação. Até mesmo membros do partido foram expurgados do cenário político. Cerca de um milhão de membros — algo em torno de 8 ou 9 por cento do total de integrantes — foram expulsos por serem direitistas.[606] Muitos foram despachados para áreas rurais distantes, onde realizariam trabalho braçal por tempo indeterminado. A intenção era fazê-los abandonar ideias de dissidência e induzi-los a adotar as atitudes de cidadãos comuns e leais ao regime.[607] Os líderes partidários não se ativeram a enviar para o exílio apenas membros do partido. Procuraram também identificar críticos e descontentes pertencentes a outros partidos políticos, ao antigo governo ou às elites culturais e econômicas. Para tanto, as agências de segurança colhiam com frequência denúncias contra esse tipo de cidadãos. Ademais, os líderes comunistas ampliaram a rede de campos de trabalho forçado (*laogai*) criando centros de "educação pelo trabalho" (*laojiao*); quase não havia diferença entre esses dois tipos de confinamento.[608] As famílias das vítimas morriam de medo desse sistema. Esposas se divorciavam de seus maridos e filhos repudiavam os pais. Nos campos, a pressão era intensa, reforçada por tortura física e psicológica,

340

DISSEMINAÇÃO

para que os condenados se confessassem culpados. Geralmente, quando os condenados terminavam de cumprir suas penas, eram constrangidos a con tinuar trabalhando nos campos como "trabalhadores livres".[609]

A repressão foi apenas o primeiro passo. Ninguém conseguiria impedir Mao de realizar as tarefas que ele traçara com vistas à criação de uma ordem comunista inexpugnável na República Popular da China. Estava determinado a completar as mudanças iniciadas por ele em 1949 e, com os primeiros passos dados pelo caminho que logo o conduziria ao Grande Salto Adiante e à Revolução Cultural, ficaria prestes a reiniciar a jornada de plena execução de seus objetivos.

25. ORGANIZANDO O COMUNISMO

Os novos Estados comunistas do leste da Europa e da Ásia — de Tirana a Pyongyang e de Talim a Xangai — tinham muito em comum. Geralmente, eram governados por um único partido. Mas, às vezes, outros grupos políticos, caso fossem de esquerda e submissos, eram incorporados ao Partido Comunista ou recebiam permissão de terem uma vida semiautônoma. Aos seus povos, impunham um governo ditatorial. Neles, os tribunais de justiça e a imprensa ficavam subordinados ao comando político. O Estado fazia a expropriação de amplos setores da economia e implantava programas de gestão e planejamento centralizados da indústria. As religiões eram perseguidas. Associações da sociedade civil eram forçadas a submeter-se ou simplesmente aniquiladas. Com uma variante stalinista, o marxismo-leninismo abarcava todo o território nacional e ideologias rivais eram perseguidas. O governo era centralizado. Os dirigentes comunistas reforçavam o controle das instituições estatais por meio de um sistema de nomenclatura* e mantinham rígida interconexão entre o partido, o governo, a polícia e o Exército. Os líderes comunistas elaboravam ambiciosos programas governamentais e acompanhavam de perto todas as nomeações para cargos importantes. Cada um desses Estados tinha uma única figura dominante, desfrutando o máximo de dedicação oficial dos subordinados. Neles, os rituais da vida pública eram parecidos. Como o Primeiro de Maio e o Dia da Revolução de Outubro eram dias de festas oficiais, organizavam desfiles militares em suas respectivas capitais. Seus líderes se perfilavam em público em rigorosa conformidade com a autoridade política do momento. Os Estados comunistas, com exceção da renegada Iugoslávia, professavam fidelidade ao movimento comunista mundial chefiado pela URSS.

Isso não quer dizer que o modelo soviético era copiado em todos os detalhes ou que não havia diferenças nacionais entre os novos Estados comunistas. Circunstâncias e tradições específicas haviam levado os comunistas ao poder na Rússia. Contudo, em outros países a situação foi

---

* Espécie de burocracia de privilegiados, própria dos países da Cortina de Ferro. (N. T.)

inevitavelmente diferente. Além do mais, após 1917 ocorreram grandes mudanças na Rússia. Comunistas estrangeiros nem sempre aprendiam com os erros dos soviéticos; muitos deles sofriam de amnésia histórica e cometiam os mesmos equívocos. Às vezes, viam claramente a necessidade de evitar o que tinha sido feito na URSS e, no entanto, impunham ao povo políticas ainda muito repressivas. E, embora alguns líderes no Leste Europeu entendessem que certa moderação era necessária, ficavam inibidos de agir conforme pensavam e sentiam por recear a reação do Kremlin. Assim, o regime governamental nos países comunistas tinha pouca flexibilidade em seu campo de ação. Logo que os partidos do marxismo-leninismo firmaram as mãos nas alavancas do poder, sua escolha de estruturas, práticas e políticas governamentais foi notavelmente uniforme.

Mas houve uma exceção na forma de tratamento da "questão das nacionalidades". Roosevelt e Churchill aceitaram o argumento dos soviéticos de que as fronteiras dos Estados tinham que ser redesenhadas e que era necessário realizar "transferências" étnicas e de povos. Os Três Grandes haviam deslocado as linhas de fronteiras sem esperar os tratados de paz. A URSS teve permissão dos aliados ocidentais para expandir seu território, em detrimento da configuração territorial da Polônia anterior à guerra. Contudo, selaram um acordo pelo qual a Polônia deveria ser compensada com o acréscimo ao seu território das terras orientais da Alemanha. Nesse ínterim, estourou nos bastidores uma guerra de reivindicações territoriais. Os iugoslavos criaram muitos problemas nessa disputa. Quase nenhum país fronteiriço ao seu território ficou livre de sua cobiça: Albânia, Bulgária, Hungria, Áustria e Itália. Até mesmo Stalin mostrou-se surpreso: "Mas os húngaros concordam?"[610] O líder soviético ficou constrangido também com as exigências territoriais do governo húngaro em relação à Romênia. Afinal, até pouco tempo atrás, a Hungria combatera como aliada do Terceiro Reich e parecia inconveniente compensar os húngaros com novas terras, embora a Romênia também houvesse invadido a URSS. Em todo caso, a União Soviética não podia tomar decisões sozinha; tinha que conseguir a concordância dos aliados do Ocidente. Tudo que os Três Grandes decretavam era acatado. A disputa mais acirrada que enfrentavam era sobre Trieste, com a Itália e a Iugoslávia competindo para ter o controle dessa região, que acabou ficando com a Itália. Enquanto isso, na Europa Oriental os novos Estados sopravam e bufavam, porém não apresentaram nenhuma ameaça grave às fronteiras impostas a eles pelas nações vitoriosas.

De qualquer forma, havia limites lógicos na configuração territorial de nações-estados comunistas. Sem que reunissem toda a população da Europa instalada a leste do rio Elba e a transferissem para países de acordo com suas

ORGANIZANDO O COMUNISMO

nacionalidades, sempre restariam aqui e ali minorias étnicas e nacionais. Apesar do deslocamento de fronteiras e populações, nenhum Estado do Leste Europeu foi habitado exclusivamente por uma única nação. A Polônia foi o país que chegou mais perto de um Estado mononacional. Em 1945, restaram poucos judeus e ciganos no país após o extermínio ordenado por Hitler. Os alemães que viviam em território polaco haviam fugido ou sido expulsos de lá, e os ucranianos, transferidos para a República Soviética da Ucrânia, então com seu território expandido. O resultado disso foi que, com exceção de 2 por cento de seus habitantes, a República Popular da Polônia passou a constituir-se quase totalmente de poloneses "étnicos".[611]

Todavia, a Polônia foi uma exceção. Em outras regiões, os dirigentes políticos enfrentavam problemas de administração de territórios que continuavam a ser Estados multinacionais. Na URSS, haviam desenvolvido mecanismos constitucionais para lidar com essa situação, inclusive com a adoção do conceito de "regiões autônomas". Nesse particular, a Iugoslávia saiu na frente: o intricado convívio de várias nações deixou Tito ansioso para adotar algo semelhante ao modelo soviético.[612] Os romenos seguiram o exemplo em 1952.[613] Instituíram a Região Autônoma da Hungria para provar que a República Popular da Romênia dava aos nacionais garantias de respeito aos direitos de manifestação intelectual e artística nas escolas, na imprensa e nos movimentos culturais. No entanto, o líder romeno Gheorghe Gheorghiu-Dej estava preocupado com a minoria húngara que vivia em seu país. Assim, a região autônoma não incluía a extensa área ao norte do país que formava fronteira com a Hungria e abrigava apenas um terço dos húngaros romenos.[614] Gheorghe Gheorghiu-Dej se tornaria um fervoroso defensor da intervenção soviética que esmagou a Revolta Húngara em 1956: ele não queria que "seus" húngaros imitassem a rebeldia de seus compatriotas em Budapeste. Um mecanismo constitucional semelhante poderia ter sido instituído para os húngaros na Checoslováquia do pós-guerra, porém Klement Gottwald se opôs a isso, pois achava que já tinha bastante trabalho em seu esforço para manter coesa a federação formada por checos e eslovacos. Mas tirava proveito também das sensibilidades nacionalistas. Por tratar com severidade, sob o regime dos Habsburgos, uma minoria húngara que submetera a tratamento injusto e desumano checos e eslovacos, nenhum político checo ou eslovaco do entre guerras havia perdido seguidores.

O outro Estado em que foram estabelecidas regiões nacionais autônomas foi a República Popular da China. Em 1947, antes mesmo de assumir o poder em Pequim, Mao Tsé-tung fundou a Região Autônoma da Mongólia Interior. Determinou que os mongóis deveriam ser protegidos do "ultranacionalismo

DISSEMINAÇÃO

dos han" na nova China comunista. Os han haviam dominado ideológica e territorialmente o antigo império, e os comunistas queriam provar sua capacidade para estabelecer a harmonia entre as várias etnias. Em 1955, criaram a Região Autônoma Uigar do Sinquião. Estabelecida em Xinjiang (Sinquião), formava fronteira com a URSS e, sem dúvida, os dirigentes em Pequim acharam que essa concessão aos uigares, que tinham compatriotas vivendo em território soviético, consolidaria a fidelidade deles ao regime chinês. Depois disso, criaram mais três regiões autônomas, a última delas no Tibete. As circunstâncias de sua formação, em 1965, demonstraram que Mao Tsé-tung era mais nacionalista do que se imaginava. Até a invasão do Exército Vermelho Chinês, em 1950, o Tibete havia sido uma nação independente. A resistência dos tibetanos foi brutalmente esmagada e os conquistadores procuraram expungir todos os costumes religiosos de seu território. Eles prenderam o Panchen Lama, mas o Dalai Lama conseguiu fugir a pé através da neve do Himalaia. Os porta-vozes chineses declararam que o Tibete sempre fora uma província chinesa e que suas Forças Armadas haviam sido recebidas como libertadoras. Já as repressoras autoridades militares e judiciais contaram ao mundo outra história.

As constituições chinesa e iugoslava, ao contrário da constituição da URSS, não tinham nenhum dispositivo que regulamentasse o tratamento legal de atos de secessão.[615] Em outros aspectos, a semelhança era inequívoca. Os líderes comunistas acreditavam na necessidade urgente de darem prioridade à industrialização de seus países. Lenin havia argumentado que a indústria pesada era a chave do progresso das economias pré-capitalistas; Stalin agira com base nesse princípio, arrancando recursos de seu povo e canalizando-os em grande quantidade para a produção de aço destinada à fabricação de armamentos, estradas de ferro e tratores. Considerações sobre o meio ambiente foram flagrantemente ignoradas, e desprezada toda precaução com questões de segurança. Era consenso universal entre os comunistas a suposição de que, quanto mais cedo conseguissem "modernizar" suas economias, mais rapidamente seriam capazes de distribuir os bens e serviços de forma justa entre os membros da sociedade.

Todos os governantes comunistas se revelaram igualmente zelosos no esforço de emular a URSS. Expropriaram fazendas e desmantelaram os velhos Estados. Realizaram a coletivização das propriedades rurais nas repúblicas soviéticas da Estônia, Letônia e Lituânia, então recém-anexadas.[616] A partir de 1948, o processo foi iniciado no império exterior da URSS e os líderes de países do Leste Europeu que discordaram dessas medidas foram destituídos de seus cargos. (Gomulka foi o exemplo mais famoso.) Mal haviam as famílias de camponeses recebido parcelas de terra, os comunistas as tomaram

ORGANIZANDO O COMUNISMO

e as incorporaram às fazendas coletivas do Estado. Na Hungria, tal como haviam feito os camponeses soviéticos na década de 1930, eles abateram sua criação inteira.[617] A exaustão provocada pelos tempos de guerra e o medo do poder de fogo e da prontidão do Exército Vermelho desencorajavam qualquer resistência. Nos países do Leste Europeu, as lideranças nacionais competiam entre si para estalinizar a economia agrícola de seus países. Por volta de 1953, a Bulgária, sob a liderança de Vulko Chervenkov, venceu a disputa coletivizando 56 por cento de suas terras agrícolas, batendo por pouco a Checoslováquia, com seus 54 por cento. A mais lerda do processo foi a República Democrática Alemã, com apenas 5 por cento de coletivização de suas terras, mas isso ocorreu em razão das complexidades de sua situação internacional e constitucional. Logo que o problema pôde ser solucionado, a liderança comunista local ficou ansiosa para participar da competição.[618]

A parafernália do comunismo ao modo soviético foi instalada nas zonas rurais dos países do leste da Europa. Os tratores saíam direto das linhas de produção das fábricas para as novas fazendas coletivas. As autoridades criaram as chamadas Estações de Máquinas e Tratores e empossaram administradores de fazenda, que geralmente eram cidadãos locais sem formação gerencial ou técnica, mas com uma história política confiável. Davam preferência também a participantes da resistência contra as forças nazistas. Os veteranos comunistas mais talentosos, porém, costumavam ser indicados para os cargos fundamentais nas cidades. O lamentável resultado disso era fácil de prever. As habilidades tradicionais dos camponeses eram suplantadas pela ignorância dos novos chefes. Quando o desenvolvimento da indústria pesada ganhou prioridade, a carga tributária que pesava sobre os povoados aumentou. Os integrantes do comunismo oficial se revelaram de uma perícia inigualável em sua capacidade para exaurir os recursos dos campos. A recuperação da agricultura do pós-guerra avançou com dificuldade e acabou ruindo. Os dados oficiais, apesar da maquiagem aplicada por funcionários dos departamentos de estatísticas, para que parecessem os mais animadores possíveis, revelavam uma triste história. Em 1951-1952, os solos férteis da Polônia, Checoslováquia e Hungria ainda produziam safras muito menores do que a média dos anos anteriores à Segunda Guerra Mundial.[619]

O sistema econômico comunista provocara um descalabro na economia que, de maneira geral, foi a consequência de derrotas em guerras. Destituídos de suas vacas, cavalos e equipamentos, os camponeses se conformaram com a derrota, mas se recusaram a cooperar de forma ativa. Nos países do Leste Europeu, as manhas dos colcoziniques foram aprendidas

346 DISSEMINAÇÃO

a duras penas (e seriam adotadas pelos camponeses chineses quando a operação para forçá-los a aderir a "comunas" agrícolas se intensificou em 1958). Dirigentes de fazendas coletivas, acossados pelo encargo de alcançar as cotas de fornecimento de alimentos estipuladas pelo Estado, tinham que fazer vista grossa quando os camponeses infringiam as regras. Com isso, as parcelas da produção a que as famílias camponesas tinham direito costumavam ser maiores do que as legalmente permitidas. Desse modo, mais reses eram retidas pelos produtores rurais para fins particulares do que as autorizadas pelo código agrário de qualquer Estado comunista. Na montanhosa Albânia, o controle governamental sobre os povoados distantes era mais fraco do que na Alemanha Oriental, país altamente industrializado e urbanizado — e, na vasta região rural da República Popular da China, havia milhares de assentamentos que raramente recebiam a visita de um forasteiro.

Antes da Segunda Guerra Mundial, a maior parte das pessoas das regiões campestres ou urbanas da Europa Oriental estava longe de constituir um universo de povos prósperos. Os comunistas estavam determinados a acabar com o velho sistema de classes. Assim, os antigos aristocratas, banqueiros e proprietários de imóveis dos grandes Estados desapareceram dos países do Leste Europeu. O rei Michael, da Romênia, foi forçado a abdicar em 1947; abandonou o país para se casar com uma prima dinamarquesa na Grécia, antes de se instalar como exilado na Suíça. Outras dinastias reais foram forçadas também a deixar o poder e famílias de nobres fugiram para o exterior. Esses países, nos quais os Esterhazy, os Zamoyski e os Radzwill atravessaram séculos envoltos em confortável esplendor, ficaram subitamente sem qualquer vestígio da presença deles. Foi uma região que produzira uma cultura deslumbrante, de alta qualidade. Os romancistas Franz Kafka e Jaroslav Hasek e o compositor Antonin Dvorak haviam conquistado a admiração do mundo; e, embora esse florescimento cultural tenha murchado um pouco depois da Primeira Guerra Mundial, a tradição de independência intelectual e criatividade continuou a existir na ciência e nas artes. Não obstante, os comunistas estavam remodelando toda a estrutura social numa velocidade vertiginosa. Os donos de fábricas, bancos e minas haviam sofrido expropriações antes mesmo de os partidos comunistas se livrarem de seus parceiros de coalizão política em 1947-1948.[620] A alta burguesia buscara refugiar-se no exterior, movida pela esperança de conseguir voltar assim que os Vermelhos tivessem sido removidos do poder.

Os responsáveis pela execução das políticas governamentais tratavam a sociedade como se ela estivesse dividida entre uma maioria de cidadãos

ORGANIZANDO O COMUNISMO

leais e uma minoria potencialmente traiçoeira. Os testes de lealdade eram aplicados na época das eleições nacionais. Em todas as disputas eleitorais, a vitória dos comunistas era líquida e certa, porém todos tinham que votar. O poeta polonês Czelaw Milosz deixou registrado em seus escritos: "Eram obrigados a votar, pois, quando o eleitor depositava seu voto na urna, seu passaporte era carimbado. A ausência desse carimbo significava que o dono do passaporte era um inimigo do povo que revelara sua má vontade recusando-se a votar."[621] A intenção dos comunistas era conseguir o máximo de participação em manifestações coletivas de apoio à comunização do país. Não importava muito se, até então, as pessoas ainda não estivessem convictas. Presumiam os comunas que os regimes seriam estabilizados e fortalecidos se as pessoas comprassem obras marxistas, frequentassem clubes comunistas e assistissem ao desfile do Dia do Trabalho num clima de muitos aplausos.[622]

Com uma precisão burocrática, o secretário do Partido Comunista Húngaro fez uma lista dos elementos hostis que eles haviam expulsado de Budapeste no verão de 1951:

6 ex-duques,
52 ex-condes,
41 ex-barões e suas famílias,
10 ex-ministros do regime de Horthy,
12 ex-suplentes de ministros,
85 ex-generais,
324 ex-membros do corpo de oficiais da reserva,
67 ex-policiais e oficiais da gendarmaria,
30 ex-proprietários de fábricas,
93 ex-grandes comerciantes,
46 ex-banqueiros,
53 ex-diretores de fábricas,
195 ex-grandes latifundiários.[623]

O secretário observou com satisfação que a população local evitava travar contato e relações com as famílias expulsas de suas propriedades em seus novos locais de residência. Com poucas exceções, a conduta das famílias reais e aristocráticas da região não se caracterizara por atos de oposição contra a ditadura controlada por integrantes da ala direita do espectro político. Com isso, os principais grupos industriais, comerciais e financeiros haviam embolsado toda espécie de lucro possível em regimes dessa

DISSEMINAÇÃO

natureza. Em todo caso, a expulsão dos moradores dos casarões urbanos liberou milhares de cômodos decentes para serem ocupados por famílias de trabalhadores necessitadas.

No entanto, as pessoas se irritavam com a campanha contra os pequenos produtores e comerciantes urbanos, pois, com isso, lojas comerciais eram fechadas e sapateiros, jornaleiros, padeiros, donos de mercearias e farmacêuticos perdiam seus negócios; o melhor que podiam fazer para remediar sua situação era se tornarem empregados do Estado em suas antigas ocupações. As paisagens urbanas sofreram uma transformação radical. Blocos de apartamentos residenciais de aspecto sombrio foram erguidos às pressas. Grandes lojas de departamentos foram tomadas aos seus donos ou novas foram construídas; os produtos à venda eram padronizados: a velha diversidade não existia mais.

O que acontecia na URSS era reproduzido, com algumas modificações, em todos os países comunistas. A devastação provocada pela guerra na Europa Oriental, na China e na Coreia do Norte deixou as pessoas malvestidas, obrigando-as a continuar usando roupas com um padrão de qualidade da época anterior à guerra. Por outro lado, no âmbito de suas vidas particulares, os líderes comunistas desfrutavam de melhores condições de sobrevivência, enquanto elaboravam planos para a produção de bens de consumo baratos, mas sombrios e sem graça, para as "massas". Jornais e revistas não exibiam mais fotografias dos últimos modelos da alta-costura. Tampouco noticiavam as novas manias e coqueluches. Roupas de aparência antiquada, deselegantes, se tornaram o padrão entre as mulheres, com seus talhes e caimento nada sedutores. A costura masculina perdeu toda a imaginação. Todavia, pelo menos, os cidadãos do Leste Europeu podiam economizar para comprar túnicas coloridas ou ternos. Se ingressassem no serviço burocrático, podiam contar com sua parcela de vantagens e privilégios — e Moscou incentivava as lideranças subalternas a não deixar que leais trabalhadores comuns ficassem sem acesso a centros de saúde e estações de veraneio. No Extremo Oriente, a vida era mais sem graça ainda. A folgada túnica militar de Mao Tsé-tung era a última moda entre milhões de chineses. E não apenas entre as mulheres, mas entre os homens também. Aos olhos dos estrangeiros, a China parecia um gigantesco formigueiro toda vez que cinejornais com matérias sobre Pequim eram exibidos no exterior.

Apesar disso, o comunismo produziu também algumas melhorias na nova China. Num ato de rompimento com a cultura pré-revolucionaria, os habitantes das cidades passaram a comprar bicicletas. No passado, quando não a pé, eram principalmente os ricos os que circulavam pela cidade por outros meios; estes, por uma questão de conforto, pegavam táxis ou

ORGANIZANDO O COMUNISMO

alugavam riquixás. Bicicletas, uma vez que se tornaram itens prioritários na produção industrial, se transformaram em veículos de democratização. E eram usadas com um espírito de estreita conformidade para com as determinações das autoridades chinesas; visitantes que circulavam por Pequim ficavam assombrados ao ver que as pessoas pedalavam pelas ruas no mesmo ritmo, como se estivessem obedecendo a um comando central.[624] A causa do povo tinha precedência sobre o privilégio individual — pelo menos no programa governamental. Parques eram construídos de forma que beneficiassem a população em geral. Todos tinham acesso gratuito a centros de saúde e educação do Estado. As autoridades baratearam o preço da moradia e dos alimentos (embora isso não tenha sido muito consolador na fome da década de 1950). A expectativa de vida começou a aumentar.[625] Sumamente notável foi o ataque aos costumes antiquados e infames. As mulheres conquistaram o direito de acesso a empregos outrora destinados exclusivamente aos homens. A desumana prática de amarrar os pés de meninas foi finalmente proibida.

Nos novos Estados comunistas do Leste Europeu e da Ásia, as diretrizes políticas oficiais determinavam que as pessoas comuns deveriam ter acesso fácil a produtos essenciais e a baixos preços, que realmente eram baixos, mas escassa a disponibilidade de produtos. Na década de 1950, a agricultura ainda não tinha saído do nível de produção anterior à guerra. As fábricas, principalmente as da indústria pesada, receberam uma quantidade imensa de recursos e a produção de têxteis aumentou de forma impressionante: o problema é que 70 por cento da produção húngara eram imediatamente confiscados pelas autoridades de ocupação soviéticas como reparações de guerra.[626] Resmungar tornou-se um estilo de vida. O relacionamento entre o Estado e o povo, no entanto, era complexo nos vários países em processo de comunização. As agências de segurança precisavam da cooperação das massas para exercer um controle efetivo sobre o próprio povo. Muitos cidadãos mostravam-se dispostos a delatar vizinhos ou chefes de repartição. Mesmo porque denúncias anônimas eram incentivadas pelas autoridades. Na República Democrática Alemã, a tradição de obedecer à risca a determinações do governo não morreu com a eliminação de Hitler. Denúncias entusiastas de abusos de poder e delinquência eram uma característica comum e frequentes na nova sociedade. Os alemães, com a ajuda que prestavam ao Estado comunista em seu objetivo de consolidar-se, demonstravam uma obediência impressionante.[627]

O nível de cooperação variava de país para país e talvez os alemães e os chineses tenham sido os que se revelaram de uma ajuda extraordinária para com as autoridades — mesmo assim, isso se considerarmos a questão com base nos padrões do comunismo internacional. Em pouco tempo, as autoridades da Alemanha Oriental, por exemplo, passaram a apresentar relatórios que indicavam uma queda drástica da produtividade.[628] (Os comunistas chineses pareciam não se importar com essas comparações.) Em todo caso, as motivações das pessoas estavam condicionadas às vantagens que poderiam obter em situações de escassez. Portanto, delatar rivais ou chefes malquistos era uma forma de melhorar a própria situação à custa deles. Acordos internos nas fábricas permitiam que a força de trabalho tivesse certa influência sobre o funcionamento da empresa e o processo de produção — mas as autoridades dos países da Europa Oriental continuavam a nutrir vãs esperanças de que os trabalhadores ficariam do seu lado.[629]

Os regimes comunistas bombardeavam seus povos com promessas de uma vida gloriosa no futuro. Assim, as autoridades anunciavam o advento não muito distante da grande Utopia e punham a culpa dos problemas atuais nas iniquidades do capitalismo do passado. Porta-vozes oficiais conclamavam os cidadãos bem-intencionados a trabalhar com afinco e contribuir para a melhoria geral das condições de vida.[630] Fecharam associações da sociedade civil ou as puseram sob rigoroso controle — e a religião organizada foi tratada com grande desconfiança. A Igreja Católica, com sua sede global no Vaticano, era considerada bastante suspeita tanto na China quanto nos países do Leste Europeu. Os comunistas passaram a recrutar informantes entre os membros da hierarquia eclesiástica e a influenciar novas indicações de postos clericais.[631] Na Romênia, a Igreja Ortodoxa mostrou-se de uma covardia extrema, tanto que seu patriarca declarou: "Cristo é um novo homem. Esse novo homem é o soviético. Portanto, Cristo é soviético!"[632] Intelectuais eram também subornados em toda parte. Pressionados a criar obras de "realismo socialista" para o regime, de forma geral concordaram em fazer isso, mesmo que, no íntimo, detestassem o marxismo. Sua hipocrisia era justificada pelo pretexto de que precisavam sobreviver. Na Polônia, as autoridades viviam ansiosas para convencer escritores católicos famosos a atuarem como defensores do comunismo.[633]

As editoras do Estado demonstravam seu compromisso patriótico e cultural com a publicação de milhões de exemplares de clássicos nacionais aprovados pelas autoridades. Essa prática era de alta prioridade em todo o Leste Europeu. Nesse particular, a dificuldade para o regime polonês era que "as obras dos grandes poetas poloneses são marcadas por grande antipatia pela Rússia e a dose de filosofia católica presente nelas é alarmante".[634] Contudo, na maioria dos países, a escolha cuidadosa das obras permitia

ORGANIZANDO O COMUNISMO

que os dirigentes comunistas alegassem que somente eles eram capazes de realizar as tarefas de esclarecimento do povo.

De qualquer forma, protestos diretos em massa eram fatos excepcionais, pois os comunistas eram conhecidos como mestres implacáveis nas técnicas de supressão de manifestações de insatisfação. Além do mais, campos de trabalho forçado desenvolvidos na URSS foram introduzidos em todo o mundo comunista. Foram mais fáceis de implantar nos países do Leste Europeu, onde os Estados herdaram as estruturas de tortura e repressão do Terceiro Reich. Mas a China agiu rapidamente também para desenvolver sua própria rede de campos de trabalho. A imposição de trabalhos forçados tornou-se uma das principais características do comunismo. É verdade que outros tipos de sociedade instituíam regimes de trabalhos forçados como parte de seus sistemas penais. Trabalhos braçais intensos em prisões agrícolas foram um recurso empregado em várias partes dos Estados Unidos e da África do Sul, onde os prisioneiros enfrentavam condições terríveis de sobrevivência. Todavia, esse tipo de tratamento decorria de processos judiciais apropriados e de condenações por cometimento de crimes legalmente tipificados, ainda que, muitas vezes, ocorressem casos de decisões arbitrárias. A diferença em relação aos governos comunistas estava no fato de que as pessoas eram despachadas para os campos unicamente por terem a infelicidade de pertencerem a uma classe social, a um grupo religioso ou a uma tendência intelectual suspeita. Quase sempre, os tribunais comunistas, quando se lhes davam o trabalho de apreciar o caso, condenavam réus que não haviam infringido nenhuma lei. Somente quando Stalin morreu e as sociedades dos países da Europa Oriental enxergaram uma brecha no muro do controle comunista, os trabalhadores — e, aliás, os prisioneiros de alguns campos do Cazaquistão — se arriscaram a sair às ruas para protestar contra os regimes.

Os grandes infratores, quando conseguiam se livrar da execução, eram obrigados a se retratar com autocríticas. Era um ritual de humilhação já arraigado nas práticas governamentais comunistas chinesas.[635] Afinal, cumpria mostrar ao povo que nada, exceto o endosso das políticas governamentais correntes, era aceitável no discurso político. A oposição tinha que ser vista como reacionária e fútil. Com isso, a sociedade inteira seria levada a achar que o comunismo fazia parte da ordem natural do processo de desenvolvimento histórico.

No entanto, os padrões de inconformação eram fortes, e baixa a qualidade das práticas trabalhistas e dos hábitos no trabalho.[636] Talvez a única exceção tenha sido a Alemanha Oriental. Segundo consta, os alemães foram o único povo que conseguiu fazer o comunismo funcionar: aliás,

DISSEMINAÇÃO

o controle de qualidade nas fábricas e minas do país era muito inferior aos padrões de excelência da Alemanha Ocidental. Em toda parte do regime comunista germânico predominava a embromação e a negligência para com as próprias obrigações, bem como a apresentação de relatórios falsificados. Trabalhadores flagrados em atos dessa natureza punham a culpa em seus diretores, aos quais acusavam de fraude grosseira. Ferroviários poloneses calavam desafiadoramente, aos gritos, militantes sindicalistas da Polônia: "Nós vamos roubar!" E lançavam clamores às autoridades para que fornecessem carvão às suas famílias para o aquecimento de seus lares.[637] O cinismo em relação às autoridades se alastrou rapidamente. Uma carta anônima enviada a Hilary Minc, ministro da Indústria e Comércio polonês, começava assim:

> Excelentíssimo Senhor Ministro! O senhor acha que seu jogo não é transparente para nós, trabalhadores de saco cheio de sua democracia baseada em demagogia e sua via charlatã para o socialismo? Acha que nós, o povo trabalhador, não vemos suas limusines, seus apartamentos ricamente mobiliados e, de forma geral, sua vida pessoal cheia de podridão?[638]

O fato é que os regimes comunistas incentivavam o povo a enviar queixas sobre malversação governamental. Às vezes, ficavam sabendo de coisas nada agradáveis.

A instituição de regimes comunistas nos países do Leste Europeu levou à formação de partidos de massas. Essa foi a parte fácil do processo. Veteranos retornados do exílio em Moscou ou pertencentes a grupos políticos clandestinos locais souberam que o crescimento do número de filiados trouxe consigo o vírus do carreirismo. Os comunas estabeleceram escolas para iniciar jovens promissores na doutrina e nas práticas comunistas.[639] A ideia era criar um grupo de funcionários públicos qualificados e confiáveis. Por outro lado, essa medida visava também livrar todos os partidos de recém-filiados indesejados. No início de 1947, na Romênia, Gheorghe Gheorghiu-Dej já planejava a realização de um expurgo para se livrar de "elementos covardes, oportunistas e agitadores".[640] Os líderes húngaros e poloneses fizeram a mesma coisa, com vistas a pôr um fim na "corrupção" em seus partidos e iniciar um novo recrutamento de trabalhadores.[641] Sem a carteira de filiação partidária, era mais difícil conseguir acesso a tudo, menos aos produtos e serviços básicos. Para os cidadãos dessas terras, tornou-se crucial conseguir emprego no aparato burocrático quando o tipo de ordem soviética foi implantado em seus países. Nem todos, porém, sucumbiam à tentação. Devotos católicos na Polônia, Hungria e Checoslováquia

ORGANIZANDO O COMUNISMO

sentiam-se enojados com a militância ateísta dos marxistas. Mas outros venciam quaisquer inibições que porventura sentissem, embora trilhar esse caminho fosse um tanto arriscado, já que não se tinha certeza se a dominação que a URSS exercia sobre os países da Europa Oriental duraria muito tempo. Contudo, apesar da crença na possibilidade de estourar a Terceira Guerra Mundial, foi cada vez menor a perspectiva de o Exército soviético ser expulso de suas terras.

No entanto, surtos de industrialização nesses países de planificação centralizada levaram muitos na Europa Oriental, e talvez até na China, a achar que nem tudo era ruim no projeto comunista. A urbanização foi rápida. Na Bulgária, por exemplo, a parcela da força de trabalho empregada na agricultura caiu de 73 por cento em 1950 para 57 por cento em 1960. Foi a maior transformação numa região que seguia universalmente na mesma direção demográfica.[642] Trabalhadores e seus familiares foram favorecidos pelos governantes — e na China os camponeses se beneficiaram também. A promoção nas fábricas ficou mais fácil para eles e centros de educação e formação técnica foram postos à sua disposição. Tal como na China, escolas e hospitais gratuitos, moradias e alimentos baratos se tornaram características fundamentais dessas sociedades. O desemprego foi erradicado e filas de homens e mulheres desempregados se tornaram coisa do passado. Os salários, contudo, eram baixos em comparação com os da América do Norte e da maioria dos países da Europa Ocidental. Aliás, nos países comunistas passou a ser considerado crime ficar desempregado. Os "vagabundos" eram acusados de parasitismo. Certamente, os comunistas geraram mudanças positivas nas sociedades que governaram depois da Segunda Guerra Mundial, porém a maior parte das pessoas não queria viver em regimes comunistas e repudiava as condições de opressão e exploração em que vivia.

Se, entre tantos outros, apenas um Estado comunista tivesse enfrentado as dificuldades básicas da sociedade soviética, esse poderia ser considerado uma excentricidade. De fato, todos os novos Estados foram afetados por problemas que afligiram a URSS desde o início. As estruturas, práticas e ideias dos regimes comunistas eram de uma semelhança impressionante. A reação das pessoas em relação a elas, inclusive as próprias autoridades partidárias, foi também de notável similitude. A Checoslováquia era uma sociedade urbana e industrializada, integrada à economia europeia antes da Segunda Guerra Mundial, ao passo que a Albânia, um país extremamente agrário. No entanto, o padrão de reações ao comunismo foi parecido nesses dois países, nos quais as particularidades nacionais eram importantes, mas apenas em nível secundário. Realmente, o comunismo existiu. Até a criação dos novos Estados comunistas, após a Segunda Guerra Mundial, isso não era fácil de prever — e o fato de que todos, na época, concentravam a atenção no poder do Estado desviava-lhes a atenção dos aspectos ineficientes das autoridades comunistas. As consequências disso levariam anos para serem perfeitamente compreendidas. Em 1917, Lenin anunciara: "O partido existe!" Seus seguidores fora da União Soviética poderiam proclamar agora: "O sistema existe!"

26. CONTRA E A FAVOR DE REFORMAS

A expansão do comunismo para o Leste Europeu, a Coreia do Norte e a China foi um acontecimento importante. Um terço da superfície terrestre passou a ser ocupada por Estados comunistas — e comunistas foram aclamados em toda parte pelo feito. Todavia, esse triunfo mascarou muitos reveses graves. O advento da Guerra Fria causou muitos problemas a dezenas de partidos comunistas. Na América Latina, governo após governo os baniu da vida pública, os eliminou ou perseguiu.[643] As autoridades australianas fizeram a mesma coisa e somente sua derrota no plebiscito impediu a completa proibição das atividades partidárias dos comunistas no país.[644] Nas colônias das potências europeias, os comunistas tiveram frequente participação nos movimentos de libertação nacional — destacaram-se, principalmente, na luta pela independência do Vietnã e da Indonésia.[645] As muitas campanhas anticomunistas resultavam principalmente de pressões locais e de incentivos dos americanos. O membro do Politburo soviético Andrei Zhdanov havia feito comentários sobre a crescente divisão do mundo em dois campos rivais, liderados pela URSS e pelos EUA. No fim da década de 1940, a realidade global confirmou o que ele dissera.

Enquanto isso, o sistema soviético continuava a consolidar-se. Esse processo jamais foi espontâneo. Ninguém — aliás, com exceção de um punhado de historiadores e cientistas políticos ocidentais de uma geração posterior[646] — duvidava de que Stalin continuava influente. Enquanto ele permanecesse como o chefe político do Kremlin, nunca haveria uma chance de se recombinar os ingredientes do bolo comunista. Alguns integrantes de seu *entourage* reconheciam que esse estado de coisas não podia perdurar tanto assim. Malenkov queria uma reconciliação com os EUA para reduzir as tensões suscitadas pela Guerra Fria. Khrushchev punha suas esperanças na reforma agrária. Beria considerava perigoso o tratamento que se dava aos não russos na URSS e concordava com Malenkov e Khrushchev que emergências desnecessárias estavam surgindo nos assuntos internos e externos. Não podiam fazer nenhum comentário sobre isso na presença de Stalin. Sempre que o ofendiam, ainda que sem querer, tinham que lhe implorar perdão e provar que eram humildes discípulos e solícitos servos do tirano camarada. Portanto, viviam elogiando o líder soviético e sua sabedoria. Não podiam realizar reuniões, exceto quando o chefe os reunisse por um motivo qualquer. Nenhum grande programa governamental podia ser alterado sem seu consentimento e ele mantinha todos os membros da liderança central sob medo constante. Seus caprichos eram decretos para eles.[647]

As estatísticas oficiais de 1952 informavam que a URSS completara o processo de recuperação total da agricultura. Mas isso não passava de pura fantasia. O método de apuração da produção de grãos era baseado na média das medições dos grãos ainda presentes nas lavouras, antes da colheita. O sistema não levava em conta as possíveis perdas causadas por mau tempo ou armazenamento e transporte precários. Com a concentração das verbas do orçamento no setor militar, Stalin matara de fome o setor agrícola, por falta de investimentos. De qualquer forma, sua política agrícola não previa a concessão de incentivos aos camponeses para que trabalhassem com mais empenho. Embora, depois de 1947, não tivesse havido surtos de fome intensos e generalizados, as condições nos povoados agrícolas continuaram ruins. A oferta de alimentos nas cidades soviéticas era a pior do mundo industrializado. Os consumidores soviéticos que não pertenciam ao estrato governamental se alimentavam, se vestiam e moravam mal.

Se eles quisessem ter uma vida melhor na União Soviética de Stalin, em vez de apenas vegetar, tinham que glorificar o nome do líder camarada. Milhões deles faziam isso espontaneamente. Afinal, ele havia se transformado na aclamada encarnação da vitória sobre os nazistas do Terceiro Reich. Com suas raras aparições em público, tornou-se uma figura mística e prestigiada. No entanto, como seu estado de saúde era cada vez pior, seu médico, Vladimir Vinogradov, o aconselhou a abandonar a política. (A sinceridade de Vinogradov foi recompensada com seu encarceramento numa célula de Lubianka.) O sistema soviético continuou a entoar elogios e exaltações a Stalin. O Estado-partido abarcava com seus tentáculos as vastas instituições criadas nos anos entre guerras e o partido em si continuava com atribuições fundamentais no jogo político. Além de realizar ajustes e a disseminação da doutrina marxista-leninista, ele supervisionava as agências do governo e escolhia e fiscalizava a atuação de seus funcionários. As tensões entre o partido e o governo persistiam; Stalin mantinha esse estado de coisas para impedir que ambos minassem seu poder pessoal. Com isso, pretendia também impedir que o partido lograsse um domínio abrangente sobre os ministérios, uma vez que objetivava promover moças e rapazes qualificados em suas profissões para lidar com as tarefas governamentais. A tecnocracia comunista estava em alta.

CONTRA E A FAVOR DE REFORMAS 357

O Ministério de Segurança do Estado (MGB) limpava do assoalho político soviético quaisquer respingos de oposição ao *establishment* comunista. Trabalhadores e camponeses só podiam obstruir a execução das diretrizes governamentais de maneira clandestina. A disciplina no trabalho, tal como a produtividade, continuava deplorável. Diretores, gerentes e capatazes de empresas buscavam a satisfação de seus próprios interesses, em detrimento do cumprimento de determinações superiores. A mentalidade provinciana continuava a ser o flagelo da consecução das metas do poder central. O clientelismo perdurava, inabalado mesmo diante das prisões ocasionais: os expurgos do pós-guerra afetaram grupos específicos, e não o sistema clientelista em si. Apesar de décadas de doutrinação e repressão, alternativas no modo de pensar continuavam a empolgar a mente de milhões. Os sentimentos nacionalistas se intensificaram com a punitiva campanha oficial para eliminá-los. A crença nas religiões continuou viva, mesmo acossada pelas garras da perseguição. Embora não houvesse nenhuma chance realista de se realizar uma revolução de baixo para cima contra o impiedoso poder do MGB e do Exército soviético, por baixo da superfície da união comunista fervilhavam tendências tempestuosas. Não era preciso ser um gênio para perceber que, mais cedo ou mais tarde, o descontentamento popular teria que ser apaziguado, em vez de suprimido. A obstinação de Stalin criara um estado de coisas tão grave que, quando os reformistas chegaram ao poder em 1953, as consequentes dificuldades haviam se transformado numa situação perigosíssima.

Ademais, ele estava provocando o acúmulo de problemas nas regiões no oeste da URSS. A desobediência dos iugoslavos era um exemplo perigoso para outros Estados do Leste Europeu. Tito deixara claro que, se agentes soviéticos continuassem a ser enviados a Belgrado para tentar assassiná-lo, ele despacharia seus próprios agentes para Moscou — e Tito assegurou que Stalin não continuaria vivo depois da visita deles.[648] Stalin tirava proveito das tensões em cada liderança dos países da Europa Oriental, onde os líderes comunistas sempre se entredevoravam, movidos por ciúmes e invejas recíprocas. E, quando Moscou aumentou a pressão sobre eles, passaram a denunciar uns aos outros. Na Romênia, os integrantes das altas esferas da política se tornaram extremamente hostis entre si. Vasile Luca, que também estivera sob suspeitas em anos anteriores, denunciou Lucretiu Patrascanu por agir como um Bukharin romeno. O próprio Luca era malquisto por Ana Pauker, que enviou críticas contra ele às autoridades soviéticas.[649] Ao longo de toda a Europa oriental, eram mantidos abertos vários canais de comunicação com Moscou. O chefe da polícia de segurança polonesa, Jakub Berman, tentou desmoralizar o colega de Politburo, Gomulka, numa conversa com um conselheiro político soviético.[650] Rudolf Slansky, o secretário do partido checoslovaco, ao perceber que outros colegas estavam se mancomunando contra ele, pendurou fotografias de Stalin e Gottwald em seu gabinete. Valia tudo para provar a própria lealdade.[651]

Se havia alguém que merecia o prêmio de maior delator da Europa Oriental, essa pessoa era o líder político-partidário húngaro Matyas Rákosi. Era o tipo de sujeito que não restringia seus comentários aos assuntos de seu próprio país. Certa feita, apresentou queixas a Moscou acusando líderes checoslovacos de haverem demorado em denunciar espiões e agitadores políticos. "É de estranhar", comentou ele bajuladoramente, "que o camarada Gottwald não tome providências". Rákosi observou também que um espião americano preso pelos poloneses portava uma carta de recomendação de Jakub Berman em Varsóvia.[652] Tampouco ficou receoso de criticar a ajuda precária que recebera dos "órgãos soviéticos" na Hungria.[653] Ninguém sabe ao certo se isso lhe serviu para conquistar a confiança de Stalin, que conhecia todos os truques empregados no palco político e deve ter presumido imediatamente que tal ostentação de zelo podia ocultar objetivos escusos.

O artifício usado por ele para enfrentar a questão foi induzir cada uma das lideranças a escolher alguns de seus integrantes e fazê-los desfilar diante do público como cúmplices de Tito e de agências de espionagem do Ocidente.[654] Em seguida, vieram os julgamentos das vítimas humilhadas. Mas os líderes poloneses se recusaram a atender às exigências dos soviéticos para levar Gomulka aos tribunais. A cúpula do Partido Unificado dos Trabalhadores Polacos, que tinha em sua liderança um número desproporcional de judeus, talvez houvesse desejado evitar a deflagração de sentimentos antissemitas expulsando do partido uma pessoa com raízes genuinamente polonesas, como Gomulka. Em outros lugares, as vítimas não tiveram a mesma sorte. Os acusados eram escolhidos após consultas a Moscou e toda simpatia pretérita para com Tito resultava numa mancha negra na ficha da vítima. Na Hungria, Laszlo Rajk e Rudolf Slansky, na Checoslováquia, acabaram sendo presos. Koçi Xoxe caiu na Albânia, Traicho Kostov na Bulgária, Pauker na Romênia. Após torturas atrozes, os réus confessavam crimes inventados pelos advogados de acusação.[655] Rajk, Slansky, Xoxe e Kostov foram executados. Pauker acabou poupado, porém foi condenado a cumprir pena de prisão. A República Democrática Alemã escapou das exigências de realização desse tipo de julgamentos. Isso não ocorreu por falta de submissão por parte de seu líder Walter Ulbricht, que havia denunciado companheiros alemães às autoridades soviéticas na década de 1930.[656] Talvez os líderes comunistas de Berlim fossem considerados bastante obedientes às determinações do Kremlin.

CONTRA E A FAVOR DE REFORMAS

A subjugação da Europa Oriental foi reforçada com acordos comerciais que privilegiavam a URSS. Os países signatários receberam ordens para se especializarem na fabricação de produtos necessários à economia soviética. Com isso, criou-se um sistema econômico imperialista. Além do mais, os países que haviam sido aliados de Hitler tiveram que continuar a pagar indenizações de guerra a Moscou. De um jeito ou de outro, 70 por cento da produção industrial da Hungria acabaram parando em terras soviéticas em 1953.[657] A situação na Bulgária e na Romênia era um pouco melhor.

Na União Soviética, a política sofreu uma degradação ainda maior quando Stalin passou a explorar a questão do antissemitismo. Ele havia apoiado a criação do Estado de Israel em 1948, mas acabou sendo surpreendido pela preferência dada pelo novo governo socialista israelense aos Estados Unidos, em detrimento da URSS; isso serviu para aumentar sua desconfiança em relação aos judeus-soviéticos, considerados um grupo potencialmente infiel ao governo soviético.[658] Com isso, aumentaram os receios de um *pogrom* generalizado. Os judeus passaram a ser insultados nas ruas e grande número deles foi espancado. Muitos outros foram demitidos de cargos de influência e começou a espalhar-se o boato de que todas as pessoas de ascendência judaica seriam deportadas para a Sibéria. Se os soviéticos pretendiam realmente fazer isso, não há nenhuma prova a esse respeito; porém, sem dúvida, proeminentes figuras da sociedade russa temiam muito essa possibilidade, já que Stalin tinha o hábito de reprimir todo povo que estivesse ligado por laços de nacionalidade a um país estrangeiro. Em janeiro de 1953, vários médicos do Kremlin foram acusados de envenenar políticos soviéticos. Quase todos esses médicos profissionais tinham nomes que pareciam judeus. Essa doença antissemítica foi transmitida ao Leste Europeu. Dessarte, Moscou começou a receber relatórios com acusações de que os judeus da liderança comunista polonesa tinham a tendência "nacionalista" de dar preferência a colegas judeus na indicação de funcionários.[659] Isso não passava de calúnia, porém era fácil induzir as pessoas a acreditar nessas coisas. E uma tendência semelhante estava começando a fixar raízes em outras partes da região. No exterior, os comunistas acompanhavam os desdobramentos espantados e horrorizados.

Mesmo em idade avançada, Stalin continuou a ser uma pessoa muito desconfiada. Em certa ocasião, ele disse ao emissário comunista italiano Pietro Secchia: "Por melhor que esse ou aquele partido seja, ele sempre terá espiões. Em nosso partido — o Partido Bolchevique — tínhamos espiões também." Acrescentou que nem todos os espiões dessa espécie tinham sido desmascarados ainda.[660] Ele disse ao Comitê Central, após o XIX Congresso do Partido, em 1952, que Molotov e Mikoyan não eram confiáveis. Os dois viviam, pois, na expectativa de serem presos a qualquer momento. Stalin dera início também à Questão dos Mingrelianos. Os mingrelianos formam um povo que vive na Geórgia. Beria era mingreliano e indicara muitos apaniguados para cargos no governo da Geórgia. O fato de que Stalin estava mandando para a prisão centenas de funcionários públicos mingrelianos apresentava-se como uma perspectiva nefasta para o futuro bem-estar de Beria. Molotov, Mikoyan e Beria perderam influência e status no Presidium (tal como o Politburo passou a ser chamado), formado pelo Comitê Central após o congresso. O pânico era cada vez maior entre os líderes supremos. Vlasik, o chefe da segurança pessoal de Stalin e seu assistente Poskrebyshev foram detidos. O adoentado Stalin parecia estar planejando eliminar seus mais importantes subordinados para substituí-los por outros, mais jovens e maleáveis.

Todavia, em 5 de março de 1953, o líder soviético teve um mal súbito. Distante do centro do poder, em sua casa de campo em Kuntsevo, acompanhado somente por seus guardas, sofreu um ataque cardíaco. Por horas a fio, receosos de interferir em sua rotina, todos evitaram entrar na casa e, quando criaram coragem para fazer isso, encontraram-no estendido no chão. Telefonaram para o Ministério de Assuntos Internos, porém seus funcionários ficaram receosos também de agir por iniciativa própria. Quando telefonaram para membros do Politburo, eles partiram às pressas para a casa de campo do líder soviético. Somente então os médicos foram chamados. Mas era tarde demais: a essa altura, Stalin exalava seus últimos suspiros. Um período importante da história mundial do século 20 chegava ao fim. As principais figuras da liderança soviética reorganizada às pressas foram Georgy Malenkov, Lavrenti Beria e Nikita Khrushchev. Os três concordaram que era fundamental realizar uma reforma e uma renovação no sistema soviético. Contudo, nem todos os líderes concordaram com isso: Vyacheslav Molotov e Lazar Kaganovich eram crentes fiéis às políticas governamentais de Stalin e ficaram apreensivos com efeitos desestabilizadores que poderiam resultar de mudanças. No entanto, não tinham a energia e os cargos institucionais ocupados pelo trio mais jovem. Malenkov chefiou a máquina governamental. Beria retomou o controle sobre a polícia e Khrushchev aumentou a autoridade que exercia sobre o aparato do partido. Em conjunto, distanciaram-se das diretrizes políticas do legado stalinista.

As autoridades explicaram que a Conspiração dos Médicos foi uma farsa e declararam que os princípios comunistas eram contrários a toda espécie de "culto à personalidade". Stalin não foi ostensivamente criticado, mas seu legado sofreu críticas flagrantes. Elas fizeram propostas de reaproximação com os Estados Unidos, e Tito e seus comunistas iugoslavos não foram mais

CONTRA E A FAVOR DE REFORMAS

361

tratados em seus discursos como párias do movimento comunista mundial. O ritmo de industrialização forçado imposto aos países da Europa Oriental foi reduzido. Malenkov confidenciou a colegas que uma guerra nuclear causaria prejuízos devastadores à humanidade.

Beria queria prosseguir mais rapidamente e avançar mais que os outros colegas na reforma do comunismo e, às vezes, agia sem consultar Malenkov e Khrushchev. Circulou pelos meandros do poder ameaçando transformar as autoridades policiais regionais em "pó de campos de trabalho forçado". Ele era também o principal defensor de reformas no Leste Europeu, onde os líderes comunistas foram advertidos de que deveriam abrandar as políticas econômicas. A submissão aos novos líderes soviéticos não foi universal, mesmo porque os líderes em toda a região haviam chegado ao poder dando provas de que eram fiéis ao stalinismo. Nenhum deles era mais aferrado às antigas diretrizes políticas do que Walter Ulbricht, líder da Alemanha Oriental. Em maio de 1953, ignorando as mudanças nas políticas governamentais soviéticas internas e externas, ele anunciou um aumento nas cotas de trabalho. Matyas Rákosi era feito do mesmo estofo de Ulbricht. No Kremlin, onde foi intimado a comparecer, disseram a ele que adotasse a Nova Via depois que Beria lhe perguntou se ele pretendia se tornar o primeiro "rei judeu da Hungria". Somente então Rákosi voltou atrás em sua decisão de manter-se aferrado à velha orientação política. Os líderes soviéticos aplicaram-lhe uma punição com a insistência de que se exonerasse do cargo de primeiro-ministro em favor de Imre Nagy, conhecido defensor de reformas. Depois disso, sobrevieram mudanças em todos os países do Leste Europeu. Para iniciar as reformas, o procedimento usual era requerer que o supremo dirigente comunista local abandonasse a função de dupla liderança política. Cada um deles teve que escolher entre a liderança do partido e a do governo. Após a humilhação sofrida por Rákosi, concordaram docilmente em acatar essa determinação.

As medidas adotadas por Ulbricht foram a gota d'água para sua exausta população. Uma greve desencadeada por trabalhadores da construção civil propagou-se como um incêndio florestal no verão para outros setores da economia e para todas as cidades da República Democrática Alemã. Em Berlim Oriental, uma manifestação de protesto contra as autoridades atraiu cem mil descontentes para exigir a exoneração dos líderes governamentais. Ulbricht convocou as tropas de ocupação soviéticas e tanques T-34 encurralaram a multidão numa importante praça da cidade. Quando, em 17 de junho, manifestantes começaram a atirar pedras contra as forças de repressão, a *Volkspolizei* retaliou com disparos de armas de fogo, matando pelo menos 125 manifestantes. O massacre não causou nenhum abalo no Presidium do Partido Soviético: nenhum líder do Kremlin se preocupou com o emprego da força. O que preocupou Moscou foi o fato de que a República Democrática Alemã havia chegado muito perto de uma revolta generalizada. O Presidium havia tentado restringir as ações de Ulbricht em maio e convencê-lo a adotar uma "Nova Via". A essa altura, greves já estavam ocorrendo na Checoslováquia e na Bulgária. O resultado disso foi que o Kremlin permitiu que Ulbricht permanecesse no poder e desacelerasse o ritmo das reformas.[661]

A primeira baixa política foi Beria. Em 26 de junho, Khrushchev persuadira o relutante Malenkov a concordar em prender Beria no Presidium do partido. Beria era uma ameaça a todos os seus membros, com sua ficha sanguinária de chefe de polícia e sua tendência para agir sem consultar outros colegas. Além do mais, suas políticas radicais eram perigosamente desestabilizadoras. Já os comandantes do exército não precisaram ser persuadidos: eles odiavam Beria por causa do tratamento que ele dera ao Exército Vermelho na Segunda Guerra Mundial. Beria foi preso pelos militares e executado alguns meses depois. Khrushchev foi promovido ao cargo de primeiro-secretário do partido em setembro, enquanto Malenkov permaneceu como presidente do Conselho de Ministros. Malenkov frisou a necessidade de se evitar a Terceira Guerra Mundial e de se dar prioridade à expansão da indústria leve. Khrushchev pensava diferente. Ao encarecer a necessidade de cultivar terras virgens na Sibéria e no Cazaquistão, mostrou que entendia as dificuldades enfrentadas pelos cidadãos soviéticos em sua vida diária. Numa atitude inteligente, formou uma coalização institucional. Khrushchev prometeu às Forças Armadas e aos ministros responsáveis pela indústria pesada que manteria a parcela do orçamento destinada a esses setores e assegurou ao Comitê Central que o partido era o fundamento do sistema soviético. Quando conseguiram abrir as portas do debate político, somente ele tinha condições de fazer com que sua mensagem alcançasse setores da sociedade para além dos limites do Presidium.

Khrushchev não tinha pudor nem modéstia; falava de improviso e permeava seus discursos com observações grosseiras. (Seus discursos tinham que ser "higienizados" antes de serem publicados.) Ele parecia uma versão russa do boneco da Michelin nas propagandas de pneus da época. No entanto, por baixo da capa de espirituosidade, havia uma força combativa inexistente no sombrio Malenkov. Khrushchev era intuitivo também; sabia que sua formação escolar precária o deixara com algumas deficiências, mas estava plenamente convicto de que sabia o que era necessário fazer na URSS. Malenkov, gorducho e sem graça, era sempre derrotado nas estratégicas disputas políticas; parecia vítima antes mesmo de ser escolhido como tal.

CONTRA E A FAVOR DE REFORMAS

Khrushchev, em seu esforço para enfrentar as dificuldades no Presidium, aumentou cada vez mais a pressão sobre a estrutura do poder para denunciar os abusos cometidos sistematicamente sob o governo de Stalin.[662] Tratou com desprezo as restrições deparadas no XX Congresso do Partido. Quando seus colegas o aconselharam a evitar discussões sobre Stalin, ele retorquiu: "Se não dissermos a verdade na convenção, seremos forçados a fazer isso em algum momento no futuro. Então, em vez de sermos as pessoas que fazem os discursos, seremos os que estarão sendo investigados!"[663] Insistindo em usar sua prerrogativa como primeiro-secretário do partido, fez um discurso sobre o "culto à personalidade" em uma sessão a portas fechadas. Foi, de fato, uma acusação formal contra Stalin. O finado líder, reverenciado pela maioria dos assistentes, considerado o maior comunista de sua geração, foi acusado de ser um carniceiro portador de distúrbio psicológico. Contudo, Khrushchev não foi além de certos limites. Absteve-se de criticar o forçado ritmo de industrialização e a compulsória coletivização em massa no fim da década de 1920. Ressaltou também o fato de que a ordem soviética sobrevivera intacta aos abusos de Stalin e que o leninismo havia sido preservado. Subestimou o grave alcance das ações repressivas stalinistas, bem como o número de vítimas provocadas por elas, e evitou comentar que milhões de pessoas comuns haviam perecido; deu a impressão de que apenas "vários milhares" de inocentes integrantes do partido, do exército e do governo tinham sido mortos ou enviados para campos de trabalho forçado nas décadas de 1930 e 1940.

Entretanto, seu discurso caiu politicamente sobre os ouvintes como um raio. Khrushchev asseverou que suas implicações deveriam ser traduzidas em ações práticas tanto nas políticas externas quanto nas internas. Ele queria muito uma mudança nas relações com os países da Europa Oriental. Em maio de 1955, os líderes soviéticos já haviam criado uma aliança militar para o Bloco Soviético, na forma da Organização do Tratado de Varsóvia — extraoficialmente conhecida como Pacto de Varsóvia. Além disso, em abril de 1956, extinguiram o Cominform, abandonando propostas de levar partidos comunistas a formar novas agências regionais.[664] A iniciativa partiu exclusivamente de Moscou. Nenhuma liderança comunista no império exterior da URSS teria ousado fazer esse tipo de proposta. Cada vez mais, as políticas econômicas do Comecon davam menos vantagens aos interesses soviéticos; aliás, a URSS começou a fornecer petróleo e gás aos países do Leste Europeu a preços menores do que os do mercado mundial. O Kremlin estava pagando caro por manter o domínio sobre seus "Estados-satélites". As relações políticas, contudo, continuaram rigidamente hierarquizadas e a União Soviética permaneceu como a potência dominante. Afinal de contas,

Khrushchev não havia se tornado primeiro-secretário para presidir a dissolução do Bloco Soviético.

Versões resumidas do discurso foram enviadas aos escalões mais baixos do Partido Comunista da União Soviética; seu teor foi repassado também às lideranças das legendas irmanadas ao partido. Sem querer, Khrushchev estava afrouxando a rigidez das cristalizações mentais do movimento comunista mundial. Boleslau Bierut, secretário-geral do Partido Unificado dos Trabalhadores Polacos, teve um ataque cardíaco. O líder comunista britânico Harry Pollitt ficou furioso com as acusações feitas contra Stalin. "Ele continuará ali enquanto eu viver", jurou ele, olhando para o quadro com a fotografia de Stalin pendurado em sua sala de estar — e ficou mesmo.[665] Pollitt, no entanto, manteve suas opiniões dentro dos limites do próprio lar. O Partido Comunista Chinês reagiu negativamente. Mao Tsé-tung, apesar de seus problemas com Stalin no passado, recusou-se a aceitar o fardo de acusações e argumentos desabonadores lançados por Khrushchev sobre o ex-líder soviético. Preferiu adotar a fórmula segundo a qual Stalin tinha 70 por cento de razão e 30 por cento de desacertos. Esse cálculo simples absolveu o stalinismo: nem Mao nem os outros líderes comunistas chineses conversaram sobre os horrores da coletivização da agricultura e dos violentos expurgos em massa na URSS. Até porque queriam gozar de plena liberdade para realizar seu próprio avanço frenético em direção ao crescimento econômico. Isso foi o início de uma jornada pelas vias que distanciariam a URSS da República Popular da China.[666]

Na Europa Oriental, os líderes comunistas fizeram uma relutante assimilação do chamado Discurso Secreto. O fato é que entendiam melhor os problemas que tinham pela frente do que Khrushchev e seus camaradas reformistas. O Exército Vermelho de Stalin havia conquistado esses países. Nenhum regime comunista chegara ao poder por meio de eleições livres. Todos eles eram Estados policialescos. Se Stalin fosse desmascarado, apresentado às massas e aos comunas como déspota, os últimos fiapos de legitimidade de governos comunistas na Polônia e na Hungria simplesmente se romperiam. Mas Khrushchev não tinha nenhuma preocupação nesse sentido e concentrou-se na reforma da política externa soviética. Em julho de 1953, a URSS já havia pressionado os norte-coreanos a assinarem um armistício em Panmunjon e a aceitar a divisão do país ao longo do trigésimo oitavo paralelo geográfico. Em abril de 1955, apesar de toda espécie de objeções levantadas por Molotov como ministro das Relações Exteriores, Khrushchev viajara para Belgrado com o objetivo de efetivar a reconciliação com a Iugoslávia.[667] Em maio, ele retirou as forças de ocupação da Áustria.

CONTRA E A FAVOR DE REFORMAS

Ao contrário de Stalin, ele se mostrava ansioso para fazer viagens ao exterior. Em 1959, encontrou-se com o presidente americano Dwight D. Eisenhower em Camp David e com o presidente John F. Kennedy em Viena, em 1961. Um sistema de "convivência pacífica" estava sendo criado pelas grandes potências. Os líderes soviéticos e americanos reconheceram que a tentativa de se evitar a Terceira Guerra Mundial era uma necessidade urgente.

Todavia, uma forte onda de descontentamento popular estava inundando a Europa Oriental. Não era necessário induzir ninguém a odiar Stalin, a Revolução de Outubro e o marxismo-leninismo: para as massas, eles eram uma espécie de praga tríplice importada da Rússia. Por experiência própria, os consumidores sabiam que as economias dos países comunistas funcionavam de forma precária. Até mesmo os líderes comunistas admitiam que a produção de produtos básicos ficava muito aquém do razoável. Os alemães orientais, que pouco tempo atrás haviam sentido na pele a brutalidade militar dos soviéticos, se abstiveram de protestar. Os trabalhadores das indústrias polonesas, contudo, como a sociedade polonesa não tinha sofrido nenhum ato de repressão violento nos últimos tempos, entraram em greve no verão de 1956 e, tal como acontecera em Berlim três anos antes, conflitos sobre condições no ambiente de trabalho acabaram se transformando num protesto político gigantesco. Em Poznan, cidade no norte do país, trinta mil pessoas saíram às ruas entoando clamores como "Eleições livres já!" e "Abaixo os russos!".[668] Os intelectuais e a Igreja estavam dispostos a apoiar todo movimento nacional de repúdio à ditadura. Entre eles, havia reformadores comunistas. A repressão foi rápida e brutal, com poloneses reprimindo poloneses. Cerca de cinquenta pessoas morreram. No entanto, a impopularidade do regime era flagrante demais para ser ignorada pelas autoridades. Em 13 de outubro de 1956, Wladyslaw Gomulka, que definhava em situação de ruína e abandono desde 1948, foi convidado a voltar a ocupar o cargo de líder supremo do país. Gomulka ficara famoso como político que se opusera a Stalin, e os poloneses estavam dispostos a lhe dar um voto de confiança. De Belgrado, Tito acompanhava tudo com ares de aprovação dos acontecimentos. Pelo menos a Europa Oriental parecia capaz de afrouxar os laços da dominação severa que os soviéticos exerciam sobre ela. O próprio Gomulka incentivou os comunas reformistas na Hungria.[669]

O povo húngaro estava indignado também com a situação. O círculo de intelectuais de Petofi, cujos integrantes se reuniram em Budapeste para discutir o que havia de errado no país, começou a disseminar ideias subversivas. Com isso, eclodiram distúrbios em fábricas, minas e canteiros de obras. Rákosi perdeu a confiança de seus companheiros de liderança. Além

DISSEMINAÇÃO

do mais, eles já não o temiam. Em julho, ele teve que abandonar o cargo de líder do partido em favor de Ernö Gerö. Isso não bastou para estancar a enxurrada de exigências patrióticas das massas. Estudantes, trabalhadores e até soldados saíram às ruas em outubro. A polícia de segurança — a ÁVH — atirou contra os manifestantes, mas acabou sendo sitiada em seu próprio quartel-general. Os líderes comunistas húngaros entraram em pânico e, apoiados pelo embaixador soviético Iúri Andropov, obtiveram permissão de Moscou para que Imre Nagy assumisse as rédeas do poder.[670] Nagy identificou-se com as massas na capital. Assegurou ao Kremlin que seria capaz de controlar a situação e asseverou que a Hungria se manteria fiel à causa comunista. Ao mesmo tempo, o partido e o governo mandaram soltar o cardeal Mindszenty e outros prisioneiros das esferas religiosa e política. A imprensa conseguiu libertar-se dos grilhões da censura. Francos clamores em prol da independência começaram a ecoar por todo o país. Era visível o fato de que as Forças Armadas estavam do lado dos manifestantes. Nagy acabou aprovando a saída do país do Pacto de Varsóvia.

No outono de 1956, Budapeste tornou-se o epicentro da revolta de um povo inteiro contra a URSS. Khrushchev ficou sem saber o que fazer. Em 30 de outubro, convenceu a liderança soviética a desistir de invadir a Hungria. Mas depois reconsiderou sua decisão. Encorajado pelo ataque anglo-francês e israelense ao Egito para recuperar o controle do Canal de Suez, enviou tanques à Hungria em 4 de novembro.[671] Até atravessarem a fronteira, os soldados soviéticos pouco ou nada sabiam sobre o objetivo de sua missão. Khrushchev guardava lembranças dos húngaros como aliados do Terceiro Reich nos tempos de guerra e via Nagy como traidor da causa comunista. Em nome do comunismo, as forças soviéticas esmagaram os conselhos de trabalhadores eleitos pelas forças operárias das fábricas. Manifestantes foram dispersados. Foi grande a brutalidade. Quando viram que tudo estava perdido, muitos rebeldes preferiram fugir para as fronteiras em busca de liberdade a ficar no país e terem que enfrentar a ocupação militar. Nagy foi preso e executado alguns anos depois, apesar de as autoridades repressoras terem afirmado o contrário: Khrushchev não queria que nenhum outro líder comunista da Europa Oriental repetisse a atitude desafiadora de Nagy. A URSS aprovou a instituição de um governo fantoche sob a chefia de Janos Kadar.

Contudo, os inimigos de Khrushchev no Presidium se sentiram encorajados com todo esse imbróglio e decidiram atacar sua linha de ação política. Em junho de 1957, Molotov, Kaganovich e Malenkov se acomunaram para rebaixá-lo na hierarquia do poder. Molotov e Kaganovich, os seguidores

CONTRA E A FAVOR DE REFORMAS

mais próximos de Stalin na década de 1930, detestavam o programa de reformas; Malenkov o aprovava, mas não gostou de ter ficado do lado de fora da estação central do poder político soviético. Estavam confiantes de que conseguiriam a maioria na decisão da questão no Presidium. Khrushchev estava pronto para enfrentá-los. Outra vez na luta em defesa de seus direitos, exigiu que seu caso fosse levado à apreciação do Comitê Central, que reunia integrantes do partido, dos ministérios e das Forças Armadas admiradores seus. O marechal Jukov mobilizou elementos da força Aérea para buscá-los em várias partes da URSS. Algum tempo depois, eles batiam às portas do Presidium para iniciar uma sessão do Comitê Central. A reunião deu como resultado a vitória de Khrushchev, que transformara a própria desgraça pessoal na derrota dos três líderes integrantes do que ele denominou "grupo antipartidário".

Depois disso, não houve mais como detê-lo. Sua diretriz política de "convivência pacífica" não implicava, de forma alguma, que ele estava abandonando a competição com os Estados Unidos. Na verdade, mantinha-se convicto de que a União Soviética representava uma ordem superior de Estado e sociedade em relação a todos os países do mundo capitalista. Por volta de 1961, passou a prometer ao povo que a União Soviética superaria o padrão de vida dos EUA até o fim da década. Assegurou que a "construção cabal" de uma sociedade comunista, tal como prevista por Lenin em *O estado e a revolução*, começaria na década de 1980. Chamou a URSS de "Estado de todos os povos". O desafio foi lançado bem diante do nariz dos Estados Unidos. Determinou que conflitos militares diretos deveriam ser evitados, mas avisou que a competição econômica, política e ideológica seria intensa. Khrushchev estava principalmente interessado em conseguir apoio do Terceiro Mundo. Os componentes dos impérios existentes ao redor do mundo ainda não tinham sido totalmente desmantelados, embora os britânicos e os franceses já estivessem empenhados nesse objetivo. A liderança procurou explorar essa situação. O outro objetivo dos soviéticos era incentivar as nações "não alinhadas" a se libertar da influência americana e causar problemas aos EUA. Khrushchev ofereceu ajuda financeira e assessoria econômica aos países que concordassem com isso; apresentou-se como o incansável defensor da independência de todos os pequenos países do mundo.

O movimento comunista ao redor do mundo foi convulsionado pelos acontecimentos em 1956. Principalmente nos países da Europa Ocidental e da América do Norte, houve um grande abandono das fileiras do partido. O reconhecimento manifesto dos abusos de Lenin minou antigos laços de fidelidade, e a supressão militar do Levante Húngaro convenceu muitos

DISSEMINAÇÃO

veteranos de que as atitudes dos líderes do Kremlin foram pouco diferentes das do finado ditador soviético. O Partido Comunista da Grã-Bretanha, por exemplo, perdeu cerca de nove mil membros — mais de um quarto do total de filiados — nos dois anos seguintes a fevereiro de 1956.[672]

No entanto, a maioria dos líderes de partidos comunistas ao redor do mundo estava disposta a dar um voto de confiança à URSS. Na Itália, Palmiro Togliatti revelara que apoiaria uma invasão antes mesmo que a liderança soviética tivesse tomado essa decisão.[673] Os governos da Checoslováquia, Romênia e até da Iugoslávia estavam ansiosos para ver o fim da experiência húngara de autonomia governamental. Afinal, tinham minorias húngaras em seus territórios e não queriam que elas desencadeassem um problema semelhante em suas terras. A China, apesar de outras discordâncias básicas com Moscou, não condenou o uso de tropas. Somente o líder polonês Gomulka se opôs às ações de Khrushchev. Até porque ele havia sido reempossado no poder contra a vontade de Khrushchev e não queria que se criasse um precedente em Budapeste que depois pudesse ser aplicado em Varsóvia.[674] Contudo, estava longe de ser grande a harmonia entre os partidos comunistas em torno do planeta. O Partido Comunista Chinês tivera dificuldades com Stalin antes e depois de haver conquistado o poder, em 1949. Porém, Mao endossara a maior parte do que havia sido feito na URSS sob o governo stalinista. Além disso, hesitou em retratar-se em suas alegações de líder dotado de onisciência recorrendo à reformulação de pontos capitais do Pensamento de Mao Tsé-tung. Os chineses comunistas criticaram duramente Khrushchev, acusando-o de "revisionista". No entanto, Mao aprovou a operação repressiva do Exército soviético contra o Levante Húngaro. Sua atitude firmava-se na suposição de que, se a URSS não tivesse entrado num processo de desestalinização, o problema em Budapeste nunca teria ocorrido.

O aparato político e do serviço de espionagem de Washington ainda acreditava que a URSS era a mão oculta por trás de tudo que era feito pelos países comunistas e que os soviéticos exerciam um domínio sobre o movimento comunista mundial sem nenhuma restrição. Era exagerado o quadro pintado por Washington sobre esse aspecto da realidade mundial.[675] Quando não existiam outros Estados comunistas, era fácil para Stalin e o Comintern repassarem instruções e fazer com que fossem obedecidas. Tito, por exemplo, demonstrara que era possível se opor a Stalin; Mao e Kim Il-sung induziram Stalin a fazer escolhas em favor da guerra e da paz de acordo com o que consideravam melhor para si e segundo uma programação elaborada por eles também. Até mesmo a Europa Oriental impôs certos limites à liberdade de ação do ditador soviético. Se os Estados comunistas quisessem sobreviver por um bom tempo na região, precisariam contar com a ajuda

CONTRA E A FAVOR DE REFORMAS

de Moscou. Todos eles se esboroariam sem a garantia de intervenções militares soviéticas. Sem petróleo e recursos naturais baratos dos soviéticos, eles enfrentariam dificuldades. Embora a Europa Oriental houvesse se tornado o império externo da União Soviética, os prazeres naturalmente colhidos pelo imperialismo foram descompensados pela sangria imposta aos cofres do Kremlin. E a desestalinização não pusera um fim às ameaças geopolíticas e internas à União Soviética.

PARTE CINCO

MUTAÇÃO

1957-1979

27. DÉTENTE E EXPANSÃO

Assim que Nikita Khrushchev consolidou sua posição como líder soviético supremo, em 1957, levou adiante seu processo de reformas, operando mudanças em todos os aspectos das políticas governamentais internas e externas da URSS. Já então como primeiro-secretário do partido, assumiu também o cargo de presidente do Conselho de Ministros um ano depois. Alçou seus partidários mais jovens a altos cargos na máquina governamental e relegou seus inimigos do "grupo antipartidário" à desfavorecida condição de renegados políticos e aposentados. Descentralizou a administração da indústria na URSS livrando-se dos velhos ministros de Moscou e criando vários "conselhos populares de economia". Depois, dividiu o partido em duas seções, a industrial e a agrícola, em cada nível local: com essa divisão bipartite, pretendia acelerar o avanço da economia. Khrushchev incentivou a ampliação do debate público, permitindo a publicação de romances e poemas sobre o Gulag de Stalin.[676] Determinou que se desse prioridade de investimentos ao setor da indústria leve. Seu objetivo era provocar, o mais rapidamente possível, um aumento generalizado do padrão de vida dos soviéticos. Levou os presentes ao XXII Congresso do Partido a aplaudi-lo de pé com a exposição de sua visão de futuro imediato. Embora frio como o aço na luta política, o primeiro-secretário era também um visionário. Certa vez, disse ao Presidium: "Desse modo, conseguiremos entender o princípio de Lenin segundo o qual toda ajudante de cozinha deve saber administrar a própria vida."[677]

Nas relações internacionais, deu ênfase ao "anti-imperialismo", apresentando propostas aos países do Terceiro Mundo. Isso envolvia apoio a movimentos de libertação nacional nas colônias das nações imperialistas europeias, bem como ajuda aos países independentes da Ásia, África e América Latina em luta para se livrarem da dominação econômica do Ocidente. Além disso, pensou em várias formas, inclusive pacíficas, de realizar a "transição para o socialismo". Para ele, os partidos comunistas não tinham que copiar a experiência histórica soviética.[678] E, nesse entretempo, a URSS empenhou-se na tentativa de criar um tipo de relacionamento prático com os Estados Unidos. Ambos estabeleceram acordos para o adiamento

MUTAÇÃO

de testes com bombas atômicas. A ideia fundamental era desacelerar e até parar a corrida armamentista entre as duas superpotências.

A competição entre a URSS e os EUA continuou, porém, já que esses países se esforçavam para aumentar sua esfera de influência global. Embora fosse o líder da superpotência mais fraca, Khrushchev estava disposto a correr riscos para ver o que os americanos fariam. O líder soviético fez repetidas ameaças de assinar um acordo de paz em separado com a República Democrática Alemã, tornar as duas partes de Berlim a capital do país e extinguir os direitos das potências ocidentais de ocupar qualquer parte da cidade. Os americanos reagiram a isso aumentando seu contingente de forças militares na Europa para proteger a parte ocidental de Berlim. Só foi possível esconjurar o perigo de o impasse se transformar numa guerra aberta no verão de 1962, quando a URSS decidiu voltar atrás em suas pretensões. Logo depois desse episódio, um avião de reconhecimento americano descobriu um plano dos soviéticos para construir uma base de mísseis nucleares em Cuba, em que Fidel Castro fizera sua revolução em 1959.[679] O presidente Kennedy impôs um bloqueio naval à ilha, dando um ultimato à URSS para que chamasse de volta ao país os navios que atravessavam o Atlântico transportando mísseis com destino a Cuba. Em outubro de 1962, sucederam-se dias de grande tensão. Khrushchev acabou reconhecendo que havia cometido exageros e recuou, evitando a eclosão da Terceira Guerra Mundial.[680] Desse episódio em diante, os líderes soviéticos e americanos aprenderam como era fácil transformar um conflito diplomático num holocausto planetário.

Mao Tsé-tung e os líderes comunistas chineses fizeram veementes críticas a Khrushchev, acusando-o de covarde. Eles mesmos estavam determinados a lidar com a União Soviética em melhores condições de igualdade: queriam de volta o território cedido à URSS em 1945; pretendiam também negociar os acordos sobre os recursos naturais que estavam enviando para a União Soviética. Passaram a desafiar a hegemonia da URSS sobre o "movimento comunista mundial". Como um noivo arrependido de ter aceitado se casar às pressas com a noiva grávida, Mao estava dando entrada no pedido de divórcio. A decisão provisória veio com um acordo eivado de mútuos ressentimentos em julho de 1960, depois que Moscou retirou tecnologia, investimentos e dez mil consultores da China. Projetos em conjunto foram abandonados apenas 24 horas depois de as partes serem notificadas. A construção de represas, fábricas e laboratórios científicos foi abandonada pela metade, além de revogada a promessa dos soviéticos de capacitar os chineses a construir armas nucleares. Mao acusou os líderes soviéticos de revisionistas. Além disso, recusou-se a participar da conferência mundial

DÉTENTE E EXPANSÃO

de partidos comunistas em Moscou em novembro de 1960 e ordenou que os representantes chineses fizessem críticas severas às ideias e práticas soviéticas. Somente a Albânia ficou do lado da China, mas os presentes acabaram estabelecendo um acordo durante a sessão.

Todavia, fizeram isso apenas para manter as aparências e ocultar um cisma profundo entre as partes. O comunismo mundial estava dividido. Nas fronteiras disputadas por soviéticos e chineses, ocorreram vários conflitos militares. Quando, em 1948, a Iugoslávia se opôs à URSS, ninguém achou que Tito recorreria de fato ao emprego de armas. Com Mao, a coisa foi diferente. Não era descabido pensar então na possibilidade de que a URSS e a China acabariam se envolvendo numa guerra total entre si.

Mao aplicou um duro golpe à estratégia da "convivência pacífica" entre o mundo capitalista e o mundo comunista. Ele contemplava a possibilidade de uma terceira guerra mundial com uma despreocupação assombrosa:

> Vamos considerar o seguinte: quantas pessoas morreriam se [uma] guerra [desse tipo] estourasse? Existem 2,7 bilhões de pessoas no mundo. Um terço poderia morrer; ou um pouco mais: talvez a metade disso... Calculo que, se tomarmos essa medida extrema, metade morre e a outra metade sobrevive, mas o imperialismo seria devastado e o mundo inteiro se tornaria socialista.[681]

Se isso tivesse sido dito apenas para efeito de retórica, não teria sido tão grave assim. Contudo, Mao estava falando sério. Ele e seus camaradas interpretaram o resultado da crise dos mísseis de Cuba como um sinal de que a URSS e os EUA estavam conspirando para impor ao restante do mundo um condomínio bipartite. Mao considerou o episódio a mais nova e mais terrível manifestação de imperialismo, como se as potências envolvidas na questão quisessem preencher o vazio deixado pelos impérios europeus. E a China fazia persistentes propostas ao Movimento dos Países Não Alinhados, posando de defensora dos direitos dos países pequenos e indefesos contra as depredações políticas e econômicas dos grandes.

Nem Khrushchev nem Leonid Brejnev, que o sucedeu como chefe do partido soviético em outubro de 1964, haviam de fato abandonado a ambição de vencer os Estados Unidos na Guerra Fria e, enquanto tentavam estabelecer relações pacíficas com Washington, procuraram preservar e legitimar todas as conquistas geopolíticas comunistas desde a Segunda Guerra Mundial. Em troca da certeza de que o Exército soviético jamais invadiria a Europa Ocidental, a URSS objetivava, principalmente, conseguir uma garantia dos americanos de não intervenção militar no Leste Europeu. Khrushchev

MUTAÇÃO

pagou um preço alto pelos fracassos de sua atuação como líder. Ocorreram revoltas em Novocherkassk e em outras cidades soviéticas quando, em julho de 1962, o preço dos alimentos subiu. Havia grande ressentimento entre funcionários do partido e do governo cuja estabilidade no cargo e cujos privilégios ficaram ameaçados com suas frequentes mudanças institucionais. Os soviéticos respiravam num clima de insatisfação com a humilhação que ele causou ao país por conta do episódio dos mísseis de Cuba. O Presidium, cuja maior parte dos membros havia sido promovida por ele, o tirou do poder com um golpe de Estado pacífico. Khrushchev declarou que a ausência de violência na mudança da liderança foi um de seus maiores feitos e chorou ao tecer comentários reconhecendo seus erros.[682]

Brejnev, o novo líder soviético, prometeu consultar os colegas sobre programas e políticas governamentais, manter uma "liderança coletiva" e buscar aconselhamento especializado em todas as questões. Esposou a manutenção de um "quadro de dirigentes qualificados permanente" como seu objetivo: explicou que, desde que as autoridades subordinadas cumprissem fielmente as diretrizes políticas, seriam mantidas no cargo a vida inteira. Brejnev, Alexei Kosygin e Nikolai Podgorny, estes dois seus principais assessores, eliminaram do partido o sistema ministerial bipartite de Khrushchev e restabeleceram os ministérios centrais. Tomaram medidas drásticas contra a crescente dissidência intelectual e moderaram toda crítica a Stalin — e ficaram radiantes com o fato de isso ter sido bem aceito pelas Forças Armadas.[683] Em 1965, Kosygin iniciou um processo de reformas econômicas e concedeu aos diretores de empresas, em detrimento de autoridades do Estado, um pouco mais de autonomia administrativa. Porém, como Brejnev não gostou desse programa, ele foi abandonado. O Politburo — como o núcleo da liderança do partido voltou a ser chamado depois de se livrar de Khrushchev — concentrou-se na eliminação das excentricidades do arruinado ex-líder soviético. As diretrizes políticas foram estabilizadas na URSS com as tinturas e o fixador das orientações políticas de Brejnev. O novo líder soviético centrou seus esforços na economia e nas relações internacionais. Assim como Khrushchev, deu prioridade à expansão do fornecimento de alimentos e produtos industrializados aos consumidores soviéticos. E canalizou parte das verbas estatais para a consecução da paridade militar com os Estados Unidos, enquanto procurava também evitar incorrer em riscos de provocar a terceira guerra mundial.

Consolidou-se como artigo de fé entre os comunistas soviéticos e de outras partes do mundo o conceito de que o capitalismo era uma maçã podre que, se não se estatelasse logo no chão, precisaria ser arrancada da árvore. A "luta de classes" continuou a ser defendida pelos líderes de Moscou

DÉTENTE E EXPANSÃO

e de outros países comunistas. Quando o romeno Nicolae Ceausescu estava negociando sua visita oficial a Londres em 1974, levou um tremendo baque ao lhe falarem sobre os conflitos no setor da indústria que estavam assolando o Reino Unido inteiro. Achou que talvez a "crise [final] do capitalismo" estivesse acontecendo nesse país.[684] Não queria ser visto como alguém que estivesse ajudando o Partido Trabalhista Britânico a dissuadir os trabalhadores de entrar em greve. Ademais, geralmente, líderes de países comunistas demonstravam mais desconfiança para com os partidos socialistas, social-democratas e trabalhistas do Ocidente do que em relação a partidos conservadores e liberais. Khrushchev exclamou, em 1956, com grande irritação: "Eles sempre pedem alguma coisa a mais! Os russos, portanto, sempre diziam a eles que fossem para o inferno! Eram pessoas intratáveis!"[685] As doutrinas do comunismo foram preservadas; e, se os países capitalistas, tais como os EUA, a Alemanha Ocidental ou o Japão, estavam em processo de recuperação econômica, isso não podia ser visto como um fenômeno duradouro pelos comunas: os marxistas-leninistas confiavam muito em suas previsões acerca do fim da empresa privada e de seus sistemas políticos.

As revoluções comunistas haviam sido poucas durante o governo de Khrushchev. A campanha anticolonial na Indochina forçou os franceses a abandonar o território depois da vitória de Ho Chi Minh e suas forças comunistas vietnamitas na Batalha de Dien Bien Phu, em 1954. Seguiu-se uma guerra civil; o armistício de 1954 confinou o regime comunista à área ao norte do paralelo 17. Não demorou muito para que a luta entre os governos do norte e do sul fosse retomada, e a perspectiva de uma eventual vitória dos comunistas, engrossando o triunfo dos comunas com a revolução de Fidel Castro em Cuba, parecia bem possível no início da década de 1960.[686]

Na década de 1970, o mapa mundial ganhou mais expansões territoriais assinaladas em vermelho. A intervenção militar americana na guerra civil vietnamita teve um fim humilhante em abril de 1975. Semanas depois, o governo do comunista Vietnã do Norte ampliou seus domínios para toda a parte sul do território vietnamita. Esse acontecimento levou ao rompimento de relações entre várias potências mundiais. O Vietnã contara com o fornecimento de suprimentos militares tanto da URSS quanto da China. O maior desejo dos chineses era fazer os americanos saírem de seu quintal na Indochina. Assim que isso aconteceu, o Vietnã tornou-se objeto de preocupação dos chineses, visto que os dois países eram velhos inimigos. Quando violentos conflitos irromperam entre o Vietnã e o Camboja, ambos países comunistas, líderes em Pequim ficaram do lado do Camboja, a fim de impedir que o Vietnã se firmasse como potência regional ou fosse transformado pela União Soviética num Estado-vassalo, contrário aos interesses chineses.[687]

MUTAÇÃO

Os comunistas cambojanos — conhecidos como Khmer Vermelho — haviam chegado ao poder em meio à confusão belicosa causada por acontecimentos recentes. O príncipe Norodom Sihanouk fora deposto, com a conivência dos americanos, por Lon Nol e pelo exército, em 1970. As relações cordiais de Sihanouk com Pequim haviam irritado Washington. Além do mais, a Força Aérea americana bombardeara as florestas cambojanas na fronteira com o Vietnã para destruir as linhas de suprimento dos vietnamitas. Esses fatos atraíram recrutas para o Khmer Vermelho — e até Sihanouk se aliou a eles. Pol Pot, o líder dos Vermelhos, tornou-se ditador em Phnom Penh no mesmo mês em que os americanos abandonaram Saigon, no Vietnã do Sul. O governo do Laos caiu também diante de uma revolta comunista em 1975.[688]

Do outro lado do Pacífico, no Chile os eleitores levaram Allende à presidência e ao poder sua coalização inspirada no comunismo em 1970 e, embora seu governo fosse derrubado com o apoio americano três anos depois, era evidente que os Estados Unidos não podiam mais considerar garantido o domínio que tinham sobre a América do Sul.[689] Na África, um regime comunista foi estabelecido na Etiópia, em 1974, e em Angola, em 1976. Em ambos os casos, o fornecimento de ajuda financeira e militar da URSS foi fundamental para a manutenção dos comunistas no poder.[690] Quase que para grande surpresa deles, os líderes no Kremlin começaram a acreditar que a história global havia sofrido uma reviravolta decisiva em seu favor.

Os presidentes americanos levavam na devida conta a crescente confiança e ambição da União Soviética. Richard Nixon, que assumiu a presidência dos EUA em janeiro de 1969, procurou certa reconciliação com a superpotência rival e, junto com Henry Kissinger, seu conselheiro de Segurança Nacional e depois secretário de Estado, elaborou planos para conseguir um relaxamento das tensões entre os dois países. Isso ficou conhecido como política de distensão (détente). Todavia, Nixon e Kissinger mantiveram a estratégia de contenção da expansão do comunismo pelo mundo. Apoiaram governos anticomunistas onde possível, ignorando quase por completo considerações sobre democracia em seus países, bem como o respeito às leis e aos direitos humanos. O presidente Gerald Ford deu prosseguimento a essa maneira tradicional de governar, porém, em 1973, encetou conversações com os líderes soviéticos na Conferência de Segurança e Cooperação na Europa (CSCE). Disso resultaram os Acordos de Helsinque, firmados em agosto de 1975, que garantiam liberdades fundamentais a todos os povos do continente. O presidente Jimmy Carter, que assumiu a presidência americana em 1976, usou as cláusulas do acordo para

DETENTE E EXPANSÃO

pressionar governos comunistas, com vistas a conseguir um afrouxamento das perseguições contra os cidadãos de seus países. A principal vantagem para a URSS foi sua aceitação formal, pela superpotência rival, como participante legítima das disputas políticas globais. Nas décadas seguintes, contudo, o mundo pareceu dividido em dois "campos" antagonistas, liderados pelos Estados Unidos e pela União Soviética. No entanto, pareciam haver assegurado um compromisso para se evitar a terceira guerra mundial.

Esse acordo implicava certo enfraquecimento dos muros de contenção do expansionismo comunista erguidos por Truman — e, certamente, essa era a visão que o Kremlin tinha da situação. No entanto, a moderação dos EUA foi minada pela reaproximação engendrada por Nixon e Kissinger com a República Popular da China em fevereiro de 1972. Ficou claro que a URSS não era a única grande parceira possível de Washington e que os líderes americanos, como forma de garantir-se, estavam apostando nos dois lados. Igualmente claro também era o fato de que o antirrevisionista Mao estava disposto a fazer negócios com os inimigos estrangeiros do comunismo.

Todavia, os líderes soviéticos continuaram otimistas, até porque o padrão de vida dos soviéticos aumentou na década de 1970. Os membros do Politburo, no governo de Brejnev, ficaram contentes com o fato de isso evitar uma grave repetição dos distúrbios ocorridos em Novocherkassk. A política de estabilidade do "quadro de dirigentes permanente" atenuou as preocupações dos integrantes da burocracia. Além do mais, em 1973 o Kremlin beneficiou-se do aumento acentuado dos preços do petróleo nos mercados globais e pesquisas e avanços na área de tecnologia fortaleceram suas Forças Armadas. Com isso, os soviéticos conseguiram certa equiparação de poderes com os Estados Unidos e finalmente a URSS tornou-se uma potência naval mundial, além de possuidora de mísseis nucleares capazes de atingir as cidades americanas a grandes distâncias. Mas sabiam que não podiam se acomodar, mesmo porque os gargalos na produção econômica persistiam, tinham necessidade de importar grãos para abastecer a pecuária e os subsídios à produção agrícola eram os mais altos do mundo. A indústria leve sofria de uma insuficiência de investimento crônico. Na sociedade, a decepção com as autoridades era profunda e generalizada e o marxismo-leninismo estava desacreditado pelo povo. Os intelectuais e militantes do operariado desafiavam os esforços da KGB — o novo e último nome da polícia política soviética — para eliminá-los. Funcionários do partido e do governo buscavam a satisfação de seus próprios interesses, a expensas das diretrizes centrais. A corrupção aumentava a cada dia. No tecido da ordem político-governamental, a desobediência e a desinformação impregnavam

MUTAÇÃO

tudo. O férreo controle exercido pelo Politburo sobre o restante do país estava enfraquecendo em questões de governança diária do país.

Apesar disso, os líderes soviéticos mantiveram-se aferrados às suas políticas governamentais: não haviam esquecido nada, mas também não aprenderam coisa alguma. Em relação à Europa Oriental, sentiam-se seguros de que os americanos não interfeririam em sua orientação e determinações políticas para a região. Quando os comunistas checoslovacos, sob o governo de Alexander Dubcek, iniciaram um processo de reformas políticas e econômicas radicais, que acabaram ficando conhecidas como Primavera de Praga, Brejnev ordenou a invasão do país em agosto de 1968. O Kremlin aprovou também a enérgica debelação do movimento trabalhista independente na Polônia, em dezembro de 1970. A reputação da URSS ao redor do mundo caiu mais ainda com essas decisões. E o custo de manter o domínio sobre o "império externo" sobrecarregou ainda mais o orçamento soviético, já que petróleo e gás eram transferidos para os países do Leste Europeu e Cuba a preços artificialmente baixos.[691]

Nos últimos meses de 1969, o tratado firmado nas Conversações de Limitação de Armas Estratégicas — também conhecido como SALT I — foi assinado em maio de 1972. Nos termos do acordo, como não ficaram previstas as consequências do desenvolvimento subsequente de tecnologia militar, os dois lados signatários se reuniram novamente e, em junho de 1979, acordaram o SALT II. Importante também foi a iniciativa tomada por Willy Brandt, chanceler da Alemanha Ocidental, de se estabelecer uma forma de convivência pacífica com os alemães orientais por meio de sua *Ostpolitik*. Em dezembro de 1972, os dois Estados alemães reconheceram oficialmente a existência de ambos os países. O fato de que, na época, as forças americanas estavam enrascadas na Guerra do Vietnã e mostrando-se incapazes de vencê-la reforçou a impressão do Politburo de que o progresso da causa comunista era constante e inevitável. Nos Estados Unidos e na Europa, ganhou força o movimento de protesto contra a política externa americana. Em maio de 1968, os distúrbios estudantis na França tiveram como motivação também o repúdio pela economia capitalista. Paris foi convulsionada por tumultos nas ruas e o presidente Charles de Gaulle e seu governo quase foram derrubados. Tanto o Kremlin quanto o Partido Comunista Francês duvidaram de que uma "situação revolucionária" estava se instalando no país, mas se deliciaram com as dificuldades que o Ocidente estava enfrentando. Qualquer coisa ruim para os países capitalistas era considerada boa pela União Soviética.

Moscou continuou a oferecer orientação e dinheiro a partidos comunistas leais e não tão leais ao redor do mundo. Em 1960, os soviéticos haviam

DÉTENTE E EXPANSÃO   381

criado em Moscou a Universidade Amizade dos Povos — cujo nome foi alterado depois para homenagear o congolês radical e primeiro-ministro Patrice Lumumba — para oferecer educação a jovens militantes comunistas e simpatizantes dos países do Terceiro Mundo. Tudo isso foi feito de forma transparente e franca. Nos bastidores, porém, os líderes soviéticos continuaram a fornecer explosivos e cursos de sabotagem aos alunos. Em 1980, o Secretariado do Comitê Central aprovou uma solicitação do Partido Comunista do Chile para o fornecimento desse tipo de instrução.[692]

Enquanto isso, Boris Ponomarov, chefe do Departamento Internacional do Secretariado do Comitê Central, continuava a distribuir dólares por intermédio do Fundo de Ajuda aos Partidos Comunistas e Movimentos de Esquerda, complementados por contribuições dos países da Europa Oriental.[693] A lista de distribuição era mantida de acordo com os objetivos correntes então da política externa soviética. Em 1980, a doação mais alta foi, de longe, de 2,5 milhões de dólares. Essa quantia foi depositada na conta-corrente do Partido Comunista dos Estados Unidos, que não tinha nenhuma chance de conquistar o poder nem em âmbito nacional nem regional, mas era tido como entidade que poderia servir a objetivos de propaganda. A segunda doação mais alta foi feita aos franceses comunistas, que levaram 2 milhões de dólares, pois sua condição de porta-vozes das intenções próprias dos "amantes da paz" da URSS na Europa Ocidental era importante. Os comunistas finlandeses receberam 1 milhão e 350 mil dólares em ajuda.[694] A fronteira que tinha em comum com a URSS fazia da Finlândia uma região fundamental para os interesses geopolíticos dos soviéticos. Em seguida na lista, vinham Portugal (800 mil dólares), Grécia (700 mil dólares) e Chile (500 mil dólares). Já o Partido Comunista da África do Sul recebeu apenas 100 mil dólares.[695] Como os líderes soviéticos não tinham uma opinião muito favorável a respeito de Joe Slovo e seus companheiros comunistas, preferiram concentrar sua ajuda no Congresso Nacional Africano.[696]

A China competia com os soviéticos nesse particular repassando subsídios à Albânia e ao Camboja. Mao achou bem merecida a fama do líder albanês Enver Hoxha de estratagemista quando, em troca de sua pública manifestação de fidelidade aos chineses, ele passou a exigir subsídios cada vez maiores.[697] Os chineses canalizavam ajuda financeira também para países africanos sem nenhuma ligação com o comunismo. A República Popular da China queria ser vista pelo mundo como uma potência filantrópica.

Foram dificuldades políticas, e não financeiras, que limitaram a influência da URSS sobre o comunismo mundial. Tentativas do Partido Comunista da União Soviética de impor sua doutrina a outros países, pelo menos aos de fora da Europa Oriental, deparou com oposição crescente nas conferências

382   MUTAÇÃO

dos partidos comunistas globais realizadas em Moscou em 1957 e 1960.[698] Desde meados de 1960, os comunistas italianos, franceses e espanhóis se opunham à natureza opressiva do sistema de governo interno soviético. Suas críticas a esse aspecto do Estado soviético ficariam conhecidas como eurocomunismo.[699] Quando, em junho de 1969, partidos comunistas se reuniram novamente na capital soviética, os italianos rejeitaram com veemência as políticas do Kremlin e seguiram-se discussões ferinas sobre a invasão da Checoslováquia no ano anterior. Os britânicos, que haviam endossado a supressão do Levante Húngaro em 1956, ficaram do lado dos italianos. Foi o que fizeram também os australianos, belgas, espanhóis, suecos e suíços. Travaram, ademais, acirradas discussões a respeito do "Documento sobre as Tarefas da Luta Anti-Imperialista", que vários partidos se recusaram a assinar. Esse número teria sido maior se os chineses, albaneses, tailandeses e burmeses houvessem se dado o trabalho de participar do encontro e se, tal como observara no relatório confidencial que enviou ao Comitê Central, os coreanos e os vietnamitas não houvessem recusado o convite por receio de irritar Pequim.[700]

Ainda havia pelo mundo muitos partidos comunistas que ingeriam a doutrina soviética como se fossem crianças de peito. O Partido Comunista da África do Sul era um deles.[701] Mas foi Gus Hall, do Partido Comunista dos Estados Unidos, quem mereceu o elogio mais caloroso por haver dito: "Não consideramos o internacionalismo um fardo, uma concessão ou uma cruz que tenhamos que carregar."[702] Mesmo assim, Brejnev sentiu-se obrigado a reconhecer que qualquer aumento na influência da URSS sobre um grande número de partidos comunistas espalhados pelo mundo envolveria um trabalho constante e esmerado. Achava que os líderes soviéticos teriam que operar de uma "forma diferenciada" e que os comunistas japoneses, com sua tendência então de "nacionalismo de direita", poderiam ser convencidos a cooperar com a campanha "anti-imperialista". Via também uma chance para o "desenvolvimento de relações normais" com os líderes iugoslavos. Afirmou que era necessário realizar um "trabalho incessante" para modificar as atitudes dos camaradas italianos e britânicos. Apenas com Mao Tsétung e a China, ele não via uma chance realista de reconciliação.[703]

Ele estava superestimando o que achava que poderia fazer com relação aos italianos. Em 1977, Enrico Berlinguer, líder do Partido Comunista Italiano, decidiu romper um dos importantes laços ainda restantes com os líderes soviéticos. Os italianos haviam recebido secretamente dos soviéticos de 4 a 5 milhões de dólares anualmente. Num orçamento total de quase 30 milhões de dólares, esse montante poderia determinar a falência ou o fechamento equilibrado das contas do contabilizado. Geralmente,

DÉTENTE E EXPANSÃO

Boris Ponomarov entregava o cheque pessoalmente ao beneficiário.[704] Mas Berlinguer decidira que passaria a recusar a generosidade dos soviéticos. O motivo dessa decisão era simples. Com o tempo, a história do "ouro de Moscou" acabaria sendo publicada pela imprensa italiana e era mesmo de surpreender que isso ainda não tivesse acontecido. Berlinguer queria evitar um escândalo político.[705] Ele tinha motivos práticos também. Os comunistas italianos estavam começando a acreditar que a política do "compromisso histórico" estava de fato funcionando. Nas eleições de junho de 1976, o partido conseguira aumentar sua fatia no bolo eleitoral de 27 para 34 por cento dos votos. Gianni Cervetti informou isso a Moscou em janeiro de 1978.[706] Porém, como Berlinguer não manteve firme sua decisão, cheques enviados pela URSS continuaram a chegar a Roma.[707]

Em 1981, a ruptura financeira entre Moscou e o Partido Comunista Italiano finalmente se concretizou, e a razão disso não estava simplesmente na repulsa de Berlinguer pela política soviética, mas também porque o Politburo chegara à conclusão de que não valia mais a pena subsidiá-lo. A URSS contara com a ajuda de Berlinguer na campanha de propaganda soviética contra a política americana na Europa. Mesmo nas ocasiões de críticas dos comunistas italianos a seus companheiros de Moscou, eles foram úteis aos soviéticos nos ataques verbais às atividades americanas.[708] Todavia, quando Berlinguer começou a criticar a União Soviética com a mesma veemência com que atacava os Estados Unidos, deixou de fazer sentido fornecer-lhe ajuda financeira. Os líderes soviéticos passaram então a fazer os pagamentos aos elementos pró-soviéticos do Partido Comunista Italiano.[709]

A liderança soviética continuou a enviar uma enxurrada de advertências insultuosas aos líderes do eurocomunismo na Itália e na Espanha.[710] Mas não adiantou nada. A sorte estava lançada: Roma e Madri haviam tomado a estratégica decisão de determinar que qualquer estreita ligação política com Moscou arruinaria as chances de sucesso eleitoral dos comunistas envolvidos na questão. Por volta de 1979, os comunistas italianos comunicaram a Moscou que pretendiam travar relações diretas com a República Popular da China.[711] Santiago Carrillo, secretário-geral do Partido Comunista da Espanha, publicou ataques abrasadores à reputação da União Soviética. De Madri e Roma partiram mensagens de desaprovação da política interna e externa dos soviéticos. No início, o Partido Comunista Francês demonstrou mediterrânea solidariedade para com italianos e espanhóis. Até o severo Georges Marchais, secretário-geral a partir de 1972, criticou o desrespeito aos direitos humanos por parte dos soviéticos. Ele, por sua vez, foi duramente criticado pela URSS em mensagens confidenciais.[712] Contudo,

MUTAÇÃO

o grande problema também é que os militantes do partido e a grande massa de filiados viviam sendo infelicitados pelas frequentes denúncias contra o sistema soviético. O Partido Comunista Francês não estava preparado para o eurocomunismo. Sem abandonar totalmente suas desaprovações das atitudes e práticas do Kremlin, Marchais voltou a manifestar lealdade para com a URSS e resistiu a toda tentação de formar uma frente política de europeus ocidentais contra Moscou.

Em relação à conveniência da distensão política, porém, houve consenso entre Berlinguer, Carrillo e Marchais. Já no *establishment* político americano, não prevalecia a unidade de pontos de vista. Em 1975, o ano da assinatura dos Acordos de Helsinque, o Congresso americano aprovou uma emenda à Lei de Reforma do Comércio Exterior elaborada por Henry "Scoop" Jackson e Charles Vanick. Sua cláusula principal retirava ou negava o status de "nação mais favorecida" a qualquer país que impusesse restrições à livre emigração. Brejnev foi advertido de que, se ele continuasse a impedir que judeus-soviéticos partissem para Israel, o direito da URSS de estabelecer relações comerciais com as economias capitalistas do Ocidente seria revogado. Ademais, o líder soviético ficou irritado com o fato de os EUA haverem concedido o status de "nação mais favorecida" à Romênia, Hungria e Polônia. Essa decisão dos americanos foi uma tentativa deliberada de amolecer o cimento do Bloco Soviético na Europa Oriental. Esses três países haviam se revelado dispostos, de várias formas possíveis, a desafiar o domínio que Moscou exercia sobre eles, e a concessão desse status foi uma recompensa ao seu esforço.

Apesar da emenda Jackson-Vanick, as relações comerciais com a União Soviética continuaram intensas. Isso não aconteceu sem objeções do Departamento de Defesa americano, que advertia que máquinas exportadas para a URSS poderiam ser facilmente transferidas para emprego em programas militares.[713] Todavia, os presidentes Ford e Carter sancionaram muitos projetos, não só com vistas a impulsionar o comércio e a indústria americanos, mas também como tentativa de induzir a União Soviética a cooperar com o programa de limitação de armas das superpotências. A tecnologia de computadores usada pela URSS era quase totalmente importada dos Estados Unidos e do Japão.[714] Os soviéticos mantinham estreitos laços comerciais, principalmente com a Alemanha Ocidental e a Itália. Por outro lado, a maior parte do gás importado pelos alemães vinha da URSS. Empresas italianas faziam negócios cada vez mais numerosos com os ministérios soviéticos. A cidade de Tolyatti — ou Togliatti — nasceu às margens do rio Volga. Patentes da Fiat foram transferidas para o território russo para a fabricação dos automóveis "Zhiguli".[715] No entanto,

DÉTENTE E EXPANSÃO
385

o Kremlin vivia tentando tirar o atraso econômico e industrial em relação aos seus parceiros comerciais. Acontece que invenções compradas sob licença — bem como as roubadas pelo serviço secreto soviético em suas operações de espionagem — raramente eram postas em prática com a devida rapidez. Assim, o abismo tecnológico entre o Oriente e o Ocidente continuou fundo de forma geral e, em certos setores-chave, aumentou mais ainda.[716] As vanglórias das autoridades de Moscou pelos avanços dos programas de pesquisa e desenvolvimento eram infundadas.[717] As conquistas na capacidade de fabricação de mísseis nucleares ou foguetes espaciais dissimulavam o fato de que a economia soviética era deploravelmente atrasada em relação à das outras grandes nações capitalistas.

O fim da distensão política aconteceu de repente, em dezembro de 1979, próximo ao término do governo do presidente Jimmy Carter, quando a URSS enviou suas Forças Armadas para sua fronteira com o Afeganistão. Havia meses que os comunistas afegãos vinham implorando a Moscou que os ajudasse militarmente a combater seus muitos inimigos religiosos e políticos. O Politburo acabou dando permissão, pois, a forças especiais e comandos paraquedistas da KGB para que prestassem ajuda secreta aos afegãos,[718] mas, por influência de Kosygin, se opôs a uma intervenção frontal do Exército soviético. Porém, como os apelos de Kabul se tornaram insistentes e mais frequentes, Brejnev reuniu-se com seus assessores diretos mais importantes numa casa de veraneio do Estado: além do líder soviético, os participantes da reunião foram Dmitri Ustinov, Andrei Gromyko e Konstantin Tchernenko, que tomaram, em conjunto, a funesta decisão de despachar um contingente de forças militares para o Afeganistão. Por motivos de segurança, a decisão foi grafada em linguagem cifrada e a palavra Afeganistão foi registrada apenas como "A". Em seguida, o restante do Politburo ratificou a decisão.[719]

Ela foi motivada pelo desejo de impedir que os anticomunistas apoiados pelos Estados Unidos tomassem o poder em Kabul, porém a URSS fez seus soldados atravessarem a fronteira com relutância. Mas trapalhada é trapalhada. No fim do século 19, patriotas afegãos, munidos com armas antiquadas, puseram os integrantes do Exército britânico para correr sem nenhuma ajuda externa. Contudo, a situação era diferente em 1979. Os americanos estavam ávidos para fornecer toda ajuda material que os insurgentes solicitassem. O fato de que a revolta era liderada por muçulmanos fanáticos — os mujahidin — não preocupou os americanos na época. Jimmy Carter, longe de ser um negociador agressivo nas negociações que fizera com Brejnev, sentiu-se traído e decretou o fim da détente. Os americanos suspenderam conversações sobre limitações de armas estratégicas para a assinatura do SALT II. Acordos de comércio bilateral foram revogados por tempo indeterminado, e adotada uma estratégia mais enérgica de geopolítica anticomunista na África e na América Latina. Os eurocomunistas ficaram furiosos com Moscou.[720] Para sustentar sua posição estratégica no mundo, o Kremlin tinha que continuar a apertar o cinto na dotação de verbas do orçamento soviético para setores não militares. Brejnev achara que, com sua decisão, estava atirando o laço no pescoço do Afeganistão, seu país vizinho. Em vez disso, ele amarrara a corda no pescoço do sistema soviético e a puxara com força.

28. A CHINA CONVULSIONADA

A Campanha das Cem Flores, de 1956-57, desencadeou uma onda de protestos e distúrbios na República Popular da China. O povo bombardeou o Partido Comunista com críticas, das quais nem Mao Tsé-tung foi poupado. Entre os líderes comunistas, houve manifestações abertas de desaprovação e discordância. Cansado e se desculpando, Mao expressou o desejo de se aposentar da vida política diária e concentrar suas energias em supervisão estratégica.[721]

Essas palavras do Grande Timoneiro, tal como ele gostava de ser chamado, foram de uma sinceridade monumental. Na verdade, ele estava muito apreensivo com a oposição e determinado a eliminá-la. No verão de 1957, ordenou atos de repressão contra os "direitistas" do partido e da sociedade em geral. Os principais visados pela operação eram os que haviam reprovado Mao ou o seu governo. Embora tivesse havido poucas prisões e execuções, a pressão psicológica resultou no suicídio de mais de meio milhão de pessoas.[722] O líder chinês mandou também que incumbissem integrantes de todas as esferas da burocracia do cumprimento de cotas de delação de "direitistas".[723] Ao mesmo tempo, Mao determinou que os membros da liderança governamental se preparassem para a elaboração de uma campanha de transformação econômica, que ficou conhecida como O Grande Salto Adiante. Com o objetivo de eliminar diferenças entre as cidades e os campos, exortou a todos que se empenhassem na busca de um rápido crescimento da indústria agropecuária. Quando a campanha começou, quase a décima parte da população da China se apresentou como voluntária — ou, na maioria dos casos, acabou recebendo ordens — para trabalhar em fundições provisórias. Um milhão delas foram construídas. As projeções na produção de aço tiveram um aumento de seis milhões de toneladas, em janeiro de 1958, para 30 milhões no fim do ano seguinte. Isso ocorreu nos anos em que os comunistas chineses repudiaram as denúncias feitas pelos soviéticos contra Stalin e nos quais alegaram que somente a China era capaz de servir como autêntico modelo de comunismo às outras nações.

O domínio de Mao sobre o Politburo atingira o auge e ele foi tão imperioso e inflexível quanto Stalin em suas ideias e métodos. Uma de suas

MUTAÇÃO

obsessões era a campanha para exterminar os pardais, que ele considerava os flagelos da agricultura chinesa. Ordenou, pois, que as pessoas os matassem. Mao, tal como Stalin na área da genética das plantas, era de uma ignorância deploravelmente funesta em relação à ecologia. O pardal desempenhava a útil função de alimentar-se de insetos prejudiciais às plantações; sua extinção resultaria inevitavelmente na diminuição das colheitas. Entretanto, Mao insistiu nessa trapalhada. No fim das contas, todos os chineses tinham que aceitar suas diretrizes políticas como sabedoria inquestionável.

Estava decretado que as metas de transformação da economia deveriam ser alcançadas de um jeito ou de outro. Assim, mães entregavam ao governo as panelas da família e os alfinetes de prender as roupas dos filhos para que fossem derretidos e usados industrialmente. Jovens saíam à procura de ferro velho. Maçanetas, tesouras e fivelas eram atiradas nos fornos. Era uma atividade frenética, num clima tenso e intimidador. Pessoas que trabalhavam nas fundições urbanas e tentavam visitar seus familiares nos povoados eram surradas.[724] Uma fome imensa assolou as áreas rurais. Em 1958, a seca flagelou algumas regiões do país, mas a campanha de industrialização e suas consequências foram a principal causa da grande privação e sofrimento das massas. O sobrevivente Bian Shaofeng nos dá uma descrição do resultado da seca: "Quando sentíamos fome, ingeríamos qualquer coisa. Comíamos todo tipo de gramíneas, raízes silvestres, folhas de abóbora, cascas de amendoim e até vermes, girinos, sapos. Era nojento comer sapos, pois causavam enjoo. Comíamos até ratos quando conseguíamos capturá-los, mas, geralmente, ficávamos fracos demais."[725] Seus parentes morreram aos montes, como moscas, porém as pessoas ocultavam as mortes de seus falecidos para que continuassem a receber as rações dos finados. Pais conviviam com os corpos putrescentes dos próprios filhos. O canibalismo generalizou-se. Numa visita à cidade, Bian Shaofeng viu a cabeça e o tórax de um homem na beira da estrada. Ao perguntar a uma mulher a respeito disso, esta lhe disse, sem nenhum constrangimento, que ele havia sido retalhado para que comessem as partes carnudas de seu corpo.[726]

O número exato dos que morreram de fome talvez jamais seja conhecido, porém a estimativa mais plausível é que pelo menos 30 milhões de pessoas tenham perecido dessa forma. Foi a mais grave crise de fome provocada pelo homem na história. As autoridades chinesas ocultaram isso aos olhos do mundo com eficiência e nenhum Malcolm Muggeridge contemporâneo saiu da capital para investigá-lo.[727] O desastre era um assunto delicado na esfera da liderança comunista. O ministro da Defesa Peng Dehuai quebrou o tabu no plenário do Comitê Central em Lushan, em junho de 1959, onde discursou sobre as perdas humanas. Além da demissão, a recompensa

A CHINA CONVULSIONADA

de Peng por ter sido sincero foi ser tachado de líder de uma panelinha de direitistas oportunistas. (Ele morreria após ser torturado pela Guarda Vermelha na Revolução Cultural.) Lin Biao, veterano da guerra civil e radical ambicioso, o substituiu como ministro da Defesa.

Segundo consta, esta foi a reação de Mao ao grande sofrimento do povo: "Vocês têm apenas folhas de árvores para comer? Paciência, né!"[728] Fato inegável é que ele só tomou providências sérias para modificar suas diretrizes governamentais quando era tarde demais. Estava ainda muito absorto pela satisfação dos êxitos comunistas da década desde 1949. Afinal, as terras haviam sido coletivizadas, e a indústria, nacionalizada, além de eliminados os partidos rivais e intimidados os grupos de não chineses da população. O grupo dominante desfrutava de uma supremacia imbatível; seus membros tinham o prestígio e a autoridade dos homens que haviam lutado na guerra civil contra o Kuomintang. Todavia, o Grande Salto Adiante não havia funcionado como Mao pretendera. As dezenas de milhões de mortos não foram a única razão para deixar alarmados os principais líderes do partido e do Exército — aliás, muitos líderes estavam tão despreocupados com as atrozes privações e agruras do povo quanto o próprio Mao. O que mais os preocupava eram as consequências para a autoridade estatal, caso não chegasse logo ao fim os transtornos que estorvavam o progresso do país. Depois de muitos debates, ficou acordado que o líder chinês abandonaria a presidência da República Popular da China em favor de Liu Shaoqi. Embora Mao tivesse continuado como chefe do Partido Comunista Chinês, Liu conseguiu um aliado em Deng Xiaoping, que ocupava o cargo de secretário-geral. Mao passou a referir-se a si mesmo como "antecessor morto", querendo dizer com isso que ninguém precisava mais consultá-lo sobre as políticas governamentais atuais.

Entretanto, a imagem oficial de Mao permaneceu imaculada, já que a imprensa continuou a descrevê-lo como líder sábio, altruísta e que levava uma vida simples. O líder chinês aparecia em fotografias e pinturas com uma túnica larga e o rosto sem rugas, onde dava a impressão de ser mais um boneco de borracha inflável do que um ser humano. Quando um jornal socialista dinamarquês publicou uma história em quadrinhos em que ele aparecia sendo devorado por um dragão chinês, as autoridades de Pequim emitiram um documento com protestos furiosos. O desrespeito a Mao era tratado como um ato de inimizade para com o povo chinês inteiro. Empresários dinamarqueses que estavam prestes a visitar o país receberam ameaças veladas.[729] Era evidente que Pequim queria monopolizar o direito de criar representações de Mao — para os comunistas chineses, piadas desse tipo eram muito graves.

MUTAÇÃO

Na verdade, Mao não tinha nenhuma inclinação real para atos de altruísmo e abnegação e era um mulherengo em série, com predileção por mulheres ingênuas. Nos anos posteriores, ele contaminou suas conquistas amorosas com uma doença sexualmente transmissível.[730] Preocupado em ficar impotente, ingeria uma solução à base de um pó feito com chifres de cervídeos moídos para melhorar seu desempenho na cama. Acreditava também que a técnica daoista de relações sexuais o ajudaria — isso envolvia penetração peniana pouco antes da ejaculação, que ele fazia movido pela ideia de que isso aumentava sua virilidade. Mantinha-se em forma praticando natação todos os dias. Com sua típica arrogância e exibicionismo, entreteve-se em conversas à beira da piscina com Khrushchev em Pequim, em 1958, já que o líder soviético não sabia nadar e tinha que usar boia.[731] Em 1965, uma foto sua manipulada foi publicada pela imprensa informando que Mao, aos 72 anos de idade, nadara quase 15 quilômetros em 65 minutos no rio Yang-tsé. Na verdade, sua façanhosa capacidade física estava em declínio. Prova disso é que, quando se aventurou a escavar um pouco em sua campanha para induzir todos a se empenhar em trabalhos braçais, teve que acabar desistindo a meio caminho do feito, pingando de suor. Passava a maior parte dos dias sem fazer nada, envolto num roupão de banho, e só trajava a famosa túnica maoista em aparições públicas. Caía frequentemente em estado de infértil ociosidade intelectual e, no início da década de 1970, passou a sofrer de um tipo de doença neuromotora.[732]

Desde a Longa Marcha, porém, Mao suplantara todos os outros líderes partidários em autoridade. Sua inconstância em matéria de promoções e rebaixamento hierárquico deixava todo mundo apreensivo e nervoso. Em questões de políticas governamentais, não foi menos instável. Suas atitudes em relação a radicalismos e antirradicalismos se sucediam em confusa rapidez. Os outros líderes eram tão cobrados que não tinham tempo para pensar em tentativas de substituir Mao. Se conseguissem refletir sobre os aspectos da carreira do líder chinês, teriam sabido que seus instintos eram todos voltados para o radicalismo político. Ele queria resultados imediatos. Era sempre difícil saber o que ele estava pensando ou tramando. Mao era o mestre do fraseado obscuro e evasivo. Se uma diretriz política desse errado, conseguia eximir-se da responsabilidade. Toda vez que trocava de estratégia ou tática, seu livro de pensamentos sempre tinha como fornecer um aforismo que justificasse a mudança de rumo.

Em 1961, contudo, Liu Shaoqi voltou a fazer críticas ao Grande Salto Adiante. Já não era possível ignorar os prejuízos sociais e materiais dessa política. Embora o próprio Mao tivesse sido poupado de qualquer crítica, todos os integrantes do Politburo chinês sabiam quem Liu tinha em mente

A CHINA CONVULSIONADA

quando denunciou as insanidades da campanha. Outros líderes estavam desejosos também de exortar os colegas a adotar uma mudança de orientação política. Entre eles, figurava Deng Xiaoping, que tentou restringir o fanatismo de Mao. Zhou Enlai, uma figura das mais enérgicas entre os integrantes da corte de Mao, era conhecido também como dirigente que tinha dúvidas em relação ao Grande Salto Adiante. Em todo caso, Mao recuou. Publicamente, o Grande Salto Adiante continuou a ser exaltado e o culto a Mao não sofreu diminuição. E, embora Liu houvesse desafiado a linha de ação política do ditador chinês a portas fechadas, Mao o anotou em seu caderninho para eliminá-lo depois, junto com todos os que o apoiavam.[733] Sua intenção era reorganizar o grupo dirigente inteiro, tanto no núcleo da liderança quanto no âmbito das autoridades regionais. Mao estava determinado a realizar um expurgo nas elites políticas e culturais. A lição que aprendera com o Grande Salto Adiante era que ele não precisava moderar seu zelo revolucionário, mas livrar a si mesmo e o Estado dos que resistiam a seus conclames para a adoção de uma atitude mais audaciosa. Ao mesmo tempo, conseguiria com isso reafirmar sua supremacia como líder.

Em 1963, Mao estabeleceu as bases da concretização desses objetivos confiando a Lin Biao a edição de *Citações do presidente Mao Tsé-tung* — o pequeno "Livro Vermelho" de trechos de seu pensamento —, que teve centenas de milhões de exemplares publicados. Depois, no verão de 1964, Mao formou o Grupo da Revolução Cultural, liderado por Peng Chen, numa campanha contra os escritores, palestrantes e professores que não aceitavam as doutrinas do partido. Liu Shaoqi e Deng Xiaoping ignoraram os sinais de advertência e, pior que isso, trataram Mao com rispidez. Numa conferência do Comitê Central, Liu interrompeu o discurso de Mao para fazer comentários. Isso era um ato de lesa-majestade. Fez isso depois que Deng disse que não havia necessidade de Mao participar da conferência, a menos que realmente quisesse. Liu e Deng se manifestaram também em defesa da reintrodução de incentivos materiais nos locais de trabalho. Isso punha a estratégia econômica do país na lista de discussões. Mao sentiu-se acuado. "Será que tenho", perguntou ele num tom de queixa bem-humorada, "algum direito?".[734] O resultado dessa atitude foi a vitória de Mao e a derrota de seus rivais.

Nos dois anos seguintes, ele lubrificou as máquinas do radicalismo, reunindo os líderes para operá-las. Um deles foi Jiang Qing, sua esposa. Outros integrantes desse grupo foram Lin Biao — o ministro da Defesa — e Chen Boda. Mao objetivava com isso submeter a *intelligentsia*, reativar a participação revolucionária das massas e humilhar os integrantes da liderança dos "adeptos da via capitalista". Liu e Deng foram coagidos a retratar-se com autocríticas. Em 31 de maio de 1966, ordenou que seu seguidor Chen Boda assumisse o controle do jornal *Renmin Ribao* ("Diário do Povo") sem dar nenhum aviso prévio a Liu. No dia seguinte, o título do editorial do jornal dizia o seguinte: "Eliminados Todos os Monstros e Fantasmas."[735] Ficou determinado que trabalhadores poderiam entrar em greve e até serem elogiados por isso.[736] Estudantes foram incentivados a formar grupos conhecidos como "guardas vermelhos" (Guarda Vermelha) e revogaram a tradicional tutela de equipes de trabalho a que eram submetidos. Com isso, pela primeira vez desde 1949, grupos independentes tiveram permissão de funcionar na esfera pública chinesa. Em agosto, as autoridades iniciaram a campanha para acabar com o que Mao chamava de Os Quatro Velhos, que eram as velhas ideias, a velha cultura, os velhos costumes e os velhos hábitos. A Guarda Vermelha foi incentivada por Jiang Qing e Chen Boda. Mao legalizou então a livre formação de organizações de trabalhadores. Ele acreditava que o ímpeto conjunto de estudantes e trabalhadores o capacitariam a esmagar toda obstrução tentada pelos veteranos do Partido Comunista, os profissionais das elites e os sobreviventes defensores do sistema pré-comunista.

Mao chegou a incentivar as ações espontâneas contra os dirigentes do partido e do governo. Em 1º de agosto de 1966, ele disse num comunicado enviado a membros da Guarda Vermelha de uma escola de Pequim:

> Suas atividades demonstram seu repúdio e ressentimento para com a classe de proprietários de terras, a burguesia, os imperialistas, os revisionistas e seus lacaios, que exploraram e esmagaram trabalhadores, camponeses, intelectuais libertários e outros grupos revolucionários. Refletem também a justificativa de rebeldia contra os reacionários. Eu lhes envio minha mais calorosa manifestação de apoio.[737]

O sistema comunista estabelecido por ele estava prestes a ser atacado com sua total aprovação e conivência. Mas ele mesmo deveria ser preservado como uma figura sacrossanta[738] — e a lembrança da retaliação após a Campanha das Cem Flores não fez ninguém duvidar de que seria perigoso fazer a crítica mais inofensiva ao líder chinês.

Seu objetivo era reformar instituições e atitudes em todo o país. Mao e seus asseclas queriam um rompimento total com o passado recente e distante. Longas experiências lhes haviam ensinado que as crenças populares chinesas estavam muito arraigadas nas massas. A cultura chinesa perdurara por muitos séculos impregnada de filosofia confuciana, e os maoistas estavam determinados a extirpá-la da mente de seus contemporâneos.

A CHINA CONVULSIONADA

Poesia, livros de história e obras de arte das dinastias imperiais deveriam ser destruídas. Para Mao, tão importante quanto isso era sua campanha para romper os persistentes laços das pessoas com parentes de fora da família conjugal, suas redes de submissão social e a mentalidade provinciana. Os vínculos informais entre padrinhos e apaniguados deveriam ser destroçados também. Enquanto, por um lado, manifestava o desejo de que queriam ver a Guarda Vermelha agindo por iniciativa própria, por outro lado o grupo de dirigentes ao redor de Mao conduzia as ações de seus integrantes nessa planejada direção. Estudantes foram incentivados a denunciar seus chefes, professores e até parentes. Assim como todo núcleo de dirigentes em outras terras comunistas, Mao e seus sectários próximos descobriram que seu sucesso instantâneo no estabelecimento do regime não foi acompanhado por uma rápida transformação de atitudes. Não haviam conseguido, enfim, fazer com que instituições funcionassem inteiramente de acordo com suas instruções. O partido havia sofrido a infiltração de carreiristas, e muitas autoridades comunistas mais velhas não estavam demonstrando a desejada cooperação.

Mao queria substituir — ou pelo menos acompanhar de perto suas atividades — os detentores de cargos em todos os níveis do governo. Isso envolvia atuação fiscalizadora na cúpula do poder, já que Liu Shaoqi e Deng Xiaoping foram rebaixados e Lin Biao ganhou preferência sobre eles. Determinou que as "massas" deveriam se encarregar de sua própria revolução. Os acontecimentos sucediam-se num clima de ameaçadora comicidade. Nien Cheng fora empregada da Shell Oil Company (cujos escritórios haviam sido fechados após a tomada do poder pelos comunistas). Nessa condição, ela tinha motivos para temer os rumos da política em seu país. Estudantes marchavam pelas ruas de Xangai de um lado para outro tocando tambores e gongos e proclamando slogans.[739] O uso de sofás foi condenado, classificado pelos comunas como coisa de burguês. Na cidade, integrantes da Guarda Vermelha chegaram a discutir se não seria melhor inverter a função das luzes dos semáforos, de modo que a vermelha passasse a indicar o sinal de avançar, em vez da verde. Mandaram, pois, interromper o funcionamento dos semáforos da cidade, até que, para alívio de todos, a proposta acabou sendo abandonada. Contudo, ainda havia muitas maluquices vigorando. Ciclistas, por exemplo, eram forçados a colar páginas do "livrinho vermelho" de Mao no guidom de suas bicicletas. Foram tantas as lojas renomeadas para "O Oriente é Vermelho" e cobertas com as mesmas fotografias de Mao que, junto com a mudança de nomes de ruas, os habitantes da cidade ficaram desorientados.

MUTAÇÃO

A própria Nien Cheng ficou chocada, quando, a caminho de casa, viu um afixador de cartazes acusar o vizinho dela de ser "lacaio do imperialismo suíço". Seu crime fora haver trabalhado como gerente numa extinta fábrica de alumínio cuja dona era uma empresa da Suíça.[740]

Quando a Guarda Vermelha foi procurá-la, ela estava tomando café. Um belo estudante perguntou-lhe então com evidente repulsa: "O que é isso?" Nien Cheng respondeu que era café. Mas a resposta só serviu para provocar a seguinte pergunta: "O que é café?" Nada deteria a Guarda Vermelha em sua campanha contra todos os sinais de influências da classe média e dos estrangeiros. Por fim, um deles a questionou em tom de repreensão:

> Por que você precisa tomar essa bebida estrangeira? Para que ingerir alimentos estrangeiros? Por que você tem tantos livros estrangeiros? Por que você é tão estrangeira? Em todos os cômodos desta casa existem coisas importadas, mas não uma única fotografia sequer de nosso adorado Grande Líder. Estivemos em muitas casas da classe capitalista. Mas a sua casa é a pior, a mais reacionária de todas.[741]

Nien Cheng contou que sorriu diante dessa explosão de contrariedade dos vermelhos. Foi uma reação perigosa da parte dela, já que, nesse exato momento, os membros da Guarda Vermelha estavam revistando a sua casa. Porém, coisas piores viriam. Ela foi posta sob prisão domiciliar, ao passo que sua irmã, que pretendia ser atriz, ficou confinada num cubículo em sua quitinete enquanto ela redigia "confissões" intermináveis e prometia aprender os Pensamentos de Mao Tsé-tung de cor e salteado. Após uma breve denúncia pública, Nien Cheng foi transferida para a Casa de Detenção Nº 1. Seguiram-se meses de interrogatório, porém ela era uma mulher extraordinária, que se recusava a confessar crimes imaginários. Nada a fez dobrar-se à vontade de seus opressores nos seis anos e meio de prisão solitária. Ela só foi solta em março de 1973.[742]

O aparato de controle e vigilância política do Estado era muito invasivo. Enquanto parte dos detentos tinha que estudar o Pensamento de Mao Tsé-tung, outros eram intimidados a persuadir os renitentes colegas de prisão a fazer o mesmo. Para as forças opressoras, não bastava que o detento trabalhasse e cumprisse pena de prisão. Os recalcitrantes podiam ser espancados e até executados. (Pelo menos nesse sentido, Nien Cheng teve sorte.) A mentalidade predominante era de que, já que a pessoa tinha sido presa, é porque era culpada e, portanto, deveria confessar seus crimes e mudar sua maneira de pensar.[743] Dizer-se inocente só servia para confirmar sua

A CHINA CONVULSIONADA

condição de criminoso e provocar mais punição. Nem mesmo Kafka foi atormentado por um período de "lógica" tão aterrador como esse.

O Estado voltou a adotar a pena de morte durante a Revolução Cultural. Às vezes, a Guarda Vermelha fazia o julgamento de suas vítimas na rua, depois de havê-las arrastado acorrentadas pela cidade. Em casos extremos, o réu era forçado a confessar seus crimes antes de ajoelhar-se e ser executado com um tiro na nuca. Era uma prática generalizada enviarem à família do condenado uma fatura cobrando a despesa da bala usada na execução.[744] Talvez um milhão de pessoas tenham sido executadas ou cometido autocídio.[745] Esses rituais macabros tinham um objetivo. Eram feitos para tornar cúmplice da chacina o maior número de pessoas possível e fazê-las complacentes com as políticas das autoridades. Mao não tinha intenção de fazer as coisas às ocultas, tal como Stalin geralmente fazia. Ele queria uma sociedade que participasse ativamente do terror estatal. De acordo com uma estimativa, pelo menos cerca de um milhão de vítimas da Guarda Vermelha foram atiradas na prisão ou nos centros correcionais de trabalho forçado,[746] mas o número real pode ter sido muito maior. Além do mais, as famílias das vítimas sofriam discriminações. Até pessoas que não tinham sido ameaçadas de execução nem presas podiam sofrer de várias formas. Algumas eram despachadas para outras regiões, onde seriam reeducadas por meio de trabalho braçal ou desqualificado. Outras eram simplesmente rebaixadas hierarquicamente. Traumas psicológicos eram fenômenos que permeavam todo o território chinês.

As pessoas voltaram a ser classificadas de acordo com as cinco categorias "negras" — proprietários de terras, camponeses ricos, maus elementos, contrarrevolucionários e direitistas. Uma vez rotuladas como integrantes de uma dessas categorias, permaneciam com a pecha indefinidamente. E, quando encarregados da classificação viam-se dominados pelo desejo de desmoralizar alguém, podiam recorrer a acusações vagas e ameaçadoras de "mau elemento". Não que se preocupassem com palavras, até porque, por exemplo, acusavam pessoas de serem contrarrevolucionárias e direitistas sem que tivessem nada a ver com Chiang Kai-shek ou Liu Shaoqi. Mao lançara as sementes do vendaval; o povo colheu a tempestade. Eram muitos os voluntários para fazer o serviço sujo de Mao. Alguns deles eram jovens ingênuos atraídos pelo culto a Mao e pelo "livrinho vermelho". Contudo, quando a Revolução Cultural se tornou mais radical, muitos estudantes que haviam ganhado a fama de serem sujeitos "maus" passaram a interessar-se em provar seu radicalismo. Foi o caso também dos delinquentes. Assim, aparentemente o Quartel-General dos Trabalhadores em Wuhan abrigava exclusivamente indivíduos que haviam tido problemas com as autoridades

MUTAÇÃO

pouco tempo atrás. Jovens com o rótulo de "bons" sujeitos e com pais em cargos oficiais costumavam se opor a novos radicais. O resultado disso foi que a Guarda Vermelha se dividiu em duas facções rivais e as cidades se transformaram em arenas de lutas corporais entre elas.[747]

No centro do poder, Mao recuperou o controle total sobre seus principais colegas de governo. Liu Shaoqi foi acusado de ser o "Primeiro Grande Serviçal dos Capitalistas", e Deng, o "segundo". No ano seguinte, Liu foi selvagemente espancado por membros da Guarda Vermelha e morreu esquecido e desmoralizado.[748] Deng foi atirado na obscuridade de uma província qualquer. Zhou Enlai escapou de punições por causa do apoio que manifestou à Revolução Cultural. Por volta de 20 mil supostos sectários de Liu foram vítimas do processo de expurgo entre 1966 e 1968. Outros milhões de funcionários do partido e do governo sofreram com isso também.[749] Era um processo impregnado de arbitrariedades. Como no Grande Terror na URSS, os incumbidos do expurgo tomavam decisões com base nos próprios interesses. Mao, depois de haver iniciado o processo, perdeu o controle sobre a forma pela qual ele afetava a maioria das pessoas.

Como ficou claro para Mao que a continuação da Revolução Cultural ameaçava minar o domínio que os comunistas exerciam sobre o país, ele ordenou o fim da opressão frenética antes do início de 1969. As coisas se acalmaram e Mao, junto com o grupo de dirigentes que ele havia formado, permaneceu incólume no poder. O grupo em si, no entanto, tinha suas tensões internas. Os soldados do Exército de Libertação Popular, sob a chefia de Lin Biao, haviam apoiado com total lealdade a Guarda Vermelha em 1966-1968 e, com a mesma fidelidade, contiveram as ações da Guarda Vermelha quando Mao ordenou a mudança da orientação política. Com uma emenda formal à constituição, Mao reconheceu Lin Biao como seu sucessor favorito. Mas cresceu a desconfiança entre os dois. Lin queria mais poder, porém Mao recusou-se a atender ao desejo dele. Talvez Lin quisesse também uma fatia maior do orçamento para as Forças Armadas. É possível que não tivesse gostado das decisões na área da política externa, tomadas tempos atrás, de reaproximação com os EUA. Mais ou menos a partir de 1971, o desgaste na relação entre os dois líderes foi ficando cada vez maior. Lin abalançou-se canhestro a elaborar um golpe de Estado. Em setembro, tentou derrubar o líder chinês, porém Mao foi bem mais esperto do que ele e, de qualquer forma, Lin não conseguira organizar a ação coordenada de seus simpatizantes militares satisfatoriamente. Lin fugiu de avião para URSS, mas a aeronave sofreu um acidente antes de ele atravessar a fronteira.

Houve uma redução do radicalismo político, principalmente depois da reaproximação sino-americana, pois um clima de tranquilidade política era

A CHINA CONVULSIONADA

necessário. Mao voltou a aproximar-se de Zhou Enlai e das outras figuras moderadas da liderança política. Deng foi reabilitado, aos poucos, a partir de abril de 1973. Recém-chegados mais jovens, inclusive Hua Kuo-Feng, originário de Hunan, foram incorporados também ao núcleo de poder. Eles haviam ascendido a posições de destaque durante a Revolução Cultural, mas não eram devotados à sua restauração.[750] Zhou, contudo, sofria de câncer em estágio avançado e, enquanto ele definhava no hospital, foi Deng quem assumiu a chefia do ataque a Jiang Qing no Politburo, cujas sessões transcorriam em clima de mau humor. Jogando a última cartada — seu casamento com o líder chinês —, Jiang procurou ajuda com Mao depois que Deng abandonou, furibundo, a reunião no Politburo, em outubro de 1974. Deng agira com insensatez. Chiang tinha três aliados notáveis na liderança — Zhang Chunqiao, Yao Wenyuan e Wang Hongwen; juntos, formaram o que ficou conhecido com O Bando dos Quatro. Wang apressou-se em falar a Mao sobre o abandono da sessão de Deng e denunciar suas políticas e ambição pessoal.[751] Deng, porém, não se abateu. Em setembro de 1975, apresentou um "Relatório sobre os Vários Problemas Relacionados a Trabalhos Científicos e Tecnológicos", encarecendo a necessidade de se dar prioridade a um tratamento profissional da recuperação econômica e ao combate a líderes dogmáticos que haviam "herdado o manto protetor de Lin Biao".[752]

Foi uma retaliação ao Bando dos Quatro e seus aliados. Se a opinião popular tivesse podido ser fator decisivo na questão, Deng não haveria tido preocupações. A maioria dos chineses detestava o que acontecera durante o Grande Salto Adiante e a Revolução Cultural. Temos um medidor de sentimentos a esse respeito na ocasião da morte de Zhou Enlai, ocorrida em janeiro de 1976, depois de muito tempo doente. Os líderes chineses tentaram desprestigiar a importância do falecido, mas Zhou era amplamente estimado, considerado pelo povo uma pessoa que havia tentado moderar os excessos das políticas governamentais. Embora nunca houvesse manifestado oposição aberta às diretrizes políticas oficiais e sempre tivesse cedido aos desejos de Mao em particular, as pessoas sentiam no íntimo onde recaíam suas preferências políticas e eram gratas a ele por ter feito todo o possível para melhorar as condições de vida dos chineses comuns. Soldados interromperam as manifestações de luto de 2 milhões de pessoas, improvisado na Praça da Paz Celestial nas semanas subsequentes ao funeral do dirigente chinês. Houve distúrbios populares. Jiang Qing e seus principais seguidores radicais disseram a Mao que os "direitistas" de Deng eram os responsáveis por isso. Mais uma vez, Mao incluiu Deng, que fazia alguns meses se achava em apuros, na lista dos expurgos políticos.[753] Porém, Mao absteve-se de indicar um novo membro para substituí-lo no Bando dos Quatro.

MUTAÇÃO

Em vez disso, escolheu Hua Kuo-Feng, que não se mostrou entusiasmado com essa responsabilidade. Contudo, Mao insistiu: "Com você no controle da situação, fico tranquilo." O líder chinês reconheceu com isso que seu tempo estava quase no fim. Queria que Hua fosse seu herdeiro político.

Enquanto tomava providências contra Deng, Mao procurou garantir-se contra possíveis prejuízos controlando a atuação do Bando dos Quatro e mantendo Deng vivo. Enviou cartas à esposa para repreendê-la por haver se pronunciado de forma imoderada e agido com muita ambição. Jiang Qing não se mostrou arrependida: "Setenta e cinco por cento dos antigos burocratas trilham, de modo inevitável, a via do capitalismo!" Zhou foi acusado de liderar essa tendência de deserções. Deng sofreu também críticas contínuas. Era óbvio que Jiang receava que a remoção dele do poder talvez fosse apenas temporária. Fora de Pequim, os seguidores da esposa de Mao não tinham receio nem mesmo de fazer apartes condenatórios a Hua Kuo-Feng.[754]

A essa altura, Mao não participava mais de reuniões, porém manifestava suas opiniões em conversas e por meio de memorandos. Havia parado de intervir na elaboração de políticas governamentais. Até o fim, governou controlando decisões de escolha de pessoal para ocupar altos cargos. Desde a década de 1950, Mao agira como um grande pêndulo na Revolução Chinesa. Oscilando de um lado para outro em suas estratégias políticas, mostrou que sabia como se manter firme no poder e deter-se a poucos metros do ponto em que poderia destruir o sistema político-governamental. Todavia, esgotara o seu cabedal de ideias sobre a forma com que poderia fazer avançar a causa revolucionária na China. O maoismo foi útil na conquista do apoio dos camponeses e para empreender uma guerra revolucionária. Ele conseguiu unir e incentivar um povo inteiro com reformas sociais e econômicas fundamentais, mas foi um instrumento precário na tentativa de industrialização do país. Além disso, provocou um sofrimento terrível, mesmo em seus períodos mais tranquilos. Suas rupturas com a experiência histórica soviética trouxeram vantagens e desvantagens para os cidadãos da República Popular da China. No entanto, tinha muitos conceitos básicos, práticas e estruturas em comum com a URSS. O maoismo foi uma variante do marxismo-leninismo. Sua falência, como sistema político-econômico, foi também evidente para a maior parte dos chineses muito antes da morte de Mao.

29. CUBA REVOLUCIONÁRIA

A revolução dos guerrilheiros cubanos em janeiro de 1959 levou o comunismo ao poder pela primeira vez na América Latina. Haviam iniciado suas atividades revolucionárias dois anos antes, como força improvisada às pressas, com nada semelhante à experiência em campos de batalha vivida pelo Exército de Libertação Popular de Mao uma década antes. Seu líder era o advogado de 32 anos de idade Fidel Castro Ruz. Com sua barba marcante e corpo atlético, seu sucesso militar surpreendeu o mundo. Castro havia sido um excelente esportista na escola e brilhante estudante de direito da Universidade de Havana e nunca dera nenhum indício de ligação com o comunismo. Nascido em ambiente confortável e privilegiado, era visto por seus professores católicos como uma pessoa com um futuro excepcionalmente promissor não só na esfera profissional, mas também no campo da fé. No fim da adolescência, porém, Castro perdeu toda a fé religiosa, e sua revolta com as condições do país conduziu seus pensamentos para a esfera da rebelião.

Em março de 1952, um golpe militar levara Fulgêncio Batista, um ex-sargento do exército, de volta à presidência do país. Em seu governo, a corrupção era sistêmica, e Batista, o que mais se beneficiava com isso. Na Segunda Guerra Mundial, ele formara uma coalizão que pôs em prática algumas políticas social-democráticas, por meio das quais incluiu até comunistas em seus ministérios. Mas poder e dinheiro eram sua prioridade. Na década de 1950, tornou-se fantoche dos americanos, desviando dos cofres públicos todos os dólares que suas garras alcançassem, enquanto debelava as sucessivas conspirações contra ele. Já então os americanos tinham uma base militar em Guantánamo, no litoral sudeste da ilha, estabelecida por eles após sua intervenção bélica na guerra de independência cubana contra os espanhóis, em 1903, tendo firmado um acordo para o pagamento anual de 2 mil dólares pelo privilégio da concessão. Cuba era um país que fornecia açúcar, rum, charutos e esportistas profissionais para o mercado americano. Empresários ricos e os gângsteres mais endinheirados visitavam Cuba em busca de cassinos, prostitutas e privilegiados serviços bancários internacionais. Os cubanos, principalmente os descendentes de escravos africanos

400 MUTAÇÃO

que trabalhavam no cultivo da cana-de-açúcar, pagavam um alto preço pelo estado de coisas reinante. A pobreza era generalizada e os clérigos católicos quase não se preocupavam com a questão da justiça social. A criminalidade era uma praga, e o aproveitamento escolar, exceto entre os membros da minoria rica, lamentavelmente baixo.

Era como se Batista estivesse quase implorando para ser deposto. Entre os que tramavam contra ele figuravam os radicais pertencentes ao Partido Ortodoxo. Castro, que tinha estreitas ligações com eles, acreditava que um golpe de Estado violento por um pequeno grupo armado bastava para reverter a situação do país. Em julho de 1953, ele havia liderado um ataque ao quartel militar de Moncada, perto de Santiago de Cuba. A operação foi uma malograda trapalhada de amadores. Os soldados de Batista mataram dezenas de rebeldes, mas Fidel teve a sorte de ser apenas enviado para a prisão. No julgamento que se seguiu, ele fez um discurso brilhante e desafiador: "A história me absolverá!"[755] Libertado da prisão numa das anistias de Batista, fugiu para o exterior à procura de financiamento para uma nova tentativa de golpe.

Em dezembro de 1956, embarcou numa perigosa viagem de volta ao país, como líder de um bando de 81 insurgentes, partindo de Tuxpan, México. Viajaram num pequeno iate perigosamente sobrecarregado, com o exótico nome de *Granma*, e desembarcaram na Playa de los Colorados. Nos primeiros dias de conflito, os soldados de Batista mataram a maioria dos rebeldes. Castro e seus principais seguidores, entre eles Che Guevara, fugiram para a Sierra Maestra, no sul da ilha, enquanto simpatizantes, tal como Frank País, fomentavam rebeliões nas cidades. Castro atraiu recrutas para a causa, conseguiu equipamento e avançou pelas montanhas abaixo. O apoio a Batista simplesmente desapareceu, uma vez que os guerrilheiros, que fizeram questão de tratar bem os habitantes das áreas rurais, ganharam popularidade. Os insurgentes formavam um grupo variado de homens. Alguns eram simpatizantes do comunismo, inclusive Raúl, o irmão de Castro, mas o próprio Fidel negava ter qualquer ligação com essa ideologia.[756] Seu programa de governo era marcantemente vago: um sistema de justiça livre de toda espécie de iniquidade, reforma agrária, melhoria da educação, democracia e o fim da corrupção. As autoridades americanas achavam que poderiam conviver com isso sem graves problemas. Afinal, outros reformadores haviam surgido no passado e acabaram se acomodando com o estado de coisas e os grupos de interesses estrangeiros existentes no país. Sem avisar, Washington obstruiu as vias de fornecimento de ajuda a Batista, que fugiu da ilha no Ano-Novo de 1959.

CUBA REVOLUCIONÁRIA

401

Castro marchou majestosamente sobre a cidade a bordo de uma limusine. Nos dias seguintes, foi óbvio seu contentamento com a aclamação recebida das multidões que se acumularam à beira da estrada.[757] Parecia a encarnação do latino-americano típico e despreocupado. Usava trajes informais, poucas vezes se lavava e, quando fazia isso, era com certo desleixo. Vivia à caça de belas mulheres. Chegava atrasado a reuniões, inclusive às dos próprios ministérios. Sempre que ficava ao volante de sua limusine Plymouth, dava sustos terríveis nos passageiros.[758]

Aliás, Fidel era calculista e enigmático. No início, parecia determinado a se livrar de todos os comunistas. Certa vez, disse a seu ministro das Finanças que pretendia "eliminá-los de um golpe só"; já diante de outras pessoas afirmava que era contra a luta de classes e ditaduras.[759] Seu programa de governo foi sendo conhecido aos poucos, à medida que testava suas ideias na prática. Queria reformar a legislação tributária e acabar com a corrupção. Tinha planos de realizar uma reforma agrária que daria 27 hectares a cada família de camponeses, mas que manteria sob o controle do Estado as grandes lavouras de açúcar. Queria modernizar a economia. Seu "mestre", declarava ele, era o rebelde nacionalista cubano José Martí, que viveu no século 19. Não falava nada sobre Marx, Engels ou Lenin.[760] Evitava discursos anti-imperialistas e, quando fez uma visita a Washington, em março de 1959, tinha expectativas de conseguir ajuda econômica.[761] Presumiu que sua recusa de se classificar como comunista seria suficiente para a consecução de seus objetivos junto aos capitalistas. Não levou em conta o impacto que suas ações revolucionárias causaram. Na época, dizia que sua revolução era a primeira entre os países de "nossa América". Eram coisas que constituíam garantias pouco animadoras para o presidente Eisenhower, que compartilhava da mentalidade ianque de que os Estados Unidos deveriam dominar a política das Américas. Portanto, o país do ilustre visitante não receberia ajuda financeira.

Com isso, o ressentido Castro adotou uma atitude antiamericana. As esporádicas tentativas de insurgência contrarrevolucionária, apoiadas por forças estrangeiras, não haviam servido para iluminar-lhe o espírito acerca da realidade.[762] Agora, estava determinado a impedir que seu sistema de governo radical fosse destruído por ações militares realizadas ou financiadas por Washington. Assim, o insucesso na conciliação de interesses acabou dando origem ao primeiro Estado comunista da história das Américas. Os dirigentes em Washington ficaram perplexos. Antes, viam muitos comunistas onde, de fato, poucos havia. Porém, de repente, sem nenhum aviso, uma ameaça comunista real e crescente passou a existir a uns poucos quilômetros da Flórida. Em 1960, quando Castro voltou aos

Estados Unidos para discursar na assembleia geral das Nações Unidas, foi saudado por multidões, que entoavam: "Fidel! Fidel! Fidel!" Recusou-se a hospedar-se num suntuoso hotel em Manhattan e partiu às pressas para o Harlem. Numa época em que os negros ainda sofriam discriminação amparada por lei, isso foi um ato de desprezo e um desafio para a Casa Branca. Na assembleia geral das Nações Unidas, Castro manteve-se na ofensiva, chamando o presidente Kennedy de "milionário analfabeto e ignorante". Condenou as ações passadas dos americanos em Porto Rico, no Panamá e em Honduras. Criticou duramente os americanos por insistirem em manter uma base militar na baía de Guantánamo, apesar de ela ter sido conquistada pela força. Castro fez uma comparação favorável da URSS com os EUA, pelo fato de ela não ter colônias.[763]

De volta a Havana, endureceu o regime. Já então como primeiro-ministro, incentivou as pessoas a se referir a ele como *el Máximo Líder*, mas negou qualquer ambição de tornar-se ditador.[764] Assumiu o controle do Partido Comunista e substituiu seus principais veteranos. Nisso, uma delegação soviética visitou Havana para estudar a situação do país. Castro, a essa altura ávido por obter o apoio da URSS para contrabalançar a recusa de ajuda dos americanos, procurou convencer os visitantes de que era marxista-leninista convicto. Ofereceu-lhes lautos jantares e vinhos esplêndidos, em "reuniões" que chegaram a durar nove horas.[765] Castro disse ao líder do Komsomol Sergei Pavlov que estava lendo *Dez dias que abalaram o mundo*, de John Reed, e chamou a atenção para a semelhança entre a república soviética sitiada em 1917-1918 e a situação do regime revolucionário cubano na época. Novato no comunismo internacional, ele não sabia que o livro de Reed havia sido banido na URSS por suas referências favoráveis a Trotski. "E querem saber de uma coisa?", observou Castro com entusiasmo. "A revolução cubana não começou dois anos atrás: ela começou em 1917. Se não fosse a revolução de vocês, a nossa não teria acontecido. Portanto, a revolução cubana tem 43 anos!"[766] Implorou que o convidassem para uma visita à União Soviética. Manifestou o desejo de ir caçar com os amigos nos bosques russos, em vez de discursar em reuniões oficiais. Todavia, ninguém dos que tinham ouvido seus intermináveis discursos se convenceu dessa intenção.

Castro esperava vender açúcar à URSS a um preço maior do que o de mercado. Queria que os soviéticos enviassem professores e outros especialistas para a ilha. Planejava conseguir o progresso constante do país após a nacionalização da economia e manteve os empresários sob a mira de seus projetos governamentais para uma eventual expropriação: "São todos parasitas, que vivem à custa dos outros. Contudo, temos muitos deles aqui e, portanto, não faremos nada a esse respeito (e eles não vão tocar em ninguém também), mas estamos pensando nisso."[767]

As autoridades cubanas pagaram caro por haverem tratado os americanos com desprezo. Em 16 de abril de 1961, um destacamento armado de exilados anticomunistas deixou o campo de treinamentos da CIA na Guatemala e seguiu de navio para a Baía dos Porcos, no litoral norte de Cuba. Kennedy dera permissão para que realizassem a operação sem demonstrar quase nenhuma preocupação ou interesse; dava como certo que um modesto destacamento conseguiria esmagar a revolução e estava convicto de que Castro era apenas um mosquitinho chato, que bastava esmagar para que ninguém mais se lembrasse dele. Mas o assalto fora muito mal planejado e os americanos veriam depois que a previsão de um levante popular espontâneo contra Castro era fruto de excesso de otimismo. Os camponeses que viviam perto da área de desembarque das tropas contrarrevolucionárias haviam sido bem-tratados pelo governo revolucionário e não estavam dispostos a ajudar os invasores. Demais, a experiência de Castro como insurgente lhe havia ensinado o que esperar e como organizar um sistema de defesa eficaz. Assim, os combatentes anticomunistas foram derrotados, capturados e exibidos na TV, como parte de um uso brilhante que Castro fez dos meios de comunicação. Em vez de fazer um discurso longo e agressivo, preferiu contar com as lamentáveis confissões dos detentos no rádio e na TV, pois estava certo de que isso o favoreceria. Embora Kennedy tivesse procurado minimizar a responsabilidade de seu governo pela ação desastrada, o mundo sabia que a realidade era outra. Os Estados Unidos haviam sido humilhados na América Latina pela primeira vez na história.

Castro chegou à conclusão de que invasores continuariam a lançar-se com ímpeto sobre seu território até conseguirem derrubá-lo. Descrente nas conversas dos soviéticos sobre superioridade tecnológica em relação aos EUA, ele riu na cara de Mikoyan quando este lhe falou sobre a sofisticação industrial da URSS.[768] A questão era de senso comum em Cuba. Quando os líderes soviéticos enviavam "especialistas em economia" para ajudá-los, os cubanos os recebiam com educação e os deixavam à vontade, mas sem ligar muito para eles. (Isso não era problema para os especialistas, que encaravam sua estada na Cuba ensolarada e musical como aprazível momento de lazer.) Não havia agrônomo russo que conhecesse melhores técnicas de cultivo da cana-de-açúcar do que os cubanos,[769] que estavam cientes também dos estragos duradouros causados à agricultura na URSS pelo sistema posto em prática por Stalin. Além do mais, Castro tinha suas próprias prioridades em matéria de bem-estar social. Ele foi além do Kremlin em seu esforço para criar instalações de saúde no país e seu governo providenciou

MUTAÇÃO

a formação de um grande número de médicos. Como as dificuldades de Cuba para equilibrar a balança de pagamentos impossibilitava o país de importar medicamentos modernos, as autoridades cubanas deram ênfase à medicina preventiva. Cuba ficou famosa na América Latina com o sucesso no aumento da expectativa de vida de seus cidadãos.

Mas a Revolução Cubana precisava de um aliado geopolítico de peso e a única opção que havia era a União Soviética. Raúl aumentou a determinação do irmão nesse sentido. Fidel acabou entendendo que o preço que teria que pagar pelo apoio militar e econômico de Moscou seria a adaptação de sua revolução às estruturas e práticas dos camaradas soviéticos. Concluiu que Cuba, se quisesse sobreviver à hostilidade dos Estados Unidos, teria que seguir à risca a via da comunização do Estado.

Desse modo, Fidel encaminhou-se com altivez para os braços do Kremlin. Embora houvesse alegado que sempre fora marxista, fez isso sorrindo e admitiu que nunca fora além da página 370 de *O capital*, de Marx — e talvez seja lícito duvidar que tenha ido tão longe assim.[770] Contudo, é possível que tivesse passado a acreditar realmente na necessidade de assimilar aspectos básicos da experiência histórica soviética, como no de que não teria como evitar a proliferação de dissensões internas e que planos de subversão política certamente seriam elaborados por forças externas; que era necessário implantar um sistema de controle político e que o edifício de partido único construído na União Soviética poderia servir como modelo, já que suportara a prova do tempo. Quiçá se houvera convencido de que, para que a ditadura continuasse de pé, haveria também a necessidade de se implantar um sistema de rigoroso controle da economia. Os setores privados na esfera da indústria e do comércio continham potenciais defensores da contrarrevolução. Seria necessário manter uma severa vigilância dos meios de comunicação. O povo cubano precisava ser convencido de que o governo estava agindo em benefício dele. A situação estava levando Fidel a mostrar-se inclinado a adotar estruturas, métodos e ideias desenvolvidas pelos marxistas-leninistas desde 1917. Esse era o primeiro caso de comunização de um país por um líder que adotou o comunismo depois de tomar o poder.

Durante algum tempo, o regime evitou realizar a completa nacionalização da economia; porém, nas relações internacionais, Castro alinhava-se totalmente com a URSS. Após as primeiras conversas, ele e Khrushchev ficaram tão próximos um do outro quanto a unha da carne. A crise dos mísseis, em outubro de 1962, originou-se dessa proximidade. Depois da invasão da Baía dos Porcos, Castro implorara ajuda militar a Moscou. Então, Khrushchev o surpreendera ao propor-lhe a instalação de mísseis nucleares

CUBA REVOLUCIONÁRIA

de grande alcance em Cuba, como forma de dissuadir os americanos de realizarem novos ataques. Castro aceitou a proposta imediatamente. Permitiu que especialistas militares soviéticos se encarregassem das providências na área da engenharia civil, mas seus subordinados tomaram medidas preventivas inadequadas contra as filmagens aéreas de aviões de espionagem U-2, que sobrevoavam a ilha diariamente. Tempos depois, Castro ponderou que os especialistas deveriam ter fingido que estavam construindo um gigantesco galpão de criação de aves para consumo humano.[771] Alertado pelas autoridades do serviço de inteligência, o presidente Kennedy transmitiu a notícia pela TV em 22 de outubro de 1962. Para ele, a instalação de armas nucleares na ilha significava uma perigosa e inaceitável expansão do poderio militar soviético; não permitiria que as cidades do sudeste dos EUA ficassem sob o alcance dos mísseis russos. Khrushchev rebateu observando que os americanos tinham bases de lançamento de mísseis na Turquia, próximo à fronteira com a União Soviética. De repente, o planeta viu-se oscilando na beira do abismo: havia grande possibilidade de estourar a Terceira Guerra Mundial.

Nessa altura dos acontecimentos, Fidel deixou-se empolgar pela situação e enviou apelos a Khrushchev para que não recuasse.[772] Argumentou que a prepotência dos americanos deveria ser combatida com o lançamento de mísseis nucleares sobre os Estados Unidos. Khrushchev, agora arrependido da própria impetuosidade, voltou-se para o Presidium em busca de permissão para fazer concessões. O Presidium acatou a solicitação. Khrushchev informou a Kennedy que uma flotilha transportando mísseis nucleares que se aproximava de Cuba receberia ordens para voltar. O máximo que ele conseguiu de Kennedy foi a promessa de que o presidente desativaria instalações nucleares americanas no norte da Turquia, mas isso seria feito somente com a condição de que a promessa fosse mantida em segredo.[773] Kennedy assegurou também que desistiria de realizar operações militares subversivas contra Cuba. Em público, contudo, o vencedor era um só: os Estados Unidos. O comunismo, a URSS e Khrushchev saíram do embrulho humilhados. Khrushchev calculou que os cubanos talvez pudessem respirar aliviados por dois ou três anos e recebeu severas críticas de Castro por causa do imbróglio em que ele o metera.[774]

Fidel e seu irmão Raúl, que era seu vice na liderança política e que supervisionava o exército e as forças de segurança, aprofundaram o processo de comunização nos anos subsequentes. O governo expropriou e coletivizou as plantações de açúcar. Os pequenos lotes de terra pertencentes aos camponeses foram transferidos para o patrimônio do Estado, bem como nacionalizadas as minas do país. Lojas e restaurantes — inclusive os que Ernest Hemingway adorava — foram tirados das mãos da iniciativa privada.

MUTAÇÃO

Cassinos foram fechados, e as prostitutas expulsas das ruas. Os revolucionários, cujos líderes tinham plena consciência de sua outrora privilegiada condição de homens brancos, oriundos de ambientes cultos e confortáveis, se esforçaram para acabar com a discriminação contra a população de negros cubanos. Os americanos ricos perderam suas propriedades. Com o bloqueio econômico imposto pelos americanos à ilha, os cubanos não tinham nada a perder. As condições de vida no governo de Batista, ainda que muito ruins, haviam sido melhores do que as de quase todos os outros países da América Latina. Era, portanto, fundamental que Fidel demonstrasse a capacidade de gerar melhorias, principalmente para os pobres. Era aí que a aliança com a União Soviética se revelava essencial. Porquanto, embora a produção de beterrabas da Ucrânia fosse suficiente para suprir todas as necessidades de açúcar dos consumidores soviéticos, Khrushchev e Brejnev compravam o açúcar cubano a preços superiores aos do mercado mundial. Além disso, enviavam para Cuba petróleo soviético a preços camaradas, bem como para outros países-membros do Comecon, ao qual Cuba integrou-se em 1972 para tornar-se o posto avançado da Europa Oriental do outro lado do Atlântico. Linhas de financiamento continuaram a ser concedidas também em condições generosas.[775]

As políticas de bem-estar social do regime e suas campanhas de fomento do sentimento patriótico deram-lhe grande popularidade no início. Castro, que mantinha em segredo sua dependência geoestratégica ao Kremlin, parecia ser o primeiro governante de uma Cuba realmente independente. Fidel vivia zombando das antigas elites. Empresários e políticos das décadas de Batista caíram voluntariamente na obscuridade ou fugiram para Miami, acompanhados depois pelas grandes famílias proprietárias de terras. Nem mesmo a Igreja Católica opôs uma resistência efetiva ao regime. Já que dirigida de longe pelo Vaticano, a Igreja Católica era considerada uma instituição muito suspeita. Embora, a partir de 1958, o papa João XXIII houvesse abrandado as políticas da Igreja para com o movimento comunista mundial, suas reformas tiveram pouco efeito em Cuba. Naturalmente, o clero cubano era hostil às políticas do ateísmo militante. Castro, por sua vez, mandava prender padres que se recusavam a guardar para si o que pensavam a respeito de seu regime. Já com as tradições religiosas indígenas foi menos severo, em razão da inexistência, em suas origens, de vínculos com o cristianismo. A principal delas era a Santería, um conjunto de crenças e rituais trazidos da África com os escravos africanos e que se desenvolveu nas relações com os povos nativos da ilha. Segundo fonte confiável, foi Celia Sánchez, com a qual o líder cubano teve um caso de longa duração, que o influenciou a tolerar essas fontes populares de consolo religioso. Afora isso, Fidel continuou até o fim com sua revolução comunista.

CUBA REVOLUCIONÁRIA

O caráter sedutor de Cuba no âmbito da esquerda política global, como alternativa comunista ao sistema soviético, entrou em queda livre. No fim das contas, Fidel tornou-se o líder de torcida de Brejnev no Terceiro Mundo. Longe de condenar a invasão à Checoslováquia pelas tropas do Pacto de Varsóvia, em agosto de 1968, ele a apoiou. Cumpriu esse papel de maneira excêntrica, asseverando que Dubcek e a Primavera de Praga criaram dificuldades políticas para o comunismo mundial, conquanto não tenha dado explicações detalhadas sobre a natureza dessas dificuldades. Porém, o mais notável foi que ele ignorou os direitos dos pequenos países comunistas para decidir sobre seu próprio caminho de desenvolvimento — e Cuba era um desses países.[776] Fidel desapareceu do centro das atenções mundiais, até que, em 1975, achou uma brecha para engajar-se na solidariedade revolucionária ajudando os esforços do Movimento Popular de Libertação de Angola (MPLA). Sob o comando de Arnaldo Ochoa, 250 mil soldados cubanos foram levados para o outro lado do Atlântico — e a União Soviética forneceu armas e dinheiro. A propaganda cubana era voltada para a América Latina. Após a captura e a morte de Che Guevara, na Bolívia, em 1967, não houve mais nenhuma tentativa séria de Cuba para organizar uma insurreição. A instalação do governo de orientação comunista do chileno Salvador Allende foi bem recebida em 1970 e o próprio Castro exortou os comunistas chilenos a adotarem políticas mais radicais do que aquelas que Allende achava prudentes.

No plano interno, houve poucas mudanças. A polícia cubana prendia qualquer um que criticasse Fidel, e a punição usual eram vários anos de prisão. Os três mil funcionários do Ministério do Interior conseguiam penetrar em todos os recantos, buracos e desvãos da sociedade por meio de informantes. O tratamento dado aos prisioneiros era atroz; não era à toa que Castro considerava o facão o símbolo da revolução cubana.[777] No entanto, geralmente as práticas repressivas não chegavam a torturas físicas e era necessária a aprovação pessoal de Fidel para a imposição da pena de morte.[778] Em comparação com os de muitos Estados autoritários, os prisioneiros políticos cubanos eram poucos. Em meados de 2006, havia 316 deles no país.[779] Sem dúvida, teria havido outros muitos deles se milhares de pessoas que detestavam o regime não houvessem conseguido refúgio na Flórida.

As iniciativas revolucionárias cessaram quando o regime consolidou as medidas políticas e econômicas adotadas no início da década de 1960. As famílias cubanas se viravam para sobreviver. Quando conseguiam um carro, elas o mantinham em condições de uso até muito tempo depois da época em que teriam virado sucata na maioria dos outros países. A comida,

MUTAÇÃO

embora longe de ser abundante, era razoável. Todos tinham acesso a frutas, milho, rum e peixes. O programa habitacional de Castro era bom, mas a falta de financiamentos e o mau planejamento resultaram na construção de blocos de apartamentos sem rede de água potável. No entanto, os pobres da ilha foram os que mais se beneficiaram com a revolução. Principalmente os negros foram ajudados pelos esforços do governo para melhorar suas condições de vida. O analfabetismo foi erradicado. Além do mais, Cuba tinha mais médicos *per capita* do que qualquer outro país das Américas. A expectativa de vida dos cubanos aumentou. Empregos nas áreas da educação, da saúde e do governo ficavam à espera da juventude recém-formada. A música preservou sua força; e Fidel, que nem sequer pensou em eliminá-la da vida cultural cubana, gostava de vê-la executada em bares e restaurantes. Instalações para a prática de esportes se multiplicaram. Com isso, corredores, saltadores, boxeadores e jogadores de basquete cubanos ganharam medalhas de ouro olímpicas. (Alguns deles, porém, desertavam quando uma chance aparecia.) A revolução não poderia existir sem a polícia e prisões. Porém, a maior parte da sociedade não torcia para que Castro fosse deposto.

A Cuba revolucionária sofreria um grande choque na década de 1980. Não seriam as bombas americanas nem o bloqueio econômico dos ianques, mas reformas na URSS que virariam tudo de cabeça para baixo. Em 1983, Iúri Andropov, secretário-geral soviético, revogou a garantia de proteção militar da ilha. Disseram a Cuba que, a partir de então, ela teria que se defender sozinha. Mais tarde, Gorbatchev foi um pouco mais além nas relações soviéticas com Cuba, advertindo os cubanos que se preparassem para sobreviver indefinidamente sem ajuda econômica. Quando o líder soviético e os americanos puseram um fim à Guerra Fria, ele comunicou aos cubanos que a intervenção em guerras civis na África não convinha mais aos objetivos da URSS. Gorbatchev conseguiu de Fidel Castro a promessa de que não provocaria agitações políticas na América Latina; insistiu para que os cubanos concordassem em se manter longe de El Salvador e da Nicarágua: uma das coisas que menos queria era que o presidente Bush telefonasse para ele para perguntar por que o movimento comunista mundial continuava a causar problemas no "quintal" dos Estados Unidos.[780] Contudo, ao mesmo tempo os líderes soviéticos asseveravam que a proteção de Cuba era uma causa "sagrada" para a URSS.[781] Castro continuou a oferecer a Moscou toda espécie de produtos e serviços possível. Já que o açúcar não era suficiente, mostrou-se ansioso para poder fornecer suprimentos e serviços médicos à URSS e recebeu de braços abertos em Cuba as vítimas de Chernobyl.

CUBA REVOLUCIONÁRIA

O fato de Cuba, empobrecida e sem indústrias, ser capaz de tapar grandes buracos no sistema de saúde soviético era uma espécie de decretação de falência geral do comunismo na Rússia.[782]

Quando, no fim de 1991, a URSS ruiu e Boris Iéltsin assumiu o poder na Rússia, ele aboliu a concessão de subsídios a Cuba e interrompeu o envio de petróleo a preços reduzidos. Cuba foi abandonada à própria sorte. A primeira reação de Fidel foi expandir o controle estatal da economia. Essa contrarreforma, que levou ao fechamento dos mercados agrícolas, reduziu também o padrão de vida da população. Se ele tivesse se imbuído um pouco da história do comunismo mundial, é possível que tivesse conseguido prever um resultado como esse. Em pouco tempo, reconheceu o erro que cometera e optou por uma volta muito limitada à economia de mercado. Enquanto Gorbatchev fez isso quase sem nenhum entusiasmo, Castro o fez extremamente contrariado. Mas, pelo menos, reimplantou os mercados agrícolas e autorizou a venda de artigos de artesanato em barraquinhas de beira de estrada. Com o tempo, mais e mais tipos de novos pequenos negócios ganharam foros de legalidade. Restaurantes administrados pela iniciativa privada voltaram a funcionar. Além de superarem as fazendas do Estado, cooperativas agrícolas diversificaram a produção. Fidel tapou rombos no orçamento estatal por meio de negócios com empresas estrangeiras da área de turismo. Assinou um acordo com uma empresa canadense para retomar o desenvolvimento da indústria de mineração de níquel na baía de Moa. Com sua decisão de repatriar os soldados enviados à África, reduziu a sangria nas rendas do Estado. Ainda sob o bloqueio econômico dos americanos, os líderes cubanos fizeram o mínimo de modificações na economia comunista para sobreviver aos efeitos da transformação na URSS.

Algo que se recusaram a permitir foi a realização de qualquer reforma política, por mais elementar que fosse. O sistema de partido único, com seu aparato de censura e polícia de segurança, foi mantido nas condições de eficiência de sempre. Fidel impunha rígido controle da situação. Em 1989, seu principal comandante em Angola, Arnaldo Ochoa, foi fuzilado por envolver-se em projetos comerciais ilícitos. Segundo rumores, Ochoa desejava uma reforma política como a de Gorbatchev e sua execução foi, na verdade, o assassinato político de um possível rival. Fidel adotou uma atitude de resistência revolucionária. Reagiu ao ocaso da União Soviética com uma piada zombeteira:

> Existem os que acreditavam que, quando os outros se desmanchassem como um suspiro, Cuba teria o mesmo destino. Talvez não lhes tenha ocorrido que somos feitos com outras claras, de ovos diferentes. (Risos

MUTAÇÃO

e aplausos.) E não interpretem com malícia o meu simbolismo [ovos podem significar testículos em espanhol] (Risos.): Estou me referindo às claras usadas no preparo de suspiros, mas talvez nós [aqui em Cuba] estejamos lidando com ovos de lagarto.[783]

Deu a entender que, enquanto estivesse no poder, as conquistas da revolução cubana não se desmantelariam. Gorbatchev foi posto no embrulho de zombarias ocupado, nos discursos de Fidel, pelos presidentes americanos, de John Kennedy a George H. Bush.

Castro não hesitou em explicar ao povo por que as dificuldades do país estavam aumentando. Ele esclareceu a situação a uma plateia de jovens em novembro de 1991:

> [...] na época em que a Revolução prosperava, consumíamos 4 milhões de toneladas de petróleo, e uma tonelada de açúcar comprava 7 toneladas de petróleo, sete! [...] O problema é que, agora, com o monopólio dos preços do petróleo e os preços do açúcar aviltados no que denominamos mercado mundial de *dumping*, para comprar uma tonelada de petróleo você precisa de quase uma tonelada de açúcar: é possível comprar 1,3 ou 1,4 tonelada de petróleo com uma tonelada de açúcar.[784]

Embora as coisas estivessem bastante difíceis, Fidel exortou o povo a demonstrar brio e determinação. Argumentou que não era em Cuba que as pessoas sofriam com a escassez de alimentos, moradia, escolas e serviços de saúde. Acrescentou que seu exemplo era um farol para o restante da América Latina. Na visão dele, os cubanos ainda podiam empinar o nariz para o "imperialismo ianque".

Nem todos os líderes estrangeiros eram tratados com desrespeito por Fidel. Ele procurou discretamente um abrandamento das relações com os americanos quando Bill Clinton assumiu a presidência, em 1994. Essa tentativa teve um efeito menor do que a de conciliação com a Igreja Católica. Em 1998, Cuba recebeu a visita do papa João Paulo II. Quatro anos depois, Fidel deu as boas-vindas ao ex-presidente Jimmy Carter. Porém, ao mesmo tempo o líder cubano sufocava incipientes manifestações de protesto. A emigração voluntária permaneceu ilegal e fugitivos capturados eram tratados como inimigos do povo. (Essa era a diretriz oficial, ainda que remessas de dinheiro de exilados cubanos nos Estados Unidos funcionassem como salva-vidas financeiro para a economia de Cuba.) Aos 70 anos de idade na época, Fidel tinha cabelos grisalhos e, quando cumprimentou o adoentado papa João Paulo II, mais parecia um aristocrata vivaz, embora idoso — havia trocado

CUBA REVOLUCIONÁRIA

a farda de serviço por um terno escuro e elegante —, do que o rebelde atlético de anos atrás. Contudo, recusava-se a dar aos inimigos o prazer de testemunhar seu desapontamento com a situação do país. Falava com frequência e demoradamente de seu orgulho pelas conquistas da revolução na área da educação, da geração de empregos, dos esportes e da previdência social. O fato é que fazia tempos que o objetivo de uma sociedade comunista bem-organizada, com uma economia comunista funcionando bem, se tornara irrealista. Mas Cuba, quando reingressou no campo de forças do capitalismo mundial, havia conseguido muitos avanços, graças a décadas de resistência aos ventos contrários soprados pelas potências do Ocidente.

Castro achava que sua revolução se enquadrava perfeitamente na visão revolucionária marxista-leninista. A URSS assentara as bases revolucionárias e levantara as paredes do edifício comunista, porém este desabou, enquanto o de Cuba, a indefesa, mas resoluta Cuba, se manteve de pé. Considerava também o feito cubano um modelo de comunismo com méritos próprios, viável para a América Latina, a África Subsaariana e qualquer outro país que se interessasse em adotá-lo.

No entanto, por mais que ele tenha feito pela ilha, não havia conseguido criar uma economia vibrante e um consenso social firme e estável. Não conseguia abrir mão das agências de segurança e de suas prisões para dissidentes políticos. Os comunistas cubanos tinham motivos para se queixar e inculpar a muitos pelo longo bloqueio econômico imposto a seu país pelos Estados Unidos e, no caso deles, suas justificativas eram mais fortes do que as dos líderes soviéticos, quando estes fizeram a mesma coisa em relação ao próprio país na década de 1920. Todavia, uma vez que a Revolução Cubana seguiu o caminho do partido único, do Estado monoideológico, de uma ditadura policialesca e arbitrária e de uma economia centralizada — sem falar no despotismo caudilhesco de *el Máximo Líder* —, estavam fadados a enfrentar dificuldades já experimentadas por outros países comunistas. Fidel podia encarcerar a oposição, porém não conseguiria evitar a insatisfação popular, as evasivas políticas e o enfraquecimento da economia. Dialeticamente, sua retórica era muito superior aos discursos de seus contemporâneos comunistas, mas a lógica intrínseca ao comunismo era irrefutável. Na velhice, Fidel percebeu que fazia muito que ele perdera a luta fundamental, embora não desse nenhum sinal de que havia entendido por quê. Sua saúde teve uma piora súbita no verão de 2006. Sem ele, a vida pública em Cuba ficou confusa. Especulações sobre a política cubana depois de Fidel começaram pra valer.

30. A ORDEM COMUNISTA

Os Estados comunistas isolavam seus povos de influências externas. Muros, terrenos minados, arame farpado, censura e propaganda ideológica mantinham longe do contágio do capitalismo, da democracia representativa e das liberdades civis a população de um terço da superfície terrestre. No início, os governantes da URSS e da República Popular da China presumiram que a necessidade de isolamento seria apenas temporária. Achavam que a superioridade do comunismo sobre o capitalismo logo ficaria evidente para todas as pessoas bem-intencionadas, de mente saudável, e que as exigências de precauções de segurança desapareceriam com o tempo. Isso nunca aconteceu. O confinamento de cidadãos dentro de estabelecidas fronteiras territoriais — mas também políticas e mentais — tornou-se uma política imutável em todo lugar em que houve uma revolução comunista e a implantação de um Estado de partido único. Os próprios líderes desses países se espremiam dentro desses muros. O dirigente isolacionista albanês Enver Hoxha, cujos escritos pertenciam ao universo dos clássicos mais lidos da literatura europeia, foi um caso extraordinário — e Molotov achava que seu cosmopolitismo era causa para suspeitas.[785] Mas Hoxha era um ditador comunista tradicional, até porque negava ao povo acesso à cultura estrangeira proibida pelo Estado.[786]

As tradições culturais em países como a Rússia e a China tiveram influência nisso. Os registros de viajantes do período anterior ao século 20 revelam que os russos eram profundamente xenofóbicos e que os imperadores, as autoridades e o povo chinês sempre se sentiam inclinados a ver o restante do mundo com menosprezo e desconfiança. No entanto, apenas essas atitudes não bastam para explicar por que marxistas russos e chineses, já que esposaram uma ideologia secular de origem ocidental, passaram a recear relações espontâneas das massas com os povos do Ocidente. Marx e Engels tinham orgulho de seu cosmopolitismo. Se havia algum povo que Lenin admirava no mundo, não eram os russos, mas os alemães. Além do mais, vários países comunistas tiveram uma história de recepção amistosa de contatos com estrangeiros no decorrer de muitos séculos. Checoslovacos e húngaros ficaram loucos para serem aceitos na comunidade das nações

A ORDEM COMUNISTA

depois que seu povo foi libertado do império dos Habsburgos, em 1918-1919, e depois do Terceiro Reich. Os cubanos queriam muito participar mais ativamente do comércio e da cultura mundiais. Membros do povo dessa pequena ilha prosperaram em todos os lugares em que puderam estabelecer contato com estrangeiros amigos — foi a mentalidade aberta dos cubanos a influências do exterior que atraíra o escritor Ernest Hemingway e o convencera a fixar residência na ilha até quase o dia de sua morte, em 1961.

Então, por que governos comunistas, em muitos casos, apresentaram as mesmas características básicas, desde quando surgiram, em seus vários períodos de formação como Estado? Sem dúvida, isso decorreu de uma propensão a copiar modelos práticos. A URSS criara um modelo amplamente considerado de grande eficácia universal. Tal como seria de prever, outros países o copiaram, de forma mais ou menos fiel. Na Europa Oriental, nenhum país teve permissão de implantar um tipo alternativo de sistema comunista. Mas pressões objetivas suscitadas pela necessidade de governar empurraram também os acontecimentos nessa direção. A maioria dos países comunistas teve dificuldades para consolidar seu sistema de governo sem instalar um regime de isolamento. Como todos tiveram cidadãos que se ressentiam de suas políticas governamentais, sociais, culturais e religiosas, era inevitável que houvesse alguma tentativa de se buscar o apoio de organizações simpatizantes no exterior. De forma geral, as pessoas procuravam saber por si mesmas o que estava acontecendo em outras terras. Sempre que tomavam conhecimento de que certos aspectos da vida eram melhores fora dos países comunistas, ficavam frustradas com um sistema econômico que se mostrara várias vezes incapaz de cumprir suas promessas.

Não admira que governantes marxista-leninistas não gostassem que seus cidadãos estabelecessem livre contato com estrangeiros de "países capitalistas e florescentes". Muitos dirigentes ficavam alarmados até mesmo com as relações de seus cidadãos com pessoas de outros Estados comunistas. As autoridades chinesas desconfiavam tanto da União Soviética que deportaram imigrantes russos fugidos da URSS na década de 1920. Durante a Revolta Húngara de 1956, no decorrer da Primavera de Praga de 1968 e nos meses subsequentes, líderes de repúblicas soviéticas da região ocidental da URSS trataram visitantes do Leste Europeu com desconfiança.[787] A partir de 1970, durante o longo período de emergência política causada pelo Solidariedade, sindicato independente polaco, o Kremlin reduziu com frequência as cotas de autorização de visitas à URSS de turistas poloneses. A preocupação das autoridades russas era de que o vírus da rebeldia dos estaleiros de Gdansk ou das igrejas de Cracóvia infectassem a mente dos cidadãos soviéticos. O Politburo soviético media constantemente o nível de

414 MUTAÇÃO

descontentamento dos trabalhadores da URSS, enquanto a KGB se encarregava de avisar o governo das queixas e resmungos contra as autoridades.[788] Achavam que, se as ideias do Solidariedade fossem importadas, poderia haver distúrbios nas ruas de Moscou e Leningrado. Essas preocupações não se restringiram à URSS ou às décadas de 1970 e 1980. A hostilidade entre a Hungria e a Romênia, desde a década de 1960, levara os governos dos dois países a restringir o número de cidadãos com permissão de atravessar suas fronteiras, exceto no caso de assuntos oficiais. Nicolae Ceausescu perseguiu sistematicamente a minoria húngara na Transilvânia. O que ele menos queria era um intercâmbio constante de turistas com a Hungria comunista.

Cidadãos soviéticos em visita ao exterior recebiam instruções confidenciais do Secretariado do Comitê Central acerca do comportamento que precisariam adotar lá fora. Ao todo, eram quatorze regras básicas. Os viajantes deveriam atuar como portadores da mensagem ideológica soviética, além de viajarem com um grupo específico, acompanhados por um líder devidamente indicado. Tinham a obrigação de demonstrar empenho na defesa das políticas interna e externa da União Soviética. Era necessário que exercessem uma vigilância constante sobre si mesmos, já que agências secretas estrangeiras se aproveitariam de qualquer fraqueza deles. Relações com pessoas de países capitalistas deveriam limitar-se a assuntos oficiais. Nenhum documento pessoal podia sair da URSS com o viajante. Ao chegarem ao país estrangeiro, cidadãos soviéticos deviam apresentar-se na embaixada ou no consulado mais próximo. Não tinham permissão de realizar nenhum tipo de trabalho em caráter particular no exterior, tampouco podiam aceitar presentes valiosos nem acumular dívidas. Não era "aconselhável" realizar viagens de trem noturnas na companhia de estrangeiros do sexo oposto. (Era desnecessária qualquer recomendação em relação a homossexuais, uma vez que relacionamentos entre pessoas do mesmo sexo eram punidos pela legislação soviética.) Quartos de hotéis deveriam ser mantidos impecavelmente limpos. Viagens pelo país requeriam a aprovação do líder do grupo. Todo funcionário do governo que levasse parentes consigo para o exterior deveria evitar qualquer intromissão deles nos assuntos de Estado do viajante.[789]

Os que fizessem visitas ao exterior precisavam apresentar relatórios no prazo de quinze dias, a partir da data de retorno ao país, e repassar informações que beneficiassem a pátria. Mas o que eles poderiam transmitir às autoridades soviéticas? Com as restrições que impunham aos seus cidadãos de se entrosarem com os estrangeiros, de forma geral os regimes comunistas privavam a si mesmos de todo o potencial de intercâmbios econômicos, científicos e culturais de que poderiam desfrutar. A verdade é que

A ORDEM COMUNISTA

esses regimes eram avessos a tomar conhecimento do que não queriam saber a respeito do Ocidente. Para eles, em certo sentido a ignorância era um grande prazer.

Somente cidadãos confiáveis, logicamente, conseguiam permissão para fazer viagens ao exterior — e, no caso extremo da Coreia do Norte, confiabilidade era algo que só umas poucas dezenas de pessoas tinham. Até na União Soviética era um privilégio passar as férias de verão em outros países, inclusive nos da Europa Oriental. As fronteiras eram rigorosamente vigiadas, principalmente as com países capitalistas. Milhares de pessoas fugiram da República Democrática Alemã. Depois de intensificada a fiscalização nos postos de controle entre os setores oriental e ocidental da cidade de Berlim, as pessoas passaram a atravessar canais a nado ou se escondiam em porta-malas de carros para conseguir deixar Berlim Oriental. Algumas atravessavam a área de postos alfandegários correndo, sob uma chuva de balas. Os métodos de saída ilegal do país foram ficando cada vez mais requintados, tal como Hermann Borchert, do Corpo de Bombeiros de Berlim Ocidental, nos conta: "As pessoas que queriam fugir adotaram o hábito de [...] atirar pedacinhos de papel pelas janelas [para o outro lado do setor da fronteira] na Bernauer Strasse. Escreviam o número do edifício, o andar, a janela — segunda ou terceira janela —, bem como o horário, 10 horas, por exemplo, em que pretendiam pular." Cabia aos bombeiros se posicionarem de forma que conseguissem apanhar os fugitivos em cobertores refratários quando eles pulassem.[790]

Resgates de desertores continuaram possíveis porque a linha de demarcação entre os setores passava pelo meio da Bernauer Strasse. O líder partidário Walter Ulbricht achava que Khrushchev estava demonstrando "descabida tolerância" para com o Ocidente,[791] tanto que lhe pediu que enviasse cidadãos soviéticos para substituir os fugitivos alemães. Khrushchev respondeu com sarcasmo: "Imagine como o trabalhador soviético se sentiria. Depois de ter vencido a guerra, agora ele teria que limpar suas privadas."[792] A tensão constante levou Khrushchev a aprovar a solicitação de Ulbricht para a construção de um muro entre os setores oriental e ocidental de Berlim em agosto de 1961. O embaixador soviético repassou-lhe a resposta: "Recebemos autorização de Moscou."[793] Uma vez que a própria União Soviética se isolara de países estrangeiros, Khrushchev chegou à conclusão de que não poderia recusar o pedido de Ulbricht. Apesar da publicidade adversa, o trabalho preliminar foi concluído nas últimas horas da noite de 12 de agosto de 1961. No dia seguinte, quando acordaram, os berlinenses depararam com uma cerca de arame farpado de 1,5 metro de altura dividindo Berlim Oriental do setor ocidental. Pouco tempo depois,

MUTAÇÃO

a cerca foi substituída por um muro de alvenaria. Edifícios foram demolidos para desobstruir a área nas proximidades do muro. Para que atiradores de elite abatessem refugiados que atravessassem correndo o terreno que se estendia até o muro, as autoridades mandaram edificar torres de vigilância a certa distância umas das outras. Essas medidas estancaram a hemorragia de pessoas que escorria do Oriente para o Ocidente. O êxodo de médicos, professores e cientistas foi contido e a Alemanha Oriental transformou-se num jardim murado cultivado por comunistas. O preço político desse paisagismo ideológico foi altíssimo. Se a Alemanha Oriental era o paraíso e a Alemanha Ocidental o inferno, por que as pessoas queriam abandonar as delícias paradisíacas?

Apesar dos perigos, tentativas de fuga continuaram. Jovens treinavam salto com vara e tentavam passar por cima do muro sem o uso de escadas. Outros construíram túneis engenhosos. Mais de duzentos fugitivos, porém, foram mortos antes de o Muro de Berlim ser derrubado. Em Cuba, os que tentaram fugir do país após a revolução enfrentaram o mesmo perigo. Às vezes, famílias inteiras embarcavam em botes de borracha infláveis e atravessavam o estreito da Flórida remando para entrar nos Estados Unidos. Era uma viagem difícil, em razão das tempestades, de tubarões e do sol intenso. Centenas de fugitivos cubanos morreram afogados ou acabaram presos pelas forças cubanas.

Aliás, nenhum Estado comunista durou muito tempo sem uma rede de prisões e campos de trabalho forçado para dissidentes políticos. Os condenados eram submetidos a trabalhos exaustivos e mentalmente esgotantes, além de sofrerem punições brutais, caso necessário. Informantes confidenciais eram empregados para delatar às autoridades os que andavam criticando o governo. Estima-se, por exemplo, que um em cada 120 cidadãos da República Democrática Alemã da década de 1970 cumpria essa função para o Estado. Para isso, o informante tinha que ser considerado "uma pessoa honrada, sincera e simpática".[794] Raramente, recebiam algum pagamento por esse trabalho, mas, geralmente, a concessão de tratamento preferencial bastava para convencer as pessoas a fazerem isso. A essa altura, suas vítimas não iam mais parar na prisão. Quando se tornou chefe da KGB, Iúri Andropov foi pioneiro na decisão de tratar jovens críticos como simples delinquentes mal orientados. Seus agentes visitavam os pais dos jovens para adverti-los de que seus filhos ou filhas acabariam presos se não mudassem de comportamento. Já os adultos, embora pudessem escapar da prisão, eram internados em hospitais psiquiátricos. A República Popular da China adotou também essa técnica para lidar com alguns notáveis dissidentes. A oposição política era tratada como um tipo de loucura e as vítimas eram obrigadas a

A ORDEM COMUNISTA

ingerir coquetéis de perigosas drogas antipsicóticas. Isso era uma espécie de tortura tão cruel quanto as sofridas nos campos de trabalho.[795]

Em todo caso, os aparatos de censura preventiva restringiam o acesso do povo a ideias indesejadas. Na Revolução Cultural, a Guarda Vermelha maoísta queimou exemplares de clássicos chineses de valor inestimável. Já os líderes soviéticos preservaram algum respeito pela importância da "literatura mundial", bem como pelo cânone literário russo, e, após a morte de Stalin, publicaram muitas traduções de obras de ficção contemporâneas do Ocidente — ou pelo menos as obras consideradas de esquerda, apolíticas e decentes. John Steinbeck, Graham Greene e Ernest Hemingway ocupavam o primeiro lugar na lista das preferidas pelas autoridades comunistas, enquanto Agatha Christie e o professor C. Northcote Parkinson o segundo. (Como Rudyard Kipling conseguiu passar pelo crivo da censura? Talvez sua fama de imperialista jingoísta tenha sido considerada imerecida. Mas e quanto a Agatha Christie? Será que, de alguma sorte, conseguiram tapear os censores ou eles mesmos eram um tanto subversivos?) Filmes eram escolhidos com base nos mesmos critérios. *Ladri di Biciclette* ("Ladrões de Bicicletas"), de Vittorio de Sica, e Fantomas, o herói da ficção científica francesa, foram seus prediletos na década de 1960. Aliás, os leitores interpretaram as obras desses escritores de formas inesperadas pelos censores. Hemingway, por exemplo, era mais adorado por seu manifesto amor ao vinho, às mulheres e à música do que por sua denúncia da podridão do capitalismo.

Nesse particular, a Albânia foi um pouco mais liberal. Embora fosse um país notoriamente conhecido por ter a sociedade mais fechada da Europa, seu líder Enver Hoxha se convenceu de que os filmes do comediante britânico Norman Wisdom faziam críticas severas ao capitalismo. Sem dúvida, Wisdom chamou a atenção para a questão da injustiça social no papel em que interpretou o dócil Mr. Pitkin, em sua luta para sobreviver numa sociedade esnobe. Os espectadores albaneses adoravam seu trabalho por causa de suas trapalhadas desastrosas e engraçadas — mas também por causa das cenas de pessoas bem-vestidas e nutridas —, e não porque, supostamente, transmitisse alguma ideologia. (A popularidade de Wisdom continuou viva após a morte do comunismo e, em 1995, concederam-lhe o prêmio Freedom of the City of Tirana.) Entretanto, a predileção de Hoxha pela comédia britânica constituía um transviamento das normas governamentais. E, em toda a região da Europa a leste do rio Elba, predominava uma beatice ideológica e uma chatice cultural de deixar espectadores e ouvintes hirtos de tédio. Talvez o exemplo dos semblantes sérios dos apresentadores de TV baste para se ter uma ideia disso. Os telespectadores só conseguiam

418   MUTAÇÃO

aguentar os infindáveis programas de notícias, que viviam alegando que o comunismo seguia firme para as alturas de um futuro glorioso, por causa dos últimos resultados dos jogos esportivos — e, logicamente, o público do Leste Europeu adorava quando seu time ou seus atletas venciam os competidores soviéticos.

Quase não surpreende o fato de que Moscou e Pequim tenham continuado a considerar a mídia ocidental uma fonte de influências perniciosas. Na União Soviética eram intensas as atividades do governo de radiointerferências propositais e os líderes comunistas da Europa Oriental viviam solicitando especialistas nessa área para operarem em seus países.[796] Durante muitos anos, programas de rádio como *Voice of America*, *Radio BBC*, *Radio Liberty* e *Radio Free Europe* não puderam ser ouvidos nesses países. Aparelhos de rádio eram reprojetados de modo que impedissem que ouvintes captassem indesejáveis frequências de ondas curtas.[797] No governo de Brejnev, porém, as práticas de radiointerferências foram suspensas nos anos em que a União Soviética buscou um relaxamento nas tensões com os Estados Unidos. Assim que a implantação da indústria televisiva soviética deu os primeiros frutos, telespectadores da Estônia conseguiram captar as transmissões televisivas da Finlândia (que exibia muitos programas americanos e britânicos em inglês) e, apesar de serem censurados com veemência por Erich Honecker, milhões de alemães orientais assistiam a programas de TV da Alemanha Ocidental em seus televisores. Mas Honecker beneficiou-se demais economicamente das tranquilas relações com Bonn para abalançar-se a interromper as transmissões. Esses casos, porém, foram exceções. Com exceção dos poucos que recebiam notícias do exterior, por meio de fontes oficialmente aprovadas, a maior parte dos cidadãos dos países comunistas era mantida em estado de ignorância em relação ao que acontecia no exterior.

No entanto, as tendências do Ocidente continuavam a vazar pelos filtros da censura dos países comunistas como um líquido revigorante. Dissidentes, como o checoslovaco Vaclav Havel, ouviam discos contrabandeados dos Beatles, dos Rolling Stones e da banda Mothers of Invention. A rebeldia cultural estava viva entre os jovens que queriam provar o gosto do fruto proibido do Ocidente. Na década de 1970, a moda masculina americana e europeia de cabelos compridos atravessou as fronteiras, mas a Albânia se opôs a essa tendência. Os poucos turistas que visitavam o país eram inspecionados na fronteira e, no caso dos homens, se o tamanho de suas madeixas fosse considerado impróprio, tinham os cabelos cortados bem curtos antes de entrarem no país. Cabelos curtos em Tirana eram mais curtos do que em qualquer outra parte do mundo, exceto nas prisões Antes de partir,

A ORDEM COMUNISTA

um acadêmico britânico que excursionava com um grupo de turistas, formado em sua maioria por membros do Partido Marxista-Leninista da ilhas Faroe, tomou a precaução de providenciar que lhe cortassem os cabelos à escovinha. Todavia, isso não bastou para que fosse bem-recebido pelos albaneses no aeroporto de Tirana, onde foi separado dos companheiros das ilhas Faore e submetido a um corte mais rente, como se fosse uma ovelha que se esquivara da tosquia. Pelo visto, Hoxha estava mesmo determinado a impedir a contaminação cultural de seu povo. As tesouras eram a arma favorita contra os que desafiassem os padrões de decência maoista dos comunistas albaneses.[798]

A aversão oficial ao rock servia apenas para torná-lo mais popular. Até na China a mesma tendência estava ganhando força, embora enfrentando maiores obstáculos. A ideologia marxista-leninista tinha cada vez menos seguidores sinceros. Mao Tsé-tung só conseguira realizar sua Revolução Cultural porque pôde contar com centenas de milhões de camponeses ingênuos ou cidadãos urbanos mal-informados para fazer essa aposta. Além disso, soubera explorar os profundos ressentimentos das massas. Porém, era cada vez maior o número dos que iam deixando de ser tão crédulos. Os habitantes das cidades litorâneas chinesas alimentavam o desejo de possuir cópias dos discos de vinil ou das fitas-cassete do Ocidente porque conheciam muito bem suas formas de entretenimento.

Inconscientemente, as autoridades de todos os Estados comunistas haviam se transformado em frios e austeros conservadores dos padrões de decência marxista-leninista. Até em Cuba, onde a cultura popular não sofria restrições excessivas, os cidadãos tinham que evitar piadas sobre os irmãos Castro e Che Guevara. Quando se arriscavam a dizer algo picante sobre Fidel, o jeito mais seguro de se fazer isso era imitar uma barba levando a mão ao queixo, em vez de mencionar o nome dele. Afinal, o comunismo não podia rir de si mesmo — malfadado sinal de falta de autoconfiança. As exceções eram os comunas que viviam fora dos países comunistas. Uma paródia comunista britânica da canção de Gilbert e Sullivan "Sou o Verdadeiro Modelo do General de Divisão Moderno" tinha esta estrofe memorável:

> Sou o verdadeiro modelo do moderno marxista-leninista,
> Sou antibelicoso, antideísta e até antifeminista;
> Meu pensamento é dialético, minha sabedoria, inquestionável,
> Quando nego negação, é porque é refutável.

MUTAÇÃO

No entanto, não sou severo — Estou sempre cheio de bonomia.
Quando discorro em salas de aula sobre primitiva economia;
E os camaradas concordam que nunca viram figura mais inteligente
Explicar os motivos fundamentais da escrava revolta do Espártaco insurgente.
Refrão: Explicar os motivos fundamentais da escrava revolta do Espártaco insurgente.[799]

A existência dessa irreverência, mesmo numa revista reproduzida de forma amadora, era inconcebível em Praga, Hanói ou Pyongyang.

As autoridades de alguns países comunistas — principalmente na China e na Coreia do Norte — não mudaram quase nada. Outras fizeram algumas modificações em suas doutrinas. (Mas o estilo monótono continuou o mesmo.) O marxismo-leninismo na URSS de Brejnev parou de afirmar que o sistema soviético estava se aproximando do padrão de vida alcançado pelos países de economia capitalista avançada,[800] até porque, com a falta constante de produtos agrícolas e industriais no país, era impossível acreditar nisso. Em julho de 1959, Khrushchev envolvera-se num canhestro debate improvisado com o vice-presidente Richard Nixon na Feira de Comércio e Cultura Americana, no parque Sokolniki, em Moscou, onde conversaram sobre as antagônicas vantagens dos estilos de vida americano e soviético. Durante a conversa, os dois pararam na frente do estande de uma cozinha fabricada nos Estados Unidos, onde Nixon elogiou a máquina de lavar, observando que poupava trabalho aos seres humanos. Antes disso, o presidente americano ficara admirando uma TV em cores. Khrushchev, cujas palavras estavam sendo transmitidas ao vivo pelo rádio, respondeu: "Muitas coisas que você nos mostrou são interessantes, mas não precisamos delas para viver, pois não têm nenhuma utilidade. São simples aparelhos. Nós temos um ditado: se você tem percevejos em casa, basta pegar um e despejar água fervente no ouvido dele." Com isso, manifestou sua total indiferença para com a vida trabalhosa e enfadonha das ouvintes soviéticas. A única coisa em que Nixon e Khrushchev concordaram foi a aversão de ambos pelo jazz (embora Nixon houvesse observado, em tom de confidência, que suas filhas gostavam do gênero e que, logicamente, tinham total liberdade para se divertir com isso, ao contrário dos potenciais fãs soviéticos desse tipo de música).

Se os líderes soviéticos precisavam de uma lição sobre opinião pública, deveriam ter aproveitado a que foi dada em Novocherkassk, no sul da Rússia, em junho de 1962. Na ocasião, multidões irritadas protestaram contra aumentos do preço da carne e integrantes do partido e da polícia

A ORDEM COMUNISTA

foram linchados antes que as Forças Armadas conseguissem restabelecer a ordem. O membro do Presidium Anastas Mikoyan, enviado à cidade para negociar com as multidões, voltou de lá como um político moderado.[801] Moscou tratou sanguinariamente os incitadores dos distúrbios, mas também aumentou as verbas para a produção de bens de consumo. Contudo, a oferta nunca conseguia satisfazer a demanda. Assim, as autoridades passaram a recorrer ao artifício de afirmar que os princípios coletivistas da boa ordem social eram moralmente superiores aos do Ocidente decadente.[802] Admitiram que os consumidores soviéticos tinham falta de carne, verduras e aparelhos domésticos, porém disseram a eles que deveriam se orgulhar dos benefícios espirituais de suas privações e dificuldades. Segundo elas, o coletivismo comunista tinha mais valor do que o individualismo e a ganância capitalista. Pelo visto, para as autoridades soviéticas a pobreza era uma virtude, desde que sofrida comunistamente.

Os líderes se abstinham de observar a prática de qualquer tipo de abnegação ou desprendimento. O sistema de privilégios consolidado por Stalin na URSS foi imitado por outros países comunistas, onde integrantes de burocracias centrais desfrutavam de casas de veraneio, motoristas particulares, babás, professores e uma dieta variada. Não contentes em terem só as mãos no pote de ouro, meteram os pés nele também. Os únicos limites do comodismo boa-vida dos líderes dos países comunistas eram os da natureza de seus gostos pessoais — e isso nunca fora um ponto forte entre os expoentes do comunismo. Quando o secretário de Estado americano Henry Kissinger negociou com Leonid Brejnev, ficou surpreso com a decoração cafona da casa de veraneio do secretário-geral. A campanha de deculaquização do início da década de 1930 pusera um fim aos artistas de qualidade existentes na época. Brejnev, fã de hóquei no gelo, conhecia mais as limusines americanas do que as artes superiores. E adorava matar ursos. Seus guarda-costas ficavam enojados diante das cenas de filhotes indefesos sendo enfileirados para que ele pudesse atirar neles sem mirar.[803] Nenhum cidadão soviético ou chinês tomava conhecimento, por vias diretas, desse lado sórdido da realidade, exceto os empregados dos líderes comunistas — domésticas, guarda-costas, motoristas e talvez até jardineiros, que sabiam que deveriam evitar indiscrições.

Para sobreviver, as pessoas recorriam à dissonância cognitiva, mas também, principalmente, à linguagem de duplo sentido. Afinal, não teriam a mínima chance de fazerem carreira sem prestar a devida reverência aos sacramentos do marxismo-leninismo. Aceitavam as ideias oficiais, pelo menos até certo ponto, em alguns setores de suas vidas, mas os rejeitavam em outros. Para elas, trabalho era uma coisa; família, outra. Vejam como

MUTAÇÃO

Václav Havel descreveu esse tipo de situação: "Todos nós nos acostumamos com o sistema totalitário. Nós o aceitamos como fato inalterável e, portanto, o mantivemos funcionando [...] Nenhum de nós é mera vítima dele, pois todos ajudamos a criá-lo juntos."[804] O conluio popular era norma de vida em todas as sociedades comunistas em que as pessoas haviam perdido a esperança de uma alternativa realista e nas quais as autoridades mantinham um arsenal de sanções punitivas como instrumento de obediência e repressão. O nível de oposição variava de país para país. Nos países cujos regimes haviam assinado os Acordos de Helsinque, em 1975, os maus-tratos a militantes anticomunistas foram um pouco atenuados. Neles, às vezes a Anistia Internacional e o PEN Clube Internacional, bem como os governos dos países ocidentais, conseguiam libertar importantes figuras da dissidência global. No entanto, o comunismo nos países asiáticos continuou opressivo como nunca e muitos Estados comunistas europeus mantiveram a velha forma de governar, independentemente de seus compromissos legais internacionais.

Consequentemente, a dissidência organizada ganhou poucos adeptos na maioria desses países. A polícia de segurança não era o único problema. Recursos e instalações técnicos para a disseminação de ideias eram raros. O acesso a máquinas de impressão, com as quais os bolcheviques haviam podido contar frequentemente antes de 1917, era impossível. Enquanto, como seria de esperar, nos escritórios do Ocidente da década de 1970 as fotocopiadoras eram algo indispensável, nos países comunistas continuaram a ser um tipo de aparelho raro e de uso cuidadosamente restrito — seria o caso também dos PCs e do acesso a serviços de e-mail na década seguinte. Na URSS, China e Europa Oriental, os grupos de dissidentes tinham que se virar com cópias trabalhosamente datilografadas de panfletos, reproduzidas com papel-carbono, mas também gravavam discursos em fitas-cassete regraváveis. Transmitiam seus trabalhos ao exterior por intermédio de mensageiros confiáveis.

Contudo, a maioria dos cidadãos aguentava o comunismo e só raramente participava de greves ou manifestações de protesto contra seus dirigentes. Conformava-se com a tediosa monotonia do estilo de vida dos comunas, em cujo mundo a variedade de tipos de sapato, calças e camisas era deliberadamente limitada. Nenhuma liderança comunista permitia que suas fábricas produzissem roupas de cores vivas e variadas, abundantemente disponíveis nas partes capitalistas do globo. Nos países comunistas, jeans eram itens encontradiços apenas no mercado negro. Aliás, a palavra moda era um termo quase indecente para eles. No entanto, líderes soviéticos reconheciam pelo menos a necessidade de satisfazer a demanda popular por

A ORDEM COMUNISTA 423

modernos aparelhos domésticos. Máquinas de lavar e TVs em cores, desprezadas por Khrushchev, foram abundantemente fabricadas no governo de Brejnev. Contudo, países mais pobres, como a China e Cuba, mantiveram-se atrelados às velhas normas marxista-leninistas. Nem mesmo os Estados comunistas mais ricos tinham um mercado de carros de passeio forte. Consta que, em meados da década de 1960, Belgrado era a única capital comunista com problemas de estacionamento.[805] A relutância dos líderes comunistas em dar prioridade à fabricação de veículos automotores para uso pessoal era influenciada pela ideologia, que determinava que os meios de transporte tinham que ser responsabilidade do Estado. Certa feita, Fidel perguntou a um entrevistador: "Que aconteceria se todos os indianos, todos os esquimós tivessem carro?"[806] Com essa indagação, o líder cubano deixou claro que achava que a pergunta não precisava de resposta. Seu discurso era baseado na longa tradição do comunismo que propunha que o ideal, para a maioria das pessoas, eram a suficiência e a uniformidade espartanas.[807]

Não se pode negar que sejam válidos o argumento ecológico contra o grande consumo de combustível dos automóveis e suas consequências. Mas os líderes soviéticos e dos países da Europa Oriental não se manifestavam em defesa dessa questão; aliás, passaram a acreditar que o consumismo do mundo capitalista tinha que ser imitado até certo ponto. O problema deles era a estrutura econômica que haviam herdado. Em toda parte, o comunismo estava preso a mecanismos de planejamento estatal centralizado, bem como a índices quantitativos de sucesso. Seus líderes persistiam em criminalizar a iniciativa privada, a liberdade de mercado e o lucro pessoal. Até às reformas de Deng Xiaoping na China, a partir de 1976, não houve nenhuma contestação fundamental da validade dessas suposições ideológicas. É irrefutável a conclusão de que o fracasso dos países comunistas para satisfazer os anseios materiais de seus cidadãos foi consequência de seu sistema baseado no modelo de governo soviético.

A política econômica dos comunistas não tinha nenhuma restrição imposta por considerações ecológicas ou morais. A URSS, imitada depois pela República Popular da China, arruinou o meio ambiente em busca de poderio industrial. Sem dúvida, o capitalismo tem também uma história terrível nesse aspecto. Porém, nos países com democracias liberais, jornais atuantes e tribunais independentes, tem havido a adoção frequente de medidas para conter a destruição. Não foi o caso da China, onde vastas florestas e lagos foram destruídos para a construção de reservatórios de água e hidroelétricas. Em um número inestimável de regiões, empresas mineradoras destruíram a paisagem natural. A União Soviética foi afetada também

MUTAÇÃO

por esses fatores. No lago Baikal, permitiram a poluição mortal de suas águas. O mar de Aral simplesmente desapareceu. Grandes extensões de terra do Cazaquistão foram transformadas em regiões sujeitas a tempestades de areia durante a campanha de aproveitamento agrícola de terras virgens. Na Polônia, a poluição do ar nas cidades siderúrgicas, tais como Katowice e Nowa Ruda, causou bronquite crônica e asma na população local. O mau uso de produtos químicos transformou as águas do rio Danúbio num líquido venenoso que atravessa a Hungria, a Romênia e a Bulgária. O mar Negro tornou-se uma cloaca venenosa, perigosa para banhistas e fatal para os peixes. Os imperativos dos planejadores centrais eliminaram toda inibição destruidora, uma vez que as autoridades do núcleo de governo e das diversas regiões se esforçavam para alcançar suas metas de produção.

Nos países em que se evitaram reformas fundamentais, os dirigentes comunistas se voltaram para o nacionalismo. Em suas origens, o comunismo era internacionalista. Marx e Engels odiavam o nacionalismo. Lenin, apesar de seus compromissos com a "ideologia" num ambiente de problemas insuperáveis, viveu e morreu internacionalista. Havia muito que os comunistas tinham combinado objetivos internacionalistas com ambições nacionalistas nos governos de Stalin, Mao, Gomulka e Ceausescu. Com certeza, isso implicou traição à ideologia comunista. Contudo, não significou o abandono completo dos objetivos do comunismo. De Stalin a Ceausescu, o etos governamental seduziu o espírito do nacionalismo, porém, ao mesmo tempo, se ateve firme a várias ideias fundamentais do marxismo-leninismo.

Ceausescu apresentava a Romênia ao mundo como a reencarnação da Dácia, antiga província do Império Romano, e arqueólogos puseram mãos à obra em busca de evidências da ligação do país com a cultura antiga. O líder romeno vivia alfinetando o Politburo soviético e se ostentava como o maior protetor da nação de todos os tempos. Pretendia implantar um sistema de autarquia econômica na Romênia. Esse tiranete foi tratado como herói na luta contra a URSS e condecorado com a Ordem do Banho pela rainha Elizabeth II, por recomendação do primeiro-ministro trabalhista James Callaghan. Já David Steel, dirigente do Partido Liberal, enviou-lhe um filhote de Labrador. Elena, a esposa do líder romeno, desfilou empavonada pelo mundo, ostentando o título autoatribuído de química de categoria mundial. Em matéria de quantidade e mau gosto, sua paixão por roupas e sapatos rivalizava com a de Imelda Marcos. O casal Ceausescu planejava levar uma vida de luxo no Palácio do Povo, que estava sendo construído no antigo quarteirão de Bucareste em que 26 igrejas e 7 mil casas haviam sido demolidas para dar lugar à obra. O Pentágono, em Washington, é a única

A ORDEM COMUNISTA

edificação que o supera em metros cúbicos de área construída. No entanto, enquanto o iluminado palácio reluzia com 4.500 candelabros, os romenos comuns tinham que aguentar os cortes frequentes no fornecimento de energia. Era como se romenos vivessem numa sociedade de comunismo moderno com anexos medievais.

Em 1978, ministros britânicos aguardaram com grande apreensão a visita da família Ceausescu a Londres, pois estavam cientes do comportamento grosseiro que deveriam esperar. Na Venezuela, o presidente romeno fez um escândalo quando lhe negaram permissão para caçar animais silvestres amparado por uma licença ambiental especial. Antes, havia exigido uma cama de casal até para pequenas viagens de avião pelo interior do país. ("Ele não disse por que queria a cama de casal", observou secamente um funcionário do Ministério das Relações Exteriores.) As autoridades mostraram-se preocupadas com Nicu, o filho de Ceausescu, que exigiu que lhe providenciassem uma mulher — "também não disse para quê".[808] Com seus gostos de uma vulgaridade espetacular, Nicolae Ceausescu deixou perplexos diplomatas em visita a Bucareste ao dar uma recepção sentado num grande trono de ouro.

Os dirigentes comunistas cuidavam muito bem de si mesmos e, quando se preocupavam com o bem-estar do povo, só faziam isso após satisfazerem os próprios desejos. No mundo comunista, havia uma hierarquia no gozo das condições materiais de seus integrantes. Os iugoslavos, detentores dos mais estreitos laços comerciais com o Ocidente, eram os que se achavam em melhor situação, haja vista a variedade e a qualidade dos produtos à disposição da população. Em seguida, vinham os alemães orientais, seguidos pelos húngaros e poloneses. Os cidadãos da URSS eram os últimos dessa lista e, o que era ainda mais vexatório para o orgulho nacional dos russos, os georgianos e os estonianos da União Soviética desfrutavam de melhores condições de vida do que os russos. No estereótipo criado pela imaginação popular russa, os georgianos eram "orientais" escuros que contrabandeavam laranjas em grandes malas de suas fazendas coletivas para as grandes cidades da RSFSR. O fato de que frutas podiam ser artigos de contrabando interno é algo gritantemente revelador da ineficiência econômica do comunismo. Contudo, os povos de muitas outras nações estavam em situação pior do que os russos. Nas sociedades chinesas, albaneses e romenas, acotovelavam-se milhões de cidadãos comuns que precisavam trabalhar duro em troca de salários, alimentos e confortos sociais de uma precariedade deplorável. Se não tivesse sido por seus instrumentos de controle — Estado de partido único, censura, polícia arbitrária, campos de trabalho forçado e o abrangente isolamento de seus povos —, as lideranças comunistas ao redor do mundo teriam sido derrubadas do poder num piscar de olhos.

31. REPENSANDO O COMUNISMO

Após a morte de Stalin, as reformas na URSS fizeram brotar no Ocidente novos rebentos de simpatia pelos soviéticos. Todavia, logo depois que isso ocorreu, surgiram problemas. A invasão da Hungria, em 1956, e a da Checoslováquia, em 1968, provocaram uma imensa onda de protestos. Nenhuma rede de TV ou de rádio do Ocidente apoiou a causa de Moscou e os únicos jornais que fizeram vista grossa às invasões soviéticas foram os pertencentes a partidos comunistas. O mundo testemunhou o continuísmo do terrorismo estatal soviético da década de 1930 na supressão das liberdades na Europa Oriental. Intelectuais cerraram fileiras para condenar a URSS. Desse grupo fez parte o filósofo e romancista Jean-Paul Sartre. Decidido a não tratar todos os países comunistas como farinha do mesmo saco soviético, Sartre achou na Cuba de Fidel e na China de Mao outros santuários para adorar seu santo comunista.[809]

Às vezes, parecia que Fidel tinha dificuldade para justificar-se diante de Sartre e de outros admiradores em visita ao país. Mao raramente recebia visitantes de fora, exceto estadistas estrangeiros. Como as embaixadas da China tinham livrarias com exemplares baratos, ele se tornou o escritor com o maior número de livros vendidos — ou de doações — no mundo. Não se aventurava a fazer viagens ao exterior, nem mesmo à Coreia. Tal como haviam feito seus antecessores na URSS nos governos de Lenin e Stalin, porta-vozes chineses e cubanos criavam verdadeiros contos de fada sobre seus países. No trato das questões políticas, Sartre punha de lado o frio ceticismo de sua filosofia, engolindo o doce da propaganda ideológica como criança gulosa. Notícias sobre essas coisas, quando emanadas de Cuba e da China — como fora o caso na URSS da década de 1930 —, só eram publicadas depois de rigorosa censura. Os responsáveis pela propaganda chinesa negavam, com a maior desfaçatez, a validade de toda reportagem sobre fome, campos de concentração e descontentamento popular, e jornalistas que insistissem nas investigações eram expulsos do país. A menos que as autoridades competentes lhes dessem permissão em contrário, pessoas em visita à União Soviética tinham que ficar a 25 quilômetros dos destinos indicados pelos agentes do governo. Estava sujeito a ser preso como espião o inocente

REPENSANDO O COMUNISMO

turista que resolvesse tirar fotografias de navios navegando pelo rio Neva, em Leningrado. Na ocasião em que fazia críticas a Stalin, Khrushchev se reservava o direito de estabelecer limites ao que poderia ser dito por outros a esse respeito. Brejnev deu continuidade à tradição.

Dirigentes soviéticos mantiveram vivo o esforço para disseminar uma imagem positiva do país no exterior. Afinal, o Kremlin tinha motivos para gabar-se dos gigantescos avanços feitos na área da tecnologia aeroespacial. Com o lançamento do Sputnik I, em outubro de 1957, os americanos foram vencidos na corrida para se tornarem os primeiros a pôr um satélite artificial em órbita. Em novembro, os cientistas soviéticos conseguiram ir ainda mais longe, lançando ao espaço, a bordo do Sputnik II, a cadelinha vira-lata Laika. (A infeliz criatura não sobreviveu à experiência e a façanha tecnológica provocou críticas.) Em abril de 1961, Yuri Gagarin tornou-se o primeiro homem a dar uma volta completa no espaço orbital terráqueo a bordo de uma espaçonave. Embora os Estados Unidos tenham conseguido suplantar o programa espacial soviético, as façanhas iniciais dos russos foram alvos de comentários e rememorações no mundo inteiro. Gagarin tinha a aparência e a afabilidade de um astro do cinema e viajou pelo mundo como embaixador extraoficial de seu país. Ele deu uma feição humana ao sistema soviético. Outros compatriotas seus fizeram a mesma coisa. Ievguêni Yevtushenko, superestimado como poeta, mas personalidade extraordinária e defensor da desestalinização, fez declamações públicas na América do Norte e na Europa. O conto de Alexander Solzhenitsyn *Um dia na vida de Ivan Denisovich* teve edições publicadas nos principais idiomas do mundo em 1963; suas críticas demolidoras contra o sistema de campos de trabalho forçado da década de 1940 foram tidas como prova de que a URSS estava começando a ver o próprio passado com sinceridade. O goleiro de futebol Lev Yashin era mundialmente famoso. Equipes de atletismo soviéticas conseguiam êxitos constantes nos Jogos Olímpicos e cobriram a União Soviética de glórias com seus feitos.

Já o currículo de Khrushchev, na parte relativa à sua experiência com a promoção das vantagens da "economia planificada", tinha pontos bons e ruins. Tomou, por exemplo, a estúpida decisão de restaurar o pseudo-biólogo Timofei Lysenko à condição de cientista respeitável. Com isso, os soviéticos voltaram a fazer ridículas preconizações da viabilidade de se cultivar trigo no solo gelado do Ártico. Khrushchev promovia suas ideias com entusiasmo.[810] Entretanto, vale considerar que, geralmente, as estatísticas elaboradas pelos soviéticos eram aceitas sem questionamento; foi uma época em que somente os especialistas das agências de inteligência e as universidades do Ocidente discutiam as dúvidas que tinham em relação

428   MUTAÇÃO

a elas. Aparentemente, a URSS tinha uma economia que só ficava atrás da dos EUA em quantidade — pelo menos em alguns setores — e qualidade de produção. A contínua dependência da indústria soviética de comprar ou roubar tecnologia ocidental quase não era ventilada; e, como sempre, empresas americanas, europeias e japonesas que realizavam negócios com a URSS se abstinham de fazer publicidade sobre suas operações comerciais. Isso permitiu que Moscou continuasse a afirmar que o sistema soviético havia superado os problemas cíclicos da economia capitalista. Desse modo, as autoridades russas anunciavam previsões de progresso constante para a União Soviética. Os presidentes americanos presumiam que não viveriam tempo suficiente para ver a superpotência rival ruir. John Kennedy ficou impressionado com os Sputniks. Já o primeiro-ministro britânico Harold Macmillan preocupava-se com a possibilidade de a URSS acabar provando sua superioridade como modelo de desenvolvimento econômico.[811]

Tanto Khrushchev quanto Brejnev, seu sucessor, asseveravam que o comunismo ao redor do mundo superava os países capitalistas avançados em liberdade e bem-estar social. Ignoravam a questão de que eleições não faziam sentido quando um único candidato de um só partido tinha permissão de concorrer; encobriam a detenção de dissidentes políticos, intelectuais e religiosos nos campos de trabalho forçado. Porém, em outros aspectos, alguns observadores achavam que os líderes soviéticos se saíam melhor do que seus pares no Ocidente. Não havia desemprego na União Soviética, por exemplo. Seus cidadãos tinham garantidos o acesso a moradia, aquecimento, combustíveis, educação, transportes públicos e previdência social a preços baixos ou sem custo algum. Turistas que visitavam a União Soviética informavam que assaltos no país eram raros, e muros pichados, praticamente inexistentes, mas também não viam anúncios comerciais de neon em parte alguma. Além disso, os porta-vozes soviéticos criticavam com veemência o racismo, o imperialismo e o nacionalismo. Diziam que a URSS era um Estado multinacional e asseguravam que ela havia eliminado as iniquidades do imperialismo, do nacionalismo e do racismo. Argumentavam que, embora os impérios europeus se houvessem dissolvido nas décadas de 1950 e 1960, as antigas colônias continuaram a enfrentar dificuldades consequentes de sua dependência econômica e de seu subdesenvolvimento. Já o soviético Azerbaijão era comparado favoravelmente com a Nigéria, ex-colônia britânica, a ex-francesa Argélia e a ex-holandesa Malásia.

Quase sempre, observadores internacionais — pelo menos os que não tinham vínculos com anticomunistas — se revelavam confusos e mal-informados no que afirmavam sobre os sistemas de governo comunista. Muitos experimentavam um misto de medo, admiração e aversão pelos sistemas

REPENSANDO O COMUNISMO

governamentais dos comunas. Ademais, o desejo de evitar políticas que pudessem desencadear a Terceira Guerra Mundial levava muitas pessoas a tentar ver principalmente o lado bom da URSS. Assim, faziam vista grossa aos ressentimentos que os ucranianos e os georgianos tinham de Moscou e raramente destacavam a má qualidade das roupas, dos sapatos e dos móveis soviéticos. De qualquer forma, políticos e jornalistas quase nunca visitavam os países comunistas. Impressionados pelos voos espaciais, raramente questionavam com que eficiência a imensa produção de aço, diamantes, níquel, fertilizantes e tratores beneficiava a economia das massas. As falhas nas redes de estradas, hospitais e lojas eram pouco conhecidas. Os porta-vozes soviéticos exploravam essa situação. Khrushchev, arrogante e desaforado, dava vexame às vezes. Um dos mais notórios foi quando bateu com o sapato na mesa durante um discurso do *premier* britânico Macmillan na assembleia das Nações Unidas.[812] O constrangimento passou quando Macmillan pediu educadamente que traduzissem o que ele havia dito. Brejnev era mais contido e, até a época em que sua doença começou a prejudicá-lo, causou grande impressão nas negociações com os políticos americanos. Esses líderes soviéticos e seus porta-vozes eram mestres na arte da ostentação e da evasiva.

Khrushchev, ao contrário de Brejnev, era reformista. Muitos de seus admiradores comunistas achavam que suas reformas não haviam avançado o suficiente. Entre eles, estava Roy Medvedev, que escreveu *Let History Judge*, em que trata das iniquidades de Stalin e de suas políticas, mas que só conseguiu publicar no Ocidente. Medvedev manifestava-se a favor da volta das normas leninistas e queria que a elegibilidade fosse restaurada na vida interna do partido. Lançava apelos em favor de eleições com vários candidatos para a escolha de membros dos sovietes e da ampliação dos limites do debate público. Ele via o despotismo de Stalin como um marco no rompimento com as desejáveis tradições da Revolução de Outubro. Na opinião dele, portanto, não havia nada de gravemente errado com o comunismo; ele só precisava ser reformado, em seu próprio benefício.[813] Muitas dessas ideias eram compartilhadas pelo escritor alemão oriental Rudolf Bahro, que argumentou em *A alternativa na Europa Oriental*, que os elementos mais sãos dos partidos comunistas eram capazes de livrar o Bloco Soviético de fenômenos autoritários e burocráticos.[814] Já outros analistas dissidentes chegaram a conclusões mais radicais. O eminente físico nuclear Andrei Sakharov elaborou uma análise crítica da URSS com princípios essencialmente liberais, exigindo a instituição universal de liberdades civis.[815]

A vidraça da janela oficial estava sendo quebrada também por literatos. Duas histórias cativaram bastante o interesse do Ocidente. O poeta Boris

MUTAÇÃO

Pasternak escreveu o romance *Doutor Jivago*, que foi proibido em Moscou, mas traduzido e publicado no exterior a partir de 1957. Sua visão abrangente da guerra civil levantou dúvidas sobre as motivações e as práticas dos primeiros comunistas. Isso precipitou Pasternak num abismo de complicações políticas e ele teve que recusar o Prêmio Nobel de Literatura de 1958. Seu papel como importante crítico do regime soviético passou a ser representado por Alexander Solzhenitsyn, cujas obras foram publicadas no Ocidente a partir do fim da década de 1960. Seu relato documental do sistema de campos de trabalho forçado, apresentado em *O arquipélago Gulag*, foi best-seller em 1974. No livro, Solzhenitsyn não usou de meias-palavras. O autor havia conversado com sobreviventes dos campos e reunido toda documentação possível, apesar da censura. Fez um levantamento e uma análise das técnicas macabras de captura, interrogatório, "confissão" e trabalhos forçados desde a Revolução de Outubro. Quando foi deportado da União Soviética, em 1974, Solzhenitsyn continuou sua campanha contra as grandes injustiças da repressão comunista. Além disso, todos os anos romances e poemas de autoria de outros escritores passaram a ser contrabandeados da Europa Oriental e da China, com mensagens cáusticas sobre o comportamento dos regimes comunistas.

Nesse ínterim, a Anistia Internacional e o PEN Club Internacional denunciaram os abusos cometidos pelas autoridades da URSS, da Europa Oriental e da China. Organizações cristãs e islâmicas continuaram a fazer críticas bem-fundamentadas. A Campanha de Libertação dos Judeus-Soviéticos levantou a questão das dificuldades enfrentadas pelos judeus que manifestavam o desejo de emigrar. As diásporas de judeus do Leste Europeu radicados no Ocidente intensificaram a luta para convencer a opinião pública de que, de um jeito ou de outro, a Cortina de Ferro tinha que ser derrubada. Por sua vez, as comunidades chinesas ao redor do mundo tinham associações dedicadas à reinstauração das liberdades em sua terra natal.

Os principais meios de comunicação raramente perdiam a oportunidade de apresentar o comunismo aos olhos dos espectadores como uma força maligna mundial. Nos filmes de James Bond, tal como nos romances originais de Ian Fleming, os países do Ocidente figuravam como inimigos da URSS. Bondade e coragem travavam um duelo com o mal. Em *Moscou contra 007*, havia a personagem Rosa Klebb, uma agente secreta soviética pouco sedutora, cheia de ódio à liberdade e à democracia. Já outros escritores e cineastas apresentaram um quadro mais moderado da realidade. John le Carré, que, assim como Fleming, havia trabalhado para o serviço de espionagem britânico, criou suspenses em que sugeria que cinismo e desonestidade eram algo mais ou menos presente em ambos os lados da Guerra Fria.

REPENSANDO O COMUNISMO

No entanto, fez também um claro relato da sombria tirania reinante na República Democrática Alemã em *O Espião que Saiu do Frio*. Do mesmo modo, o filme de Stanley Kubrick *Dr. Fantástico*, de 1964, continha personagens americanos ainda mais assustadores do que seus equivalentes soviéticos. No filme, um atrapalhado presidente americano envolve-se numa crise diplomática por causa de um alerta nuclear e faz apelos dramáticos ao seu embaixador na URSS para que tente acalmar os nervos no Kremlin. Mas então um prepotente comandante da Força Aérea americana lança um foguete contra Moscou. A última cena do filme deixa implícito que a Terceira Guerra Mundial estava prestes a começar. Embora o Oriente e o Ocidente sejam apresentados como incompetentes, quase loucos, não houve nenhuma tentativa de velar a terrível opressão exercida na União Soviética.

Cada vez mais, marxistas ocidentais passaram a concordar com a possibilidade de que algo tinha dado muito errado na Revolução de Outubro, levando a um recrudescimento nos debates sobre a URSS após o Discurso Secreto de Khrushchev. Quando Stalin estava vivo, poucos ousavam afastar-se um centímetro sequer de suas análises. As exceções foram os trotskistas e outros grupelhos à margem da extrema-esquerda política que repudiavam o "stalinismo".

Palmiro Togliatti, líder do Partido Comunista Italiano, sofria de grande dor na consciência. Ele havia sido leal à União Soviética desde a década de 1920. Ao contrário de seu contemporâneo Antonio Gramsci, Togliatti achava que, basicamente, não havia nada de errado com o marxismo soviético. Com sua denúncia inesperada do líder soviético, Khrushchev pusera Stalin numa situação constrangedora. Togliatti não tinha como negar os fatos históricos tais como apresentados, e seu partido sabia que ele havia atuado em regime de estreita colaboração com Stalin — e a imprensa não comunista italiana nunca se cansava de frisar isso Ele achava que tinha que descobrir uma forma de limpar seu nome e fez isso com astúcia. Em vez de empreender uma apresentação dialética e engenhosa de sua própria biografia, concentrou-se na fragilidade intelectual dos argumentos de Stalin. Togliatti declarou, portanto, que o Discurso Secreto não apresentava uma análise crítica apropriada do marxismo. Negou que uma só pessoa maligna — Stalin, no caso — e alguns vassalos, tais como Beria, poderiam ser considerados a única causa dos abusos cometidos na URSS nas décadas de 1930 e 1940. Asseverou que certamente haveria uma grande variedade de motivações por trás disso. Tal como fizera Trotski, apontou a existência de uma "degenerência da burocracia" que deu poder a um escalão de autoridades do partido com interesses políticos e materiais no tipo de Estado autoritário consolidado na década de 1930. Argumentou que o "culto da personalidade" não era suficiente para explicar isso.

432 MUTAÇÃO

Quando, no verão de 1964, sua saúde piorou, Togliatti redigiu um testamento político enquanto passava férias na Crimeia, que ficou conhecido como Memorando de Yalta. Nele, Togliatti afirmou que todo país tinha que ter o direito de escolher sua própria estratégia. Lançou apelos para que tratassem toda polêmica, principalmente com o Partido Comunista Chinês, com linguagem digna. Pediu que os porta-vozes soviéticos parassem de fingir que não havia problemas graves na URSS. Argumentou que a união entre os vários partidos só era possível se a independência de cada um deles fosse preservada.[816] Após a morte de Togliatti, a liderança do Partido Comunista Italiano avançou na direção que ele havia indicado. A estratégia elaborada pelo eurocomunista Enrico Berlinguer foi mais longe, rejeitando expressamente a URSS como modelo de desenvolvimento político para a Itália. A supressão dos direitos civis naquele país o deixou horrorizado. Contudo, ele nunca rejeitou a Revolução de Outubro[817] — ele jamais poderia ter ido tão longe assim sem minar os princípios lógicos fundamentais da existência de seu partido. Alguns de seus assessores mais jovens tentaram solucionar as contradições intelectuais de Berlinguer fomentando a ideia de que, se Bukharin tivesse vencido a luta contra Stalin no fim da década de 1920, a história soviética teria seguido um caminho mais desejável.

Em todo caso, os comunistas da Europa Ocidental não adotaram nenhuma nova ideia básica do marxismo em si. Outros viam isso como uma situação que precisava ser modificada. Entre eles, havia vários que desejavam ressuscitar a antiga linha de pensamento marxista em favor da autoemancipação dos povos. Um dos velhos proponentes dessa ideia era o húngaro György Lukács.[818] Ao voltar do exílio em Moscou, após a Segunda Guerra Mundial, Lukács tornou-se ministro da Cultura no governo de Imre Nagy, em 1956. Ele se considerava leninista, mas se mantinha fiel a ideias condenadas no fim das décadas de 1920 na URSS, porque consideradas antileninistas. Mais uma vez, argumentou publicamente que a classe trabalhadora precisava lutar pelo direito de exercer autoridade irrestrita no processo revolucionário. Segundo ele, o capitalismo causava uma doença de "alienação" nos povos, que os impedia de desenvolver e exercitar todo o seu potencial humano. Lukács acreditava que somente os trabalhadores seriam capazes de vencer essa doença para depois transformar a sociedade como um todo.[819]

Outro comunista veterano que defendia a necessidade de se fazer uma revisão do marxismo tradicional contemporâneo era Herbert Marcuse. Após emigrar da Alemanha nazista, em 1933, tornou-se cidadão americano e escreveu proficuamente sobre a necessidade de se enxertar várias tendências intelectuais do século 20 — principalmente o freudianismo e a

REPENSANDO O COMUNISMO

sociologia germânica — na árvore da tradição marxista. Marcuse rejeitava a versão stalinista do comunismo, por considerá-la dogmática, mesquinha e gritantemente equivocada em sua interpretação do marxismo.[820] Era mais independente do que Lukács e recusava-se a reconhecer Lenin como autoridade absoluta. Asseverava que, além de imperativos econômicos, pulsões sexuais também ajudam a explicar os mecanismos da política e da sociedade. Escarnecia do Partido Comunista dos Estados Unidos e recusava-se a alinhar-se com toda espécie de organização. Suas experiências como jovem militante na Europa arruinaram sua fé no potencial revolucionário da classe operária. Marcuse via trabalhadores da indústria bem-remunerados como obstáculos à libertação da humanidade dos instrumentos de opressão. Instalado no campus da Universidade Berkeley, na Califórnia, preferia contar com os desempregados, os sem-teto e os imigrantes hispânicos; nutria também um carinho especial por estudantes universitários. Achava que esses grupos não tinham nenhum vínculo com a sociedade "burguesa" e que estavam prontos para superar os aspectos superficiais do mundo capitalista contemporâneo.[821]

O forte de Marcuse era a filosofia. Sua preocupação com epistemologia e dialética era algo típico da tendência crescente entre escritores marxistas que procuravam contestar a espécie de marxismo reinante desde 1917. Jean-Paul Sartre, cujo trabalho filosófico inicial foi elaborado com base nas ideias hauridas nas obras de Edmund Husserl e Martin Heidegger, publicou *Crítica da razão dialética*, em 1964. Foi uma tentativa de conciliar o marxismo com a escola existencialista na esfera da filosofia, e — ao contrário de todos os pensadores marxistas anteriores — Sartre considerava de vital importância a questão do indivíduo como ser "autônomo" e "autoconsciente" para se explicar e justificar a atividade social. Na Itália, Lucio Colletti voltou-se para Marx e propôs que fora Immanuel Kant, em vez de Georg Wilhelm Friedrich Hegel, quem havia exercido a mais profunda influência em seu pensamento.[822] O trabalho de Colletti era admirado pelo escritor comunista francês Louis Althusser, mas este concentrava sua ênfase alhures, reconhecendo que algumas partes da obra de Marx apresentavam contradições em relação a obras de outros. Considerando o fato de que ele era marxista, foi uma confissão extraordinária para a época. Althusser afirmava que a pretensão de se considerar o marxismo uma forma de visão crítica superior da realidade achava-se no método e no conteúdo dos primeiros escritos de Marx; argumentou que a parte posterior de seu trabalho não apresenta esse mesmo rigor reivindicatório de superioridade.

Marcuse, Sartre, Colletti e Althusser eram mestres da pomposidade estilística e nunca tentaram alçar-se à altura dos voos de Marx e Engels em

434 MUTAÇÃO

seus momentos de inspiração. Nenhum deles escolheria um monossílabo se conseguisse achar ou cunhar uma palavra maior. Seu marxismo, se não exatamente pessimista, era obscuro e cauteloso. De mais a mais, eles eram filósofos que escreviam principalmente para outros filósofos.[823] Somente Marcuse se tornou o verdadeiro favorito de milhares de estudantes que se rebelaram, em 1968, contra a "sociedade burguesa" e a disciplina universitária, bem como contra a guerra americana no Vietnã. Ele e suas ideias ganharam um esboço biográfico na revista *Playboy*.[824] (É difícil imaginar outro teórico marxista, exceto, talvez, Marx, tolerando isso sem reclamar.) Marcuse se tornou popular por causa da importância que dava aos estudantes. Além do mais, não teve nenhum problema com o fato de que se mostrava disposto a discutir erotismo e sociopolítica.[825]

Da seara estudantil francesa também brotaram teóricos. O carismático Daniel Cohn-Bendit, cidadão de origem alemã, liderou o movimento em Paris. De sua semeadura nasceu *Comunismo obsoleto: a alternativa esquerdista*, traduzido imediatamente para outros idiomas do Ocidente.[826] Ele desprezava o Partido Comunista Francês, por este haver deixado de empenhar-se em ajudar os estudantes rebeldes. Cobria a URSS de escárnio, o que logo se transformou em ódio quando as tropas do Pacto de Varsóvia invadiram a Checoslováquia, em agosto de 1968. Na França, nos Estados Unidos, na Alemanha e na Itália houve reuniões de maoistas, trotskistas, anarquistas e rebeldes sem nenhuma convicção sectarista. A tentativa de Cohn-Bendit de incursionar pelo campo das excogitações teórico-revolucionárias foi embaraçosamente caótica; dessa fértil elucubração nasceu o fruto indigesto que o fez amargar uma derrota após a outra nos debates das sucessivas reuniões.[827] Aproveitando-se do fato de que era um militante comum, negou que as massas tinham que ser guiadas por líderes em revoluções bem-sucedidas. Porém, defendeu Lenin contra a acusação de haver agido com excessiva predileção por centralismo. Ao mesmo tempo condenou a violência contra os amotinados de Kronstadt, em 1921, atribuindo a maior parte da culpa por isso a Trotski. Declarou que seus heróis insurgentes na Rússia revolucionária eram os anarquistas e citou os seguidores de Makhno como rebeldes exemplares. Imagino que só tenha feito essa observação porque ignorava o antissemitismo e a brutalidade gratuita entre os makhnovitas na Ucrânia durante a guerra civil.[828]

No fim da década de 1960, se uma pesquisa de índices de popularidade houvesse sido feita entre os descontentes, é possível que Leon Trotski, Mao Tsé-tung, Ho Chi Minh e Che Guevara tivessem sido os primeiros da lista. Dos líderes soviéticos que se sucederam entre Stalin e Brejnev, sentiam

REPENSANDO O COMUNISMO

repugnância por todos e concordavam que os presidentes americanos Lyndon B. Johnson e Richard Nixon, que intensificara a intervenção militar americana no conflito com o Vietnã, eram criminosos de guerra. A estima deles por Che Guevara foi favorecida pela aparência do revolucionário argentino. O fato de Che Guevara haver morrido em campanha na Bolívia, embora pudesse ter tido uma carreira segura e tranquila em Cuba, contribuiu também para aumentar sua simpatia por ele. Ho Chi Minh provocou neles uma reação semelhante, pois, assim como Che Guevara, ele estava aceitando enfrentar o desafio do "imperialismo americano". Os dados sobre o regime opressor de Ho Chi Minh em Hanói eram limitados e, em todo caso, seus admiradores não teriam acreditado nessas informações se houvessem tomado conhecimento delas. Do lado de fora das embaixadas americanas e em marchas pela paz, as multidões entoavam: "Ho! Ho! Ho Chi Minh!"

O "pequeno livro vermelho" de Mao Tsé-tung constituía a única fonte de informações sobre a China contemporânea para muitos da extrema-esquerda política. Em seu meio, a Revolução Cultural era universalmente admirada; de mais a mais, seus admiradores faziam vista grossa para toda reportagem jornalística denunciando os abusos contra os direitos humanos no país. A geração de ocidentais apreciadores de minissaias, cabelos compridos e drogas alucinógenas reagiu favoravelmente aos solenes lugares-comuns de Mao. Ela via o que queria ver. Para seus integrantes, Mao parecia estar do lado de "pessoas comuns", que estavam tendo permissão de realizar sua própria revolução. Mais difícil de explicar foi a reabilitação póstuma de Leon Trotski. Por que tantos esquerdistas que professavam formas libertárias de socialismo se deixaram seduzir pelas blandícias ideológicas de um homem que exaltava o terrorismo estatal e a ditadura? São várias as causas dessa síndrome. Uma delas é o *pathos* ou a comoção provocada pelas circunstâncias da morte de Trotski: a perseguição nos últimos anos de vida, o golpe de picareta na nuca, o sicário experiente. Além do mais, Trotski era um escritor brilhante, que descrevia sua vida com as cores mais atraentes possíveis, e achou um valioso propagandista em Isaac Deutscher, seu seguidor e biógrafo, que emigrou da Polônia para a Inglaterra em 1939.

Aliás, Deutscher discordava de seu herói a respeito da forma pela qual mudanças poderiam ocorrer na URSS: enquanto Trotski achava que isso só seria possível por meio de uma insurreição política, Deutscher preferia reconhecer os méritos de Stalin como fomentador do progresso industrial e previa a ocorrência de uma constante reforma interna, à medida que os integrantes da geração stalinista fossem morrendo. Mas Deutscher defendeu incansavelmente as atitudes e decisões de Trotski em seus anos de pompa e

MUTAÇÃO

poder. Alegou que as circunstâncias haviam simplesmente forçado Trotski a participar de atos de repressão e ponderou que, se apenas Trotski houvesse sido o sucessor de Lenin, a liderança do Partido Bolchevique teria conduzido a transição para o socialismo de forma humanitária. Outro candidato à sucessão foi achado pelo acadêmico americano Stephen Cohen, que escreveu a biografia de Nikolai Bukharin. Cohen apresentou seu herói como um socialista radical que formulou uma estratégia, com base nos últimos escritos de Lenin, para a implantação do socialismo na Rússia por meios pacíficos. Foi um livro em que o autor procurou minimizar a importância da contínua e infame adesão de Bukharin aos dogmas da ditadura de partido único e da sociedade monoideológica. Com isso, fez Trotski cair do pedestal de figura idolatrada. Os eurocomunistas italianos, principalmente, se sentiram atraídos por esse novo Bukharin, como defensor do tipo de URSS que queriam no passado e no presente. Mikhail Gorbatchev foi outro a quem a memória de Bukharin seduziu e que poria seu pensamento no centro de sua visão de uma União Soviética reformada.[829]

A geração de jovens criou várias publicações que rivalizavam com Lukács e Marcuse em matéria de jargões enigmáticos. Entre elas, podemos citar a *New Left Review*, lançada em Londres em 1960. Seus editores e colaboradores se lançaram numa zelosa campanha em busca de um marxismo apropriado a seu tempo. Não tinham nenhuma atração pela ideologia soviética oficial, vigente desde a década de 1920. Embora venerassem Lenin e Trotski, empenhavam-se em estudos exploratórios do legado intelectual de Marcuse, Sartre, Colletti ou Althusser, para saber se tinham alguma contribuição a dar para a renovação do marxismo de forma geral. As características da URSS como Estado continuaram a ser alvo de controvérsias. A *New Left Review* era apenas um dos veículos marxistas da Europa Ocidental em que se faziam as mesmas perguntas, tais como: seria a URSS, como país comunista, um Estado passível de reformas? Teria o aparelho burocrático soviético se transformado numa classe governante? Será que a URSS é um Estado imperialista? Por que ocorreram "desvios" fundamentais do leninismo na história da União Soviética?

Nesses mesmos anos, os jornais publicados pelas várias organizações comunistas tiveram um universo de leitores maior e eram mais fáceis de ler. Talvez o mais acessível deles fosse a publicação londrina *Black Dwarf*. Editada por Tariq Ali, estudante de Oxford com uma retórica confusa e talento para improvisar discursos, procurava disseminar o ódio aos governantes americanos e soviéticos quase na mesma medida. Ali, ao contrário de Cohn-Bendit, era admirador de Trotski. John Lennon, integrante dos

REPENSANDO O COMUNISMO

Beatles, enviou uma carta à *Black Dwarf* para criticar suas manifestações em favor da violência. A canção "Revolution" transmitia esse ponto de vista:

> Vocês dizem que querem uma revolução,
> Ora, todos nós queremos mudar o mundo.

A estrofe termina assim:

> Mas, quando vocês falam em destruição,
> Não sabem que eu tô fora?

Ali tentou continuar a discussão com Lennon, mas não conseguiu, e a maneira de pensar de Lennon era compartilhada por muitos no Ocidente, cujo maior desejo era o fim da violência política ao redor do mundo. No Reino Unido, Bertrand Russell, A.J.P. Taylor e outros mais criaram, em 1958, a Campanha para o Desarmamento Nuclear. A principal motivação dos participantes era que, se o governo britânico tomasse a iniciativa de abandonar seus projetos de bombas de hidrogênio, a URSS seguiria o exemplo.

Isso foi uma grande reviravolta até mesmo para o instável Russell, que advogara, em 1945, a necessidade de se varrer Moscou do mapa. Taylor também, no fim da guerra, fora severo nas medidas que achava que deviam ser tomadas contra a URSS.[830] Nem o príncipe da lógica matemática, tampouco o comentarista-mor da história internacional, conseguiu explicar sua confiança na suposição de que a renúncia dos britânicos à adoção de armas ultramodernas se tornaria um exemplo que levaria o Kremlin a desistir da rivalidade tecnológico-militar com os EUA. Ambos passaram a fazer, pois, manifestações de protesto todos os anos e, a partir do fim da década de 1960, receberam a adesão de grupos que iam dos quacres aos mais recentes grupelhos trotskistas. Grupos "Antiguerra Fria" ocidentais foram uma bênção divina para o *establishment* político e militar soviético, e o Fundo de Ajuda aos Partidos Comunistas e Movimentos de Esquerda não deixou de canalizar recursos para vários deles. Já Washington esforçou-se para reforçar toda organização que seguisse o caminho contrário. A revista londrina *Encounter* opôs-se com veemência ao argumento intelectual de combate ao comunismo. Nem todos os seus editores estavam cientes de que a saúde financeira da revista dependia da Agência Central de Informações (CIA). O poeta Stephen Spender, ex-comunista transformado em anticomunista, desistiu da luta, pois achava que sua integridade física havia sido comprometida.[831]

MUTAÇÃO

438

A Guerra Fria continuou sendo não só uma disputa ideológica para as mentes ocidentais, mas também uma competição no desenvolvimento de armas. Todos os institutos acadêmicos e as elites intelectuais da política americana eram hostis à União Soviética. Era o caso também da maioria de entidades dessa natureza na Europa Ocidental (embora algumas produzissem obras desprovidas de qualquer influência decorrente de críticas à história e à política soviéticas). A grande linha divisória era a questão do que fazer em relação ao Kremlin. Os adeptos de uma vertente de opiniões queriam que fosse adotada uma posição mais firme em quaisquer acordos com a URSS. Na visão dessa vertente, os políticos soviéticos figuravam como ideólogos imprevisíveis, determinados a empreender a repressão interna e a expansão territorial. Ela achava que, se eles quisessem fazer negócios com os Estados Unidos, deveriam ser compelidos a respeitar os direitos humanos conforme ajustado nos Acordos de Helsinque, assinados em agosto de 1975. Porém, melhor ainda seria, para eles, o estabelecimento de um cordão sanitário em volta dos países comunistas. Calculavam que, com o tempo, o comunismo implodiria na União Soviética e em outros países. Robert Conquest, Richard Pipes e Martin Malia foram os mais destacados defensores desse ponto de vista. Argumentavam que a ordem comunista estava fadada à extinção e que não se tinha nada a ganhar prolongando a agonia do moribundo. Para eles, a União Soviética era o exemplo mais pernicioso de totalitarismo, e a extensão de seu tipo de Estado para a China, Europa Oriental e outros países, a maior tragédia da segunda metade do século 20.[832]

Não apenas ocupantes de cargos políticos, mas também a maioria dos analistas acadêmicos procurava se manter distante desse ponto de vista. Preocupavam-se com a possibilidade de pôr em risco os benefícios da "convivência pacífica" e da "détente". A crise dos mísseis de Cuba havia mostrado com que facilidade a rivalidade global podia se acirrar de repente e talvez levar à Terceira Guerra Mundial. Para esses, prolongar a paz entre as superpotências e seus aliados era o objetivo mais sedutor.

Na crítica da "escola totalitária" havia um componente intelectual e outro político. Isaac Deutscher continuava a asseverar que a reforma poderia ocorrer — e talvez ocorresse de fato — na URSS por intermédio de uma geração de comunistas mais jovens no decorrer do processo dinâmico da sucessão do poder. Argumentava que, à medida que a sociedade soviética se tornasse mais educada e complexa, a pressão de suas exigências ao regime aumentaria. Essa era também a visão do sociólogo americano Daniel Bell, que ponderava que as tendências vigentes na União Soviética e nos Estados Unidos apontaram para uma eventual convergência dos sistemas comunista e capitalista. Ele observava que a crescente interferência

REPENSANDO O COMUNISMO

na vida dos americanos encontrava paralelo na gradual diminuição do nível de opressão na União Soviética. Não era menor a convicção de E.H. Carr, outrora subeditor do *The Times*, que asseverava que o abrangente programa de bem-estar social e a intervenção do Estado na economia estavam se tornando características padrão nas práticas governamentais do Ocidente. Carr iniciara a carreira como liberal pós-vitoriano, mas acabou se tornando uma espécie de quase marxista.[833]

A partir da década de 1970, a dissensão em torno da questão soviética tornou-se uma guerra de erudição. O ataque inaugural veio do que ficou conhecido como tendência "revisionista". Os escritores dessa vertente davam ênfase à base popular do poder soviético das décadas posteriores a 1917. Alguns afirmavam que a ditadura comunista apenas refletia as exigências dos trabalhadores e dos camponeses e até que somente alguns milhares de pessoas morreram como resultado da repressão na década de 1930. Negavam que Stalin fosse o principal responsável pelo Grande Terror.[834] Enquanto os Webb fizeram isso confiando em prospectos oficiais dos soviéticos, a nova tese fundamentava-se, principalmente, naquelas fontes de águas lustrais, quais o *Pravda* e os registros oficiais dos congressos partidários. O desejo de elaborar análises críticas da URSS e dos EUA em condições de equivalência afetou também o estudo da política comunista contemporânea. Argumentou-se que, certamente, as lideranças de Moscou e de Pequim eram compelidas pelos atritos do exercício burocrático e pelas exigências de grupos de interesse emergentes. Em tese, cada um desses líderes comunistas se tornava mero porta-voz da instituição que ele chefiava. Os revisionistas tinham sido influenciados pelos desenvolvimentos pós-guerra nas ciências sociais. Em seus países de origem, alguns deles ignoravam o conteúdo das políticas de seus governos no Ocidente e no exterior; uns poucos eram comunistas, mas todos viam a União Soviética com simpatia.

Não houve nenhum manifesto consensual de revisionismo; ninguém fez sequer uma tentativa de elaborar esse tipo de coisa. O único tema convergente era a rejeição da tradição do pensamento totalitário. Tanto no passado quanto no presente houve muitas descobertas sobre o comunismo. Contudo, algo se perdeu nessa busca. Escritores da década de 1960 — entre os quais se achavam Carr, Deutscher, Conquest e Pipes — concordavam que o Estado soviético era caracterizado por um gigantesco poder centralizador, frequentemente exercido com extrema brutalidade. Os revisionistas sofriam de uma espécie de falha de imaginação analítica; em alguns casos, isso beirava a cegueira moral.[835]

Contudo, discussões acirradas lançaram luz sobre os desvãos obscuros do comunismo. Tomou-se conhecimento, mais do que em qualquer década

MUTAÇÃO

anterior, das condições das fábricas na Hungria, das unidades militares norte-vietnamitas, das pequenas comunas chinesas e dos conjuntos habitacionais soviéticos. Houve também uma compreensão cada vez maior desses Estados e de suas sociedades. Não apenas as altas esferas da política, mas também os baixos escalões da administração governamental foram minuciosamente estudados. Os líderes supremos não ficaram de fora desse escrutínio; aliás, uma legião de profissionais vivia examinando as minutas dos discursos de Ceausescu, Jivkov e Mao. O conhecimento sobre a questão estava se ampliando e aprofundando. O problema era o que fazer com isso. Durante toda a década de 1930, houve debates variados e encarniçados sobre o comunismo. Os critérios das discussões mudaram nas décadas de 1960 e 1970, porém as pessoas não haviam se aproximado de uma possível concordância. O sectarismo político foi uma das causas disso. Tal foi o caso também de avaliações sobre o caminho atual e futuro dos desdobramentos ao redor do mundo. E, embora os estudiosos tenham ficado sabendo muito mais sobre os Estados comunistas do que em anos anteriores, uma quantidade imensa de informações continuava oculta pela censura e pelas normas de controle de dados pela polícia. A consequência disso foi que não havia nada que se pudesse chamar de "opinião do Ocidente" sobre a questão, porém apenas uma grande variedade de pontos de vista conflitantes e voláteis. A Guerra Fria começara com certo consenso por parte dos países do Ocidente, que se desfez com o passar dos anos.

32. A EUROPA ORIENTAL E A OCIDENTAL

A condição da Europa Oriental como o império externo informal da URSS havia sido sanguinariamente confirmada com o aniquilamento do Levante Húngaro. Multidões de refugiados atravessaram a fronteira com a Áustria. A Hungria sofreu uma repressão selvagem e as autoridades soviéticas deixaram bem claro ao seu novo líder, Janos Kadar, escolhido a dedo pelo Kremlin, que sua tarefa era impedir que Moscou tivesse qualquer problema dessa espécie outra vez. Imre Nagy havia conseguido refugiar-se na embaixada iugoslava após a queda de seu governo. Líderes soviéticos, depois de terem assegurado a Tito que não causariam qualquer dano à sua integridade física, prenderam-no em novembro de 1956 e mantiveram-no preso na Romênia até o dia de sua execução, após um julgamento secreto em 1958. A advertência brutal a todos os regimes comunistas da região era clara: se deixassem de cumprir as exigências da URSS, sofreriam violenta retaliação.

Moscou reconheceu a necessidade imperiosa de regularizar a situação, de tal modo que se tornasse improvável que o problema havido na Hungria voltasse a ocorrer. Assim, os subsídios soviéticos destinados à região foram aumentados. Foi o caso, principalmente, do petróleo, vendido aos países da Europa Oriental a preços muito abaixo dos preços do mercado mundial.[836] Os contingentes das Forças Armadas soviéticas estacionados na Hungria, Polônia e República Democrática Alemã eram um ônus a mais no orçamento de Moscou. Pago com a moeda do sangue, a aquisição do império externo não havia sido barata: agora, sua manutenção sairia por um alto preço, pago em rublos. Os regimes do bloco soviético continuaram a ter permissão de cultuar seus valores nacionais. Puderam também, dentro de certos limites, fazer experiências de mudanças no sistema econômico, vigente desde os anos anteriores a 1953. Por outro lado, os soviéticos esperavam que fizessem uma comunização mais completa de sua indústria e agricultura. Somente a Polônia teve permissão para isentar suas terras da coletivização: Khrushchev conseguiu entender que uma imposição muito rigorosa do modelo soviético talvez provocasse outro levante polonês.

Ademais, procurou aumentar a integração da Europa Oriental com a URSS, intensificando a cooperação entre os vários exércitos do Pacto de Varsóvia. Houve, assim, a ampliação de treinamentos militares coordenados, equipamentos e planejamento. Tudo isso foi feito de acordo com os impositivos da hegemonia soviética.[837]

Foi o caso também da organização econômica da região. O Comecon, criado em 1949, foi transformado numa agência mais dinâmica. Por insistência de Khrushchev, os países receberam ordens para se concentrar nas forças tradicionais de suas economias. Antes, todos tinham que seguir o caminho soviético da industrialização. Agora, vários deles viam-se limitados a atuar como meros fornecedores de produtos agrícolas ou minérios para os outros, enquanto os mais industrializados tinham condições de exportar artigos industrializados para eles.[838]

Tudo isso era uma abominação para o líder comunista romeno Gheorghiu-Dej. Conquanto governasse com mão de ferro, ele era confrontado agora pela ordem de abandonar seus ambiciosos planos de desenvolvimento da indústria pesada e para que desse prioridade de investimentos à produção de vinho, uvas, tomates e petróleo. Em 1964, declarou oficialmente: "Não existe, nem pode existir, um partido 'paterno', um partido 'filiado', nem partidos 'superiores', nem partidos 'subordinados.'"[839] Em 1963, teve a audácia de se oferecer como mediador na disputa sino-soviética. Nicolae Ceausescu, que sucedeu à liderança romena em 1965, seguia a mesma linha de autonomia política. Bucareste era causa de irritação constante para o Comecon e os integrantes do Pacto de Varsóvia. O ambicioso plano de industrialização romeno continuou em andamento. Além disso, Ceausescu reforçou o sistema de fazendas coletivas. Tal como fizera Khrushchev na URSS, ele mandou demolir povoados inteiros e concentrou os camponeses em novos municípios rurais. A justificativa para isso era a necessidade premente de se levar placas de concreto armado, edifícios com vários andares, tratores e luz elétrica para o interior. O "povo" exerceu sua cidadania e a Região Autônoma da Hungria foi abolida. A polícia eliminou a oposição com violência. Ceausescu estava determinado a proteger seu governo contra atos de subversão interna e intervenções externas.

O que salvou a Romênia de ser invadida por seus aliados do Pacto de Varsóvia foi sua preservação do Estado comunista de ideologia e partido únicos, pois a cordialidade de Ceausescu para com as potências do Ocidente era irritante, embora seus aliados não considerassem isso motivo de guerra. Já se o líder romeno houvesse implantado o pluripartidarismo ou um tipo de economia capitalista no país, a questão teria sido bem diferente. Na Albânia, as chances de se adotarem essas tendências ocidentalizantes

A EUROPA ORIENTAL E A OCIDENTAL

eram ainda menores. O líder albanês Enver Hoxha se queixava de que "o grupo de Khrushchev-Tito [havia tramado] novos planos contra a causa socialista". Hoxha ficou do lado da China na disputa sino-soviética. Fez críticas severas a Khrushchev e Tito, acusando-os de serem os líderes do "moderno revisionismo" e de traidores do marxismo, tal como haviam sido Eduard Bernstein e Karl Kautsky na virada do século.[840] O seu era o único[841] país da Europa que se recusava a reabilitar os líderes comunistas executados nos julgamentos de fachada nos últimos anos do governo de Stalin. A maior parte de sua raiva, porém, era direcionada principalmente a Tito. Disputas territoriais entre a Albânia e a vizinha Iugoslávia, país mais poderoso na pendenga, eram fonte de atritos constantes. Entretanto, a Albânia teve liberdade para fazer o que quisesse internamente. Portanto, manteve seu regime comunista, chegando a realizar a supressão total da religião no país, em 1967. Sua importância geográfica para a União Soviética era pequena e o fato de que seu dirigente criticava Tito não representava problema para o Kremlin.

As autoridades da República Democrática Alemã mantinham um controle ainda mais rígido sobre o povo do que Hoxha, o dirigente da Albânia, cujo território montanhoso e as tradições dos povoados dificultavam as coisas para as autoridades centrais do Estado. Walter Ulbricht pretendia tornar seu país um modelo de comunismo contemporâneo. Foi por causa de sua importuna insistência que o Presidium acabou aprovando a construção do Muro de Berlim.[842] O líder alemão oriental iniciou uma corrida com a Alemanha Ocidental pelo aumento da qualidade das condições materiais e sociais do povo e afirmava frequentemente que a República Democrática Alemã a estava vencendo. Em 1963, ele adotou um Novo Sistema Econômico, que concedia aos empreendimentos e a seus gestores maiores poderes fora do âmbito da economia planificada. A produção aumentou, mas nunca tão rapidamente quanto na Alemanha Ocidental. Embora os alemães orientais estivessem em melhores condições de vida do que antes, a impopularidade de Ulbricht aumentou. Sua rigidez ideológica fazia até Brejnev parecer flexível. Os alemães orientais não conseguiam perdoar o fato de ele ser o responsável por não poderem mais visitar parentes no Ocidente. Em maio de 1971, ele foi destituído do cargo, mas continuou plenamente convicto da correção de suas políticas até o fim. Erich Honecker, seu sucessor, era apenas um pouco menos sombrio. Na aparência, tornaram a política mais "agradável" ou menos sinistra, porém as diretrizes essenciais permaneceram as mesmas. Além de longe de ser o paraíso dos trabalhadores, a República Democrática Alemã era o Estado policialesco mais eficiente da Europa Oriental.

Raramente a polícia polonesa tratava a oposição com civilidade. Todavia, Gomulka não se atreveu a cometer intervenções descaradas nos

444 MUTAÇÃO

assuntos da Igreja Católica, que apoiava discretamente militantes operários anticomunistas e dissidentes intelectuais. Assim que voltou ao poder, em 1956, ele também abrandou, até certo ponto, os rigores do sistema econômico, e as condições de vida dos poloneses melhoraram na década de 1960. Os camponeses receberam a garantia de que as autoridades não coletivizariam a terra. O comunismo em si não conquistara a simpatia e a admiração popular. Numa tentativa de conseguir o apoio do povo despertando-lhe sentimentos patrióticos, o líder polaco apostou numa campanha de discriminações contra os judeus.[843] Embora o número deles no país tivesse ficado bem pequeno após a Segunda Guerra Mundial, continuavam a ser alvo da hostilidade das massas. Com o passar dos anos, as queixas contra o regime aumentaram, tanto que, em 1968, Jacek Kuron e Karol Modzelewski enviaram uma carta aberta ao partido. Como não podiam ser acusados de ambiguidade, Kuron e Modzelewski foram presos e, após um breve julgamento, encarcerados.[844]

Na Hungria, Janos Kadar revelou-se mais flexível do que o polonês Gomulka em seu país. Ele também sabia que melhoras na economia eram extremamente necessárias e, com isso em mente, começara a introduzir, cautelosamente, reformas um tanto parecidas com as aventadas na Polônia pelos radicais comunistas em 1956-1957. Assim, aumentou um pouco os poderes dos gestores do país, afrouxou o controle sobre os empreendimentos nacionais regulamentado pelos planejadores econômicos e adotou incentivos para o maior acesso a bens materiais pelos trabalhadores. O Novo Mecanismo Econômico foi formalmente adotado em 1966, como a medida culminante de uma série de reformas menores em anos anteriores. Na verdade, porém, isso foi uma variante muito paliativa de um velho mecanismo pré-revolucionário: a economia de mercado. No entanto, sem dúvida, foi uma medida ousada para um país de economia comunista contemporânea — e os reformistas soviéticos acompanharam seu progresso com entusiasmo. O comportamento político de Kadar foi surpreendente para a maioria dos húngaros, que o consideravam um verdadeiro Quisling,* com sua atuação como colaboracionista na conquista do país pela União Soviética, já que não se esperava nada de bom dele por causa disso. Até porque os mártires da Revolta Húngara continuavam vivos na memória do povo. Enquanto isso, estações de rádio administradas por refugiados continuavam a transmitir

---

* Considerado traidor colaboracionista, Vidkun Quisling foi o primeiro-ministro da Noruega durante a ocupação do país pelas forças da Alemanha nazista (1940–1945). (N. T.)

A EUROPA ORIENTAL E A OCIDENTAL

mensagens anticomunistas a ouvintes na Hungria. (Contudo, rapidamente as autoridades passaram a prejudicar as transmissões com interferências indecifráveis.) Todavia, as medidas econômicas de Kadar anularam as ações de toda oposição e o padrão de vida dos húngaros aumentou lentamente, mas de forma constante.

Kadar foi inteligente com a forma que adotou para cultivar sua popularidade política. Ele percebeu que a Hungria jamais se recuperaria da catástrofe de 1956 se continuasse a ser governada de modo tão severo quanto os outros Estados da Europa Oriental. Abandonou, portanto, a meta de doutrinação e mobilização abrangentes. "As pessoas não existem", afirmou ele, "apenas para que possamos testar nosso marxismo nelas". Seu slogan ficou famoso: "Aquele que não é contra nós é a nosso favor."[845]

A essa altura, a imprensa húngara, assim como a polonesa, ja não tinha suas atividades tão restringidas quanto na URSS. O país estava longe de ter plena liberdade de expressão, mas Kadar permitia espaço suficiente para debates, principalmente sobre a história húngara pré-comunista, para abrandar as frustrações da sociedade. E os húngaros sabiam que, em comparação com a maioria dos povos dos outros países do Bloco Soviético, eles viviam melhor. Se fosse o caso de precisarem ser persuadidos dessa realidade, os checos e os alemães orientais que passavam férias nos acampamentos turísticos às margens do lago Balaton poderiam servir a esse propósito. Uma das coisas que os turistas mais gostavam, além das delícias do camping e banhar-se nas águas do lago, era o sucesso do Novo Mecanismo Econômico, que proporcionou o aumento da variedade de artigos alimentícios nas lojas. Também impressionante era a permissão dada aos húngaros de tocar pequenos negócios, tal o caso de sapateiros, encanadores e pequenos comerciantes. Em essência, isso serviu para legalizar e expandir o que acontecia em todas as economias comunistas (onde prestadores de serviços trabalhavam clandestinamente como "microempreendedores"). A ideia era livrar a economia dos rígidos entraves da burocracia. Além disso, Kadar arriscou o próprio pescoço com sua recusa, no âmbito das relações comunistas internacionais, de condenar os eurocomunistas da Itália, Espanha e França. Com tudo isso, mostrou-se mais problemático do que Gomulka para Moscou. Sua política ficou conhecida como comunismo gulache.*

Porém, ainda mais problemática para a URSS foi a Checoslováquia. Em 1967, era tanta a frustração com Antonin Novotny, em razão de sua

---

* Gulache é um prato húngaro que consiste num ensopado de carne de boi com cebolas, batata inglesa e páprica. (N. T.)

MUTAÇÃO

insistência em impedir a adoção de quaisquer medidas de reforma política e econômica, que o povo estava prestes a explodir. Nisso, os reformadores comunistas estabeleceram uma aliança com a *intelligentsia*. Em outubro de 1967, o Comitê Central achava-se dividido por conflitos internos que mal davam para dissimular. Mas a vontade dos reformadores prevaleceu. Novotny foi forçado a abandonar o cargo em janeiro de 1968 e Alexander Dubcek assumiu o posto de chefe do Partido Comunista. Em abril, o Comitê Central adotou um pacote de medidas, cuja meta básica era desenvolver "um novo modelo de sociedade socialista, profundamente democrática e adaptada às condições da Checoslováquia". Dubcek aboliu a censura e autorizou a formação de associações livres de interferências oficiais. O plano de reforma econômica de Ota Sik incluía a autorização do fechamento de fábricas deficitárias e o crescimento das atividades da iniciativa privada.[846] Moscou enviou frequentes advertências a Dubcek, observando que talvez ele não conseguisse impedir que o processo criado por ele saísse do controle. Kadar, que trazia gravados na alma os acontecimentos havidos na Hungria em 1956, perguntou-lhe: "Será que você não conhece o tipo de gente com a qual está lidando?"[847] O líder checo era um reformador comunista ingênuo. Estava convicto de que conseguiria convencer o Kremlin de que as mudanças reforçariam o interesse pelo comunismo em seu país e favoreceriam os interesses geopolíticos da União Soviética.

Membros do Politburo soviético, porém, estavam muito preocupados. E não eram os únicos. Outros líderes comunistas da Europa Oriental, principalmente Gomulka e Ulbricht, viam a Primavera de Praga como o início de uma contrarrevolução. As negociações entre Moscou e Praga foram intensas. Dubcek fazia alegações frequentes de que tinha tudo sob controle. Brejnev queria acreditar nele ou pelo menos evitar medidas drásticas, mas a opinião dos membros do Politburo de seu país estava fazendo a balança pender para uma intervenção. Assim, manobras militares foram realizadas perto das fronteiras da Checoslováquia. Depois de muitos debates em Moscou, ficou decidido que as tropas do Pacto de Varsóvia invadiriam o país: Polônia, República Democrática Alemã, Bulgária e Hungria forneceram contingentes militares, que marcharam em direção a Praga sem depararem com nenhuma resistência pelo caminho. O dia da operação não poderia ter sido mais agradável. A capital checa estava coberta por uma neblina fina e bafejada por uma leve brisa austral. Estudantes se aproximaram dos tanques para perguntar às guarnições por que o país tinha sido invadido. A essa altura, o governo da Checoslováquia não estava mais nas mãos de dirigentes locais. Agora, eram o Politburo soviético e suas agências que governavam o país, já

A EUROPA ORIENTAL E A OCIDENTAL

que Dubcek, o presidente Ludvik Svoboda e outros importantes reformistas haviam sido presos, drogados e levados para Moscou algemados.

Dubcek teve uma "conversa" medonha com Brejnev, que advertiu que ou Dubcek aceitava as condições da União Soviética, ou seria executado, e o tratamento dado ao seu país, pior ainda. Forçado a manter-se acordado para que não conseguisse pensar direito, Dubcek sucumbiu às imposições dos soviéticos. Frantisek Kriegel, médico e veterano da Guerra Civil Espanhola, foi o único dos cinco líderes checoslovacos sequestrados a rejeitar o Protocolo de Moscou. Brejnev reagiu à atitude dele com raivosa grosseria: "A propósito, o que este judeu da Galícia está fazendo aqui?!", vociferou ele.

Na Checoslováquia, os comunas reformistas ainda não tinham sido impedidos de prosseguir com suas atividades. Porém, como não podiam fazer retaliações diretas contra as forças do Pacto de Varsóvia, realizaram um congresso do partido em Visocina e, com uma decisão ousada, elegeram colegas comunistas hostis à invasão para formar um novo Comitê Central. Já que talvez não pudessem combater os invasores, pelo menos se mostraram determinados a tornar patente a ilegitimidade das ações do Kremlin. Dubcek e Svoboda foram enviados de volta a Praga e, mesmo ainda sob intimidação dos soviéticos, contestaram a validade dos procedimentos. A URSS determinou que o Partido Comunista da Checoslováquia desse prioridade à "defesa das realizações socialistas". Dubcek executou as determinações com visível repugnância. Assim que cumpriu seu papel de apaziguador das paixões políticas e facilitou a "normalização" da situação do país, foi destituído do cargo de primeiro-secretário do partido e transferido para uma função obscura no setor de administração florestal. Em seu lugar, foi posto Gustav Husak, induzido a atuar como solícito lacaio das imposições dos soviéticos. A censura foi restabelecida, bem como reforçados os instrumentos de repressão e abandonadas as experiências com a descentralização econômica. A Primavera de Praga havia chegado ao inverno sem passar pelo verão e pelo outono.

Os acontecimentos na Checoslováquia estão na base do que ficou conhecido como Doutrina Brejnev. A União Soviética arrogou-se o direito de impor o sistema comunista aos países da Europa Oriental. Assim, ficava estipulado que somente o Kremlin tinha autoridade para julgar quando esse sistema estava sendo ameaçado. Com a invasão, Brejnev indicara que a organização territorial e política estabelecida após a Segunda Guerra Mundial deveria ser mantida rigorosamente como tal — e o Ocidente foi advertido de que deveria respeitar essa doutrina. Avisaram que os países do Leste Europeu existiam sob o conceito de soberania limitada. Uma vez que haviam ficado sob o guante da hegemonia de Moscou em 1945, teriam que

448 MUTAÇÃO

continuar perpetuamente leais à URSS. Svoboda acreditava que ele e outros signatários do Protocolo de Moscou haviam salvado a Checoslováquia de ter um destino ainda pior. Mas afirmou também: "Quando ocuparam nossa república, foi dito claramente pelo partido, pelo governo e por mim: não convidamos ninguém. O mundo inteiro sabe disso." Para ele, a ideia de que os tanques de Ivan haviam sido fraternalmente convidados a entrar no país era uma mentira clamorosa. No entanto, a submissão da Checoslováquia estava consumada, e a invasão das forças do Pacto de Varsóvia anulou toda possibilidade de debates sobre reformas na Europa Oriental inteira.

Entretanto, isso não foi capaz de acabar com as críticas à URSS nesses países; aliás, a escabrosa brutalidade da política externa soviética fortaleceu o sentimento de que paciência tem limite. Ceausescu, que, como membro da liderança romena em 1956, aprovara com veemência a decisão de esmagar a Revolta Húngara, condenou a intervenção militar soviética na Checoslováquia. Rejeitou abertamente a Doutrina Brejnev. Tito excursionou pelo mundo fazendo críticas à URSS. Hoxha foi mais longe ainda, tirando a Albânia do Pacto de Varsóvia.

Protestos populares, todavia, foram um pouco além de turbulentas manifestações de indignação durante partidas de hóquei sobre o gelo contra a União Soviética. No entanto, as atividades da dissidência política não cessaram e a Checoslováquia estava longe de se conformar com a situação. Os causadores de problemas não eram comunistas, mas adeptos do liberalismo, entre os quais estavam o roteirista Vaclav Havel, que condenava as ações das autoridades soviéticas em todas as oportunidades. Foi preso várias vezes por isso. Com o tempo, formou-se um grupo à sua volta, que acabou se autodenominando Carta 77. (Ele foi criado em 1977.) Apesar das perseguições, as autoridades não conseguiram acabar com o grupo. Havel sabia como atrair a atenção do Ocidente e incentivou políticos americanos a advertir que, se Husak e seus comparsas de outros países da Europa Oriental intensificassem medidas repressivas, a União Soviética pagaria um preço alto no campo das relações diplomáticas financeiras. Dessarte, Havel vivia sendo preso e solto em seguida. Mas nunca foi torturado, nem passou fome ou foi compelido a assinar uma confissão falsa. A invasão da Checoslováquia foi um desastre para o comunismo, e Dubcek, um reformista comunista que teve a sorte de continuar vivo. A conclusão a que os militantes contra o Kremlin chegaram foi de que uma reforma comunista da Checoslováquia era um objetivo fútil. Voltaram-se, pois, para ideais de democracia liberal, soberania nacional, cristianismo e economia de mercado. Divergiam, porém, quanto aos ideais que deveriam esposar. No entanto, com respeito à necessidade de se livrarem da sujeição comunista, eram unânimes em sua maneira de pensar.

A EUROPA ORIENTAL E A OCIDENTAL

E, se o poder das armas e a ocupação militar não funcionassem para a União Soviética na Checoslováquia, o comunismo estaria fadado a enfrentar resistência crescente em outras partes da Europa Oriental. Na Polônia, além dos problemas causados pela Igreja Católica, a classe trabalhadora estava impaciente, e a elite intelectual ressentida. Mesmo em países de regimes implacáveis, como os da Bulgária, Romênia e República Democrática Alemã, brotavam rebentos de dissidência. A Albânia, por exemplo, tinha o mais severo aparato de repressão e a oposição mais fraca de todas; Enver Hoxha chegou a anunciar, com orgulho, que extirpara a mentalidade religiosa do país e transformara seus compatriotas em fervorosos ateus.

As reformas econômicas do polonês Gomulka tiveram um efeito positivo sobre o país até meados de 1960. Pela primeira vez depois da guerra, a renda dos poloneses aumentou mais rapidamente do que os investimentos, e os salários tiveram aumento também. As autoridades polacas deram ênfase à indústria pesada. Tal como antes, os camponeses foram os mais sacrificados por causa disso. Cotas de repasse compulsório de produtos agrícolas viviam sendo revisadas para mais.[848] O ritmo do crescimento econômico era insustentável; sem um sistema de informações, gerenciamento e inovação mais liberais, a economia polonesa estava destinada a continuar atrás das avançadas economias capitalistas do Ocidente.[849] Os discursos didáticos de Gomulka começaram a irritar a maioria dos poloneses; sua condição de herói durou pouco entre eles. As pessoas o arremedavam com a seguinte piada: "Antes da guerra, a economia polonesa estava a um passo do abismo. Desde a libertação, avançamos a passos largos!"[850] Assim que, em dezembro de 1970, houve a imposição de aumentos de preços, ocorreram muitas greves. Esse tipo de problema foi pior nas cidades do Báltico. Trabalhadores de estaleiros formaram sindicatos, entraram em greve e saíram às ruas para protestar contra o governo. Gomulka mobilizou as forças de segurança e dezenas de manifestantes foram mortos. Mas, como os grevistas se recusaram a ceder, Gomulka teve que se demitir do cargo no mesmo mês. Foi um acontecimento de importantes consequências, já que, desde a Segunda Guerra Mundial, era a primeira vez que na Europa Oriental um governante havia sido destituído do cargo por pressão da classe trabalhadora.[851]

Seu lugar foi preenchido por Edward Gierek, que havia negociado, de forma amistosa, um acordo com os grevistas. Ele teve que prometer que daria prioridade ao esforço de melhorar as condições de vida do povo, pois, do contrário, o que acontecera com Gomulka poderia acontecer com ele também. Gierek iniciou seu governo contraindo empréstimos com bancos do Ocidente e atraindo subsídios comerciais dos soviéticos. A Polônia os usou para importar bens de consumo e atualizar seu parque

MUTAÇÃO

industrial comprando maquinário da Alemanha Ocidental e de outros países. O sucesso dessa estratégia dependia do êxito de uma regeneração econômica de longo prazo. Seu fracasso forçaria o governo a baixar os salários reais para a amortização da dívida junto aos credores no exterior. Gierek era um sujeito correto e afável. Embora não fosse exatamente carismático, conquistou alguma aprovação popular após substituir o sorumbático Gomulka. Mas não tinha visão. Nem ele nem seus líderes camaradas entendiam bem o invencível desprezo dos poloneses pelo comunismo. Mesmo após décadas de perseguição, a Igreja Católica continuava inquebrantável em sua aversão ao comunismo. A elite intelectual, que outrora tivera em seu seio um universo impressionante de reformadores comunistas, se voltara contra todas as variantes do marxismo. Em última análise, os trabalhadores de fábricas, minas e estaleiros se recusavam a dar um voto de confiança a Gierek.

A sociedade civil tinha sido duramente reprimida, mas continuava viva. Ressentimentos para com a URSS eram imensos. O único motivo pelo qual o povo não explodia em revoltas era porque sabia que o Pacto de Varsóvia tinha os tanques a seu favor. Os poloneses temiam uma repetição do derramamento de sangue na Hungria em 1956. Os idosos não se esqueciam do Levante de Varsóvia de 1944, quando compatriotas seus se rebelaram contra a ocupação alemã e foram facilmente esmagados. Porém, nem tudo estava perdido. Muitos trabalhadores estavam ávidos para confrontar-se com as autoridades e clamar por salários maiores, melhores condições de vida e respeito aos direitos civis. Coligados a dissidentes intelectuais e a clérigos patrióticos, os militantes do movimento trabalhista tinham condições de mobilizar vários setores da economia para a realização de uma greve geral.

Empréstimos externos deram alguma sobrevida e certa tranquilidade a Gierek, mas a produção econômica teve uma queda brusca e acentuada em 1977.[852] Um dirigente do Leste Europeu — Nicolae Ceausescu — percebeu os perigos da estratégia polonesa. A Romênia contraíra também empréstimos no exterior, assim como todos os outros países da Europa Oriental, exceto a Checoslováquia (onde Husak tinha uma aversão quase compulsiva a contatos com o Ocidente).[853] Todavia, Ceausescu pagava suas dívidas pontualmente e não hesitava em empobrecer seu povo para manter as contas nacionais em dia. O petróleo, maior recurso natural do país, era negociado intensamente nos mercados mundiais. Seu país começou a exportar vinho, mas o governo romeno conseguia verbas também com a exportação de pessoas. Judeus desejosos de emigrar para Israel tinham que pagar um preço alto pelo visto de saída e pela passagem aérea. Alemães étnicos deixavam a Romênia de forma semelhante, por meio de um acordo de Bucareste com Bonn. Apesar disso, as autoridades romenas não conseguiam impedir

A EUROPA ORIENTAL E A OCIDENTAL

o agravamento das condições econômicas do país. Ceausescu aumentou ainda mais o rígido controle que exercia sobre o partido e o povo por intermédio da Securitate, sua polícia de segurança.[854] Elena, sua esposa, conquistou também influência e importância políticas. Rebentos de reformas políticas ou econômicas não conseguiam brotar na Romênia. O exagero do culto a Ceausescu ia além até mesmo dos padrões tradicionais do comunismo contemporâneo fora das fronteiras da Coreia do Norte e da China. Romenos que criticassem o regime eram presos.

A Europa Oriental era causa de alarme constante para os supremos líderes soviéticos. O debelar do Levante Húngaro fora traumático para Khrushchev. Ele havia achado que estava relaxando o domínio soviético sobre os países comunistas em benefício de todos, porém descobriu que as sociedades a oeste da URSS odiavam seus opressores. A Primavera de Praga foi menos traumática para Brejnev, que nunca prometera realizar reformas na Europa Oriental; sua consciência, se é que ele tinha alguma, não sofreu nem um pouco com sua decisão de enviar as forças do Pacto de Varsóvia à Checoslováquia em 1968. Todavia, a intervenção militar cuidou apenas dos sintomas, sem oferecer nenhuma chance de cura essencial para o mal do comunismo na metade oriental inteira do continente.

De Stalin a Brejnev, o problema da doença persistiu. As "colônias" da Europa Oriental haviam se transformado numa sangria financeira multinacional do orçamento soviético. Para enfrentar a ameaça de possíveis ataques da Otan, os soviéticos precisavam criar bases de mísseis nucleares nos territórios desses países. Além disso, o Exército soviético precisava manter guarnições militares nessas terras, para as quais tinha que enviar equipamentos e dinheiro. Seus descontentes soldados eram muito impopulares nas localidades em que ficavam estacionados, e Moscou precisou tomar a precaução de mantê-los isolados e bem afastados de contatos constantes com os civis. Por ter que recorrer a esses tipos de expedientes, a URSS revelou-se um império de uma peculiaridade suprema. E não era só isso. Economias comunizadas do Leste Europeu foram organizadas com base no modelo soviético. É verdade que a Polônia se absteve de coletivizar a maior parte de suas terras, mas a indústria, o comércio, as finanças e os meios de transporte polacos eram cópias dos modelos inventados pela União Soviética no período anterior à guerra. O resultado disso foi um estado de inadequação e precariedade econômicas permanente, mesmo porque os países da Europa Oriental não tinham os abundantes recursos naturais da URSS. Portanto, se Moscou quisesse remediar a situação, teria que se conformar com o envio incessante de subsídios na forma de gás e petróleo para lá.

MUTAÇÃO

Esses custos para os soviéticos surgiram também num período da queda de influência da URSS sobre o cenário político da Europa Ocidental. Aos poucos, o Partido Comunista Italiano se libertou do jugo político e ideológico soviético.[855] Agora, com seu eurocomunismo, era necessária uma nova estratégia. Togliatti havia operado nas entranhas das estruturas governamentais sem abandonar a possibilidade de os comunistas terem que recorrer a outros métodos, principalmente se a extrema-direita desse um golpe de Estado. Berlinguer queria que o partido se dedicasse incondicionalmente a uma estratégia eleitoral e pacífica. Exortou os companheiros a adotarem um "compromisso histórico" com o Partido Democrata Cristão. Ele achava que as tarefas fundamentais da reforma do país deveriam ser enfrentadas pelos dois maiores partidos em conjunto — e, em Aldo Moro, até este ser assassinado pelas Brigadas Vermelhas, em 1978, ele achou um ex-*premier* disposto a levá-lo a sério. Berlinguer abandonou o tradicional antiamericanismo do comunismo italiano. A Europa, porém, era a parte mais importante de suas políticas. Ele aprovou a adesão da Itália à Otan e sua entrada na Comunidade Econômica Europeia (ao contrário dele, Togliatti considerava ambas as organizações conspirações antissoviéticas).[856] Ademais, fez tentativas de aproximação com os partidos socialistas, social-democratas e trabalhistas da Europa. Os comunistas italianos saíram-se bem em sucessivas eleições, porém, em 1979, sua fatia do bolo nas urnas caiu de 34 para 30 por cento.[857] Além disso, os cristãos-democratas recusaram a oferta de cooperação de Berlinguer e os inimigos do comunismo sempre conseguiam formar coalizões sem o Partido Comunista Italiano.

Santiago Carrillo, secretário-geral do Partido Comunista da Espanha, voltou para Madri após a morte de Franco e a restauração da democracia, em 1976. Ele aceitava as principais doutrinas práticas do eurocomunismo e esperava que seus anos como exilado no exterior e opositor do fascismo o recomendariam como candidato favorito nas preferências do eleitorado.[858] Isso não aconteceu. O partido teve um desempenho decepcionante nas eleições e Carrillo se aposentou seis anos depois. Destino semelhante teve o Partido Comunista Português. Em Portugal, a revolução contra o regime fascista, na qual os comunistas tiveram intensa participação, ocorrera em 1974. Seus líderes, contudo, desprezavam o eurocomunismo, preferindo depositar sua confiança em relações amistosas constantes com Moscou. Isso não fez nenhuma diferença para os eleitores. No ano seguinte, o partido conseguiu apenas a oitava parte dos votos nas eleições nacionais.

O Partido Comunista Francês, sob a liderança de Waldeck Rochet, que sucedera a Maurice Thorez, continuou solidamente pró-soviético, apesar daquilo que Rochet presenciara na URSS na década de 1920.[859] Nas eleições

A EUROPA ORIENTAL E A OCIDENTAL

presidenciais de 1969, seu candidato foi o velho e encarquilhado stalinista Jacques Duclos, que conseguiu 21 por cento dos votos. A disciplina no partido era severa; dissidentes, tais como Roger Garaudy, que criticassem a URSS, eram expulsos. Georges Marchais tornou-se secretário-geral em 1972 e foi aos poucos se aproximando do eurocomunismo, como um montanhista descendo cuidadosamente um arranha-céu apoiando-se em saliências na fachada. Costumava questionar com frequência a repressão exercida pela KGB contra dissidentes e não dava a mínima para as queixas imediatas dos soviéticos.[860] Fez negociações também para criar uma coalizão com François Miterrand e o Partido Socialista, mas o acordo foi desfeito em 1974. Além do mais, Marchais recusou-se a ir tão longe quanto Berlinguer e Carrillo na redefinição da estratégia comunista.[861] Seu partido continuou a ser uma imorredoura força de protestos. Porém, mesmo como tal, tinha graves limitações. Em 1968, a França inteira foi tomada por uma onda de greves e manifestações de protestos estudantis. O Partido Comunista Francês absteve-se de participar, por recusar-se, principalmente, a aliar-se a estudantes "burgueses" e por negar — com razão — que havia uma situação revolucionária no país. Apesar disso, não foi coberto de glórias com essa decisão. O partido estava satisfeito com seu papel de opositor influente e permanente. Sempre o campeão moral da revolução, nunca o campeão de fato.

O comunismo na Europa Ocidental — com a Itália, França, Espanha e Grécia como exceções notáveis — quase não exercia nenhuma atração sobre os integrantes da classe trabalhadora industrial, em nome dos quais ele fora inventado. Foi o caso da classe trabalhadora do Reino Unido, onde os cofundadores do marxismo haviam elaborado tantas de suas muitas obras. Mas só em 1968 o partido voltou-se contra a URSS, após a invasão da Checoslováquia. O restante do movimento trabalhista britânico quase não se apercebia dessa mudança de consciência. Em alguns sindicatos, os comunistas tinham certa autoridade. Foi o caso, principalmente, entre os mineradores escoceses, que eram liderados pelo militante partidário Mick McGahey. Contudo, de forma geral, jovens radicais se filiavam não ao Partido Comunista da Grã-Bretanha, mas a organizações dissidentes ou até a legendas de natureza totalmente diversa.[862] O comunismo britânico oficial ainda não estava morto, porém se achava bastante enfraquecido. O único consolo para seus membros ativos — pró-soviéticos, stalinistas ou reformistas, ativistas ou intelectuais, jovens ou velhos — era o fato de que ainda não haviam percebido que a história os estava deixando para trás. O furacão das mudanças globais que havia favorecido o comunismo na Europa, tanto na Ocidental quanto na Oriental, em 1917 e 1945, havia se dissipado no éter.

33. EXPECTATIVAS REDUZIDAS

Os adeptos do comunismo de Lenin tinham uma obsessão estratégica pela questão de como conquistar a autoridade central do Estado. Os partidos comunistas planejavam assumir o controle de países inteiros e transformar suas estruturas políticas e econômicas. Objetivavam eternizar-se no comando político dos povos; quando alcançassem o poder — a questão nunca era "se", mas "quando" —, se agarrariam a ele com unhas e dentes. Como Lenin, em 1917, ou Mao, em 1949, acreditavam que suas políticas os tornariam populares entre a maioria dos povos. A teoria comunista nunca ofereceu uma estratégia alternativa a partidos comunistas que carecessem de uma "situação revolucionária" que pudessem explorar.

Depois de algumas décadas, porém, a maioria dos partidos comunistas teve que reconhecer que suas chances de uma revolução exitosa a curto prazo eram desanimadoras ou, em algumas situações, simplesmente inexistentes. De mais a mais, tinham diante de si o paradoxo de que, quanto maiores fossem as perspectivas de os comunistas chegarem ao poder, maior era a possibilidade de governos adotarem medidas preventivas brutais contra isso. Durante os anos posteriores à Segunda Guerra Mundial, as autoridades dos diversos países do mundo ficaram de olhos atentos nos partidos comunistas. O movimento operário australiano, por exemplo, tinha uma longa tradição de radicalismo de extrema-esquerda. Entre 1941 e 1945, o Partido Comunista da Austrália, sob o comando de Lance Sharkey, devotado stalinista, trabalhou incansavelmente para ajudar o esforço de guerra, conquistando com isso influências duradouras na política do pós-guerra.[863] Com uma ofensiva de greves na indústria em 1947, os comunistas australianos desafiaram o gabinete de ministérios formado por correligionários do Partido Operário. Dois anos depois, o exército foi mobilizado para acabar com uma prolongada greve de mineradores. Em 1951, os conservadores, sob a liderança de Robert Menzies, superaram o radicalismo do senador americano McCarthy com sua tentativa de proibir toda atividade do partido no país; e, embora o resultado do referendo tivesse sido desfavorável ao governo, tanta coisa foi dita sobre as atividades subversivas dos comunistas australianos, bem como sobre as grandes injustiças da URSS de Stalin, que os australianos chegaram à conclusão de que o comunismo não servia para

EXPECTATIVAS REDUZIDAS

eles. Já muito antes do ataque de Khrushchev ao governo de Stalin, Sharkey, que havia sido condenado a três anos de prisão em 1949, era um sujeito sem nenhuma influência política.

Laços de amizade ligavam os comunistas da Austrália aos do sudeste da Ásia. Os camaradas malaios se tornaram uma séria ameaça ao governo imperial holandês após a Segunda Guerra Mundial. Quando, em 1957, o país conquistou a independência, a força que o Partido Comunista já tinha na época e suas ambições políticas levaram a conflitos com o governo. Como a maior parte do partido se constituía de membros de origem chinesa, era fácil para as autoridades desencadear ações contra ele. O Partido Comunista da Malásia não era páreo para o exército regular e foi esmagado em 1960.

Os comunistas indonésios se tornaram também uma ameaça para o governo de seu país após a descolonização. No início da década de 1960, haviam conquistado 3 milhões de filiados, o que tornava o partido comunista indonésio o terceiro maior do mundo. Somente a URSS e a República Popular da China tinham filiações maiores. O Partido Comunista da Indonésia desempenhara um importante papel no combate ao colonialismo holandês e havia sido forçado a cair na clandestinidade mais de uma vez. Quando conquistou a independência, a Indonésia entrou num período de turbulências políticas. Uma vez que os comunistas haviam apoiado o presidente Sukarno contra rebeldes da extrema-direita, em 1958, ele incluiu os líderes comunistas Aidit e Njoto em seu gabinete de ministros.[864] Em 1965, aumentaram os temores de que um golpe de Estado estava sendo elaborado. O Partido Comunista tentou frustrar esses planos dando início à criação de seu próprio golpe. Por sua vez, o general Suharto antecipou-se aos comunistas mobilizando suas tropas e iniciando um processo de sanguinária eliminação de opositores. A CIA teve estreito envolvimento nas ações violentas e livremente desencadeadas por grupos conservadores muçulmanos contra organizações e adeptos do comunismo. Cerca de um milhão de comunistas suspeitos foram massacrados. Quando as turbas sedentas de sangue careciam de fuzis, usavam facas. Após o massacre, as cabeças dos decapitados foram exibidas em varas e montes de corpos obstruíam os cursos d'água. Aidit e Njoto foram assassinados, e o comunismo indonésio liquidado, no ataque mais abrangente aos comunas desde o assalto de Stalin contra seu próprio partido, em 1937-38. Depois de gozar do privilégio de compartilhar o poder, acalentando o objetivo de monopolizá-lo, o Partido Comunista foi varrido do mapa.[865]

Mesmo antes de ser sumariamente banido do país, em 1950, o Partido Comunista da África do Sul vinha penando sob o guante de perseguições implacáveis. Os comunas sul-africanos empenharam-se em reconsiderações estratégicas, levando sua liderança a optar por dedicar-se a uma colaboração de longo prazo com o Congresso Nacional Africano, formado por negros sul-africanos, para derrubar o regime de segregação racial (*apartheid*) estabelecido alguns anos antes. A ideia era de que isso permitiria que o Partido Comunista aumentasse sua influência nos acontecimentos políticos e que eminentes comunistas conquistassem posições importantes na política do país. Ideologicamente, o Congresso Nacional Africano tinha uma linha mais social-democrata do que marxista, mas reunia em seu seio muitas e diferentes vertentes de visão política e alimentava o objetivo de derrubar um governo violentamente racista. Ademais, sua determinação de realizar atos de sabotagem econômica e resistência política convenceu o Partido Comunista da África do Sul dos benefícios desse tipo de coalizão. Joe Slovo e outros comunistas deram importantes contribuições às operações do Congresso Nacional Africano. Eles tinham uma influência desproporcional ao número de filiados e seguidores. Essencialmente falando, haviam selado um acordo para jamais ocuparem os cargos de chefia do país, mesmo depois da almejada deposição do regime de *apartheid*, controlado pelos africânderes.

Comunistas de vários outros países chegaram à mesma decisão e resolveram concentrar-se em atividades restritas às esferas políticas abaixo da cúpula do poder nacional. Os casos mais notáveis ocorreram na Índia. Liderada por E.M.S. Namboodiripad, a organização comunista hindu do estado de Kerala, situado no litoral sudoeste do país, conquistou 38 por cento dos votos nas eleições de 1957. Esse resultado deixou horrorizado o governo de Jawaharlal Nehru. Nesse cenário político, E.M.S. — tal como era popularmente conhecido — ficou famoso rapidamente. A chave de seu sucesso foi o pacote de promessas feitas por ele aos eleitores das áreas rurais. Desse modo, a reforma agrária foi realizada sem demora, levada a cabo graças, principalmente, às restrições impostas aos direitos dos grandes proprietários de terras. Houve também uma redistribuição de terras entre seus arrendatários. Foi instituída a lei de salário mínimo para se conseguir apoio dos servidores públicos e dos trabalhadores urbanos — essa medida beneficiou principalmente os trabalhadores da indústria de fibras de coco. Diante disso, Nehru enviou sua filha, Indira Gandhi, a Kerala para incentivar atos de oposição contra os comunistas, embora as reformas tivessem sido adotadas com respeito à Constituição e às leis. Sua turnê política, intensamente propagandeada, não surtiu nenhum efeito. Os comunistas a esnobaram e condenaram. Exasperado, em 1959 Nehru sancionou um decreto para destituir o governo de Kerala, fundamentando sua decisão em bases legais falsas, em sua quase totalidade. Assim, os comunistas do estado

EXPECTATIVAS REDUZIDAS

tornaram-se vítimas daquilo que, em outras partes do mundo, haviam feito muitas vezes a opositores da esfera política.[866]

O decreto do poder supremo não bastou para eliminar o problema do comunismo enfrentado por Déli. Em pouco tempo, Kerala passou a ser administrada por outro governo formado por comunistas, que tinham vencido a maioria das eleições até então. Eles conseguiam manter a popularidade dedicando-se a aliviar a difícil situação dos camponeses e dos pobres das áreas rurais. Militantes locais chegaram a mudar os nomes de uma cidade inteira em homenagem ao comunismo. A urbe em si passou a ser chamada de Moscou. As autoridades comunistas locais incentivavam os pais a batizar os filhos com os nomes dos deuses do panteão comunista. O resultado disso foi que, em 2005, a Moscou indiana tinha seis habitantes chamados Lenin. Nos últimos anos, nomes como Stalin, Khrushchev e Brejnev saíram de moda. Existe ainda também a tendência de os pais escolherem praticamente qualquer nome russo que pareça atraente. Anastasya, por exemplo, foi filha do imperador Nicolau II, assassinado por comunistas em Ecaterimburgo em julho de 1918; no entanto, há pouco tempo um pai comunista pôs o nome dela na filha.[867]

Os comunistas de Kerala vêm demonstrando sua vocação para a independência desde o fim da década de 1940, quando flertaram durante algum tempo com o comunismo:[868] sua russofilia veio depois. Em outras partes da Índia, porém, a atração pela variante chinesa de comunismo tem sido um fenômeno permanente. Não é de surpreender, porquanto muitos membros do Partido Comunista da Índia viviam apreensivos com o apoio do Kremlin a Nehru, que seguia uma política de "não alinhamento" com ambas as superpotências mundiais. Era uma reação natural. Os comunistas hindus empenhavam-se na tentativa de conquistar força eleitoral com denúncias de corrupção contra o governo central, além de acusá-lo de falta de determinação para melhorar as condições de vida da maioria dos indianos.[869] O problema é que as amistosas relações entre hindus e soviéticos no âmbito governamental minavam essas atividades. Quando o racha sino-soviético forçou os comunistas a escolher entre a China e a URSS, houve intensos debates sobre dois grandes temas. Um deles era a questão da escolha entre a turbulenta mobilização política exigida por Mao Tsé-tung e a austera organização de ações políticas preferidas pelos líderes soviéticos. O segundo dizia respeito ao papel exercido pela União Soviética na política mundial. Os que aceitaram o repúdio de Mao pela "hegemonia soviética" romperam os laços com seus antigos correligionários para formar o Partido Comunista da Índia (marxista-leninista) — ou o PCI (ML).[870]

458   MUTAÇÃO

Em alguns lugares, a cisão foi extremamente violenta. Em Bihar, os maoistas mataram centenas de membros da organização comunista rival.[871] No início, tiveram vantagem sobre o partido mais antigo, apesar do menor número de filiados.[872] Aos poucos, a rivalidade entre os comunistas hindus se transformou em competição pacífica e o precedente de Kerala foi seguido por outros estados indianos. Principalmente Bengala, governada por comunistas, realizou um feito notável. Após chegar ao poder, em 1977, conseguiu estender sua preferência nas urnas até o século 21. Foi, entre todas as administrações comunistas do mundo, o governo de comunas eleitos pelo voto que mais tempo ficou no poder.

Assim, trabalhando duro nas esferas locais do poder político, os comunistas de muitas democracias fizeram todo o possível para reverter situações desfavoráveis. Militantes comunistas contestavam processos eleitorais em cidades e províncias, arvorando-se em campeões locais da luta contra o governo nacional em prol da justiça social. Realizavam campanhas para a melhoria das condições de vida e trabalho. Ouviam as queixas dos eleitorados e faziam todo o possível para ajudar seus eleitores — acreditavam que essas atividades, juntamente com a propaganda sobre os objetivos maiores do partido, beneficiaria o comunismo em todo o país. Lideravam manifestações de protesto contra o tratamento injusto dado aos grupos mais pobres da sociedade. Criticavam severamente o capitalismo e acentuavam que os proprietários de terras, os industriais e os banqueiros estavam coligados a um sistema mundial de exploração e opressão das massas. Portanto, a velha causa comunista não foi abandonada e as pessoas continuavam a tornar-se comunistas pelos motivos de sempre: queriam combater e vencer o sistema capitalista em todos as partes do território nacional. Cobiçavam a fama de ativistas que resistiam à tentação da corrupção e verberavam os ricos e os privilegiados por cargos públicos. (Isso, obviamente, foi o oposto do que aconteceu nos países comunistas, onde os líderes comunistas permitiram o surgimento de uma elite política brutal e comodista.)

Os comunistas japoneses, desencantados com Moscou, mas relutantes em estabelecer laços estreitos com Pequim e seu fanatismo, seguiram seu próprio caminho. Afirmaram que a URSS e a República Popular da China eram igualmente culpáveis em sua busca por "hegemonia", justamente a acusação feita ao Kremlin por Mao. Além do mais, apoiavam a reivindicação do Japão aos soviéticos para que devolvessem as ilhas setentrionais do país, tomadas pelo Exército Vermelho em 1945. Os comunistas nipônicos estavam se transformando em algo parecido com os sociais-democratas do Ocidente, já que abraçaram princípios de democracia eletiva e representativa.[873] Com ênfase no antiamericanismo em sua propaganda, exploravam

EXPECTATIVAS REDUZIDAS

o ressentimento popular contra a sujeição dos japoneses à estratégia geopolítica do pós-guerra imposta pelos americanos. O Partido Comunista do Japão nunca chegou nem perto de conseguir ocupar cargos supremos de governança política do país. Porém, em 1983, alcançou certo status de poder em Osaka, como parte de uma coalizão abrangentemente formada por elementos do grupo situacionista local. Foi uma recuperação impressionante, considerando a eliminação brutal dos comunistas — com prisões, execuções, maus-tratos no cárcere e exílio forçado — durante a Guerra da Coreia.[874] Poucos eleitores japoneses estavam dispostos a abrir mão do capitalismo, mesmo porque a economia do país dependia de sua capacidade constante para exportar carros, rádios e outros produtos eletrônicos, e todos os japoneses sabiam disso. Contudo, havia descontentamento suficiente entre trabalhadores urbanos e funcionários desqualificados para que os comunistas mantivessem sua influência.

O Partido Comunista Italiano empenhou-se também em árduas e sucessivas campanhas eleitorais depois da Segunda Guerra Mundial. Seus militantes reconheceram a necessidade de competir com as atrações do rádio, da TV, do cinema e dos esportes. Até 1945, *L'Unità*, o jornal dos comunas italianos, havia sido muito sisudo em seu formato e linha editoriais. Afixado em muros e paredes de ruas vicinais, era um testemunho do zelo partidário para inculcar sua mensagem nas massas. Entretanto, aos poucos começou a incluir reportagens sobre partidas de futebol. Assim, também o Partido Comunista da Grã-Bretanha passou a cobrir corridas de cavalo, passatempo favorito da classe trabalhadora britânica — aliás, o prognosticador de resultados do partido em Londres era quase sempre um pouco melhor em seus palpites do que seus rivais de jornais de outras orientações políticas. Nesse sentido, o Partido Comunista Italiano foi mais longe e passou a organizar anualmente a Festa dell'Unità. Eram comemorações recreativas com macarronadas, músicas folclóricas e muita bebida. Como se vê, os comunistas procuraram se livrar da imagem de militantes estoicos. Um membro do partido, entrevistado na década de 1950, explicou a lógica da nova orientação: "[O partido comunista] é muito ativo na organização de formas de entretenimento para seus membros, para evitar que tenham a chance de afastar suas mentes do espírito do partido até mesmo durante seus momentos de recreação."[875] Os organizadores aproveitavam a ocasião para repassar aos participantes seus deveres políticos. Além disso, na festa sempre havia quiosques de livros e discursos, bem como a distribuição, pelos militantes, de panfletos sobre campanhas internas e externas realizadas pelo partido e a promoção de emblemas e cartazes sobre movimentos de libertação.

MUTAÇÃO

O Partido Comunista Italiano se manteve vivo durante décadas graças ao fornecimento de pão, circo e sermões.

Embora tivessem obstáculos insuperáveis na política nacional, os comunistas italianos se saíram bem em muitas eleições regionais. Siena, na Toscana, foi o local de um dos primeiros sucessos deles após a Segunda Guerra Mundial — aliás, o partido conseguiu maioria absoluta de votos na província (ao contrário do que ocorreu em sua capital). Apenas nos anos subsequentes, a popularidade deles diminuiu um pouco.[876] Os comunistas de Siena haviam ajustado suas diretrizes políticas ao tamanho da população local. Nas áreas fora da cidade, conseguiram apoio dos camponeses pobres prometendo maiores salários, mais escolas e melhoria do bem-estar social. Donos de grandes propriedades sofreram pressões diretas.[877]

Talvez o maior feito pós-guerra dos comunistas italianos ocorreu quando assumiram o governo de Bolonha. Capital da Emília-Romanha, a cidade funcionava como um ímã de recrutas para o partido. O prefeito Giuseppe Dozza governou a cidade por duas décadas, num governo caracterizado pela honestidade e dedicação ao bem-estar da população. Os comunistas bolonheses sabiam que precisavam provar seu valor como políticos pragmáticos. Tinham em mente que o sistema de ônibus, o programa habitacional, os parques, as escolas e a coleta de lixo tinham que ser administrados de maneira mais eficiente — e, sempre que possível, a preços menores para as massas — do que na gestão dos democratas cristãos. Enquanto na esfera da política nacional, o partido, sob a liderança de Togliatti, Longo e Berlinguer, continuava com suas críticas e condenação ao capitalismo, Dozza preferia fazer acordos com os empresários da cidade. O líder bolonhês achava que a última coisa que poderia se dar o luxo de deixar acontecer era uma redução do dinamismo industrial e comercial da cidade.[878] Desse modo, sua cooperação com capitalistas tornou-se o modelo de ascensão ao poder dos comunistas, geralmente por meio de uma coalizão com o Partido Socialista Italiano, em outras grandes cidades italianas nos anos posteriores. Roma, Turim, Gênova e Nápoles, em épocas diversas, tiveram governos locais com representantes comunistas em cargos de liderança. A esperança dos comunistas — vã, por sinal, como constatariam depois — era de que uma série de gestões municipais exemplares prepararia o caminho para uma eventual vitória do partido para governar o país em âmbito nacional.

Em outros países europeus houve um interesse parecido pela conquista de vitórias em eleições municipais como estratégia política de ambições maiores. Na França de meados da década de 1980, os comunistas tinham conseguido êxito nas urnas para dirigir mais de cinquenta conselhos municipais de cidades com populações superiores a 30 mil habitantes. Na década

EXPECTATIVAS REDUZIDAS

anterior, haviam sido raras as ocasiões em que perderam a administração de um conselho depois que o assumiam. Le Havre e Calais eram bastiões do poder político comunista. Rheims foi outro, pelo menos até 1983.[879] O sucesso deles nas grandes cidades portuárias não foi por acaso. Nos portos, os comunistas franceses chegavam facilmente a um acordo com as estatais francesas, bem como com ferrovias e empresas de navegação. Eram frequentes também suas vitórias nas disputas para administrar conselhos nos subúrbios de Paris, onde o eficiente provimento de bem-estar social e serviços pelo partido aumentou sua popularidade. Na Espanha e em Portugal, os comunistas alimentaram esperanças de fazer o mesmo após se libertarem do fascismo, na década de 1970. Nesse particular, os espanhóis foram mais bem-sucedidos que os portugueses. Córdoba, uma grande cidade do sul do país, caiu nas mãos dos comunistas em 1983.[880]

Na Índia, Japão, Itália, França e Espanha, os comunistas instalados em governos regionais e municipais nunca conseguiram chegar ao ponto culminante do poder nacional. Aceitavam, porém, a estrutura política existente e respeitavam as leis. Mas, no caso da Itália, esse respeito às leis era um tanto hipócrita, já que os comunas haviam elaborado planos secretos de pôr unidades do exército nas ruas, se a extrema-direita tentasse tomar o poder.[881] Contudo, de forma geral, restringiam-se a agir dentro dos limites da constituição. Isso significa que precisavam continuar a mostrar-se simpáticos e interessantes à satisfação dos anseios dos eleitores. Eram constantemente criticados pelos partidos rivais e viviam sob rigorosa vigilância de uma imprensa hostil. Sabiam que, se cometessem um erro grave, poderiam abalar seriamente as sólidas bases políticas que haviam estabelecido sob o comando de Togliatti e seus sucessores. Na década de 1970, isso levou os integrantes do Partido Comunista da Itália eleitos como dirigentes de governos locais a se comportarem como governantes social-democratas ou socialistas. Eles se concentravam, portanto, em fazer os ônibus circularem e em manter as ruas limpas. Ofereciam também assistência social aos pobres. Almejavam conquistar o que os anglo-saxões chamavam de respeitabilidade. Quando necessário, compartilhavam amistosamente o poder com outros partidos da esquerda.

Normalmente, eram partidos vinculados a Moscou ou a Pequim que conseguiam a maior parte dos êxitos nas eleições locais. Contudo, assim que Deng afastou a República Popular da China das políticas econômicas de Mao e a aproximou do padrão capitalista, Pequim parou de fornecer subsídios a partidos de orientação política maoista. Isso prejudicou muito a causa maoista em vários países. O regime comunista albanês, cuja afeição por Mao persistiu, era pobre em demasia para fazer mais do que financiar

462   MUTAÇÃO

uns poucos núcleos de fomento do comunismo. (A pequena livraria alba-
nesa, na estação metroviária londrina de Finsbury Park, tornou-se o único
lugar da capital britânica em que os volumes da coletânea de escritos de
Stalin podiam ser comprados.) A URSS passou a ser a única importante
fonte de subsídios dos inúmeros partidos comunistas espalhados pelo
mundo.

Todavia, o descontentamento cresceu muito nesses mesmos partidos
depois de 1956. O resultado foi o êxodo dos descontentes para formar pequenos grupos que afirmavam estar ressuscitando a visão global do marxismo-leninismo original. Alguns eram trotskistas, outros maoistas e uns
poucos luxemburguistas. Outros mais formaram grupelhos locais. Esses
adeptos do comunismo tinham sido atraídos por círculos de estudos doutrinários e convencimento pessoal ou por conta de uma hostilidade geral para
com o capitalismo, bem como pelos atrativos da solidariedade nascida de
grupos sociais. Foi um fenômeno não muito diferente da situação reinante
na extrema-esquerda política nos meados do século 19. Alguns jovens sem
vínculos sociais, alienados e desfavorecidos se sentiam atraídos por facções
comunistas. Poucos desses grupos se interessavam em concorrer às eleições
dos conselhos municipais na Europa Ocidental ou em qualquer outro lugar.
Eles haviam nascido da deserção de militantes comunistas, desesperados
com o comportamento dos grandes partidos. Defendiam a pureza revolucionária em matéria de doutrina e de práticas comunistas. Normalmente,
esses grupos se reuniam em torno de um líder carismático, possuidor de
uma visão crítica pessoal do capitalismo global contemporâneo e do comunismo mundial oficial. Esses se recusavam a trilhar a via do desespero.
Embora fossem quase nulas suas chances imediatas de ascender ao poder,
consolavam-se com o fato de que os bolcheviques haviam tido apenas
alguns milhares de seguidores antes de 1917.

A Itália era um criadouro de sectarismo marxista. A genovesa Lotta
Comunista e a turinense Lotta Continua, bem como organizações de outras
grandes cidades, argumentavam que fazia décadas que os defeitos do Partido
Comunista Italiano eram evidentes. Togliatti era uma figura desprezível
entre elas, em razão de sua obediência a Stalin e ao Comintern. Enquanto
o Partido Comunista Italiano procurava ficar longe de confrontos diretos
com as autoridades do país, a Lotta Comunista e a Lotta Continua adoravam toda oportunidade para desafiar o *status quo* político. Achavam que a
estratégia parlamentarista de Togliatti após a Segunda Guerra Mundial fora
ruim, mas repudiavam o eurocomunismo de Berlinguer, acusando-o de ser
uma traição absoluta dos objetivos comunistas.

EXPECTATIVAS REDUZIDAS

Esses grupelhos comunistas tendiam a fechar-se em seu próprio mundo ideológico, onde se empenhavam em discutir as sutilezas da teoria marxista, sem romper com a tradição da política europeia. Travavam abundantes discussões, em bases puramente teóricas, sobre os mistérios dos textos de Marx, Lenin, Trotski e Mao. Vendiam panfletos em reuniões e quiosques. As mais insignificantes diferenças de interpretação provocavam cismas institucionais e intensas polêmicas. Frustrados com essa situação, alguns jovens militantes foram levados a abraçar a teoria e a prática do terrorismo. Assim, a Itália teve as Brigadas Vermelhas; a Alemanha Ocidental, a Facção do Exército Vermelho, ao passo que a Grã-Bretanha deu origem à Brigada Furiosa. Em 1978, as Brigadas Vermelhas sequestraram e mataram o proeminente democrata cristão Aldo Moro, que havia sido primeiro-ministro na década de 1960 e se manifestara em defesa de algum tipo de cooperação entre o Partido Comunista Italiano e a Democracia Cristã. Houve grandes suspeitas de que o assassinato tinha sido facilitado por inimigos de seu próprio partido e dos serviços de inteligência desejosos de evitar todo tipo de acordo político com o comunismo. Na Alemanha Ocidental, a Facção do Exército Vermelho sequestrava e assassinava empresários. A maioria dos grupos terroristas do Reino Unido era ineficaz. A Brigada Furiosa detonava bombas que não conseguiam atingir o alvo.

Se houve algum grupo que conseguiu abalar os fundamentos do Estado britânico, esse foi o Exército Republicano Irlandês Provisório (PIRA). Liderado por Gerry Adams e Martin McGuinness, seus membros abandonaram o antigo Exército Republicano Irlandês, cujos líderes afirmavam ser marxistas em luta pela libertação da Irlanda do Norte do governo opressivo de Londres. O PIRA abandonou o marxismo, enquanto o IRA oficial continuou a esposá-lo e, como recompensa, passou a receber ajuda material do Kremlin.[882] Mas foi a campanha de ataques com bombas de Adams e McGuinness que levou o governo britânico à mesa de negociações.

As minoritárias dissidências partidárias do Reino Unido mostravam-se mais inclinadas a travar acaloradas discussões entre si do que se envolverem com os assuntos públicos. Tinham seus "teóricos" — normalmente, seus próprios fundadores —, que propunham análises críticas extravagantes sobre a história soviética. Sua ambição era substituir o Partido Comunista da Grã-Bretanha como principal organização da extrema-esquerda e atrair a classe trabalhadora para suas fileiras. Seus acrônimos compunham uma verdadeira sopa de letras do comunismo britânico:

464 MUTAÇÃO

CPB-ML	Partido Comunista da Grã-Bretanha — Marxista-Leninista
CPE-ML	Partido Comunista da Inglaterra — Marxista-Leninista
MT	Tendência Militante
NCP	Novo Partido Comunista
RCG	Grupo Comunista Revolucionário
RCLB	Liga Comunista Revolucionária da Grã-Bretanha
RCP	Partido Comunista Revolucionário
RCPBM-L	Partido Comunista Revolucionário da Grã-Bretanha — Marxista-Leninista
RWP	Partido Revolucionário dos Trabalhadores
SF	Federação Socialista
Socialist League	Liga Socialista
SOA	Aliança Organizadora Socialista
SPGB	Partido Socialista da Grã-Bretanha
SWP	Partido dos Trabalhadores Socialistas
Spartacist League	Liga Espartaquista
WP	Força dos Trabalhadores
WRP	Partido Revolucionário dos Trabalhadores

Algumas dessas organizações eram maoistas (o CPE-ML e a RCLB) ou, após a morte de Mao, pró-Albânia (o CPB-ML e o RCPBM-L). A Tendência Militante e muitas organizações trotskistas alimentavam a mesma admiração por Trotski: o RCP, o RWP, a SF, a Liga Socialista, a SOA, o SWP, a Liga Espartaquista, a WP e o WRP.

A maioria das pessoas achava confusa toda essa mistura de ingredientes e, quando não engraçada, sensaborona. Os partidos em si eram sempre ineficazes. Já a Tendência Militante era diferente. Ao reconhecer que nunca conquistaria autoridade política por meios legais, passou a tentar infiltrar seus membros no Partido Trabalhista Britânico em localidades específicas. Essa tática havia sido empregada pelo Comintern desde a década de 1920, adotada também por organizações trotskistas internacionais na década de 1930. Foi com ela que a Tendência Militante assumiu a administração da prefeitura de Liverpool na década de 1980. A chave de sua eficácia como organização era o parasitismo clandestino. Ela existia fingindo não existir como instituição independente, e seu líder, Peter Taafe, transmitia a falsa imagem de zeloso ativista do Partido Trabalhista. Ela foi uma verdadeira dádiva para Margaret Thatcher e os conservadores britânicos, que, na eleição para o Parlamento britânico de 1979, denunciaram a ligação do Partido Trabalhista com organizações clandestinas da extrema-esquerda e revelaram que os vereadores administravam o orçamento da cidade com uma incompetência

EXPECTATIVAS REDUZIDAS

assombrosa. Quando os bancos passaram a se recusar a ajudá-los a sair da dificuldade financeira, alugaram táxis para entregar cartas de demissão a empregados da administração pública e de seus serviços pela cidade inteira. O Comitê Executivo Nacional do Partido Trabalhista, estimulado por um discurso apaixonado de seu líder, Neil Kinnock, na Conferência do Partido, expulsou a Tendência Militante. Sem o hospedeiro, o parasita perdeu toda força e importância.

34. A ÚLTIMA DAS REVOLUÇÕES COMUNISTAS

Uma década e meia transcorreu entre a Revolução Cubana, em 1959, e a próxima tomada do poder pelos comunistas. Não que esse intervalo de inações subversivas tenha ocorrido por falta de tentativas dos comunas. Che Guevara, amigo e parceiro de Fidel, frustrado com o que ele considerava falta de radicalismo independente numa Cuba sob a tutela dos soviéticos, partiu para o Congo com o objetivo de fomentar e organizar uma revolução a seu gosto. Quando esse plano fracassou, ele tentou fazer o mesmo nas montanhas da Bolívia. Assim como ele e Fidel haviam feito em Cuba, formou um grupo guerrilheiro e lançou apelos para que trabalhadores e camponeses os apoiassem. Condenou o governo boliviano, acusando-o de fantoche do imperialismo ianque. Mas sua fama anulou suas chances de surpresa em suas ações revolucionárias. As forças regulares bolivianas, ajudadas pelo dinheiro e por especialistas americanos, estavam prontas para enfrentá-lo. Em outubro de 1967, Che Guevara foi encurralado numa região da Bolívia na presença de um agente da CIA. Ninguém queria levá-lo a julgamento, pois havia preocupação com as consequências de seu carisma num país em que muitas pessoas estavam descontentes com o governo. Ele foi fuzilado no mesmo local de sua captura.[883]

As grandes potências — os EUA, a URSS e a República Popular da China — continuavam a exercer grande influência sobre o comunismo ao redor do mundo. Em nenhum outro lugar isso era mais óbvio do que no leste da Ásia. A Coreia do Norte sobreviveu como Estado independente porque Washington sabia que Moscou e Pequim interviriam militarmente se os americanos atacassem o país. Até o início da década de 1970, os comunistas coreanos controlavam uma economia com um desempenho igual ao da maioria dos países marxista-leninistas do Leste Europeu. No período anterior, o Produto Interno Bruto das duas Coreias, a comunista e a capitalista, era quase idêntico. A Coreia do Norte tinha um comércio exterior impressionante, principalmente no setor de exportação de equipamentos para Forças Armadas estrangeiras. Ela era uma sociedade altamente militarizada. Com seu sistema de recrutamento militar, o país mantinha

A ÚLTIMA DAS REVOLUÇÕES COMUNISTAS 467

em prontidão constante um exército com mais de um milhão de homens armados.[884] O líder do partido, Kim Il-sung, gozava do status de figura quase divina. Eram frequentes as reuniões em massa de cidadãos contentes elogiando seus feitos e expressando gratidão por seu governo sábio. Na sociedade coreana, costumava-se dizer que o "Grande Líder", o partido e as massas viviam em harmonia. No entanto, a economia da Coreia do Norte foi se atrofiando à medida que seu orçamento militar engordou. (Enquanto isso, a Coreia do Sul passava por um surto econômico e industrial, já que os financiamentos e a importação de seus produtos de tecnologia avançada por parte do Japão e dos Estados Unidos eram altamente compensadores.) Já na Coreia do Norte, os civis sofriam com a fome; até os estoques de arroz não conseguiam satisfazer as necessidades de consumo do povo.

Mas Kim não se curvava aos desfavoráveis impositivos da situação. Ele calculou que a melhor maneira de conseguir cooperação de países vizinhos era fazer com que suas Forças Armadas fossem temidas na região. Dessarte, mandou que se iniciassem pesquisas e desenvolvimento de componentes para a fabricação de armas nucleares. A população dos campos de trabalho forçado aumentou. Milhões de coreanos, tanto os do norte quanto os do sul, haviam perdido contato com suas famílias desde o armistício de Panmunjon, em julho de 1953. Seria razoável dizer que era como se os norte-coreanos, pelo fato de pouco saberem a respeito da situação na Coreia do Sul, estivessem vivendo em outro planeta.

No Vietnã do Norte, as autoridades do Estado comunista realizaram um esforço mais eficaz para reunificar o país, que havia sido dividido depois que os franceses se retiraram da Indochina, após haverem sido derrotados em Dien Bien Phu e a assinatura dos Acordos de Genebra, em 1954. O líder comunista Ho Chi Minh vinha lutando pela independência da "República Democrática do Vietnã" desde a Segunda Guerra Mundial e não pretendia ficar adstrito aos acordos assinados em Genebra. Ele havia feito muitas viagens pela Europa e pelos Estados Unidos. As lideranças soviéticas e chinesas não se mostraram animadas com uma retomada das hostilidades, porém Ho Chi Min resolveu seguir em frente sozinho, tal como fizera Mao no fim da década de 1940.[885] Em 1958, ele estava pronto para atacar o sul. O Vietcong, exército do Vietnã do Norte, iniciou os combates nesse mesmo ano, com avanços rápidos e profundos, e o governo de Eisenhower teve que preencher o vazio deixado pelos franceses financiando o sistema defensivo do Vietnã do Sul para enfrentar os ataques dos comunistas. O presidente Kennedy enviou soldados para a região, mas, como estes não conseguiram derrotar o Vietcong, os EUA tiveram que fornecer ajuda adicional maciça. Em 1968, o presidente Johnson, sucessor de Kennedy, aumentou para mais

MUTAÇÃO

de meio milhão o número de soldados destinados a combater na região. A posição oficial dos Estados Unidos era de que, se o Vietnã do Sul se tornasse comunista, ela seria a primeira da fila de peças de um dominó de países do sudeste da Ásia que tombaria diante do avanço do comunismo.

No conflito, o Vietcong usou uma estratégia de guerrilha e evitou combates abertos e intensos. Realizou infiltrações nos povoados do Vietnã do Sul. Uma após a outra, destruiu seletivamente e com ataques precisos unidades dos estacionamentos militares americanos. A reação do Pentágono foi sancionar medidas que incluíam a desfolhação química de florestas em que as forças americanas achavam que o inimigo se escondia. Porém, a estratégia americana tinha várias falhas. Os americanos deixaram de providenciar uma operação de limpeza no organismo governamental sul-vietnamita, que estava corrompido dos pés à cabeça. Ademais, as operações militares americanas faziam os vietcongues parecerem dedicados patriotas e os ianques, embora bombardeassem Hanói constantemente — a capital do Vietnã do Norte — e atacassem seus depósitos de suprimento em voos rasantes, abstiveram-se de usar armas nucleares, que certamente teriam levado Ho Chi Minh à mesa de negociações. O moral de Washington foi abalado pelas manifestações de protesto nas cidades americanas, realizadas por cidadãos contrários à guerra. Boletins noticiosos transmitidos do Vietnã do Sul pela TV, mostrando as atrocidades do conflito — bem como a crescente indignação com o recrutamento militar —, puseram gasolina na fogueira dos clamores públicos das massas. O presidente Richard Nixon, apesar de haver se apresentado como exaltado e clamoroso anticomunista ao assumir o poder em 1969, propôs um acordo de paz às forças vietnamitas enquanto elas avançavam implacavelmente para Saigon, a capital do Vietnã do Sul. Pela primeira vez desde a Segunda Guerra Mundial, uma das duas superpotências mundiais se via diante de uma derrota militar. Em abril de 1975, Washington retirou suas tropas às pressas do território vietnamita. Em cima da hora, diplomatas americanos fugiram de helicóptero pelo telhado da embaixada em Saigon, escapando por um triz do avanço dos norte-vietnamitas.

Ho Chi Minh morreu em 1969, antes de poder testemunhar o próprio triunfo. Quando as autoridades norte-vietnamitas intensificaram seu domínio sobre Saigon, não se esqueceram dele, e a cidade teve o nome mudado para Ho Chi Minh, em sua homenagem. Agora, o Vietnã era um único país. Ho Chi Minh organizara o sistema de governo comunista com base em princípios políticos e econômicos extraídos das experiências soviética e chinesa. A agricultura foi coletivizada, criaram uma rede de campos de trabalho forçado por todo o país, e os elementos das classes "hostis", depois

A ÚLTIMA DAS REVOLUÇÕES COMUNISTAS   469

de capturados, viram-se obrigados a abandonar sua simpatia pelo capitalismo. Impuseram também ao novo país uma ditadura de partido único e espalharam uma onda em que se misturavam patriotismo e marxismo-leninismo. Reforçados e integrados um ao outro, o partido e o exército passaram a funcionar como o monolítico bastião do regime. A República Democrática do Vietnã havia nascido numa guerra colonial e não conhecera outras experiências, a não ser a guerra, desde que conquistara a independência. Tornou-se uma sociedade ainda mais militarizada do que a República Popular da China. Entretanto, sua indústria não produzia quase nenhum armamento. Aliás, o país não tinha quase nenhuma indústria, já que os americanos haviam transformado em escombros as poucas de outrora. Ajuda financeira e fornecimento de materiais bélicos pela União Soviética e China foram fundamentais para sua sobrevivência.

Os norte-vietnamitas comunizaram o sul após a retirada dos americanos. Expropriações e prisões acompanharam a expansão do partido e a presença do exército nas províncias recém-ocupadas. Em um ou dois anos, a economia da parte sul do país havia sido forçada a adaptar-se ao modelo norte-vietnamita. Todavia, a devastação provocada pela guerra estava em toda parte. O Vietnã era uma terra de órfãos, inválidos, casas e arrozais arruinados e florestas envenenadas. A essa altura, Hanói manifestou o desejo de uma reaproximação, mas os americanos impediram o acesso dos vietnamitas à economia mundial. O acordo de paz estava destinado a transformar o país num deserto. Embora a URSS houvesse continuado a fornecer ajuda, ela nunca foi suficiente para uma reconstrução substancial do país.

No entanto, Hanói não se intimidou. Os dirigentes comunistas, sob a liderança de Le Duan, passaram a executar uma agenda de expansão de sua influência na região. O Vietnã se recusou a ser controlado pela União Soviética ou pela República Popular da China, pois achava que tinha forças para caminhar sozinho pelo terreno da política internacional, além de ousadia, experiência e uma tradição de agressividade nacional contra os países vizinhos. O vitimado Vietnã estava se transformando no importuno rufião do sudeste da Ásia. Na realidade, as coisas eram mais complicadas. A longa história da Indochina teve um impacto crescente sobre a região, ainda mais com as disputas de fronteiras. Todos os países da região tinham grandes minorias estrangeiras. O Vietnã e o Camboja viviam em estado de extrema hostilidade entre si, e a ideia de internacionalismo comunista quase não existia para esses países. A China não era um espectador indiferente a esse quadro de acontecimentos. Tanto que ajudara Ho Chi Minh, já que ele serviria para impedir que os Estados Unidos empreendessem qualquer possível cruzada militar contra a China. Agora que o Vietnã fora

MUTAÇÃO

reunificado, ela estava preocupada com possíveis operações militares vietnamitas através das fronteiras da região. Assim, os chineses interromperam a ajuda a Hanói e, em fevereiro de 1979, meses após o Vietnã ter entrado para o Comecon e haver estabelecido firmes laços com a União Soviética, a China e o país se envolveram numa guerra de curta duração. A Indochina era uma região de conflitos convergentes, que levavam às mais esquisitas iniciativas. Desde a Segunda Guerra Mundial, líderes do Ocidente haviam se oposto ao comunismo onde quer que ele brotasse. Mas essa política foi abandonada na década de 1970, quando os EUA realizaram uma aproximação com a República Popular da China e até apoiaram o regime de terror estatal de Pol Pot. Com a mistura que fizeram dos ingredientes de geopolítica, inimigos nacionais e ideologia comunista, os envolvidos na questão criaram uma sopa sinistra.

Ou talvez um bruxo maligno. Esse feiticeiro do mal era Pol Pot, líder do Khmer Vermelho, cujas forças comunistas tomaram o poder em Phnom Penh, capital do Camboja, em abril de 1975. Ele era conhecido pelo apelido de Primeiro Irmão — sutil evocação do personagem de *1984*, de Orwell — e maoista fanático: absorvera as ideias de transformação revolucionária de Mao como se fosse uma esponja.[886]

À medida que partes do país caíam diante dos avanços do Khmer Vermelho, os comunistas instituíam a comunização imediata do local. As terras foram coletivizadas. Até mesmo Mao levara anos para ir tão longe assim, mas Pol Pot não teve paciência. O instituto da propriedade privada foi abolido. Nem Stalin nem Mao haviam tentado uma medida tão extrema. Contudo, Pol Pot continuou a avançar. O funcionamento de mercados e lojas comerciais foi proibido e abolido o uso de dinheiro. A catedral gótica construída no coração de Phnom Penh, orgulho dos colonos franceses, ruiu sob as mãos demolidoras dos comunistas.[887] Os integrantes do Khmer Vermelho consideravam inimigos seus dois tipos principais de estrangeiros no país. A grande minoria vietnamita era um deles. Pol Pot ordenou a devastação dos povoados e a chacina de seus habitantes, bem como uma selvagem limpeza étnica. Igualmente deploráveis foram as dificuldades sofridas pelos estrangeiros de outras nacionalidades que viviam nas cidades do país: o Khmer Vermelho os temia, pois os considerava fonte de hostilidades. Os revolucionários queriam viver e trabalhar numa sociedade cambojana sem ninguém que soubesse mais a respeito do mundo que eles mesmos. (Não que eles soubessem muito sobre isso.) A solução deles foi varrer das cidades populações inteiras. Seus habitantes tiveram que partir em cima da hora para as áreas rurais, sem tempo para preparativos, levando consigo apenas uma esteira, uma tigela de lata

A ÚLTIMA DAS REVOLUÇÕES COMUNISTAS

e as roupas do corpo. Já os cambojanos se isolaram em povoados hostis. Pol Pot demonstrou fria indiferença com a sorte dos exilados: "Mantê-los não é lucro, perdê-los não é prejuízo."[888]

Nenhum governante no mundo havia praticado esse tipo de loucura. A comunidade internacional foi testemunha de deportações em massa, massacres e depredações no Camboja. Os comunistas chineses, por exemplo, haviam realizado campanhas brutais para forçar pessoas a fixar residência nas áreas rurais. Porém, até mesmo Mao não aniquilou suas cidades. Já Pol Pot foi o único a fazer isso na tradição marxista, por não considerar a vida urbana pré-requisito do progresso comunista, mas uma iniquidade que deveria ser eliminada. É verdade que ele esperava se voltar algum dia para a execução de um programa compatível com as formas de comunismo de outras terras. Pol Pot elaborou um projeto de mecanização total da agricultura em dez anos e da construção de uma base industrial para a economia cambojana em vinte. Pretendia dobrar ou triplicar a população do país.[889] No entanto, tudo isso estava reservado para o futuro: sua prioridade imediata era sujeitar os cambojanos às diretrizes governamentais do partido.

Ele assumiu o poder em Phnom Penh, a capital do país, poucos dias depois de os americanos fugirem às pressas do Vietnã, na primavera de 1975. Uma de suas primeiras medidas como chefe de governo foi realizar um expurgo nas fileiras de suas próprias forças. Todo adepto suspeito de simpatia pelos vietnamitas era levado para uma antiga escola de ensino médio, agora denominada Centro de Interrogatório S-21, onde o perseguido sofria torturas diabólicas para que confessasse que havia participado de conspirações imaginárias. Os "micróbios malignos" foram eliminados das entranhas do partido. Os comunistas viam-se forçados a frequentar cursos de doutrinação e autocrítica, além de terem que participar de "reuniões de estilo de vida" à noite, onde deveriam confessar erros cometidos no trabalho durante o dia. O líder comunista instituiu uma "semana" de trabalho de nove dias, após os quais os trabalhadores tinham um dia de folga, mas o décimo dia era, na verdade, reservado à sua educação política.[890] Determinou também que os alimentos fossem usados como instrumento de disciplina e que dessem aos outrora habitantes da cidade uma quantidade de arroz suficiente apenas para evitar que morressem de fome. Todos, exceto os líderes do partido, eram obrigados a realizar pesados trabalhos braçais. Os comunistas impuseram a coletivização das terras e estipularam que os povoados deveriam repassar às autoridades uma parcela da produção agrícola determinada por elas. A frugalidade tornou-se uma virtude oficial. As pessoas receberam ordens para que se mostrassem satisfeitas com todo tipo de alimentos que lhes fosse dado. Muitas delas passaram a capturar

MUTAÇÃO

lesmas, ratos e insetos para se alimentar, porém, quando Pol Pot soube disso, transformou em crime passível de pena de morte o simples ato de se aproveitar os frutos de um coqueiro derrubado por um motivo qualquer.[891]

No Camboja, poucos funcionários dos governos locais tinham especialização na área de administração ou na de economia. Mas era isso mesmo o que Pol Pot queria. Ele não gostava de ter como companheiros pessoas que pudessem adotar ideias e práticas aprendidas numa situação de independência em relação a ele. Procurava manter o comunismo cambojano imune a qualquer tipo de vírus ideológico. Todo o território nacional era permeado por atos de violência e arbitrariedades estatais. Os líderes das várias regiões do país designavam para os cargos públicos seus próprios "dependentes" — "dependentes" eram os equivalentes das "sombras" do clientelismo soviético. A apresentação de relatórios falsos às autoridades superiores tornou-se prática comum.[892] Embora Phnom Penh emitisse ordens para se reprimir esse tipo de coisa, isso acontecia com bastante frequência, por causa das iniciativas tomadas por integrantes do baixo escalão do governo. De mais a mais, o nível de repressão diferia de uma região para outra.[893] Guerreiros sanguinários e embrutecidos transformaram-se na encarnação das próprias leis. Afinal, o Camboja havia passado por uma guerra civil quase ininterrupta nas décadas anteriores e brutalidades eram praticadas rotineiramente por todas as partes envolvidas. O terrorismo estatal do governo de Pol Pot levou o povo e seus algozes, com essas práticas de violência, ao ápice da degradação humana. Um quinto da população morreu como consequência disso, conquanto algumas estimativas elevem essas perdas a níveis ainda mais altos: demograficamente, esse conflito foi a mais devastadora das revoluções comunistas do século 20.[894]

Essa loucura chegou ao fim não por causa da resistência dos cambojanos, mas graças a uma intervenção dos vietnamitas. Desde o início do governo de Pol Pot, ocorreram conflitos bélicos esporádicos entre vietnamitas e cambojanos. Pol Pot aterrorizava a minoria vietnamita de seu país e tomou a idiota decisão de realizar incursões militares no Vietnã. Com isso, as autoridades de Hanói foram levadas a ajudar a criar uma força de exilados que, com um ativo componente vietnamita, atacou o Khmer Vermelho e derrubou Pol Pot do poder em janeiro de 1979. O Khmer Vermelho, porém, foi apenas derrotado, e não eliminado. Anos depois, voltou com força, mas jamais conseguiu dominar o país novamente, e o seu governo de pesadelos foi definitivamente extinguido.

Nessa época, a Revolução Chilena havia sido debelada também. Salvador Allende tinha vencido a eleição presidencial, em setembro de 1970, contra

A ÚLTIMA DAS REVOLUÇÕES COMUNISTAS

seus dois rivais, o ex-presidente Jorge Alessandri e Radomiro Tomic, com 36 por cento dos votos válidos.[895] Com 62 anos de idade, era rechonchudo e usava óculos, mas ainda tinha boa aparência. Transmitiu confiança e simpatia no discurso que fez pelo rádio e acabou conquistando muitos eleitores ainda em dúvida quanto à escolha do candidato. Foi sua primeira campanha vitoriosa após quatro tentativas de se eleger. Líder marxista do Partido Socialista, Allende foi a mais importante figura na coalizão eleitoral estabelecida com o Partido Comunista do Chile. Seu governo, formado pela coalizão Unidade Popular, tinha objetivos radicais. Em seu discurso de posse, ele declarou: "Não serei apenas mais um presidente; serei o primeiro presidente de um governo verdadeiramente democrático, popular, nacionalista e revolucionário da história do Chile."[896] Allende falava na "via chilena para o socialismo". Jamais acreditou na violência como instrumento de transformação. (Em seus escritos, Che Guevara observara afetuosamente que o presidente chileno pretendia "lutar pelo mesmo objetivo por outros meios".)[897] Seu governo planejava realizar uma reforma fiscal para beneficiar os pobres, acabar com o poder dos latifundiários, estabelecer um legislativo unicameral e permitir que o povo participasse da gestão econômica, das decisões políticas e da administração da justiça. Allende dizia com orgulho que adotaria uma política externa genuinamente independente.[898]

A história inteira da América Latina do século 20 o advertia que o poder político e econômico dos Estados Unidos seria usado contra ele. Por outro lado, o legado econômico do governo de Eduardo Frei era lamentável: inflação alta e grandes exigências de melhores salários. No mercado mundial, o preço do cobre, a principal fonte de divisas externas dos chilenos. estava caindo. Quando Washington soube da aposta do presidente chileno na independência político-econômica, suspendeu a ajuda financeira ao país e providenciou para que nem o Fundo Monetário Internacional nem o Banco Mundial o ajudassem também.[899] Além do mais, a União Popular era uma coalizão formada por seis partidos, inclusive pelo dos sociais-democratas, como a ala direita do Partido Comunista do Chile, e pelo dos socialistas, como sua ala esquerda. Como muitas figuras capitais do Partido Socialista, partido do presidente Allende, estavam determinadas a recorrer a meios revolucionários violentos e, às vezes, era difícil para Allende evitar que o envolvessem em problemas. Diante desse quadro, a oposição incendeu, no seio de certos setores da sociedade, um sentimento de repúdio ao governo de Allende. Ademais, no ano anterior à vitória de Allende na disputa presidencial, a Unidade Popular não conseguira a maioria de assentos nas eleições para o Senado e a Câmara dos Deputados. Portanto, as oportunidades para se desestabilizar o novo governo eram grandes.[900]

MUTAÇÃO

O déficit gigantesco do Chile na balança de pagamentos do comércio internacional forçou Allende a buscar ajuda junto às potências amigas. Cuba não podia fornecer quase nenhuma ajuda financeira, já que sua economia dependia dos subsídios da União Soviética. Em 1971, Fidel Castro foi a Santiago para prestar solidariedade política e apoio moral ao país. Seus longos discursos, porém, não eram do agrado do povo chileno — aliás, ninguém em Havana morria de amores por esses discursos, mas tinha que aguentá-los — e sua viagem, que foi intensamente propagandeada e durou três semanas, prejudicou os esforços de Allende para atenuar o clima de apreensão nas esferas comercial, profissional e militar. Os anticomunistas chilenos sabiam que Fidel havia iniciado sua própria revolução recomendando moderação. Embora Allende falasse frequentemente em sua "via pacífica" para o socialismo, não havia nenhuma garantia de que ele manteria a palavra. Ainda que com alguma dificuldade, o governo conseguiu obter no exterior certo alívio para suas dificuldades financeiras. Outros países das Américas Central e do Sul estavam em melhor situação financeira que Cuba para conceder empréstimos. A URSS e a Europa Oriental fizeram também empréstimos ao Chile, num total de 500 milhões de dólares.[901] Os líderes sovieticos tinham dúvidas sobre o sucesso da experiência comunista chilena, mas acharam que não poderiam simplesmente ficar observando Allende e sua Unidade Popular tombarem ao peso das circunstâncias.

O governo chileno cumpriu a promessa de aumentar os salários dos funcionários públicos. Allende nacionalizou muitas indústrias, aumentando em cinco vezes o número das já existentes então. Adotou também o controle dos preços para beneficiar os pobres que haviam levado a Unidade Popular ao poder. Entre os efeitos dessa medida, contudo, podemos citar o crescente transtorno causado no setor comercial. Os donos de pequenos negócios, principalmente, sentiram as consequências disso. A crise econômica se aprofundou. A essa altura, a União Soviética, que nunca tivera confiança nas políticas de Allende, recusou-se a continuar demonstrando ao Chile a mesma generosidade demonstrada a Cuba.[902] Com isso, Allende suspendeu os pagamentos da dívida externa do país.[903]

Apesar disso, Allende e seus ministros mantiveram-se calmos e confiantes. Em julho de 1971, as minas de cobre foram estatizadas. (O sentimento de que os recursos naturais haviam sido pilhados pelas empresas de mineração, inclusive pelas estrangeiras, era tão generalizado no Chile que a oposição apoiou a medida do governo.)[904] Já a reforma agrária foi controversa. Durante séculos, os povos indígenas haviam sido espoliados de suas terras tradicionais pelos latifundiários de língua espanhola, movidos pelo

A ÚLTIMA DAS REVOLUÇÕES COMUNISTAS

desejo de ampliar suas posses. As áreas rurais eram governadas por uma oligarquia. Em 1972, Allende tomou uma decisão para reverter essa situação e anunciou sua intenção de desapropriar 60 por cento das terras cultiváveis para distribuí-las entre os habitantes pobres do campo.[905] A consequência dessa decisão foi a diminuição constante dos níveis de produção agrícola, até porque muitos novos camponeses cultivavam suas terras apenas para fins de subsistência. Além da medida no setor agrário, o governo acelerou o processo de nacionalização da indústria. Em novembro de 1970, apenas 31 delas pertenciam ao Estado. Por volta de maio de 1973, esse número subiu para 165 e havia planos para que aumentasse ainda mais.[906] Na maioria dos casos, era o governo que tomava a iniciativa. Mas a campanha de Allende para levar o povo a participar das reformas induziu setores da força de trabalho a assumir o controle de algumas empresas e expulsar seus funcionários. Naturalmente, isso causou mais indignação e protestos na cidade do que no campo.

Houve um aumento do descontentamento em toda a sociedade. É verdade que os comunistas tinham conseguido 38 por cento dos votos dos trabalhadores na eleição de 1972 para o movimento sindical — e os socialistas levaram o segundo lugar nessa conquista de votos, com 32 por cento. Porém, na escolha de candidatos para ocupar cargos técnicos, os democratas cristãos ficaram bastante à frente dos demais, com 41 por cento dos sufrágios. No universo das mais diversas profissões liberais e especialidades técnicas, era cada vez maior a preocupante suspeita de que a Unidade Popular era incapaz de governar o país com competência. Tampouco os integrantes do mundo operário davam sólido apoio ao governo de Allende. Os que prefeririam se manter sem vínculos com sindicatos constituíam a maioria e muitos deles não gostavam da Unidade Popular.[907]

De repente, o governo foi atingido por uma forte onda de protestos. Ao contrário de Fidel, Allende não exercia controle autoritário sobre a imprensa e talvez nem quisesse isso. Seus inimigos dependiam muito da ajuda financeira e diplomática de Washington; ademais, punham em prática os conselhos da Agência Central de Inteligência. Uma vez que não lançou mão do despótico recurso de mandar prender os líderes das elites tradicionais do Chile, Allende vivia sob o risco constante de sofrer um golpe de Estado, mesmo porque sua gestão da economia não estava gerando prosperidade para quase ninguém. A indústria e o comércio estavam um caos, e a popularidade do governo entre muitos de seus apoiadores, em queda. Mesmo assim, Allende manteve à sua volta um círculo essencial de partidos de esquerda, dirigentes de sindicatos, trabalhadores e camponeses. Achava que, se quisessem removê-lo do poder, teriam que fazê-lo com

476

MUTAÇÃO

ações militares. Não obstante, Allende achava que estava protegido com sua decisão de nomear Augusto Pinochet, um oficial militar apolítico, para chefiar as Forças Armadas. Foi um erro de cálculo catastrófico. Pinochet, assim como muitos no Alto-Comando, detestava o comunismo e a desordem e desejava repor o país nos trilhos da economia capitalista. O secretário de Estado Henry Kissinger conhecia mais as inclinações do general do que Allende. Com sua autorização, a CIA canalizou os recursos necessários para uma exitosa tentativa de tomada do poder.[908]

Pinochet desferiu o golpe em 11 de setembro de 1973. Allende só ficou sabendo o que estava acontecendo quando os tanques avançaram sobre o gramado do palácio presidencial, em Santiago. Foi inútil resistir. As Forças Armadas impuseram sua autoridade rapidamente, mas Allende não se rendeu. Ao reconhecer que sua coalizão governamental não existia mais, matou-se com o fuzil dado a ele por Fidel Castro. Todos os partidos da esquerda se dispersaram como exilados no exterior ou entraram na clandestinidade política. A junta militar não poupou ninguém. O chefe do partido comunista Luis Corvalán foi mandado para a prisão. Em 1976, foi incluído numa troca de prisioneiros internacionais, na qual o dissidente soviético Vladimir Bukovski teve permissão para exilar-se na Inglaterra e Corvalán pôde fixar residência em Moscou. O comunismo chileno, que havia desenvolvido uma estratégia de mudanças econômicas e sociais radicais sem recorrer à violência e à ilegalidade, foi esmagado, e seu partido, banido. Seus militantes foram capturados e mantidos em condições horripilantes no Estádio Nacional de Santiago, até se juntarem às fileiras dos "desaparecidos", depois de serem fuzilados.

Contudo, enquanto a vida continuou difícil para a maioria dos latino-americanos, houve terreno fértil para o crescimento do comunismo nessa região do planeta. Invariavelmente, estudantes da classe média tinham alguns colegas em seu meio que detestavam o "imperialismo ianque" e viam os governos de seus países como opressivos colaboradores dos Estados Unidos. Camponeses e trabalhadores exigiam melhores condições de vida. A Cuba de Fidel Castro era universalmente elogiada por suas reformas sociais e econômicas, e o fim terrível de Allende, considerado mais um exemplo da interferência egoísta e impiedosa dos americanos nas políticas do hemisfério.

Em outras partes do mundo, principalmente na África, os comunistas não desanimavam. Angola era o centro irradiador da luta armada. Os cubanos haviam incentivado o MPLA (Movimento Popular de Libertação de Angola) desde meados da década de 1960, ao passo que a União Soviética iniciara o fornecimento de armas.[909] Ao colapso do Império Português, em 1974-1975, seguiu-se uma guerra civil. Consultas entre Moscou e Havana

A ÚLTIMA DAS REVOLUÇÕES COMUNISTAS 477

resultaram numa divisão do trabalho: Moscou forneceria dinheiro, meios de transporte e equipamento militar, enquanto Cuba enviaria uma força expedicionária para fortalecer o MPLA.[910] Na primavera de 1976, essas providências resultaram na vitória sobre as forças apoiadas pelos EUA, permitindo que Agostinho Neto instituísse no país um governo de orientação marxista-leninista aliado à URSS. A luta, porém, foi retomada pelo exército anticomunista de Jonas Savimbi e, embora tivessem sido criadas instituições de planejamento econômico ao estilo soviético, a guerra contra Savimbi consumiu todas as energias do MPLA. A África do Sul e os Estados Unidos forneceram abundantes recursos financeiros e equipamentos a Savimbi. O conflito só terminou quando, em 2002, Savimbi morreu. Desnecessário dizer que o comunismo foi implantado em Angola, apesar da longevidade do regime de Neto e de seus sucessores.

Os comunistas etíopes foram um pouco mais eficientes na criação de um governo estável. Agitações nas Forças Armadas contra o imperador Haile Selassie levaram, em 1974, à formação do Comitê Coordenador (Derg). Aos poucos e de forma constante, a organização despojou o imperador de seus poderes. Seus membros, contudo, estavam profundamente divididos e o general de divisão Aman Andom, seu primeiro líder, foi morto numa luta entre facções rivais. A ala radical do Derg, chefiada pelo major Mengistu Haile Mariam, assumiu o controle ditatorial do país. Mengistu declarou que as terras agrícolas eram "propriedade do povo etíope" e determinou que fossem distribuídas entre cooperativas de camponeses. O ditador adotou rapidamente um sistema ideológico comunista. Seguidores do regime imperial se opuseram ao seu governo mesmo depois do assassinato do imperador, em 1975. Grupos étnicos, principalmente os eritreus e os somalis, lutaram para se separar do Estado etíope. Mengistu enfrentou oposição dentro do Derg também. Sua resposta a essas ações de resistência foi instituir o Terror Vermelho.[911] Com isso, acabou perdendo a ajuda financeira dos Estados Unidos, que o apoiavam na luta contra os rebeldes eritreus, ajudados pelos soviéticos, porém, a essa altura, ele podia contar com a ajuda da URSS, que havia parado de apoiar os rebeldes eritreus. Em fevereiro de 1977, Mengistu matou o restante de seus rivais e críticos no Derg. Nisso, Moscou enviou para a Etiópia grandes quantidades de dinheiro, armas e assessores militares. Cuba despachou também soldados para o país. A Etiópia havia se tornado um posto avançado estratégico do comunismo mundial no Chifre da África.

Embora a capacidade de combate do Derg houvesse aumentado, as dificuldades básicas do governo comunista etíope se agravaram. Os eritreus e os somalis continuaram a lutar contra um governo que usava métodos brutais de supressão de opositores. A incompetência na gestão da economia era grave e regiões inteiras do país enfrentavam o problema da fome. Os assessores soviéticos chegavam a irritar-se com Mengistu, pois achavam contraproducente sua propensão para adotar medidas políticas violentas; consideravam desnecessárias as execuções contínuas e ficaram decepcionados com sua incapacidade para criar um partido comunista, mobilizar as "massas" e solucionar problemas de inimizades entre as etnias.[912]

Mengistu tinha criado uma ala hospitalar que chegava quase a rivalizar com Pol Pot em matéria de reclusão de opositores políticos em manicômios. Muito difícil de ser controlado, ele havia usado a ajuda de soviéticos e cubanos mais ou menos como quis. O mesmo tipo de tirania ocorreu no Afeganistão. Dois grupos comunistas, o Khalq e o Parcham, atuavam no país desde meados da década de 1960. Embora fossem rivais implacáveis entre si, juntaram-se para formar o Partido Democrático Popular do Afeganistão e lançaram-se em campanha contra o presidente Mohammed Daoud e seu lento processo de reformas. Medidas de modernização do país pareciam ter sido adiadas por décadas. Em abril de 1978, num exitoso golpe de Estado contra o governo de Daoud, os líderes do Khalq, Hafizullah Amin e Nur Mohammed Taraki, tomaram o poder. A ação política foi uma surpresa para o Kremlin, que vinha dando apoio a Daoud. O Parcham advertiu Moscou dos perigos representados pelo extremismo do Khalq. Mesmo assim, Amin prosseguiu com as execuções dos francos inimigos do regime. Nesse clima de tensão e repressão, estourou a guerra civil e revoltas islâmicas dos vários grupos étnicos espocaram em toda parte. Amin tentou obter apoio político anunciando o início de uma campanha de alfabetização e reforma agrária universal. Contudo, num ambiente de violências e insegurança social incessantes, pouco pôde ser feito. Em outubro de 1979, Amin mandou assassinar Taraki. Estava também começando a dar sinais de um desejo de reaproximação de Washington. Foi nessa situação de desintegração política e carnificina crescente que, em dezembro, a liderança soviética tomou a funesta decisão de realizar uma intervenção militar no país.[913]

A tomada do poder em Kabul pelo Khalq representou a última revolução comunista do século 20 e demonstrou de forma incontestável que o comunismo não tinha nenhuma chance de se manter no poder sem recorrer a medidas de repressão maciças. Foram muitas as vezes em que os camaradas soviéticos ficaram horrorizados com o que testemunharam. Eles pertenciam a uma geração que se lembrava dos horrores perpetrados pelo governo de Stalin e quase não conseguiam acreditar na temerária irresponsabilidade

A ÚLTIMA DAS REVOLUÇÕES COMUNISTAS

de Pol Pot, Mengistu Haile Mariam e Hafizullah Amin, porquanto, em suas revoluções, atuaram como líderes mais selvagens do que os primeiros bolcheviques, e até com mais barbaridade do que Stalin e Mao. Eles tentavam solucionar problemas econômicos, governamentais, étnicos e religiosos com atos de força cirúrgica brutais. A devastação provocada por eles desencadeou uma tempestade de ódio pelo comunismo. No entanto, não podemos dizer que o avanço pacífico e gradual de Salvador Allende na condução do país em direção ao comunismo tenha sido mais bem-sucedido; seu governo caminhava rapidamente para o abismo de um desastre econômico e desmantelamento político antes mesmo do golpe de Pinochet. Com sua decisão de trilhar a via comunista, os líderes dos governos revolucionários acabavam descobrindo que haviam entrado num beco sem saída.

PARTE SEIS

SEUS ÚLTIMOS ALENTOS

A PARTIR DE 1980

35. AS VIAS DE FUGA DO COMUNISMO

Do governo de Harry Truman até o de Jimmy Carter, os presidentes americanos haviam agido como se a União Soviética fosse uma instituição que perduraria por bastante tempo no cenário da política mundial. Foi somente em 1988 que Richard Nixon publicou seu livro *1999: Vitória sem Guerra*, onde defendia a ideia de que apenas uma política de détente constante seria capaz de vencer a resistência do comunismo e conduzi-lo à derrota.[914] A URSS era uma potência global. Financiava e controlava dezenas de partidos comunistas e suas organizações de "fachada", além de estender seu poderio militar e seu prestígio para terras d'além-mar. Seus mísseis eram capazes de varrer do mapa cidades europeias, japonesas e americanas em questão de minutos. Tinha também submarinos ancorados no Vietnã. Conquanto fosse cada vez menor o número de comunistas que achassem a União Soviética infalível ou que se aliassem a ela de forma automática, sua influência continuava enorme. Nenhum outro Estado comunista, nem mesmo a República Popular da China, chegava perto da condição de um possível rival seu. Embora o comunismo tivesse profundas divisões internas ao redor do planeta, os Estados comunistas cobriam a terça parte da superfície terrestre. A maioria das pessoas achava que esse estado de coisas poderia perdurar por um longo número de anos, ainda que muitos soubessem, logicamente, que o comunismo estava enfrentando dificuldades de desenvolvimento econômico e uma crescente onda de ressentimento e insatisfação nas sociedades em que fora imposto. Mas ninguém imaginava ou comentava que estava muito perto o dia em que a maioria dos países comunistas desapareceria da face do planeta.[915]

Com a eleição presidencial americana de novembro de 1980, a política global sofreu uma transformação. Carter havia sido criticado pelo fracasso no resgate dos diplomatas americanos mantidos como reféns pelo governo iraniano, sob a liderança do Aiatolá Khomeini. O líder americano era acusado também de ser um presidente fraco, por não enfrentar a contento as ambições políticas da URSS. A invasão soviética do Afeganistão foi considerada uma prova de que o Kremlin estava determinado a realizar uma expansão sem limites do modelo soviético. Entre os americanos, era crescente o sentimento de que seu país havia perdido o senso de missão civilizatória no mundo. Além do mais, desde a derrota no Vietnã, em 1975, a ferida aberta no orgulho nacional americano ainda não havia cicatrizado.

Ronald Reagan venceu a eleição presidencial com facilidade, ganhando um mandato para sanar essa situação quando assumisse o cargo, em janeiro de 1981. Os líderes soviéticos, já desanimados com a rejeição de uma distensão política por parte de Jimmy Carter, ficaram muito preocupados. O *Pravda* publicava matérias frequentes de Reagan, nas quais o descrevia como um ignorante fomentador de guerras, que rejeitava negociações e preferia recorrer a temerários riscos calculados com o emprego de armas nucleares. Até ser eleito governador da Califórnia, em 1967, ele era famoso apenas como ator de Hollywood e presidente do Sindicato dos Artistas. Uma vez que fazia questão de descansar bastante e delegar poderes a subordinados, alimentou a ideia de que era uma pessoa sem firmeza, mas quase não fez nada para desfazer essa imagem. Com os cabelos tingidos e uma cordialidade sorridente, era tido como um joguete por seus manipuladores, que conseguiram aumentar aos poucos a tensão nas relações entre soviéticos e americanos. Reagan permeava seus discursos com anedotas e evitava as complexidades dos assuntos de Estado. Chegava a fazer piada, quando achava que não estava sendo gravado, sobre o lançamento de mísseis contra Moscou. Pelo visto, algum paciente havia assumido a direção da ala de psiquiatria.

Uma de suas convicções fundamentais em relação ao comunismo era que o haviam tratado com indulgência excessiva. Declarou que a URSS era o "império do mal" e asseverou que os Estados totalitários eram "o núcleo do mal do mundo moderno".[916] Truman, quando adotou a política de contensão do expansionismo soviético, em 1947, achava que este cessaria, em razão das próprias dificuldades internas da União Soviética. Já Reagan foi mais agressivo: "O Ocidente não conterá o comunismo, mas o suplantará. Não se dará o trabalho de condená-lo [...]; ele o descartará como um capítulo bizarro da história da humanidade, cujas últimas páginas estão sendo escritas até hoje."[917] Como se recusava a aceitar o fato de que a Guerra Fria era uma situação permanente, Reagan intensificou a pressão sobre o orçamento soviético aumentando os gastos militares americanos. Em 1985, dez anos depois, eles haviam dobrado.[918]

Com sua belicosidade, Reagan foi, em 1981, tão militante quanto Churchill fora em 1918 sem ser militarista. Tanto que, onde no mundo houvesse uma ameaça soviética, ele munia de armas seus inimigos locais. Assim, deu autorização para que se criasse um déficit público gigantesco. A resistência dos mujahidin contra o governo-fantoche dos soviéticos no Afeganistão, por

AS VIAS DE FUGA DO COMUNISMO

485

exemplo, recebeu Stingers, mísseis terra-ar.[919] Reagan mandou também que enviassem dinheiro e armas aos Contras, rebeldes que lutavam contra os reformadores radicais — os sandinistas — do governo de Daniel Ortega, que havia chegado ao poder em julho de 1979.[920] Washington apoiou também as forças governamentais e paramilitares em El Salvador, que tentavam eliminar o movimento guerrilheiro marxista conhecido como Frente de Libertação Nacional Farabundo Martí. Em outubro de 1983, ele ordenou que os fuzileiros navais americanos destruíssem o governo marxista do movimento New Jewel, da minúscula ilha caribenha de Granada. Já o corrupto ditador militar da Guatemala Efrain Rios Montt foi elogiado por Reagan, que o classificou como pessoa "totalmente dedicada à democracia".[921] Não foi a mais convincente de suas afirmações, mas serviu para mostrar quanto estava determinado a vacinar a política mundial para evitar que fosse infectada pelo comunismo. Reagan começou também a direcionar sua política contra os acordos com a República Popular da China negociados por Nixon e Carter. Decidiu que os americanos não deveriam mais deixar Taiwan entregue à própria sorte. Preferiu correr o risco de um confronto com Deng Xiaoping a abandonar sua política anticomunista.

Absteve-se, porém, de retirar o status de "nação mais favorecida" da Romênia, Hungria e Polônia. Assim como Carter, queria ajudar os líderes comunistas desses países a criar problemas para a URSS na Europa Oriental. Somente em 1982, depois de as Forças Armadas polonesas terem esmagado o sindicato Solidariedade, ele revogou as concessões que estavam sendo feitas ao governo polonês.[922] Além disso, o aumento das taxas de juros globais deixou Washington numa situação mais vantajosa em suas relações diplomáticas com os países do Leste Europeu, já que a maioria deles caiu numa situação de débito desesperadora para com o sistema bancário ocidental.[923] A União Soviética, cuja economia tinha seus próprios problemas, viu-se forçada a socorrer financeiramente o Bloco Soviético, pois, do contrário, enfrentaria dificuldades políticas crescentes na região.

Nessa mesma época, Reagan propôs um acordo para acabar com a possibilidade de uma terceira guerra mundial. Estava possuído de um otimismo sem limites. Em 1981, enviou uma carta manuscrita a Brejnev fazendo apelos para a "normalização" das relações entre os dois países. (O Politburo tratou essa atitude como demagogia.[924]) Após jogar o SALT II no lixo, solicitou que dessem início ao START (Strategic Arms Reduction Talks), que seriam as Conversações para a Redução de Armas Estratégicas. Na visão de Reagan, qualquer ideia de Destruição Mútua Assegurada (MAD, na sigla em inglês) seria loucura, já que era perfeitamente possível que pelo menos um míssil acabasse penetrando no espaço aéreo inimigo.[925] O único resultado possível num conflito como esse, pois, seria a devastação recíproca dos envolvidos e um planeta inabitável. As medidas de segurança adotadas pelos americanos não serviriam para nada. Em março de 1983, Reagan comprometeu-se a financiar a Iniciativa de Defesa Estratégica (SDI, na sigla em inglês), que ficou imediatamente conhecida como Guerra nas Estrelas — uma referência à série de filmes de ficção científica de George Lucas. Com isso, Reagan alimentava a esperança de que os cientistas e tecnólogos americanos capacitassem suas Forças Armadas a interceptar e eliminar qualquer míssil balístico lançado contra os Estados Unidos. O presidente americano afirmou reiteradamente que estava disposto a compartilhar esse tipo de tecnologia com as outras potências mundiais. Aos líderes soviéticos disseram que eles também poderiam receber essa tecnologia. Reagan declarou que seu maior objetivo com isso era conseguir a extinção de todas as armas nucleares.

O Politburo soviético tinha motivos para desconfiar dele e contestar suas intenções.[926] Quando, em 1981, foi realizada uma conferência comunista internacional, Brejnev estava com um problema de saúde, mas a linha de orientação política continuou firme e conservadora. Os comunistas achavam que o capitalismo estava em processo de decadência e o comunismo, em ascensão. Chegaram a alimentar dúvidas sobre a exequibilidade da Iniciativa de Defesa Estratégica (no entanto, o Politburo tomou a precaução de ordenar que seus cientistas começassem a trabalhar num projeto rival).[927] Os céticos em relação à SDI no próprio governo Reagan, bem como nos governos dos países da Otan, não eram raros. Com essa iniciativa, o presidente americano conseguira, no mínimo, causar perplexidade. Se ele achava que a União Soviética era tão maligna, por que teria a intenção de eliminar armas nucleares e compartilhar tecnologia de armas antibalísticas com os soviéticos? Seria realmente possível desenvolver um sistema de SDI? Seria sensato, se o sistema pudesse ser criado de fato, repassá-lo à União Soviética? E se Reagan acabasse irritando a República Popular da China, como os Estados Unidos lidariam com a deterioração das relações com as duas grandes potências comunistas ao mesmo tempo?

Brejnev morreu em novembro de 1982 e Iúri Andropov foi empossado pela URSS como o novo secretário-geral do partido. Andropov reconhecia a necessidade de mudanças políticas e econômicas caso os soviéticos quisessem mesmo se manter em certo nível de competitividade com os Estados Unidos. Assim, lançou apelos em favor de uma renovação da ênfase na disciplina e para acabar com a corrupção. Dezenas de funcionários dos comitês central e regionais do partido foram aposentados, além de exigida a pontualidade e o empenho no ambiente de trabalho. Andropov afirmou que a liderança soviética não conseguira entender as condições reinantes na sociedade. Quis

AS VIAS DE FUGA DO COMUNISMO

dizer com isso que essa falha cavara um abismo entre o partido e a maioria dos cidadãos. Nos bastidores, criou um grupo de políticos mais jovens, do qual faziam parte Mikhail Gorbatchev e Nikolai Rijkov, para que conhecesse que tipo de reformas era necessário fazer na economia soviética. Deu início também a uma revisão da política externa do país. Andropov propôs discretamente que tanto os Estados Unidos quanto a União Soviética dessem garantias formais de que não interviriam militarmente em países sob o controle de ambos. Com essa decisão, ele indicava que desaprovava o que havia acontecido na Hungria em 1956 e na Checoslováquia em 1968. Os soviéticos enviaram sinais confidenciais a Cuba de que a URSS estava revogando as garantias de defesa militar à ilha. No plano mundial, lançaram apelos não apenas para a limitação dos arsenais de armas nucleares das superpotências, mas também para uma redução drástica delas.

Andropov, ex-presidente da KGB, sabia que, a menos que a União Soviética conseguisse demonstrar uma capacidade constante para o desenvolvimento de tecnologia militar, ele teria parcos recursos para apresentar na mesa de negociações. O Politburo sancionou essa visão do líder soviético e foi aprovada a aplicação de investimentos na modernização das Forças Armadas soviéticas. Os russos haviam decidido, pois, que a paridade tecnológica com os Estados Unidos conseguida por Brejnev deveria ser reconquistada, mesmo à custa da redução do padrão de vida das massas. Andropov queria "aperfeiçoar" o sistema comunista; mantivera-se à espera dessa oportunidade por muito tempo, mas achava também que o desafio geopolítico de Reagan tinha que ser enfrentado. Portanto, a Guerra Fria iria esquentar ainda mais.

Imersos nesse estado de coisas, era improvável que Moscou e Washington conseguissem restabelecer relações diplomáticas normais. A desconfiança mútua continuava intensa e os acontecimentos pareciam justificar o estado de espírito dos dirigentes de ambas as nações. Em agosto de 1983, um avião de passageiros sul-coreano, o KAL-007, foi derrubado depois de invadir acidentalmente o espaço aéreo soviético no Extremo Oriente. Todos os 269 passageiros morreram. Os militares soviéticos responsáveis pela derrubada da aeronave haviam achado que o transvio acidental do avião era apenas um estratagema para um ataque nuclear. Quando ficou patente o caráter inofensivo do sobrevoo da aeronave em território soviético, Reagan classificou o incidente como crime contra a humanidade. Algumas semanas depois, em novembro, a KGB apresentou um relatório a Andropov informando que fontes de serviços secretos tinham indícios de que os Estados Unidos estavam planejando lançar um súbito ataque nuclear contra a União Soviética.[928] Em tese, isso seria feito sob o disfarce de um exercício militar

488 SEUS ÚLTIMOS ALENTOS

americano denominado Operação Able Archer. As Forças Armadas soviéticas entraram em estado de alerta máximo. O menor mal-entendido por parte de uma ou outra das duas superpotências poderia ter desencadeado a Terceira Guerra Mundial e provocado um holocausto global. Todavia, Andropov manteve-se calmo, recusando-se a tomar medidas preventivas. Por fim, o estado de emergência secreta passou e nenhum político soviético ou americano quis comentar o que havia acontecido. Foi uma situação quase tão grave quanto a crise dos mísseis de Cuba, em outubro de 1962, mas os principais envolvidos acharam sensato ocultá-la de seus cidadãos.

Reagan reconheceu que sua mensagem sobre o desejo de eliminar tensões entre seu país e a URSS não estava sendo compreendida:

> Durante meus primeiros anos em Washington, acho que muitos de nós no governo davam como certo que, assim como nós, os russos achavam impensável que os Estados Unidos tomariam a iniciativa de lançar um ataque contra eles. Porém, quanto mais experiência fui acumulando em minhas relações com os líderes soviéticos e outros chefes de Estado que os conheciam, comecei a entender melhor que muitos dirigentes soviéticos nos temiam não apenas como adversários, mas também como possíveis agressores que poderiam iniciar um ataque nuclear contra eles.[929]

Reeleito em 1984, ele procurou assegurar aos líderes soviéticos que desejava a paz; indicou também que estava querendo a retomada de negociações.[930] Isso não seria fácil. Já na ocasião em que assumiu o cargo de secretário-geral, Andropov enfrentava problemas de saúde e acabou morrendo em fevereiro de 1984. Konstantin Tchernenko, seu sucessor, havia sido assessor direto de Brejnev. Agilidade mental para além da esfera das tarefas governamentais rotineiras nunca fora um de seus pontos fortes e sua saúde estava bastante afetada pelo enfisema pulmonar. Reagan estava tentando negociar numa situação em que era o único negociador sentado à mesa.

Contudo, a sorte sorriu para a estratégia americana quando, em março de 1985, Tchernenko morreu e foi substituído por Mikhail Gorbatchev. No Ocidente, já havia a propensão de dar ao novo líder um tratamento diferente do dispensado aos secretários-gerais anteriores. A primeira-ministra britânica Margaret Thatcher havia dito: "Gosto do senhor Gorbatchev. Acho que podemos negociar." Gorbatchev se conduzia com amistosa flexibilidade, desconhecida em todos os secretários-gerais anteriores. A opinião de Thatcher a seu respeito passou a ser rapidamente compartilhada por outros líderes ocidentais. Na União Soviética, foram iniciadas reformas na política e na economia,[931] e os soviéticos disseram aos dirigentes comunistas de

AS VIAS DE FUGA DO COMUNISMO 489

Leste Europeu que não poderiam mais contar com a ajuda militar da URSS para sustentar seus governos.[932] O presidente Reagan juntou-se à turma de admiradores de Gorbatchev quando, em novembro, se encontraram em Genebra pela primeira vez. Os dois se deram muito bem. Ambos estavam ávidos para reduzir o número de mísseis nucleares que seus países tinham apontados um para o outro; objetivavam, se possível, eliminar esses mísseis de todos os arsenais e pôr um fim à Guerra Fria. Somente a recusa de Reagan de suspender o apoio à Iniciativa de Defesa Estratégica fez com que as negociações fracassassem. Os dois líderes saíram da rodada de negociações cientes de que haviam perdido uma chance de travar um acordo fundamental para o apaziguamento de hostilidades entre os dois países.

As grandes dificuldades da URSS ajudaram a intensificar o empenho de Gorbatchev na adoção de reformas internas e externas. A Polônia era uma preocupação constante para os soviéticos, já que greves e manifestações de protesto continuavam, alimentadas pela força militante do sindicato Solidariedade. A Europa comunista dependia do petróleo e do gás barato fornecido pela União Soviética — segundo consta, cerca de 75 bilhões de dólares em subsídios foram enviados por Moscou aos países do Leste Europeu na década de 1970.[933] Ademais, bancos do Ocidente ajudavam países comunistas a saírem de dificuldades financeiras com empréstimos constantes.[934] A pressão sobre o orçamento soviético havia aumentado com a invasão do Afeganistão — e aumentaria de novo em 1986, quando os principais exportadores de petróleo globais concordaram em reduzir o preço do produto. O custo da intervenção militar de Cuba em Angola continuava acima do que a União Soviética podia bancar.

Se a URSS quisesse mesmo competir algum dia com os Estados Unidos em desenvolvimento econômico, precisaria reduzir muito seus gastos na área militar. Computadores pessoais e, mais tarde, a Internet estavam fazendo as coisas avançarem em grande velocidade. As empresas americanas seguiam na vanguarda do avanço econômico, e estava ocorrendo uma rápida expansão no mercado mundial de bens de consumo. A URSS sempre ficara para trás, porém, agora, via seus principais concorrentes sumirem de vista na dianteira da corrida econômica e industrial. Não dava mais para acreditar que o capitalismo estivesse no estado terminal de uma crise global. A Grécia e a Espanha entraram para a União Europeia e deixaram de ser os territórios atrasados do continente. O crescimento comercial da Irlanda foi notável. Em outras partes do mundo houve progressos semelhantes. A República Popular da China havia aprendido com Taiwan e Hong Kong — territórios considerados chineses e reivindicados por ela — que o capitalismo tinha um dinamismo econômico e social que faltava ao comunismo.

490 SEUS ÚLTIMOS ALENTOS

A Coreia do Sul estava dando aos chineses a mesma lição (embora esta tenha sido ignorada pela Coreia do Norte). Foi o caso também das progressistas Indonésia e Malásia. O "Terceiro Mundo" estava superando a União Soviética em capacidade industrial e dinamismo tecnológico. Entre os membros do Politburo soviético que achavam necessário transferir para outra área a ênfase na aplicação de recursos do orçamento no setor de armamentos, a conveniência de uma melhoria nas relações com os Estados Unidos era inquestionável.

Assim, seguiram-se quatro reuniões de cúpula. Em Reykjavik, em outubro de 1986, Gorbatchev e Reagan quase chegaram a um acordo para a extinção de seus armamentos nucleares, porém de novo a SDI se revelou um obstáculo insuperável. Em dezembro de 1987, em Washington, Gorbatchev reconheceu que o apego de Reagan à SDI era indissolúvel, e os dois assinaram o Tratado de Forças Nucleares de Alcance Médio. Foi um marco no caminho em direção ao fim da Guerra Fria. Pela primeira vez na história, os EUA e a URSS tinham concordado em destruir grande parte de seus arsenais de armas nucleares. Em abril de 1988, Gorbatchev anunciou sua decisão de retirar as forças soviéticas do Afeganistão e, em sua visita à Organização das Nações Unidas, em Nova York, em dezembro de 1988, renunciou à aplicação de princípios ideológicos, como o da "luta de classes", nas relações internacionais.[935] Já o Afeganistão foi o símbolo de algo maior. Gorbatchev deixou claro, tanto para o Politburo soviético quanto para Reagan, que a União Soviética não pretendia mais causar problemas aos interesses dos Estados Unidos no Terceiro Mundo. Recusou-se a continuar apoiando a revolução nicaraguense e forçou os cubanos a saírem da África. Além disso, questionou a validade de os soviéticos continuarem a fornecer subsídios a um regime do Iêmen do Sul de uma autenticidade marxista duvidosa.[936] (Não que a URSS não tivesse problemas nessa questão.) Gorbatchev rejeitava a teoria de Lenin e de Stalin, bem como a política exterior exercida por Khrushchev e Brejnev.

Embora recebesse tudo isso com satisfação, Reagan continuou a exercer pressão diplomática. Por motivos práticos, ele abandonou sua retórica contra Pequim e concentrou sua munição no comunismo da União Soviética e dos países do Leste Europeu — essa mudança de atitude foi facilitada para ele pela percepção de que os chineses, sob a liderança de Deng Xiaoping, estavam empreendendo reformas econômicas básicas e adotando princípios capitalistas. O presidente americano não voltou mais a afirmar que a URSS era um império do mal; chegou mesmo a desvincular conversações sobre direitos humanos na União Soviética de debates sobre o controle de armas.[937]

AS VIAS DE FUGA DO COMUNISMO 491

No entanto, em dois discursos — um no Muro de Berlim, em junho de 1987, e o outro na Universidade Estatal de Moscou, em maio de 1988 — ele disse coisas que foram muito além do que Gorbatchev desejava ouvir então. Em Berlim Ocidental, exigiu do líder soviético: "Senhor Gorbatchev, derrube esse muro!" Em Moscou, em maio de 1988, destoando, em pé, de um busto gigantesco de Lenin, ele declarou: "A liberdade é o reconhecimento de que nenhuma pessoa, nenhuma autoridade governamental têm o monopólio da verdade..."[938] Para se expressar dessa forma, Reagan ignorou aconselhamento político e diplomático. Ele entendia melhor do que seus especialistas que suas palavras atiçariam as chamas da oposição aos regimes dos países do Leste Europeu sem pôr em risco seu relacionamento com Gorbatchev.

As agências de espionagem americanas intensificaram os contatos com dissidentes políticos na Europa Oriental. Agentes levavam mensagens de apoio e ajudavam a divulgar casos de abusos políticos. Levavam dinheiro também. Ronald Reagan, presidente de 1980 a 1988, queria fazer tudo que fosse possível para derrubar a Cortina de Ferro que isolava a Europa Oriental. Ele tinha um aliado no papa João Paulo II, o polonês Karol Wojtyla, que havia sido arcebispo de Cracóvia até 1978. No passado, era difícil para os que se rebelavam contra o comunismo sobreviver sem emprego formal, pois podiam ser acusados de "vadiagem" pelas autoridades. A CIA e o Vaticano puseram mãos à obra oferecendo ajuda de forma discreta. Organizações informais, algumas das quais com pouquíssimos filiados e recursos financeiros, começaram a fazer a mesma coisa.[939] Era o mesmo que o Partido Comunista da União Soviética estava fazendo para ajudar o movimento comunista mundial. Portanto, assim como dólares chegavam a Roma, enviados por Moscou, outros mais partiam de Roma e Washington para Varsóvia. O dinheiro ajudou, mas não foi o fator crucial no enfraquecimento do comunismo no Leste Europeu. Se o dinheiro fosse o fator principal para mudanças políticas, os comunas italianos teriam conseguido instituir um governo comunista muito tempo antes (e o papa teria sido expulso do Vaticano). O uso de subvenções financeiras conseguia apenas acelerar um processo de mudanças. Foi o caso também em 1917: o "ouro alemão" ajudou os bolcheviques a se prepararem para a tomada do poder, porém não foi nada comparado com o principal recurso que tinham à disposição.

A oposição a Gorbatchev na liderança central do partido se restringia a assuntos internos do país. Na política externa, ele tinha carta branca para agir. Ninguém no Politburo se opôs à sua campanha para dar um fim às disputas com os Estados Unidos e reduzir os gastos da União Soviética com armas nucleares. Gorbatchev era o superastro do universo de negociadores

SEUS ÚLTIMOS ALENTOS

soviéticos. Nenhum político contemporâneo conseguia rivalizar com ele em popularidade mundial, e Reagan facilitou as coisas para ele recusando-se a cantar vitória pelas concessões que estavam sendo feitas por parte dos soviéticos.

George H. Bush, antes de vencer a eleição presidencial de novembro de 1988, tinha assegurado a Gorbatchev que não haveria um retrocesso nos avanços conquistados. Outrora cético em relação à sinceridade do compromisso dos russos para realizar reformas, o novo presidente americano tornou-se um crente das novas inclinações soviéticas — e estava determinado a não se deixar intimidar "pelos capangas insignificantes" que militavam à direita de Ronald Reagan.[940] Mesmo assim, mostrou-se frio com Gorbatchev durante alguns meses e houve uma pausa no desenvolvimento das relações entre americanos e soviéticos.[941] Mas a reação de Gorbatchev a acontecimentos no Leste Europeu fez Bush mudar de ideia. Quando Henry Kissinger visitou Moscou, em janeiro de 1989, e propôs o estabelecimento de um controle político conjunto dos EUA e da URSS sobre a Europa, Gorbatchev a recusou imediatamente.[942] O que Kissinger pretendia com isso é uma questão que não foi esclarecida em suas memórias: teria ele realmente proposto uma simples modificação do *status quo* dos países da região? Parece que sim. Kissinger, como seu antigo mestre Nixon, não conseguia imaginar um mundo em que países europeus ficassem fora do escudo político das duas superpotências. Pelo menos Gorbatchev entendeu que a maneira de soviéticos e americanos apreciarem a geopolítica estava obsoleta e ele não podia se dar o luxo de irritar o presidente Bush, que não tinha a mínima intenção de ter que voltar a fazer esforços para iniciar do zero uma nova détente.

Gorbatchev dava a impressão de que estava sendo mais eficiente do que o presidente Bush no trabalho de anticomunismo dos americanos. As condições na China caminhavam para uma situação de explosão política quando estudantes criticaram abertamente as autoridades do país. Em fevereiro de 1989, Bush partiu para Pequim determinado a atuar em defesa da democracia. No banquete oficial, ele insistiu para que entre os comensais estivesse o dissidente intelectual Fang Lizhi como seu convidado. As agências de segurança chinesas, contudo, apresentaram desculpas a Bush e prenderam Fang discretamente. Já Gorbatchev não foi fácil controlar. O líder soviético visitou Pequim em meados de maio, quando fazia um mês que a Praça da Paz Celestial estava sendo ocupada pacificamente por estudantes em manifestações de protesto. Gorbatchev lançou seus costumeiros apelos em favor da democracia e métodos de tratamento político pacíficos. A imprensa chinesa fez todo o possível para dar a impressão de

AS VIAS DE FUGA DO COMUNISMO

que nada de incomum estava acontecendo, porém centenas de jornalistas tinham vindo de outras partes do mundo para cobrir a visita do líder soviético e permaneceram no país depois que ele partiu. Pela primeira vez na história, as autoridades da República Popular da China sentiram na pele a pressão instantânea da cobertura da mídia global. Todavia, no fim das contas, isso não produziu nenhum efeito positivo na orientação política adotada pela liderança comunista chinesa. Na noite de 3 para 4 de junho, o Exército de Libertação Popular avançou com seus tanques sobre a Praça da Paz Celestial, causando uma carnificina com centenas de mortos. A intervenção dos agentes externos falhou em sua tentativa de fazer com que Deng Xiaoping adotasse, nas palavras de Gorbatchev, "um novo pensamento".

Ao voltar para Moscou, Gorbatchev teve que tomar decisões fundamentais relacionadas com a Europa Oriental. A complicação política na Polônia atingiu um ponto crítico no verão de 1989. Vieram as eleições. Os comunistas sofreram uma derrota acachapante e cederam o lugar no governo aos integrantes do Solidariedade. O precedente fora estabelecido. A República Democrática Alemã ruiu sob a pressão de manifestações de protestos populares. O governo romeno de Ceausescu foi derrubado. A essa altura, toda a Europa Oriental estava envolta nas chamas de um incêndio anticomunista. Nos últimos dias do ano, a luz do fim do processo convulsivo surgiu na extremidade do túnel. Os comunistas já tinham sido expulsos do governo ou estavam em retirada em todos os países da região em que, até pouco tempo atrás, tinham as rédeas do poder ditatorial. E Gorbatchev não moveu um dedo sequer para ajudar seus companheiros do Pacto de Varsóvia.[943]

Bush ficou perplexo: "Se os soviéticos pretendem de fato deixar que os comunistas sejam destituídos do poder na Alemanha Oriental, parecem mesmo determinados a aceitar mudanças — mais determinados do que pensei."[944] Nesse processo, um país após outro conquistou independência política. Na solicitação que fez ao Politburo, Gorbatchev agiu com cautela para que o órgão aprovasse a retirada das forças militares soviéticas desses países.[945] Nenhum líder de partido, de forças policiais ou do Exército apresentou objeções ao caráter inevitável da estratégia. O ministro da Defesa Dmitri Yazov observou: "Teríamos que voltar para casa algum dia."[946] No encontro de cúpula entre Bush e Gorbatchev no litoral de Malta, em dezembro de 1989, Gorbatchev levantou a questão da possibilidade de se reunificar as Alemanhas. Mais ou menos em janeiro de 1990, ele e seu núcleo de liderança haviam tomado a decisão de pôr isso em prática.[947] O comunismo estava morto na Europa Oriental e Gorbatchev parou de se preocupar com os comunistas do velho "império externo". Os membros do Politburo soviético estavam mais ansiosos para travar contato com Václav Havel e seus antigos dissidentes do Fórum Cívico na Checoslováquia do que preservar as ligações políticas com o Partido Comunista da Checoslováquia.[948] Cuba ficou totalmente entregue à própria sorte. Ademais, os soviéticos solicitaram a Fidel Castro que moderasse seu discurso antiamericano e evitasse operações militares no exterior.[949] Jaime Pérez, secretário-geral do Partido Comunista do Uruguai, fez uma visita a Moscou para manifestar-se em defesa de Fidel, mas foi recebido por Vladimir Ivajko, representante de Gorbatchev, e não pelo próprio líder soviético.[950] Quando, em dezembro de 1990, Bush reuniu uma força imensa para expulsar o exército de Saddam Hussein do Kuwait, Gorbatchev queixou-se do uso da força para solucionar problemas internacionais, porém, afora isso, não apresentou nenhuma outra objeção aos americanos.

Contudo, Bush recusou o pedido de empréstimo de 1,5 bilhão de dólares solicitado por Gorbatchev na primavera de 1991. O líder soviético era considerado incapaz de empreender reformas econômicas abrangentes, pois, ao mesmo tempo, manobrava para manter ao seu lado seus companheiros mais cautelosos e, portanto, talvez contrários a mudanças profundas.[951] Quando a problemática economia soviética atingiu um ponto crítico, Gorbatchev partiu para Londres em junho para negociar com os líderes das sete maiores economias do mundo, na chamada reunião do G7, da qual participou de chapéu na mão. Explicou que, além das concessões que já havia feito, não tinha nada para oferecer em troca. Argumentou que o mundo tinha interesse em evitar o colapso da União Soviética e procurou tirar proveito de sua popularidade no Ocidente. Mas seus esforços foram inúteis e ele voltou para Moscou de mãos vazias.

Por muitas razões, tanto internas quanto externas, os principais subordinados de Gorbatchev chegaram à conclusão de que ele estava levando a União Soviética para o abismo. Em 18 de agosto, organizaram um golpe de Estado contra ele. Porém, os golpistas, tal como ficaram conhecidos, pecaram pelo excesso de confiança no sucesso da operação e Boris Iéltsin, o presidente russo, conseguiu frustrar o golpe. Gorbatchev voltou para o Kremlin, mas o poder real foi transferido para Iéltsin. Bush, contudo, preferiu não tratar Iéltsin com o devido respeito e continuou a apoiar Gorbatchev. Afinal, os Estados Unidos não queriam que a União Soviética se desmantelasse. Em visita a Kiev, Bush aconselhou os soviéticos a evitarem a secessão. Explicou que a queda do comunismo na Europa Oriental era uma coisa e que o desmembramento de uma potência multinacional em unidades independentes e inconstantes era outra. Apesar disso, em 8 de dezembro os presidentes

AS VIAS DE FUGA DO COMUNISMO

da Rússia, Ucrânia e Bielorrússia tomaram a decisão de dividir a URSS. Bush continuou a transitar pelos corredores do poder para manifestar-se em favor de Gorbatchev. Ele tinha pouca imaginação histórica. Assim como Gorbatchev, parece que ele havia se aferrado à suposição de que, mesmo que os "países bálticos" — Estônia, Letônia e Lituânia — conseguissem separar-se da união, nenhuma outra república soviética seguiria o exemplo. Bush estava apostando no cavalo errado, mesmo após o término da corrida.

Gorbatchev curvou-se diante do inevitável e aceitou a exigência de independência da Rússia. À meia-noite do último dia do ano de 1991, a União Soviética deixou de existir.[952] O Ocidente sentiu uma alegria incomensurável. Afinal, o totalitarismo havia sido derrotado na Europa Oriental e depois na URSS também. A Guerra Fria chegara ao fim. O Ocidente vencera o conflito ideológico e o comunismo soviético jazia prostrado no chão. Em poucos anos, o que outrora era considerado uma possibilidade remota tornou-se realidade. A Revolução de Outubro, o marxismo-leninismo e a URSS haviam sido lançados no monturo de lixo da história — e isso aconteceu com nada parecido com a imensidão de violências que se poderia esperar. Ocorrera com mais queixas do que com estampidos.

36. O ANTICOMUNISMO NA EUROPA ORIENTAL

A Europa a leste do rio Elba fervilhava de sentimentos hostis para com a União Soviética e o comunismo. Em todos os países da região havia pessoas que se lembravam de uma época em que sua nação, cultura e religião eram respeitadas. Elas se ressentiam do fato de serem obrigadas a viver encurraladas num enclave despótico do continente. Observavam que outros países, como a Polônia, a Hungria e a Checoslováquia, eram o centro geográfico da Europa. Consideravam a expressão "Europa Oriental" uma designação degradante, que lhes fora imposta em razão da forma pela qual a Segunda Guerra Mundial terminou.

De modo geral, o sistema de governo comunista era mais severo na Romênia, Albânia e Bulgária, onde os regimes extirpavam os brotos de qualquer oposição antes que conseguissem crescer. A Polônia era tida como um exemplo terrível do que aconteceria se os dirigentes comunistas não mantivessem um sistema de repressão. Os governantes da Checoslováquia e da República Democrática Alemã teriam gostado de poder agir com a mesma severidade. Mas estavam cientes de sua grande impopularidade e que dar certa liberdade a objetivos nacionalistas era importante para eles. Dissidentes eram constantemente mandados para a prisão, embora raramente fossem submetidos a maus-tratos físicos. Na Checoslováquia, Václav Havel e sua Carta 77 formavam um grupo heterogêneo, composto por intelectuais, ativistas cristãos e ex-comunistas reformistas. Mesmo depois do fim da détente, eles continuaram a operar e seu otimismo estava aumentando. A República Democrática Alemã não tinha nenhuma personalidade eminente como Havel, mas o movimento oposicionista que germinou no país foi notável. Embora a Stasi — a polícia de segurança — houvesse penetrado nessa organização nascente, não conseguiu extirpá-la da sociedade comunista alemã. Quase não surpreende que o Politburo soviético tenha feito poucos esforços para explorar a oportunidade oferecida pela morte de Tito, em 1980. O fato é que o Politburo soviético estava sobrecarregado da necessidade de preservar o que restara da imensa autoridade conquistada outrora.

O ANTICOMUNISMO NA EUROPA ORIENTAL

A expansão da influência da União Soviética pela Europa Oriental não era mais uma possibilidade realista.

Enquanto isso, na Polônia os protestos contra o comunismo se intensificaram. Trabalhadores, intelectuais e membros do clero uniram esforços em prol da mesma causa quando, em julho de 1980, Gierek elevou os preços dos produtos no varejo para enfrentar o desequilíbrio orçamentário de seu governo. Em agosto, os trabalhadores dos estaleiros de Gdansk entraram em greve sob a liderança de Lech Walesa. Com seu sorriso fácil e grosso bigode, Walesa tornou-se imediatamente o símbolo do desejo de independência e do fim do comunismo na Polônia. Aliás, ele era um orador nato, capaz de transmitir sua mensagem e audácia com ou sem microfone. Mas era também um bom negociador. Sempre sabia o que queria em todas as reuniões de que participava e jamais se perturbava nem deixava de negociar com polida determinação. Walesa procurava aconselhar-se regularmente com os intelectuais do Comitê de Defesa dos Trabalhadores (KOR). Consultava também integrantes da Igreja Católica. Contudo, sabia pensar por si mesmo e sua popularidade não diminuiu nem um pouco pelo fato de ele ser operário. Seu projeto era criar um sindicato livre do controle comunista, sindicato que deveria se chamar Solidariedade (*Solidarnosc*). Em setembro de 1980, os polacos realizaram uma conferência para criar a organização e, no início de 1981, ela já contava com a estupenda filiação de 10 milhões de membros. Quase a força de trabalho inteira da Polônia, exceto os membros do Partido Comunista (e até muitos desses se filiaram), aderiu ao sindicato.

Gierek prendeu Walesa e outros líderes do Solidariedade, porém descobriu que isso apenas servira para atiçar a atitude desafiadora da população. O fracasso da estratégia e da gestão econômica era inegável e o Partido Unificado dos Trabalhadores Polacos estava em dúvida quanto ao que fazer a respeito disso. A classe trabalhadora polonesa se organizara para se manter em confronto permanente com o regime comunista. Nada mais incisivo para indicar que o comunismo oprimia as "massas trabalhadoras". O Politburo soviético não ocultou sua apreensão por esse estado de coisas, e Erich Honecker, o dirigente da República Democrática Alemã, fez pressão sobre a própria União Soviética para que ela tratasse a Polônia com firmeza. Honecker receava que os distúrbios na Polônia atravessassem as fronteiras de seu país; em todos os encontros que teve com Brejnev, pressionou o líder soviético para que tomasse medidas mais severas.[953] A confiança do Kremlin em Gierek acabou quando o Solidariedade prosseguiu com suas atividades. Brejnev e o Politburo exigiram uma mudança no quadro de dirigentes do Partido Unificado dos Trabalhadores Polacos e a normalização da ordem

498 SEUS ÚLTIMOS ALENTOS

comunista. Para restabelecê-la, recorreram aos préstimos de um militar, o general Wojciech Jaruzelski, que se tornou primeiro-ministro em fevereiro de 1981 e, em outubro, primeiro-secretário do partido.

Jaruzelski instituiu a lei marcial em dezembro de 1981. Ele fez isso tanto para evitar uma invasão das tropas do Pacto de Varsóvia quanto para restaurar a ordem na Polônia. Na verdade, o Politburo soviético havia decidido não intervir militarmente no país, mesmo que o Solidariedade conseguisse chegar ao poder, mas Jaruzelski não tinha conhecimento dessa decisão.[954] O Solidariedade foi banido e outros militantes seus acabaram presos. Apesar disso, não houve uma diminuição das greves e das manifestações de protesto. A rede de agências e grupos de ativistas do Solidariedade sobreviveu aos ataques da polícia; suas gráficas produziram panfletos, cartões-postais e mensagens em fitas de áudio. Grafiteiros espalhavam slogans pelos muros das cidades, tais como "O inverno é de vocês, mas a primavera será nossa".[955] Os membros da Igreja Católica faziam sermões incisivos, encarecendo a necessidade de a população ter fé e um comportamento patriótico. O próprio Jaruzelski mostrava-se relutante em recorrer ao uso de ações violentas além do absolutamente necessário à manutenção da ordem política e social. Ele tinha pela frente uma tarefa impossível de realizar. Até porque o Partido Comunista e as instituições que ele patrocinava — sindicatos, associações juvenis e clubes culturais — causavam repulsa na população. O resultado desse estado de coisas foi a instalação de um impasse: embora Jaruzelski houvesse conseguido tranquilizar um pouco a situação, não conseguiu liquidar o Solidariedade, que por sua vez não foi capaz de vencer o governo militar do general. A Polônia era como um inseto preso em âmbar. Não havia nenhuma possibilidade de o país conseguir algum tipo de mudança política e econômica fundamental, tampouco a perspectiva do fim da lei marcial.

A tentativa de "normalização" do país incluía medidas para aumentar a autonomia dos empreendimentos estatais e expandir os mecanismos de mercado. Não foi um recurso totalmente ineficaz. Tanto que o Produto Interno Bruto cresceu 20 por cento entre 1982 e 1986. No mesmo período, houve uma expansão de 12 por cento nas atividades agrícolas. Mas os investimentos tinham sofrido uma redução drástica. Com isso, continuaram a faltar produtos industriais e agrícolas. A carne tinha que ser racionada. Embora o governo houvesse conseguido renegociar o pagamento dos juros das dívidas contraídas com bancos do Ocidente, mantinha-se preso num gargalo orçamentário. A Polônia tornou-se dependente da indulgência da União Soviética e do restante da Europa Oriental quando seu déficit comercial com os países comunistas aumentou.[956] De Brejnev e Andropov até

O ANTICOMUNISMO NA EUROPA ORIENTAL

Tchernenko, a liderança soviética ficou sem saber o que fazer. Essa era a única carta que Jaruzelski tinha na mão para preservar o próprio moral: o general sabia que, no jogo político, ele representava a última chance do Kremlin antes que seus integrantes se decidissem por uma invasão militar.

Ao assumir o poder em Moscou, em março de 1985, Mikhail Gorbatchev modificou os princípios das relações internacionais na Europa Oriental. O mundo voltou sua atenção para suas reformas internas quando ele reformulou o partido, descentralizou a economia e incentivou amplas liberdades em matéria de debates públicos. Sem alarde, porém, ele estava remodelando as ligações do Kremlin com seu "império exterior". Quando os líderes comunistas dos países do Leste Europeu chegaram para participar do funeral de Tchernenko, Gorbatchev deu sinais confidenciais de que a União Soviética jamais voltaria a interferir em suas decisões políticas.[957] Nem todos os presentes no recinto conseguiram acreditar no que ouviram. Acharam que talvez isso não passasse de retórica política. Seria possível que os líderes soviéticos, que haviam ordenado a invasão da Hungria em 1956 e da Checoslováquia em 1968, deixariam que os países da região passassem a cuidar do próprio destino por si mesmos? Na época, somente a Polônia se achava sob o guante de um controle político severo. Quiçá, portanto, Gorbatchev estivesse se referindo a uma hipotética situação futura, em que um país-membro do Pacto de Varsóvia manifestasse indevido descontentamento para com seus governantes. Honecker, Husak, Kadar e Jivkov tentaram se convencer de que tudo terminaria bem. Presumiram que, assim que o jovem "Misha" conseguisse entender de fato as realidades do poder a leste do Elba, ele pararia com essas conversas perturbadoras. Outra possibilidade considerada por eles era de que Gorbatchev não ficaria muito tempo no cargo.

Foram várias as reações aos apelos por reformas fundamentais nos países do Leste Europeu. Jaruzelski e Kadar não podiam ser comparados com Ceausescu em sua disposição para recorrer ao uso da força contra a ação de dissidentes. Até mesmo Husak, Honecker e Jikov preferiam tratar seus encrenqueiros políticos com uma moderação que teria espantado os líderes dos países da Europa Oriental na década de 1960 — e esses líderes, por sua vez, foram menos rigorosos com seus inimigos políticos do que o comum das ações repressivas na época de Stalin. É verdade, porém, que os dissidentes mais importantes eram tratados de forma mais suportável do que alguns de seus seguidores mais obscuros. Mas havia a tendência de se evitar a adoção de medidas extremamente severas. Na Hungria, houve a tentativa de se seguir o caminho contrário e aprofundar as concessões aos dissidentes. Aliás, Karoly Grosz, que sucedeu a Kadar em maio de

SEUS ÚLTIMOS ALENTOS

1988, emulou Gorbatchev em sua linha de ação governamental. A maioria dos líderes comunistas veteranos detestava Gorbatchev, porém as pessoas "comuns" da região o adoravam. Os dissidentes, quer fossem reformadores comunistas, quer anticomunistas confessos, viam sua orientação política como uma fonte de consolo. Encorajados pelo que sabiam a respeito de Moscou, foram adotando cada vez mais as táticas polacas e realizaram agitações políticas contra o governo de seus países com todos os meios de que podiam dispor.

Nesse ínterim, Misha Gorbatchev consolidava sua supremacia política em Moscou e demonstrou que estava determinado a cumprir o que dissera aos chefões dos partidos da Europa Oriental em março de 1985. Ele queria que fossem feitas reformas no Leste Europeu de maneira tão rápida e profunda quanto no caso da URSS. Esperava que, caso os veteranos refratários se recusassem a cooperar, reformadores mais jovens se livrassem deles aos poucos. O líder soviético preferia observar princípios de cordialidade nas relações políticas. Ao contrário de seus antecessores, ele não desejava cumprir a função de impositor de dirigentes políticos: achava que cada país tinha que escolher sua própria liderança comunista. Evitou, pois, a tentação de aconselhar Kadar ou até mesmo Husak a abdicar de seus cargos.[958] Ademais, rejeitou a solicitação do general romeno Militaru para que apoiasse um golpe de Estado contra Ceausescu.[959] Ele dizia aos líderes comunistas o que ele achava que tinha que ser feito e, geralmente, eles fingiam que concordavam com ele — Jikov era um mestre dessa tática.[960] Enquanto isso, Gorbatchev minava discretamente o *status quo* em toda a região. O *Pravda*, bem como os vários semanários soviéticos, passou a fazer propaganda em favor de reformas fundamentais; exemplares dessas publicações eram rapidamente postos à disposição dos leitores nas bancas de jornais do império exterior. Também para fins de propaganda, o próprio Gorbatchev excursionou com grande ânimo pela Europa Oriental. Em sua visita a Praga, em março de 1988, e a Berlim Oriental, em outubro de 1989, declarou-se apaixonadamente empenhado em mudanças fundamentais no sistema comunista soviético. As multidões o saudavam nos percursos que ele fazia a pé durante a excursão, com clamores afetuosos, como: "Gorby! Gorby!" Com essas manifestações, procuravam usá-lo como símbolo da marcha contra os abusos praticados pelos comunistas na Europa Oriental desde 1953.

A Polônia sentiu o impacto da campanha de Gorbatchev, tanto que Jaruzelski e seus ministros adotaram atitudes conciliatórias para com o Solidariedade. Em setembro de 1986, o general Kiszczak mandou soltar todos os prisioneiros políticos, e Walesa, sem que com isso comprometesse sua posição anticomunista, declarou que era necessário "estabelecer

O ANTICOMUNISMO NA EUROPA ORIENTAL

um diálogo" nacional.[961] O papa João Paulo II fez mais uma visita à sua terra natal em junho de 1987. As multidões que se acotovelavam para saudá-lo portavam faixas com inscrições do Solidariedade e da fé cristã. A ocorrência de uma explosão de descontentamento nacional era apenas uma questão de tempo. Em 1988, mineradores e trabalhadores de estaleiros entraram em greve. O governo solicitou o início de negociações e Jaruzelski indicou Mieczyslaw Rakowski, um reformador comunista, como primeiro-ministro, mas sua capacidade de persuasão foi insuficiente para convencer não comunistas a aceitar fazer parte de seu gabinete. O Comitê Central do partido sofria com divisões internas cada vez mais amplas. Em fevereiro de 1989 foram iniciadas conversações para uma conciliação com o Solidariedade, das quais resultou um complicado acordo para a realização de eleições, com a condição de que fossem reservados muitos assentos para o Partido Comunista e seus aliados.[962] As forças anticomunistas subiram nas tamancas. Publicaram um cartaz apresentando Gary Cooper numa cena de *Matar ou Morrer* usando um broche do Solidariedade na lapela, em vez da estrela de xerife. O governo sofreu uma derrota esmagadora na eleição de 4 de junho de 1989, com o Solidariedade conquistando 160 das 161 cadeiras do Senado. Em qualquer outro sistema político, Jaruzelski teria abdicado. Mas se manteve no cargo com o apoio de ninguém menos que o presidente americano George H. Bush, que visitou a Polônia em julho. Com a aprovação do Solidariedade, Jaruzelski tornou-se presidente. Contudo, foi Tadeusz Mazowiecki, um eminente ativista católico, que se tornou primeiro-ministro e designou colegas do Solidariedade para ocupar a maioria de cargos dos ministérios.[963]

Havia ocorrido uma revolução silenciosa. Ela ocorreu no mesmo dia em que na distante China, na Praça da Paz Celestial, os tanques do Exército de Libertação Popular esmagaram uma manifestação de protesto de estudantes desarmados. (O regime de Honecker foi notável nas felicitações que deu às autoridades chinesas por sua ação repressiva.)[964] Se a Polônia era considerada um país de sorte, é porque havia trabalhado durante muitos anos para conquistá-la. Tinha minado e derrubado o comunismo sem revoltas ou guerra civil. O Gabinete de Ministros de Mazowiecki incorporou à equipe de assessores o economista Leszek Balcerowicz, um radical defensor da economia de livre-mercado, para implantar o capitalismo no país. A economia estatal estava prestes a ser desmantelada. Por enquanto, os efeitos da nova atmosfera política estavam confinados a um único país. Todavia, a mídia dos países da Europa Oriental, agora menos rigidamente controlada, divulgou os acontecimentos na Polônia com suficiente abrangência para que todos soubessem o que havia acontecido. A represa tinha se

SEUS ÚLTIMOS ALENTOS

rompido e o povo do Leste Europeu ficou sabendo que o comunismo havia permitido a própria remoção dos bastiões do poder num pais de enorme importância geoestratégica para a URSS — e o Exército soviético não realizou nenhuma intervenção.

A queda do comunismo em Varsóvia quebrou o feitiço que mantinha muitas mentes escravizadas. Se os poloneses foram capazes de se libertar, talvez outras nações conseguissem fazer a mesma coisa. Os líderes comunistas ficaram claramente apreensivos. As tensões aumentaram e, em vários países, as pessoas experimentavam uma sensação, cada vez mais forte, de que um conflito decisivo era iminente. Na Romênia e na Albânia, a polícia continuou a lidar brutalmente com a oposição. Ceausescu não era mais o queridinho dos *establishments* políticos do Ocidente, agora que Gorbatchev estava atacando os velhos princípios da política soviética. Apelos para que Ceausescu realizasse reformas foram mal recebidos. Na Checoslováquia, República Democrática Alemã e Bulgária, o caudal dos oposicionistas engrossava cada vez mais, porém ainda não transbordara pelos muros do sistema comunista. Na Hungria, Grosz alinhou-se com os integrantes da campanha em favor de reformas profundas, mas teve que enfrentar os distúrbios populares provocados pelos novos ares que se respiravam na região. Em toda parte predominava um clima de expectativas. Teria sido difícil mobilizar as tropas do Pacto de Varsóvia contra países rebeldes no Leste Europeu, mesmo com Gorbatchev tendo sido destituído do poder no verão de 1989. Exigências por parte das massas borbulhavam na superfície do oceano político onde antes haviam sido mantidas submersas.

Desde a partida de Kadar, a política na Hungria tinha sido tensa e instável e foi lá que ocorreram as grandes mudanças seguintes. Em 16 de junho, menos de uma quinzena após a vultosa eleição na Polônia, o corpo de Imre Nagy foi desenterrado de seu miserável túmulo no lote 301 do cemitério e velado num funeral decente, ao qual compareceram 200 mil patriotas. Os líderes comunistas tentaram associar sua imagem à de Nagy, porém os acontecimentos estavam ficando fora de controle. Em setembro, fizeram um acordo com grupos políticos oposicionistas integrantes do movimento Discussões da Mesa-Redonda. Combinaram que deveriam realizar eleições livres. Os comunistas — o Partido Socialista dos Trabalhadores Húngaros — dividiram-se em dois partidos. O esforço da autorreforma era demais para os comunas, que fizeram concessões ao povo como quem lança confetes sobre a multidão. O nome do país foi alterado e a constituição sofreu emendas. O fim estava próximo. Em meados de outubro, os comunistas tombaram quando perderam o controle sobre instituições, políticas

O ANTICOMUNISMO NA EUROPA ORIENTAL   503

governamentais e decisões cotidianas. O estranho é que poucos de seus líderes pareciam lamentar o que estava acontecendo. A República Popular da Hungria tornou-se simplesmente a República da Hungria. A remoção do termo "popular" do nome do país foi, paradoxalmente, um sinal de que a vontade popular passava finalmente a ser respeitada. Os acontecimentos na Hungria representaram mais uma revolução barulhenta, mas pacífica.

Enquanto isso, havia meses que os problemas se acumulavam na República Democrática Alemã. Gorbatchev contribuiu pessoalmente para aumentar o número deles em 7 de outubro, na comemoração em Berlim do quadragésimo aniversário de criação do país. "A vida em si", declarou ele com seu estilo sentencioso, "pune os que se atrasam". Honecker não ligou nem um pouco para a observação; pelo visto, achava que estagnação era realmente o estilo de vida mais conveniente para os alemães. E simplesmente não conseguia entender o que a multidão entoava em coro: "Nós somos o povo!" Já seus companheiros mais jovens e inteligentes pensavam diferente. Compreendiam que somente atos de repressão maciça poderiam impedir mudanças radicais no país e sabiam que o resultado disso seria o isolamento e a recusa de qualquer tipo de ajuda externa. Até mesmo a União Soviética estava incentivando a oposição anticomunista a entrar em ação. Por causa disso, os colegas de Honecker se recusaram a permitir que a polícia atirasse numa multidão de manifestantes em Leipzig. Depois do episódio, destituíram Honecker do cargo de líder da nação, e Egon Krenz assumiu as rédeas do poder. Sua primeira medida foi reabrir as fronteiras com a Hungria, decisão que foi o mesmo que escancarar os portões do país para que seus cidadãos tivessem livre acesso ao Ocidente. Os líderes da República Democrática Alemã ficaram confusos e desesperados. Contudo, para surpresa geral, eles abriram os postos de controle do próprio Muro de Berlim em 9 de novembro, provocando imediatamente uma onda de euforia. No dia seguinte, viam-se grandes grupos de alemães do lado oriental e do ocidental dançando e atravessando, radiantes, a faixa do muro em ambas as direções. Jovens dos dois lados arrancavam tijolos do muro infame. Embora o governo comunista ainda permanecesse no poder, não tinha mais autoridade nem vontade para usá-lo na separação dos povos.

Em seguida, foi a vez do dirigente búlgaro Todor Jivkov, que havia dominado o país desde 1954. Ninguém na Europa, tanto do lado oriental quanto do ocidental, havia permanecido no poder por mais tempo que ele. Em 10 de novembro, ele foi abruptamente retirado do governo por reformadores do Politburo liderados por Petar Mladenov. Todos eles tinham sido indicados por Jikov. Haviam demorado a se mostrar abertamente identificados com o tipo de políticas aprovadas por Gorbatchev, mas o aumento das atividades anticomunistas nas ruas de Sófia os deixou abalados. Mladenov assumiu o poder, assim como Krenz fizera na República Democrática Alemã, quando as autoridades já estavam perdendo o controle da situação. As manifestações contra as autoridades tinham começado com protestos relacionados à ecologia e depois se voltaram para preocupações com a falta de direitos civis. Mladenov prometeu reformar o Partido Comunista e o governo, controlado por membros da organização, deu garantias de que faria também reformas políticas, sociais e econômicas. Com isso, evitou ser derrubado imediatamente do poder. No entanto, os manifestantes como que sentiam no ar o bodum da presença de comunas reformistas no governo que não inspiravam confiança. Em fevereiro de 1990, o partido teve que abrir mão de sua pretensão de eterna permanência no poder. Os reformistas se separaram do Partido Comunista e formaram o Partido Socialista da Bulgária, que venceu as primeiras eleições livres desde o período anterior à Segunda Guerra Mundial. Foi uma revolução popular contra o comunismo realizada por ex-líderes comunistas. Lenin teria classificado como oportuno o acontecimento.

Que mais poderia acontecer antes de o ano de 1989 terminar? Já então eram infaustas as perspectivas políticas do comunismo na Iugoslávia e, fato incomum no caso da Europa Oriental, não tinham quase nenhuma relação com os acontecimentos nos outros países da região. As pessoas em Belgrado, Zagreb e Liubliana não davam praticamente nenhuma atenção às afirmações de Gorbatchev ou a rumores sobre exercícios militares recentes do Exército soviético. A conturbada estabilidade política da Iugoslávia desde a Segunda Guerra Mundial foi abalada pela morte de Tito, em 1980, e ela entrou numa fase de conflitos entre suas repúblicas e nações nos anos subsequentes.

Os problemas eram graves na Bósnia-Herzegóvina, onde sérvios e croatas conviviam lado a lado — e onde os muçulmanos alimentavam ressentimentos contra ambos. No Kosovo, os albaneses perseguiam os sérvios. O resultado disso foi uma intensificação do conflito em âmbito local. O afrouxamento dos vínculos da Federação permitiu que lideranças republicanas agissem em favor de sua própria causa nacional, com a Sérvia tomando a dianteira desse processo. Embora as autoridades sérvias houvessem prosperado sob o governo de Tito, ressentimentos contra elas nunca se dissiparam. Além do mais, o comunismo perderia quase toda influência em Belgrado. A divulgação e publicação de literatura de cunho nacionalista foram autorizadas e o número de empreendimentos da iniciativa privada aumentava a cada dia. Enquanto isso, a Igreja Ortodoxa procurava se fortalecer para ter

O ANTICOMUNISMO NA EUROPA ORIENTAL 505

mais participação nos assuntos sérvios. A república, como um todo, era um barril de pólvora. A faísca que acendeu o pavio chispou em 1987, quando o presidente sérvio Ivan Stambolic apoiou a candidatura de seu favorito, Slobodan Milosevic, como líder partidário, que cultivava a imagem de protetor dos sérvios em toda parte. No Kosovo, ele declarou a seus protegidos: "Ninguém encostará a mão em vocês!" Em 1989, tornou-se um implacável substituto de Stambolic na Presidência. Ele atiçou os sérvios de outras repúblicas contra povos da Federação, perseguiu os não sérvios do Kosovo e de Voivodina e aboliu seu status de províncias autônomas. Milosevic foi o imperador interno da Iugoslávia. Ele apostava que a força da Sérvia intimidaria as outras repúblicas e as induziria à submissão.

A reação às mudanças feitas na Sérvia não demoraria a ocorrer na Croácia e na Eslovênia. Quando os discursos nacionalistas se intensificaram, a política na Iugoslávia criou um círculo vicioso de ressentimentos. Explosões de violência entre grupos nacionalistas hostis tornaram-se corriqueiras. Os presidentes das repúblicas tiveram dificuldades para lidar uns com os outros e Milosevic não demonstrou nenhum interesse em negociar: ele queria todo o poder para si e para a Sérvia. Ao mesmo tempo que suprimia organizações políticas croatas e albanesas na Sérvia, permitiu a criação de novas instituições sérvias — inclusive partidos nacionalistas; além disso, incentivou uma florescente economia de mercado e fez vista grossa à corrupção, a grupos de criminosos e a violências paramilitares. A Sérvia não era mais uma república de partido único — e, em julho de 1990, ele mudaria o nome de sua própria organização partidária para Partido Socialista da Sérvia.[965] A ordem comunista havia sucumbido muito antes de a Iugoslávia ter sido cremada nas chamas de suas guerras e expurgos étnicos ao longo do restante da década.[966] Isso não aconteceu com a franca condenação do comunismo pelas massas e a destituição de seus antigos líderes. Edifícios públicos ainda exibiam retratos de Tito. Milosevic continuou as reformas com astúcia, substituindo discretamente o marxismo por princípios nacionalistas. Os distúrbios testemunhados em Varsóvia, Berlim e Bucareste não se repetiram em Belgrado.[967]

Nos últimos dias de 1989, somente dois países, Albânia e Romênia, pareciam ter governantes que talvez se aferrassem à manutenção do comunismo. O dirigente albanês Enver Hoxha havia morrido em 1985 e fora substituído por Ramiz Alia. Durante algum tempo, Alia alimentara a intenção de realizar o mínimo de reformas possível. Seu regime, agora sem o apoio da República Popular da China, não tinha nenhum amigo no mundo. Sua principal vantagem em relação aos Estados outrora comunistas era que seus

SEUS ÚLTIMOS ALENTOS

críticos soviéticos e ocidentais demonstravam pouco interesse em realizar uma intervenção no país. Alia acenou com a possibilidade de adotar políticas de reforma econômica, porém, de modo geral, manteve-se firme na preservação dos velhos princípios e continuou a alimentar a vã esperança de que, em breve, a maré da história sofreria uma inversão.

Tal como Alia, Nicolae Ceausescu tratava com escárnio qualquer proposta de reformas na Romênia. Ele aproveitou uma de suas costumeiras oportunidades para exibir-se diante de uma multidão de admiradores em 21 de dezembro, ocasião em que assomou na sacada do imponente edifício do Comitê Central em Bucareste. Os elementos da multidão haviam sido submetidos aos usuais mecanismos de peneiramento e a polícia estava a postos, como sempre. Ceausescu, ladeado pela esposa e pelos principais assessores, deu uns passos à frente, a fim de discursar para as "massas" subservientes. Logo, porém, que pronunciou as primeiras palavras, ouviu burburinhos queixosos sussurrando pela multidão. O Guia do Povo, tal como se intitulava, embora o título fosse constrangedoramente reminiscente de ditadores fascistas, não estava acostumado com isso. Instintivamente, começou a criticar violentamente os seus críticos. A multidão irritou-se, assumindo ares ameaçadores. Foi como a cena estereotipada de um filme épico sobre a Roma antiga. (Algo bastante oportuno, já que Ceausescu sempre tentara identificar-se com a grandeza do Império Romano.) As pessoas começaram a resmungar, avançar e erguer os punhos. As forças de segurança se abstiveram de tentar restaurar a ordem. De repente, Ceausescu percebeu o perigo que tinha diante de si. O líder romeno retirou-se em pânico do local, pegou um helicóptero com destino à zona rural e pouco depois tentou reunir forças que o apoiassem. Todavia, ninguém acorreu para ajudá-lo. Alguns dos principais comunistas do país estavam entre os que tomaram a iniciativa de anunciar o colapso — o mais repentino e esplêndido dos seis meses de colapsos semelhantes — da ordem comunista. Não houve misericórdia para o casal Ceausescu. As novas autoridades não queriam os dois vivos e capazes de contar a história da parte desempenhada por seus sucessores na manutenção do comunismo antes de 1989. Portanto, foram fuzilados em 25 de dezembro.

Se houve uma ocasião em que a teoria do dominó saiu exitosa da prova a que fora submetida, isso aconteceu na Europa Oriental nos últimos meses de 1989. Entretanto, sua validade foi comprovada de maneira oposta à da forma prevista. O tombamento em cadeia das peças do dominó comunista nessa metade do continente não resultou em um número maior de Estados comunistas, mas na extirpação do comunismo. Manifestações de violência

O ANTICOMUNISMO NA EUROPA ORIENTAL

ocorreram esporadicamente durante esse breve período, porém os dirigentes desses países tiveram o cuidado de recorrer a todas as modalidades de repressão disponíveis; observaram as razões pelas quais seus colegas dos Estados adjacentes estavam se envolvendo em dificuldades: nenhum deles queria atrair sobre si a imagem infame de dirigentes que governavam sem a aprovação popular.

O ano havia sido desastroso para os comunas reformistas. Ramiz Alia continuava a asseverar que a Albânia seria capaz de resistir à tendência de mudanças radicais; na visão dele, um sistema comunista reformado conseguiria sobreviver e prosperar. Mas, em março de 1991, sob a ameaça de manifestações de rua, até ele teve que permitir a realização de eleições multipartidárias.[968] Embora seu Partido Trabalhista da Albânia houvesse conquistado a maioria dos votos, o fim do sistema estava próximo. Em 1992, os comunistas foram derrotados pelo Partido Democrata e removidos do governo: a última pedra do dominó havia tombado. Alia se apresentara como reformista no fim da carreira. Outros políticos do Leste Europeu haviam esperado durante décadas para tirar do caminho seus conservadores companheiros comunistas e instituir o sistema comunista com que sonhavam. Reformistas húngaros, em 1956, e depois checoslovacos, em 1968, haviam tentado fazer isso, porém sofreram intervenções militares. Esses comunas viviam movidos pela imorredoura esperança de que, se essa forma alternativa de comunismo fosse tentada, atrairia o apoio da nação. Contudo, na época em que os reformistas tiveram a chance de fazer isso, suas ideias eram irrealistas. Talvez, na verdade, a chance deles fosse muito pequena. A agenda do comunismo reformista tinha sido abandonada rapidamente por uma revolta húngara em 1956. Além do mais, na Europa Ocidental os eurocomunistas haviam percebido que, para que os povos ficassem satisfeitos, bastava lhes proporcionar a manutenção de um sistema multipartidário e uma sociedade e cultura pluralistas. Em nenhuma parte da Europa Oriental os comunistas haviam chegado ao poder no fim da década de 1940 com uma maioria de votos.

É verdade que os comunas venceriam eleições em certos países da região na década de 1990,[969] mas, para conseguir isso, tiveram que abandonar subitamente suas políticas de reformismo comunista. Tiveram que se tornar — ou aparentar que haviam se tornado — socialistas ou sociais-democratas. O comunismo sucumbiu a leste do Elba, em 1989, porque Moscou abriu mão de seu domínio sobre a região, e os países, de um jeito ou de outro, enfrentaram seus governantes comunistas. O clima de impaciência, frustrações e raiva foi ficando mais pesado com o passar dos anos. O ano de 1989 criou uma conjuntura única de condições propícias a mudanças. Contudo, é de duvidar que os comunas reformistas houvessem se saído melhor em suas ações políticas se tivessem podido contar com um ambiente mais favorável.

37. O COMUNISMO CAPITALISTA DA CHINA

Mao Tsé-tung morreu alguns minutos depois da meia-noite do dia 9 de setembro de 1976. A disputa pelo poder, que vinha se intensificando havia meses, tornou-se frenética. Ele se esforçara para preservar seu legado procurando consagrar Hua Kuo-Feng como seu sucessor. Movido pelas lições que aprendera com o comunismo soviético, Mao agiu com rapidez e habilidade para impedir a desmaotização do país. No entanto, Hua continuou vulnerável a ataques do Bando dos Quatro. Jiang Qing e companheiros do bando estavam ansiosos para conquistar o poder e assumir a direção da Guarda Vermelha, realizar um expurgo na *intelligentsia* e iniciar o processo de regeneração econômica com os esforços dos trabalhadores e camponeses.

O bando apressou-se para tirar Hua do caminho. A obstinada Jiang Qing tratou de espalhar comentários zombeteiros pelos círculos do poder dizendo, pejorativamente, que ele era "um bom sujeito, feito do mesmo estofo de Malenkov".[970] Cumpre observar que Stalin, em 1953, deixou Malenkov na situação mais vantajosa possível para sucedê-lo, porém, mesmo assim, Malenkov foi rapidamente suplantado por Khrushchev. Uma vez que sempre disparara suas armas protegida pelo escudo do poder do marido, Jiang ficava vulnerável em situações de conflito em campo aberto. As pessoas diziam que ela sofria de uma espécie de síndrome de imperatriz. Ela era muito impopular na maioria dos setores da sociedade chinesa. Poucos chineses estavam dispostos a voltar à era do "livrinho vermelho", óperas revolucionárias e pequenas tigelas de arroz. A maioria queria muito que as autoridades assegurassem ao povo um longo período de estabilidade política e crescimento econômico. Em todo caso, os que não pertenciam ao grupo de dirigentes do país não tinham nenhuma influência sobre o que era decidido. O problema do bando era que a aversão que tinham por ele não se limitava às pessoas comuns. As elites política e militar os achavam também repugnantes: autoridades do exército, do partido e do governo detestavam a possibilidade da volta de um período de turbulências no país. Até mesmo os beneficiários da Revolução Cultural não poderiam ter a garantia da manutenção do próprio emprego sob o governo da viúva de Mao e de seus aliados.

SEUS ÚLTIMOS ALENTOS

Enquanto o corpo de Mao estava sendo embalsamado para ser exibido em seu mausoléu, os membros do bando tramaram um golpe de Estado. Mas fizeram isso sem nenhuma habilidade ou método. Em 19 de setembro de 1976, exigiram a realização de uma reunião do Comitê Permanente do Politburo com a participação de Jiang, apesar de ela não ser membro da instituição. Exigiram também que vetassem a participação de Ye Jianying, embora ele integrasse o comitê. Hua cedeu a essas exigências, mas se recusou a atender à repentina solicitação de Jiang Qing para que pusesse Mao Yuanxin, que era seu escudeiro e sobrinho de Mao Tsé-tung, ao encargo dos documentos do finado presidente. Agora, Hua tinha abandonado receios e hesitações e estava reagindo. Ele sabia que, assim que os integrantes do bando tivessem a posse desses documentos, seriam capazes de forjar qualquer texto que desejassem para legitimar suas medidas.[971]

O bando ordenou que a milícia em Xangai se mantivesse de prontidão. Enquanto isso, Jiang Qing e Wang Hongwen faziam discursos provocadores em Pequim. Hua reagiu com a realização, em 5 de outubro, de uma reunião improvisada do Politburo no quartel-general do Exército de Libertação Popular nas cercanias da capital. Eles tomaram a decisão de prender o bando e incumbiram a Unidade do Exército nº 8.341 da tarefa. Um empregado chegou a cuspir em Jiang. A resistência no restante do país foi fraca e facilmente eliminada. Hua, porém, enfrentou uma crise econômica crescente. As metas planejadas não haviam sido atingidas, o descontentamento da população em relação a comida e salários estava aumentando e começaram a ocorrer greves. Veteranos da liderança política convenceram Hua de que a reabilitação de Deng Xiaoping ajudaria a estabilizar o governo e dissipar o clima de inquietação e distúrbios no país. Deng, apesar do seu problema na próstata, voltou à atividade no Comitê Central em julho de 1977. Tinha os contatos pessoais que o possibilitariam criar uma atmosfera favorável a medidas reformadoras. Ao contrário de Hua, ele conhecia todas as influentes agências partidárias e governamentais por dentro — e sabia que não tinha sido por misericórdia que Hua o reabilitara na vida pública, mas porque Hua não podia enfrentar a situação sem ele. Mais ou menos na época do XI Congresso do Partido, em agosto, ele era o terceiro homem mais importante na liderança comunista chinesa. Além de rejeitar o maoismo doutrinário, ele cunhou o slogan: "Busque a verdade com base nos fatos."[972]

Deng nasceu em 1904, no seio de uma família proprietária de terras do interior da província de Sichuan. Seguindo o mesmo caminho de outros jovens chineses, embarcou num vapor partindo de Xangai com destino à França. Aprendeu francês e, para sobreviver, trabalhou como garçom,

O COMUNISMO CAPITALISTA DA CHINA

condutor de trem, fabricante de galochas e depois como trabalhador qualificado numa fábrica de automóveis da Renault. Tornou-se agitador comunista em pouco tempo entre os refugiados chineses. Com sua facilidade de se adaptar a culturas estrangeiras, passou a gostar de croissants, batata e café. Assistia a partidas de futebol e jogava bridge — e já bastante idoso aceitaria o título de presidente de honra da sociedade chinesa de jogadores de bridge: afinal, adorava travar discussões políticas durante uma partida.[973] Homem prático, editava um boletim de notícias comunista. Em 1926, Deng foi escolhido para lecionar na Universidade Comunista de Sun Yatsen dos Trabalhadores do Oriente, em Moscou.[974] Ao voltar para a China, uniu-se a Mao Tsé-tung para criar uma força armada comunista após o desastre do partido diante de Chiang Kai-shek, em Xangai. Em pouco tempo, ascendeu aos mais altos postos de comando do Exército Vermelho e continuou a integrá-lo durante a Longa Marcha macabra, até a conquista do poder, em 1949.

Sua experiência na Europa o muniu com certa compreensão do funcionamento dos países capitalistas. Foi o caso também de Zhou Enlai. Ambos eram abertos a novos pensamentos e pragmáticos na busca da recuperação nacional. Deng era de uma resistência pétrea. A partir de 1950, suportou tantos rebaixamentos de posto quanto o número de promoções que teve nas mãos de Mao. Na Revolução Cultural, seu filho ficou inválido da cintura para baixo depois de pular de uma janela para escapar de maus-tratos físicos. Acusado de ser o "Segundo Maior Direitista Adepto da Via Capitalista", Deng poderia ter sido levado a julgamento, mas acabou sendo enviado para trabalhar como montador numa oficina de conserto de tratores na província de Jiangxi. Fizeram isso para induzi-lo a abandonar ideias extravagantes e repô-lo nos trilhos da ortodoxia maoista. Embora fosse um trabalho de meio expediente, a sentença foi severa: seu salário mal dava para cobrir as necessidades materiais básicas da família.[975]

Então, com 73 anos de idade na época de sua última volta ao cenário político, em 1976, ele sabia que não podia perder tempo se quisesse realizar as mudanças que desejava. Vítimas do bando foram libertadas dos campos de trabalho forçado,[976] e importantes esquerdistas, expulsos do Comitê Central no XI Congresso do Partido. As garantias de bom comportamento que ele tinha dado antes de sua reabilitação política não eram mais do que expedientes astutos. A remoção de Hua do poder ficou mais fácil com a percepção generalizada de que a economia vinha sendo gerida de forma incompetente. Deng sentia-se inclinado a posicionar-se entre grupos políticos conflitantes e adotar medidas que evitassem riscos e distúrbios. Ele continuou a prometer que "quaisquer diretrizes políticas que o presidente Mao promulgar, [eles] acatar[iam] sem hesitar".[977] Deng falava abertamente sobre a necessidade de mudanças e, com isso, passava ao Politburo e ao Exército de Libertação Popular a imagem de líder à espera da merecida oportunidade do pleno exercício do poder. Numa excursão pelos Estados Unidos em 1978, ele confirmou essa imagem ao usar um chapéu de vaqueiro e acenar calorosamente para a multidão. A maioria dos americanos achou um tanto ridícula sua figura minúscula, que gesticulava sem parar, porém muitos chineses começaram a gostar desse novo político, que dispensava a pompa austera de Mao Tsé-tung. Ao mesmo tempo, ele se recusava a ser pressionado a adotar reformas políticas abrangentes e, em março de 1979, acabou com o movimento dissidente "muro da democracia" e mandou prender seus líderes.

Em setembro de 1980, Deng se aproveitou da fraqueza política de Hua para garantir o cargo de primeiro-ministro para seu protegido Zhao Ziyang. O Bando dos Quatro foi levado a julgamento no inverno e os procedimentos foram transmitidos para todo o país pela TV. A antipatia da população para com Jiang Qing e os outros acusados era abrangente e profunda. Quando Jiang alegou que era herdeira da autoridade de Mao, foi escarnecida. As pessoas começaram a se referir aos dez anos anteriores à morte do líder chinês como a década do caos. Embora honrasse as virtudes do Pensamento de Mao Tsé-tung, Deng asseverou que o Grande Timoneiro havia cometido muitos erros fundamentais desde o fim da década de 1950.[978]

A sentença imposta ao Bando dos Quatro nunca foi questionada. Seus integrantes foram condenados a prisão perpétua e, em junho de 1981, Hua perdeu o cargo de presidente do partido para Hu Yaobang, outro protegido de Deng, que a essa altura era o líder supremo. Nessa época, seu único rival de verdade era Chen Yun, encarregado da política econômica, mas Chen jamais se lançou direta e decisivamente numa disputa pela conquista do poder. Além disso, Deng sabia o que queria, além de quando e como. Ao contrário de Mao, não se importava com ataques e retiradas cíclicas e estratégicas. Desejava sinceramente abandonar o cargo de dirigente do país o mais cedo possível, porém só quando tivesse consolidado plenamente sua estratégia, tornando-a indestrutível. Em sua gestão, decretou a observação de quatro princípios capitais: seguir a via socialista, a manutenção da ditadura do proletariado, o apoio à liderança do partido e a adesão ao marxismo-leninismo e ao Pensamento de Mao Tsé-tung.[979] Contudo, havia certa incoerência aqui. Tanto quanto qualquer outro sistema de governo comunista, os "proletários" não estavam gerindo sua própria ditadura. Deng, comunista desde sua estadia na França, não havia mudado sua aliança

O COMUNISMO CAPITALISTA DA CHINA

e convicções políticas. Portanto, os princípios essenciais de governança comunista seriam mantidos. Para anular as pressões do que tinha certeza provocaria uma transição explosiva para a "modernidade", ele considerava fundamental a preservação do Estado monopartidário. Ademais, estava planejando eliminar todo vestígio do Pensamento de Mao Tsé-tung da política econômica; objetivava nada menos do que a restauração de um imenso setor capitalista no país.

Deng, assim como Gorbatchev, teve que convencer as elites do partido, do exército e dos ministérios de que suas reformas eram desejáveis. Como ele conseguiu se manter no poder, ao contrário de Gorbatchev? Pelo visto, as elites chinesas eram mais fáceis de persuadir. Talvez fossem mais nacionalistas do que as elites soviéticas. Isso é realmente possível. Quiçá também as reformas na China tenham sido facilitadas por um senso de urgência na liderança comunista após os cataclismos gêmeos do Grande Salto Adiante e da Revolução Cultural. Deng estava elaborando uma forma ordeira de progresso e do fim do caos. Pretendia, sobretudo, deixar as elites em paz e chegou a lhes oferecer um aumento das recompensas materiais recebidas por elas. Ao contrário dele, Gorbatchev causou desordem no Estado soviético, minou as elites e quase provocou um golpe de Estado contra si mesmo.[980]

Já Deng conseguiu avançar na busca de seus objetivos. Com a morte de Mao, ele finalmente teve a chance de escolher suas prioridades. As comunas agrícolas foram extintas e cada um dos devidos lotes de terras foi devolvido às famílias de camponeses. Os campos de cultivo puderam ser reivindicados pelos que haviam sido seus proprietários nos primeiros anos posteriores à revolução de 1949. As taxas de abastecimento e serviços pagos pelo governo sofreram aumento. Houve permissão para a criação de indústrias de capital privado. O governo procurou atrair investimentos estrangeiros e criou zonas econômicas especiais nas cidades litorâneas do Pacífico (onde empresas estrangeiras, antes de os comunistas tomarem o poder, realizavam negócios graças ao "tratado dos portos"). Empresários chineses e estrangeiros receberam garantias de que poderiam contar com uma mão de obra barata, disciplinada e qualificada, bem como com a colaboração do governo. Recursos metodológicos e organizacionais foram atualizados de acordo com os mais altos padrões de modernidade. O Partido Comunista Chinês recebeu ordens para parar de controlar detalhes insignificantes da vida pública e houve autorização para a realização de amplos debates entre os comunistas. O Exército de Libertação Popular recebeu novos treinamentos e equipamentos, de modo que pudesse se desincumbir melhor de sua responsabilidade na área da defesa e da segurança. Num processo de substituição respeitoso, os líderes comunistas veteranos começaram a deixar

514   SEUS ÚLTIMOS ALENTOS

o governo. Deng conduziu a transição de forma que assegurasse a coope-ração pacífica de todos.

Ele estava procurando explorar com inteligência as pequenas reformas econômicas em andamento desde o início da década de 1970. Ocorreram muitas mudanças na gestão política e econômica nas esferas governamentais regionais. Organizações partidárias ampliaram discretamente o âmbito de tomadas de decisão entre diretores e gerentes de fábricas. A burocracia foi reduzida, além de adotados incentivos materiais. A produção industrial agrícola aumentou nos povoados das regiões litorâneas. Houve um rela-xamento no setor das atividades culturais e pintores que trabalhavam de maneira tradicional voltaram a receber encomendas.[981] Até mesmo Deng ficou impressionado com a rapidez do crescimento econômico chinês assim que estendeu as reformas na indústria e no comércio para todo o país.[982]

Ele achava que chegaria o momento em que seria necessário aplicar reformas na política interna. Pelo menos foi isso o que declarou publica-mente: "Precisamos criar as condições para o exercício da democracia e, para isso, é fundamental reiterar a prática do princípio de três atitudes fun-damentais: não criticar os erros dos outros, não rotular as pessoas e não ser prepotente."[983] Hu Yaobang, então o presidente do partido, disse em parti-cular que a China precisava iniciar um processo de observância do respeito à Constituição, de separação dos poderes e até de adoção do pluripartida-rismo.[984] Manifestou-se também a favor do relaxamento da repressão sobre o Tibete.[985] Deng advertiu: "Sem dúvida, quando os métodos de um governo ditatorial estão sendo usados, precisamos ser cautelosos, prender o mínimo de pessoas e fazermos o máximo para evitar derramamento de sangue."[986] Uma década atrás, as autoridades haviam reduzido a repressão sobre as massas, mas ocorreram distúrbios nas zonas rurais quando houve relaxa-mento na imposição de disciplina. Cerca de 1.400 milhão de pessoas haviam conseguido fugir nos doze meses anteriores a setembro de 1981 e prolife-raram exigências de reabilitação política.[987] No entanto, o "liberalismo" da liderança chinesa tinha limites: o número de detentos nos campos de tra-balho forçado continuou a oscilar entre 4 e 6 milhões de pessoas.[988] Quando Deng iniciou uma campanha para "punir os criminosos sem misericórdia", voltou a adotar a técnica de repressão comunista de atribuição de metas de cotas de perseguição a autoridades dos escalões inferiores. Com isso, pessoas que, normalmente, seriam condenadas à prisão acabaram sendo executadas.[989]

Hu, o presidente do partido, pagou um preço alto pelo que havia sido apenas uma simples manifestação de entusiasmo por reformas

O COMUNISMO CAPITALISTA DA CHINA

democráticas. Quando, em dezembro de 1986, estudantes saíram às ruas em ruidosas manifestações de protesto, os anciãos do partido conseguiram, por meio de requerimento, que Deng o depusesse do cargo.[990] Com essa decisão, Deng não estava simplesmente cedendo a pressões de velhos companheiros. Para ele, a democracia só era aceitável se não atrapalhasse o restante de sua estratégia. No Politburo, as tensões continuaram, com Zhao Ziyang defendendo a adoção de alguma liberalização política e Li Peng conclamando os colegas a prosseguirem com a repressão. Uma paralisação afetou os assuntos públicos até a primavera de 1989, quando estudantes passaram a se reunir em massa na Praça da Paz Celestial diariamente, exigindo a instituição de direitos democráticos e civis. Panfletos foram publicados, e cartazes, afixados em muros. Centenas de milhares de membros do partido se juntaram ao movimento de protesto.

Deng disse ao secretário de Estado americano George Shultz que reformas elaboradas por ele seriam bem-sucedidas e escarneceu a estratégia de reformas adotada pelos soviéticos.[991] No fim das contas, a China estava economicamente em ascensão, enquanto a União Soviética enfrentava uma crise de produção e abastecimento. Deng, ao contrário de Zhao Ziyang, recusou-se a fazer um acordo com os manifestantes. Ele intensificou o autoritarismo político e preservou a unidade e o poder do partido, tratando-o como se fosse um ente sagrado. O líder chinês tinha certeza de que essa era a única forma de os chineses conseguirem sair do beco sem saída do comunismo. Em 20 de maio, Deng impôs lei marcial ao país e enviou o *premier* Li Peng para negociar com os estudantes. Li, defensor implacável da autoridade e da ordem, disse a eles: "Hoje, discutiremos uma questão: como livrar do sofrimento os que fazem greve de fome." Nisso, o líder estudantil Wuer Kaixi, apontando o dedo para Li Peng, retrucou: "Desculpe-me por interrompê-lo, *premier* Li, mas o tempo está se esgotando. Enquanto permanecemos aqui, numa situação confortável, estudantes do lado de fora sofrem com a fome. Você acabou de dizer que deveríamos discutir uma questão. Contudo, a verdade é que não foi você que nos convidou para conversar, porém nós — todos nós presentes na Praça da Paz Celestial — é que o convidamos para isso. Portanto, nós é que deveríamos dizer os assuntos que precisam ser discutidos." Quando Li Peng estendeu a mão para os estudantes, eles recusaram o gesto simbólico, levando o *premier* a resmungar entre os dentes: "Vocês foram longe demais!"[992] Assim, o Exército de Libertação Popular foi enviado às pressas para o centro da praça com ordens para livrar a área da presença de estudantes.

Na tarde de 3 de junho, começou o massacre, com tanques atravessando a praça e esmagando vários estudantes sob suas lagartas de aço.[993] Líderes

516 SEUS ÚLTIMOS ALENTOS

do protesto foram condenados a cumprir longas penas nos campos de trabalho forçado. Zhao Ziyang, o membro do Politburo que demonstrara simpatia pelos estudantes, caiu em desgraça e foi posto sob prisão domiciliar. A censura foi intensificada. O exército e a polícia foram postos nas ruas com ordens para cortar pela raiz qualquer resistência que brotasse.

Deng ignorou todas as críticas internacionais. Enfatizou que cabia à China determinar a melhor forma de se organizar e que os estrangeiros seriam bem-vindos, se quisessem fazer negócios com os chineses, desde que não se intrometessem nos assuntos políticos do país. O grupo governante reimpôs sua autoridade. Potenciais problemas nos ministérios e nas Forças Armadas foram neutralizados. Os ministros e suas famílias puderam lucrar com o setor privado em expansão e aos comandantes prometeram que receberiam armamentos avançados, assim como prestígio e influência constantes. A ordem foi restaurada. O idoso Deng estava certo de que não havia nenhum risco para sua estratégia e abandonou o fatigante cargo de líder em novembro de 1989, mas se manteve no poder extraoficialmente, como supervisor da orientação política chinesa de forma geral. Seu protegido Jiang Zemin tornou-se o novo líder. O ritmo das reformas econômicas caiu por algum tempo. Todavia, as visitas de Deng às províncias do sul as revigoraram e a China retomou o caminho da rápida transformação. Empresas privadas começaram a surgir em todas as cidades e em muitos povoados. As zonas mais dinâmicas ficavam no litoral do Pacífico. Investimentos estrangeiros passaram a entrar em grande quantidade no país. Empresas multinacionais, excluídas havia tempos de participação na indústria e no comércio chineses, se instalaram em Pequim, Xangai e Guanzhou (Cantão). À medida que empresas privadas domésticas e do exterior injetavam tecnologia moderna no setor industrial, que oferecia mão de obra barata, qualificada, cooperativa e disciplinada, o Produto Interno Bruto teve um crescimento colossal. Por volta de 2003, a fatia chinesa no bolo da produção mundial havia crescido 12 por cento.

Geralmente, as condições higiênicas nas fábricas eram ruins, com trabalhos árduos e longos expedientes. A linha que separava ricos e pobres tornou-se um abismo. Pessoas jovens e ambiciosas tinham oportunidades que eram negadas às idosas. O cinturão litorâneo urbano prosperou, enquanto os camponeses que permaneceram nos povoados pagavam com seus impostos a manutenção do Estado todo-poderoso. Os velhos padrões de assistência comunitária mútua — a economia moral — se esfacelaram.[994] A Previdência Social definhou. Agora, o capitalismo chinês era vermelho nos dentes e nas garras. Nenhuma palavra sequer de objeção ao abandono da economia comunista era publicada no *Renmin Ribao*, o principal jornal

O COMUNISMO CAPITALISTA DA CHINA

do partido. Fraudes financeiras e abusos de poder no sistema Judiciário erradicaram-se profundamente no tecido da sociedade chinesa. Gangues de criminosos estenderam seus tentáculos a todos os recantos do setor de negócios. A polícia passou a ser usada para fazer predominar os interesses dos grandes empreendedores capitalistas. A essa altura as greves já não eram enfrentadas com civilidade.[995] Autoridades do partido e do governo enchiam seus bolsos com dinheiro de corrupções e omissões. A obtenção de licença para a instalação de novos empreendimentos e a consecução de contratos fomentava a corrupção. Por um lado, as autoridades falavam em bem-estar público, mas, por outro lado, ignoravam a realidade. Os ricos, protegidos por guarda-costas e encastelados em suas novas fortalezas palacianas, desfrutavam de roupas caras, joias e viagens ao exterior. A venda de automóveis cresceu exponencialmente, e as grandes cidades, em constante expansão, não reservavam mais espaço em suas avenidas para os ciclistas.

Entretanto, o capitalismo produziu efeitos emancipadores. Os habitantes de povoados recebiam de braços abertos melhoras nos serviços de saúde e na educação, embora tivessem que pagar por isso. "No novo sistema", afirmou o líder rural veterano Wang Fucheng na província de Henan, "as pessoas trabalham com mais empenho e conseguem mais coisas".[996] Havia muitos empregos para os que conseguiam se mudar para as crescentes zonas de crescimento; e pessoas vindas das zonas rurais, por mais parcos que fossem os salários que recebiam, melhoravam de situação e enviavam suas economias para os parentes nas regiões campestres. Os empresários conseguiam bom retorno do capital investido em barracas, lojas e empresas. No entanto, com esse vasto processo de liberação, as pessoas passaram a ter menos tempo e energia para cuidar de suas obrigações e prazeres pessoais. Assim, a China se tornou o país com o maior índice de suicídio do mundo.

Apesar disso, vislumbres de um futuro melhor para a sociedade civil tremeluziam no horizonte. A essa altura, nenhuma sociedade capitalista podia funcionar sem a Internet e, embora os critérios de uso do serviço fossem politicamente restritos, houve, por parte dos usuários, muito acesso a notícias e ideias que tinham sido banidas da mídia. Livros estrangeiros foram logo traduzidos, e fortalecidos os laços na área do esporte, levando o Manchester United e outros times de futebol a realizarem partidas de exibição no país. Os chineses puderam realizar também concertos de rock com as grandes bandas do exterior. Até mesmo as fábricas e núcleos privados de trabalho escravizante de Xangai se beneficiaram, porquanto tiveram condições de aprimorar as habilidades e o conhecimento técnico de seus funcionários. Máquinas avançadas foram embarcadas em grandes quantidades para a República Popular da China, que se tornou a oficina do mundo.

SEUS ÚLTIMOS ALENTOS

Todavia, embora as pessoas não ousassem sair às ruas para protestar contra as autoridades, os resmungos contra as políticas governamentais se transformaram em queixas audíveis. O regime entendeu que tinha que levar a opinião popular em consideração. Quando, no verão de 2004, o vírus SARS atingiu as províncias do sul, no início o governo tentou sufocar os debates públicos sobre o problema, mas a combinação de críticas internas e internacionais tornou essa intervenção insustentável. Os governantes chineses já não podiam dizer asneiras e fazer com que seus súditos as repetissem mecanicamente.

Hong Kong foi reincorporado à República Popular da China em 1997, quando os britânicos cederam o controle de seu território colonial a Pequim. O efeito imediato foi a restrição às liberdades na ilha. Mas o regime chinês precisava dar aos empresários globais a garantia de que estava compromissado com a concessão de certa liberdade social. Uma caça às bruxas em Hong Kong teria prejudicado esse objetivo. Colônias de expatriados chineses na América do Norte e na Europa precisavam também dessa garantia, já que atuavam como importantes intermediários para o ingresso da China na economia mundial. Assim, os laços comerciais com os Estados Unidos foram fortalecidos e os mercados globais passaram a formigar com produtos de exportação chineses. Os dirigentes chineses choraram e espernearam para tentar reincorporar Taiwan ao território nacional, porém evitaram uma intervenção militar. Preferiram o comércio à conquista.

Contudo, a China permaneceu uma ditadura monopartidária e seus campos de trabalho forçado — os infames *laogai* — continuaram a abrigar entre quatro e seis milhões de internos em condições chocantes.[997] O retrato gigantesco de Mao ainda era exibido na Praça da Paz Celestial. Na cúpula oficial do poder não havia nenhum pluralismo real no campo dos discursos políticos e intelectuais. Grupos de interesses privados não tinham permissão de fazer *lobby* nas esferas do poder. Os sindicatos foram enfraquecidos e a importância do poder militar continuou a ser fomentada. Enquanto isso, o Tibete definhava sob o despotismo chinês e seus níveis de escolaridade e abastecimento continuaram baixos,[998] e a construção de uma ferrovia através de seu território, muito exaltada em Pequim como demonstração de seu desejo de compartilhar os benefícios da modernização, era visto pelos tibetanos como forma de reforçar o controle centralizador da China sobre o país. Grandes regiões, como Xinjiang, situada no noroeste da República da China, foram mantidas sob o guante de um controle sufocante. As autoridades chinesas receavam a possibilidade de nacionalistas islâmicos e uigures fomentarem um movimento separatista nessas regiões. Liberdade de expressão religiosa era apenas parcialmente respeitada no território

Acima. Cartaz anticomunista italiano apresenta Khrushchev como esquizofrênico: "Caro povo livre, por favor, ajude as pessoas pobres e famintas que estou pensando em armar para usar contra você!!!" Com uma das mãos, ele segura um balde para pedir esmolas, enquanto, na outra, tem um míssil nuclear.

À direita. Típica família da URSS, ainda pobre depois de 46 anos de "paraíso soviético": cartaz anticomunista italiano, 1963. Pai, mãe e filho com as mãos estendidas implorando comida e esmola.

O Vietnã do Sul, em 1959, em luta para realizar eleições enquanto enfrenta agressiva oposição dos comunistas. Canhões cravam perfurações na Bandeira Vermelha com a estrela dourada.

A imagem de Che Guevara beatificada e estilizada com as cores do arco-íris. As faixas coloridas são irradiadas da estrela na altura da testa. Pelo menos aqui, Che não está usando sua farda de combatente.

Fidel Castro apresentando suas credenciais internacionais. A atitude é de reflexão; a luz, inspiradora.

Acima. Estudantes chineses festejando o comunismo enquanto põem em prática o pensamento de Mao Tsé-tung. As ilustrações ficaram mais realistas no início da década de 1950. Tal como antes, a jovialidade é um componente obrigatório nessas representações.

À direita. Apelo lançado aos soldados chineses para que canalizem suas energias para esforços na área da economia. Com uma picareta apoiada no ombro, o militar veterano segue para o trabalho com o peito coberto de medalhas.

Os comunistas chilenos convocam o povo para o aumento da produção de cobre e para dar um fim às interferências dos norte-americanos. Observe que as estrelas e as listras da bandeira americana se transformam em suásticas.

O retrato de Allende transmitindo a ideia de simpatia como presidente camarada do Chile. Allende apresenta o semblante de uma pessoa espirituosa. Com certeza, não era um homem que estabeleceria uma ditadura do proletariado no país.

Comunistas portugueses tentando recrutar jovens seguidores. Todos se apresentam com roupas da moda. Esse tipo de cartaz não teria sido permitido na Europa oriental.

Caricatura comunista italiana dos partidos que se opõem ao comunismo: "Você pode confiar no Partido Comunista Italiano." Das fileiras de jogadores de futebol, fazem parte líderes conservadores e liberais.

Um Brejnev otimista afirma que a "união das nações soviéticas hoje está mais sólida do que nunca". Uma década depois, a União Soviética se desmantelou e suas repúblicas se tornaram Estados independentes.

O COMUNISMO CAPITALISTA DA CHINA 519

chinês. O Falun Gong, uma crença nativa de grande popularidade, foi sistematicamente perseguido. As doutrinas comunistas continuaram a ser um componente obrigatório no currículo escolar e fator de qualificação para quem desejasse levar a sério sua carreira na área pública.

A não ser por isso, o marxismo-leninismo era respeitado apenas da boca pra fora. A discussão sobre o Pensamento de Mao Tsé-tung transformou-se em mero ritual e as pessoas, principalmente os jovens, não se importavam nem um pouco com a diminuição de sua influência. Em alguns distritos, porém, os camponeses se recusavam a abandonar sua devoção a ele e erguiam tradicionais santuários religiosos em sua homenagem. Outros incontáveis milhões de chineses continuavam a vê-lo como patriota e construtor da nação, embora tivessem calafrios ao se lembrarem de sua Revolução Cultural. Tendiam a idealizar as práticas do período maoista e as comparavam com a corrupção governamental e econômica que se instalou no país após a sua morte.

A partir de 1989, as autoridades chinesas mantiveram uma firme linha de diretrizes governamentais, e esperanças de reformas políticas foram constantemente frustradas. De Deng Xiaoping em diante, passando por Jiang Zemin e Hu Jintao (que chegou ao poder em 2003), não houve hesitação. Quando Zhao Ziyang morreu, em janeiro de 2005, seu apagado funeral evocou lembranças do que poderia ter sido caso ele tivesse prosperado como líder. Ele jamais se manifestara decisivamente compromissado com a democracia e o estrito respeito e aplicação universal das leis, mas tinha ido mais longe nessa direção do que qualquer outro líder. Enquanto isso, era frequente a prisão de jovens militantes empenhados em apregoar a necessidade de "democratização" do país. Esses jovens eram mantidos em situação de rigoroso afastamento de jornalistas e políticos estrangeiros. Ademais, o governo policiava o uso da Internet e conseguiu fazer com que o Google e outras empresas de sites de pesquisa globais aceitassem retirar assuntos politicamente delicados dos seus bancos de dados acessados pelos chineses. As preocupações do governo não se restringiam às cidades. Camponeses insatisfeitos constituíam de longe a maior parcela da população e o governo ficou preocupado com a possibilidade de eles serem contaminados pela propaganda política de dissidentes urbanos. Soldados e capangas locais foram mobilizados para surrar agitadores. Em 2004, de acordo também com o Ministério da Segurança Pública, houve 74 mil revoltas e outros "incidentes em massa" envolvendo 3,5 milhões de pessoas.[999] O Ministério do Trabalho e da previdência social observou que a instabilidade social havia atingido o nível de "alerta amarelo", que ficava apenas um nível abaixo do "alerta vermelho", o nível mais alto.[1000]

SEUS ÚLTIMOS ALENTOS

O descontentamento nas áreas rurais estava se espalhando. Os camponeses haviam se beneficiado da dissolução das comunas agrícolas no governo de Deng Xiaoping e passaram a lucrar com sua produção crescente, mas pagavam impostos cada vez mais pesados. Governos regionais e locais os despojavam ilegalmente de suas lavouras nas redondezas das cidades. Com o prosseguimento do estupendo surto econômico, guindastes e tratores operavam 24 horas por dia nas grandes cidades. Como isso terminaria? Não havia equivalente na história do comunismo mundial. Ideias de "socialismo de mercado" — por exemplo, na União Soviética da década de 1920, na Checoslováquia em 1968 e na Hungria na década de 1970 — jamais tinham envolvido a proposta de um sistema em que o setor capitalista suplantasse as partes da economia controladas pelo Estado. De Deng Xiaoping em diante, os líderes chineses passaram a afirmar que estavam desenvolvendo um "comunismo com características chinesas". A neblina tingida de vermelho não ocultava mais a realidade. A ordem comunista foi mantida apenas como meio de severo controle político e ideológico; já os seus componentes econômicos e sociais foram atirados ao vento, além de conceitos sobre o Pensamento de Mao Tsé-tung serem abandonados, exceto nas situações em que servissem para promover os objetivos de identidade nacional, centralização administrativa e status de superpotência. Com isso, os chineses criaram um sistema híbrido extraordinário. A China havia se tornado o único país comunista que desenvolveu uma economia vibrante pondo-a nas mãos do capitalismo.

No início do terceiro milênio já era apontada como a nação que se tornaria a maior potência industrial do planeta. Apenas sua coesão social e durabilidade política é que permaneciam questionáveis. Deng foi o último líder supremo que participara da Longa Marcha macabra; já seus sucessores não tinham a aura de legitimidade de veteranos revolucionários. No país, medidas para lidar com descontentamento popular eram grosseiramente punitivas ou meramente paliativas. Autoridades do partido, confrontadas com a necessidade de escolher entre a ideologia maoista e o enriquecimento próprio, preferiram investir em conjuntos residenciais, minas de carvão e tecnologia de computadores. Ninguém era capaz de dizer quanto tempo essa situação poderia durar. Mas hoje ninguém conseguiria fazê-lo também.

38. A *PERESTROIKA*

Os desafios à ordem comunista no Leste Europeu sempre irritaram os anciãos do Kremlin. A maioria dos líderes soviéticos havia chegado à cúpula do poder no governo de Stalin; eles tinham aceitado as reformas de Khrushchev porque queriam se livrar do medo de prisões arbitrárias e reconheciam que havia a necessidade de maior flexibilidade nas políticas governamentais. Todavia, enxergavam tudo pelo prisma de glórias passadas e detestavam que denegrissem a imagem de Stalin e das conquistas industriais e militares alcançadas em seu governo. A condenação que Khrushchev fizera de seu ídolo os irritava e amargurava, pois atingia o principal objetivo de suas vidas. Como se consideravam cada vez mais perto da morte, sentiram uma necessidade instintiva de reparar o mal que ele havia feito a Stalin. Derramaram sobre Khrushchev, pois, o veneno de sua raiva numa reunião do Politburo em julho de 1984. Ustinov, o ministro da Defesa, declarou que Khrushchev lhes havia "prejudicado muito". Gromyko, o ministro das Relações Exteriores, concordou com ele, asseverando que a imagem positiva da União Soviética tinha sido destruída em 1953. Tikhonov, presidente do Conselho de Ministros, citou a humilhação que sofrera ao ser transferido de Moscou para um cargo em uma província numa das reorganizações de Khrushchev. E continuaram a enfileirar queixas. Como não podia deixar de ser, acabaram falando de suas lembranças das glórias vividas na Grande Guerra Patriótica. Como Khrushchev havia mudado o nome de Stalingrado para Volvogrado, Ustinov propôs que o antigo nome da cidade fosse restaurado. "Milhões de pessoas receberiam isso de uma forma muito positiva", observou.[1001]

Alguns dos presentes à reunião devem ter percebido que as coisas estavam ficando fora de controle, porquanto, embora milhões de pessoas da geração do período da guerra talvez recebessem bem a mudança de nome da cidade, a reabilitação política de Stalin teria causado prejuízos incalculáveis à reputação do país. Assim, a proposta foi abandonada. Os anciãos haviam feito críticas à vontade e extravasado toda a raiva possível, pelo menos até a ocasião em que um deles voltasse a se exaltar com o "passado glorioso" da URSS.

Mikhail Gorbatchev, o membro mais jovem do Politburo, havia se abstido de criticar Khrushchev durante a discussão. Foi um pequeno exemplo inicial de sua independência intelectual. Nascido em 1931, ele havia sido motorista de trator no povoado da região de Stavropol, localidade situada no sul da Rússia, antes de ganhar uma bolsa de estudos para cursar direito na Universidade Estatal de Moscou. Após se formar, voltou para Stavropol, onde escalou a íngreme escada da política local. Por volta de 1970, Gorbatchev havia sido nomeado chefe do partido na região. Acabou atraindo a atenção de Iúri Andropov, presidente da KGB, que estava passando férias lá. Em 1978, Gorbatchev entrou para o Secretariado do Comitê Central. Andropov percebeu o quanto ele era inteligente e afável e, em 1982, então como secretário-geral do partido, recrutou-o para atuar como membro do grupo que analisava os defeitos da economia soviética. Gorbatchev estava sendo preparado por Andropov para ser seu sucessor. Mas Andropov morreu em 1984, muito antes de concluir esse preparo. O adoentado Konstantin Tchernenko tornou-se o líder do partido e reimplantou as políticas de Brejnev. Em março de 1985, Tchernenko morreu. Finalmente a chance de Gorbatchev havia chegado e ele não perdeu tempo. Já em seu primeiro dia como secretário-geral do partido, causou tremores no Kremlin.

Ele havia dissimulado a dimensão de seus objetivos até esse momento. Na véspera do dia em que seria nomeado para ocupar o cargo mais alto do partido, fez um passeio com sua esposa pelo jardim de sua casa de veraneio. Fora do alcance dos aparelhos de escuta da KGB, confidenciou à esposa: "Não podemos continuar vivendo desse jeito."[1002] Ele não estava se referindo a eles, como casal, mas às condições gerais de vida no país. Os Gorbatchev achavam que Khrushchev tinha sido cauteloso demais e aderiram discretamente à versão de comunismo defendida pelo dissidente Roy Medvedev. Eles queriam a elegibilidade como princípio de organização partidária interna, a ampliação dos debates públicos e a diminuição do recurso ao emprego da força por parte do Estado. Mikhail e Raíssa Gorbatchev acreditavam que, se as ideias e práticas de Lenin fossem restauradas, a URSS se tornaria a sociedade e a economia mais dinâmicas do mundo. Então, o povo soviético demonstraria um entusiasmo imorredouro pelo sistema de governo comunista.

O jeito afável de se conduzir em público distinguia Gorbatchev de seus antecessores de forma marcante. Após adotar o slogan da "aceleração", aposentou os gerontocratas e atraiu rapidamente para o Politburo reformistas que pensavam como ele. Os principais deles eram Yegor Ligachev, Nikolai Rijkov, Eduard Shevardnadze e Alexander Yakovlev. Na política, realizaram mudanças drásticas. Gorbatchev manejava a palavra russa *glasnost* como

A PERESTROIKA

uma espada. *Glasnost*, palavra de difícil tradução, se referia, basicamente, ao ato de difundir "questões" políticas atuais e históricas pelos meios de comunicação. Determinaram que isso deveria ser feito sob estrita supervisão oficial: Gorbatchev não objetivava com isso acabar com o Estado monopartidário, mas melhorar sua eficiência. Ele fez também uma pequena reforma na economia. Com sua ênfase na importância do "fator humano", esperava envolver o "povo" na consecução de seus objetivos. Condenou o que aconteceu com a União Soviética depois que Stalin alcançou o ápice do poder. Sumamente otimista, acreditava sinceramente que reformas em Moscou criariam uma ordem superior, tanto em matéria de dinamismo econômico quanto em questões de estatura política e moral, ao que havia de melhor nos países de capitalismo avançado. Um visionário havia passado pelos portões do Kremlin. Mas o fato cristalino de que ele estava empenhado na melhora do sistema soviético o salvou de ser removido do trono.

Ele e seus reformistas não haviam elaborado nenhum plano. Alguns, como Ligachev, queriam avançar apenas um pouco e num ritmo mais lento. Porém, Ligachev apoiava Gorbatchev em sua ânsia de restabelecer relações amistosas com os Estados Unidos, e todos no Politburo aceitavam que Gorbatchev era o mais impressionante de seus negociadores. (A maioria dos americanos achava a mesma coisa em relação a Reagan.) Se os líderes soviéticos conseguissem atenuar as tensões provocadas pela Guerra Fria, teriam a oportunidade para engordar as receitas da União Soviética e aumentar a produção dos bens de consumo.

Enquanto isso, a agenda de Andropov estava sendo zelosamente ampliada, junto com a ênfase na disciplina. Eles e seus assessores iniciaram uma rigorosa substituição de autoridades governamentais idosas. Ligachev promoveu uma campanha de austeridade; vinhedos inteiros foram extirpados na Moldávia e na Ucrânia. A intenção unificadora era "aperfeiçoar" os mecanismos de funcionamento do sistema soviético. Os membros do Politburo ficaram divididos quanto ao que fazer em seguida e ficou claro que Gorbatchev não se satisfaria com os limitados projetos de Andropov. Ele exigiu, pois, uma reforma abrangente. Com sua política de *glasnost*, incentivou a condenação e divulgação dos horrores cometidos nos anos de Stalin. Lançou luz também sobre o "período de estagnação" sob o governo de Brejnev. Argumentou que, para que a reforma fosse bem-sucedida, o povo soviético tinha que se convencer de sua conveniência. Acrescentou que as mudanças teriam que envolver mais do que uma modificação superficial e ineficiente da estrutura institucional. Gorbatchev exortou os companheiros a empreenderem um processo de "reestruturação" (*perestroika*). Ele pretendia realizar uma mudança drástica na organização e nos métodos empregados pelo partido, pelo governo e por outras instituições do Estado soviético. Queria instaurar o princípio de elegibilidade para a escolha dos ocupantes de cargos públicos. Nesse caso, até mesmo os secretários de partido deveriam ficar sujeitos ao controle democrático "por baixo".[1003]

Mas um acontecimento infeliz atrapalhou seus planos. Em 1986, os países da OPEP reduziram os preços do petróleo e, com isso, lançaram a economia soviética num longo período de desequilíbrio. Foi um ano terrível. Em abril de 1986, a usina nuclear de Chernobyl, na Ucrânia, explodiu. Políticos e cientistas locais, aferrados ao antigo modo de fazer as coisas, acobertaram o desastre, em vez de abrirem logo o jogo e solicitar ajuda. Isso fez com que Gorbatchev aumentasse seu empenho na realização de mudanças. Mas ele enfrentou uma resistência enorme. Autoridades do partido, inclusive as indicadas por Gorbatchev para ocupar cargos na organização, detestavam a ideia de perder qualquer parcela de poder, e ministros ficaram irritados com exigências de que modificassem sua maneira de trabalhar. Ademais, embora sentissem grande estima por Gorbatchev, os cidadãos ficaram apreensivos com as consequências de reformas políticas e econômicas básicas. Gorbatchev decidiu recorrer à ajuda da elite intelectual. Para provar sua sinceridade, libertou o dissidente de tendência liberal Andrei Sakharov do exílio administrativo em dezembro de 1986. Tão grandes eram o carisma e a confiança que depositavam nele, que resolveram lhe dar um voto de confiança. Assim, seus integrantes uniram-se ao esforço de convencer a sociedade de que os antigos métodos do sistema soviético tinham que ser abandonados e se desenvolver e adotar um novo modelo de comunismo. Nessa empreitada, escritores e pensadores seriam aliados fundamentais.

A essa altura, Gorbatchev não mais definia a URSS como um Estado que havia alcançado um estágio de "socialismo desenvolvido"; ao contrário disso, passou a chamar a realidade sociopolítica do país de "socialismo em processo de desenvolvimento".[1004] Com essa terminologia pomposa, deixava implícito que as afirmações convencionais dos ideólogos soviéticos haviam sido abandonadas. No entanto, seus próprios objetivos permaneceram indefinidos. Por volta de 1987, ele começou a perceber a imensidão de seus problemas. Viu que, mesmo depois de haver demitido os velhos dirigentes políticos, os integrantes do colosso institucional soviético tendiam a preservar seus hábitos. Os funcionários públicos não estavam acostumados a se submeter a processos eleitorais e conspiraram para minar seus esforços. Em 1988, teve problemas com a política econômica. Elaborada por ele, a parte da legislação que regulamentava os empreendimentos estatais dava alguma autonomia a seus diretores. Com ela, eles passaram a ter permissão, principalmente, para pôr alguns de seus produtos à venda a preços que eles

A PERESTROIKA

mesmos poderiam fixar sem consultar Moscou. Os diretores, porém, usaram essa permissão adicional para cobrar mais por seus produtos do que para expandir a produção. Gorbatchev concedeu também mais poder às regiões. Isso produziu um efeito imprevisto, já que várias repúblicas soviéticas se ativeram ao cumprimento de seus próprios objetivos, em vez de atenderem aos desejos do "centro". Do mesmo modo, muitos membros da *intelligentsia* russa, livres do receio de retaliações, passaram a defender ideias para o futuro diferentes das do líder soviético.

Se quisesse, Gorbatchev poderia ter mandado prendê-los e fazer com que voltassem a andar na linha. Afinal, ele tinha o partido, o exército e a KGB sob seu comando. Gorbatchev, contudo, preferiu abster-se de rasgar seu projeto de reformas, pois queria sinceramente uma União Soviética mais democrática. Outro caminho que ele poderia ter seguido seria iniciar um processo de pequenas mudanças em prol de uma economia de mercado e ao mesmo tempo manter um regime político severo. Afinal, era isso o que os chineses vinham fazendo sob o governo de Deng Xiaoping por mais de uma década. Por que Gorbatchev não fez a mesma coisa, fomentando a criação de empreendimentos agrícolas e industriais privados? Com isso, talvez houvesse conseguido atrair capital estrangeiro para a economia soviética e aumentar o Produto Interno Bruto, bem como elevar o padrão de vida de milhões de cidadãos. Quiçá, somente então, ele poderia ter iniciado um cauteloso processo de "democratização".

Mas o secretário-geral tinha outras ideias. Suas atitudes políticas haviam sido moldadas nos anos de Khrushchev e ele acreditava piamente que o país sofria de falta de procedimentos democráticos. Ele detestava o legado stalinista e sentia aversão pelo que seu país havia feito à Hungria, em 1956, e à Checoslováquia, em 1968. Sentia-se bem na companhia dos elementos de sua geração que pensavam como ele e recebia de braços abertos, como novos integrantes de sua *entourage*, políticos e intelectuais dessa espécie. Suas conversas com líderes ocidentais o incentivaram a continuar a achar que sua estratégia tinha razoáveis chances de sucesso. Além do mais, Reagan vivia importunando-o com críticas ao desrespeito dos direitos humanos na União Soviética. Portanto, se Gorbatchev quisesse preservar relações amistosas com o presidente Reagan e a Otan, certamente ajudaria se ele começasse a esvaziar os campos de trabalho forçado e reduzisse a autoridade da KGB. O fracasso em pôr suas promessas em prática abalaria a imagem positiva de Gorbatchev como reformista. Aliás, não havia nada que confirme que Reagan teria se recusado a realizar negociações sérias se a URSS tivesse seguido a "via chinesa" de reformas. O principal objetivo de Reagan era ir além das conversações sobre limitação de armas: ele queria alcançar um acordo de efetiva redução de armamentos. Talvez ele tivesse sido menos rigoroso em suas relações com Gorbatchev, tal como fizera em relação a Deng Xiaoping, se houvesse conseguido melhorar a segurança geopolítica americana.[1005]

A verdade é que Gorbatchev nem pensava em emular Deng Xiaoping. Tempos depois, vários políticos soviéticos alegaram que isso havia sido um grave erro político e que os soviéticos deveriam ter seguido a "via chinesa". Mas o problema é que poucos deles falaram nessa possibilidade ou mesmo aventaram-na antes da queda da União Soviética. Entre os reformistas, de Gorbatchev a Ligachev, predominava a suposição de que as reformas exigiam alguma atenuação da autoridade política central. Todavia, se a "via chinesa" era uma alternativa realista é outra questão. Certamente, se tivesse começado a trilhar esse caminho, Gorbatchev teria deparado com perigos maiores do que os enfrentados por Deng. Mesmo porque as regiões interioranas soviéticas tinham sido desprovidas de seus jovens, que haviam partido para as cidades em busca de melhores condições de vida. Assim, a maior parte dos trabalhos nas fazendas coletivas era realizada por mulheres idosas, que apresentavam pouco potencial para o revigoramento da agricultura. Ademais, Gorbatchev precisava de aliados. Ao contrário da China, a União Soviética tinha um aparato partidário que manifestava apoio à *perestroika* somente da boca pra fora e, na prática, procurava limitar seus efeitos. Gorbatchev tinha poucas alternativas em sua busca de apoio entre os intelectuais, até porque a maioria deles via como prioridade a concessão de liberdade de expressão aos meios de comunicação. Gorbatchev sabia que, sem ajuda deles no esforço para fazer a opinião pública pôr-se ao seu lado, ele enfrentaria dificuldades.

Entretanto, um ritmo mais lento de reformas políticas e culturais poderia ter sido benéfico, mas também quiçá houvesse sido vantajosa uma concessão mais rápida de liberdade a empreendimentos comerciais e fabris de pequeno porte. Essa conjuntura talvez tivesse facilitado um processo de mudanças mais ordeiro e — muito provavelmente — mais bem-sucedido. Gorbatchev lançou-se com grande ímpeto à realização de suas tarefas. O dirigente soviético era um líder da vanguarda política brilhante e corajoso, porém ele e sua sociedade pagaram um alto preço por sua imprudência.

É necessário dizer em seu favor que o número de seus inimigos aumentava cada vez mais. Boris Iéltsin, então chefe de partido na cidade de Moscou, sujeito turbulento e teimoso, provocou distúrbios no Politburo com sua defesa de políticas ainda mais radicais do que as de Gorbatchev. Ameaçou várias vezes exonerar-se do cargo e empenhou-se em criticar

A PERESTROIKA

Gorbatchev, acusando-o de dar ouvidos demais a Raíssa e explorar flagrantemente seu cargo político em benefício próprio. Em novembro de 1987, Gorbatchev, farto do colega inoportuno, aposentou Iéltsin. Isso produziu o infeliz efeito de fortalecer a posição de Yegor Ligachev, crítico radical de Iéltsin. Ligachev era o subsecretário de Gorbatchev na liderança do partido e conspirava para reverter a *perestroika* para um programa de reformas mais limitado, em processo de elaboração durante o governo de Andropov. Toda vez que Gorbatchev deixava o país em viagens oficiais, Ligachev aprontava das suas. Embora Gorbatchev conseguisse controlar Ligachev, tinha mais dificuldade para acabar com a tendência que ele representava. Era cada vez maior o número de políticos no centro do poder e nas esferas de governos locais que se manifestavam a favor de maior ênfase em questões de soberania nacional, patriotismo russo e respeito pelas conquistas históricas soviéticas. Comodamente instalados em posições vantajosas no partido, no Exército, na KGB e no Ministério da Economia, encareciam a necessidade de se desacelerar as reformas e até revertê-las. Gorbatchev sabia que enfrentaria grande perigo se os ignorasse.

No entanto, continuou a avançar com suas reformas. Por volta de 1989, ele não se empenhava mais em adaptar e revitalizar o sistema soviético: agora, ele queria transformá-lo.[1006] Era verdade que, no íntimo, ele era leninista — e continuaria a ser. Mas o resultado do trabalho produzido por suas mãos indicava um objetivo diferente do visado pela ideologia comunista. Afinal, ele estava transformando muitas características básicas da União Soviética nas que lhes eram diametralmente opostas. Fazia isso com ingenuidade e ousadia. Caso seus rivais no Politburo houvessem suspeitado do que ele estava aprontando, poderiam facilmente tê-lo removido do poder. Todavia, Gorbatchev conseguia também tirar proveito de sua enorme popularidade no país e da autoridade que exercia sobre os órgãos centrais de elaboração de políticas governamentais. Seu primeiro grande passo na direção de mudanças constitucionais foi livrar a pirâmide de sovietes empossados por nomeação, em favor de integrantes indicados por eleição. Ele achava que processos eleitorais com vários candidatos fortaleceriam o sistema político. As pedras culminantes da pirâmide política democraticamente edificada formariam o Congresso dos Deputados do Povo, cujas sessões seriam presididas por Gorbatchev e transmitidas pela TV. Nem todos os seus membros precisariam ser comunistas ou mesmo manifestos simpatizantes do marxismo-leninismo. Gorbatchev chegou a discutir em particular se convinha dividir o Partido Comunista da União Soviética em duas outras organizações e encabeçar os reformistas radicais na criação de um partido

SEUS ÚLTIMOS ALENTOS

social-democrata. Mas desistiu disso, receoso de que os antirreformistas explorassem a situação, em detrimento de um prolongado adiamento de reformas fundamentais.

Em 1990, ele criou espaço para a formação de partidos políticos rivais repudiando a validade do artigo 6º da Constituição soviética, que garantia uma função predominante dos comunistas no cenário político nacional. Desde os primeiros anos do Estado soviético, nada parecido com isso havia ocorrido no país. O pluralismo cultural atravessou as fronteiras impostas no passado. Gorbatchev já havia atacado a política de Stalin e ridicularizado Brejnev; agora, assistia a outros criticarem seu herói Lenin. Como contrapeso à ação de seus adversários comunistas conservadores, ele tirou Boris Iéltsin da situação de desgraça política, porém a única "gratidão" demonstrada pelo socorrido Iéltsin foi a retomada das críticas violentas. À medida que a atmosfera de pluralismo político foi se ampliando, os ataques a Gorbatchev passaram a vir de todos os lados. E a boa vontade de Gorbatchev de ficar até o fim dos intermináveis procedimentos do Congresso dos Deputados do Povo não serviu para ajudá-lo em nada. A essa altura ele havia perdido a misteriosa aura de líder supremo. O predestinado soviético estava se transformando numa figura desprezível e indigna de confiança.

Gorbatchev levou um choque quando se deu conta da própria impopularidade. No fim das contas, havia colaborado com Ronald Reagan para praticamente acabar com a Guerra Fria. Agora, o mundo torcia pelo sucesso da União Soviética e isso não acontecia desde 1945. Ele instaurara no país um clima de liberalização política e cultural, embora não houvesse concluído esse processo ainda. Mas seus compatriotas não perdoavam sua responsabilidade no fracasso econômico. Entre suas ideias para a transformação do país estava a adoção da economia de mercado. O problema é que essas medidas eram modestas demais e mal formuladas para provocar o aumento do fornecimento de produtos industriais e agrícolas. O padrão de vida dos consumidores caiu e as lojas sofreram com a falta de mercadorias. Era raro encontrar carne, açúcar, manteiga e verduras à venda. Com o crescimento do mercado negro, aumentou também o descontentamento do povo. Embora Gorbatchev fosse bem-intencionado, isso não era suficiente para se manobrar rapidamente o navio e pô-lo no rumo certo. As disputas entre os reformistas se intensificaram enquanto faziam planos para reduzir os setores da economia controlados pelo Estado. Os economistas soviéticos não tinham experiência com mercados livres; ademais, representavam grandes interesses institucionais na URSS. Gorbatchev tentou convencer os líderes políticos do país a concordar em aceitar um acordo, que ficou conhecido

A PERESTROIKA

como o programa de 500 dias. Todavia, isso mostrou que mudanças radicais tinham sido adiadas mais uma vez. A crise econômica se aprofundou.

As condições de abastecimento em Moscou haviam sido sempre melhores do que nas províncias russas, porém, no inverno de 1990-1991, talvez fosse razoável perdoar o visitante que tivesse achado que um bando de ladrões houvesse saqueado a capital. Como sempre, num supermercado de laticínios perto da prestigiosa universidade metropolitana havia dezenas de atendentes com jalecos brancos atrás dos balcões. No entanto, o supermercado não tinha leite, iogurtes ou manteiga para vender. Os únicos produtos à venda eram umas poucas e diminutas latas de sardinha. Não era ainda uma situação de fome, mas a insatisfação popular era grande.

Gorbatchev se referia à ruinosa situação somente em termos abstratos. Quando as opiniões sobre ele se tornaram desfavoráveis, a crescente percepção de que a União Soviética estava à beira de um colapso não serviu para ajudá-lo. Um dos pontos cegos de sua visão sociopolítica era a "questão das nacionalidades". Em certo sentido, isso era surpreendente. Afinal, ele provinha da região de Stavropol, de uma localidade situada na borda do Cáucaso, região setentrional multiétnica em que as tensões entre as nações eram intensas. Tanto ele quanto a esposa eram frutos da miscigenação de ancestrais russos e ucranianos. Talvez isso tenha contribuído para sua cegueira. Gorbatchev era um soviético típico, que achava que cidadãos sensatos deveriam assimilar os valores soviéticos, independentemente de sua nação de origem. Sem se dar o trabalho de reflexões prévias, tinha como certo e natural que a cultura russa fosse tratada como o principal componente da identidade soviética. Quando, em visita a Kiev, falava como se estivesse na Rússia, em vez de na Ucrânia. Em seus primeiros tempos como secretário-geral, ele se concentrara na tarefa de acabar com a corrupção e a desobediência nas várias repúblicas soviéticas. Não levava em conta a capacidade das elites comunistas do Cazaquistão, do Uzbequistão e de outras regiões para causar problemas nacionalistas. Aliás, ele continuou a incluir as repúblicas soviéticas em seu programa de descentralização política. Sua intenção era solucionar problemas de tensão concedendo autonomia às lideranças comunistas nacionais: ele as cumulou de liberdades.

Foi uma aposta que apenas os crentes na "harmonia leninista dos povos" poderiam ter feito. Por ora, Gorbatchev parecia ser o vencedor. Em março de 1991, ele realizou um referendo entre os povos do território soviético apresentando a seguinte questão: "Você acha essencial preservar a URSS como uma Federação reformada e com igualdade de soberania entre as repúblicas, nas quais os direitos e liberdades da pessoa de qualquer nacionalidade

SEUS ÚLTIMOS ALENTOS

sejam plenamente garantidos?" Foi grande a participação das massas e 76 por cento das cédulas indicavam a aprovação do objetivo de Gorbatchev. A Federação parecia ter sido salva da dissolução.

Nenhum plebiscito, porém, poderia modificar a tendência em favor da separação das repúblicas. Com o agravamento do descalabro econômico, as repúblicas tiveram que se virar sozinhas. As lideranças comunistas já não podiam governar exclusivamente por meio de ordens e intimidações. Assim, recorreram ao artifício do nacionalismo para conseguir apoio em prol de sua eternização no poder. Na Estônia, Letônia e Lituânia, os comunistas procuraram transmitir a imagem de que, mais que comunistas, eram, sobretudo, nacionalistas. Já os líderes comunistas da região do Cáucaso e da Ásia Central se mostraram mais discretos, porém não menos ávidos para tirar proveito das crescentes tendências nacionalistas. A Ucrânia e a Bielorrússia continuaram firmes em sua aliança com Moscou, mas até seus pronunciamentos, cheios de palavras de lealdade, eram problemáticos para Gorbatchev, já que nem Kiev nem Minsk eram governadas por comunistas favoráveis às suas reformas. Quando as outras repúblicas soviéticas passaram a defender e firmar seus direitos de autonomia política, Iéltsin afirmou que a RSFSR (ou apenas "Rússia", tal como ele a chamava) estava sendo deixada para trás. A RSFSR era maior do que todas as outras repúblicas juntas. Iéltsin, que havia ressuscitado de seu túmulo político, começou a exigir que permitissem que ela tivesse suas próprias instituições e lideranças políticas. Em junho de 1991, conseguiu uma vitória esmagadora na eleição presidencial russa. Gorbatchev, como presidente da URSS, havia facilitado a realização da eleição e esperava que Iéltsin atuasse como forte aliado seu na campanha para salvar a Federação da dissolução. Contudo, Iéltsin já estava emitindo sinais de que seria necessário pagar um preço por sua cooperação.

Algo que piorou as coisas foi o fato de que os homens indicados, no fim de seu mandato como secretário, para ocupar altos cargos no governo nutriam grandes preocupações com a vaga estrutura constitucional apresentada no projeto do Tratado da União. Estavam também horrorizados com o rápido agravamento dos problemas econômicos. Agora, alguns consideravam Gorbatchev um traidor. Nesse ínterim, Gorbatchev havia perdido a magia que exercia sobre os líderes ocidentais, que começaram a recusar suas solicitações de ajuda financeira urgente; ele não era mais um trunfo para a União Soviética nas relações internacionais. Sua reaproximação de Iéltsin convenceu vários membros no centro de poder do *establishment* soviético de que era necessário tomar uma medida drástica. Assim, eles planejaram um golpe de Estado. Pretendiam apelar para o patriotismo russo e o orgulho

A *PERESTROIKA* 531

soviético. Esperavam que Gorbatchev aceitasse a realidade e passasse para o lado deles, mas estavam determinados a agir, independentemente de sua atitude. Ele não saberia de nada, até decretarem o estado de exceção.

Os conspiradores acertaram ao presumir que a maioria das pessoas estava farta de Gorbatchev, suas promessas não cumpridas e suas palavras ocas. A velha ordem econômica havia se desintegrado quando a produção industrial foi conturbada pelo caos reinante nos governos locais e por falhas grosseiras no programa de políticas centrais. O comércio varejista legal praticamente desapareceu e o crime nas ruas estava aumentando. O sentimento de orgulho pela história da URSS havia sido ridicularizado, já que também os meios de comunicação derramavam sobre o público uma enxurrada inestancável de denúncias de abusos de poder cometidos pelo governo de Lenin em diante. Frequentemente, as sessões do Congresso dos Deputados do Povo terminavam em bate-boca. Material pornográfico passou a ser vendido em bancas. Com os pequenos passos dados na direção da economia de mercado, alguns empresários já davam sinais de riqueza. Começaram a aparecer mendigos nas ruas das principais cidades. Os maus-tratos a que o exército submetia os recrutas tornaram-se escândalo público. Elites locais e das repúblicas administravam suas regiões como feudos. Houve deflagração de greves dos mineradores da região da bacia de Kuznetsk. Era improvável que grandes multidões saíssem às ruas para defender Gorbatchev. Ele havia perdido sua enorme popularidade e estava muito cansado. Os organizadores do golpe tomaram algumas medidas amadoras. Apostavam na possibilidade de conseguirem empregar os instrumentos tradicionais do partido, da polícia e do exército sem a necessidade de elaborar planos para qualquer eventualidade, a não ser para o sucesso da operação. Achavam que, se o pior acontecesse, as lembranças das punições oficiais certamente anulariam qualquer tentativa de resistência.

Em 19 de agosto, enquanto Gorbatchev passava as férias em Foros, no sul, iniciaram a operação, criando o Comitê Estatal do Estado de Exceção, sob a liderança nominal do vice-presidente Gennady Yanaev. Moscou foi posta sob lei marcial e as autoridades lançaram um apelo aos cidadãos para que se comportassem com patriotismo enquanto elas procurassem restabelecer a lei e a ordem na União Soviética. A conspiração, porém, foi ridiculamente amadora. Do Comitê Estatal do Estado de Exceção faziam parte figuras experientes, como o presidente da KGB, Vladimir Kryuchkov, o ministro do Interior, Boris Pugo, e o ministro da Defesa, Dmitri Yazov. Apesar disso, deixaram de tomar providências adequadas para a prisão de Iéltsin, que estava em sua casa de veraneio, nas redondezas de Moscou.

SEUS ÚLTIMOS ALENTOS

Na TV, apresentaram uma série patética de programas. Ficaram irritados e nervosos quando Iéltsin, ao chegar ao edifício do Soviete Supremo da RSFSR, lançou-lhes um desafio de cima de um tanque, posto à sua disposição por um amigo oficial do exército. A delegação do comitê que enviaram para negociar com Gorbatchev foi recebida com raiva e desprezo. Por fim, com Iéltsin assumindo o controle de Moscou, a conspiração fracassou. Gorbatchev, que haviam dito que estava com problemas de saúde, voltou para retomar a chefia do governo. No entanto, o real vencedor não foi Gorbatchev, mas Iéltsin. Desse momento em diante, Iéltsin passou a supervisionar tudo que era feito em nome da URSS.

Estônia, Letônia e Lituânia declararam-se independentes. Já as outras repúblicas soviéticas aumentaram suas exigências para continuar a colaborar com Moscou. Gorbatchev, irritado, prontificou-se a abandonar o cargo em favor de Iéltsin, mas este preferiu outra estratégia. Em 1º de dezembro, os ucranianos votaram a favor da independência. Sem a Ucrânia, a união não conseguiria sobreviver. Iéltsin resolveu precipitar as coisas declarando que a RSFSR também se tornaria independente. Em vão, Gorbatchev implorou-lhe que evitasse seguir adiante com uma medida tão drástica. Com grande pesar, ele anunciou que a URSS deixaria de existir a partir da meia-noite do último dia de 1991. Embora, depois disso, tivesse sido criada a Comunidade dos Estados Independentes, a realidade era de que a Rússia seguiu seu próprio caminho. O sistema comunista foi bruscamente desintegrado e o Partido Comunista em si já havia sido banido. A Revolução de Outubro e o marxismo-leninismo foram renegados e a história soviética passou a ser descrita como um pesadelo totalitário. Os ministros de Iéltsin iniciaram reformas econômicas radicais, começando pela liberalização dos preços dos produtos de lojas comerciais. Sem as limitações de antes, a implantação de um sistema multipartidário foi aceita com satisfação. Aos cidadãos, prometeram a isenção permanente de interferências estatais e lhes disseram que a era da mobilização social havia terminado. Agora, todos deveriam ter o direito a uma vida de privacidade plena e a liberdade de escolher suas crenças e recreações. O comunismo, tal qual os russos haviam conhecido desde 1917, tinha chegado ao fim.

Poucos cidadãos soviéticos lamentaram a saída de Gorbatchev do governo. Afinal, suas políticas tinham arruinado a economia e esfacelado o Estado. Seus críticos não tiveram um pingo de misericórdia dele. Foi falta de generosidade deles, já que, sem a sua implantação da *glasnost* e da *perestroika*, eles jamais teriam tido a oportunidade para caluniá-lo. Já do exterior, ele teve mais respeito. Sua recusa de interromper à força a descomunização dos países do Leste Europeu foi amplamente admirada pelos

A PERESTROIKA

estrangeiros, que souberam apreciar também o importante papel desempenhado por ele no fim da Guerra Fria. Haviam sido muitas as vezes em que outro secretário-geral teria mobilizado as Forças Armadas e a KGB para reverter o programa de reformas. Todavia, o veredicto sobre suas ações tem que levar em conta sua incapacidade para entender a natureza do sistema soviético. Ele acreditava sinceramente que a URSS poderia ser reformada e, ainda assim, permanecer comunista. Ele tinha paixão por um Lenin democrático e humanitário que nunca existiu na história.

39. OS CAMARADAS PARTEM

Dezenas de Estados comunistas deixaram de existir nos dois anos posteriores aos meados de 1989. Esse fenômeno não se limitou à Europa Oriental e à União Soviética: na Etiópia, a ditadura marxista foi derrubada em maio de 1991 e Mengistu buscou asilo político no Zimbábue.[1007] Visto sob a perspectiva de séculos de história oficial, isso aconteceu numa fração de segundo. Um sistema político-econômico que cobria um quarto da superfície terrestre passou por uma crise de convulsivo encolhimento e, depois disso, as pessoas criadas com as páginas de seus atlas assinaladas em vermelho mal conseguiam entender os novos mapas políticos do globo. Somente uns poucos países continuaram a professar compromisso com os objetivos do marxismo-leninismo em suas variantes.

A República Popular da China foi a única potência comunista de importância global que permaneceu de pé, mas sua implantação frenética de economia de mercado transformara o país numa espécie de híbrido de comunismo e capitalismo.[1008] Isso serviu para desviar as críticas ao sistema de campos de trabalho forçado da China ou às terríveis condições de trabalho dos trabalhadores chineses livres. As empresas globais estavam prosperando no país e, como fora o caso de muitos empreendimentos industriais que tinham contratos com a URSS na década de 1930, procuraram não meter o nariz nos macabros desvãos do sistema penal nacional. Embora o Vietnã permanecesse sob o governo de um regime comunista, seus dirigentes adotaram o capitalismo também, pois viam a China como modelo para o próprio desenvolvimento.[1009] Nesse sentido, Cuba deu alguns passos hesitantes na direção de umas poucas reformas. Passou a tolerar mais a religião, abriu as portas aos turistas estrangeiros e atraiu investimentos diretos do exterior, apesar do bloqueio econômico dos Estados Unidos.[1010] No Laos, o governo comunista tinha poucas alternativas. A única ajuda financeira de que dispunha desde a tomada do poder, em 1975, vinha de Moscou. E, com a finalidade de conseguir mais verbas, as autoridades haviam construído hotéis para veranistas soviéticos.[1011] O colapso soviético foi um desastre para o comunismo do Laos e mudanças eram inevitáveis. Em meados de 1990, as autoridades chegaram a fechar seus campos de trabalho forçado.

OS CAMARADAS PARTEM

A essa altura, nenhum país comunista tinha mais interesse em fomentar insurreições comunistas no exterior. A ajuda financeira de Pequim era concentrada em países capazes de fornecer o petróleo necessário ao desenvolvimento da economia chinesa ou para a segurança territorial do país. Insurrecionistas maoistas nepaleses e de outros lugares não recebiam nem ajuda nem incentivos. Em toda parte, partidos comunistas de todos os tipos aprenderam a cuidar de si mesmos, até porque não tinham alternativa. O movimento comunista mundial já não estava apenas fragmentado, mas quebrado em mil pedaços.

A Coreia do Norte era uma exceção ao padrão de organização global. Seus governantes se aferraram ao modelo comunista tradicional, apesar das dificuldades para alimentar o próprio povo. O fato de possuir armas nucleares a tornou um perigo para a segurança regional do noroeste do Pacífico. Sob o governo de Kim Jong-il, filho do fundador do Estado coreano, ela tinha que aceitar doações de alimentos para alimentar mais de um quinto de sua população. Dois terços de seus medicamentos eram também doações enviadas do exterior. Em 2002, os coreanos adotaram um pequeno programa de reformas para se livrar da dependência de ajuda estrangeira. Mas, no verão de 2005, Kim abandonou esse programa. Soldados foram postados nos arrozais para se ter garantias de que todo o arroz seria entregue às agências de abastecimento do governo. Junto com essa medida veio a proibição de vender o produto cultivado em hortas caseiras a compradores particulares. O governo de Pyongyang intimidou os países vizinhos divulgando suas pesquisas e desenvolvimento na área de bombas nucleares e mísseis balísticos — e, em outubro de 2006, provocou o mundo com a afirmação de que havia realizado uma explosão nuclear subterrânea. As garras da polícia política foram afiadas. Somente trezentos estrangeiros, inclusive diplomatas, receberam licença para morar na Coreia do Norte. A supressão da opinião pública chegou mais perto da perfeição do que em qualquer outro Estado comunista de longa duração. Kim Jong-il, atarracado e sorridente, preferiu abrir mão do arroz e outros grãos das agências humanitárias mundiais a atender às exigências de visitas de inspetores às suas instalações nucleares.[1012]

No entanto, a Guerra Fria havia terminado e o Ocidente fora o vencedor, embora sua vitória não tivesse uma data específica, nem tenha havido um acontecimento que a assinalasse, como uma rendição militar. A conclusão do processo passou quase despercebida, mas não havia como negar que o comunismo tinha sofrido uma derrota global. O presidente George H. Bush, embora não fosse político dado a cunhar frases memoráveis, saudou o advento da "nova ordem mundial".

SEUS ÚLTIMOS ALENTOS

Mais e mais governos estavam sendo formados por meio de eleições livres. As economias dos países se voltavam para o capitalismo e, graças a ele, se expandiam. Muitos passaram a ter liberdade para dar vazão às suas aspirações políticas. Era crença generalizada que democracias liberais e economias de mercado se tornariam a forma universal de se organizar sociedades em todo o globo. Esse pensamento foi endossado por Bill Clinton, sucessor de Bush, e tornou-se parte do senso comum. Proclamou-se o "fim da história".[1013] O número de ditaduras, tanto de esquerda quanto de direita, estava diminuindo. A América Latina havia seguido uma tendência democratizante na década de 1980 e tirado do poder vários regimes autoritários de direita, enquanto a Europa Oriental tinha deposto governos comunistas em 1989-1991. Presumia-se que os Estados resultantes desse processo cooperariam para tornar o mundo seguro com vistas à consecução da democracia, de liberdades civis, de garantias legais e da prosperidade material. Na atmosfera da política global, os povos respiravam o ar do triunfo. Os Estados Unidos conquistaram a condição de única superpotência global. Sucessivos presidentes seus prometeram usar o poderio militar, diplomático e econômico americano a serviço da instauração de um humanitarismo universal e se mostraram dispostos a esmagar resistências contra esse avanço empregando a invencível força americana.

Os governantes do universo se esqueceram de que todos os países, coletiva ou individualmente considerados, tinham traços duradouros que podiam dobrar a linha reta do desenvolvimento futuro. Suas esperanças, pois, foram rapidamente frustradas. Surgiram conflitos étnicos, culturais e nacionalistas na Iugoslávia, Chechênia e Ruanda, misturados com hostilidades religiosas. O crescimento de variantes fanáticas do islamismo prosseguiu. O grupo Al-Qaeda, liderado por Osama bin Laden, conseguiu refúgio para suas bases de treinamento no Afeganistão, sob o amparo do severo regime muçulmano do governo do Talibã. Bin Laden organizou a realização de campanhas de terrorismo no mundo inteiro e seu exemplo foi seguido por organizações que surgiram como grupos independentes. No fim das contas, verificou-se que a nova ordem mundial não era nem nova nem global, tampouco ordeira. Quando os americanos, com seu poderio militar, derrubavam governos opressivos, raramente as consequências eram as esperadas por Washington. Em 2002, o Talibã e a Al-Qaeda foram militarmente derrotados no Afeganistão, mas não eliminados, e o subsequente regime afegão estava longe de ser um modelo de governo que respeitava as leis ou de ser objeto de aprovação popular. O Iraque foi invadido em 2003, e o ditador baatista Saddam Hussein, deposto. A intervenção militar desencadeou um amplo movimento insurrecionista e uma incipiente guerra civil,

OS CAMARADAS PARTEM   537

apesar da instituição de eleições livres. A história não havia completado seu processo de transformação.

Mas George H. Bush e Bill Clinton estavam certos em relação a um acontecimento muito importante na última década do século 20: o comunismo, na maioria das regiões do planeta, havia chegado ao fim como sistema de governo. Os governos subsequentes, após a saída do poder dos camaradas, recorreram a diferentes meios para impedir a restauração de regimes comunistas. As autoridades búlgaras, por exemplo, mandaram prender Todor Jivkov e, dois anos depois, o condenaram pelo crime de peculato. Foi mais ou menos a mesma coisa que condenar Al Capone por sonegar impostos. Jivkov alegou problemas de saúde e acabou sendo sentenciado apenas a cumprir prisão domiciliar. Em 1993, os alemães formalizaram acusações contra Erich Honecker, porém ele já estava gravemente afetado por um câncer no fígado e o julgamento foi suspenso. O ex-dirigente alemão morreu um ano depois, no Chile. Já Egon Krenz, seu sucessor, desfrutava de melhor estado de saúde e foi tratado com menos indulgência. Em 1997, foi preso por ter sido cúmplice no fuzilamento de pessoas que haviam tentado pulaɪ o Muro de Berlim. Krenz foi condenado a seis anos de prisão. (Mas cumpriu apenas três.) Gustav Husak e Wojciech Jaruzelski foram pouco incomodados. Em Praga, o presidente Havel não quis vingar-se de seu algoz Husák, que estava mortalmente doente e faleceu em 1991. Sucessivos governos na Polônia reconheceram que Jaruzelski, apesar das falhas, havia ajudado a evitar que seu país fosse invadido pelas tropas do Pacto de Varsóvia na década de 1980.

Na República Checa, instituíram uma lei proibindo líderes comunistas de ocupar cargos no governo. Na Alemanha reunificada, os alemães passaram a ter acesso aos documentos sobre eles criados pela polícia de segurança. As portas dos arquivos nacionais foram abertas ao público e divulgados os horrores do governo comunista. O consenso nos meios de comunicação era de que o "pesadelo totalitário" havia chegado ao fim. Do litoral siberiano no Pacífico até a Hungria, nos Bálcãs e na antiga Alemanha Oriental aconteceu a mesma coisa. Os povos recuperaram o orgulho nacional e as tradições culturais e religiosas foram reinstauradas; bandeiras, redesenhadas, ruas, renomeadas, estátuas de heróis marxista-leninistas, derrubadas, e os livros de história, reescritos. Os velhos partidos comunistas tiveram confiscados seus escritórios, suas casas de veraneio e contas bancárias.

Mas então aconteceu uma coisa estranha: os comunistas começaram a voltar ao cenário político. Na Rússia, Boris Iéltsin havia lutado para tornar isso impossível. Logo após o golpe de agosto de 1991, ele baniu o Partido Comunista. Mandou também que lacrassem os escritórios do partido, expropriassem seus bens e prendessem os líderes do golpe. Dizia que os anos posteriores a 1917 tinham sido um pesadelo totalitário. Enquanto Gorbatchev seguira caminhos tortuosos em direção à economia de mercado, Iéltsin fez o sistema avançar direto para o capitalismo. Em janeiro de 1992, promoveu a liberalização dos preços e ordenou a realização de preparativos para se vender todo o patrimônio industrial da Rússia, recorrendo a um sistema que concedia aos cidadãos cupons que lhes davam o direito a ações das empresas privatizadas. Bens de consumo foram importados para satisfazer as necessidades dos consumidores. Ainda assim, os membros da coalizão que tinham levado Iéltsin ao poder se afastaram dele. O vice-presidente Alexander Ruzcoi não aceitava o sofrimento social causado pela transformação econômica. Ruslan Jasbulatov, presidente do Soviete Supremo da RSFSR, criticava a ânsia de Iéltsin para governar por decretos. Com tudo isso sobreveio um impasse. Iéltsin torcia para que se desencadeasse um enfrentamento; ele e seus conselheiros queriam acelerar o avanço em direção ao capitalismo. Impaciente e dominador, ele desconfiou do Soviete Supremo e anunciou a realização de um referendo com vistas a uma nova Constituição. Queria saber se a população apoiava o desmantelo do legado soviético que ele pretendia realizar com seu programa.

Muitos defensores de Ruzcoi e Jasbulatov sentiam nostalgia do comunismo. A situação emergencial atraiu até mesmo stalinistas convictos para o lado deles. Em resposta ao desafio de Iéltsin, eles formaram um grupo armado e atacaram a principal estação televisiva em Moscou. O restante deles se encastelou no edifício do Soviete Supremo, donde lançou apelos aos cidadãos para que ajudassem a derrubar o governo. Com isso, Iéltsin conseguiu o pretexto para o emprego da força. O exército russo bombardeou o Soviete Supremo para induzir seus ocupantes a se renderem e, após uma breve troca de tiros, Iéltsin obteve uma vitória total.

Contudo, o fim do comunismo na Rússia tem sido alvo de muito exagero. Com o referendo de dezembro de 1993, Iéltsin conseguiu o endosso para seu projeto constitucional, mas somente porque seus assessores manipularam os resultados. Iéltsin sofreu decepção também na eleição simultânea para a escolha de membros da Duma Estatal. Em vez de uma vitória esmagadora de seus aliados, foi o partido neofascista de Vladimir Jirinovski que obteve grande sucesso no pleito. Além do mais, em novembro de 1993 o Tribunal Constitucional havia julgado inválido o banimento do Partido Comunista. Assim, sob a liderança de Gennadi Ziuganov, os comunistas voltaram à área política legal e, em meados da década de 1990, tornaram-se o partido mais influente da oposição. Ziuganov percebeu que conseguiria poucos eleitores caso se manifestasse a favor da restauração

OS CAMARADAS PARTEM

do Estado monopartidário. Procurou, pois, transmitir uma nova imagem do Partido Comunista da Federação Russa, manifestando simpatia pelo bastião da tradição do Império Russo, a Igreja Ortodoxa, embora o partido de Lenin, Stalin e Khrushchev houvesse perseguido a religião, por considerá-la o ópio do povo. De qualquer forma, Ziuganov não ligava muito para Lenin. O comunista que ele mais admirava era Stalin, que levara a União Soviética à vitória na Segunda Guerra Mundial. Ele e seu partido entoavam louvores ao bem-estar social proporcionado pelo governo de Brejnev. Já a Gorbatchev cobriam de infâmias, e fomentavam o antissemitismo com observações maliciosas.

Ziuganov enfrentou Iéltsin na eleição presidencial de 1996. No início da campanha ele liderou as intenções de voto, mas não tinha os recursos de Iéltsin, que atraiu os mais ricos empresários para o seu lado. Em todo caso, a campanha dos comunistas foi fraca e Ziuganov mostrou-se claramente um candidato sem carisma. Apesar do grave problema de coração, Iéltsin reuniu forças para a disputa eleitoral e excursionou em campanha pelo país. Gastou dinheiro a rodo em programas políticos transmitidos pela TV e concedeu verbas generosas a políticos locais. Enquanto isso, repórteres da TV e de jornais concentravam a atenção nas arbitrariedades cometidas pelo comunismo no passado. O resultado foi a conquista de um segundo mandato presidencial por Iéltsin e uma derrota acachapante e definitiva do comunismo na Rússia.

Iéltsin consolidou seu poder no papel que exercia como ex-comuna anticomunista. Na Lituânia, Algirdas Brazauskas fez a mesma coisa, porém de uma forma mais discreta e menos corrupta e violenta. Brazauskas havia rompido relações com Moscou antes do colapso da União Soviética. Na época, declarou-se social-democrata e conquistou tanta popularidade que venceu a eleição presidencial em 1993 e, em 2001, tornou-se primeiro-ministro. Os velhos líderes comunistas da Letônia e Estônia não se saíram tão bem. Sem a versatilidade política de Brazauskas, sofreram derrotas eleitorais vergonhosas. Era um tempo em que as massas estavam exigindo vinganças em forma de manifestações patrióticas após anos de subjugação nacional. Letões, estonianos e lituanos comemoravam a liberdade em paradas, cerimônias religiosas e escritos literários e históricos. Contentes por se verem livres do exército soviético, torciam para que os civis russos partissem também. Normas legitimadoras da cidadania determinavam que todos deveriam saber falar o idioma nacional e conhecer a história do país. Desejosos, porém, de conseguir entrar para a União Europeia, os três países moderaram o tratamento dispensado aos moradores russos. Com sua integração à União Europeia, aos poucos, mas de forma constante e segura, o sistema democrático e a economia de mercado se fortaleceram nesses três Estados bálticos.

As outras ex-repúblicas soviéticas, exceto a Geórgia e o Quirguistão, eram governadas por chefes partidários comunistas, que passaram a apresentar-se como patriotas e usaram seu direito de nomeação a cargos públicos para se manterem no poder. No Cazaquistão, Nursultan Nazarbaev foi um caso típico. Ele pôs seu velho grupo de apadrinhados políticos nos principais cargos do governo e beneficiou escandalosamente a própria família durante o processo de privatizações. Além de passar por cima de barreiras constitucionais e legais, mandou que a polícia torturasse dissidentes. Com suas políticas flagrantemente discriminatórias, favoreceu indivíduos e grupos de nacionalidade cazaque. Na Ásia central e no sul do Cáucaso, a história foi a mesma. Os novos líderes tinham rostos conhecidos. Desde a morte de Stalin, os presidentes pós-comunistas e seus regimes foram mais brutais do que qualquer outro que se conhecera na região. No Turcomenistão, o culto a Saparmurat Niyazov era de uma extravagância sem igual. Ele se proclamou *Turkmenbashi* (Líder de todos os turcomanos). Seus livros se tornaram obrigatórios nas escolas. Ergueram uma estátua com 15 metros de altura em homenagem a ele, apoiada sobre um pedestal giratório, de modo que ficasse sempre virada para o sol. Ele chegou a trocar pelo seu o nome de um dos meses do ano, mas mudou também o de outro, em homenagem à sua mãe. O hino nacional tinha uma mensagem com a ameaça de ter os braços mutilados todo aquele que o difamasse. Até 1991, o mesmo Niyazov havia sido primeiro-secretário do Partido Comunista do Turcomenistão. Somente com a sua morte, em dezembro de 2006, teve fim essa tirania selvagem.

Embora tivesse sido pacífico o abandono do comunismo na maioria dos países da antiga União Soviética, houve também algumas exceções terríveis. Elites russas e moldávias, por exemplo, lutaram pela supremacia da Moldávia. Numa região fronteiriça com o Afeganistão, rivalidades tribais e religiosas ocasionaram uma violenta guerra civil no Tadjiquistão. A Chechênia rebelou-se contra a Federação Russa. Uma guerra sangrenta estourou entre a Armênia e o Azerbaijão por causa disputa pelo enclave com habitantes armenos em Carabaque.

As coisas poderiam ter sido muito piores, mas pelo menos a maioria dos países da ex-URSS conseguiu a independência sem derramamento de sangue. Foi o caso também na região do "império exterior" do Kremlin. Os povos da Europa Oriental cuidaram pacificamente da própria vida após a queda do comunismo e logo que livres da interferência "russa". Houve uma situação política grave na Checoslováquia quando os eslovacos, após anos alimentando ressentimentos para com os checos, passaram a exigir

OS CAMARADAS PARTEM 541

o direito à separação. Porém, a disputa foi resolvida sem que nenhuma bala fosse disparada quando, em janeiro de 1993, a República Checa e a Eslováquia decidiram seguir cada qual um caminho diferente. A grande exceção foi a Iugoslávia (que, a propósito, nunca se submeteu ao controle do Império Soviético). Eclodiram conflitos nas fronteiras de muitas repúblicas depois que Milosevic subiu ao poder na Sérvia. Disputas étnicas convulsionaram os assuntos internos na Croácia, na Bósnia-Herzegóvina e no Kosovo. De repente, em 1991, a Iugoslávia se desmembrou toda quando, unilateralmente, a Eslovênia e a Croácia declararam-se independentes. Em setembro de 1991, foi a vez da Macedônia e, em março de 1992, a da Bósnia-Herzegóvina. Inflamados pelos discursos de Milosevic, os sérvios da Bósnia-Herzegóvina passaram a exigir ampla autonomia política. Isso foi acertadamente interpretado por habitantes muçulmanos e croatas como os primeiros passos na direção da anexação pela Sérvia. O governo croata, sob a liderança de Tudjman, enviou dinheiro e armas em abundância para a Bósnia-Herzegóvina em apoio de seus compatriotas. Num processo de concomitantes secessões, guerras civis, invasões inter-republicanas e expulsões étnicas, a Federação inteira desmantelou-se.

A violência bárbara chegou ao fim em 1995, com a assinatura de um acordo em Dayton, Ohio, e Milosevic foi momentaneamente saudado pelo mundo como pacifista. Mas ele só havia suspenso as ações na Croácia e na Bósnia-Herzegóvina porque carecia então do necessário poder militar. Além disso, o Kosovo era outra região problemática e, em 1998, realizou uma campanha de limpeza étnica que forçou albaneses a atravessarem a fronteira para se refugiarem na Albânia. O presidente Clinton convenceu as Nações Unidas a sancionarem uma intervenção militar. Em março de 1999, depois que Milosevic se recusou a ceder, Belgrado sofreu um bombardeio aéreo implacável de forças da Otan. Em junho, ele não tinha mais alternativa, a não ser se retirar do Kosovo. Nisso, estouraram manifestações de protesto contra ele em Belgrado. No ano seguinte, ele foi derrotado nas eleições na Sérvia e tirado do poder. Em 2001, as autoridades sérvias o entregaram ao Tribunal Penal Internacional, em Haia, para que fosse julgado por crimes de guerra. Ele morreu em março de 2006, antes que se chegasse a um veredicto. A essa altura havia muito que a Iugoslávia tinha sido desmembrada, e seu comunismo, relegado à lixeira da história. O nacionalismo, após rejeitar o precário disfarce de federalismo constitucional, havia triunfado — e somente até certo ponto ele levou à criação de democracias liberais.

Com o desmembramento da Iugoslávia, o sistema de apadrinhamento político e corrupção financeira sobreviveu ao desmoronado sistema

SEUS ÚLTIMOS ALENTOS

comunista nos países criados como resultado disso. Neles foram muitos os casos em que os ex-comunistas prosperaram após a "transição para a economia de mercado". Foi um fenômeno comum em vários países da região, mas não na Polônia, na República Checa ou na extinta República Democrática Alemã, onde os comunistas foram tirados de cargos de influência. Quase em toda parte os partidos comunistas adotaram novos nomes, novos líderes e um programa de ideias próximo aos princípios da social-democracia, em vez de consentâneo com as do comunismo. Geralmente, isso não foi suficiente para que conquistassem a confiança da população. Contudo, em matéria de participação em eleições, eles não estavam arruinados e, em 1995, o ex-comunista Alexander Kwasniewski venceu a eleição presidencial na Polônia, onde governou por dois mandatos. Isso era algo quase inimaginável nos anos violentos da supremacia do Solidariedade. No entanto, o capitalismo não fora generoso para com muitas pessoas na Polônia e em outros países na década de 1990. Desemprego em massa, serviços de bem-estar e Previdência Social precários e um abismo cada vez maior entre ricos e pobres deram aos comunistas uma segunda chance na política. Eles tiveram que ajustar seus meios de conquista de simpatizantes vestindo as cores nacionais, mandando o comunismo às favas e procurando conhecer as necessidades de eleitores vitimados por injustiças e prestar-lhes solidariedade.

A vitória eleitoral não vinha fácil ou com frequência. Kwasniewski havia se saído melhor do que os candidatos escolhidos por partidos comunistas na Europa Ocidental. A liderança dos comunas em Paris estava desmoralizada. Georges Marchais, secretário-geral de 1972 a 1994, era um sectário fiel, acostumado a seguir obedientemente a linha da orientação política traçada por Moscou.[1014] Imersos na atmosfera de um novo tempo, seus sucessores ficaram confusos quanto ao tipo de programa partidário que deveriam adotar. Para conquistar eleitores, não podiam mais simplesmente elogiar a defunta União Soviética. Resolveram concentrar-se, pois, em políticas de bem-estar social e atos de hostilidade contra o "imperialismo americano". Já a antiga ligação entre o Kremlin e o comunismo francês não era tão lamentada ou negada quanto negligenciada. Como essa situação não tinha importância para os militantes veteranos, um grande número deles abandonou o partido.

Em 2002, o cargo de secretário-geral foi ocupado por Marie-Georges Buffet. Foi um sinal dos tempos. Haviam sido raras as ocasiões em que o Partido Comunista Francês permitira que mulheres chegassem pelo menos perto de cargos de verdadeira autoridade. Pelo visto, os veteranos campeões da luta de classes haviam perdido a confiança em si mesmos. Foi

OS CAMARADAS PARTEM

o que aconteceu também do outro lado do Canal da Mancha, onde Nina Temple se tornou a última líder do Partido Comunista da Grã-Bretanha, em 1990. Assim que chegou ao ápice do poder, ela transformou a organização, em novembro de 1991, no Partido da Esquerda Democrática, mas várias facções amaldiçoaram sua apostasia e partiram para formar partidos próprios. Madame Buffet não conseguiu restaurar a boa fase de outrora dos comunistas franceses: nas eleições para o Parlamento de 2002, o Partido Comunista Francês conquistou menos de 5 por cento dos votos. Seu período de manifestações de protesto nas ruas, ambição ideológica e influência cultural havia chegado ao fim. A pragmática decisão da senhora Temple de distanciar seu partido do comunismo, tanto pelo nome quanto ideologicamente, atraiu poucos novos seguidores, porém não serviu para ganhar nenhuma eleição, mesmo em âmbito regional; e, se o partido não tivesse herdado verbas oriundas de antigas subvenções enviadas pela União Soviética ao Partido Comunista da Grã-Bretanha, ele teria caído no esquecimento instantaneamente.

O Partido Comunista Italiano, com o nome modificado para Democratas de Esquerda, saiu-se bem melhor. Fazia muito tempo que ele tinha cortado laços com Moscou. Para demonstrar seu rompimento com velhas ideias, ele filiou-se à Internacional Socialista (que havia sido alvo de hostilidades para todos os comunistas desde o fim da Primeira Guerra Mundial). O Partido Democrático da Esquerda ajudou a criar uma coalizão eleitoral de centro-esquerda denominada Oliveira, que conseguiu integrar a formação de governos em 1996, 1998 e 2006. O novo partido manteve sua posição de principal organização de esquerda da Itália. Às vezes, seus membros mais antigos sentiam saudades de Togliatti e do Partido Comunista Italiano. Mas o ato estava consumado. Os comunistas italianos foram os coveiros do comunismo. Milhares de membros irreconciliáveis abandonaram o Partido Democrático da Esquerda e formaram novas organizações. O partido Refundação Comunista foi uma delas; seus líderes lançaram apelos para que os comunistas autênticos se apresentassem para uma contagem. Todavia, essa convocação foi ignorada pela maioria — em todo caso, os líderes do Refundação Comunista estavam longe de serem idealistas irredutíveis, tanto que, de 1996 em diante, passaram a disputar eleições como parte da coalização Oliveira, junto com o Partido Democrático da Esquerda e vários partidos liberais.

Em países que não haviam realizado reformas para ajudar as classes sociais mais pobres, a história foi diferente. Como sempre, os comunistas se alimentavam da miséria popular. Na América Latina, o exemplo da militância política de Che Guevara continuava a exercer grande fascínio.

SEUS ÚLTIMOS ALENTOS

Em quase toda parte os povos indígenas — os índios que já viviam nesses países antes da conquista dos espanhóis e dos portugueses — eram oprimidos e explorados. Os trabalhadores urbanos recebiam tratamento abominável e partidos políticos legalizados ofereciam poucas esperanças realistas para aliviar suas penosas condições de vida. Os Estados Unidos exerciam uma influência econômica que beneficiava as elites comerciais e proprietárias de terras da região, mas que impedia a realização de reformas essenciais. Alguns desses países tinham congressos democráticos, enquanto outros eram governados por ditaduras militares. Desde 1945, Washington julgava os governos de outros países por sua disposição para aceitar a hegemonia americana e suprimir o comunismo de seus territórios. A questão do fim da Guerra Fria fazia pouca diferença. Os presidentes Bush e Clinton fizeram pouca coisa para fomentar a justiça social na América Latina, embora pelo menos Clinton tenha apoiado o movimento em prol da democracia. A profunda pobreza dos povoados da Guatemala ou as favelas nos morros do Rio de Janeiro continuaram sem perspectiva de solução. Nessas circunstâncias, havia no solo sementes que garantiam os frutos para sustentar a existência de partidos comunistas clandestinos, que prometiam libertar as "massas" da opressão.

Muitos pequenos grupos e organizações ignoravam as vastas mudanças ocorridas em Moscou e Pequim. Uma vez que não haviam dependido de ajuda externa, continuaram a seguir sua estratégia com ideias próprias. No Peru, o Sendero Luminoso abraçou a causa dos camponeses cometendo assassinatos seletivos de líderes políticos e da área econômica, inclusive de estrangeiros, e explodindo bombas indiscriminadamente em instituições e empresas. O ex-acadêmico Abimael Guzmán e outros líderes se consideravam maoistas, embora a estratégia revolucionária de Mao Tsé-tung tivesse pouca coisa a ver com terrorismo. (A longa e violenta campanha de Guzmán chegou ao fim quando ele foi preso e, em outubro de 2006, condenado à prisão perpétua.) Aconteceu a mesma coisa na Colômbia, onde as Forças Armadas Revolucionárias da Colômbia — as FARC — recorriam ao tráfico de drogas, a sequestros e assassinatos, bem como à orientação operacional de especialistas do IRA Provisional, organização da Irlanda do Norte. No Nepal, os maoistas representavam a única oposição séria à monarquia governante. A insatisfação popular e atos de terrorismo maoista cometidos contra os que colaboravam com o exército e a polícia permitiam que os comunistas sustentassem seu movimento insurrecionista. Mas o governo de Pequim não concordava com isso. Os interesses de Estado da China repousavam na manutenção da ordem governamental no Nepal e, por isso, os maoistas nepaleses eram desprezados pelos líderes chineses que preservavam o retrato gigantesco de Mao Tsé-tung na Praça da Paz Celestial.

Sempre que as pessoas se sentiam econômica e socialmente desesperadas, abria-se na sociedade em que viviam uma brecha para a infiltração de organizações comunistas. Todavia, caso o Estado fosse poderoso, os comunistas tinham que refugiar-se nas montanhas e nas florestas para sobreviver. Eles costumavam ser mais eficientes em operações de sabotagem, distúrbios e intimidações do que na formação de um movimento político com uma chance real de instituir um governo. Nem todos os governos tentavam erradicar sistematicamente operações mantidas por comunistas. Na Ásia, África e América Latina, muitos partidos continuaram a existir. A divulgação, pelos meios de comunicação, dos abusos cometidos por Lenin, Stalin e Mao no passado não conseguia impedir certos grupelhos de reverenciarem a memória deles. O que contava para os recrutas comunistas era a duradoura imagem histórica de marxistas abraçando a luta contra o capitalismo, o imperialismo e o atraso cultural. Eles queriam outra realidade política, social e econômica para seus países e não tinham interesse por discussões sobre o que dera errado nas décadas anteriores. Se o Sendero Luminoso ou as FARC conseguissem tomar o poder algum dia, sua falta de curiosidade sobre a história do comunismo — bem como seu gosto por ditaduras, terrorismo, guerra civil, amoralismo e mobilização social — os tornaria fadados a repetir os mesmos erros grosseiros de seus heróis.

Muito mais ecléticos em seu tratamento do comunismo foram os revolucionários levados ao poder na Nicarágua pelo carismático Daniel Ortega, em 1979. Eles se denominavam sandinistas, em homenagem a Augusto Sandino, um revolucionário de uma geração anterior que havia sido executado pelo exército de Somoza em 1934. Os sandinistas eram comunistas e sua propaganda dava ênfase a um conjunto de aspirações populistas. Entre seus objetivos estavam a reforma agrária, a educação para todos e o envolvimento de todas as camadas da sociedade em seu projeto revolucionário; pretendiam também tirar a Nicarágua da órbita política e econômica dos Estados Unidos. Com exceção do marxismo soviético, baseavam suas ações e convicções em Sandino, em Fidel Castro, em Mao, na teologia da libertação, na social-democracia europeia e, em certa medida, no anarcossindicalismo.[1015] Asseveravam que nenhum modelo anterior lhes imporia limitações: "Nem comunismo nem capitalismo! Apenas sandinismo!" Proclamavam também, conquanto de forma mais vaga: "A revolução é jovem, vigorosa, criativa!"[1016] Derrotados nas eleições nacionais de fevereiro de 1990, saíram da disputa sem violência.[1017] Com a derrota, os sandinistas decidiram revisar seu programa político, e Ortega, após atenuar

SEUS ÚLTIMOS ALENTOS

seu radicalismo econômico e antirreligioso, voltou à Presidência do país na eleição de novembro de 2006.

Todavia, o exemplo mais notável de adaptação do comunismo a mudanças no cenário sociopolítico aconteceu no México. O país havia experimentado surtos revolucionários desde o início do século 20. Entre os líderes de rebeliões camponesas, figurara o indômito guerrilheiro Emiliano Zapata, que morreu numa emboscada em 1919. Zapata se empenhara na busca da justiça social. Seu legado foi ressuscitado em meados de 1990 pelo Exército Zapatista de Libertação Nacional (EZLN), liderado pelo misterioso subcomandante Marcos, cujo pseudônimo em si era um artifício de propaganda ideológica. Em vez de se apresentar como líder dos zapatistas, ele fingia ocupar um posto de subordinação dentro do grupo. O nome verdadeiro de Marcos é Rafael Sebastián Guillén Vicente. Ele e seus seguidores se instalaram em povoados de montanhas e nas florestas de Chiapas, localizados no sudeste do México. Os governos se recusavam a negociar com ele, e as Forças Armadas regulares tentaram caçá-lo. Queriam impedi-lo de se tornar um novo Che Guevara. Mas o subcomandante Marcos revelou-se uma caça difícil de capturar e, entre os indígenas das montanhas, sua reputação como protetor desses povos cresceu. Ele conseguiu fazer com que povoados inteiros adotassem o hábito de se autogovernarem e expulsou as elites proprietárias de terras. Em 2000-2001, conseguiu também conquistar a simpatia do restante do país organizando uma marcha pacífica — ou "caravana" — em direção à Cidade do México, partindo do sul (marcha que foi possível graças à política mais flexível para com o EZLN adotada, de dezembro de 2000 em diante, pelo presidente Vicente Fox).

Marcos era engenhoso em sua propaganda política. Assim como os bolcheviques de tempos atrás, não deixava que fotografassem seu rosto. Porém, sua figura trajando uniforme zapatista era vendida livremente nas lojas de San Cristóbal de las Casas: corpo esbelto, olhos brilhantes, acompanhado pelo eterno cachimbo projetando-se da negra balaclava de algodão, que ocultava a maior parte de seu rosto. Fitas-cassete de canções revolucionárias mexicanas eram vendidas também em barracas na principal praça da cidade, bem como pequenas bonecas de tricô exibindo balaclavas e fuzis AK-47. Livrinhos e folhetos à venda na cidade apresentavam histórias de heroísmo camponês e da brutalidade da polícia. Já os artigos de autoria atribuída a Marcos evitavam reproduzir o caráter sinistro das violentas manifestações de protesto dos primeiros tempos do comunismo; ele aceitava com satisfação, porém, a publicação de histórias em quadrinhos e desenhos de crianças para ilustrar as edições de seu jornal. Ele e os zapatistas procuravam transmitir a ideia de que revolução não era um objetivo puro

OS CAMARADAS PARTEM

e simples, e sim um processo destinado a ampliar e avivar a mente dos militantes revolucionários e dos próprios camponeses.

Tal como os nicaraguenses Ortega e seus sandinistas,[1018] os zapatistas se vinculavam apenas ecleticamente a tradições comunistas. Embora vissem o marxismo com bons olhos, não tinham as inibições dos comunistas de décadas anteriores. Lenin não era seu ídolo. Reiteradas vezes, Trotski era lembrado tanto por sua violenta medida de repressão contra os amotinados marinheiros de Kronstadt quanto por sua liderança do Exército Vermelho. Já de Rosa Luxemburgo Marcos falava com carinho, encantado com sua aversão por autoritarismo político, sua estratégia e flexibilidade tática. (É evidente que ele não sabia do desprezo que ela tinha pela vida camponesa.) O referencial de Marcos não era só contemporâneo, mas histórico também. Ele simpatizou com os protestos antiglobalização no encontro de cúpula de Cancún da Organização Mundial de Comércio, realizado em setembro de 2003. Lançou críticas fulminantes contra o presidente George W. Bush por ele ter ordenado a invasão do Iraque. Ao mesmo tempo, fazia citações de trechos de músicas de rock e da sabedoria de Homer Simpson. Nunca se preocupou em esboçar sua visão de sociedade do futuro perfeita. Ele tinha objetivos, em vez de planos ou programas políticos. Ele e seus zapatistas se mostravam empenhados em ajudar os povos indígenas do México a aprenderam a ajudar a si mesmos — e estavam dispostos a sacrificar seu próprio conforto nessa luta. Providenciavam escolas para os moradores dos povoados, ajudavam a criar estruturas de governo locais e fomentavam o desenvolvimento de cooperativas. Divulgavam ideias sobre desenvolvimento agrícola e, ao mesmo tempo, promoviam o respeito às práticas tradicionais dos camponeses.

No entanto, os zapatistas estavam imersos na venenosa atmosfera de preocupações locais. Procuravam manter-se afastados da política nacional convencional e não formavam alianças com outros partidos. Sua lista de objetivos internacionalistas era pouco diferente da dos incontáveis grupos do exterior. De fato, não havia nada de singular num esquerdismo que se opunha à globalização econômica e ao poderio americano. O EZNL tinha admiradores no exterior, porém nenhuma rede de organizações fora do México. Raramente suas atividades rotineiras eram divulgadas, mesmo nos meios de comunicação mexicanos, e ainda menos na América do Norte e na Europa. Suas metas de suplantação do governo da Cidade do México eram insignificantes.

No início do século 21, o comunismo havia exaurido quase todo o seu potencial para transformar sociedades. Tal como os misteriosos monólitos da ilha de Páscoa, os grandes mausoléus de Lenin, Mao, Ho Chi Minh e Kim Il-Sung continuavam a atrair visitantes. Todavia, era cada vez menor o número de pessoas, até nos países supostamente comunistas, que se importavam com seus escritos. Em quase todas as suas variantes, o leninismo era quase sempre mais odiado ou ridicularizado do que esposado. Os partidos comunistas perderam filiados, respeito e razão para existir. Abandonaram, pois, suas ambições globais e passaram a concentrar seus esforços na atração de adeptos para causas patrióticas. Sempre que possível, substituíam seus líderes, nomes e ideologia básica. O comunismo ficou desconcertantemente diverso do que realmente fora no passado. Tanto que o mundo passou a conhecer camaradas russos que possuíam cassinos e comunas chineses que faziam negócios com o Google e a Dell. Enquanto isso, companheiros cubanos cuidavam de proteger o que podiam de sua herança revolucionária, e companheiros coreanos prosseguiram com o fortalecimento de um regime até mais invasivamente repressor do que o de Stalin. Grupos de camaradas guerrilheiros na Ásia e na América Latina continuaram a sustentar suas guerras contra o capitalismo nacional e o imperialismo ianque. Já a maioria dos camaradas europeus asseverava que havia se desligado totalmente de objetivos totalitários marxista-leninistas — e pararam de chamar uns aos outros de camaradas.

40. AS CAUSAS DO COMUNISMO

O comunismo causou espanto no mundo quando seus adeptos chegaram ao poder na Rússia, em 1917, e na época em que ele perdeu sua supremacia política no país e em muitos outros Estados, próximo ao fim do século 20. Até a Primeira Guerra Mundial, em toda parte os marxistas viviam falando sobre uma boa revoluçãozinha sem fazer muita coisa para concretizá-la. A União Soviética originou-se da convergência de muitos fatores. Há poucas razões para acreditar que, se Lenin e Trotski houvessem morrido enquanto lideravam a Revolução de Outubro no Instituto Smolny, teriam conseguido estabelecer uma permanente ditadura monoideológica e monopartidária. Fundamental também foi a longa tradição de ideias revolucionárias peculiares à Rússia na segunda metade do século 19. Terrorismo estatal, ditadura, centralização político-econômica e doutrinação atraíram muitos seguidores. Ressentimentos profundos permeavam toda a sociedade imperial, e o abismo de sentimentos conflitantes que, de um lado, punha trabalhadores e camponeses e, de outro lado, as elites poderosas e os ricos não era nenhuma invenção dos revolucionários. A guerra contra as Potências Centrais, a partir de 1914, causou fortes tensões no Império Russo. Quando a monarquia ruiu, o Governo Provisório enfrentou uma situação de emergência mais grave na sociedade e na economia — sem falar na desordem crescente na linha de combate — que em qualquer outro dos países beligerantes. Com isso, os comunistas tiveram uma chance, como nenhuma outra na história do país, para fazer uma revolução, chance que não desperdiçaram.

Antes de estabelecerem a ditadura no país, eles tinham poucos programas de governo claros, porém muitas suposições básicas — e foram essas suposições que os guiaram à medida que a resistência ao comunismo crescia na Rússia e na Europa. Suas primeiras medidas desastradas para a instauração de um governo comunista deixaram a URSS internacionalmente vulnerável em sua economia e seu sistema de defesa, situação acompanhada, no plano interno, por uma crescente onda de descontentamento, alienação e possível oposição. As políticas de Stalin do fim da década de 1920 industrializaram a União Soviética e a transformaram numa grande potência. Stalin procurou tirar proveito das coisas boas do legado de Lenin e, ao mesmo tempo, abandonou muito do que Lenin considerava importante. Mas as pedras fundamentais do sistema leninista permaneceram intactas: o Estado monopartidário, a cultura de ideologia única, o hipercentralismo, a economia controlada pelo Estado e a mobilização da sociedade.

A União Soviética conseguiu irradiar a luz de seu farol para o mundo, embora a luz de uma Bélgica soviética tivesse sido apagada pelas potências estrangeiras. Talvez, se a primeira experiência comunista tivesse ocorrido no território da ilha Christmas, não teria sofrido nenhuma interferência, porém, em qualquer outro país, certamente haveria desencadeado uma cruzada de destruição contra ela. O comunismo na Rússia quase foi eliminado pelas grandes potências, mas, nos últimos meses de 1919, os aliados ocidentais, em consequência de pressões internas e considerações geopolíticas, haviam abandonado toda ambição imediata de derrubar Lenin. Quando, na década de 1930, o poder do Exército Vermelho aumentou, os países democráticos ficaram ainda mais relutantes em sua intenção de pegar em armas para enfrentar Moscou — de mais a mais, seus empresários estavam conseguindo lucros polpudos com exportações para a URSS. A Grande Depressão da economia mundial não poderia ter acontecido em momento mais oportuno para a União Soviética. Outro fator de sorte foi que a Rússia e seus territórios fronteiriços eram ricos em recursos naturais. Não havia quase nenhum tipo de mineral conhecido que não pudesse ser encontrado lá em abundância. Petróleo, gás, ouro e níquel existiam nessas terras em grande quantidade, e imensas florestas podiam ser exploradas pela indústria madeireira. Sem essas vantagens, os comunistas não teriam conseguido alcançar quase nenhuma das conquistas que obtiveram antes da Segunda Guerra Mundial. A natureza foi muito generosa com a União Soviética.

A sobrevivência do comunismo soviético resultou também do isolamento político e cultural do país em relação ao mundo capitalista, mesmo no período em que este fez negócios com ele. Stalin suprimiu os espaços em que organizações alternativas, pessoas e ideias pudessem operar ou serem adotadas. Empreendimentos privados, movimentos nacionalistas, buscas espirituais e cultos religiosos foram mais ou menos erradicados. Internamente, predominava um estado de sítio. As reformas de Khrushchev abrandaram um pouco as coisas, e Brejnev, apesar de haver revertido algumas de suas reformas, absteve-se de restaurar o velho clima de austeridade política. Gorbatchev foi além de Khrushchev em matéria de reformas. Ele revogou o estado de sítio e, sem querer, acabou fazendo o sistema desmoronar.

Contudo, o regime deixado por Stalin não poderia ter perdurado sem mudanças, mesmo que Stalin, por algum capricho da natureza, houvesse

AS CAUSAS DO COMUNISMO

conseguido sobreviver para além do século 20. (Os georgianos são famosos por seus cidadãos centenários.) Ele tivera que se conformar com um sistema de governo cheio de ineficiências e obstáculos, os quais se mostrava impotente para eliminar. Assim, o clientelismo perdurou e os "nichos" de poder local eram impossíveis de erradicar. Por outro lado, os burocratas eram negligentes e ignoravam determinações superiores e as necessidades do povo. A qualidade dos serviços e produtos, exceto nas esferas mais altas da hierarquia, era muito inferior à dos padrões mundiais. A economia funcionava de acordo com critérios de produção quantitativa e cumpria os planos quinquenais sem, proporcionalmente, melhorar as condições de vida da maior parte das pessoas. Objetivos militares pesavam no orçamento e condicionavam toda a organização e cultura oficial da sociedade. Stalin era um militarista ambicioso, mas pretendia também criar uma sociedade próspera, embora nem ele nem seus sucessores tivessem chegado perto de satisfazer os anseios populares. Os problemas se acumulavam. Enquanto isso, os dirigentes soviéticos acabaram percebendo que eram mais eficientes na supressão do que na eliminação real de tendências anticomunistas. No subsolo do totalitarismo stalinista jaziam diferentes espécies de sementes capazes de germinar de novo a qualquer momento. Como se vê, as raízes pré-revolucionárias da sociedade haviam se aferrado à vida.

Essa não foi a única razão pela qual a União Soviética ficou vulnerável quando seus governantes afrouxaram o regime de terror. Em sua ampla maioria, o povo soviético estava mais instruído e mais bem-informado na década de 1980 do que no início do século 20; agora, sabiam mais do que aquilo que os líderes do partido consideravam bom e suficiente. Era cada vez maior o conhecimento das coisas que aconteciam no exterior. Quando a economia deixou para trás a primeira fase de industrialização do país, os governantes comunistas depararam com tarefas de uma complexidade crescente. Começaram a surgir questões cuja solução demandava a ajuda especializada de cientistas, acadêmicos e profissionais da área gerencial. Com isso, os conselheiros do regime foram conquistando influência cada vez maior sobre a elaboração de programas político-sociais. Apesar disso, os líderes comunistas haviam feito extravagantes alegações acerca de sua capacidade para satisfazer as exigências materiais da nação. Seus repetidos fracassos acirraram o ressentimento popular. Infelizmente, o sistema comunista continha elementos que inibiam o desenvolvimento de iniciativas que estivessem fora do âmbito das políticas correntes. Além disso, as autoridades não conseguiam reproduzir o dinamismo do setor armamentista em outros setores da economia. Nenhuma reforma de instituições ou agrados aos cidadãos funcionava. O comunismo ao estilo soviético passou décadas

SEUS ULTIMOS ALENTOS

construindo seu maquinário institucional, porém, embora o mecanismo tivesse feito muito barulho e se deslocasse bem ao se engatar as primeiras marchas, sempre tendia a meter-se num beco sem saída.

Essa era a feição do sistema quando, com umas poucas adaptações em cada nação, ele foi adotado, após 1945, na maioria dos países do Leste Europeu, onde se acumularam as mesmas dificuldades logo que os comunistas assumiram o poder. Nesses países houve opressão política, engessamento da economia e alienação social. Suas atmosferas se impregnaram dos miasmas da apatia e da desilusão. Embora o partido de cada um desses países comunistas atraísse filiados em massa, o sentimento de idealismo foi rapidamente superado pelo cinismo entre seus partidários. Os comunistas instalados no governo precisavam da assistência técnica de especialistas — e estes, inclusive os formados em governos comunistas, obstruíam o andamento dos programas oficiais quando conflitavam com seus interesses. Em toda parte havia sempre as mesmas e velhas malandragens. Burocratas formavam grupos de "apadrinhados", funcionários públicos protegidos por um padrinho político. Informações enviadas aos escalões superiores eram distorcidas para beneficiar os remetentes e frustrar os objetivos impraticáveis ou desagradáveis dos destinatários. Enganar o poder central tornou-se um modo de vida. O comunismo, ainda mais do que outros tipos de sistema político, precisava contar com a eficiência de seus administradores para transmitir dados precisos aos líderes supremos. Ele nunca conseguiu alcançar esse objetivo.

Os comunistas haviam proibido eleições multipartidárias e críticas a seus programas e políticas de governo. Tinham esmagado organizações independentes nos meios de comunicação, transformado os jornais do partido central e as estações de rádio e TV nos únicos provedores de informações sobre as massas, eliminado os meios de processos judiciais legítimos e abolido todo partido político capaz de lhes fazer oposição. Achavam que estavam sendo inteligentes, pois sua ideologia lhes dizia que a separação de poderes era uma impostura burguesa, e acreditavam que a unificação de agências do Estado proporcionaria a criação de um sistema governamental que facilitaria mais a prestação de contas por parte de seus diretores. Marx, inspirando-se em Rousseau, desenvolveu essa forma de pensar, que Lenin enxertou com entusiasmo na dele mesmo. Tanto na teoria quanto na prática, isso é desastroso, porque, assim, os dirigentes comunistas se privaram de instrumentos essenciais para confirmar a veracidade das informações enviadas a eles. Sem uma rede oficial de meios de comunicação, não podiam travar discussões abertas. A inexistência de instrumentos constitucionais e judiciais apropriados impedia a adoção de medidas preventivas para se evitar abusos

AS CAUSAS DO COMUNISMO

administrativos. Na Europa Oriental, os comunistas não tinham opção, a não ser trilhar a via soviética. Em outros lugares, como na China e em Cuba, as exigências de obediência não bastavam para restringir as ações dos dirigentes comunistas. Sem dúvida, eram adeptos da mesma ideologia, mas adotaram também o modelo soviético porque reconheciam que, não fosse por isso, ruiriam sob o peso de uma avalanche de insatisfação e resistência popular.

Alguns líderes comunistas — e não apenas aqueles cujos partidos não conseguiram chegar ao poder — moderaram seu zelo por um processo de comunização total. Entre eles figuravam pessoas que, em suas vidas particulares, seriam incapazes de matar uma mosca. Uma delas foi Bukharin, comunista amante dos animais e que gostava de caminhar pelas montanhas e pintar. Contudo, em tese, o amável Bukharin não renegou a ditadura e o terrorismo de Estado e fez vista grossa à violência perpetrada pelos bolcheviques nos primeiros anos do Estado soviético.

Eleições multipartidárias e respeito aos direitos civis não criam governos controlados pelo povo. Existem evidências inegáveis de que eles beneficiam mais os ricos e poderosos do que os pobres e fracos. As elites imperam. Influentes grupos de interesse avançam à força para o primeiro lugar na fila das prioridades do Estado. Os comunistas chegaram à conclusão de que a opressão política, social e nacional era inevitável, mesmo num governo de democracia liberal. Acreditavam também que o capitalismo, por sua própria natureza, é instável e injusto. Por isso, achavam que ele estava perto do fim. Acreditavam que o comunismo se mostraria superior em inventividade tecnológica. Essa visão era uma mistura perniciosa de exageros e equívocos gritantes. De forma ampla e geral, os países que respeitam os direitos civis e regimes democráticos têm sido mais eficientes na eliminação de abusos de poder. Além disso, o capitalismo tem se mostrado engenhoso no desenvolvimento de produtos inovadores e úteis para o mercado consumidor de massa. A previsão que Marx e Engels fizeram de que haveria um empobrecimento generalizado não se concretizou. Eles argumentaram que a economia de mercado, à medida que se expandisse, reduziria quase todas as pessoas à condição de indigentes. À previsão deles, os comunistas acrescentaram a de que guerras mundiais eram inevitáveis num mundo dominado pelo capitalismo, mas até agora também eles se revelaram adivinhadores indignos de confiança.

Ao dar-se conta de que o comunismo estava frustrando a realização de seus objetivos, alguns líderes comunistas se entrincheiraram às pressas nas fileiras do nacionalismo. Essa dificilmente era uma opção na maior parte dos países da Europa Oriental, onde o poder soviético os mantinha presos aos

554 SEUS ÚLTIMOS ALENTOS

grilhões do controle ideológico. Tito e Ceausescu foram exceções. Todavia, eles tiveram problemas também. Tito governava não uma nação-Estado, mas uma federação de nações e conseguiu apenas aprovação limitada ao seu conceito de iugoslavismo; Ceausescu apresentava-se como o paladino da nação romena, enquanto, na realidade, esmagava as manifestações religiosas e culturais do país — e a maioria dos romenos o odiava, bem como aos seus sequazes. A China, o Vietnã do Norte e Cuba estavam em melhor posição para explorar a via do nacionalismo. Os chineses fizeram valer sua condição de povo independente rompendo com os soviéticos e adotando políticas específicas, elaboradas por eles mesmos; o Vietnã do Norte e Cuba continuaram a receber ajuda de Moscou, porém a distância que os separava da URSS deu a Ho Chi Minh e a Fidel Castro a oportunidade para governarem seus países mais ou menos como quiseram. Mao, Ho Chi Minh e Fidel se transformaram em símbolo de campeões da nação, mesmo entre muitos cidadãos que atacavam seus objetivos de comunização. Não era um fenômeno novo. Lenin e Stalin haviam exercido sobre as massas o fascínio de líderes que defendiam a Rússia de modo mais eficiente que os últimos tsares.

Os componentes nacionalistas aliviavam, porém nunca solucionavam as dificuldades de governança estatal e alguns reformistas acreditavam que o modelo soviético e suas muitas variantes estrangeiras requeriam outra espécie de adaptação. Essa tendência ficou conhecida como comunismo reformista. Desde o momento em que os próprios comunistas começaram a se opor à forma de governo adotada por um Estado comunista qualquer — às suas políticas, instituições, líderes ou estruturas sociais —, viram-se tentados a afirmar que não era com o comunismo que havia algo de errado, mas com a forma pela qual o Estado o estava pondo em prática. Isso aconteceu logo depois da Revolução de Outubro. Ah, se pelo menos Lenin não tivesse morrido tão prematuramente... Se ao menos Bukharin tivesse sido um político melhor e impedido a ascensão de Stalin ao poder... Se pelo menos a Rússia não estivesse tão atrasada econômica e culturalmente na época e não houvesse sido combatida por tantos países capitalistas poderosos... Os que reagiam dessa forma não entendiam a realidade. A sociedade perfeita não pode ser edificada com base na premissa de que sua formação requer condições perfeitas. Por natureza, o comunismo representa um desafio para o mundo capitalista avançado. Numa reação inevitável, os capitalistas aceitaram o desafio proposto. Aliás, os marxistas sempre diziam que eles se comportariam assim. Podemos concluir com isso que nenhum projeto comunista, em parte alguma, é capaz de perdurar sem dificuldades

AS CAUSAS DO COMUNISMO 555

internas e externas crescentes. Se não recorrem ao emprego de repressão em massa, essas dificuldades acabam produzindo situações de emergência política, social e econômica.

Depois que os comunas húngaros embarcaram num periclitante barco de reformas em 1956, foram engolfados por uma onda de revolta popular que teria levado de enxurrada o sistema comunista, não fosse pela intervenção militar soviética. Em 1968, os integrantes do movimento conhecido como Primavera de Praga adotaram programas de descentralização econômica e debates políticos abertos. Dubcek já estava perdendo o controle da situação política quando os tanques entraram na capital do país. Os fatos indicam que todo processo de reforma comunista parece fadado a tornar-se um movimento que o transforma em algo radicalmente diferente. Brejnev percebeu isso e deu as costas a ideias de reforma. Khrushchev, seu antecessor, apesar de reformista, jamais se atrevera a mexer nas estruturas das paredes mestras do edifício político e econômico soviético. Havia limites além dos quais era perigoso para a liderança comunista fincar os pés se quisesse evitar que o seu fosse substituído por um tipo de Estado totalmente diferente.

É um perigo fácil de entender. As autoridades nunca conseguiram expungir do seio da sociedade o desejo de seus cidadãos de gozar de privacidade, de ficarem livres da intromissão do Estado. O conhecimento da história de interferências dos comunistas na vida do indivíduo e de sua família aumentou esse desejo. Além do mais, nunca se apagara de suas mentes a ideia de obter lucros com negócios comerciais. Embora o livre mercado tivesse sido drasticamente reduzido nos governos comunistas, as práticas de trocas com vistas a ganhos pessoais não foram erradicadas — aliás, eram frequentemente mais predominantes em países comunistas do que em Estados de economias capitalistas avançadas. Tampouco as pessoas deixaram de pensar por si próprias em matéria de política. A desconfiança em relação ao governo era endêmica e se aprofundou com o avanço da comunização. Em toda parte o povo guardava ressentimento pelos burocratas, em razão de seus privilégios. As autoridades comunistas não conseguiram eliminar a fé religiosa. Em alguns países — o caso mais notável foi o da Polônia — o cristianismo organizado tornou-se um instrumento anticomunista formidável. O desejo de poder gozar de liberdade de escolha em matéria de passatempos, esportes e formas de entretenimento continuou forte. Perdurou também o anseio de que a sociedade fosse tratada como algo mais do que simples massa de manobra. Disseminou-se o conhecimento sobre as realidades vividas pelo Ocidente, e as características grosseiras da propaganda

SEUS ÚLTIMOS ALENTOS

comunista passaram a ser rejeitadas por um número crescente de cidadãos. Cresceu o anelo dos povos para derrubar as barreiras que lhes permitissem gozar das mesmas vantagens materiais e sociais desfrutadas pelas sociedades estrangeiras.

As lideranças comunistas tinham, portanto, um motivo razoável para se recusarem a pôr à prova, num sistema de eleições livres e justas, a legitimidade da posição ocupada por elas, pois sabiam que seriam derrotadas. Foi o caso também na União Soviética até mesmo durante a *perestroika*. Embora as pesquisas de opinião indicassem que Gorbatchev contava com imensa aprovação popular, ele tinha motivos para ser cauteloso em relação à adoção de um sistema político pluripartidarista. Quando, em 1990, ele revogou o sistema monopartidário, estava fazendo uma aposta gigantesca — e a resultante disputa política fez muito para minar o sistema soviético. Devemos concluir que os governos comunistas se fortaleceram em proporção direta à implantação do modelo soviético desenvolvido por Lenin e Stalin. Os países que não puderam ou não quiseram copiar suas características fundamentais ficaram vulneráveis a dissoluções internas ou a intervenções externas. Na Europa Oriental, não apenas Nagy e Dubcek, mas também Allende, na América Latina, aprenderam essa lição a duras penas.

Todavia, muitos governos dos países comunistas da Europa Oriental que rejeitaram reformas — ou as puseram em prática apenas de forma limitada — foram bruscamente derrubados em 1989-1991. Viram esboroar-se diante de si um sistema governamental que provocava um misto de medo e admiração tanto interna quanto externamente. O comunismo havia sido mantido de pé à força, e uma adventícia combinação de fatores — na geopolítica, no fracasso econômico, na emancipação social, na mudança de gerações, na falência ideológica e na busca de alternativas políticas — o lançou por terra. Descortinou-se diante dos olhos dos povos a perspectiva de uma rápida descomunização. O estranho é que muitas características da vida sob governos comunistas haviam sobrevivido ao seu estrondoso desmantelo. A situação varia de um país para outro, mas vários Estados da ex-União Soviética e da Europa Oriental continuam a caracterizar-se por opressão política, corrupção financeira e privilégios sociais. O clientelismo, fraudes eleitorais e métodos de governança policialesca não desapareceram em toda parte. Governantes e administradores comunistas, à medida que perceberam que o comunismo estava condenado, se livraram de seu compromisso formal para com o marxismo-leninismo, mas preservaram muitas técnicas institucionais e operacionais de gestão política. Em todas as sociedades em que esses comunas existiam as pessoas estavam acostumadas com esse tipo de situação. De qualquer forma, essas técnicas não haviam sido invenção dos

AS CAUSAS DO COMUNISMO

comunistas dos primeiros tempos. Os seguidores do marxismo-leninismo as adotaram, em sua totalidade ou em parte, do passado pré-revolucionário e depois as puseram em prática.

Portanto, os Estados tiveram que contar com muita sorte para conseguirem realizar uma transição pacífica do sistema de governo ao estilo soviético para um sistema de economia capitalista. Um clima de consenso patriótico ajudou a Polônia e outros países nesse processo. Foi o caso também da preservação das tradições de liberdade civil, religiosa e individual. Nisso, exerceu um papel fundamental também um compromisso nacional com eleições livres, a legalidade e o respeito à Constituição. E os novos governantes precisaram fixar regras para regulamentar o jogo político, de forma que todos os participantes ficassem firmemente obrigados à justa observância das regras da disputa.

Foi muito mais fácil erradicar o fascismo do que o comunismo. Após a Segunda Guerra Mundial, a República Federal da Alemanha e a República Italiana adotaram rapidamente um sistema de democracia representativa, de Estado de direito e pluralismo midiático. Os aliados ocidentais tinham vencido o conflito militar e impuseram o tipo de acordo de paz que quiseram. De modo geral os alemães e os italianos o aceitaram. O êxito desse processo foi facilitado pela natureza limitada das mudanças nas sociedades criadas por Hitler e Mussolini. Em seus governos, a iniciativa privada florescera e a religião não havia sido submetida a uma campanha de extirpação do seio das massas. Tampouco fora banido o direito de viajar para o exterior. Hitler pretendia, a longo prazo, completar a nazificação da Alemanha, porém, antes que pudesse concretizar suas ambições, foi derrotado na guerra. Com as condições existentes em 1945, não foi difícil para os Estados Unidos e seus aliados ressuscitarem os tecidos da sociedade alemã necessários à democracia liberal. De forma geral não foi o caso nos países comunistas, nos quais o comunismo havia penetrado em todos os setores da vida social: na política, na economia, na sociedade e nos sistemas de crença. Na União Soviética, isso havia perdurado por sete décadas. Até nos lugares em que durou menos tempo foi feito mais ou menos nos mesmos setores. Não admira que estejam sendo necessários muitos anos e muito esforço para se desenvolver um sistema radicalmente diferente em vários países.

Não podemos asseverar com demasiada ênfase que todas as ações desumanas do século 20 tenham sido perpetradas pelos comunistas. Adolf Hitler chacinou judeus, ciganos, homossexuais e doentes mentais aos milhões no Terceiro Reich. Nenhum comunista se envolveu no genocídio praticado em Ruanda, em 1994. O envenenamento com napalm das florestas do Vietnã e do Camboja foi realizado pela Força Aérea norte-americana. Aliás,

SEUS ÚLTIMOS ALENTOS

a história do capitalismo social e ecológico está longe de ter sido totalmente positiva. Mineradores bolivianos, por exemplo, têm enfrentado condições terríveis de trabalho. O desastre químico em Bhopal, em 1984, foi o resultado da negligência grosseira de uma empresa americana. A devastação das florestas tropicais do Brasil e da Indonésia foi provocada pela ganância comercial. Tampouco o capitalismo tem se mantido do lado da democracia, do bem-estar social e da educação. Durante a maior parte do século 20, a maioria dos países da América Latina, do sudeste da Ásia e da África foi governada por ditadores, elites corruptas e forças de segurança brutais sem que nenhuma das grandes democracias liberais houvesse tentado mudar essa situação.

Além do mais, as forças que levaram ao comunismo não estão adormecidas. Mesmo porque a opressão política e econômica ainda se encontra em toda parte. Perseguições nacionalistas, sociais e religiosas ainda perduram. Embora os velhos impérios tenham definhado, persiste a dominação egoísta do mundo por um punhado de grandes potências. Falta ainda proporcionar segurança individual, oportunidades de educação e acesso garantido a alimentos, moradia e emprego a bilhões de pessoas. Existe, portanto, muito espaço para o nascimento de movimentos radicais que possam desafiar esse estado de coisas. Nesse particular, o fenômeno mais poderoso e sumamente perigoso no momento em que escrevo estas linhas é o terrorismo islâmico. Seus fanáticos expoentes, apesar da pequenez numérica de seus militantes seguidores, já conseguiram abalar o equilíbrio das forças políticas mundiais. Eles devem muito de sua influência ao sentimento popular entre os muçulmanos de que o capitalismo avançado está arruinando as bases materiais e espirituais de suas comunidades. Assim como os intelectuais marxistas, antes da Primeira Guerra Mundial, abraçaram a causa do proletariado industrial, agora o Islã vem gerando revolucionários intransigentes dedicados à concretização de seus valores fundamentais. Nos próximos anos é possível que surjam movimentos de natureza jamais vista pela humanidade, passíveis de entrar em conflito com os interesses da democracia liberal, da economia capitalista e da sociedade pluralista. Não se pode deixar de considerar que tais movimentos, como o marxismo em 1917, podem assumir o controle de países inteiros.

Parece improvável que o comunismo em si seja ressuscitado na forma que ele tinha na União Soviética ou na China maoista. Lenin e os bolcheviques tatearam no escuro em busca da criação de seu novo tipo de Estado, que se tornou o estereótipo de sistemas de governo comunista em outros lugares e por cujas variantes internas a URSS passou nas décadas subsequentes. O comunismo contagiou também outros movimentos em busca

AS CAUSAS DO COMUNISMO

da transformação da sociedade. As ideias, instituições e práticas totalitárias do marxismo-leninismo exerceram profunda influência na extrema-direita política. No entre guerras, o Estado monoideológico e monopartidário foi implantado na Itália e na Alemanha. Nem Mussolini nem Hitler agiram como reação ao comunismo e a submissão forçada da sociedade a um controle abrangente assumiu diferentes formas na União Soviética, na Itália e na Alemanha, mas a importância do precedente é quase impossível de negar. O objetivo da imposição de um poder estatal irrestrito, de penetração de todos os aspectos da vida — política, econômica, social, cultural e espiritual —, foi uma característica que tiveram em comum. O mesmo fenômeno manifestou-se no secularista regime baatista no Iraque de Saddam Hussein e apareceu nos planos islâmicos de Osama Bin Laden, bem como no governo talibã, no Afeganistão.

Todos os líderes dessa espécie, de Mussolini e Hitler a Bin Laden, detestavam o comunismo. Dedicaram-se, pois, à sua aniquilação. Contudo, eles foram influenciados por precedentes comunistas, até que o considerassem uma praga contagiante. O comunismo mostrou-se portador de características metastáticas. Ele terá ainda uma longa sobrevida, mesmo depois do desaparecimento do último país comunista.

NOTAS

1. O Comunismo Antes do Marxismo

1   D. McLellan, *Karl Marx: His Life and Thought*, p. 128.
2   *Ibid.*, p. 28.
3   *Ibid.*, p. 139.
4   N. Cohn, *The Pursuit of the Millennium: Revolutionary Millenarians and Mystical Anarchists of the Middle Ages,* cap. 1.
5   O Evangelho segundo São Mateus, caps. 5-7
6   *Os Pergaminhos do Mar Morto.*
7   T. More, *Utopia*; T. Campanella, *The City of the Sun.*
8   Cohn, *The Pursuit of the Millennium*, caps. 12-13.
9   C. Hill, *The World Turned Upside Down: Radical Ideas during the English Revolution.*
10   W. Doyle, *Oxford History of the French Revolution*, pp. 324-7.
11   G. Lichtheim, *A Short History of Socialism*, pp. 54, 56 e 58-9.
12   *Ibid.*, pp. 42-3, 45-6 e 53-5.
13   *Ibid.*, pp. 53 e 55-9.
14   K. Bock, "Theories of Progress, Development, Evolution" *in* T.B. Bottomore e R. Nisbet (eds.), *A History of Sociological Analysis*, pp. 60-7.
15   I. Berlin, *Karl Marx: His Life and Environment.*
16   J. L. Talmon, *The Origins of Totalitarian Democracy*, pp. 41-9.
17   *Ibid.*, pp. 46-7.
18   N. Maquiavel, *O príncipe.*
19   R. Porter, *The Enlightenment.*

2. Marx e Engels

20   D. McLellan, *Karl Marx: His Life and Thought*, cap. 2.
21   F. Wheen, *Karl Marx*, pp. 256-7.
22   K. Marx e F. Engels, *O manifesto comunista*, p. 103.
23   *Ibid.*, p. 102.
24   *Theses on Feuerbach, in* D. McLellan (ed.), *Karl Marx: Selected Writings*, p. 158.

562 NOTAS

25 McLellan, *Karl Marx: His Life and Thought*, pp. 155-66.
26 *O capital: crítica da economia política*, vol. 1.
27 McLellan, *Karl Marx: His Life and Thought*, pp. 361 e segs.
28 *Ibid.*, pp. 391-402.
29 *Ibid*, pp. 276-80.
30 T. Shanin, *Late Marx and the Russian Road: Marx and "the Peripheries of Capitalism"*.
31 F. Engels, *Anti-Dühring; Dialética da natureza; A origem da família, da propriedade privada e do Estado*.
32 Ver nota 28.
33 F. Mehring, *Karl Marx: The Story of His Life*, pp. 161-5.
34 Ver K. Kautsky, *The Agrarian Question*.

3. O Comunismo na Europa

35 H. J. Steinberg, *Il socialismo tedesco da Bebel a Kautsky*, caps. 1-2.
36 D. Geary, *Karl Kautsky*, cap. 3.
37 E. H. Carr, *Michael Bakunin*.
38 Ver R. Hilferding, *Boehm-Bawerk's Criticism of Marx*; Rosa Luxemburgo, *The Accumulation of Capital*.
39 W. J. Mommsen, *The Age of Bureaucracy: Perspectives on the Political Sociology of Max Weber*.
40 R. Michels, *Political Parties: A Sociological Study of the Oligarchical Tendencies of Modern Democracy*, partes 1-2. Ver também T. B. Bottomore, *Elites and Society*, caps. 2-3.
41 E. Bernstein, *Evolutionary Socialism*.
42 O trabalho de E. David impressionou o mundo e foi traduzido para o russo; deixou Lenin furioso; ver seu *Polnoe sobranie sochinenii*, vol. 5, pp. 222-35.
43 Ver a seguir, pp. 66-72.
44 K. Kautsky, *The Agrarian Question*. Ver também M. Salvadori, *Karl Kautsky e la rivoluzione socialista*, caps. 2-3.
45 G. Haupt, *Socialism and the Great War: The Collapse of the Second International*, pp. 11-29.
46 M. S. Shatz, *Jan Waclaw Machajski: A Radical Critic of the Russian Intelligentsia*.
47 Michels, *Political Parties*, parte 6.
48 J. P. Nettl, *Rosa Luxemburg*, vol. 2, cap. 13.
49 D. A. Smart (ed.), *Pannekoek and Gorter's Marxism*.
50 R. Luxemburg, *The Mass Strike*.

NOTAS

51   Ver anteriormente, pp. 37-8.
52   *Austro-Marxism*, pp. 102-35.
53   *Ibid.*
54   Haupt, *Socialism and the Great War*, pp. 19-22.
55   Ver a seguir, pp. 82-4 e 130.

4. Variantes Russas

56   A. Walicki, *The Controversy over Capitalism: Studies in the Social Philosophy of the Russian Populists.*
57   Ver anteriormente, p. 47.
58   R. Service, *Lenin: A Political Life*, vol. 1, caps. 4-5.
59   *Ibid.*, pp. 110-11.
60   *Ibid.*, cap. 9.
61   Ver anteriormente, pp. 49-50.
62   Service, *Lenin: A Political Life*, vol. 1, pp. 33-7 e 128-33.
63   R. Service, *Lenin: A Biography*, pp. 188-9.
64   *Ibid.*, cap. 9.
65   Service, *Lenin: A Political Life*, vol. 1, pp. 165 *e segs.*
66   R. C. Williams, *The Others Bolsheviks: Lenin and His Critics, 1904-1914*, pp. 66-80.
67   R. Service, *Stalin: A Biography*, p. 65.
68   J. P. Nettl, *Rosa Luxemburgo*, vol. 1, pp. 224-7.
69   Service, *Lenin: A Political Life*, vol. 2, cap. 2.
70   G. Haupt, *Socialism and the Great War: The Collapse of the Second International*; Service, *Lenin: A Biography*, p. 103.
71   Service, *Lenin: A Biography*, pp. 226-8.

5. A Revolução de Outubro

72   R. Service, *The Russian Revolution, 1900-1927*, pp. 39-40.
73   R. Service, *The Bolshevik Party in Revolution: A Study in Organizational Change*, pp. 42-62.
74   "Gosudarstvo i revolyutsiya", *in* V. I. Lenin, *Polnoe sobranie sochineńii* vol. 33.
75   R. Service, *Lenin: A Political Life*, vol. 2, pp. 216-23.
76   As diferenças específicas entre o comunismo de Lenin e as de variantes socialistas e social-democratas rivais são tratadas abaixo, pp. 130-1.
77   A. Rabinowitch, *The Bolsheviks Come to Power.*

NOTAS

6. O Primeiro Estado Comunista

78 R. Service, *The Bolshevik Party in Revolution: A Study in Organisational Change*, pp. 82-3.

79 I. Getzler, *Kronstadt 1917-1921: The Fate of a Soviet Democracy*, pp. 233-44.

80 Service, *The Bolshevik Party in Revolution*, cap. 4.

81 *Ibid.*, pp. 101-9.

82 *Ibid.*, p. 147.

83 *Ibid.*, p. 125.

84 R. Service, *Lenin: A Biography*, pp. 268-9.

85 *Ibid.*, pp. 380-1.

86 *Ibid.*, p. 233.

87 R. Service, *Lenin: A Political Life*, vol. 3, p. 211.

88 L. Chamberlain, *The Philosophy Steamer: Lenin and the Exile of the Intelligentsia*.

89 Service, *Lenin: A Political Life*, vol. 3, pp. 244-8.

90 Service, *Lenin: A Biography*, p. 403.

91 R. Service, "Bolshevism's Europe from Lenin to Stalin, 1914-1928", *in* S. Pons e A. Romano (eds.), *Russia in the Age of Wars, 1914-1945*, pp. 69-78.

92 Service, *Lenin: A Political Life*, vol. 3, pp. 179-80.

7. Revoluções Europeias

93 R. Service, *Lenin: A Political Life*, vol. 3, pp. 45-6.

94 RGASPI, f. 325, op. 1, d. 62, p. 4.

95 J. P. Nettl, *Rosa Luxemburg*, vol. 2, pp. 761-77.

96 Delegação Americana de Herbert Hoover em Belgrado, 25 de março de 1919: Acervo de T. T. C. Gregory (HIA), box 2.

97 M. Károlyi, "A História de minha Abdicação" (transcrição datilografada: Viena, 15 de julho de 1919), pp. 3-6: Acervo de T. T. C. Gregory (HIA), box 2.

98 Carta de Philip Marshall Brown a Archibald Cary Coolidge, 17 de abril de 1919: Dossiê Político Húngaro, vol. 1: Acervo de T. T. C. Gregory (HIA), box 2. Brown encontrou-se com Kun em 15 de abril de 1919.

99 Boletim da Comissão Federal de Ajuda Humanitária Americana, nº 19, 25 de julho de 1919: Acervo de Gibbes Lykes (HIA), box 1.

100 Ten. Emery Pottle e Dr. E. Dana Durand, "Entrevista com Bela Kuhn [sic]", *American Relief Administration Bulletin*, nº 19, 25 de julho de 1919, pp. 34-5.

101 A. R. Hunt, *Facts about Communist Hungary*, p. 6.

NOTAS

565

102 *Ibid.*, p. 3.

103 *Ibid.*, p. 4.

104 H. James (do representante americano sobre a Comissão Interaliada no Danúbio), "Relatório sobre a viagem à Áustria-Alemanha e à Checoslováquia", p. 1: Acervo de Henry James (HIA).

105 T. T. C. Gregory (diretor da Comissão Federal de Ajuda Humanitária Americana para a Europa Central), "Detendo o Avanço da Maré Vermelha" (transcrição datilografada, 1919), p. 70: Acervo de T. T. C. Gregory (HIA), box 1.

106 Notas sobre o comunismo na Europa Central (transcrição datilografada, sem título ou data), p. 2: Acervo de T. T. C. Gregory (HIA), box 1.

107 Telegramas, 2 de fevereiro e 19 de abril de 1919: RGASPI, f. 17, op. 109, d. 46, pp. 1-2.

108 T. T. C. Gregory, "Forçando o Bolchevismo a Recuar" (transcrição datilografada, sem data [talvez 1920], p. 6: Acervo de T. T. C. Gregory (HIA), box 1.

109 Mensagem de Trotski a Rakovski, Podvoiski e Antonov-Ovseenko, 18 de abril de 1919: RGASPI, f. 325, op. 1, d. 404, p. 86, e telegrama de Lenin a Aralov e Vacietis, 21 de abril de 1919, *ibid.*, p. 92; telegrama de Vacietis e Aralov a Antonov, 23 de abril de 1919, *ibid.*, op. 109, d. 46, pp. 3-5.

110 Ver a seguir, pp. 116-8.

111 R. L. Tökés, *Béla Kun and the Hungarian Soviet Republic: The Origins and Role of the Communist Party of Hungary in the Revoltions of 1918-1919.*

112 Memorando de Ferenc Julier, ex-comandante do Estado-Maior Geral do Exército Vermelho; foi elaborado para a Biblioteca Hoover em 1933 e traduzido para o inglês: Hungarian Subject Collection (HIA), p. 3.

113 Relatório de T. T. C. Gregory (Comissão Federal de Ajuda Humanitária Americana) enviado a Herbert Hoover, 4 de junho de 1919, pp. 1-2: Acervo de T. T. C. Gregory (HIA), box 1.

114 Memorando de Ferenc Julier (ver nota 20), pp. 3-4 e 14.

115 Comissão Militar Interaliada de Controle (Budapeste) para o Conselho Supremo da Conferência de Paz, 19 de agosto de 1919: Acervo de Gibbes Lykes (HIA), box 1; Logan a Paris, 13 de agosto de 1919.

116 Diário político, 13 de março de 1919, p. 3: Acervo de Herbert Haviland Field (HIA). Field foi delegado da comissão do tratado de paz americana.

117 Diário político, 15 de março de 1919, p. 10: Acervo de Herbert Haviland Field (HIA).

118 J. Cornwell, *Hitler's Pope: The Secret History of Pius XII*, p. 75.

119 R. Leviné-Meyer, *Leviné the Spartacist*, p. 104.

120 *Ibid.*

NOTAS

121 Ibid., p. 95.

122 R. J. Evans, *The Coming of the Third Reich*, pp. 60-76.

123 Leviné-Meyer, *Leviné the Spartacist: The Life and Times of the Socialist Revolutionary Leader of the German Spartacists and Head of the Ill-Starred Munich Republic of 1919*, p. 153.

124 E. Toller, *An Appeal from the Young Workers of Germany*.

125 I. N. R. Davies, *White Eagle, Red Star*, caps. 3-6.

126 Service, *Lenin: A Political Life*, vol. 3, p. 141.

127 Discurso de Stalin no XII Congresso do Partido, sessão sobre a "questão das nacionalidades", 25 de abril de 1923: *ITsKKPSS*, nº 4 (1991), p. 171. Ver Service, *Lenin: A Political Life*, vol. 3, pp. 191-2.

128 S. White, *Britain and the Bolshevik Revolution: A Study in the Politics of Diplomacy, 1920-1924*, caps. 1-2.

129 R. H. Ullman, *The Anglo-Soviet Accord*, pp. 474-8.

130 R. L. Tökés, "Béla Kun: The Man and the Revolutionary", *in* I. Völgyes (ed.), *Hungary in Revolution, 1918-1919*, pp. 186-9.

131 Carta de Stalin a Zinoviev, agosto de 1923, que Zenoviev leu para a sessão plenária conjunta do Comitê Central e do Comitê de Controle Central, julho-agosto de 1923: RGASPI, f. 17, op. 2, d. 317 (Viii), p. 22; comentários incontestados de Stalin a essa mesma sessão: RGASPI, f. 17, op. 2, d. 293, pp. 99-101.

8. O Comunismo e seus Descontentes

132 R. Service, *Lenin: A Political Life*, vol. 3, cap. 9.

133 R. Service, *The Bolshevik Party in Revolution: A Study on Organisational Chance*, pp. 168-9.

134 Segui a sugestão de Brian Pearce, tradutor inigualável de obras históricas russas, de que "Change of Waymarks" ["Mudança de Rumo"] é a melhor tradução do nome do grupo.

135 Service, *The Bolshevik Party in Revolution*, p. 168.

136 D. Koenker, *Moscow Workers and the 1917 Revolution*, pp. 171-86.

137 A. Pospielovsky, "Greves durante a NPE", *Revolutionary Russia*, nº 1 (1997).

138 C. Read, *Culture and Power in Revolutionary Russia*, caps. 3-5.

139 T. Shanin, *The Awkward Class: Political Sociology of Peasantry in a Developing Society*, pp. 169-79.

140 R. Service, *Stalin: A Biography*, p. 256.

141 *Ibid.*, p. 403.

142 J. Baberowski, *Der Fiend ist überall: Stalinismus im Kauskasus*, pp. 316-49.

NOTAS 567

9. A Internacional Comunista

143 RGASPI, f. 17, op. 84, d. 1: 28 de setembro de 1918.

144 Ver o cap. 4.

145 C. Sheridan, *Russian Portraits*, pp. 25-62.

146 H. Barbé, "Souvenir de militant et dirigeant communiste" (transcrição datilografada, HIA), p. 33.

147 RGASPI, f. 89, op. 52, d. 6.

148 I. Linder e S. Churkin, *Krasnaya pautina: tainy razvedki Kominterna, 1919-1943*, p. 31.

149 Ver relato de Barbé, "Souvenir de militant et dirigeant communiste", pp. 74-5.

150 V. I. Lenin, *Polnoe sobranie sochinenii*, vol. 42, p. 112.

151 A.C. Sutton, *Western Technology and Soviet Economic Development, 1917 to 1930*, pp. 327-36.

152 P. S. Pinheiro, *Estratégias da ilusão: a revolução mundial e o Brasil, 1912-1935*, p. 30.

153 A. S. Lindemann, *The "Red Years": European Socialism versus Bolshevism, 1919-1921*.

154 P. Spriano, *Storia del Partito Comunista Italiano*, vol. 1: *Da Bordiga a Gramsci*.

155 Barbé, "Souvenir de militant et dirigeant communiste", p. 33.

156 *Ibid.*, pp. 205-7.

157 *Ibid.*, p. 209.

158 *Ibid.*, p. 33.

159 J. Redman [B. Pearce], *The Communist Party and the Labour Left, 1925-1929*, p. 8.

160 G. S. Murphy, *Soviet Mongolia: A Study of the Oldest Political Satellite*.

161 Barbé, "Souvenir de militant et dirigeant communiste", p. 140.

162 *Ibid.*, p. 228.

163 Memórias de Zhen Bilan nos documentos de Peng Shu-tse (HIA), pasta 3, pp. 11 e 29.

164 *Ibid.*, pasta 21, pp. 28-9.

165 *Documentos sobre comunismo, nacionalismo e conselheiros soviéticos na China,1918-1927: documentos tomados na incursão a Pequim em 1927*, p. 105.

166 Linder e Churkin, *Krasnaya pautina*, pp. 195-206. Ver anteriormente, pp. 95-6.

10. Sondando a América

167 Minutas do Comitê Executivo Central do Partido Comunista dos Estados Unidos, 15 de novembro de 1919: Acervo de Theodore Draper (HIA), box 32.

168 H. Klehr, J. E. Haynes e K. M. Anderson (eds.), *The Soviet World of American Communism*, doc. 1, p. 19.

169 S. M. Lipset e G. Marks, *It Didn't Happen Here: Why Socialism Failed in the United States*, p. 35.

170 F. M. Ottanelli, *The Communist Party of the United States: From the Depression to World War II*, p. 51.

171 Instruções da Internacional Comunista (HIA), pasta XX695-10. V, p. 7.

172 *Ibid.*, pp. 1-10. No original do jornal (p. 7), as palavras "partido" e "diários" aparecem em maiúsculas.

173 Carta de Moscou ao "Prezado Camarada" (Jay Lovestone?), 19 de maio de 1924: Acervo de Jay Lovestone (HIA), box 196, pasta 3.

174 Carta de "Henry" aos "Prezados Camaradas", 26 de fevereiro de 1926: *ibid.*, pasta 4. Sobre a composição nacional do partido, ver H. Klehr, *Communist Cadre: The Social Background of the American Communist Party Elite*, p. 25.

175 Cartas oficiais do governo central ao "Prezado Camarada": Acervo de Jay Lovestone (HIA), box 195, pasta 6.

176 M. Eastman, "A Apresentação do Problema nos Estados Unidos e o Primeiro Passo para sua Solução": Acervo de Theodore Draper (HIA), box 31. Ver também as minutas do Comitê Político, 29 de junho de 1927, p. 5, sobre "a situação deplorável" na Seção Judaica: Acervo de Charles Wesley Ervin (HIA).

177 Klehr, *Communist Cadre: The Social Background of the American Communist Party Elite*, p. 46.

178 Relatório sem assinatura, 8 de outubro de 1925; Acervo de Jay Lovestone (HIA), box 197, pasta 1.

179 *Ibid.*

180 Carta oficial do Comintern, 20 de junho de 1925, p. 2: Acervo de Theodore Draper (HIA), box 32.

181 T. Draper, *American Communism and Soviet Russia: The Formative Period*, p. 334.

182 Minutas do Secretariado, 13 de setembro de 1927, p. 2: Acervo de Theodore Draper (HIA), box 32.

183 *Ibid.*

184 Klehr, Haynes e Anderson (eds.), *The Soviet World of American Communism*, doc. 59, p. 206.

NOTAS

185 H. M. Wicks, discurso na Comissão Americana do Comintern em Moscou, 21 de abril de 1929, p. 7: Acervo de Theodore Draper (HIA), box 31.

186 H. Haywood, *Negro Liberation* (1948) resume o projeto. Ver também H. Haywood, *Black Bolshevik: Autobiography of an Afro-American Communist.*

187 S. Adams, *Comrade Minister: The South African Communist Party and the Transition from Apartheid to Democracy*, pp. 27-8.

188 Carta de "Ed", 11 de abril de 1920: Acervo de Jay Lovestone (HIA), box 195, pasta 10.

189 Ver, por exemplo, o cabograma de Ruthenburg enviado a Lovestone, 5 de dezembro de 1925: *ibid.*, box 386, pasta 56.

190 *Ibid.*, box 197, pasta 5.

191 James Cannon a T. Draper, 10 de maio de 1954, p. 1: Acervo de Theodore Draper (HIA).

192 Telegrama de 20 de abril de 1927: Acervo de Jay Lovestone (HIA), box 195, pasta 11.

193 Cópia de transcrição datilografada sem assinatura, 25 de abril de 1927: *ibid.*, box 197, pasta 11.

194 Draper, *American Communism and Soviet Russia*, p. 200.

195 Carta a Bukharin, 9 de setembro de 1928: Acervo de Jay Lovestone (HIA), box 198, pasta 8.

196 Transcrição datilografada sem assinatura sobre os "Prezados Amigos" do Comintern, 24 de abril de 1929: *ibid.*, pasta 12.

197 K. McDermott e J. Agnew, *The Cominter: A History of International Communism from Lenin to Stalin*, p. 88.

198 Telegrama de 7 de novembro de 1924. Acervo de Jay Lovestone (HIA), box 368, pasta 47.

199 G. Lewy, *The Cause that Failed: Communism in American Political Life*, p. 307.

200 Lipset e Marks, *It Didn't Happen Here*, p. 40.

201 Ver a p. 205.

202 *Earl Browder afirma*, p. 2.

203 *Ibid.*, pp. 4-5.

204 R.L. Benson e M. Warner (eds.), *Venona: Soviet Espionage and the American Response, 1939-1957*, p. xii.

205 *Ibid.*, p. 49.

206 Ottanelli, *The Communist Party of the United States*, p. 210.

207 Ver o *Manual for Community Club Leaders. A Handbook for the Use of Officers and Committees of Communist Community Clubs* (elaborado pelo Departamento Organizacional do Comitê Nacional Comunista).

570 NOTAS

208 Cartas de Earl Browder a Elizabeth Churchill Brown, 1º de janeiro e 16 de setembro de 1954: Acervo de Elizabeth Churchill Brown (HIA). Browder fez esse telefonema em 26 de setembro de 1943: *Chicago Herald-Examiner*, 27 de setembro de 1943; extraí essa informação de sua carta confidencial a Elizabeth Churchill Brown, 1º de setembro de 1954. Stalin não era o único líder comunista que ficou irritado. De acordo com Browder, o Partido Comunista Britânico o criticou por invadir terreno político alheio: carta a Elizabeth Churchill Brown, 16 de setembro de 1954. Ambas as cartas fazem parte do Acervo de Elizabeth Churchill Brown (HIA). Para um relato mais abrangente, ver Klehr, Haynes e Anderson (eds.), *The Soviet World of American Communism*, pp. 98-9.

209 E. Browder, *Teheran: Our Path in War and Peace*.

210 G. Dimitrov, *Diario. Gli anni di Mosca (1934-1945)*, p. 683: 26 de janeiro de 1944.

211 *Ibid.*, pp. 696-7: 8 de março de 1944.

212 "À propos de la dissolution du PCA", *Cahiers du Communism*, 6 de abril de 1945.

213 Ver a seguir, pp. 241-2.

214 Ver a seguir, pp. 279-80.

215 Lewy, *The Cause that Failed*, p. 81.

216 Ver a seguir, pp. 317-8.

217 Klehr, Haynes e Anderson (eds.), *The Soviet World of American Communism*, p. 353.

218 Ver a seguir, cap. 27.

219 G. Hall, *The Power of Ideology: Keynote Address to the First Ideological Conference of the Communist Party USA* [sic], *July 14-16 1989, Chicago*, pp. 6, 7 e 21.

220 Klehr, Haynes e Anderson (eds.), *The Soviet World of American Communism*, pp. 158-9 (inclusive docs, 44-5).

221 Hall, *The Power of Ideology*, p. 6.

222 Ver anteriormente, pp. 489-94.

223 G. Hall, *The Era of Crisis: Forging Unity in Struggle: Report to the Twenty Fifth National Convention, Communist Party, USA*, p. 2.

11. Entendendo o Comunismo

224 N. Bukharin e Ye. Preobrazhenskü, *Azbuka kommunizma*.

225 L. Kaganovich, *Kak postroena RKP (b)*.

226 R. Service, *The Bolshevik Party in Revolution: A Study in Organisational Change*, pp. 104-11.

227 R. Service, *Lenin: A Political Life*, vol. 2, cap. 7.

NOTAS
571

228 Zinoviev foi formidável com sua franqueza para com a situação.

229 P. Dukes, *Red Dusk and the Morrow: Adventures and Investigations in Red Russia*, pp. 222-3; P. Dukes, *The Story of "ST 25": Adventure and Romance in the Secret Intelligence Service in Red Russia*, pp. 276, 289 e 293.

230 Dukes, *Red Dusk and the Morrow*, pp. 11, 22, 82 e 208. Os vários testemunhos oficiais de suas experiências com os soviéticos estão reunidos no acervo de Sir Paul Dukes (HIA), box 1.

231 R. Bruce Lockhart, *Memoirs of a British Agent: Being an Account of the Author's Early Life on Many Lands and His Official Mission to Moscow in 1918*, pp. 236-348.

232 H. Radek e A. Ransome, *Radek and Ransome on Russia*, pp. 1-24.

233 H. Brogan, *The Life of Arthur Ransome*, pp. 153-4 e 281-2.

234 *Ibid.*, pp. 160-2; Y. Membery, "Swallows, Amazons and Secret Agents", *Observer*, 21 de julho de 2002.

235 RGASPI, f. 89, op. 52, d. 4, pp. 1-2.

236 A. Rhys Williams, *Lenin: The Man and his Work* (1919) e *Through the Russion Revolution* (1967).

237 J. Reed, *Ten Days that Shook the World* (1919).

238 RGASPI, f. 89, op. 52, d. 6.

239 G. Hicks, *John Reed: The Making of a Revolutionary*, p. 395.

240 P. Avrich, *The Russian Anarchists*, caps. 6-7.

241 E. Goldman, *My Disillusionment in Russia* (1923); *My Further Disillusionment in Russia* (1924).

242 R. Luxemburg, *The Russian Revolution*.

243 K. Kautsky, *Die Diktatur des Proletariats*.

244 Yu. Martov, *Mirovoi bol'shevizm*.

245 Jonathan Davis, "Left Out in the Cold: British Labour Witnesses the Russian Revolution", *Revolutionary Russian*, n° 1 (junho de 2005), pp. 71-88.

246 H. G. Wells, *Russia in the Shadows*.

247 B. Russell, *The Theory and Practice of Bolshevism*.

248 N. Glazer e D. P. Moynihan, *Beyond the Melting Pot: The Negroes, Puerto Ricans, Jews, Italians and Irish of New York City*, pp. 139-80 e 268-9.

249 M. N. Roy, *Memoirs*, p. 348.

250 Ver anteriormente, pp. 69-70.

251 Testemunho de Giovanni Casale in C. Bermani (ed.), *Gramsci raccontato: Testimonianze raccolte da Cesare Bermani, Gianni Bosio e Mimma Paulesu Quercioli*, p. 131.

572

NOTAS

252 Testemunho de Ercole Piacentini in *ibid.*, p. 168.

253 L. Sedda, *Economia, politica e società sovietica nei quaderni del carcere*, pp. 34, 36, 48 e 82. Ver A. Gramsci, *Quaderni del carcere*, Q. 4, p. 489, Q. 9, p. 1.120, 11, p. 1.425, Q. 19, p. 2.030.

254 Carta a Tatyana Schucht, 26 de agosto de 1929: A. Gramsci, *Lettere dal carcere*, p. 110.

12. A URSS Atormentada

255 R. Service, *Stalin: A Biography*, pp. 214-7.

256 *Ibid.*, pp. 3-4 e 225-30.

257 R. Service, *The Russian Revolution, 1900-1927*, pp. 76-80; C. Merridale, *Moscow Politics and the Rise of Stalin*, p. 53.

258 J. Hessler, *A Social History of Soviet Trade: Trade Policy, Retail Practices and Consumption, 1917-1953*, pp. 142-6.

259 A. Nove, *An Economic History of the USSR*, pp. 171 e 241; S. G. Wheatcroft, "More Light on the Scale of Repression and Excess Mortality in the Soviet Union in the 1930s", *Soviet Studies*, nº 2 (1990), p. 366.

260 S. Fitzpatrick, "Stalin and the Making of a New Elite, 1928-1939", *Slavic Review*, nº 3 (1979).

261 *Akademicheskoe delo, 1929-1931: Delo po obvineniyu akademika S. F. Platonova*, p. xlviii.

262 *Trud*, 4 de junho de 1992.

263 B. A. Viktorov, "Geroi iz 37-go", *Komsomol'skaya pravda*, 21 de agosto de 1988.

264 Ver a seguir, pp. 297-302.

13. O Modelo Soviético

265 Carta a F. Dzierjinski, n.d.: RGASPI, f. 76, op. 3, d. 345. Obtive isso do acervo de Volkogonov, rolo 9, da Biblioteca Bodleian.

266 J. Riordan, "The Strange Story of Nikolai Starostin, Football and Lavrentii Beria — Sports Personality and Soviet Chief of Intelligence", *Europe-Asia Studies*, julho de 1994.

267 P. Gregory, *The Political Economy of Stalin: Evidence from Soviet Secret Archives*.

268 "*Sovershenno sekretno*": *Lubyanka – Stalinu o polozhenii v strane (1922-1934 gg.)*, vol. 1 ff.

269 Yelizaveta Parshina e Leonid Parshin, "Razvedka bez mifov" (transcrição datilografada, 1994, HIA), p. 5.

NOTAS

14. Uma Estratégia Global

270 Ver a seguir, p. 236.
271 K. McDermott e J. Agnew, *The Comintern: A History of International Communism from Lenin to Stalin*, p. 102.
272 *Sovetskoe rukovodstvo. Perepiska*, 1928-1941, p. 77.
273 McDermott e Agnew, *The Comintern*, p. 95.
274 Em 1939, porém, sua arbitrariedade foi mais longe ainda, quando tomou a decisão em relação ao tratado de não agressão nazi-soviético sem consultar Molotov devidamente.
275 N. I. Bukharin, *Problem teorii i praktiki sotsializma*, p. 298.
276 McDermott e Agnew, *The Comintern*, pp. 85-6.
277 G. Fiori, *Antonio Gramschi*, pp. 249-56.
278 Cilly Vassart, "Le Front Populaire en France" (transcrição datilografada, HIA), pp. 8 e 31.
279 McDermott e Agnew, *The Comintern*, pp. 121-2.
280 Sou grato a Brian Pearce por sua lembrança e conselho aqui.
281 G. Procacci, *Il socialismo internazionale e la Guerra d'Etiopia*.
282 A.C. Sutton, *Western Technology and Soviet Economic Development, 1917 to 1930*, pp. 246-9.
283 A.C. Sutton, *Western Technology and Soviet Economic Development, 1930 to 1945*, pp. 74-5.
284 *Ibid.*, pp. 82-90.
285 *Ibid.*, cap. 4 et seg.
286 D.A.L. Levy, "The French Popular Front, 1936-1937", *in* H. Graham e P. Preston (eds.), *The Popular Front in Europe*, pp. 67-9.
287 *Ibid.*, pp. 72-4.
288 P. Preston, *Franco: A Biography*, pp. 200-2.
289 H. Graham, *The Spanish Republic at War, 1936-1939*, pp. 285-91; P. Preston, *The Spanish Civil War: Reaction, Revolution and Revenge*, pp. 254-7 e 261-5.
290 Vassart, "Le Front Populaire en France", p. 65.

15. A Ideologia Stalinista

291 R. Service, *Stalin: A Biography*, pp. 361 e 364.
292 *Ibid.*, p. 361.
293 A. Gide, *Retour de l'U.R.S.S.*, pp. 72-3.
294 F. Bettanin, *Fabbrica del mito: storia el politica nell'URSS Staliniana*, p. 174.

574 NOTAS

295 *Istoriya vsesoyuznoi kommunisticheskoi partii (bol'shevikov): kratkii kurs.*
296 Service, *Stalin: A Biography*, p. 307.
297 Ver D. Holloway, *Stalin and the Bomb: The Soviet Union and Atomic Energy*, p. 211.
298 Gide, *Retour de l'U.R.S.S*, p. 65.
299 *Pravda*, nº 35, 5 de fevereiro de 1931.
300 G. A. Almond, *The Appeals of Communism*, pp. 74-5.
301 *Ibid.*, pp. 90-1.
302 M. Djilas, *Rise and Fall*, p. 157: isso foi uma rememoração de Djilas de uma conversa no pós-guerra na casa de campo de Stalin.
303 M. Gor'kii, L. Averbakh e S. Firin (eds.), *Belomorsko—baltiiskii kanal imeni I. V. Stalina.*

16. Por Dentro dos Partidos

304 A. Koestler (sem título), *in* R. H. Crossman (ed.), *The God that Failed*, p. 54.
305 K. McDermott e J. Agnew, *The Comintern: A History of International Communism from Lenin to Stalin*, pp. 121-2.
306 I. Roxborough, "Mexico", *in* L. Bethell e I. Roxborough (eds.), *Latin America between the Second World War and the Cold War, 1944-1948*, p. 191.
307 L. Bethell, "Brazil", *in ibid.*, p. 37.
308 Ver anteriormente, p. 151.
309 Sobre o Partido Comunista da Alemanha após 1933, ver A. Paucker, *German Jews in the Resistance, 1933-1945: The Facts and the Problems*, p. 45.
310 Sobre a Mongólia: RGASPI, f. 89, op. 29, d. 1, pp. 1-3: 13 de setembro de 1937; sobre a Espanha, H. Graham, *The Spanish Republic at War, 1936-1939*, pp. 287-91.
311 G. Dimitrov, *Diario. Gli anni di Mosca (1934-1945)*, p. 677.
312 J. Chang e J. Halliday, *Mao: The Unknown Story*, pp. 262-6.
313 P. Short, *Mao: A Life*, pp. 383-9; Chang e Halliday, *Mao*, pp. 251-2.
314 *Ibid.*, pp. 254-5.
315 Sumário, *Mao*, pp. 282.
316 Ver a seguir, caps. 20 e 34.
317 H. Barbé, *Souvenir de militant et dirigeant communiste* (transcrição datilografada, HIA), pp. 333-4.
318 Notas autobiográficas datadas de 17 de novembro de 1945, pp. 1-5: Acervo de E. W. Darling (HIA), box 1, pasta 1.
319 Carta de Darling a Harry Pollitt, 6 de janeiro de 1946: *ibid.*

NOTAS 575

320 Carta de Darling a Harry Pollitt, 18 de setembro de 1946: *ibid.*

321 K. Philby, *My Silent War.*

322 Uma possível exceção foi *Russian Economic Development since the Revolution* (Londres, 1928), de autoria do membro do Partido Comunista e renomado economista M. H. Dobb.

323 Citação de R. Wright, *American Hunger,* de R. Conquest, *Reflections on Ravaged Century,* p. 79.

324 Y. Slezkine, *The Jewish Century,* pp. 94-5.

325 Ver a contribuição de Palme Dutt e Pollitt em *About Turn: The British Communist Party and the Second Worl War. The Verbatim Record of the Central Committee Meetings of 25 September and 2-3 October 1939.*

326 Acervo de Ivy Litvinov (HIA), História Oral, p. 3.

327 Ver a seguir, p. 250.

17. Amigos e Inimigos

328 L. Trotski, *My Life: An Attempt at an Autobiography*; L. Trotski, *History of the Russian Revolution.*

329 *The Case of Leon Trotsky: Report of Hearings on the Charges Made against Him in the Moscow Trials.*

330 L. Trotski, *The Revolution Betrayed: What Is the Soviet Union and Where Is it Going?*

331 O. Bauer, *Bolschewismus oder Sozialdemokratie*; N. Berdyaev, *The Russian Idea*; T. Dan, *The Origins of Bolshevism*; N. S. Trubetskoi, *K probleme russkogo samosoznaniya: sobranie statei.*

332 J. Davis, "Webb, (Martha) Beatrice (1858-1943)", *Oxford Dictionary of National Biography.*

333 S. e B. Webb, *Soviet Communism: A New Civilization?*

334 S. J. Taylor, *Stalin's Apologist: Walter Duranty, the* New York Times's *Man in Moscow,* pp. 206-9.

335 M. Muggeridge, *Winter in Moscow.*

336 *The Diaries of Beatrice Webb,* vol. 4: *The Wheel of Life, 1924-1943,* pp. 301, 308 e 414.

337 *Ibid.,* p. 495.

338 H. Johnson, *The Socialist Sixth of the World,* p. 367.

339 A. Gide, *Retour de l'U.R.S.S.,* pp. 43-55.

340 I. Stalin, *Beseda s angliiskom pisatelem G. D. Uellsom, 23 iyunya 1934 g.,* pp. 9, 13, 15-16, 18 e 20.

341 M. Holroyd, *Bernard Shaw,* vol. 2: *1898-1918: The Pursuit of Power,* pp. 301-4 e 309-14.

342 M. Muggeridge, "Russian Journal" (HIA), 28 de setembro de 1932, p. 15.

NOTAS

343 Ver D. Caute, *The Fellow Travellers: A Postscript to the Enlightenment*, p. 100.
344 *New York Times*, 23 de agosto de 1933.
345 Taylor, *Stalin's Apologist*, pp. 208-9.
346 J. Chang e J. Halliday, *Mao: The Unknown Story*, pp. 198-200.
347 J. E. Davies, *Mission to Moscow: A Record of Confidential Dispatches to the State Department, Official and Personal Correspondence, Current Diary and Journal Entries, including Notes and Comment up to October 1941*, pp. 177-9.
348 Caute, *The Fellow Travellers*, p. 270.
349 J. S. Walker, *Henry A. Wallace and American Foreign Policy*, pp. 106-8. Ver também os apontamentos de Wallace em *Price of Vision: The Diary of Henry A. Wallace, 1942-1946*, pp. 337-9, onde ele registrou suas impressões da região em torno de Magadan e Kolyma.
350 Muggeridge, "Russian Journal" (HIA), 1º de dezembro de 1932, p. 90.
351 *Ibid.*, 19 de novembro de 1932, p. 72.
352 P. Sloan, *Soviet Democraci*; R. Page Arnot, *A Short History of the Russian Revolution: From 1905 to the Present Day*.
353 E. Lyons, *Assignment in Utopia*.
354 R.O.G. Urch, *The Rabbit King of Siberia*, pp. 195-7.
355 S. Dmitrievski, *Dans les coulisses du Kremlin*.
356 B. Bazhanov, *Avec Staline dans le Kremlin*.
357 R. Crompton, *William – the Bad*, p. 68.
358 *Ibid.*, p. 69.
359 R. W. Service, *Bar-Room Ballads: A Book of Verse*, p. 90.
360 Ver a seguir, p. 317.

18. O Comunismo na Guerra Mundial

361 Ver H. P. Bix, *Hirohito and the Making of Modern Japan*, p. 351.
362 Acervo de Ivy Litvinov (HIA), box 1, História Oral, p. 3.
363 D. Caute, *The Fellow Travellers: A Postscript to the Enlightenment*, p. 190.
364 A. Thorpe, *The British Communist Party and Moscow, 1920-43*, pp. 257-8.
365 Reproduzido no Apêndice I *in* J. Attfield e S. Williams (eds.), *1939: The Communist Party of Great Britain and the War. Proceedings of a Conference Held on 21 April 1979, Organised by the Communist Party History Group*, pp. 147-52. Ver também o relato de M. Johnstone, *in ibid.*, pp. 24-7.
366 *About Turn: The British Communist Party and the Second World War. The Verbatim Record of the Central Committee Meetings of 25 September and 2-3 October 1939*, p. 41 (comentário editorial de M. Johnstone), pp.

NOTAS

577

197-211 (discurso de Pollitt), pp. 283-91 (discurso de Dutt). Ver também A. Thorpe, *The British Communist Party and Moscow, 1920-43*, pp. 258-60.

367 *Political Letter to the Communist Party Membership*, Berau Político do Partido Comunista da Grã-Bretanha: 15 de julho de 1940.

368 *Marxist Study* (folheto do Comitê do Distrito de Londres do PCGB): dezembro de 1940.

369 NA, KV2/1038, doc. 406a, p. 3.

370 *Ibid.*: reunião de 15 de outubro de 1939.

371 *Ibid.*, doc. 401.

372 Thorpe, *The British Communist Party and Moscow*, pp. 265-6.

373 F.W. Deakin, "European Communism during the Second World War", *in* F.W. Deakin, H. Shukman e H.T. Willetts, *A History of World Communism*, p. 136.

374 F. Claudin, *The Communist Movement: From Comintern to Cominform*, p. 309.

375 S. Beria, *Beria, My Father: Life inside Stalin's Kremlin*, p. 155.

376 C. Bohlen, *Witness to History: 1929-1969*, p. 146.

377 W. A. Harriman e E. Abel, *Special Envoy to Churchill and Stalin, 1941-1946*, pp. 368-70. Ver A. Beichman, "Roosevelt's Failure at Yalta", *Humanitas*, nº 1 (2003), pp. 104-5.

378 N. Lebrecht, "Prokofiev was Stalin's Last Victim", *Evening Standard*, 4 de junho de 2003.

379 Ela está agora no Dom-muzei I. V. Stalina, em Gori, Geórgia.

380 J. Rossi, *Spravochnik po GULagu* vol. 1, p. 40.

381 G. Dimitrov, *Dimitrov and Stalin: 1934-1943: Letters from the Soviet Archives*, p. 32, citando o diário de Dimitrov. Eu retraduzi a expressão *na ruku*.

382 *Ibid.*, p. 302.

383 *Ibid.*, p. 659.

384 *Ibid.*, p. 612.

385 *Ibid.*, pp. 615-17.

386 R. Service, *Stalin: A Biography*, pp. 443-4.

387 R. Conquest, *Reflections on a Ravaged Century*, pp. 133-4.

19. Impondo a Paz

388 I.V. Stalin, *Sochineniya*, vol. 2(xv) (ed. R. MacNeal), p. 204.

389 Rememorações de A.S. Belyakov do relato oral de A.A. Zhdanov de uma reunião de líderes do partido central: G. Arbatov, *Zatyanuvsheesya vyzdorovlenie, 1953-1985 gg.: svidetel'stvo sovremennika*, p. 377.

NOTAS

390   E. Bacon, *The Gulag at War*, pp. 93-4; D. Holloway, *Stalin and the Bomb: The Soviet Union and the Atomic Energy*, p. 193.

391   T. Dunmore, *The Stalinist Command Economy*, cap. 5.

392   R. Service, *Stalin: A Biography*, pp. 527-40.

393   I.V. Stalin, *Ekonomicheskie problemy v SSSR*, in *Sochineniya*, vol. 3(xvi), pp. 294-304.

394   Service, *Stalin: A Biography*, pp. 534-7.

395   M. Laar, *The War in the Woods: Estonia's Struggle for Survival, 1944-1956*.

396   M. Djilas, *Conversations with Stalin*, p. 133.

397   N. Naimark, "Communist Regimes and Parties after the Second World War", *Journal of Modern European History*, nº 1 (2004), pp. 28-56.

398   *SSSR — Pol'sha: mekhanizmy podchineniya, 1944-1949*, p. 48.

399   M. Mevius, *Agents of Moscow*, pp. 72-5.

400   *SSSR — Pol'sha: mekhanizmy podchineniya*, p. 114.

401   *Vostochnaya Evropa v dokumentakh rossiskikh arkhivov, 1944-1953*, vol. 1, p. 545.

402   *SSSR — Pol'sha: mekhanizmy podchineniya*, p. 113.

403   *Ibid.*, p. 111.

404   *Vostochnaya Evropa v dokumentakh rossiskikh arkhivov*, vol. 1, p. 617.

405   Comentários apresentados à delegação governamental polonesa chefiada por B. Bierut: *ibid.*, pp. 460-1.

406   *SSSR — Pol'sha: mekhanizmy podchineniya*, pp. 21 e 53; reunião com a delegação polonesa, 19 de agosto de 1946: *Vostochnaya Evropa v dokumentakh rossiiskikh arkhivov*, vol. 1, p. 511.

407   *Vostochnaya Evropa v dokumentakh rossisikikh arkhivov*, vol. 1, p. 269.

408   *Ibid.*, p. 559.

409   *Ibid.*, p. 565.

410   N. Naimark, *The Russians in Germany: A History of the Soviet Zone of Occupation, 1945-1949*, p. 154.

411   *Vostochnaya Evropa v dokumentakh rossisikikh arkhivov*, vol. 1, p. 580.

412   A.M. Ledovskii (ed.), "Peregovory I.V. Stalina s Mao Tszedunom v dekabre 1949 – fevrale 1950 g.: novye arkhivnye dokumenty", *Novaya i noveishaya istoiya*, nº 1 (1997), p. 38.

413   D.G. Kirby, *Finland in the Twentieth Century*, p. 164; L. Péter, "East of the Elbe", p. 36.

414   *SSSR – Pol'sha: mekhanizmy podchineniya*, p. 106. Ver também P. Kenney, *Rebuilding Poland: Workers and Communists, 1945-1950*, p. 29.

NOTAS

20. A Guerra Fria e o Bloco Soviético

415 J. Gaddis, *The Cold War: A New History*, p. 43.

416 R. Service, *Stalin: A Biography*, pp. 566-7.

417 A. Fursenko e T. Naftali, *One Hell of a Gamble: Khrushchev, Castro, Kennedy, and the Cuban Missile Crisis, 1958-1964*, p. 171.

418 "X" (George F. Kennan), "The Sources of Soviet Conduct", *Foreign Affairs*, vol. 25 (julho de 1947), p. 566.

419 *Vostochnaya Evropa v dokumentakh rossüskikh arkhivov, 1944-1953*, vol. 1, p. 675.

420 M. Leffler, *A Preponderance of Power. National Security, the Truman Administration and the Cold War*, pp. 61-76.

421 M. Djilas, *Rise and Fall*, p. 134.

422 Ver a seguir, p. 313.

423 Ver a seguir, pp. 310-2.

424 Djilas, *Rise and Fall*, p. 137.

425 Ver a seguir, pp. 294-5.

426 "Struggle for People's Democracy and Socialism — Some Questions of Strategy and Tactics", Central Committee of the Communist Party of India statement, 1949 (transcrição datilografada): Acervo do Partido Comunista da Índia (HIA), pp. 85-6.

427 Ver o Capítulo 24.

428 Ver a seguir, pp. 293-4.

429 L. T. Vasin, "Kim Ir Sen. Kto on?", *Nezavisimaya gazeta*, 29 de setembro de 1993, p. 5.

430 Ver a seguir, pp. 466-7.

431 A. Farrar-Hockley, *The British Part in the Korean War*, vol. 2.

432 K. Philby, *My Silent War*, pp. 117-21.

433 A. C. Sutton, *Western Technology and Soviet Economic Development, 1945 to 1965*, p. 53.

434 NA, PREM 8/1077.

435 *Vostochnaya Evropa v dokumentakh rossiskikh arkhivov*, vol. 1, p. 558.

436 N. Naimark, *The Russians in Germany: A History of the Soviet Zone of Occupation 1945-1949*, cap. 2.

437 *Ibid.*, p. 181.

438 H.M. Harrison, *Driving the Soviets up the Wall: Soviet-East German Relations, 1953-1961*, p. 18.

439 F. Bettanin, *Stalin e l'Europa: la formazione dell'impero esterno sovietico (1941-1953)*, p. 170.

440 H. Seton-Watson, *The East European Revolution*, pp. 178-9.

441 A. Paczkowski, *The Spring Will Be Ours: Poland and the Poles from Occupation to Freedom*, pp. 205-6 e 229.

NOTAS

442 Seton-Watson, *The East European Revolution*, pp. 209-11.

443 C. Gati, *Hungary and the Soviet Bloc*, pp. 22-3.

444 *Ibid.*, pp. 121-2.

445 Djilas, *Rise and Fall*, p. 118.

446 Naimark, *The Russians in Germany*, p. 11.

447 A. Mgeladze, *Stalin, kakim ya ego znal. Stranitsy nedavnego proshlogo*, p. 113.

448 *Vostochnaya Evropa v dokumentakh rossiskikh*, vol 1, pp. 640 e 658.

449 *Ibid.*, pp. 802-6 e 831-58; *SSSR — Pol'sha: mekhanizmy podchineniya, 1944-1949*, doc. 46.

450 *Vostochnaya Evropa v dokumentakh rossiskikh arkhivov*, vol. 1, p. 276.

451 *Ibid.*, p. 43.

452 *Ibid.*, p. 742.

453 Naimark, *The Russians in Germany*, p. 291.

454 *Vostochnaya Evropa v dokumentakh rossiskikh arkhivov*, vol. 1, p. 45.

455 *Ibid.*, p. 569, e vol. 2, p. 97.

456 Djilas, *Rise and Fall*, p. 85.

457 *Vostochnaya Evropa v dokumentakh rossiskikh arkhivov*, vol. 1, pp. 539-41.

458 *Ibid.*, pp. 301, 366 e 367.

459 Djilas, *Rise and Fall*, p. 116. Ver também as rememorações de Edward Ochab, *in* T. Toranska, *"Them": Stalin's Polish Puppets*, pp. 36 e 49.

460 *Vostochnaya Evropa v dokumentakh rossiskikh arkhivov*, vol. 1, p. 368.

461 *Ibid.*, p. 34.

462 Ver a seguir, p. 299.

463 A expressão "democracia popular" acabou predominando sobre outras possíveis expressões do tipo correntes então, tais como "nova democracia" e "democracia progressista"; ver Bettanin, *Stalin e l'Europa*, p. 170.

464 *Vostochnaya Evropa v dokumentakh rossiskikh arkhivov*, vol. 1, p. 457.

465 *Ibid.*, p. 458.

466 Z. Brzejinski, *The Soviet Bloc: Unity and Conflict*, p. 74.

21. A Via Iugoslava

467 C. Gati, *Hungary and the Soviet Bloc*, p. 18.

468 M. Djilas, *Rise and Fall*, p. 90.

469 B. M. Karapandzich, *The Bloodiest Yugoslav Spring, 1945 – Tito's Katyns and Gulags*, p. 20.

470 N. Malcolm, *Bosnia: A Short History*, p. 195.

471 Ver anteriormente, p. 283.

472 Memorando enviado a M.A. Suslov, 18 de março de 1948: *Vostochnaya Evropa v dokumentakh rossiskikh arkhivov, 1944-1953*, vol. 1, pp. 787-800.

473 G. Dimitrov, *Diario. Gli Anni di Mosca (1934-1945)*, pp. 784 e 793.

NOTAS

474 Memorando enviado a M.A. Suslov, 18 de março de 1948: *Vostochnaya Evropa v dokumentakh rossiskikh arkhivov*, vol. 1, pp. 787-800.

475 *Ibid.*, p. 877.

476 Djilas, *Rise and Fall*, pp. 248-9.

477 J.R. Lampe, *Yugoslavia as History: Twice There Was a Country*, pp. 249-51.

478 *Ibid.*, p. 252.

479 Djilas, *Rise and Fall*, pp. 241 e 244-5.

480 *Ibid.*, p. 267.

481 Lampe, *Yugoslavia as History*, pp. 256-7.

482 Djilas, *Rise and Fall*, pp. 310-11.

483 *Ibid.*, p. 264.

484 Lampe, *Yugoslavia as History*, p. 273.

485 Djilas, *Rise and Fall*, p. 274.

486 Lampe, *Yugoslavia as History*, pp. 258-9.

487 Djilas, *Rise and Fall*, p. 294.

488 *Ibid.*, pp. 268 e 271.

489 Ver a seguir, pp. 361 e 368.

490 D. Rusinow, *The Yugoslav Experiment, 1948-1974*, p. 245.

491 *Ibid.*, p. 106.

492 *Ibid.*, p. 132.

493 P. Lendvai, *Eagles in Cobwebs*, p. 162.

494 Rusinow, *The Yugoslav Experiment, 1948-1947*, p. 245.

495 *Ibid.*, p. 177.

496 *Ibid.*, pp. 202-3.

497 *Ibid.*, p. 234.

498 *Ibid.*, pp. 299, 310 e 324.

499 Malcolm, *Bosnia*, p. 211.

500 F. Singleton, *A Short History of the Yugoslav Peoples*, p. 271.

501 *Ibid.*, p. 276.

502 Para informações sobre o desmembramento da Iugoslávia, ver a seguir, pp. 504-5 e 530-1.

22. A Europa Ocidental

503 D. W. Ellwood, *Rebuilding Europe: Western Europe, America and Postwar Reconstruction*, p. 4.

504 Carta de 27 de julho de 1943: *Dagli archivi di Mosca. L'URSS, il Cominform e il PCI (1943-1951)*, doc. 1, p. 223. Sobre a carreira de Secchia, ver S. Pons, *L'impossibile egemonia: L'URSS, il PCI e le origine della Guerra Fredda (1943-1948)*, p. 216.

NOTAS

505 Ellwood, *Rebuilding Europe*, p. 9.

506 G. Dimitrov, *Diario. Gli Anni di Mosca (1934-1945)*, p. 173.

507 E. Aga-Rossi e V. Zaslavsky, *Togliatti e Stalin*, pp. 62-3 e 66-9. A conversa entre Stalin e Togliatti foi registrada por Dimitrov, *Diario*, p. 691; a conversa entre Stalin e Thorez está reproduzida *in ibid.*, pp. 287-95 — ver também *ibid.*, p. 769, e M. Narinskij, "Stalin, Togliatti e Thorez, 1944-1948", *in Dagli archivi di Mosca*, pp. 79-80.

508 Ercoli [Togliatti], "Sui compiti attuali dei compiti italiani, 1º marzo 1944"; *Dagli archivi di Mosca*, doc. 9, p. 238; Dimitrov, *Diario*, p. 770.

509 Dimitrov, *Diario*, p. 694.

510 P. Ripert, *De Gaulle*, p. 95.

511 Ver a conversa de Secchia com Stalin: Aga-Rossi e Zaslavsky, *Togliatti e Stalin*, pp. 296-300.

512 Ripert, *De Gaulle*, pp. 96-7.

513 Ver anteriormente, pp. 153-4.

514 Narinskij, "Stalin, Togliatti e Thorez, 1944-1948", pp. 82-3. Ver também Pons, *L'impossibile egemonia*, p. 22, e "Una sfida mancata: l'URSS, il Cominform e il PCI (1947-1948)", in *Dagli archivi di Mosca*, pp. 163 e 167-8.

515 Ellwood, *Rebuilding Europe*, pp. 115-16.

516 *Dagli archivi di Mosca*, p. 301-2.

517 *Istochnik*, nº 3 (1995), p. 149.

518 Carta de D. Shevlyagin a M.A. Suslov, junho de 1947: *Dagli archivi di Mosca*, doc. 17, p. 275; registro da conversa de A.A. Zhdanov e P. Secchia, 12 de dezembro de 1947: *ibid.*, doc. 18, pp. 277, 279 e 281.

519 NA, KV2/1777, 474bc, p. 1.

520 Ver Capítulo 23.

521 Ver G.C. Donno, *La Gladio Rossa del PCI (1945-1967)*; G.P. Pelizzaro, *Gladio Rossa: dossier sulla più potente banda armata esistita in Italia*.

522 Dzh. Chervetti [G. Cervetti], *Zoloto Moskvy*, p. 153: referência à investigação do Congresso dos EUA chefiada por M. Halperin, J.J. Berman, R. L. Borosage e CM. Marwick, *The Lawless State: The Crimes of the US Intelligence Agencies*.

523 Donno, *La Gladio Rossa del PCI (1945-1967)*, caps. 2-3.

524 P. Stavrakis, *Moscow and Greek Communism, 1944-1949*, p. 33.

525 *Ibid.*, pp. 13-6.

526 *Ibid.*, p. 85.

527 *Ibid.*, pp. 92-4 e 105-7.

528 *Ibid.*, p. 109.

529 *Ibid.*, pp. 139-40.

NOTAS

530 Telegrama de Molotov a Stalin, setembro de 1947, sobre o que havia sido enviado a Zachariadis, o líder comunista grego: RGASPI, f. 89, op. 48, d. 21.

531 M. Djilas, *Conversations with Stalin*, p. 141.

532 Stavrakis, *Moscow and Greek Communism*, pp. 169-70.

533 V. Zaslavsky, *Lo Stalinismo e la sinistra italiana: dal mito dell'URSS alla fire del communismo 1945-1991*, p. 107.

534 *Istoricheskii arkhiv*, n° 4 (1997), p. 101.

535 Mensagem a Rakosi, 19 de fevereiro de 1948: *Vostochnaya Evropa v dokjumentakh rossiiskikh arkhivov, 1944-1953*, vol. 1, p. 762.

536 *The British Road to Socialism*.

537 G. Matthews, membro do Comitê Executivo do PCGB na época e que depois se tornou subsecretário-geral, deu seu relato em "Stalin's British Road?", *Changes Supplement*, 14-27 de setembro de 1991, pp. 1-3.

538 A. Nuti, *La provincia più rossa: la costruzione del Partito Nuovo a Siena (1945-1956)*, p. 218.

539 Entrevista com Eugenio Reale, *Sente*, 24 de março de 1975. Foi a Reale, amigo íntimo e confidente de Togliatti na época, que Rakosi contou sobre as intenções dele.

540 Carta de Palmiro Togliatti a Eugenio Reale (n.d.): Acervo de Eugenio Reale (HIA).

541 Carta de M.A. Suslov a A.A. Zhdanov, 23 de maio de 1947: *Dagli archivi di Mosca*, doc. 16, p. 270.

542 E. Biagi, "Usciti dall'URSS Palmiro mi disse: finalmente liberi!", *Corriere della Sera*, 21 de agosto de 2003.

543 *Dagli de archivi di Mosca. L'URSS, il Cominform e il PCI (1943-1951)*, doc. 39, p. 417.

544 M. Djilas, *Rise and Fall*, p. 103.

545 Ver, por exemplo, os comentários de Eduardo D'Onofrio: Nuti, *La provincia più rossa*, p. 111.

23. A Propaganda de Guerra

546 *Winston S. Churchill: His Complete Speeches 1897-1963*, vol. 7: *1943-1949*, pp. 7.285-93.

547 NA, KV 2/1977, serial 474bc. Sobre o banimento do Partido Comunista da Alemanha, ver P. Major, *The Death of the KPD: Communism and Anti-Communism in West Germany*.

548 *The Lost Orwell: Being a Supplement to the Complete Works of George Orwell*, pp. 141-51.

NOTAS

549 D. C. Engerman, "The Ironies of the Iron Curtain: The Cold War and the Rise of Russian Studies in the United States", *Cahiers du Monde Russe*, nº 45/3-4 (2004), pp. 469-73.

550 Sobre Rothstein de forma geral, ver NA, KV 2/1584. A informação confidencial sobre a reunião anual veio de minha colega profª. Olga Crisp, da Escola de Estudos Eslavos e do Leste Europeu.

551 I.W. Roberts, *History of the School of Slavonic & East European Studies, 1915-1990*, pp. 58-9.

552 Fizeram também um filme, *The Inn of the Sixth Happiness*, com Ingrid Bergman como atriz principal, sobre a vida de Gladys Aylward.

553 *Converting Britain*, BBC Radio 4, 10 de agosto de 2004.

554 S. Rawicz, *The Long Walk*. Embora esse livro não tivesse conteúdo religioso, foi posto à venda a baixo preço em igrejas cristãs. Aos 9 anos de idade, recebi um exemplar como prêmio na escola, de primeira comunhão. O programa *The Long Walk*, de 30 de outubro de 2006, de Tim Whewell, aniquilou a alegação de um fuga pela Sibéria por parte de Rawicz.

555 J. A. C. Brown, *Techniques of Persuasion: From Propaganda to Brainwashing*, pp. 267-93.

556 Ver B. Robshaw, "Biggles Flies Again", *Independent on Sunday*, 27 de julho de 2003.

557 E. Reale, *Avec Jacques Duclos au banc des accusés à la Réunion Constitutive du Kominform à Szkarska Poreba*. Reale publicou matérias na imprensa italiana antes de seu livro de memórias em francês.

558 R. H. Crossman (ed.), *The God that Failed*.

559 *Ibid.*, pp. 15-75; A. Koestler, *Darkness at Noon*.

560 J. S. Berliner, *Factory and Manager in the USSR*.

561 E.H. Carr, *The Russian Revolution from Lenin to Stalin, 1917-1929*; I. Deutscher, *Russia, China, and the West: A Contemporary Chronicle, 1953-1966*; I. Deutscher, *The Unfinished Revolution: Russia, 1917-1967*.

562 H. Johnson, *What We Saw in Rumania*; H. Johnson, *The Upsurge of China*.

563 P. Shapcott, "I Once Met the Red Dean", *Oldie*, junho de 2004, p. 35.

564 J. Steinbeck, *Russian Journal*, p. 20.

565 H. Klehr, J.E. Haynes e K.M. Anderson (eds.), *The Soviet World of American Communism*, p. 338.

566 R. Service, *Stalin: A Biography*, pp. 543-4.

567 *Rabotnichesko delo*, 7 de janeiro de 1950: ver Z. Brzejinski, *The Soviet Bloc: Unity and Conflict*, p. 115.

568 K. Simonov, *Russkii vopros: p'esa v 3-kh deistviyakh, 7 kartinakh*.

569 Discurso de D'Onofrio na III Conferência do Cominform, 17 de novembro de 1949: *The Cominform. Minutes of the Three Conferences, 1947/1948/1949*, p. 764.

NOTAS

570 D. Caute, *The Fellow Travellers: A Postscript to the Enlightenment*, p. 290.

571 K. Burk, *Troublemaker: The Life and History of A. J. P. Taylor*, pp. 193-4.

572 Ver anteriormente, pp. 305-8.

24. A Revolução Chinesa

573 Ma Feng, "A Nation Celebrates its New Beginning", *Time Asia*, 27 de setembro de 1999; P. Short, *Mao: A Life*, pp. 419-20.

574 G. Dimitrov, *The Diary of Georgi Dimitrov, 1933-1949*, p. 443. Em essência, o registro do diário de Dimitrov confere com as memórias de Djilas, pelo menos quanto aos comunistas chineses, *in Conversations with Stalin*, p. 141. Ver, principalmente, S. Tsang, *The Cold War's Odd Couple: The Unintended Partnership between the Republic of China e the UK, 1950-1958*, p. 21. e n. 121.

575 G. Benton e S. Tsang, "Opportunism, Betrayal and Manipulation in Mao's Rise to Power", *China Journal*, nº 55 (janeiro de 2006). A respeito do domínio exercido por Mao sobre seus principais colegas, ver Tsang, *The Cold War's Odd Couple*, p. 23.

576 J.-L. Domenach, *Chine: l'archipel oublié*, p. 47.

577 Mao Tsé-tung, "Report to the Second Plenary Session of the Central Committee of the Seventh Congress of the Chinese Communist Party, 5 de março de 1949", *Selected Works*, vol. 4, p. 364.

578 F. C. Teiwes, "The Establishment and Consolidation of the New Regime", *in* R. MacFarquhar (ed.), *The Politics of China, 1949-1989*, p. 28.

579 Domenach, *Chine: l'archipel oublié*, pp. 70-1. O número total de vítimas ainda não pôde ser verificado com exatidão.

580 *Ibid.*, pp. 97-100.

581 L.T. White III e Kam-yee Law, "Explanations for China's Revolution at its Peak", *in* Kam-yee Law (ed.), *The Chinese Cultural Revolution Reconsidered: Beyond Purge and Holocaust*, p. 8.

582 Teiwes, "The Establishment and Consolidation of the New Regime", p. 12.

583 *Ibid.*, p. 33.

584 E. Friedman, P.G. Pickowicz e M. Selden, *Chinese Village, Socialist State*, pp. 103-4.

585 Teiwes, "The Establishment and Consolidation of the New Regime", pp. 37 e 39.

586 Domenach, *Chine: l'archipel oublié*, p. 153.

587 Teiwes, "The Establishment and Consolidation of the New Regime", p. 42.

586 NOTAS

588 Friedman, Pickowicz e Selden, *Chinese Village, Socialist State*, p. 123.
589 *Ibid.*, p. 193.
590 Domenach, *Chine: l'archipel oublié*, p. 489.
591 Teiwes, "The Establishment and Consolidation of the New Regime", pp. 60-3.
592 *Ibid.*, pp. 74-5.
593 *Ibid.*, p. 22.
594 *Ibid.*, p. 73.
595 J.-L. Domenach, *The Origins of the Great Leap Forward: The Case of One Chinese Province*, p. 25.
596 Friedman, Pickowicz e Selden, *Chinese Village, Socialist State*, p. 218.
597 *Ibid.*, pp. 189-90.
598 Tianjian Shi, *Political Participation in Beijing*, pp. 21, 40, 69 e 121.
599 *Ibid.*, p. 25.
600 *Ibid.*, p. 70.
601 Domenach, *The Origins of the Great Leap Forward*, pp. 53-4, 62 e 76.
602 Na verdade, o slogan já vinha sendo usado desde o ano anterior.
603 Domenach, *The Origins of the Great Leap Forward*, pp. 102-3.
604 J. Spence, *Mao Zedong*, pp. 540-1.
605 Domenach, *The Origins of the Great Leap Forward*, pp. 103, 105, 109.
606 Domenach, *Chine: l'archipel oublié*, p. 127.
607 *Ibid.*, p. 130.
608 *Ibid.*, pp. 128 e 145.
609 *Ibid.*, pp. 157-9 e 185.

25. Organizando o Comunismo

610 *Vostochnaya Evropa v dokumentakh rossiiskikh arkhivov, 1944-1953*, vol 1, p. 126.
611 I.N.R. Davies, *Heart of Europe: A Short History of Poland*, pp. 326-7.
612 Ver anteriormente, p. 283.
613 *Vostochnaya Evropa v dokumentakh rossiiskikh arkhivov*, vol. 2, p. 532.
614 R.R. King, *Minorities under Communism: Nationalities as a Source of Tension among Balkan Communist States*, p. 150.
615 F.C. Teiwes, "The Establishment and Consolidation of the New Regime", in R. MacFarquhar (ed.), *The Politics of China, 1949-1989*, p. 51. Ver também o relatório de I.V. Sadchivkov apresentado a Molotov sobre a Iugoslávia, 17 de dezembro de 1945: *Vostochnaya Evropa v dokumentakh rossiiskikh arkhivov*, vol. 1, p. 326.
616 N.P. Bugai (ed.), *L. Beriya — I. Stalinu: "Soglasno Vashemu ukazaniyu"*, pp. 225-32.

NOTAS

587

617 Relatório da Delegação Americana apresentado ao Departamento de Estado americano, 16 de julho de 1953, p. 3: Acervo de Seymour M. Finger, Departamento de Relações Exteriores (HIA).

618 W. Brus, "The Peak of Stalinism", in M. Kaser (ed.), *The Economic History of Eastern Europe, 1917-1975*, vol. 3: *Institutional Change within a Planned Economy*, p. 9.

619 Calculado com base na tabela citada por F. Fejtö, *Histoire des démocraties populaires*, vol. 1, p. 373.

620 Ver anteriormente, pp. 287-8.

621 C. Milosz, *The Captive Mind*, p. 218.

622 *Ibid.*, pp. 189-90.

623 *Vostochnaya Evropa v dokumentakh rossiiskikh arkhivov*, vol. 2, p. 563.

624 E. Dedmon, *China Journal*, p. 19.

625 E. Friedman, P. G. Pickowicz e M. Selden, *Chinese Village, Socialist State*, p. 121.

626 Relatório da Delegação Americana apresentado ao Departamento de Estado americano, 16 de julho de 1953, p. 3: Acervo de Seymour M. Finger, Despachos do Departamento de Relações Exteriores (HIA).

627 D. Childs e R. Popplewell, *The Stasi: The East German Intelligence and Security Service*, pp. 82-4.

628 N. Naimark, *The Russians in Germany: A History of the Soviet Zone of Occupation, 1945-1949*, pp. 194-5.

629 P. Kenney, *Rebuilding Poland: Workers and Communists, 1945-1950*, pp. 80-1 e 85.

630 *Ibid.*, p. 278.

631 I. Barankovics, *Catholic Church and Catholic Faith in Hungary*.

632 Milosz, *The Captive Mind*, p. 199.

633 *Ibid.*, pp. 102-4.

634 *Ibid.*, p. 21.

635 Ver anteriormente, pp. 226-8.

636 Kenney, *Rebuilding Poland*, p. 176.

637 *Ibid.*, p. 91.

638 *Ibid.*, p. 234.

639 *SSSR – Pol'sha: mekhanizmy podchineniya, 1944-1949*, p. 121.

640 *Vostochnaya Evropa v dokumentakh rossiiskikh arkhivov*, vol. 1, p. 558.

641 *Ibid.*, pp. 607 e 685; *SSSR – Pol'sha: mekhanizmy podchineniya, 1944-1949*, p. 123.

642 J. Triska e C. Gati (eds.), *Blue Collar Workers in Eastern Europe*, p. 31.

NOTAS

26. Contra e a Favor de Reformas

643 L. Bethell e I. Roxborough, "The Postwar Conjuncture in Latin America: Democracy, Labor and the Left", *in* L. Bethell e Ian Roxborough (eds.), *Latin America between Second World War and the Cold War, 1944-1948*, p. 18.

644 Ver a seguir, p. 454.

645 Ver a seguir, pp. 455 e 467-70.

646 Ver a seguir, pp. 438-9.

647 R. Service, *Stalin: A Biography*, cap. 48.

648 Zh. E R. Medvedev, *Neizvestnyi Stalin*, pp. 82-3.

649 *Vostochnaya Evropa v dokumentakh rossiiskikh arkhivov, 1944-1953*, vol. 1, p. 766, e vol. 2, p. 82.

650 *Ibid.*, vol. 1, pp. 901-2.

651 *Ibid.*, vol. 2, p. 91.

652 *Ibid.*, pp. 317-18.

653 *Ibid.*, pp. 233 e 318.

654 *Ibid.*, p. 650.

655 *Ibid.*, pp. 150 e 258.

656 D. Childs e R. Popplewell, *The Stasi: The East German Intelligence and Security Service*, pp. 43-4.

657 Relatório da Delegação Americana apresentado ao Departamento de Estado americano, 16 de julho de 1953, p. 3: Acervo de Seymour M. Finger, Departamento de Relações Exteriores (HIA).

658 Service, *Stalin: A Biography*, p. 568.

659 *Vostochnaya Evropa v dokumentakh rossiiskikh arkhivov*, vol. 2, p. 177.

660 Registro da conversa entre Stalin e Secchia, 14 de dezembro de 1947: *Dagli archivi di Mosca. L'URSS, il Cominform e il PCI (1943-1951)*, doc. 20, p. 289.

661 M. Kramer, "The Early Post-Stalin Succession Struggle and Upheavals in East-Central Europe: Internal-External Linkages in Soviet Policy Making", *Journal of Cold War Studies*, part 1 (1999), pp. 12-22.

662 *Prezidium TsK KPSS, 1954-1964. Chernovye protokol'nye zapisi zasedanii: stenogrammy*, vol. 1, pp. 94-7: Reuniões do Presidium de 30 de janeiro e 1º de fevereiro de 1956.

663 N. Barsukov, "Kak sosdavalsya 'zakrytyi doklad' Khrushchëva", *Literaturnaya gazeta*, 21 de fevereiro de 1996, p. 11.

664 *Prezidium TsK KPSS, 1954-1964*, vol. 1, pp. 106-7: Reunião do Presidium de 22 de fevereiro de 1956.

665 K. Morgan, *Harry Pollitt*, p. 176.

666 Ver a seguir, pp. 374-5.

NOTAS

667 *Prezidium TsK KPSS, 1954-1964*, vol. 1, pp. 44-5.
668 A. Paczkowski, *The Spring Will Be Ours: Poland and the Poles from Occupation to Freedom*, p. 273.
669 J. Granville, *The First Domino: International Decision Making during the Hungarian Crisis of 1956*, p. 116.
670 C. Gati, *Hungary and the Soviet Bloc*, pp. 135-8.
671 *Prezidium TsK KPSS, 1954-1964*, vol. 1, pp. 196-202: Reuniões do Presidium de 2-4 de novembro de 1956.
672 J. Callaghan, *Cold War, Crisis and Conflict: The CPGB, 1951-1968*, pp. 76-7.
673 Carta ao Secretariado do Comitê Central do Partido Comunista da União Soviética, 30 de outubro de 1956: reproduzida *in* V. Zaslavsky, *Lo Stalinismo e la sinistra italiana: dal mito dell'URSS alla fine del comunismo, 1945-1991*, pp. 190-1.
674 *Ibid.*, pp. 192-4.
675 M.P. Leffler, *A Preponderance of Power. National Security, the Truman Administration and the Cold War*, pp. 366-7.

27. Détente e Expansão

676 Ver a seguir, pp. 421-3.
677 *Prezidium TsK KPSS, 1954-1964. Chernovye protokol'nye zapisi zasedanii: stenogrammy*, vol. 1, p. 400: 14 de dezembro de 1959.
678 *Ibid.*, p. 280: 10 de novembro de 1957.
679 Ver a seguir, cap. 29.
680 Ver a seguir, p. 374.
681 J. Chang e J. Halliday, *Mao: The Unknown Story*, p. 428. Mudei ligeiramente a ordem das palavras traduzidas.
682 *Prezidium TsK KPSS, 1954-1964*, vol. 1, pp. 862-72: Reunião do Presidium de 13 de outubro de 1964.
683 Relatório da KGB, 11 de maio de 1965: RGASPI, f. 89, op. 65, d. 13, pp. 1-6.
684 Relatório da embaixada britânica em Bucareste, 5 de fevereiro de 1974: NA, FCO 28/2549, doc. 12, p. 1.
685 NA, FO 800/720, doc. 3, p. 1.
686 Ver a seguir, pp. 467-8.
687 N. Chanda, *Brother Enemy: The War after the War*, p. 22.
688 Ver a seguir, p. 534.
689 Ver a seguir, pp. 472-6.
690 Ver a seguir, pp. 476-8.
691 K. Crane, *The Soviet Economic Dilemma of Eastern Europe*, pp. 15-42.

590 NOTAS

692 RGASPI, f. 89, op. 43, d. 9.

693 *Ibid.*, op. 51, d. 28: Decisão do Politburo de 8 de janeiro de 1969.

694 *Ibid.*, op. 38, d. 47; V. Riva, *Oro da Mosca*, p. 60.

695 RGASPI, f. 89, op. 38, d. 47; Riva, *Oro da Mosca: i finanziamenti sovietici al PCI dalla Rivoluzione d'ottobre al crollo dell'URSS. Con 240 documenti inediti degli archivi moscoviti*, p. 60.

696 O.A. Westad, *The Global Cold War: Third World Interventions and the Making of our Times*, pp. 215-16.

697 Chang e Halliday, *Mao: The Unknown Story*, pp. 607-8.

698 Z. Brzejinski, *The Soviet Bloc: Unity and Conflict*, p. 455.

699 Ver a seguir, pp. 451-3.

700 RGANI, f. 2, op. 3, d. 161: Plenário do Comitê Central, 26 de junho de 1969, pp. 5-6 e 8-14. Ver S. Pons, *Berlinguer e la fine del comunismo*, p. 10.

701 S. Ellis e T. Sechaba, *Comrades against Apartheid: The African National Congress and the South African Communist Party*, p. 9.

702 RGANI, f. 2, op. 3, d. 161, p. 9.

703 *Ibid.*, pp. 14-15.

704 Dzh. Chervetti [G. Cervetti], *Zoloto Moskvy*, p. 66.

705 *Ibid.*, pp. 44-47.

706 *Ibid.*, p. 134. Foi uma conversa esquisita, pois, quando Cervetti deixou a sala, Ponomarev disse que os comunistas italianos ainda poderiam receber sua parcela de subsídios na forma de pagamentos feitos pela Itália para a compra de gás natural soviético. Cervetti disse que ficou perplexo com esse comentário: *ibid.*, p. 135.

707 Memorando de V. Zagladin, Subchefe do Departamento Internacional do Comitê Central do PCUS, 4 de outubro de 1979: RGASPI, f. 89, op. 32, d. 12.

708 Relatório de Andropov citado em V. Bukovskii, *Moskovskii protsess*, pp. 354-5.

709 Riva, *Ora da Mosca*, p. 520.

710 Pons, *Berlinguer e la fine del comunismo*, pp. 105 e 107.

711 Chervetti, *Zoloto Moskvy*, pp. 138-9.

712 RGASPI, f. 89, op. 33, d. 15, pp. 1-2.

713 *Ibid.*, pp. 394.

714 R. W. Judy, "The Case of Computer Technology", *in* S. Wasowski (ed.), *East-West Trade and the Technology Gap*, pp. 67-71.

715 *Ibid.*, p. 385.

716 P. Hanson e K. Pavitt, *The Comparative Economics of Research Development and Innovation in East and West: A Survey*, p. 79.

NOTAS   591

717   A.C. Sutton, *Western Technology and Soviet Economic Development, 1945 to 1965*, pp. 379-80.
718   R. Giles, "The KGB in Afghanistan, 1979-1989", discurso proferido no St. Antony College, Oxford; 31 de maio de 2006.
719   RGASPI, f. 89, op. 42, d. 7, pp. 1-2.
720   Pons, *Berlinguer e la fine del comunismo*, p. 170.

28. A China Convulsionada

721   F. C. Teiwes, "The Establishment and Consolidation of the New Regime", *in* R. MacFarquhar (ed.), *The Politics of China, 1949-1989*, p. 12.
722   *Ibid.*, p. 82; J.-L. Domenach, *Chine: l'archipel oublié*, p 232.
723   Tianjian Shi, *Political Participation in Beijing*, p. 252.
724   Testemunho de Bu Yulong: Zhang Lijia e C. Macleod (eds.), *China Remembers*, p. 75.
725   Testemunho de Bian Shaofeng: *ibid.*, p. 83.
726   *Ibid.*, pp. 82-3.
727   J. Becker, *Hungry Ghosts: China's Secret Famine*. Ver também V. Smil, "China's Great Famine: Forty Years Later", *British Medical Journal*, 18-25 de dezembro de 1999, pp. 1.619-21.
728   J. Chang e J. Halliday, *Mao: The Unknown Story*, p. 400.
729   NA, FCO 9/272, docs. 1 e 4.
730   Li Zhisui, *The Private Life of Chairman Mao: The Memoirs of Mao's Personal Physician*, pp. 94, 104 e 358.
731   *Ibid.*, p. 260.
732   *Ibid.*, p. 9.
733   *Ibid.*, pp. 496 e 498.
734   Shaoguang Wang, "Between Destruction and Construction: The First Year of the Cultural Revolution", *in* Kam-yee Law (ed.), *The Chinese Cultural Revolution Reconsidered: Beyond Purge and Holocaust*, pp. 26-7.
735   *Ibid.*, pp. 28-30.
736   Tianjian Shi, *Political Participation in Beijing*, p. 71.
737   Xiaoxia Gong, "The Logic of Repressive Collective Action: A Case Study of Violence in the Cultural Revolution", *in* Kam-yee Law (ed.), *The Chinese Cultural Revolution Reconsidered*, pp. 128.
738   Tianjian, Shi, *Political Participation in Beijing*, p. 85.
739   Nien Cheng, *Life and Death in Shanghai*, p. 59.
740   *Ibid.*, pp. 63-7.
741   *Ibid.*, p. 83.
742   *Ibid.*, pp. 111, 115, 128, 309 e 351.

592   NOTAS

743   Ver o testemunho do fr. André Bonnichon em seu "La Cellule 23", *Etudes*, setembro de 1954, p. 189.

744   Domenach, *Chine: l'archipel oublié*, p. 269.

745   Xiaoxia Gong, "The Logic of Repressive Collective Action", p. 129, citando uma entrevista com Hu Yaobang em 1985.

746   Domenach, *Chine: l'archipel oublié*, p. 270.

747   L.T. White III e Kam-yee Law, "Explanations for China's Revolution at its Peak", *in* Kam-yee Law (ed.), *The Chinese Cultural Revolution Reconsidered*, p. 10; Shaoguang Wang, "The Structural Sources of the Cultural Revolution", *in ibid.*, pp. 77-9 e 81.

748   Deng Rong, *Deng Xiaoping and the Cultural Revolution*, p. 46.

749   Xiaoxia Gong, "The Logic of Repressive Collective Action", p. 115.

750   Deng Rong, *Deng Xiaoping and the Cultural Revolution*, pp. 246 e 250.

751   *Ibid.*, pp. 275-9.

752   *Ibid.*, pp. 329-30.

753   *Ibid.*, pp. 376-81 e 389-99.

754   *Ibid.*, p. 390.

29. Cuba Revolucionária

755   O discurso incluía a recitação de um poema, sinal da canhestra combinação de repressão e tolerância no governo de Batista: ver F. Castro, *La Historia Me Absolverá!*.

756   J. Lagas, *Memorias de un capitán rebelde*, pp. 19-20.

757   R. López-Fresquet, "14 Months with Castro" (transcrição datilografada, HIA), pp. 24-5.

758   *Ibid.*, pp. 47 e 196; Mario Llerena, "Memoir" (transcrição datilografada, HIA), vol. 1, p. 24.

759   López-Fresquet, "14 Months with Castro" p. 112; Lagas, *Memorias de un capitán rebelde*, pp. 19-20.

760   Ver sua declaração de intenções em *Humanismo. Revista de insubornable orientación democrática* (Havana), janeiro-abril de 1959, pp. 329-37.

761   López-Fresquet, "14 Months with Castro", pp. 106 e 108.

762   Yu. P. Gavrikov, *Fidel' Kastro: Neistovyi komandante Ostrova svobody*, p. 143.

763   F. Castro, *Speech at the United Nations: General Assembly Session, September 26, 1960*, pp. 18, 21 e 23.

764   F. Castro, *Fidel Castro Speaks on Marxism-Leninism*, p. 31: discurso de 2 de dezembro de 1961.

765   Reunião de Castro com a delegação da Komsomol, 13 de janeiro de 1961: RGASPI, f. 89, op. 28, d. 5, p. 8.

766   *Ibid.*

NOTAS 593

767 *Ibid.*, p. 9.

768 López-Fresquet, "14 Months with Castro", pp. 184-5.

769 Devo essa percepção ao meu colega do St. Antony College Valpy Fitzgerald.

770 Castro, *Fidel Castro Speaks on Marxism-Leninism*, p. 46: discurso de 2 de dezembro de 1961.

771 R. Gott, *Cuba: A New History*, p. 201.

772 *Prezidium TsK KPSS, 1954-1964. Chernovye protokol'nye zapisi zasedanii: stenogrammy*, vol. 1, p. 646: Reunião do Presidium de 16 de novembro de 1962; e pp. 720-1: Reuniões do Presidium de 16 de novembro de 1962 e 7 de junho de 1963.

773 N.S. Khrushchev, *Krushchev Remembers: The Glasnost Tapes*, p. 179.

774 *Prezidium TsK KPSS, 1954-1964*, vol. 1, p. 621: 25 de outubro de 1962.

775 J. Haslam, *The Nixon Administration and the Death of Allende's Chile: A Case of Assisted Suicide*, p. 154.

776 F. Castro, *Comparecencia del Comandante Fidel Castro Ruz, Primer Ministro del Gobierno Revolucionario y Primer Secretario del Comité Central del Partido Comunista de Cuba, para Analizar los Acontecimientos de Checoslovaquia, Viernes 23 de Agosto de 1968*, pp. 23-9.

777 *Moncada. Órgano del Ministerio del Interior*, junho de 1968, p. 5.

778 J.A. Rodríguez-Menier, "El Minint por Dentro" (Transcrição datilografada, HIA), cap. 7.

779 Relatório de C. J. Menéndez Cervera e E. Sánchez Santa Cruz, *Comisión Cubana de Derechos Humanos y Reconciliación Nacional*, 5 de julho de 2006, p. 1.

780 Rodríguez-Menier, "El Minint por Dentro", pp. 4-6.

781 Ver as observações de Vladimir Ivashko, subsecretário-geral de Gorbatchev, dirigidas ao secretário-geral do Partido Comunista do Uruguai, Jaime Peres, 31 de maio de 1991: RGASPI, f. 89, op. 11, d. 188, p. 4.

782 Diário oficial de Yu. V. Petrov: *ibid.*, op. 8, d. 60, p. 2.

783 F. Castro, Discurso na reunião da Conferência Sindical dos Trabalhadores da América Latina realizada em Havana, 9 de novembro de 1991: *Granma International*, 24 de novembro de 1991.

784. Pronunciamento no I Congresso de Pioneiros, 1º de novembro de 1991: "Debemos preservar siempre la esperanza", p. 18.

30. A Ordem Comunista

785 J. Halliday (ed.), *The Artful Albanian: The Memoirs of Enver Hoxha*, pp. 6-7.

786 Hoxha, porém, fazia uma exceção para o comediante britânico Norman Wisdom: ver a seguir, p. 417.

NOTAS

787 A. Weiner, "The Empires Pay a Visit: Gulag Returnees, East European Rebellions and Soviet Frontier Politics", *Journal of Modern History*, junho de 2006, pp. 333-76; A. Weiner, "Déjà-vu All Over Again: Prague Spring, Romanian Summer and Soviet Autumn on the Soviet Western Frontier", *Contemporary European History*, nº 2 (2006), pp. 159-91.

788 Ver o relatório do presidente da KGB Vladimir Semichastny apresentado ao Politburo em 1965: RGASPI, f. 89, op. 6, d. 30.

789 Regras Básicas de Comportamento para os Cidadãos Soviéticos em Viagem a Países Capitalistas e em Desenvolvimento formuladas pelo Secretariado do Comitê Central em julho de 1979: *ibid.*, op. 31, d. 7, pp. 1-8.

790 "The Wall", episódio 9, série *Cold War* da CNN (1998).

791 H.M. Harrison, *Driving the Soviets up the Wall: Soviet-East German Relations, 1953-1961*, p. 161.

792 *Ibid.*, p. 203.

793 *Ibid.*, p. 186.

794 D. Childs e R. Popplewell, *The Stasi: The East German Intelligence and Security Service*, pp. 84-6.

795 L. Harding, "In the Grip of the Angkang", *Guardian*, 20 de dezembro de 2005.

796 *Vostochnaya Evropa v dokumentakh rossiiskikh arkhivov, 1944-1953*, vol. 2, p. 619.

797 I. Hallas, "Radio Jamming", www.okupatsioon.ee/english/mailbox/radio/radio.html: datada de 3 de maio de 2000.

798 Dados pessoais de meu colega Richard Clogg (que teve a cabeça raspada uma vez), do St. Antony College.

799 *Rhuming Reasoner*, nº 2, novembro de 1956. Agradeço a Paul Flewers por fornecer essa referência.

800 A.B. Evans, *Soviet Marxism-Leninism: The Decline of an Ideology*, pp. 105-6.

801 Ver RGASPI, f. 89, op. 6, dd. 15-25.

802 Evans, *Soviet Marxism-Leninism*, p. 142.

803 V. Medvedev, *Chelovek za spinoi*, pp. 144 e 149.

804 T. Garton Ash, *We the People: The Revolution of 89*, pp. 137-8. Havel fez esse comentário em janeiro de 1990.

805 D. Rusinow, *The Yugoslav Experiment, 1948-1974*, p. 139.

806 A.L. Bardach, *Cuba Confidential: Love and Vengeance in Miami and Havana*, p. 230.

807 Ver anteriormente, p. 221.

808 NA, FCO 28/2549, doc. 3.

NOTAS

31. Repensando o Comunismo

809 J.-P. Sartre, *Sartre on Cuba*.

810 *Prezidium TsK KPSS, 1954-1964. Chernovye protokol'nye zapisi zasedanii: stenogrammy*, vol. 1, pp. 453 e 464.

811 A. Horne, *Macmillan*, vol. 2: *1957-1986*, p. 284.

812 W. Taubman, *Khrushchev: The Man and his Era*, p. 476.

813 R. Medvedev, *Let History Judge*; R. Medvedev, *On Socialist Democracy*.

814 R. Bahro, *The Alternative in Eastern Europe*, principalmente as pp. 39, 117, 362, 368 e 453.

815 A. Sakharov, *Progress, Coexistence and Intellectual Freedom*.

816 P. Togliatti, *Il memoriale di Yalta*, pp. 28, 41 e 43-6.

817 S. Pons, *Berlinguer e la fine del comunismo*, p. 255.

818 Sobre Lukács, ver anteriormente, p. 168.

819 Lukács resumiu seu ponto de vista em *The Process of Democratization*, obra escrita nos últimos meses de sua vida. Ele morreu em 1971.

820 H. Marcuse, *Soviet Marxism: A Critical Analysis*.

821 H. Marcuse: *Eros and Civilization; One Dimensional Man; Essay on Liberation; Counterrevolution and Revolt*.

822 L. Colletti, *Il Marxismo e Hegel*.

823 P. Anderson, *Considerations on Western Marxism*, cap. 3.

824 M.G. Horowitz, "Portrait of the Marxist as an Old Trouper", *Playboy*, setembro de 1970, pp. 174-5.

825 Marcuse, *Eros and Civilisation*.

826 D. Cohn-Bendit e G. Cohn-Bendit, *Obsolete Communism: The Left-Wing Alternative*.

827 O irmão de Daniel Cohn-Bendit, Gabriel, foi o coautor.

828 Cohn-Bendit e Cohn-Bendit, *Obsolete Communism*, pp. 204-45.

829 R. Service, *A History of Modern Russia from Nicholas II to Putin*, p. 459.

830 Ver anteriormente, p. 280.

831 F. Kermode, *Not Entitled: A Memoir*, pp. 234-8.

832 R. Pipes, *Vixi: Memoirs of a Non-Belonger*; R. Conquest, *The Dragons of Expectation: Reality and Delusion in the Course of History*: ambos os livros contêm recordações do envolvimento político do autor. Ver a descrição dessa política de 1979: R. Conquest, *Present Danger: Towards a Foreign Policy*.

833 J. Haslam, *The Vices of Integrity: E. H. Carr, 1892-1982*; Service, *A History of Modern Russia from Nicholas I to Putin*, p. xxv.

834 Service, *A History of Modern Russia from Nicholas II to Putin*, p. xxvii; R. Conquest, *Reflections on Ravaged Century*, pp. 143-4.

835 Service, *A History of Modern Russia from Nicholas II to Putin*, p. xxvii.

NOTAS

32. A Europa Oriental e a Ocidental

836 Z. Brezejinski, *The Soviet Bloc: Unity and Conflict*, p. 389.

837 *Prezidium TsK KPSS, 1954-1964. Chernovye protokol'nye zapisi zasedanii: stenogrammy*, vol. 1, p. 86: reunião de 10 de janeiro de 1956.

838 M. Kaser, *Comecon: Integration Problems of the Planned Economies*, pp. 63-82; J. F. Brown, *Eastern Europe and Communist Rule*, p. 146.

839 R. Crampton, *Eastern Europe in the Twentieth Century – and After*, p. 313.

840 *The Khrushchev-Tito Revisionist Group Concoct New Plans against the Cause of Socialism*, pp. 5, 7 e 15.

841 J. Halliday (ed.), *The Artful Albanian: The Memoirs of Enver Hoxha*, p. 9.

842 Ver anteriormente, pp. 414-6.

843 N. Bethell, *Gomulka: His Poland and his Communism*, pp. 258-62.

844 Crampton, *Eastern Europe in the Twentieth Century – and After*, pp. 298-9.

845 C. Gati, *Hungary and the Soviet Bloc*, pp. 160-1.

846 Crampton, *Easter Europe in the Twentieth Century – and After*, p. 321.

847 Z. Mlynář, *Night Frost in Prague: The End of Humane Socialism*, p. 157.

848 A. Paczkowski, *The Spring Will Be Ours: Poland and the Poles from Occupation to Freedom*, pp. 281 e 288-9.

849 W. Brus, "Political System and Economic Efficiency", *in* S. Gomulka (ed.), *Growth, Innovation and Reform in Eastern Europe*, p. 28.

850 *Ibid.*, p. 290.

851 Crampton, *Eastern Europe in the Twentieth Century – and After*, p. 360.

852 A. H. Smith, *The Planned Economies of Eastern Europe*, pp. 230-2.

853 *Ibid.*, pp. 227-30.

854 D. Deletant, *Ceaușescu and the Securitate: Coercion and Dissent in Romania, 1965-1989*, pp. 192, 207-8 e 322-31.

855 Ver anteriormente, p. 432.

856 S. Pons, *Berlinguer e la fine del comunismo*, p. 48.

857 *Ibid.*, p. 140.

858 S. Carrillo, *Eurocomunismo y estado*.

859 Ver anteriormente, p. 137.

860 Rascunho da carta do Secretariado do Comitê Central do PCUS, fevereiro de 1977: RGASPI, f. 89, op. 33, d. 15.

861 T. Hofnung, *Georges Marchais: l'inconnu du Parti Communiste Français*, pp. 315-17.

862 Ver a seguir, pp. 463-4.

NOTAS

33. Expectativas Reduzidas

863 L.L. Sharkey, *An Outline History of the Australian Communist Party*, pp. 55-68.

864 J.P. Ongkili, *Nation-Building in Malaysia, 1946-1974*; Njoto, *Strive for the Victory of the Indonesian Revolution with the Weapon of Dialectical and Historical Materialism: A Speech at the Alkiarcham Academy of Social Sciences on 3 June 1964*, pp. 3-26.

865 G.M. Kahin e A.R. Kahin, *Subversion as Foreign Policy: The Secret Eisenhower and Dulles Debacle in Indonesia*.

866 T. J. Nossiter, *Marxist State Governments in India: Politics, Economics and Society*, pp. 69-71, 73 e 80.

867 BBC News, 1º de novembro de 2005: http://news.bbc.co.uk/go/pr/fr/-/1/hi/world/south_asia/4374826.stm.

868 Sobre a não ortodoxia dos comunistas de Kerala, ver anteriormente, p. 284.

869 Nossiter, *Marxist State Governments in India*, p. 17.

870 *Ibid.*, pp. 21-3 e 32.

871 P. Louis, *People Power: The Naxalite Movement in Central Bihar*, pp. 58-9.

872 *Ibid.*, p. 32.

873 Z. Brzejinski, *The Grand Failure: The Birth and Death of Communism in the Twentieth Century*, p. 203.

874 R. Boyd, "The Japanese Communist Party in Local Government", *in* B. Szajkowski (ed.), *Marxist Local Governments in Western Europe and Japan*, p. 192.

875 G.A. Almond, *The Appeals of Communism*, p. 151.

876 A. Nuti, *La provincia più rossa: la costruzione del Partito Nuovo a Siena (1945-1956)*, pp. 90 e 114.

877 *Ibid.*, pp. 211, 272 e 291.

878 S. Gundle, "Models and Crises of Communist Government in Italy", *in* B. Szajkowski (ed.), *Marxist Local Governments in Western Europe and Japan*, pp. 74-5.

879 A.F. Knapp, "A Receding Tide: France's Communist Municipalities", *in ibid.*, pp. 119-20, 125-7, 136-7 e 145.

880 J. Amodia, "The Spanish Communist Party and Local Government", *in ibid.*, pp. 30 e 33.

881 G. C. Donno, *La Gladio rossa del PCI (1945-1967)*.

882 C. Andrew e V. Mitrokhin, *The Mitrokhin Archive*, vol. 1: *The KGB and the West*, p. 501.

598 NOTAS

34. A Última das Revoluções Comunistas

883 R. Gott, *Cuba: A New History*, p. 4.

884 N. Eberstadt, "Pyongyang's Option: 'Ordinary' Stalinism", *Far Eastern Economic Review*, nº 3 (2005), p. 31.

885 O.A. Westad, *The Global Cold War: Third World Interventions and the Making of our Times*, p. 183.

886 P. Short, *Pol Pot: History of a Nightmare*, pp. 298-300.

887 Chang Song, "Return to Cambodia, July-August 1989" (transcrição datilografada, HIA), p. 9.

888 N. Chanda, *Brother Enemy: The War after the War*, pp. 71-2 e 80.

889 Short, *Pol Pot*, pp. 288 e 319-21.

890 *Ibid.*, p. 233.

891 *Ibid.*, p. 346.

892 *Ibid.*, pp. 347 e 353.

893 M. Vickery, *Cambodia, 1975-1982*, pp. 34-5.

894 The Cambodian Genocide Program, Yale University: www.yale.edu/cgp (p. 1).

895 A. Angell, *Chile de Alessandri a Pinochet: en busca de la Utopia*, p. 59.

896 *Ibid.*, p. 61.

897 Yu. P. Gavrikov, *Fidel' Kastro: Neistovyi komandante Ostrova svobody*, p. 138.

898 Angell, *Chile de Alessandri a Pinochet*, p. 62.

899 *Ibid.*, p. 72.

900 *Ibid.*, pp. 63-4.

901 *Ibid.*, pp. 72-3.

902 J. Haslam, *The Nixon Administration and the Death of Allende's Chile: A Case of Assisted Suicide*, pp. 74, 153-4 e 157.

903 *Ibid.*, p. 111.

904 Angell, *Chile de Alessandri a Pinochet*, p. 65.

905 *Ibid.*, p. 67.

906 *Ibid.*, p. 71.

907 *Ibid.*, pp. 76-7 e 79.

908 P. Kornbluh, *The Pinochet File: A Declassified Dossier on Atrocity and Accountability*, p. 37; Haslam, *The Nixon Administration and the Death of Allende's Chile*, cap. 7.

909 Westad, *The Global Cold War*, pp. 212-14.

910 *Ibid.*, pp. 231-5.

911 *Ibid.*, pp. 255-9.

912 *Ibid.*, pp. 277-8.

913 *Ibid.*, pp. 306-20.

NOTAS

35. As Vias de Fuga do Comunismo

914 R. Nixon, *1999: Victory without War*.

915 Entre os que enfatizaram a possibilidade de uma eventual implosão da URSS, Richard Pipes escreveu em 1984, um ano antes de Gorbatchev subir ao poder: "Embora o governo soviético não esteja em perigo iminente de ruir, não poderá continuar tentando 'avançar aos trancos e barrancos' para sempre [...]: *Survival Is Not Enough: Soviet Realities and America's Future*, p. 13.

916 R. Dallek, *Ronald Reagan: The Politics of Symbolism*, p. 192.

917 *Public Papers of the Presidents: Ronald Reagan, 1981*, p. 434.

918 J.L. Gaddis, *Strategies of Containment: A Critical Appraisal of Postwar American National Security Policy*, pp. 393-4.

919 O princípio, tal como costumava ser na Guerra Fria, era de que o inimigo de meu inimigo é meu amigo.

920 Ver o discurso de Daniel Ortega no Conselho de Segurança das Nações Unidas em 25 de março de 1982: *Comunicado de Prensa: Permanent Mission to the U.N.*, nº 035. Sobre os sandinistas, ver a seguir, p. 430.

921 Dallek, *Ronald Reagan*, pp. 181-2.

922 J. F. Brown, *Eastern Europe and Communist Rule*, pp. 104-5.

923 *Ibid.*, p. 127.

924 Testemunho de V.A. Alexandrov: Projeto de História Oral da Hoover Institution e da Fundação Gorbatchev (HIA), box 1, pasta 2, p. 15.

925 Testemunho de E. Meese: *ibid.*, box 2, pasta 11, pp. 37 e 71.

926 Testemunho de A. L. Adamishin: *ibid.*, box 1, pasta 1, p. 5.

927 Para conhecer evidências das reações contemporâneas dos soviéticos ao Sistema de Defesa Estratégica, ver *ibid.*: V.A. Kryuchkov (box 2, pasta 7, p. 31) e L.B. Shebarshin (box 2, pasta 19, p. 18).

928 Sergei Tarasenko *in* W. C. Wohlforth (ed.), *Witnesses to the End of the Cold War*, p. 70.

929 R. Reagan, *An American Life*, pp. 585 e 588-9.

930 J. Matlock, *Reagan and Gorbatchev: How the Cold War Ended*, pp. 97-105.

931 Ver a seguir, pp. 522-7.

932 Ver a seguir, pp. 498-9.

933 M. Marrese e J. Vanous, *Soviet Subsidization of Trade with Easter Europe: A Soviet Perspective*, p. 3.

934 H. Friedman, "Warsaw Pact Socialism", *in* A. Hunter (ed.), *Rethinking the Cold War*, p. 220.

935 R. Service, *A History of Modern Russia from Nicholas II to Putin*, p. 465.

936 O.A. Westad, *The Global Cold War: Third World Interventions and the Making of our Times*, pp. 366, 382, 383 e 391.

NOTAS

937 Anatoli Chernyaev *in* Wohlforth (ed.), *Witnesses to the End of the Cold War*, p. 95.

938 P. Robinson, *How Ronald Reagan Changed my Life*, pp. 92-3.

939 J. Douglas-Home, *Once upon Another Time: Ventures behind the Iron Curtain*, pp. 17 e 25.

940 Pavel Palazchenko *in* Wohlforth (ed.), *Witnesses to the End of the Cold War*, p. 159.

941 D.H. Chollet e J.M. Goldgeier, "Once Burned, Twice Shy? The Pause of 1989", *in* W.C. Wohlforth (ed.), *Cold War Endgame: Oral History, Analysis, Debates*, p. 149.

942 V.M. Zubok, "Different Perspectives on the Historical Personality", *in ibid.*, p. 226, citando as notas de A.S. Chernyaev guardadas na Fundação Gorbatchev, em Moscou.

943 Ver o relato no capítulo 36.

944 M. R. Beschloss e S. Talbott, *At the Highest Levels: The Inside Story of the End of the Cold War*, p. 132.

945 Ver, por exemplo, a reunião do Politburo de 9 de março de 1990: RGASPI, f. 89, op. 8, d. 78, p. 1. A proposta de retirar as tropas da Hungria foi feita por Zaikov, Shevardnadze e Yazov (ministro da Defesa).

946 Dmitri Yazov in Wohlforth (ed.), *Cold War Endgame: Oral History, Analysis, Debates*, pp. 193 e 201.

947 A. S. Chernyaev, *Shest' let s Gobachëvym: po dnevnikovym zapisyam*, p. 57.

948 RGASPI, f. 89, op. 9, d. 124, p. 2.

949 Ata da reunião entre Castro e o embaixador soviético, 20 de junho de 1990: *ibid.*, op. 8, d. 60, pp. 2-3.

950 *Ibid.*, op. 11, d. 188, p. 5.

951 Beschloss e Talbott, *At the Highest Levels*, pp. 377 e 388-92.

952 Ver as pp. 531-3.

36. O Anticomunismo na Europa Oriental

953 Reunião do Politburo, 12 de março de 1981: RGASPI, f. 89, op. 42, d. 37, p. 3.

954 M. Kramer, "Poland 1980-81: Soviet Policy during the Polish Crisis", *Cold War International History Papers Bulletin*, nº 5 (1995), pp. 116-23.

955 A. Paczkowski, *The Spring Will Be Ours: Poland and the Poles from Occupation to Freedom*, pp. 454-5.

956 *Ibid.*, pp. 476-7.

957 M. Gorbačov e Z. Mlynář, *Reformátoři Nebývachí Stastní*, p. 69.

958 Projeto de História Oral da Hoover Institution e da Fundação Gorbatchev (HIA): testemunhos de A. S. Chernyaev (que conversou com o intérprete

NOTAS

de Kadar), box 1, pasta 12, pp. 69-70, e V.A. Medvedev, box 2, pasta 10, pp. 45-6 e 47-8.

959 *Ibid.*: testemunho de V. A. Medvedev, box 2, pasta 10, p. 35.

960 T. Zhivkov, *Memoary*, pp. 356-60. Isso foi uma conversa no Kremlin de 16 de outubro de 1987.

961 Paczkowski, *The Spring Will Be Ours*, pp. 485-6.

962 *Ibid.*, pp. 492-500.

963 *Ibid.*, pp. 507-9.

964 J. L. Gaddis, *The Cold War: A New History*, p. 206.

965 I. Banac, "Post-Communism as Post-Yugoslavism: The Yugoslav Non-Revolutions of 1989-1990", *in* I. Banac, *Eastern Europe in Europe*, p. 182.

966 Ver a seguir, pp. 540-2.

967 Sobre o desmembramento da Iugoslávia, ver a seguir, pp. 540-2.

968 E. Biberaj, "Albania: The Last Domino", *in* I. Banac, *Eastern Europe in Europe*, pp. 189 e 195-9.

969 Ver a seguir, pp. 542-3.

37. O Comunismo Capitalista da China

970 R. MacFarquhar, "The Succession to Mao and the End of Maoism, 1969-1982", *in* R. MacFarquhar (ed.), *The Politics of China, 1949-1989*, p. 300.

971 *Ibid.*, p. 309.

972 Deng Rong, *Deng Xiaoping and the Cultural Revolution*, pp. 445-9; Deng Xiaoping, *Selected Works of the Deng Xiaoping (1975-1982)*, p. 154: discurso de 13 de dezembro de 1978.

973 Deng Maomao, *Deng Xiaoping, my Father*, pp. 50-1, 71, 95 e 102-3.

974 *Ibid.*, p. 104.

975 *Ibid.*, p. 95; Deng Rong, *Deng Xiaoping and the Cultural Revolution*, pp. 84-7 e 125-7; D. S. G. Goodman, *Deng Xiaoping and the Chinese Revolution*, p. 78.

976 J.-L. Domenach, *Chine: l'archipel oublié*, p. 331.

977 R. MacFarquhar, "The Succession to Mao and the End of Maoism, 1969-1982", p. 312.

978 Deng Xiaoping, *Selected Works of Deng Xiaoping (1975-1982)*, p. 280.

979 *Ibid.*, p. 172: discurso de 30 de março de 1979, "Uphold the Four Cardinal Principles".

980 Ver pp. 524-5. Meu obrigado a Steve Tsang por suas observações sobre esses aspectos da história política chinesa.

981 L.T. White, *Unstately Power*, vol. 1: *Local Causes of China's Economic Reforms*, pp. 14-15 e 123-4; vol. 2: *Local Causes of China's Intellectual, Legal and Governamental Reforms*, p. 145.

602　　NOTAS

982　White, *Unstately Power*, vol. 1: *Local Causes of China's Economic Reforms*, p. 10.
983　Deng Xiaoping, *Selected Works of Deng Xiaoping (1975-1982)*, p. 155: discurso na sessão de encerramento da Conferência de Trabalho Central como preparativos para a terceira sessão plenária do Comitê Central, 13 de dezembro de 1978.
984　Isso foi num jantar em 1986 oferecido ao Conselheiro de Segurança Nacional do ex-presidente Carter, Zbigniew Brzejinski: ver Z. Brzejinski, *The Grand Failure: The Birth and Death of Communism in the Twentieth Century*, pp. 160-1.
985　Tenzin Gyatso, *Freedom in Exile: The Autobiography of the Dalai Lama*, p. 231.
986　J.-C. Tournebrise e L. MacDonald, *Le Dragon et la souris*, p. 169.
987　Domenach, *Chine: l'archipel oublié*, pp. 332-4.
988　*Ibid.*, p. 489. Ver também H.H. Wu, *Laogai — The Chinese Gulag*, capítulo 1.
989　Tianjian Shi, *Political Participation in Beijing*, p. 252.
990　Brzejinski, *The Grand Failure*, p. 162.
991　Conversa com G.P. Shultz, Hoover Institution, 8 de março de 2005.
992　R. Baum, "The Road to Tiananmen: Chinese Politics in the 1980's", *in* R. MacFarquhar (ed.), *The Politics of China, 1949-1989*, pp. 449-50.
993　*Tiananmen Square, 1989: The Classified History*, doc. 14.
994　Xin Liu, *In One's Shadow: An Ethnographic Account of the Condition of Post-Reform Rural Russia*, p. 182.
995　J. P. Burns, *Political Participation in Rural China*, p. 154.
996　P. J. Seybolt, *Throwing the Emperor from his Horse: Portrait of a Village Leader in China, 1923-1995*, pp. 82-3 e 85.
997　Fundação de Pesquisas de Laogai: relatório, 14 de abril de 2004.
998　Gu Mingyan, "Development and Reform of Education for Minority Nationalities in China" (transcrição datilografada, HIA), 26 de junho de 1989.
999　"The Cauldron Boils", *Economist*, 29 de setembro de 2005.
1000　"Human Rights in China: Briefing Memo", enviado ao presidente George W. Bush, 16 de novembro de 2005.

38. A Perestroika

1001　A minuta do Politburo é citada por V. Bukovskii, *Moskovskii protsess*, p. 88.
1002　M. S. Gorbatchov, *Zhizn' i reformy*, vol. 1, p. 265.
1003　R. Service, "Gorbatchev's Reforms: The Future in the Past", *Journal of Communist Studies*, nº 3 (1987).

NOTAS 603

1004 *Ibid.*,

1005 Sou grato a George Shultz e a Martin Anderson por compartilharem seus pensamentos comigo a respeito das possibilidades em relação aos meados da década de 1980.

1006 A. Brown, *The Gorbachev Factor*, pp. 186-7.

39. Os Camaradas Partem

1007 O.A. Westad, *The Global Cold War: Third World Interventions and the Making of our Times*, p. 390.

1008 Ver pp. 512-20.

1009 Ver pp. 468-70 sobre as políticas do Vietnã após a vitória militar dos comunistas.

1010 Ver pp. 409-11.

1011 Informações pessoais de Laurence Rees, 4 de outubro de 2005.

1012 J. Watts, "North Korea Turns Away Western Aid", *Observer*, 2 de outubro de 2005.

1013 F. Fukuyama, *The End of History and the Last Man*.

1014 T. Hofnung, *Georges Marchais: l'inconnu du Parti Communiste Français*, caps. 7 e 8.

1015 P.M. La Ramée e Erica G. Polakoff, "The Revolution of the Popular Organizations in Nicaragua", *in* G. Prevost e H.E. Vanden (eds.), *The Undermining of the Sandinista Revolution*, pp. 42-3; C.M. Vilas, *Perfiles de la Revolución Sandinista*, pp. 359-64.

1016 *El Nuevo Diario* (Manágua), 22 de fevereiro de 1990.

1017 Editorial de Ortega: *La Prensa* (Manágua), 26 de fevereiro de 1990.

1018 *El Nuevo Diario* (Manágua), 22 de fevereiro de 1990.

BIBLIOGRAFIA SELECIONADA

Esta é uma lista de fontes bibliográficas usadas nas notas, que não se destina a ser uma exaustiva lista de importantes trabalhos sobre a história do comunismo. Transcrições datilografadas são indicadas como TD.

ARQUIVOS

Biblioteca Bodleian — Reino Unido
Volkogonov, Acervo de

Hoover Institution Archives (HIA) — EUA
Henri Barbé, "Souvenir de militant et dirigeant communiste" (TD)
Elizabeth Churchill Brown, Acervo de
Chang Song, "Return to Cambodia, July-August 1989" (TD)
E. W. Darling, Acervo de
Theodore Draper, Acervo de
Sir Paul Dukes, Acervo de
Charles Wesley Ervin, Acervo de
R. R. Fagen, Acervo de
Herbert Haviland Field, Acervo de
Seymour M. Finger, Acervo de
T. T. C. Gregory, Acervo de
Gu Mingyan, "Development and Reform of Education for Minority Nationalities in China", 26 de junho de 1989 (TD)
Hungaria Subject Collection
Instruções da Internacional Comunista
Henry James, Acervo de
Alexander Keskuela, Acervo de
Nestor Lakoba, Acervo de
Ivy Litvinov, Acervo de
Mario Llerena, "Memoir" (TD), vols. 1-4.
R. López-Fresquet, "14 Months with Castro" (TD)
Jay Lovestone, Acervo de
Gibbes Lykes, Acervo de
M. Muggeridge, "Russian Journal" (TD)

BIBLIOGRAFIA SELECIONADA

Boris Nicolaevsky Collection
Yelizaveta Parshina e Leonid Parshin, "Razvedka bez mifov" (TD, 1994)
Partido Comunista da Índia, Acervo do
Partido Comunista dos Estados Unidos, Acervo do
Prezidium TsK KPSS
Projeto de História Oral da Instituição Hoover e da Fundação Gorbatchev
Peng Shu-tsé, Acervo de
Eugenio Reale, Acervo de
J. A. Rodriguez-Menier, "El Minint por Dentro" (TD)
Maurice Thorez, Acervo de
Ernst Toller: "An Appeal from the Young Workers of Germany"
Albert (Vassart): Memórias sem título (TD)
Cilly Vassart, "Le Front Populaire en France" (TD: Paris, 1962)
Oswald Henry Wedel, "Recent Political Tendencies in Bavaria": tese de mestrado de Ciências Humanas (Standford, 1924)
Erich Wollenberg: memórias sem título (TD)

The National Archives (NA) — Reino Unido

FO 800/720	KV 2/577-8	KV 2/1753-5
FCO 9/272	KV 2/1038	KV 2/1772-8
FCO 28/2549	KV 2/1977	KV 3/129-30
HW 17/37	KV 2/1584	PRFM 8/1077

Rossiiskii Gosudarstvennyi Arkhiv Noveishei Istorii (RGANI) – Federação Russa
fond 2

Rossiiskii Gosudarstvennyi Arkhiv Sotsial'no-Politicheskoi Istorii (RGASPI – Federação Russa)

fond 2	fond 17	fond 89	fond 325
fond 3	fond 76	fond 109	

Periódicos

American Relief Administration Bulletin
Byulleten' oppozitsiya (Alemanha)
Corriere della Sera (Itália)
Economist (Reino Unido)
Etudes (França)
Fight (órgão do Partido Bolchevista-Leninista *[Filial do Ceilão]* (Ceilão)
Humanismo. Revista de insubornable orientación democrática (Cuba)
Istochnik (Federação Russa)

BIBLIOGRAFIA SELECIONADA

Izvestiya (URSS)
Kritika (EUA)
Literaturnaya gazeta (URSS)
Moncada. Organo del Ministero del Interior (Cuba)
Nezavisimaya gazeta (Federação Russa)
New York Times (EUA)
El Nuevo Diario (Nicarágua)
Observer (Reino Unido)
Oldie (Reino Unido)
Playboy (EUA)
Pravda (URSS)
La Prensa (Nicarágua)
Principios (Santiago do Chile)
Rabotnichesko delo (Bulgária)
Reader's Digest (EUA)
Rhyming Reasoner (Reino Unido)
Sente (Itália)
Time (EUA)
Time Asia (EUA)
Trud (Federação Russa)

Coleções Documentais

About Turn: The British Communist Party and the Second World War. The Verbatim Record of the Central Committee Meetings of 25 September and 2-3 October 1939, ed. F. King e G. Matthews (Londres, 1990)
Akademicheskoe delo, 1929-1931: Delo po obvineniyu akademika S. F. Platonova, ed. A. V. Kvashonkin, O. V. Khelevnyuk, L. P. Kosheleva e L. A. Rogovaya (Moscou, 1996)
C. Andrew e V. Mitrokhin, *The Mitrokhin Archive,* vol. 1: *The KGB and the West* (Londres, 1999); vol. 2: *The KGB and the World* (Londres, 2005)
Archivio Pietro Secchia, 1945-1973 (Annali Feltrinelli) (Milão, 1979)
Austro-Marxism, textos transcritos e prefaciados por T. Bottomore (Oxford, 1978)
R. L. Benson e M. Warner (eds.), *Venona: Soviet Espionage and the American Response, 1939-1957* (Washington, D.C., 1996)
C. Bermani (ed.), *Gramsci raccontato. Testimonianze raccolte da Cesare Bermani, Gianni Bosio e Mimma Paulesu Quercioli* (Roma, 1987)
M. Bishop, *Maurice Bishop Speaks: The Grenada Revolution, 1979-1983* (Nova York, 1983)
Bol'shevistskoe rukovodstvo. Perepiska, 1912-1927, ed. A. V. Kvashonkin, O. V. Khlevnyuk, L. P. Kosheleva e L. A. Rogovaya (Moscou, 1996)

BIBLIOGRAFIA SELECIONADA

The British Road to Socialism (Londres, 1951)

Earl Browder Says (Nova York, 1991)

E. Browder, *Teheran: Our Path in War and Peace* (Nova York, 1944)

N. P. Bugai (ed.), *L. Beriya – I. Stalinu: "Soglasno Vashemu ukazaniyu"* (Moscou, 1995)

N. I. Bukharin, *Problemy teorii i praktiki sotsializma* (Moscou, 1989)

The Case of Leon Trotsky: Report of Hearings on the Charges Made against Him in the Moscou Trials, ed., G. Novack (Nova York, 1969)

Winston S. Churchill: His Complete Speeches 1897-1963, vol. 7, ed. R. Rhodes James (Londres, 1974)

The Cominform. Minutes of the Three Conferences, 1947/1948/1949, ed. G. Procacci, G. Adibekov, A. Di Biagio, L. Gibianskii, F. Gori e S. Pons (Milão, 1994)

Communist Papers: Documents Selected from Those Obtained on the Arrest of the Communist Leaders on the 14th and the 21st October 1925 (Londres, 1926)

The Dead Sea Scrolls, transcrito por M. Wise, M. Abegg Jr. e E. Cook (Nova York, 1996)

Deng Xiaoping, *Selected Works of Deng Xiaoping (1975-1982)* (Pequim, 1984)

G. Dimitrov, *The Diary of Georgi Dimitrov, 1933-1939*, ed. I. Banac (New Haven, 2003)

G. Dimitrov, *Dimitrov and Stalin, 1934-1943: Letters from the Soviet Archives*, ed. A. Dallin e F. I. Firsov (New Haven, 2000)

Documents on Communism, Nationalism, and Soviet Advisers in China, 1918-1927: Papers Seized in the 1927 Peking Raid (Nova York. 1956)

A. Gramsci, *Lettere dal carcere*, ed. P. Sprinao (Turim, 1971)

A. Gramsci, *Quaderni del Carcere*, ed. V. Gerratana (Turim, 1977), vols. 1-4

A Guide to New China, 1953 (Pequim, 1953)

J. Haynes e H. Klehr, *Venona: Soviet Espionage in America in the Stalin Era* (New Haven, 1999)

H. Klehr, *Communist Cadre: The Social Background of the American Communist Party Elite* (Stanford, 1978)

H. Klehr, J. E. Haynes e K. M. Anderson (eds.), *The Soviet World of American Communism* (New Haven, 1998)

H. Klehr, J. E. Haynes e F. I. Firsov (eds.), *The Secret World of American Communism* (New Haven, 1995)

The Khrushchev-Tito Revisionist Group Concoct New Plans against the Cause of Socialism (Tirana, 1963)

P. Kornbluh, *The Pinochet File: A Declassified Dossier on Atrocity and Accountability* (Nova York, 2003)

V. I. Lenin, *Polnoe sobranie sochinenii*, vols. 1-55 (Moscou, 1958-1965)

A. M. Ledovskii (ed.), "Peregovory I. V. Stalina s Mao Tszedunom v dekabre 1949 — fevrale 1950 g.: novye arhivnye dokumenty", *Novaya i noveishaya istoriya*, n° 1 (1997)

BIBLIOGRAFIA SELECIONADA

Yu. Martov, *Mirovoi bol'shevizm* (Berlim, 1923)

D. McLellan (ed.), *Karl Marx: Selected Writings* (Oxford, 1977)

Manual for Community Club Leaders: A Handbook for the Use of Officers and Committees of Communist Community Clubs (elaborado pelo Departamento Organizacional do Comitê Nacional Comunista: Nova York, 1944)

G. Orwell, *The Lost Orwell: Being a Supplement to the Complete Works of George Orwell* (ed. P. Davison: Londres, 2006)

Prezidium TsK KPSS, 1954-1964. Chernovye protokol'nye zapisi zasedanii: stenogrammy, vol. 1, ed. A. A. Fursenko (Moscou, 2004)

The Price of Vision: The Diary of Henry A. Wallace, 1942-1946 (Boston, Mass., 1973)

Public Papers of the Presidents: Ronald Reagan, 1981 (Washington, D.C. 1978)

D.A. Smart (ed.), *Parmekock and Gorter's Markism* (Londres, 1978)

"Sovershenno sekretno": Lubyanka – Stalinu o polozhenii v strane (1922-1934 gg.), ed. G. N. Sevast'Yanov, A.N. Skharov, Ya. f. Pogonii, V. K, Vinogradov, T. Vihavainen, K. Pursiainen, T. Martin, H. Richardson e L. P. Kolodnikova, vols. 1 em diante (Moscou, 2001-)

Sovetskii faktor v Vostochnoi Evrope, 1944-1953: Dokumenty, vols. 1-2, ed. T. V. Volokitina, G. P. Murashko e A. F. Noskova (Moscou, 2002)

Sovetskoe rujovodsvo. Perepiska, 1928-1941 (Moscou, 1999)

SSSR — Pol'sha: mekhanizmy podchineniya, 1944-1949, ed. G. Bordyugov, G. Matveev, A. Kosewski e A. Paczkowski (Moscou, 1995)

I. Stalin, *Beseda s angliiskom pisatelem G. D. Uellsom, 23 iyunya 1934 g.* (Moscou, 1935)

I. V. Stalin, *Sochineniya*, vols. 1-13 (Moscou, 146-53)

I. V. Stalin, *Sochineniya*, vols. 1 (xiv)-3(xvi), ed. R. MacNeal (Stanford, 1967)

Tiananmen Square, 1989: The Classified History, ed. J. T. Richelson e M. L. Evans (National Security Archive Electronic Briefing Book, nº 16, 1º de junho de 1999)

L. Trotskii, *Sochineniya*, vols. 2-21[incompletos] (Moscou, 1924-27)

L. Trotsky, *Leon Sedov: Son, Friend, Fighter* (Londres, 1967)

Vos'moi s'ezd RKP(b). Mart 1919 god: Protokoly, ed. N. I. Shatalin e M.A. Dvoinishnikov (Moscou, 1959)

Vostochnaya Evropa v dokumentakh rossiiskikh arkhivov, 1944-1953, vols. 1-2, ed. N. M. Barinova, T. V. Volokitina, T. M. Islamov, G. P. Murashko, A. F. Noskova, T. A. Pokivailova, N. D. Smirnova e T. V. Tsarevskaya (Moscou, 1997-1998)

Memórias

G. Arbatov, *Zatianuvsheesia vyzdorovlenie, 1953-1985 gg.: svidetel'stvo sovremennika* (Moscou, 1991)

BIBLIOGRAFIA SELECIONADA

B. Bazhanov, *Avec Staline dans le Kremlin* (Paris, 1930)

A. Balabanoff, *My Life as a Rebel* (Londres, 1938)

A. Barmine, *One Who Survived* (Londres, 1945)

S. Beria, *Beria, My Father: Life inside Stalin's Kremlin* (Londres, 2001)

N. Bocenina, *La segretaria di Togliatti: Memorie di Nina Bocenina* (Florença, 1993)

R. Bruce Lockhart, *Memoirs of a British Agent: Being an Account of the Author's Early Life in Many Lands and of his Official Mission to Moscow in 1918* (Londres, 1932)

M. Buber-Neumann, *Under Two Dictatorships* (Londres, 1949)

A. S. Chernyaev, *Shest' let s Gobachëvym: po dnevnikovym zapisyam* (Moscou, 1993)

R. H. Crossman (ed.), *The God that Failed* (Londres, 1949)

J. E. Davies, *Mission to Moscow: A Record of Confidential Dispatches to the State Department, Official and Personal Correspondence, Current Diary and Journal Entries, Including Notes and Comment up to October 1941* (Londres, 1942)

V. Dedijer, *The Battle Stalin Lost: Memoirs of Yugoslavia, 1948-1953* (Nova York, 1972)

E. Dedmon, *China Journal* (Cambridge, 1971)

Deng Maomao, *Deng Xiaoping, my Father* (Nova York, 1995)

The Diaries of Beatrice Webb, vols. 1-4, ed. N. Mackenzie e J. Mackenzie (Londres, 1982-1984)

G. Dimitrov, *Diario. Gli anni di Mosca (1934-1945)*, ed. S. Pons (Turim, 2002)

M. Djilas, *Conversations with Stalin* (Londres, 1962)

M. Djilas, *Rise and Fall* (Londres, 1983)

S. Dmitrievski, *Dans les coulisses du Kremlin* (Londres, 1933)

A. Dobrynin, *In Confidence: Moscow's Ambassador to America's Six Cold War Presidents, 1962-1986* (Nova York, 1995)

J. Douglas-Home, *Once upon Another Time: Ventures behind the Iron Curtain* (Norwich, 2000)

P. Dukes, *Red Dusk and the Morrow: Adventures and Inestigations in Red Russia* (Londres, 1922)

P. Dukes, The Story of "ST25". *Adventure and Romance in the Secret Intelligence Service in Red Russia* (Londres, 1938)

A. Gide, *Retour de l'U.R.S.S.* (Paris, 1936)

E. Goldman, *My Disillusionment in Russia* (Nova York, 1923)

E. Goldman, *My Further Disillusionment in Russia* (Nova York, 1924)

M. Gorbachëv, *Zhizn' i reformy* (Moscou, 1995)

M. Gorbačov e Z. Mlynář, *Reformátoři Nebývachí Stastní* (Praga, 1995)

J. Halliday (ed.), *The Artful Albanian: The Memoirs of Enver Hoxha* (Londres, 1986)

H. Haywood, *Black Bolshevik: Autobiography of an Afro-American Communist* (Chicago, 1978)

BIBLIOGRAFIA SELECIONADA

M. Hindus, *Red Bread* (Nova York, 1931)

A. R. Hunt, *Facts About Communist Hungary* (Londres, 1919)

J. [Jenny] Humbert-Droz, *Une Pensée, Une Conscience, Un Combat: La Carrière Politique de Jules Humbert-Droz Retracée par sa Femme* (Neuchâtel, 1976)

J. Humbert-Droz, *De Lénine à Staline: Dix Ans au Service de l'Internationale Communiste, 1921-1931* (Neuchâtel, 1971)

F. Kermode, *Not Entitled: A Memoir* (Londres, 1996)

N. S. Khrushchëv, *Khrushchëv Remembers: The Glasnost Tapes* (Nova York, 1990)

A. Koestler, *Arrow in the Blue: An Autobiography* (Londres, 1972)

A. Koestler (sem título), *in* R. H. Crossman (ed.), *The God that Failed* (Londres, 1949)

W. Krivitsky, *I Was Stalin's Agent* (Londres, 1940)

J. Lagas, *Memorias de un capitan rebelde* (Santiago do Chile, 1964)

W. Leonhard, *Child of the Revolution* (Londres, 1957)

[Dr.] Li Zhisui, *The Private Life of Chairman Mao: The Memoirs of Mao's Personal Physician* (Nova York, 1994).

E. Lyons, *Assignment in Utopia* (Nova York, 1937)

"'Lyudyam svoistvenno oshibat'tsya': iz vospominanii M. Rakoshi", *Istoricheskii Arkhiv*, nº 3 (1997)

J. F. Matlock, *Autopsy on an Empire: The American Ambassador's Account of the Collapse of the Soviet Union* (Nova York, 1995)

Vladimir Medvedev, *Chelovek za spinoi* (Moscou, 1994)

A. Mgeladze, *Stalin, kakim ya ego znal. Stranitsy nedavnego proshlogo* (sem local de publicação, 2001)

M. Muggeridge, *Winter in Moscow* (Londres, 1934)

Nien Cheng, *Life and Death in Shanghai* (Londres, 1986)

K. Philby, *My Silent War*, com prefácio de G. Greene (Londres, 1968)

R. Pipes, *Vixi: Memoirs of a Non-Belonger* (New Haven e Londres, 2003)

H. Pollitt, *Serving my Time: An Apprenticeship to Politics* (Londres, 1940)

D. N. Pritt, *The Autobiography of D. N. Pritt*, Primeira Parte: *From Right to Left* (Londres, 1965)

R. Reagan, *An American Life* (Londres, 1990)

E. Reale, *Avec Jacques Duclos au banc des accusés à la Réunion Constitutive du Kominform à Szklarska Poreba* (Paris, 1958)

J. Reed, *Ten Days that Shook the World* (Nova York, 1919)

A. Rhys Williams, *Through the Russian Revolution* (Nova York, 1967)

P. Robinson, *How Ronald Reagan Changed my Life* (Nova York, 2003)

M. N. Roy, *Memoirs* (Bombaim, 1964)

A. Sokharov, *Memoirs* (Londres, 1990)

G. Seniga, *Togliatti e Stalin* (Milão, 1978)

BIBLIOGRAFIA SELECIONADA

P. Shapcott, "I Once Met the Red Dean", *Oldie* (junho de 2004).

C. Sheridan, *Russian Portraits* (Londres, 1921)

G. P. Shultz, *Turmoil and Triumph: My Years as Secretary of State* (Nova York, 1993)

E. Snow, *Red Star over China* (Nova York, 1939)

S. Spender, *World within World: The Autobiography of Stephen Spender* (Londres, 1964)

J. Steinbeck, *Russian Journal* (com fotografias de R. Capa: Londres, 1949)

Tenzin Gyatso, *Freedom in Exile: The Autobiography of the Dalai Lama* (Nova York, 1990)

L. Trotsky, *My Life: An Attempt at an Autobiography* (Londres, 1979)

R. O. G. Urch, *The Rabbit King of Siberia* (Londres, 1939)

H. G. Wells, *Russia in the Shadows* (Londres, 1920)

Zhang Lijia e C. Macleod (eds.), *China Remembers* (Oxford, 1999)

T. Zhivkov, *Memory* (publicação por iniciativa do autor: Sófia, 1987)

Fontes Adicionais

S. Adams, *Comrade Minister: The South African Communist Party and the Transition from Apartheid to Democracy* (Huntington, NY, 2001)

E. Aga-Rossi e V. Zaslavsky, *Togliatti e Stalin: il PCI e la politica estera stalinista negli archivi di Mosca* (Bolonha, 1997)

A. Agosti, *Bandiere rosse: un profilo storico dei comunisti europei* (Roma, 1999)

A. Agosti, *Palmiro Togliatti* (Torino, 1996)

G. A. Almond, *The Appeals of Communism* (Princeton, 1954)

L. Althusser, *Lire le Capital* (Paris, 1968)

L. Althusser, *Pour Marx* (Paris, 1965)

J. Amodia, "The Spanish Communist Party and Local Government", *in* B. Szajkowski (ed.), *Marxist Local Governments in Western Europe and Japan* (Londres, 1986)

G. Amyot, *The Italian Communist Party: The Crisis of the Popular Front Strategy* (Nova York, 1981)

K. M. Anderson e A. O. Chubaryan (eds.), *Komintern i vtoraya mirovaya voina*, vols. 1-2 (Moscou, 1994-98)

P. Anderson, *Considerations on Western Marxism* (Londres, 1976)

C. Andrew e O. Gordievsky, *KGB: The Inside Story of its Foreign Operations from Lenin to Gorbatchev* (Londres, 1990)

A. Angell, *Chile de Allessandri a Pinochet: en busca de la Utopia* (Santiago do Chile, 1993)

H. Arendt, *Totalitarianism* (San Diego, 1968)

R. Aron, *L'Opium des Intellectuels* (Paris, 1955)

J. Attfield e S. Williams (eds.), *1939: The Communist Party of Great Britain and the War. Proceedings of a Conference Held on 21 April 1979, Organised by the Communist Party History Group* (Londres, 1984)

BIBLIOGRAFIA SELECIONADA 613

P. Avrich, *The Russian Anarchists* (Princeton, 1967)

J. Baberowski, *Der Friend ist überall: Stalinismus im Kaukasus* (Munique, 2003)

E. Bacon, *The Gulag at War* (Londres, 1994)

R. Bahro, *The Alternative in Eastern Europe* (Londres, 1978)

I. Banac (ed.), *Eastern Europe in Europe* (Ithaca, 1992)

I. Banac, "Post-Communism as Post-Yugoslavism: The Yugoslav Non-Revolutions of 1989-1990", *in* I. Banac, *Eastern Europe in Europe* (Ithaca, 1992)

I. Barankovics, *Catholic Church and Catholic Faith in Hungary* (Nova York, 1963)

A. L. Bardach, *Cuba Confidential: Love and Vengeance in Miami and Havana* (Nova York, 2002)

N. Barsukov, "Kak sozdavalsya 'zakrytyi doklad' Khrushchëva", *Literaturnaya gazeta* (21 de fevereiro de 1996)

O. Bauer, *Bolshewismus oder Sozialdemokratie* (Viena, 1921)

R. D. Baum, *Burying Mao: Chinese Politics in the Age of Deng Xiaoping* (Princeton, 1994)

R. D. Baum, "The Road to Tiananmen: Chinese Politics in the 1980s", *in* R. MacFarquhar (9 ed.), *The Politics of China, 1949-1989* (Cambridge, 1993)

BBC News, 1º de novembro de 2005: http://news.bbc.co.uk/go/pr/fr/-/1/hi/world/south_asia/4374826.stm

J. Becker, *Hungry Ghosts: China's Secret Famine* (Londres, 1996)

F. Beckett, *The Enemy Within: The Rise and Fall of the British Communist Party* (Londres, 1995)

A. Beichman, *Andropov* (Nova York, 1983)

A. Beichman, "Roosevelt's Failure at Yalta", *Humanitas*, nº 1 (2003)

G. Benton e S. Tsang, "Opportunism, Betrayal and Manipulation in Mao's Rise to Power", *China Journal*, nº 55 (janeiro de 2006)

N. Berdyaev, *The Russian Idea* (Londres, 1947)

I. Berlin, *Karl Marx: His Life and Environment* (Londres, 1939)

J. S. Berliner, *Factory and Manager in the USSR* (Cambridge, Mass., 1957)

E. Bernstein, *Evolutionary Socialism: A Criticism and Affirmation* (Londres, 1909)

M. R. Beschloss e S. Talbott, *At the Highest Levels: The Inside Story of the End of the Cold War* (Boston, 1993)

L. Bethell e Ian Roxborough (eds.), *Latin America between the Second World War and the Cold War, 1944-1948* (Cambridge, 1992)

L. Bethell, "Brazil", *in* L. Bethell and Ian Roxborough (eds.), *Latin America between the Second World War and the Cold War, 1944-1948* (Cambridge, 1992)

L. Bethell, and I. Roxborough, "The Postwar Conjuncture in Latin America: Democracy, Labour and the Left" *in* L. Bethell and I, Roxbo rough (eds), *Latin America between the Second World War and the Cold War, 1944-1948* (Cambridge, 1992)

BIBLIOGRAFIA SELECIONADA

N. Bethell, *Gomulka: His Poland and his Communism* (Londres, 1969)

F. Bettanin, *Fabbrica del mito: storia e politica nell'URSS staliniana* (Nápoles, 1996)

F. Bettanin, *Stalin e l'Europa: la formazione dell'impero esterno sovietico (1941-1953)* (Roma, 2006)

E. Biagi, "Usciti dall'URSS Palmiro mi disse: finalmente liberi!", *Corriere della Sera* (21 de agosto de 2003)

E. Biberaj, "Albania: The Last Domino", *in* I. Banac (ed.), *Eastern Europe in Europe* (Ithaca, 1992)

G. Bischof, *Austria in the First Cold War, 1945-1955* (Nova York, 1999)

H. P. Bix, *Hirohito and the Making of Modern Japan* (Londres, 2000)

D. L. M. Blackmer e S. Tarrow (eds.), *Communism in Italy and France* (Princeton, 1975)

J. Bloomfield, *Passive Revolution: Communism and the Czechoslovak Working Class* (Londres, 1979)

G. Bocca, *Palmiro Togliatti* (Roma e Bari, 1977)

K. Bock, "Theories of Progress, Development, Evolution", *in* T. B. Bottomore e R. Nisbet (eds.), *History of Sociological Analysis* (Londres, 1979)

C. Bohlen, *Witness to History: 1929-1969* (Nova York, 1973)

E. Böhm-Bawerk, *Karl Marx and the Close of his System* (New York, 1949)

A. Bonnichon, "La Cellule 23", *Etudes* (setembro de 1954)

F. Borkenau, *The Communist International* (Londres, 1938)

T. B. Bottomore, *Elites and Society* (Londres, 1966)

T. B. Bottomore e R. Nisbet (eds.), *A History of Sociological Analysis* (Londres, 1979)

R. Boyd, "The Japanese Communist Party in Local Government", *in* B. Szajkowski (ed.), *Marxist Local Governments in Western Europe and Japan* (Londres, 1986)

J. Braunthal, *History of the International, 1914-1943*, vols. 1-3 (Londres, 1966-1980)

B. Brecht, *The Measures Taken and Other Lehrstucke* (Londres, 1977)

H. Brogan, *The Life of Arthur Ransome* (Londres, 1984)

A. Brown, *The Gorbachev Factor* (Oxford, 1996)

J.A.C. Brown, *Techniques of Persuasion: From Propaganda to Brainwashing* (Londres, 1963)

J. F. Brown, *Eastern Europe and Communist Rule* (Londres, 1988)

R. Brubaker, *Ethnicity without Groups* (Cambridge, Mass., 2004)

W. Brus, "The Peak of Stalinism", *in* M. Kaser (ed.), *The Economic History of Eastern Europe, 1917-1975*, vol. 3: *Institutional Change within a Planned Economy* (Oxford, 1986)

W. Brus, "Political System and Economic Efficiency", *in* S. Gomulka (ed.), *Growth, Innovation and Reform in Eastern Europe* (Brighton, 1986)

Z. Brzezinski, *The Grand Failure: The Birth and Death of Communism in the Twentieth Century* (Nova York, 1989)

BIBLIOGRAFIA SELECIONADA

Z. Brzezinski, *The Soviet Bloc: Unity and Conflict* (Cambridge, Mass., 1967)

N. Bukharin e Ye. Preobrazhenskii, *Azbuka kommunizma* (Gomel, 1921)

V. Bukovskii, *Moskovskii protsess* (Paris e Moscou, 1996)

A. Bullock, *Ernest Bevin: Foreign Secretary, 1945-1951* (Oxford, 1985)

K. Burk, *Troublemaker: The Life and History of A.J.P. Taylor* (New Haven, 2000)

M. Burleigh, *Earthly Powers: Religion and Politics in Europe from Enlightenment to the Great War* (Londres, 2005)

J. P. Burns, *Political Participation in Rural China* (Berkeley, 1988)

G. Bush e B. Scowcroft, *A World Transformed* (Nova York, 1998)

J. Callaghan, *Cold War, Crisis and Conflict: The CPGB, 1951-1968* (Londres, 2003)

J. Callaghan, *Rajani Palme Dutt: A Study in British Stalinism* (Londres, 1993)

The Cambodian Genocide Program, Universidade de Yale: www.yale.edu/cgp

T. Campanella, *The City of the Sun*, com prefácio de A. L. Morton (Londres, 1981)

E. Caretto e B. Marolo, *Made in the USA* (Milão, 1996)

B. Carr, *Marxism and Communism in Twentieth-Century Mexico* (Lincoln, Neb., 1992)

E. H. Carr, *The Bolshevik Revolution*, vols. 1-3 (Londres, 1950-1953)

E. H. Carr, *Michael Bakunin* (Londres, 1937)

E. H. Carr, *The Russian Revolution from Lenin to Stalin, 1917-1929* (Londres, 1979)

E. H. Carr, *What Is History?* (Londres, 1964)

S. Carrillo, *Eurocomunismo y estado* (Barcelona, 1977)

F. Castro, *Comparecencia del Comandante Fidel Castro Ruz, Primer Ministro del Gobierno Revolucionario y Primer Secretario del Comité Central del Partido Comunista de Cuba, para Analizar los Acontecimientos de Checoslovaquia, Viernes 23 de Agosto de 1968* (Havana, 1968)

F. Castro, *Fidel Castro Speaks on Marxism-Leninism* (Nova York, sem data)

F. Castro, *La Historia Me Absolverá!* (Havana, sem data)

F. Castro, *The Road to Revolution in Latin America* (Nova York, 1963)

F. Castro, *Speech at the United Nations: General Assembly Session, September 26, 1960* (Nova York, 1960)

F. Castro, Discurso no I Congresso de Pioneiros, 1º de novembro de 1991: "Debemos preservar siempre la esperanza", Havana

F. Castro, Discurso da Conferência Sindical dos Trabalhadores da América Latina realizada em Havana, 9 de novembro de 1991: *Granma International* (24 de novembro de 1991)

"The Cauldron Boils", *Economist* (29 de setembro de 2005)

D. Caute, *The Fellow Travellers: A Postscript to the Enlightenment* (Nova York, 1973)

L. Chamberlain, *The Philosophy Steamer: Lenin and the Exile of the Intelligentsia* (Londres, 2006)

BIBLIOGRAFIA SELECIONADA

N. Chanda, *Brother Enemy: The War after the War* (Nova York, 1986)

D. P. Chandler, *Brother Number One: A Political Biography of Pol Pot* (Boulder, 1992)

D. P. Chandler e B. Kiernan (eds.), *Revolution and tis Aftermath in Kampuchea: Eight Essays* (New Haven, 1983)

J. Chang e J. Halliday, *Mao: The Unknown Story* (Londres, 2005)

Dzh. Chervetti [G. Cervetti], *Zoloto Moskvy* (Moscou, 1995)

R. H. Chilcote, *The Brazilian Communist Party: Conflict and Integration, 1922-1972* (Oxford, 1974)

D. Childs e R. Popplewell, *The Stasi: The East German Intelligence and Security Service* (Londres, 1995)

D. H. Chohlett e J. M. Goldgeier, "Once Burned, Twice Shy? The Pause of 1989", in W.C. Wholforth (ed.), *Cold War Endgame: Oral History, Analysis, Debates* (University Park, Pensilvânia, 1996)

A. Ciliga, *The Russian Enigma* (Londres, 1940)

F. Claudin, *The Communist Movement: From Comintern to Cominform* (Londres, 1976)

F. Claudin, *Eurocommunism and Socialism* (Londres, 1978)

N. Cohn, *The Pursuit of the Millennium: Revolutionary Millenarians and Mystical Anarchists of the Middle Ages* (ed. revisada: Londres, 1970)

D. Cohn-Bendit e G. Cohn-Bendit, *Obsolete Communism: The Left-Wing Alternative* (Londres, 1968)

L. Colletti, *Il Marxismo e Hegel* (Bari, 1969)

L. Colletti, "A Political and Philosophical Interview", *New Left Review*, nº 86 (1974)

R. Conquest, *The Dragons of Expectation: Reality and Delusion in the Course of History* (Nova York, 2005)

R. Conquest, *The Great Terror* (Londres, 1968)

R. Conquest, *Present Danger: Towards a Foreign Policy* (Stanford, 1979)

R. Conquest, *Reflections on a Ravaged Century* (Nova York, 1999)

Converting Britain, BBC Radio 4 (10 de agosto de 2004)

J. Cornwell, *Hitler's Pope. The Secret History of Pius XII* (Londres, 1999)

S. Courtois (ed.), *Une Si Longue Nuit: l'apogée des régimes totalitaires em Europe 1935-1953* (Paris, 2003)

S. Courtois, N. Werth, J.-L. Panné, Andrzej Paczkowski, K Bartošek e J.-L. Margolin (eds.), *The Black Book of Communism: Crimes, Terror, Repression* (Londres, 1999)

R Crampton, *Eastern Europe in the Twentieth Century – and After* (2ª ed.: Londres, 1997)

K. Crane, *The Soviet Economic Dilemma of Eastern Europe* (Santa Mônica, 1986)

R. Crompton, *William – the Bad* (Londres, 1930)

J. C. Culver, *American Dreamer: The Life and Times of Henry A. Wallace* (Nova York, 2000)

BIBLIOGRAFIA SELECIONADA

Dagli archivi di Mosca. L'URSS, il Cominform e il PCI (1943-1951), ed. F. Gori e S. Pons (Roma, 1998)

Dali L. Yang, *Calamity and Reform in China: State, Rural Society, and Institutional Change since the Great Leap Famine* (Stanford, 1996)

R. Dallek, *Ronald Reagan: The Politics of Symbolism* (Cambridge, 1984)

T. Dan, *The Origins of Bolshevism* (Londres, 1964)

I. N. R. Davies, *Heart of Europe: A Short History of Poland* (Oxford, 1984)

I. N. R. Davies, *White Eagle, Red Star* (Londres, 1972)

John Davis, "Webb, (Martha) Beatrice (1858-1943)", *Oxford Dictionary of National Biography* (Oxford, 2004)

Jonathan Davis, "Left Out in the Cold: British Labour Witnesses the Russian Revolution", *Revolutionary Russia*, nº 1 (junho de 2005)

R. B. Day, *Cold War Capitalism: The View from Moscow* (Nova York, 1995)

F. W. Deakin, H. Shukman e H. T. Willetts, *A History of World Communism* (Londres, 1975)

V. Dedijer, *Tito Speaks: His Self-Portrait and Struggle with Stalin* (Londres, 1953)

D. Deletant, *Ceauşescu and the Securitate: Coercion and Dissent in Romania, 1965-1989* (Nova York, 1995)

Deng Rong, *Deng Xiaoping and the Cultural Revolution* (Nova York, 2005)

I. Deutscher, *Russia, China, and the West: A Contemporary Chronicle, 1953-1966*, ed. F. Halliday (Londres, 1970)

I. Deutscher, *Trotsky: The Prophet Armed* (Oxford, 1954)

I. Deutscher, *Trotsky: The Prophet Outcast* (Oxford, 1963)

I. Deutscher, *Trotsky: The Prophet Unarmed* (Oxford, 1959)

I. Deutscher, *The Unifinished Revolution: Russia, 1917-1967* (Oxford, 1967)

A. Di Biagio, *Coesistenza e isolazionismo: Mosca, il Komintern e l'Europa di Versailles (1918-1928)* (Roma, 2004)

M. Djilas, *The New Class: An Analysis of the Communist System* (Londres, 1957)

J.-L. Domenach, *Chine: l'archipel oublié* (Paris, 1992)

J.-L. Domenach, *The Origins of the Great Leap Forward: The Case of One Chinese Province* (Boulder, 1995)

G. C. Donno, *La Gladio Rossa del PĈI (1945-1967)* (Catanzaro, 2001)

W. Doyle, *Oxford History of the French Revolution* (2ª ed.: Oxford, 2002)

T. Draper, *American Communism and Soviet Russia: The Formative Period* (Nova York, 1960)

J. Duclos, "À propos de la dissolution du PCA", *Cahiers du Communisme* (6 de abril de 1945)

J. W. F. Dulles, *Anarchists and Communists in Brazil, 1900-1935* (Austin, Texas, 1973)

T. Dunmore, *The Stalinist Command Economy* (Londres, 1980)

BIBLIOGRAFIA SELECIONADA

M. Dutton, *Policing and Policy in China: From Patriarchy to the "People"* (Cambridge, 1992)

N. Eberstadt, "Pyongyang's Option: 'Ordinary' Stalinism", *Far Eastern Economic Review*, nº 3 (2005)

S. Ellis e T. Sechaba, *Comrades against Apartheid: The African National Congress and the South African Communist Party* (Bloomington, 1992)

D. W. Ellwood, *Rebuilding Europe: Western Europe, America and Postwar Reconstruction* (Londres, 1992)

F. Engels, *Anti-Dühring*, publicado como *Herr Eugen Duhring's Revolution in Science (Anti-Duhring)* (Londres, 1934)

F. Engels, *The Dialects of Nature* (Londres, 1941)

F. Engels, *The Origins of the Family, Private Property and the State: In the Light of the Researches of Lewis H. Morgan* (Londres, 1946)

D. C. Engerman, "The Ironies of the Iron Curtain: The Cold War and the Rise of Russian Studies in the United States", *Cahiers du Monde Russe*, nº 45/3-4 (2004)

D. Eudes, *The Kapetanios: Partisans and Civil War in Greece, 1943-1949* (Londres, 1972)

A. B. Evans, *Soviet Marxism-Leninism: The Decline of an Ideology* (Westport, Conn., 1993)

R. J. Evans, *The Coming of the Third Reich* (Nova York, 2004)

R. Falber, *The 1968 Czechoslovak Crisis: Inside the British Communist Party*, documento especial, Socialist History Society (Londres, 1972)

A. Farrar-Hockley, *The British Part in the Korean War*, vols. 1-2 (Londres, 1990-95)

F. Fejtö, *Historie des démocraties populaires*, vols. 1-2 (Paris, 1969)

G. Fiori, *Antonio Gramsci* (Londres, 1970)

First Congress of the Peoples of the East: Baku, September 1920: Stenographica Report, transcrição e edição de B. Pearce (Londres, 1976)

R. Fischer, *Stalin and German Communism: A Study in the Origins of a State Party* (Cambridge, Mass., 1948)

S. Fitzpatrick, "Stalin and the Making of a New Elite, 1928-1939", *Slavic Review*, nº 3 (1979)

S. Fitzpatrick, *Stalin's Peasants: Resistance and Survival in the Russian Village after Collectivisation* (Oxford, 1994)

R. Foa, M. Mafai e A. Reichlin, *Il silenzio dei comunisti* (Turim, 2002)

K. Forster, *Rebellion and Factionalism in a Chinese Province: Zhejiang, 1976* (Nova York, 1990)

E. Friedman, P. G. Pickowicz e M. Selden, *Chinese Village, Socialist State* (New Haven, 1991)

H. Friedmann, "Warsaw Pact Socialism", *in* A. Hunter (ed.), *Rethinking the Cold War* (Filadélfia, 1998)

BIBLIOGRAFIA SELECIONADA

F. Fukuyama, *The End of History and the Last Man* (Londres, 1992)

M. Fulbrook, *Anatomy of a Dictatorship: Inside the GDR* (Oxford, 1995)

Fundação de Estudos sobre os Laogai: relatório, 14 de abril de 2004

F. Furet, *The Passing of an Illusion: The Idea of Communism in the Twentieth Century* (Chicago, 1997)

A. Fursenko e T. Naftali, *One Hell of a Gamble: Khrushchev, Castro, Kennedy, and the Cuban Missile Crisis, 1958-1964* (Londres, 1997)

J. L. Gaddis, *The Cold War: A New History* (Londres, 2006)

J. L. Gaddis, *We Now Know: Rethinking Cold War History* (Oxford, 1997)

J. L. Gaddis, *Strategies of Containment: A Critical Appraisal of Postwar American National Security Policy* (Nova York, 1982)

I. V. Gaiduk, *The Soviet Union and the Vietnam War* (Chicago, 1996)

T. Garton Ash, *We the People: The Revolution of 89* (Londres, 1990)

C. Gati, *The Bloc that Failed: Soviet-East European Relations* (Londres, 1990)

C. Gati, *Hungary and the Soviet Bloc* (Durham, Carolina do Norte, 1986)

Yu. P. Gavrikov, *Fidel' Kastro: Neistovyi komandante Ostrova svobody* (Moscou, 2006)

D. Geary, *Karl Kautsky* (Manchester, 1987)

E. Gellner, *Plough, Sword and Book: The Structure of Human History* (Cambridge, 1983)

I. Getzler, *Kronstadt 1917-1921: The Fate of a Soviet Democracy* (Cambridge, 1983)

I. Gilbert, *El oro de Moscú* (Buenos Aires, 1994)

R. Giles, "The KGB in Afghanistan, 1979-1989" (discurso proferido no St. Antony College, Oxford: 31 de maio de 2006)

P. Ginsborg, *A History of Contemporary Italy: Society and Politics, 1943-1988* (Londres, 1990)

N. Glazer e D. P. Moynihan, *Beyond the Melting Pot: The Negroes, Puerto Ricans, Jews, Italians and Irish of New York City* (2ª ed.: Cambridge, Mass., 1970)

Ye. P. Glazunov *et al.* (eds.), *Voina vo V'etname ... kak et bylo (1965-1973)* (Moscou, 2005)

P. Gleijeses, *Conflicting Missions: Havana, Washington and Africa, 1959-1976* (Chapel Hill, 2002)

S. Gomulka (ed.), *Growth, Innovation and Reform in Eastern Europe* (Brighton, 1986)

D.S.G. Goodman (ed.), *China's Provinces in Reform: Class, Community and Political Cultural* (Londres, 1997)

D.S.G. Goodman, *Deng Xiaoping and the Chinese Revolution* (Londres, 1994)

D.S.G. Goodman e G. Segal (eds.), *China Deconstructs: Politics, Trade and Regionalism* (Londres, 1994)

F. Gori e S. Pons (eds.), *The Soviet Union and Europe in the Cold War, 1943-53* (Londres, 1996)

M. Gor'kii, L. Averbakh e S. Firin (eds.), *Belomorsko-baltiiskii kanal imeni I. V. Stalina* (Moscou, 1934)

BIBLIOGRAFIA SELECIONADA

R. Gott, *Cuba: A New History* (Londres, 2004)

H. Graham, *The Spanish Republic at War, 1936-1939* (Cambridge, 2003)

H. Graham e P. Preston (eds.), *The Popular Front in Europe* (Londres, 1987)

A. Gramsci, *Lettere dal carcere*, ed. P. Spriano (Turim, 1971)

A. Gramsci, *Quaderni del carcere*, vols. 1-4, ed. V. Gerratana (Turim, 1977)

J. Granville, *The First Domino: International Decision Making during the Hungarian Crisis of 1956* (College Station, 2004)

P. Gregory, *The Political Economy of Stalin: Evidence from the Soviet Secret Archives* (Cambridge, 2004)

H. Gruber, *International Communism in the Era of Lenin and Stalin* (Nova York, 1972)

E. Guevara, *Guerrilla Warfare* (Nova York, 1961)

S. Gundle, "Models and Crises of Communist Government in Italy", *in* B. Szajkowski (ed.), *Marxist Local Governments in Western Europe and Japan* (Londres, 1986)

G. Hall, *The Era of Crisis: Forging Unity in Struggle: Report to the Twenty Fifth National Convention, Communist Party, USA* (discurso sem edição: Cleveland, Ohio, 6 de dezembro de 1991)

G. Hall, *The Power of Ideology: Keynote Address to the First Ideological Conference of the Communist Party USA [sic], July 14-16 1989, Chicago* (Nova York, 1989)

I. Hallas, "Radio Jamming", www.okupatsioon.ee/english/mailbox/radio/radio/html (3 de maio de 2000)

F. Halliday, *The Making of the Second Cold War* (Londres, 1986)

M. Halperin, J. J. Berman, R. L. Borosage e C. M. Marwick, *The Lawless State: The Crimes of the US Intelligence Agencies* (Londres, 1976)

J. Hansen, *The Theory of the Cuban Revolution* (Nova York, 1962)

P. Hanson, *Western Economic Statecraft in East-West Relations: Embargoes, Sanctions, Linkage, Economic Warfare and Détente* (Londres, 1988)

P. Hanson e K. Pavitt, *The Comparative Economics of Research Development and Innovation in East and West: A Survey* (Chur, Suíça, e Londres, 1987)

L. Harding, "In the Grip of the Angkang", *Guardian* (20 de dezembro de 2005)

W. A. Harriman e E. Abel, *Special Envoy to Churchill and Stalin, 1941-1946* (Nova York, 1975)

H. M. Harrison, *Driving the Soviets up the Wall: Soviet-East German Relations, 1953-1961* (Princeton, 1961)

M. Harrison, *Why Secrecy? The Uses of Secrecy in Stalin's Command*, PERSA Working Paper, nº 34 (Warwick, 2003).

J. Haslam, *The Nixon Administration and the Death of Allende's Chile: A Case of Assisted Suicide* (Londres, 2005)

J. Haslam, *The Vices of Integrity: E. H. Carr, 1892-1982* (Londres, 1999)

BIBLIOGRAFIA SELECIONADA

G. Haupt, *Socialism and the Great War: The Collapse of the Second International* (Oxford, 1972)

H. Haywood, *Negro Liberation* (Nova York, 1948)

S. Hellman, *Italian Communism in Transition: The Rise and Fall of the Historic Compromise in Turin, 1975-1980* (Oxford, 1988)

L. W. Henderson, *A Question of Trust: The Origins of U.S.-Soviet Diplomatic Relations* (Stanford, 1987)

J. Hessler, *A Social History of Soviet Trade: Trade Policy, Retail Practices and Consumption, 1917-1953* (Princeton, 2004)

G. Hicks, *John Reed: The Making of a Revolutionary* (Nova York, 1936)

R. Hilferding, *Boehm-Bawerk's Criticism of Marx*, tradução de E. e C. Paul (Glasgow, 1919)

R. Hilferding, *Finance Capital: A Study of the Latest Phase of Capitalist Development*, com prefácio de T. Bottomore (Londres, 1981)

C. Hill, *The World Turned Upside Down: Radical Ideas during the English Revolution* (Londres, 1972)

R. Hingley, *The Russian Mind* (Londres, 1977)

W. Hinton, *Fanshen: A Documentary History in a Chinese Village* (Berkeley, 1966)

T. Hofnung, *Georges Marchais: l'inconnu du Parti Communiste Français* (Paris, 2001)

P. Hollander, *Political Pilgrims: Western Intellectuals in Search of the Good Society* (New Brunswick, 1998)

D. Holloway, *Stalin and the Bomb: The Soviet Union and Atomic Energy* (New Haven, 1994)

M. Holroyd, *Bernard Shaw*, vol. 2: *1898-1918: The Pursuit of Power* (Londres, 1990)

M. Holroyd, *Bernard Shaw*, vol. 3: *1918-1950: The Lure of Fantasy* (Londres, 1993)

A. Horne, *Macmillan*, vol. 2: *1957-1986* (Londres, 1989)

M. G. Horowitz, "Portrait of the Marxist as an Old Trouper", *Playboy* (setembro de 1970)

I. Howe e L. Coser, *The American Communist Party: A Critical History* (Nova York, 1962)

J. W. Hulse, *The Forming of the Communist International* (Stanford, 1964)

"Human Rights in China: Briefing Memo" (apresentado ao presidente George W. Bush: 16 de novembro de 2005)

A. Hunter (ed.), *Rethinking the Cold War* (Filadélfia, 1998)

J. O. Iatrides, *Revolt in Athens: The Greek Communist "Second Round", 1944-1945* (Princeton, 1972)

J. O. Iatrides e L. Wrigley (eds.), *Greece at the Crossroads: The Civil War and its Legacy* (University Park, Pensilvânia, 1998)

622 BIBLIOGRAFIA SELECIONADA

R. Ioanid, *The Ransom of the Jews: The Story of the Extraordinary Secret Bargain between Romania and Israel* (Chicago, 2005)

Istoriya vseesoyuznoi kommunisticheskoi partii (bol'shevikov): kratkii kurs (editado pela Comissão do Comitê Central: Moscou, 1938)

P. J. Jaffe, *The Rise and Fall of Earl Browder* (Londres, 1972)

M. Jay, *The Dialectical Imagination* (Londres, 1973)

Jian Chen, *Mao's China and the Cold War* (Chapel Hill, 2001)

H. Johnson, *The Socialist Sixth of the World* (Londres, 1939)

H. Johnson, *The Upsurge of China* (Pequim, 1961)

H. Johnson, *What We Saw in Rumania* (Londres, 1948)

K. Jowitt, "Soviet Neo-Traditionalism: The Political Corruption of a Marxist-Leninist Regime", *Soviet Studies*, nº 3 (1983)

T. Judt, *Postwar: A History of Europe since 1945* (Londres, 2005)

R. W. Judy, "The Case of Computer Technology", *in* S. Wasowski (ed.), *East-West Trade and the Technology Gap* (Nova York, 1970)

L. Kaganovich, *Kak postroena RKP(b)* (Moscou, 1924)

G. M. Kahin e A. R. Kahin, *Subversion as Foreign Policy: The Secret Eisenhower and Dulles Debacle in Indonesia* (Nova York, 1995)

Kam-yee Law (ed.), *The Chinese Cultural Revolution Reconsidered: Beyond Purge and Holocaust* (Londres, 2003)

P. Kane, *Famine in China, 1959-1961: Demographic and Social Implications* (Londres, 1988)

K. Kaplan, *The Short March: The Communist Takeover in Czechoslovakia, 1945-1948* (Londres, 1987)

B. M. Karapandzich, *The Bloodiest Yugoslav Spring, 1945 – Tito's Katyns and Gulags* (Nova York, 1980)

M. Kaser, *Comecon: Integration Problems of the Planned Economies* (Oxford, 1965)

M. Kaser (ed.), *The Economic History of Eastern Europe, 1917-1975*, vol. 3: *Institutional Change within a Planned Economy* (Oxford, 1986)

K. Kautsky, *The Agrarian Question* (Londres, 1988)

K. Kautsky, *Die Diktatur des Proletariats* (Viena, 1918), publicado em inglês com o título de *The Dictatorship of the Proletariat*, tradução de H. J. Stenning (Manchester, 1919)

"X" (George F. Kennan), "The Sources of Soviet Conduct", *Foreign Affairs*, vol. 25 (julho de 1947)

P. Kennedy, *The Rise and Fall of the Great Powers: Economic Change from 1500 to 2000* (Nova York, 1987)

P. Kenney, *Rebuilding Poland: Workers and Communists, 1945-1950* (Ithaca, 1997)

K. Kersten, *The Establishment of Communist Rule in Poland, 1943-1948* (Oxford, 1991)

B. Kiernan, *The Pol Pot Regime: Race, Power and Genocide in Cambodia under Khmer Rouge, 1975-1979* (New Haven, 1996)

R. Kindersley (ed.), *In Search of Eurocommunism* (Londres, 1981)

BIBLIOGRAFIA SELECIONADA

R. Kindersley, *The First Russian Revisionists: A Study of "Legal Marxism" in Russia* (Oxford, 1962)

R. R. King, *Minorities under Communism: Nationalities as a Source of Tension among Balkan Communists States* (Cambridge, Mass., 1973)

D. G. Kirby, *Finland in the Twentieth Century* (Londres, 1979)

H. Klehr, *Communist Cadre: The Social Background of the American Communist Party Elite* (Stanford, 1978)

H. Klehr, J. E. Haynes e K. M. Anderson (eds.), *The Soviet World of American Communism* (New Haven, 1998)

A. F. Knapp, "A Receding Tide: France's Communist Municipalities", *in* B. Szajkowski (ed.), *Marxist Local Governments in Western Europe and Japan* (Londres, 1986)

D. Koenker, *Moscow Workers and the 1917 Revolution* (Princeton, 1981)

A. Koestler, *Darkness at Noon* (Londres, 1940)

L. Kolakowski, *Main Currents of Marxism: Its Rise, Growth, and Dissolution*, vols. 1-3 (Oxford, 1978)

G. Konrad e I. Szelenyi, *The Intellectuals on the Road to Class Power* (Nova York, 1978)

M. Kramer, "The Early Post-Stalin Succession Struggle and Upheavals in East-Central Europe: Internal-External Linkages in Soviet Policy Making", *Journal of Cold War Studies*, n[os] 1-3 (1999)

K. Kramer, "Poland 1980-1981: Soviet Policy during the Polish Crisis", *Cold War International History Papers Bulletin*, n° 5 (1995)

M. Laar, *The War in the Woods: Estonia's Struggle for Survival, 1944-1956* (Washington, D.C., 1992)

J.R. Lampe, *Yugoslavia as History: Twice There Was a Country* (2ª ed.: Cambridge, 2000)

P. M. La Ramée e Erica G. Polakoff, "The Revolution of the Popular Organizations in Nicaragua", *in* G. Prevost e H. E. Vanden (eds.), *The Undermining of the Sandinista Revolution* (Londres, 1997)

N. Lebrecht, "Prokofiev Was Stalin's Last Victim", *Evening Standard* (4 de junho de 2003)

M. P. Leffler, "The Cold War: What Do 'We Now Know'?", *American Historical Review*, n° 2 (1999)

M. P. Leffler, *A Preponderance of Power. National Security, the Truman Administration and the Cold War* (Stanford, 1992)

P. Lendvai, *Eagles in Cobwebs* (Londres, 1969)

J. Lévesque, *The Enigma of 1989: The USSR and the Liberation of Eastern Europe* (Berkeley, 1997)

R. Leviné-Meyer, *Leviné the Spartacist: The Life and Times of the Socialist Revolutionary Leader of the German Spartacists and Head of the Ill-Starred Munich Republic of 1919* (Londres, 1978)

BIBLIOGRAFIA SELECIONADA

D. A. L. Levy, "The French Popular Front, 1936-1937", *in* H. Graham e P. Preston (eds.), *The Popular Front in Europe* (Londres, 1987)

G. Lewy, *The Cause that Failed: Communism in America Political Life* (Oxford, 1990)

G. Lichtheim, *Georg Lukács* (Londres, 1970)

G. Lichtheim, *A Short History of Socialism* (Londres, 1970)

A. S. Lindemann, *The "Red Years": European Socialism versus Bolshevism, 1919-1921* (Berkeley, 1974)

I. Linder e S. Churkin, *Krasnaya pautina: tainy razvedki Kominterna, 1919-1943* (Moscou, 2005)

J. Linz, "Authoritarian and Totalitarian Regimes", *in Handbook of Political Science*, ed. Greenstein e N. Polsby, vol. 3 (Reading, Mass., 1975)

V. D. Lippit, *Land Reform and Economic Development in China: A Study of Institutional Change and Development Finance* (White Plains, 1974)

A. Lipschütz, *Marx y Lenin en la América Latina y los problemas indigenistas* (Havana, 1974)

S. M. Lipset e G. Marks, *It Didn't Happen Here: Why Socialism Failed in the United States* (Nova York, 2000)

The Lost Orwell: Being a Supplement to the Complet Works of George Orwell, ed. P. Davison (Londres, 2006)

P. Louis, *People Power: The Naxalite Movement in Central Bihar* (Nova Déli, 2002)

V. Loupan e P. Lorraine, *L'Argent de Moscou* (Paris, 1994)

M. Löwy, *Le Marxisme em Amérique Latine de 1909 à nos jours: anthologie* (Paris, 1980)

G. Lukács, *History and Class Consciousness: Studies in Marxist Dialects* (Londres, 1971)

G. Lukács, *The Process of Democratization* (Nova York, 1991)

A. Luukkanen, *The Party of Unbelief: The Religious Policy of the Bolshevik Party, 1917-1929* (Helsinki, 1994)

A. Luukkanen, *The Religious Policy of the Stalinist State: A Case Study: The Central Standing Comission on Religious Questions, 1929-1938* (Helsinki, 1997)

R. Luxemburgo, *The Accumulation of Capital*, tradução de A. Schwarzschild (Londres, 1951)

R. Luxemburgo, *The Mass Strike* (Londres, 1986)

R. Luxemburgo, *The Russian Revolution* (publicado pela primeira vez na Alemanha, em 1922; tradução de B. Wolfe, Nova York, 1940)

J. A. McAdams, *Germany Divided: From the Wall to Reunification* (Princeton, 1993)

W. O. McCagg, *Stalin Embattled, 1943-1948* (Detroit, 1978)

BIBLIOGRAFIA SELECIONADA

The McCarran Conspiracy against the Bill of Rights: The Communist Party's Answer to the Chargs of the Attorney-General under the McCarran Act (Nova York, 1951)

K. McDermott e J. Agnew, *The Comintern: A History of International Communism from Lenin to Stalin* (Londres, 1996)

R. MacFarquhar e J. K. Fairbanks (eds.), *The Cambridge History of China*, vols. 14 e 15, parte 2 (Cambridge, 1987 e 1991)

R. MacFarquhar (ed.), *The Politics of China, 1949-1989* (Cambridge, 1993)

R. MacFarquhar, "The Succession to Mao and the End of Maoism, 1969-1982", *in* R. MacFarquhar (ed.), *The Politics of China, 1949-1989*

N. Machiavelli, *The Prince* (Londres, 1961)

K. E. McKenzie, *Comintern and World Revolution, 1928-1943* (Londres, 1964)

D. McLellan, *Karl Marx: His Life and Thought* (Londres, 1973)

Ma Feng, "A Nation Celebrates its New Beginning", *Time Asia* (27 de setembro de 1999)

P. Major, *The Death of the KPD: Communism and Anti-Communism in West Germany* (Oxford, 1997)

N. Malcolm, *Bosnia: A Short History* (2ª ed.: Londres, 1996)

R. Mallick, *Development Policy of a Communist Government: West Bengal since 1977* (Cambridge, 1993)

R. Mallick, *Indian Communism: Opposition, Collaboration and Institutionalization* (Oxford, 1994)

J. Mann, *About Face: A History of America's Curious Relationship with China, from Nixon to Clinton* (Nova York, 1999)

H. Marcuse, *Counterrevolution and Revolt* (Boston, Mass., 1972)

H. Marcuse, *Eros and Civilization* (Boston, Mass., 1955)

H. Marcuse, *Essay on Liberation* (Boston, Mass., 1969)

H. Marcuse, *One Dimensional Man* (Boston, Mass., 1964)

H. Marcuse, *Reason and Revolution* (Nova York, 1941)

H. Marcuse, *Soviet Marxism: A Critical Analysis* (Nova York, 1958)

G. N. Marks, "Communist Party Membership in Five Former Soviet Bloc Countries, 1945-1989", *Communist and Post-Communist Studies*, nº 37 (2004)

M. Marrese e J. Vanous, *Soviet Subsidization of Trade with Eastern Europe: A Soviet Perspective* (Berkeley, 1983)

K. Marx, *Capital*, vols. 1-3 (Londres, 1958-60)

K. Marx e F. Engels, *The Communist Manifesto*, ed. A.J.P. Taylor (Londres, 1967)

Marxist Study (folheto do Comitê do Distrito de Londres do PCGB: dezembro de 1940)

V. Mastny, *The Cold War and Soviet Insecurity* (Oxford, 1996)

BIBLIOGRAFIA SELECIONADA

V. Mastny, *Russia's Road to the Cold War: Diplomacy, Warfare and the Politics of Communism, 1941-1945* (Nova York, 1979)

J. Matlock, *Reagan and Gorbachev: How the Cold War Ended* (Nova York, 2004)

G. Matthews, "Stalin's British Road?", *Changes Supplement* (14-27 de setembro de 1991)

R. von Mayenburg, *Hotel Lux* (Munique, 1978)

M. Mazower, *Dark Continent: Europe's Twentieth Century* (Londres, 1998)

R. Medvedev, *Let History Judge* (ed. revisada e ampliada: Oxford, 1989)

R. Medvedev, *On Socialist Democracy* (Nova York, 2001)

Zh. e R. Medvedevs, Nevzvestnyu Stalin (Moscou, 2001)

V. Medvedev, *Chelovek za spinoi* (Moscou, 1994)

F. Mehring, *Karl Marx: The Story of his Life* (Londres, 1936)

Y. Membery, "Swallows, Amazons and Secret Agents", *Observer* (21 de julho de 2002)

C. J. Menéndez Cervera e E. Sánchez Santa Cruz, *Comisión Cubana de Derechos Humanos y Reconciliación Nacional*, 5 de julho de 2006

C. Merridale, *Moscou Politics and the Rise of Stalin* (Londres, 1990)

M. Mevius, *Agents of Moscow: The Hungarian Communist Party and the Origins of Socialist Patriotism, 1941-1953* (Oxford, 2005)

R. Michels, *Political Parties: A Sociological Study of the Oligarchical Tendencies of Modern Democracy*, com prefácio de S. M. Lipset (Londres, 1968)

J. E. Miller, *The United States and Italy, 1940-1950* (Chapel Hill, 1986)

C. Milosz, *The Captive Mind* (Nova York, 1953: ed. original, 1951)

A. Milward, *The Reconstruction of Western Europe, 1945-1951* (Londres, 1984)

R. Mitter, *A Bitter Revolution: China's Struggle with the Modern World* (Oxford, 2004)

Z. Mlynář, *Night Frost in Prague: The End of Humane Socialism* (Nova York, 1980)

W. J. Mommsen, *The Age of Bureaucracy: Perspectives on the Political Sociology of Max Weber* (Londres, 1974)

J. B. Moore, *Social Origins of Dictatorship and Democracy: Lord and Peasant in the Making of the Modern World* (Londres, 1967)

T. More, *Utopia*, tradução e prefácio de Paul Turner (Londres, 2003)

K. Morgan, *Against Fascism and War: Ruptures and Continuities in British Communist Politics, 1935-1941* (Manchester, 1989)

K. Morgan, *Harry Pollitt* (Manchester, 1993)

D. E. Murphy, S.A. Kondrashev e G. Bailey, *Battleground Berlin: CIA NS KGB in the Cold War* (New Haven, 1977)

D. E Murphy, *Soviet Mongolia: A Study of the Oldest Political Satellite* (Berkeley, 1966)

N. Naimark, "Communist Regimes and Parties after the Second World War", *Journal of Modern European History*, nº 1 (2004)

BIBLIOGRAFIA SELECIONADA

N M. Naimark, *Fires of Hatred: Ethnic Cleansing in Twentieth Century Europe* (Cambridge, Mass., 2001)

N. M. Naimark, "Post-Soviet Russian Historiography on the Emergence of the Soviet Bloc", *Kritika: Explorations in Russian and Eurasian History*, n° 3 (2004)

N. Naimark, *The Russians in Germany: A History of the Soviet Zone of Occupation, 1945-1949* (Cambridge, Mass, 1995)

N. Naimark e L. Gibianskii (eds.), *The Establishment of Communist Regimes in Eastern Europe, 1944-1949* (Boulder, 1997)

M. Narinskii, "I. V. Stalin i M. Torez, 1944-1947 gg. Novye materialy", *Novaya I Noveishaya Istoriya*, n° 1 (1996)

M. Narinskij, "Stalin, Togliatti e Thorez, 1944-1948", *in Dagli archivi di Mosca. L'URSS, il Cominform e il PCI (1943-1951)*, F. Gori e S. Pons (eds.), (Roma, 1998)

A. J. Nathan e P. Link, *The Tiananmen Papers* (Nova York, 2001)

J. P. Nettl, *Rosa Luxemburg*, vols. 1-2 (Oxford, 1966)

R. Nixon, *1999: Victory without War* (Nova York, 1988)

Njoto, *Strive for the Victory of the Indonesian Revolution with the Weapon of Dialectical and Historical Materialism: A Speech at the Alkiarcham Academy of Social Sciences on 3 June 1964* (Pequim, 1964)

G. Nollau, *International Communism and World Revolution* (Londres, 1961)

T. J. Nossiter, *Marxist State Governments in India: Politics, Economics and Society* (Londres, 1988)

A. Nove, *An Economic History of the USSR* (Londres, 1969)

A. Nuti, *La provincia più rossa: la costruzione del Partito Nuovo a Siena (1945-1956)* (Siena, 2003)

D. Oberdorfer, *The Turn: From the Cold War to a New Era. The United States and the Soviet Union, 1983-1990* (Nova York, 1991)

J. P. Ongkili, *Nation-Building in Malaysia, 1946-1974* (Oxford, 1985)

A. Orlov, *The Secret History of Stalin's Crimes* (Londres, 1954)

D. Ortega, Discurso no Conselho de Segurança das Nações Unidas, 25 de março de 1982, *Comunicado de Prensa: Permanent Mission to the U.N.*, n° 035

G. Orwell, *Animal Farm* (Londres, 1945)

F. M. Ottanelli, *The Communist Party of the United States: From the Depression to World War II* (New Brunswick, 1991)

A. Paczkowski, *The Spring Will Be Ours: Poland and the Poles from Occupation to Freedom* (Filadélfia, 2003)

R. Page Arnot, *A Short History of the Russian Revolution: From 1905 to the Present Day* (Londres, 1937)

A. V. Pantsov, "Kak Stalin pomog Mao Tsedunu stat' vozhdëm", *Voprosy Istorii*, n° 2 (2006)

J. Pasqualini, *Prisonnier de Mao* (Paris, 1977)

A. Paucker, *German Jews in the Resistance, 1933-1945: The Facts and the Problems* (sem paginação, 2005)

628 BIBLIOGRAFIA SELECIONADA

G. P. Pelizzaro, *Gladio Rossa: dossier sulla più potente banda armata esistita in Italia* (Roma, 1997)

L. Péter, "'East of the Elbe': The Communist Take-over and the Past", *in* R. Pynsent (ed.), *The Phoney Peace: Power and Culture in Central Europe, 1945-1949* (Londres, 2000)

P.G. Pillai, *Left Movement and Agrarian Relations, 1920-1995* (Nova Déli, 2003)

P. S. Pinheiro, *Estratégias da ilusão: a revolução mundial e o Brasil, 1922-1935* (São Paulo, 1991)

R. Pipes, *Survival Is Not Enough: Soviet Realities and America's Future* (Nova York, 1984)

Political Letter to the Communist Party Membership, Bureau Político do Partido Comunista da Grã-Bretanha (15 de julho de 1940)

H. Pollitt, *Britain and the Soviet Union* [folheto], 16 de setembro de 1939 (Londres)

S. Pons, *Berlinguer e la fine del comunismo* (Turim, 2006)

S. Pons, *L'impossibile egemonia: L'URSS, il PCI e le origini della Guerra Fredda (1943-1948)* (Roma, 1999)

S. Pons, "In the Aftermath of the Age of Wars: The Impact of World War II in the Soviet Security Policy", *in* S. Pons e A. Romano (eds.), *Russia in the Age of Wars, 1914-1945* (Milão, 2000)

S. Pons, "Una sfida mancata: L'URSS, il Cominform e il PCI (1947-1948)", *in Dagli Archivi di Mosca. L'URSS, il Cominform e il PCI (1943-1951)*, ed. F. Gori e S. Pons (Roma, 1998)

S. Pons e A. Romano (eds.), *Russia in the Age of Wars, 1914-1945* (Milão, 2000)

R. Porter, *The Enlightenment* (Londres, 2001)

A. Pospielovsky, "Strikes during the NEP", *Revolutionary Russia*, nº 1 (1997)

Ten. Emery Pottle e Dr. E. Dana Durand, "An Interview with Bela Kuhn [sic]", *American Relief Administration Bulletin*, nº 19 (25 de julho de 1919)

P. Preston, *Franco: A Biography* (Londres, 1993)

P. Preston, *The Spanish Civil War: Reaction, Revolution and Revenge* (Londres, 2006)

G. Prevost e H. E. Vanden (eds.), *The Undermining of the Sandinista Revolution* (Londres, 1997)

G. Procacci, *Il socialismo internazionale e la Guerra d'Etiopia* (Roma, 1978)

R. Pynsent (ed.), *The Phoney Peace: Power and Culture in Central Europe, 1945-1949* (Londres, 2000)

A. Rabinowitch, *The Bolsheviks Come to Power in Petrograd* (Londres, 1976)

K. Radek e A. Ransome, *Radek and Ransome on Russia* (Brooklyn, 1918)

S. Rawicz, *The Long Walk* (Londres, 1956)

C. Read, *Culture and Power in Revolutionary Russia* (Londres, 1990)

BIBLIOGRAFIA SELECIONADA

E. Reale, *Nascita del Cominform. Documenti e testimonianze sulla conferenza costitutiva dell'Ufficio di Informazione dei Partiti Comunisti tenuta a Szklarska Poreba (Polonia) dal 22 al 27 settembre 1947* (Milão, 1958)

J. Redman [B. Pearce], *The Communist Party and the Labour Left, 1925-1929* (Hull, 1957)

A. Rhys Williams, *Lenin: The Man and his Work* (Nova York, 1919)

A. J. Rieber, *Stalin and the French Communist Party, 1941-1947* (Nova York, 1962)

J. Riordan, "The Strange Story of Nikolai Starostin, Football and Lavrentii Beria — Sports Personality and Soviet Chief of Intelligence", *Europe-Asia Studies* (julho de 1994)

P. Ripert, *De Gaulle* (Paris, 2004)

V. Riva, *Oro da Mosca: i finanziamenti sovietici al PCI dalla Revoluzione d'ottobre al crollo dell'URSS. Con 240 documenti inediti degli archivi moscoviti* (Milão, 1994)

I. W. Roberts, *History of the School of Slavonic & East European Studies, 1915-1990* (Londres, 1991)

P. C. Roberts, *Alienation and the Soviet Economy* (Londres, 1990)

B. Robshaw, "Biggles Flies Again", *Independent on Sunday* (27 de julho de 2003)

J. Ross, *Rebellion from the Roots: Indian Uprising in Chiapas* (Monroe, Nebrasca, 1995)

J. Rossi, *Spravochnik po GULagu*, vols. 1-2 (2ª edição revisada: Moscou, 1992)

W. W. Rostow, *The Stages of Economic Growth: A Non-Communist Manifesto* (Cambridge, 1960)

J. Rothschild, *Return to Diversity: A Political History of East Central Europe since World War II* (Oxford, 1993)

I. Roxborough, "Mexico", *in* L. Bethell e I. Roxborough (eds.), *Latin America between the Second World War and the Cold War, 1944-1948* (Cambridge, 1992)

D. Rusinow, *The Yugoslav Experiment, 1948-1974* (Berkeley, 1977)

B. Russell, *The Theory and Practice of Bolshevism* (Londres, 1919)

A. Sakharov, *Progress, Coexistence and Intellectual Freedom* (Londres, 1968)

M. Salvadori, *Karl Kautsky e la rivoluzione socialista* (Milão, 1976)

G. Sartori, *The Theory of Democracy Revisited* (Chatman, NJ, 1987)

J.-P. Sartre, *Sartre on Cuba* (Nova York, 1961)

D. Sassoon, *One Hundred Years of Socialism: The West European Left in the Twentieth Century* (Londres, 1997)

D. Sassoon, *The Strategy of the Italian Communist Party: From the Resistance to the Historic Compromise* (Nova York, 1981)

L. B. Schapiro, *The Origin of the Communist Autocracy: Political Opposition in the Soviet State, First Phase, 1917-1922* (Londres, 1955)

L. B. Schapiro, *Totalitarianism* (Londres, 1972)

S. R. Schram, *Mao Zedong: A Preliminary Reassessment* (Hong Kong, 1983)

BIBLIOGRAFIA SELECIONADA

L. Sedda, *Economia, politica e società sovietica nei quaderni del carcere* (Jesi, 2000)

J. Sejna, *We Will Bury You* (Londres, 1982)

G. Seniga, *Un badaglio che scotta* (Milão, 1973)

R. Service, *The Bolshevik Party in Revolution: A Study in Organisational Change* (Londres, 1979)

R. Service, "Bolshevim's Europe from Lenin to Stalin, 1914-1928", *in* S. Pons e A. Romano (eds.), *Russia in the Age of Wars, 1914-1945* (Milão, 2000)

R. Service, "Gorbachev's Reforms: The Future in the Past", *Journal of Communist Studies*, nº 3 (1987)

R. Service, *A History of Modern Russia from Nicholas II to Putin* (2ª ed. revisada e ampliada: Londres, 2003)

R. Service, *Lenin: A Biography* (Londres, 2000)

R. Service, *Lenin: A Political Life*, vols. 1-3 (Londres, 1985, 1991 e 1995)

R. Service, *The Russian Revolution, 1900-1927* (3ª ed.: Londres, 1999)

R. Service, *Stalin: A Biography* (Londres, 2004)

R. W. Service, *Bar-Room Ballads: A Book of Verse* (Londres, 1940)

H. Seton-Watson, *The East European Revolution* (3ª ed.: Nova York, 1956)

P. J. Seybolt, *Throwing the Emperor from his Horse: Portrait of a Village Leader in China, 1923-1995* (Boulder, 1996)

T. Shanin, *The Awkward Class: Political Sociology of Peasantry in a Developing Society* (Oxford, 1972)

T. Shanin, *Late Marx and the Russia Road: Marx e "the Peripheries of Capitalism"* (Londres, 1984)

Shaoguang Wang, "Between Destruction and Construction: The First Year of the Cultural Revolution", *in* Kam-yee Law (ed.), *The Chinese Cultural Revolution Reconsidered: Beyond Purge and Holocaust* (Londres, 2003)

Shaoguang Wang, "The Structural Sources of the Cultural Revolution", *in* Kam-yee Law (ed.), *The Chinese Cultural Revolution Reconsidered: Beyond Purge and Holocaust*

L. L. Sharkey, *An Outline History of the Australian Communist Party* (Sidney, 1944)

M. S. Shelley, *Arthur Ransome* (Londres, 1968)

P. Short, *Mao: A Life* (Nova York, 1999)

P. Short, *Pol Pot: History of a Nightmare* (Londres, 2004)

K. Simonov, *Russkii vopros: p'esa v 3-kh deistviyakh, 7 kartinakh'* (Moscou e Leningrado, 1947)

P. Singer, *Hegel* (Londres, 1983)

F. Singleton, *A Short History of the Yugoslav Peoples* (Cambridge, 1985)

G. Sirgiovanni, *An Undercurrent of Suspicion: Anticommunism in America during World War II* (New Brunswick, 1990)

Y. Slezkine, *The Jewish Century* (Princeton, 2004)

P. Sloan, *Soviet Democracy* (Londres, 1937)

BIBLIOGRAFIA SELECIONADA

V. Smil, "China's Great Famine: Forty Years Later", *British Medical Journal* (18-25 de dezembro de 1999)

A. H. Smith, *The Planned Economies of Eastern Europe* (Londres, 1983)

A. Solzhenitsyn, *The Gulag Archipelago, 1918-1956: An Experiment in Literary Investigation*, vols. 1-3 (Londres, 1974-1978)

J. Spence, *Mao Zedong* (Nova York, 1999)

P. Spriano, *Storia del Partito Comunista Italiano*, vols. 1-7 (Turim, 1967-1998)

P. Stavrakis, *Moscou and Greek Communism, 1944-1949* (Ithaca, 1989)

P. Stavrakis, "Soviet Policy in Areas of Limited Control", *in* J. O. Iatrides e L. Wrigley (eds.), *Greece at the Crossroads: The Civil War and its Legacy*

H. J. Steinberg, *Il socialismo tedesco da Bebel a Kautsky* (Roma, 1979)

A. C. Sutton, *Western Technology and Soviet Economic Development, 1917 to 1930* (Stanford, 1968)

A. C. Sutton, *Western Technology and Soviet Economic Development, 1930 to 1945* (Stanford, 1971)

A. C. Sutton, *Western Technology and Soviet Economic Development, 1945 to 1965* (Stanford, 1973)

N. Swain, *Collective Farms Which Work?* (Cambridge, 1985)

B. Szajkowski (ed.), *Marxist Local Governments in Western Europe and Japan* (Londres, 1986)

J. L. Talmon, *The Origins of Totalitarian Democracy* (Londres, 1955)

W. Taubman, *Khrushchev: The man and his Era* (Londres, 2003)

S. J. Taylor, *Stalin's Apologist: Walter Duranty, the New York Time's Man in Moscow* (Nova York, 1990)

F. C. Teiwes, "The Establishment and Consolidation of the New Regime", *in* R. MacFarquhar (ed.), *The Politics of China, 1949-1989* (Cambridge, 1993)

P. Ther e A. Siljak (eds.), *Redrawing Nations: Ethnic Cleansing in East-Central Europe, 1944-1948* (Nova York, 2001)

A. Thorpe, *The British Communist Party and Moscow, 1920-43* (Manchester, 2000)

Tianjian Shi, *Political Participation in Beijing* (Cambridge, Mass., 1997)

S. Timpanaro, *Sul materialismo* (Pisa, 1970)

P. Togliatti, *Il memoriale di Yalta* (Palermo, 1988)

R. L. Tökés, *Béla Kun and the Hungarian Soviet Republic: The Origins and Role of the Communist Party of Hungary in the Revolutions of 1918-1919* (Stanford, 1967)

R. L. Tökés, "Béla Kun: The Man and the Revolutionary", *in* L. Völgyes (ed.), *Hungary in Revolution, 1918-19: Nine Essays*

E. Toller, *An Appeal from the Young Workers of Germany* (Munique, 1919)

T. Toranska, *"Them": Stalin's Polish Puppets* (Nova York, 1987)

J.-C. Tournebrise e L. MacDonald, *Le Dragon et la souris* (Paris, 1987)

J. Triska e C. Gati (eds.), *Blue Collar Workers in Eastern Europe* (Londres, 1981)

632 BIBLIOGRAFIA SELECIONADA

L. Trotsky, *History of the Russian Revolution* (Londres, 1934)

L. Trotsky, *The Revolution Betrayed: What Is the Soviet Union and Where Is it Going?* (Londres, 1937)

N. S. Trubetskoi, *K probleme russkogo samosoznaniya: sobranie statei* (Paris, 1927)

S. Tsang, *The Cold War's Odd Couple: The Unintended Partnership between the Republic of China and the UK, 1950-1958* (Londres, 2006)

R. Tucker, *Stalin as Revolutionary, 1879-1929: A Study in History and Personality* (Londres, 1974)

A. Tusa, *The Last Division: A History of Berlin, 1945-1989* (Reading, Mass., 1997)

A. B. Ulam, *Expansion and Coexistence: The History of Soviet Foreign Policy, 1917-1967* (Nova York, 1968)

R. H. Ullman, *The Anglo-Soviet Accord* (Princeton, 1972)

A. Ulunyan, *Kommunisticheskaya partiya Gretsii: aktual'nye voprosy ideologii, politiki i vnutrennei istorii* (Moscou, 1994)

J. B. Urban, *Moscow and the Italian Communist Party: From Togliatti to Berlinguer* (Ithaca, 1986)

G. Vacca, "The Eurocommunist Perspective: The Contribution of the Italian Communist Party", *in* R. Kindersley (ed.), *In Search of Eurocommunism* (Londres, 1981)

L. T. Vasin, "Kim Ir Sen. Kto on?", *Nezavisimaya gazeta* (29 de setembro de 1993)

M. Vickery, *Cambodia, 1975-1982* (North Sydney, NSW, 1984)

B. A. Viktorov, "Geroi iz 37-go", *Komsomol'skaya pravda* (21 de agosto de 1988)

C. M. Vilas, *Perfiles de la Revolución Sandinista* (Havana, 1984)

M. Vinhas, *O Partidão* (São Paulo, 1987)

I. Völgyes (ed.), *Hungary in Revolution, 1918-1919: Nine Essays* (Lincoln, Nebrasca, 1971)

T. V. Volokotina, *Moskova I Vostochnaya Evropa: stanovlenie politicheskikh rezhimov sovestskogo tipa, 1949-1953. Ocherki istorii*, vols. 1-3 (Moscou, 2000-2003)

A. Walicki, *The Controversy over Capitalism: Studies in the Social Philosophy of the Russian Populists* (Oxford, 1967)

J. S. Walker, *Henry A. Wallace and American Foreign Policy* (Nova York, 1976)

"The Wall", episódio 9, série *Cold War*, produção da CNN (1998)

S. Wasowski (ed.), *East-West and the Technology Gap* (Nova York, 1970)

J. Watts, "North Korea Turns Away Western Aid", *Observer* (2 de outubro de 2005)

S. e B. Webb, *Soviet Communism: A New Civilization?* (Londres, 1935)

S. e B. Webb, *Soviet Communism: A New Civilization* (2ª ed.: Londres, 1937)

A. Weiner, "Déjà-vu All Over Again: Prague Spring, Romanian Summer and Soviet Autumn on the Soviet Western Frontier", *Contemporary European History*, nº 2 (2006)

BIBLIOGRAFIA SELECIONADA

A. Weiner, "The Empires Pay a Visit: Gulag Returnees, East European Rebellions and Soviet Frontier Politics", *Journal of Modern History* (junho de 2006)

K. Weller, *"Don't Be A Soldier!": The Radical Anti-War Movement in North London, 1914-1918* (Londres, 1985)

O. A. Westad, *The Global Cold War: Third World Interventions and the Making of our Times* (Cambridge, 2005)

S. G. Wheatcroft, "More Light on the Scale of Repression and Excess Mortality in the Soviet Union in the 1930s", *Soviet Studies*, n° 2 (1990)

F. Wheen, *Karl Marx* (Londres, 1999)

L. T. White, *Unstatcly Power*, vol. 1: *Local Causes of China's Economic Reforms*; vol. 2: *Local Causes of China's Intellectual, Legal and Governmental Reforms* (Princeton, 1998)

L. T. White III e Kam-yee Law, "Explanations for China's Revolution at its Peak", *in* Kam-yee Law (ed.), *Beyond a Purge and a Holocaust: The Cultural Revolution Reconsidered* (Londres, 2003)

S. White, *Britain and the Bolshevik Revolution: A Study in the Politics of Diplomacy, 1920-1924* (Londres, 1979)

R. C. Williams, *The Other Bolsheviks: Lenin and his Critics, 1904-1914* (Bloomington, 1986)

W. C. Wohlforth (ed.), *Cold War Endgame: Oral History, Analysis, Debates* (University Park, Pensilvânia, 1996)

W. C. Wohlforth (ed.), *Witnesses to the End of the Cold War* (Baltimore, 1996)

B. D. Wolfe, *Strange Communists I Have Known* (Nova York, 1982)

H. H. Wu, *Laogai: The Chinese Gulag* (Boulder, 1992)

"X", ver G. Kennan

Xiaoxia Gong, "The Logic of Repressive Collective Action: A Case Study of Violence in the Cultural Revolution", *in* Kam-yee Law (ed.), *The Chinese Cultural Revolution Reconsidered: Beyond Purge and Holocaust* (Londres, 2003)

Xin Liu, *In One's Shadow: An Ethnographic Account of the Condition of Post-Reform Rural Russia* (Berkeley, 2000)

V. Zaslavsky, *Lo Stalinismo e la sinistra italiana: dal mito dell'URSS alla fine del comunismo, 1945-1991* (Milão, 2004)

V. Zubok e C. Pleshakov, *Inside the Kremlin's Cold War: From Stalin to Khrushchev* (Cambridge, Mass., 1996)

V. M. Zubok, "Different Perspectives on the Historical Personality", *in* W. C. Wohlforth (ed.), *Cold War Endgame: Oral History, Analysis, Debates* (University Park, Pensilvânia, 1996)

ÍNDICE REMISSIVO

A

ABC do Comunismo, O, 157, 162
Abissínia, 206
Academia de Ciências, Rússia, 185
Afeganistão:
    apoio dos EUA ao, 484-85
    forças soviéticas enviadas ao, 385-86,
    483, 486
    e o golpe do Khalq, 478
    Partido Democrático Popular do, 478
    retirada das tropas soviéticas do, 490
    e o Talibã, 536, 559
África, 20, 225
    na década de 1970, 476-77
    na década de 1990, 409
    ver também nomes de países
África do Sul:
    em 1950, 455-56
    campos de trabalho na, 351
    o Comintern e a, 149
    Partido Comunista da, 149, 381, 382,
    455-56
    relações raciais e a, 149, 232, 327
    e Savimbi, 477
Akhmatova, Anna, 193
Al-Qaeda, 536
Albânia:
    em 1968, 301
    e a China, 19, 375, 381, 461-62
    na década de 1930, 19, 273, 275, 286,
    294, 311, 312
    na década de 1950, 346
    na década de 1970, 418-19
    na década de 1980, 496, 502, 505, 507
    na década de 1990, 507, 541
    e a Iugoslávia, 443, 448, 449
    e a sabedoria de Norman Wisdom,
    417-18

Alemanha:
    após a reunificação, nos anos 1990,
    537, 542
    divisão da, 263, 274, 557
    e a Facção do Exército Vermelho, 463
    e a Ostpolitik, 380
    e o Pacto Anticomintern, 208
    e o pacto de não agressão germano-
    soviético (1939), 248-49, 250, 251,
    258
    entre 1929 e a década de 1930, 188,
    200-7, 208, 225, 233, 243
    na 1ª Guerra Mundial, 74-75, 102,
    105-6
    na 2ª Guerra Mundial, 18, 151-53,
    191, 251-59, 261-62
    no início do século 20, 54
    no pós-guerra, 105-6, 111
    no século 19, 35, 41, 46, 64-65
    ver também Berlim e outras referên-
    cias
Alexander Nevski (filme), 221
Ali, Tariq, 436-37
Alia, Ramiz, 505-6, 507
Aliluieva, Nádia, 98
Allende, Salvador, 20, 26, 378, 407,
    472-76, 479, 556
All-Russia Co-operative Society
    (ARCOS, na sigla em inglês), 143
Althusser, Louis, 433-34, 436
América Latina, 209, 255, 327, 355,
    373, 399, 403-4, 406, 473, 476, 536,
    543-44, 558; ver também países espe-
    cíficos
Amin, Hafizullah, 478-79
Anabatistas, 32, 85
anarquismo, 62, 160-61

ÍNDICE REMISSIVO

Andropov, Iúri:
como chefe da KGB, 416
e Cuba, 408
e Gorbatchev, 522
e Hungria, 366
morte de, 488
no poder, 486-88
Anglo-soviético, acordo (1921), 116, 138, 142
Angola, 407, 409, 476, 489
MPLA, 476-77
Anticomintern, Pacto (1936), 208, 250
Aristóteles, 38
armas nucleares, 17, 154, 263-64, 270, 271, 276, 279-80
alertas em 1983 de, 487
bases em Cuba e, 399, 405, 487
Campanha para o Desarmamento Nuclear e, 437
Conversações de Limitação de Armas Estratégicas (SALT) e, 380, 485
Coreia e, 285
SDI e, 486, 487
START e, 485
Tratado de Forças Nucleares de Alcance Médio e, 490
URSS e, 284, 451
Arnot, R. Page, 244
Attlee, Clement, 263, 272, 294, 298
Austrália, 355, 454
Partido Comunista da, 454-55
Áustria, 109, 110-11, 112, 208, 250, 364
Aylward, Gladys, 319
Azerbaijão, 127, 206, 428, 540

B
Babeuf, Gracchus, 33
Bahro, Rudolf, 429
Bazanov, Bóris, 245
Bakunin, Mikhail, 45, 54-55
Bálcãs:
1948, 294-95
guerra de 1912-13 nos, 61-62
ver também nomes de países
Barbé, Henri, 137
Batista, Fulgêncio, 399-400, 406
Bauer, Otto, 57, 61, 163, 238
Baviera, República Soviética da, 111-14
Bebel, Augusto, 53

Bell, Daniel, 438
Benda, Julien, 325
Benes, Eduard, 273
Berdyaev, Nikolai, 98, 238
Beria, Lavrenti, 215, 279, 284, 355
na morte de Stálin, 360-61
prisão de, 362
Berkman, Alexander, 160-61
Berlim:
em 1953, 361-62
na década de 1920, 117, 134
dividida, 284, 415-16
levante de 1918 em, 105, 106
Muro de, 415-16, 443, 491, 537
postos de controle abertos em, 503
Berlinguer, Enrico, 383-84, 432, 452-53, 460
Berman, Jakub, 357-58
Bernstein, Eduard, 56-58, 443
Bevin, Ernest, 286, 305
Bhopal, desastre de, 558
Bierut, Boleslau, 288-90, 364
Bureau de Informação dos Partidos Comunistas e Operários (Cominform):
entre 1947 e 1949, 288-89, 312
extinção do, 363
I Conferência do, 281-83, 294, 307, 309
II Conferência do, 283
Bismarck, Otto von, 56
Black Dwarf, 436-37
Blanc, Louis, 33, 34
Blanqui, Louis-Auguste, 34
Blok, Alexandre, 193
Blum, Léon, 206-7
Bobigny, França, 137
Boda, Chen, 391-92
Bogdanov, Alexander, 69, 167
Böhm-Bawerk, Max von, 55
bolcheviques *ver* Comunista da União Soviética, Partido
Bolívia, 234, 466, 558
Bonaparte, Napoleão, 33
Borchert, Hermann, 415
Bordiga, Amadeo, 141
Borotbista, Partido, 99, 127
Branco, Exército (Rússia), 93-94, 117, 134

ÍNDICE REMISSIVO   637

Brandt, Willy, 380
Brasil, 136, 225, 234, 544, 558
Brazauskas, Algirdas, 539
Brejnev, Leonid, 154, 375-76, 379, 380,
  382, 384-86, 406-7, 418, 420, 421,
  423, 427, 428, 429, 446-48, 451, 457,
  497, 528, 550, 555
  morte de, 486
  Reagan e, 485
Brest-Litovski de,tratado de (1918), 24,
  92-93, 95, 99, 105, 114, 157, 158
Breve História (história oficial do Partido
  Comunista Soviético), 212-13, 218-19
Brigadas Vermelhas (Itália), 452, 463
Browder, Earl, 151-54, 307
Buffet, Marie-Georges, 542-43
Bukharin, Nikolai, 84, 92, 120, 124, 132,
  140, 142, 145, 146, 168, 214, 322, 436,
  553, 554
  em 1928, 150
  e O ABC do Comunismo, 157, 162
  na década de 1930, 182-83
  e Stalin, 172, 175-76, 179, 198, 200,
  201-2
Bukovski, Vladimir, 476
Bulgária, 271, 272, 274, 275, 289, 290,
  295, 311, 324, 359, 362
  na década de 1950, 345, 353
  na década de 1980, 496, 502, 503-4
  na década de 1990, 537
  Partido Comunista da, 142
Bullitt, William C., 158-9
Bundistas, União dos Operários Judeus,
  71
Burns, Lizzie, 47
Bush, George H., 492-5, 535-6, 537
  e a Polônia, 501

C
Camboja:
  e a China, 381
  e o Khmer Vermelho, 377-78, 470
  e o Vietnã, 469-70, 471, 472
  na década de 1940, 229
  na década de 1970, 193, 377
  Phnom Penh, 378, 470
  sob o governo de Pol Pot, 193, 470-2
Campanella, Tommaso, 31, 85
Campanha para o Desarmamento

Nuclear, 437
Camponeses da Polônia (PSL), Partido
  dos, 287
campos de trabalho, 178, 180, 181,
  268-69, 351, 428, 430
  na China, 333-34
  na Iugoslávia, 295-96
  no Laos, 534
  no Vietnã, 468-69
  de Vorkuta, 242
Camus, Albert, 321
Canadá, 286
Cannon, James, 149
capitalismo, 49-51, 70, 86, 89, 221-22,
  553
  na China, 489-90, 517, 520
  na década de 1920, 125-26
  na Rússia da década de 1990, 538
  na visão de Weber, 55-56
Capri, 71
Cárdenas, Lázaro, 225
Carr, E. H., 322, 439
Carrillo, Santiago, 383-84, 452-53
Carter, Jimmy, 378, 384, 385, 410, 483-84,
  485
Castro, Fidel, 399-411, 419, 426, 494, 554
  e o Chile, 474-76
  personalidade de, 400
Castro, Raúl, 400, 404, 405
Cazaquistão, 20, 172, 243, 351, 424, 540
Ceausescu, Elena, 424-25, 451, 516
Ceausescu, Nicolae, 377, 414, 424-25,
  440, 442, 448, 450-51, 499-500, 502,
  554
  queda do poder e morte de, 516
Ceilão, 232, 234
censura:
  na China, 417
  na Hungria, 366
  na Rússia, 98-99, 125
Cervetti, Gianni, 383
Chagall, Marc, 125
Chamberlin, W.H., 241
Chayanov, Alexânder, 175
Chechênia, 536, 540
Checoslováquia:
  após a 1ª Guerra Mundial, 106, 109,
  412-13
  após a 2ª Guerra Mundial, 273, 280,
  288, 289, 343, 352

638 ÍNDICE REMISSIVO

e a invasão à Hungria, 110
e a Primavera de Praga e a invasão soviética, 380, 382, 407, 426, 445-47, 451, 555
e o Carta 77, 448, 496
e sua anexação pela Alemanha, 250, 353
entre 1929 e 1933, 197-98, 203-4, 353
na década de 1980, 496
na década de 1990, 540-41
Partido Comunista da, 447, 494
tempos depois, 447-48
Cheka (veja também polícia política russa, depois denominada OGPU, NKVD, KGB), 91, 94, 97, 98, 102, 123, 125, 127, 133, 161, 247
Chen Yun, 512
Chernobyl, 524
Chernov, Viktor, 92, 93
Chervenkov, Vulko, 345
Chiang Ching, 391-92, 397-98
após a morte de Mao, 509-10
julgamento de, 512
Chiang Kai-shek, 141, 142, 226, 269, 329-30
derrota e fuga, 330
Chicherin, Georgy, 116, 198, 199
Chile:
na década de 1970, 18, 20, 26, 378, 407, 472-76
na década de 1980, 381
Partido Comunista do, 473
Chiliapnikov, Alexander, 166
China, 387-98, 412, 413
em 1979,e a Itália, 383
após a 2ª Guerra Mundial, 269-70, 348-49
após a morte de Mao, 509-20
e o Bando dos Quatro, 397-98, 509-10, 512
e a Campanha das Cem Flores (1956-1957), 387, 392
criação da República Popular da, 18
na década de 1920, 122, 141
na década de 1930, 319
na década de 1960, 426
na década de 1990, 17, 534-35
e o Exército de Libertação Popular, 329, 330, 333, 396, 399, 493, 501

Exército Vermelho da, 227-29, 329, 344
e o Fundo de Ajuda aos Partidos Comunistas e Movimentos de Esquerda, 437
e o governo de Mao (1949-57), 25, 329-40
e o Grande Salto Adiante, 387-91
guerra civil na, 228, 329-30, 333
e o Kuomintang, 141, 142, 226, 329, 330
levante em 1927 na, 142
e o massacre da Praça da Paz Celestial, 492-93, 501, 515-16
e a Mongólia, 343
e o Nepal, 544-45
e a poluição, 423-24
e a Revolução Cultural, 25, 389, 391-97, 417, 419, 435
no século 19, 412
e a URSS (1960), 374-75
e o Tibete, 344, 514, 518
e os EUA, 379, 469-70, 492
e o Vietnã, 377-78, 468-70
Christie, Agatha, 321, 417
Churchill, Winston, 18
e a Iugoslávia, 261, 293, 294
e seu discurso sobre a Cortina de Ferro, 316
em 1918, 484
no fim da 2ª Guerra Mundial, 257, 258, 263,
Civil Inglesa, Guerra (1642-49), 32
classe social, 36-37, 42-44, 252, 332, 346
Clemenceau, Georges, 116
Clinton, Bill, 410, 536, 537, 541, 544
Clube dos Livros da Direita, 244
Clube dos Livros da Esquerda, 244, 248
Cohen, Rose, 236
Cohen, Stephen, 436
Cohn-Bendit, Daniel, 434, 437
coletivização:
na China, 335
na Iugoslávia, 295, 296
na Romênia, 442
nas repúblicas, 344-45, 441
no Camboja, 470, 471
soviética, 170-73, 183
Colletti, Lucio, 433-34, 436

INDICE REMISSIVO

Colômbia, 544

Comecon (Conselho de Ajuda Econômica Mútua), 284, 363, 406, 442, 470

Cominform *ver* Bureau de Informação dos Partidos Comunistas e Operários

Comintern *ver* Internacional Comunista

Comitê de Correspondência Comunista, 41

Comte, Auguste, 36

Comuna de Paris (1871), 45, 85

Comunidade Econômica Europeia, 452

comunismos, 19, 25-26
  comunismo reformista, 554

Comunista Chinês, Partido:
  após a 2ª Guerra Mundial, 19, 269
  após a morte de Mao, 513
  após a morte de Stalin, 364-65, 368
  e a Longa Marcha, 209, 226, 227, 242
  e o Comitê Central, 388, 391
  e o Politburo, 336, 387, 397, 512
  em 1959, 390
  entre 1949 e 1957, 332-40
  entre 1956 e 1957, 338, 387
  na década de 1920, 141-42
  na década de 1930, 209, 226, 227-28

Comunista da Alemanha, Partido:
  banimento do, 317
  em 1946,como Partido da Unidade Socialista, 274, 290
  fundação do, 106
  nas décadas de 1920 e 1930, 201-4, 224-25

Comunista da Espanha, Partido, 207, 247, 383, 452

Comunista da Federação Russa, Partido, 539

Comunista da Grã-Bretanha, Partido, 459
  em 1968, 453
  na 2ª Guerra Mundial, 252-53
  na década de 1920, 139
  na década de 1930, 229, 230-31
  na década de 1940, 309
  na década de 1950, 312-13, 368
  na década de 1960, 317, 318, 453
  na década de 1990, 543
  e partidos dissidentes, 463-64

Comunista da Grécia, Partido,262, 282, 310-11

em 1949, 312

Comunista da Indonésia, Partido, 455

Comunista da Polônia, Partido, 226, 259

Comunista da União Soviética, Partido (antigo Partido Operário Social-Democrata Russo [bolcheviques], ver também, até 1918, depois Partido Comunista Russo [bolcheviques] até 1924, depois Partido Comunista da União [bolcheviques] até 1952), 24, 68-75
  banimento por Iéltsin, 537-38
  Comitê Central do, 74, 78, 79, 80, 83-84, 85, 87-88, 91, 92, 95, 97, 98
  e a cisão entre bolcheviques e mencheviques, 68
  e a criação da URSS, 100
  e a Guerra Civil, 93-94, 98, 105
  e a revolução de 1905, 68-69
  e a Revolução de Outubro, 18, 19-20, 87-89, 90, 549
  e o "discurso secreto" de Stalin, 363-64
  e o regime instituído, 90-102, 105, 119, 124
  e o Sovnarkom, 89, 91-94, 160, 165
  e os bolcheviques veteranos, 121
  em 1912, 73-74
  em 1917, 78-80, 82, 83-88, 121
  entre 1957 e 1960, 381-82
  história oficial do, 212-13
  IV Congresso do, 70
  na 1ª Guerra Mundial, 75
  na década de 1920, 119-28, 131-32, 138, 140, 158
  na década de 1930, 184
  na década de 1940, 283-84, 289
  na morte de Stalin, 359-60
  X Congresso do, 94
  XIX Congresso do, 359
  XVII Congresso do, 177
  XX Congresso do, 363
  XXII Congresso do, 373
  ver também Cheka; Politburo; Exército Vermelho

Comunista do Japão, Partido, 459

Comunista do México, Partido, 225

Comunista dos EUA, Partido, 165, 433
  na 2ª Guerra Mundial, 151-54

na década de 1930, 151
na década de 1950, 382, 433
na década de 1980, 381
filiados judeus, 165
no pós-guerra, 153-56
Comunista dos Trabalhadores do
Oriente, Universidade, 148, 511
Comunista Francês, Partido:
em 2002, 542-43
na 2ª Guerra Mundial, 252, 254, 307
na década de 1930, 204-5, 206, 208,
229
na década de 1940, 323
na década de 1960, 380, 452-53
na década de 1970, 383-84, 453
na década de 1980, 381, 461
na década de 1990, 542
Comunista Húngaro, Partido, 107, 347
Comunista Italiano, Partido:
em 1969, 382
em 1977, 382-83
em 1979, 452
na década de 1920, 137, 167-68
na década de 1930, 203, 224
na década de 1940, 306, 308-10, 314,
321, 459
na década de 1950, 431-32, 459-60
na década de 1960, 432, 463
na década de 1970, 461, 462
na década de 1990, 543
Comunista Operário, Partido (EUA),
144, 146, 150
Comunista Russo, Partido *ver* Comunista
da União Soviética, Partido
Conferência de Paz de Paris (1919), 114,
117
Congresso de Escritores, 220
Congresso Nacional Africano, 381, 456
Conquest, Robert, 8, 438-39
Conrad, Joseph, 73
Conversações de Limitação de Armas
Estratégicas (SALT), 380, 386, 485
Conversações para a Redução de Armas
Estratégicas (START), 485
Copérnico, Nicolau, 38
Coreia do Norte, 155, 285, 348, 355,
466-67, 535
e a Guerra da Coreia, 285, 297, 320,
334, 459
Coreia do Sul, 285, 467, 490

e avião derrubado, 487
Cortina de Ferro, 316, 341, 430, 491
Corvalán, Luis, 476
Crimeia, 117
cristianismo, 30-32, 36, 191, 217, 218,
235, 319, 406, 555
ver também Igreja Católica e Igreja
Ortodoxa
Croácia, 297, 300-1, 541
Croce, Benedetto, 167
Crompton, Richmal, 245-46
Crossman, Richard, 322
Cuba, 26, 399-411, 413, 419
bases americanas em, 399, 487
bases soviéticas em, 405
e a Baía dos Porcos, 403
e Angola, 476-77, 489
e o Chile, 473-74
e os EUA, 155, 327, 399, 401, 403,
413-14
em 1962, 374, 405, 438
fugas de, 416
na década de 1950, 399-400
na década de 1980, 408, 487
na década de 1990, 534
regime instalado após revolução,
401-11
revolução em 1959, 18, 399, 401-2

D

Dan, Fiódor, 238
Daoud, Mohammed, 478
Darling, Ernest, 230-31
Darwin, Charles, 35, 48
David, Eduard, 57-58
Davies, Joseph, 242-43
Davis, Angela, 154-55
De Gasperi, Alcide, 308
de Gaulle, Charles, 305, 307, 308, 380
Debs, Eugene, 146
Dehuai, Peng, 336, 388
democracia popular, 291-92
Democrática Alemã, República
(Alemanha Oriental), 274, 284, 287,
290, 346, 350, 351
após a reunificação, 542
e a Ostpolitik, 380
na década de 1950, 359, 361-62, 374
na década de 1960, 441, 443

ÍNDICE REMISSIVO

na década de 1970, 415, 416
na década de 1980, 493, 496-97, 503
Deng Xiaoping, 331, 336, 389, 391, 393,
511-12
banimento de, 396, 511-12
e o Bando dos Quatro, 397-98
e os EUA, 485, 490, 512, 526
em 1976, 423, 461, 512
no poder (1980-89), 512-16, 519
reabilitação de, 397
viagens pelo país em 1992, 516
Denikin, Anton, 93, 134
Deutscher, Isaac, 322-23, 435-36, 438,
439
Dewey, John, 237
Diggers, séc. XVII, 32
Dimitrov, Georgi, 199, 203, 205, 226, 252,
259-60, 271, 274, 290, 292, 305-6
Djilas, Milovan, 270, 283, 291, 295, 299,
303
Dmitriévski, Serguei, 245
Dostoiévski, Fiódor, 73, 193
Dozza, Giuseppe, 460
Dubcek, Alexander, 380, 407, 446-47,
448, 555, 556
Duclos, Jacques, 153, 305, 307, 453
Dühring, Eugen, 47-48
Dukes, Sir Paul, 158, 164
Duranty, Walter, 241, 243
Dutt, Palme, 235, 253, 313
Dvorak, Antonin, 346
Dzierzynski, Félix, 91, 158

E
Eastman, Max, 148
Eberlein, Hugo, 131
Ebert, Friedrich, 105
ecologia, 423
Egito, 366
Einstein, Albert, 58, 215
Eisenhower, Dwight D., 365, 401, 467
Eisner, Kurt, 111
El Salvador, 485
Emancipação do Trabalho, Grupo, 66-67
Encounter, 437
Engels, Friedrich, 23-24, 29-30, 32, 35-39,
41-52, 53, 218
biografia de, 41-42
e o Manifesto Comunista, 41, 42-43

personalidade de, 30, 47-48
visão de Lenin sobre o pensamento
de, 81, 82-83
Enukidze, Abel, 98
Escócia, 253
Espanha, 304
Guerra Civil na, 207, 226, 244, 245,
247-48, 251, 252
tempos depois, 452
esperanto, 185
esportes:
e o Sportintern, 137-38
na URSS, 185
essênios, 31
Estônia:
declaração de independência da, 532,
539
e o tratado de Brest-Litovski, 92
em 1991, 495, 530
na 2ª Guerra Mundial, 254
no governo de Stalin, 265, 269, 344
Etiópia, 477, 534
Estados Unidos da América:
antes da 1ª Guerra Mundial, 63
após a morte de Stalin, 368
armas nucleares e, 263-64
détente e, 378-79, 483
e a Able Archer, 488
e a América Latina, 327, 544
e a Conferência de Postdam, 263
e a Guerra Fria, 17, 153, 279-91, 355,
375, 437-40, 484, 490, 528, 532, 535
e a Itália, 307-9
e a Iugoslávia, 298
e a quebra da Bolsa de Valores em
Wall Street, 201, 205
e Cuba, 155, 327, 399, 401, 403,
413-14
e o macartismo, 317-18
e o Plano Marshall, 281, 283, 286, 308
e o Vietnã, 377-78, 380, 435, 467-69
e reuniões de cúpula, 490
em 1975, 384
entre 1917 e 1929, 144-56
imigrantes, 63, 146, 148
na 2ª Guerra Mundial, 254-55,
257-58
na década de 1930, 225, 230
na década de 1990, 536-37

642 ÍNDICE REMISSIVO

no pós-guerra, 261, 263, 265-66
Partido Comunista dos, 144, 155
Partido Comunista Operário dos, 144, 160
relações raciais e, 148, 323, 326-27
ver também Partido Comunista dos Estados Unidos
eurocomunismo, 19, 153, 382, 383-84, 386, 432, 436, 445, 452-53, 462, 507
evolução, 35

F

Facção do Exército Vermelho (Alemanha Ocidental), 463
Fadeev, Alexânder, 185
falanstérios, 34
Fang Lizhi, 492
Fantástico, Dr. (filme), 431
fascismo, 21-22, 201, 203-5, 208, 230-31, 252, 253-54
e a União dos Fascistas Britânicos, 252, 254
e o "sociofascismo", 197, 198, 202
na 2ª Guerra Mundial, 252, 255, 305
Fascistas Britânicos, União dos, 252, 254
Fevereiro, Revolução de (1917), 77, 80
Finlândia, 78, 274-75, 381
Fleming, Ian, 430
Foch, marechal, 108
Fofanova, Margarita, 87, 88
Ford, Gerald, 378, 384
Foster, William Z., 150, 153
Fourier, Charles, 34
França:
após a 1ª Guerra Mundial, 116
e a Indochina, 377, 467
em 1968, 380, 453
na 2ª Guerra Mundial, 254, 261, 305
na década de 1930, 204-5, 206-8, 225-26, 250-51
na década de 1960, 434
no pós-guerra, 267
no século 18, 33-34
Franco, Francisco, 207-8, 226, 304, 312, 452
Franco-Prussiana, Guerra (1870), 45
Freud, Sigmund, 58
Fried, Eugen, 229
Fucheng, Wang, 517

Fundo de Ajuda aos Partidos Comunistas e Movimentos de Esquerda, 381, 437

G

Gagarin, Yuri, 427
Galileu Galilei, 38
Gallacher, Willie, 317
Gandhi, Indira, 456
Garaudy, Roger, 453
Genebra, 71-72
genética, 214
Gênova, Conferência de, 116
Geórgia, 360, 425, 540, 551
Gerö, Ernö, 366
Gheorghiu-Dej, Gheorghe, 271, 272, 289, 290, 343, 352, 442
Gide, André, 213, 215, 240
Gierek, Edward, 449-50, 497
Gilbert, W. S., 419
glasnost, 523, 532
Goldman, Emma, 160-61
Gollan, John, 309, 317
Gollancz, Victor, 244, 248
Gomulka, Vladislau, 270-71, 283, 287-88, 290, 344, 357, 358, 443-46, 449-50
e a morte de Stalin, 365, 368
Gorbatchev, Mikhail, 154-55, 408-10, 436, 487, 488-89, 490-95, 499-500, 502, 503-4, 513, 522-33, 538, 550, 556
biografia de, 522
queda de, 531-33, 539
Gorbatchev, Raíssa, 522, 526, 529
Górki, Máximo, 72, 185, 220, 223
Gotha, Programa, 46-47
Gottwald, Klement, 197-98, 273, 288, 343, 358
Grã-Bretanha:
e a All-Russia Co-operative Society, 142-43
e a Campanha para o Desarmamento Nuclear, 437
e a Iugoslávia, 293-94
e o Acordo Anglo-Soviético de 1921, 115-16, 138, 142-43
Guerra Civil Inglesa, 32
na 2ª Guerra Mundial, 252-55, 291-94
na década de 1920, 115-17, 135, 138, 143, 159

INDICE REMISSIVO

na década de 1930, 229-31, 250-51
no início do séc. XX, 61, 64
no pós-guerra, 315
no séc. XIX, 35, 36, 41
ver também Partido Comunista da
Grã-Bretanha
Gramsci, Antonio:
e Cadernos do Cárcere, 168
entre 1919 e 1921, 114, 115, 129
morte de, 168, 224
na liderança do Partido Comunista
Italiano, 137, 167-69
prisão de, 168, 200
Granada,
Grécia, guerra civil na, 261-62, 282,
310-12
Greene, Graham, 323, 417
greves, 60, 63
na Grã-Bretanha em 1926, 139
na Polônia, 449, 497, 498, 501
na Rússia entre 1913 e 1920, 74, 76,
77, 91, 94
Grimm, Robert, 75
Groman, Vladímir, 175
Gromyko, Andrei, 385, 521
Grosz, Karoly, 499, 502
Groza, Petru, 274
Guarda Vermelha (China), 389, 392-96,
417, 509
Guatemala, 327, 403, 485, 544
Guerra Fria, 17, 153, 279-91, 355, 375,
437-40, 484, 490, 528, 532, 535
Guevara, Che, 400, 407, 419, 435, 466,
473, 543, 546
Gumilev, Nikolai, 98
Guzmán, Abimael, 544

H

Habsburgos, monarquia dos, 59-62, 106,
108, 110, 114, 300, 343, 413
Hall, Gus, 154-55
Harriman, Averell, 257
Havel, Vaclav, 418, 421, 448, 494, 496,
537
Haywood, Harry, 149
Hebrang, Andrija, 296
Hegel, G. W. F., 29-30, 221, 433
Heidegger, Martin, 433
Helsinque, Acordos de, 378, 384, 422, 438

Hemingway, Ernest, 405, 413, 417
Herzen, Alexander, 85
Hesíodo, 36
Hilferding, Rudolf, 55, 57
Hindus, Maurice, 241
história, 29, 36, 82
Hitler, Adolf, 188-89, 215, 243, 250, 252,
253-54, 259, 557, 559
e a batalha de Stalingrado, 256, 260
e a Operação Barbarossa, 254-55, 259
e o fechamento do Partido
Comunista da Alemanha, 225
e o pacto de não agressão germano-
soviético, 248-49, 250, 251-52
na 2ª Guerra Mundial, 251, 253-55,
256-57
nas décadas de 1920 e 1930, 165, 176,
201-8
Ho Chi Minh, 377, 435, 467-68, 469, 554
morte de, 468
Hoxha, Enver, 26, 381, 412, 417, 419,
442-43, 448, 449, 505
Honecker, Erich, 418, 443, 497, 499, 501,
503, 537
Hong Kong, 489, 518
Hongwen, Wang, 397, 510
Hoover, Herbert, 7, 201
Horthy, Miklós, 110, 347
Hrushevsky, Mykhaylo, 127
Hu Yaobang, 512, 514
Hua Kuo-Feng, 397-98, 509
Humbert-Droz, Jules, 147, 200
Hume, David, 38
Hungria:
após a 2ª Guerra Mundial, 260,
270-71, 272-73, 288-89, 290, 342,
345, 352
após a morte de Stalin, 365-66
e as expulsões de 1951, 347
e o Partido dos Pequenos Produtores
Rurais, 273
entre 1918 e 1919, 106-10
levante em 1956, 25, 154, 300,
365-68, 426, 441, 444-45, 450, 451,
507, 555
na década de 1950, 358, 359, 432
na década de 1960, 413-14, 444-46
na década de 1980, 500, 502-3
tempos depois, 441

644 ÍNDICE REMISSIVO

Hungria, Região Autônoma da, 343
Hunt, Alice Riggs, 108
Husak, Gustav, 447, 448, 499, 500, 537
Husserl, Edmund, 433

I
Ibárruri, Dolores, 304
Iéltsin, Boris:
    e a declaração de independência da
    RSFSR, 531
    e a eleição de 1996, 539
    e ataques a Gorbatchev, 526-27, 528
    e Cuba, 409
    e o referendo de 1993, 538
    e sua subida ao poder, 537-39
    e tentativa de golpe em 1991, 494,
    530, 531-32
Igreja Católica:
    e a Itália, 306, 307
    e perseguição na década de 1950, 319
    em Cuba, 406, 410
    na 2ª Guerra Mundial, 305, 306
    na Croácia, 294
    na década de 1940, 272
    na década de 1950, 319, 350, 352
    na Idade Média, 34
    na Polônia, 443-44, 449, 450, 497,
    498, 501
    nos sécs. XVI e XVII, 31-32, 39
    o Vaticano e os EUA na década de
    1980, 491
Igreja Ortodoxa:
    na Iugoslávia, 504-5
    na Romênia, 350
Ilha de Bare, campo de trabalho da, 296
Iluminismo, 218
imperialismo, 51-52, 326-28, 369, 373,
    382, 428
Índia:
    em 1926, 134
    independência da, 326
    Partido Comunista da, 234-35, 284,
    457
    tempos depois, 456-58
Indochina, 209, 377, 467, 469-70
    ver também nomes de países
Indonésia, 455, 558
industrialização, 47, 59, 64, 71, 344, 353

soviética, 126, 175-76, 177, 199, 215,
    344
Iniciativa de Defesa Estratégica (SDI),
    486, 489, 490
intelligentsia:
    na China, 338
    na Polônia, 365
    na Rússia/URSS, 59, 98, 100, 124-25,
    185
Internacionais:
    Primeira, 45-46, 54
    Segunda ver Partido Social-
    Democrata Alemão
    Terceira ver Internacional Comunista
    Quarta, 233-34
Internacional Comunista (Terceira
    Internacional do Comintern), 83
    anos depois, 197-205
    e a Guerra Civil Espanhola, 207
    e fechamento por Stalin, 259-60, 282
    e o Pacto Anticomintern, 208
    e os EUA, 144-52, 160, 205-6
    e partidos filiados, 224-36
    e repasse de fundos, 133
    em 1935, 205-6
    em 1938, 208
    I Congresso da, 130-32
    II Congresso da, 134
    na 2ª Guerra Mundial, 252-54
    na década de 1920, 117-18, 128,
    130-43, 197
    no pós-guerra, 270
    V Congresso da, 137
    VI Congresso da, 197
    VII Congresso da, 205
Internacional dos Trabalhadores,
    Associação, 44-45, 54
Internacional Socialista, 54, 62, 73, 131,
    543
Internet, 489, 517, 519
Iogiches, Leo, 106
Irã, 483
Iraque, 536, 547, 559
Irlanda, 162, 489
    e o Exército Republicano Irlandês
    Provisório (PIRA), 463, 544
Irmãos da Floresta, 269
Iskra, jornal, 67
Iskra, grupo, 68

ÍNDICE REMISSIVO

Islamismo:
na década de 1930, 191
na década de 1990, 536, 558, 559
Israel, 359, 384
Itália:
e a coalizão Oliveira, 543
e Trieste, 294, 295, 308, 314
entre 1919 e a década de 1920,
113-14, 115-16
entre 1948 e 1949, 307-8, 313-14, 315
na década de 1940, 306-7, 309-10
na década de 1990, 543
o Vaticano, os EUA e a, 491
Iugoslávia:
Constituição de 1946, 297
e a Conferência do Comintern de
1947, 294
e a Grã-Bretanha, 293-94, 298
e a Grécia, 311-12
e a Liga dos Comunistas Iugoslavos,
298-99, 303
e a morte de Tito, 301-2, 504
e guerra civil, 261-62, 293, 294, 311
e sua expulsão do Comintern,
283-84, 293
e Trieste, 294, 295, 308, 313, 342
em 1937, 293
entre 1948 e 1960, 294-303, 343-44,
357
na 2ª Guerra Mundial, 234, 255, 260,
261, 293-94
na década de 1960, 300-1
na década de 1970, 301, 425
na década de 1980, 301-3, 504-5
na década de 1990, 541
no pós-guerra, 270, 273, 275, 290,
291, 295, 296-97, 342-43
Izvestiya, 183, 220

J
jacobinos, 51, 85, 86
Japão:
e a invasão da Manchúria, 202
e ataques às forças soviéticas em
1939, 250, 251-52
e ataques com bombas atômicas, 264,
459
e o Pacto Anticomintern, 208, 250
e seus ataques a Pearl Harbor, 254

exército do, 228
na década de 1970, 382, 384
na década de 1980, 459
no pós-guerra, 263, 269, 458-59
Partido Comunista do, 459
Jaruzelski, Wojciech, 498-99, 500-1, 537
Jedanov, Andrei, 275, 282-83, 290, 355
Zhelezhnyakov, Vladimir, 92
Jirinovski, Vladimir, 538
Jivkov, Todor, 440, 499, 503, 537
João Paulo II, papa, 19, 410-11, 491, 501
Johns, W. E., 321
Johnson, Hewlett, 240, 243, 323
Johnson, Lyndon, 435
Johnston, Eric, 261
Jones, Gareth, 239, 242, 321
Jotti, Nilde, 309, 314
judaísmo, 30, 36
judeus:
antissemitismo, 272, 343, 358-59, 539
bundistas, 71, 99
e Israel, 359, 384
e o judaísmo, 30, 36
em 1945, 319
extermínio de, 343
na Polônia, 444
na Romênia, 450
na URSS, 164-65, 235, 384, 430
nos EUA, 152
Jukov, Georgi, 250, 255, 257, 263, 267,
367
julgamentos de fachada, 33, 98-99, 145,
175-78, 212, 220, 236, 239-40, 242,
443
Juventude Comunista Francesa,
Federação da, 137

K
Kadar, Janos, 366, 441, 444-46, 499-500, 502
Kafka, Franz, 346, 395
Kaganovitch, Lazar, 157, 360, 366
Kahlo, Frida, 323
Kaixi, Wuer, 515
Kamenev, Lev, 165, 166, 172, 214
em 1917, 78, 79, 105
em Londres, 133
entre 1919 e a década de 1920, 85, 98,
120, 124
julgamento de, 178

ÍNDICE REMISSIVO

Kamenev, Olga, 98
Kant, Immanuel, 221, 433
Kardelj, Edvard, 283, 299, 300
Károlyi, Mihály, 106
Kautsky, Karl, 54, 57-58, 60, 74, 83, 161, 443
   e a *A Ditadura do Proletariado*, 161
Kennan, George, 279-80
Kennedy, John F., 365, 374, 402, 403, 405, 410, 428, 467
Kerenski, Alexander, 79-80, 88, 90, 91, 105, 116
KGB (antiga Cheka, OGPU, NKVD), 323, 379, 385, 414, 416, 453, 487, 522, 525, 527, 531, 533
Khmer Vermelho, 378, 470, 472
Kidric, Bóris, 296
Kim Il-sung, 20, 285, 368, 467, 547
Kim Jong-il, 535
Kirov, Sergei, 177-78
Kissinger, Henry:
   e Brejnev, 421
   e détente, 378-79
   e o Chile, 476
   em Moscou, 492
Koestler, Arthur, 224, 322
   e seu *Escuridão ao Meio-Dia*, 322
Kolchak, Aleksandr, 93
Kollontai, Alexandra, 166
Kondratev, Nikolai, 175
Kornilov, Lavr, 80, 88
Kosovo, 297, 301, 504-5, 541
Kostov, Traicho, 311-12, 358
Kosygin, Alexei, 376, 385
Krasin, Lev, 72, 133
Krenz, Egon, 503-4, 537
Krestintern, 137
Kriegel, Frantisek, 447
Krivitski, Walter, 245
Kronstadt, motim de, 94, 161, 162, 434, 547
Krupp, 136
Khrushchev, Nikita:
   ataque político a, em 1957, 366-67
   como líder soviético (1953-1964), 299-300, 362-64, 366-67, 373-77, 390, 420, 427
   destituição do cargo de, 375-76
   e a Alemanha, 415

   e a Hungria, 366, 451
   e Cuba, 374, 405-6
   e Nixon, 420
   e o discurso sobre o "culto à personalidade", 363-64, 431, 521
   na década de 1940, 263, 266
   na Iugoslávia, 299-300, 364
   personalidade de, 362
   sob o governo de Stalin, 328, 355, 389-90
Kun, Béla, 25, 107-8, 112, 117, 129
Kuron, Jacek, 444
Kutepov, general, 245
Kuusinen, Otto, 146, 150
Kwasniewski, Alexander, 542

L

Laos, 378, 534
lavagem cerebral, 320
le Carré, John, 430
Lenin, Vladimir (Ulianov), 23
   após a Revolução de Outubro, 90-92, 96, 97-101, 105, 109-10, 114-17, 119, 130, 134
   biografia de, 67-68
   com o POSDR, 68, 69
   e a 1ª Guerra Mundial, 75, 252
   e o rompimento com os bolcheviques, 68
   e Rosa Luxemburgo, 131, 161
   e seu *O Estado e a Revolução*, 62, 81-82, 83, 189, 291, 299, 367
   e seu *Que Fazer?*, 68
   e Stalin, 100-1, 119-20
   e sua interpretação do marxismo, 81-84, 102
   e suas *Teses de Abril*, 78, 84
   em 1917, 78-84, 86-89
   em 1918, 158
   entre 1905 e 1912, 68-71, 73-74
   estátua em Londres de, 257-58
   família e nascimento de, 68
   morte de, 120
   no I Congresso do Comintern, 130-31
   no IV Congresso do Partido, 70
   obras literárias de, 217
   visão dos britânicos de, 162-63

ÍNDICE REMISSIVO

Lennon, John, 437
Letônia:
    declaração de independência da, 532, 539
    em 1991, 495, 530
    na 2ª Guerra Mundial, 254
    no tratado de Brest-Litovski, 92
    sob o governo de Stálin, 265, 269, 344
Leuenroth, Edgard, 136
Levellers ("niveladores"), 32
Levi, Paul, 117
Levien, Max, 111-13
Li Peng, 515
Líbano, 327
Liebknecht, Guilherme, 53
Liebknecht, Karl, 63, 106, 131
Liga das Nações, 204, 206, 270
Liga dos Ateus Militantes (URSS), 177, 184
Liga dos Justos (Alemanha), 35
Liga Espartaquista, 106, 464
Ligachev, Yegor, 522-23, 526, 527
Lin Biao:
    como líder militar, 330, 331, 389
    e a edição do "Livro Vermelho", 391
    e tentativas de golpe de estado e fugas, 396
    em 1966, 391, 393
Lipp, dr., 113
Lituânia:
    declaração de independência da, 532
    e os Irmãos da Floresta, 269
    em 1991, 495, 530
    na 2ª Guerra Mundial, 254
    no tratado de Brest-Litovski, 92
    sob o governo de Brazauskas, 439
    sob o governo de Stalin, 265, 344
Litvinov, Maxim, 199, 203, 251
Liu Shaoqi, 331, 336, 339
    como presidente da República Popular da China, 389
    e suas críticas a Mao, 390-91
    morte de, 395
    rebaixamento de, 393
Lloyd George, David, 116, 239
Lockhart, Robert Bruce, 158
Lovestone, Jay, 150
Luca, Vasile, 327
Lukács, György, 134, 169, 200, 432-33, 436

e seu *História e Consciência de Classe*, 169
Lumumba, Patrice, 381
Luxemburgo, Rosa, 55, 57, 59-60, 63, 73, 106, 131, 547
    e Lenin, 131, 161
    e seu *A Revolução Russa*, 161
    morte de, 106
Lvov, Georgy, 77-78
Lyons, Eugene, 244
Lysenko, Timofei, 214, 427

M

MacArthur, Douglas, 285
Mach, Ernst, 58
Machajski, Jan, 59
Macmillan, Harold, 428, 429
Magnitogorsk, 174, 206
Maiakovski, Vladimir, 124-25
Maiski, Ivan, 239
mais-valia, 55
Makhno, Nestor, 434
Makronisos, ilha de, 312
Malásia:
    após a 2ª Guerra Mundial, 455
    na década de 1980, 490
    Partido Comunista da, 455
Malenkov, Georgi, 282-83, 299, 355
    após a morte de Stálin, 360-61, 362, 509
    e, 366-67
Malia, Martin, 438
Manchester Guardian, 159, 239
Manchúria:
    ataque de Mao a, 330
    e forças soviéticas na, 264
    invasão dos japoneses à, 202
Mandelstam, Osip, 185
Manifesto Comunista, O, 41-43
Mao Tsé-tung, 20, 25, 226-29, 234, 282, 426
    após a morte de Stalin, 364, 368
    biografia de, 331
    culto a, 390-91
    e a Campanha das Cem Flores, 387, 392
    e a Longa Marcha, 209, 226, 227, 242
    e a Revolução Cultural, 25, 389, 391-97, 417, 419, 435

ÍNDICE REMISSIVO

e a URSS, 374-75
e a vitória de 1949, 329-32
e citações de (do "Livro Vermelho"),
391, 435
e o Bando dos Quatro, 397-98,
509-10, 512
e o Grande Salto Adiante, 387-91
e o regime subsequente, 331-40, 344
em 1947, 343-44
entre 1949 e 1950, 18, 284-85, 324,
328
entre 1956 e 1976, 387-98
memória de, 519
morte de, 509-10
personalidade de, 390
Mao Tsé-Tung, Pensamento de, 228, 331,
336, 368, 394, 512-13, 519, 520
Mao Yuanxin, 510
Maquiavél, Nicolau, 36, 38, 167
Marat, Jean-Paul, 33
Marchais, Georges, 383-84, 453, 542
Marcos, Ferdinand, 546-47
Marcuse, Herbert, 432-34, 436
Marshall, George, 280
Marshall, Plano, 281, 283, 286, 308, 310,
311, 314
Martov, Yuli, 57, 68, 161-62, 214
Marx, Karl, 23-24, 29-30, 35-38, 41-52,
54-59, 60, 61, 64, 67
biografia de, 32, 41-42
e seu *As lutas de classe na França*, 43
e seu *Grundisse*, 47, 217
e seu *Manifesto Comunista*, 41, 42
e seu *O 18 de Brumário de Luís
Bonaparte*, 43
e seu *O Capital*, 44, 45, 46, 47, 48, 55,
56, 57, 101, 213, 235
e seu *Teses sobre Feuerbach*, 44, 47
outras obras de, 46-47, 217
visão de Lenin sobre os escritos de,
81, 82
marxismo, 23-24, 29-30, 36-39, 41, 46-52,
558
e a Itália, 58-59, 167
e interpretações da década de 1960,
433-34, 436
e minorias, 165-66
e o serviço militar, 252
e revisionismo, 19, 57, 439, 443

Gramsci e o, 167-69
na Alemanha, 46, 53-54, 55-59, 60,
62-63
na Europa, 53-63, 64
na interpretação de Lenin, 81-84, 102
na Rússia, 63, 64-74
oficial, na década de 1930, 212-23
Masaryk, Jan, 288
Mazowiecki, Tadeusz, 501
McCarthy, Joe, 154, 317-18, 323, 325, 454
McGahey, Mick, 453
Medvedev, Roy, 429, 522
mencheviques, 61
após a Revolução de Outubro, 91, 94,
99, 161-62
e a dissidência dos bolcheviques,
68-71, 161
em 1912, 74
em 1917, 77-80, 88-89
no IV Congresso do Partido, 70
Mengistu Haile Mariam, 477-79, 534
Menzies, Robert, 454
Mercader, Ramón, 234
messianismo, 36
México, 400, 546-47
Michels, Robert, 56, 59, 168
Mikolajezyk, Stanislaw, 273, 287
Mihailovitc, Draza, 261-62, 293
Mihaylov, Mihaylo, 303
Mikhailov (Williams), 134
Mikoyan, Anastas, 359-60, 420
Miller, Arthur, 318
Miller, Ievguêni, 245
Milosevic, Slobodan, 505, 541
Milosz, Czelaw, 347
Milyukov, Pavel, 78, 79
Min, Wang, 227-28
Mirbach, Guilherme von, 157
Miterrand, François, 453
Mladenov, Petar, 503-4
modernidade, 32, 48, 219-22, 266
Modzelewski, Karol, 444
Moldávia, 523, 540
Molotov, Viatcheslav, 215, 270, 280, 291
após a morte de Stalin, 359-60
e a Albânia, 412
e Khrushchev, 364, 366
Mongólia:
e a China, 343

ÍNDICE REMISSIVO

invasão do Exército Vermelho à, 140
República Popular da, 140, 226, 291
MOPR (Socorro Vermelho
Internacional), 137
Moro, Aldo, 452, 463
Morozov, Pavlik, 187
Morus, Thomas, 85
e seu *Utopia*, 31
Mosca, Gaetano, 56
Moscou:
e a revolução de 1905, 69
em 1918, 95
na década de 1920, 134
Reagan em, 491
muçulmanos, 100
no Afeganistão, 385
ver também islamismo
Mudança de Rumo, Grupo, 122, 124
Muggeridge, Malcolm, 239-42, 243, 244,
247, 388
Mundial pela Paz, Congresso, 325
Münzenberg, Willi, 133
música:
e o realismo socialista, 220
em Cuba, 408
na Checoslováquia, 418
na China, 419
Mussolini, Benito, 129, 139, 168, 188,
201, 203, 205-7, 224, 305, 314, 557,
559

N
Nagy, Imre, 361, 366, 432, 556
funeral de, 502
morte de, 441
Namboodiripad, E. M. S., 456
não agressão germano-soviético pacto
de, 248-49, 250, 251
Nasser, Gamal Abdel, 299
Nazarbaev, Nursultan, 540
Nechaev, Sergei, 66
negros, 147, 148-49
Nehru, Jawaharlal, 299, 327, 456-57
Nepal, 544-45
Neruda, Pablo, 323
Neto, Agostinho, 477
Neumann, Heinz, 150
New Left Review, 436
New Republic, 245

New York Daily Tribune, 46
New York Times, 241
Nicarágua, 150, 408, 545
Nicolau II, tsar, 69-70, 76, 77, 90, 98, 116,
457
Nien Cheng, 394
Nin, Andreu, 227, 248
Nixon, Richard, 485
détente e, 378-79, 483
e Khrushchev, 420
e o Vietnã, 435, 468
e seu *1999: Vitória sem Guerra*, 483
Niyazov, Saparmurat, 540
NKVD (depois KGB), 179, 180, 181, 185,
190, 192, 220, 240, 245, 264
nomes, 457
Noske, Gustav, 105, 113
Novotny, Antonin, 445-46

O
Ochoa, Arnaldo, 407, 409
Ocidental, Alemanha, 301-3, 317, 351,
377, 380, 384, 416, 443
e a Facção do Exército Vermelho, 463
OGPU (Diretório Político Unificado do
Estado, depois NKVD, KGB), 127,
175, 178, 179, 238, 245
Okhrana (polícia secreta russa até 1917),
65, 68, 72
Operário Social-Democrata Russo,
Partido, 60, 67-69, 73, 74, 79, 131
e a dissidência dos bolcheviques, 79
Oposição dos Trabalhadores (URSS), 166
Oposição Militar (Rússia), 99
Orczy, baronesa, 246
Ordjonikidze, Sergo, 179
Organização das Nações Unidas (ONU):
criação da, 269-70
em 1945, 285
em 1960, 402
em 1988, 490
Ortega, Daniel, 485, 545, 547
Ortodoxa Russa, Igreja, 64, 188
acordo de Stalin com a, 191, 260, 268
em 1993, 539
perseguição à, 98, 184
Orwell, George, 19-20, 247-48, 317
e seu *1984*, 321
e seu *A revolução dos bichos*, 321
e seu *Lutando na Espanha*, 248

ÍNDICE REMISSIVO

Otan (Organização do Tratado do Atlântico Norte), 284, 286, 308-9
Outubro de 1917 (Rússia), Revolução de, 18, 19-20, 87-89, 90, 549

P

Pacelli, Eugenio, 112
País, Frank, 400
Países não Alinhados, Movimento dos, 299, 301, 375
Pan-Eslavo, Comitê, 260
Pasternak, Boris, 430
Pauker, Ana, 272, 314, 357, 358
Pearson, Lester, 298
Pensamento de Mao Tsé-tung, 228, 331, 336, 368, 394, 512-13, 519, 520
Pereira, Astrojildo, 136
perestroika, 523, 526-27, 532, 556
Peru, 544
Pétain, marechal, 305
Petersburgo, Soviete de, 68, 77, 80, 84, 87, 88-89
Petrogrado, 78, 80
  em 1919, 132
  em 1920, 94
  em 1923, 122
  entre 1915 e 1916, 76
  na revolução de outubro de 1917, 87-88
Philby, Kim, 231, 286, 323
Phnom Penh, 378, 470-72
Picasso, Pablo, 323
Pilsudski, Józef, 114-15, 127, 134, 226
Pinochet, Augusto, 476, 479
Pipes, Richard, 438, 439
Pirati, Phil, 317
Platão, 31
Plekhanov, Georgi, 57, 66-68, 217
Podgorny, Nikolai, 376
Pol Pot, na década de 1970, 25, 193, 378, 470-72, 478, 479
Politburo soviético (depois Presidium):
  após a morte de Stalin, 299, 360
  criação do, 95-96, 171
  entre 1919 e 1922, 94, 97, 98, 99, 100, 102, 115, 124, 138, 147
  entre 1923 e 1924, 117, 120, 126
  na década de 1970, 385, 414
  na década de 1980, 485, 486-87, 490,

491, 521, 526-27
  no governo de Brejnev, 376, 420
  no governo de Khrushchev, 299, 362
  no governo de Stalin, 133, 134, 136, 170, 172-74, 176-77, 179, 180, 205-6, 209
Pollitt, Harry, 194, 231, 235-36, 252-53, 313, 364
Polônia:
  após a 2ª Guerra Mundial, 264, 269, 270-73, 275, 281, 282-83, 287-88, 291, 342-43, 350, 352
  ataques do Exército Vermelho à, 114-15
  e ataques à Ucrânia em, 114
  e o Comitê de Lublin, 273
  e o Levante de Varsóvia, 256, 269, 450
  e o Solidariedade, 413-14, 485, 489, 493, 497, 498, 500-1
  e os EUA em 1982, 485
  em 1938, 226
  em 1939, 251
  em 1956, 365
  na década de 1920, 127
  na década de 1950, 359, 441
  na década de 1960, 444, 449
  na década de 1970, 380, 385, 413, 449-50
  na década de 1980, 496-99, 500-2
  na década de 1990, 542
poluição, 423-24
Ponomarov, Boris, 381, 383
Portugal, 304, 381
  e o Partido Comunista Português, 452, 461
Postdam, conferência de, 263
POUM (Partido Operário de Unificação Marxista), 207, 227, 248
Pravda, 74, 84, 186, 191, 212, 215, 220, 221, 251, 259, 439, 500
  e matérias sobre Reagan, 484
Preobrajênski, Ievguêni:
  e seu O ABC do Comunismo, 157, 162
  ver também Bukhárin, Nikolai
Presidium (URSS) ver Politburo
Prestes, Luís Carlos, 225
Primeira Guerra Mundial, 74-76, 77-78, 86-87, 105

ÍNDICE REMISSIVO

Primeira Internacional (Associação
Internacional dos Trabalhadores),
44-45, 54
Profintern, 137
proletariado, 39, 43, 45, 49-50, 53, 59, 86
ditadura do, 70, 81-83, 91, 101,
291-92
protestantismo, 55
Proudhon, Pierre-Joseph, 34
Pushkin, Alexander, 193
Piatnitski, Osip, 140, 179, 199

Q
Quarta Internacional, 233, 303
Quatro, Bando dos, 397-98, 509-10, 512
questão das nacionalidades e do nacionalismo, 51, 61, 99-101, 126, 177,
342-43, 355, 357, 373, 424, 428,
529-30, 553-54
na Iugoslávia, 541

R
Radek, Karl, 59-60, 117, 132, 146
Radescu, Nicolae,
Rajk, Laszlo, 358
Rákosi, Matyas, 108, 288, 290, 314, 358,
361, 365
Rakowski, Mieczyslaw, 501
Ramadier, Paul, 307
Ramison (agente do Comintern), 136
Rankovic, Aleksandar, 296, 300
demissão de, 300-1
Ransome, Arthur, 159
Rasputin, Grigori, 76
Reagan, Ronald, 484-92
e Gorbatchev, 488-89, 490, 491, 525,
528
em Berlim, 491
em Moscou, 491
Reale, Eugênio, 321
realismo socialista, 220, 350
Reed, John, 160, 164
e seu *Dez dias que abalaram o
mundo*, 160, 402
Reino Unido *ver* Grã-Bretanha
religião, 30-32, 38, 406, 443, 555
em Cuba, 406
judaísmo, 30, 36
na Albânia, 443, 449

na Iugoslávia, 294
na Rússia/URSS, 97, 102, 184, 192,
193-94, 218
ver também Igreja Católica;
Cristianismo; Igreja Ortodoxa;
Islamismo,
Renner, Karl, 61
Republicano Irlandês, Exército (IRA),
463
Republicano Irlandês Provisório (PIRA),
Exército, 463, 544
revisionismo, 19, 57, 439, 443
revistas de histórias em quadrinhos, 125,
320-21, 389, 546
revolução, 47, 51, 88-89, 100, 454
chinesa, em 1949, 284, 329
cubana, em 1959, 18, 399, 400-1
de 1917 (fevereiro), 80
de 1917 (outubro),18, 19-20, 87-89,
90-91, 132
francesa, em 1789, 29, 51, 57, 85, 86,
96
russa de 1905, 68-69
Revolução Francesa (1789), 29, 51, 57,
85, 86, 96
Ricardo, David, 29-30
Rijkov, Nikolai, 487, 522
Roberts, Frank, 279-80
Robeson, Paul, 323
Robespierre, Maximilien, 29-30
Rochet, Waldeck, 137, 452
Romanov, os, 65, 86, 94, 121, 145, 185,
187, 217
Romênia:
após a 2ª Guerra Mundial, 110, 229,
271-72, 274, 275, 342
em 1947, 288, 289-90, 346
na década de 1950, 343, 357
na década de 1980, 496, 500, 502,
505-6
no governo de Ceausescu, 377,
414, 424-25, 440, 442, 448, 450-51,
499-500, 502, 554
Reagan, Ronald, 484, 491-92, 528
Roosevelt, F. D., 151, 152, 153, 206, 242,
248, 258, 263, 275, 306, 342
na 2ª Guerra Mundial, 257, 261
Rothstein, Andrew, 318
Rousseau, Jean-Jacques, 37

ÍNDICE REMISSIVO

Roy, M. N., 166
Ruanda, 536, 557
Russell, Bertrand, 19, 162-63, 437
Rússia e o Império Russo:
    e a Assembleia Constituinte, 91, 93
    e a eleição de 1996, 539
    e a Finlândia, 274-75
    e a Guerra Civil, 93-96, 99, 100, 158, 162-63
    e a revolução de 1905, 68-69
    e a Revolução de Fevereiro, 80
    e a Revolução de Outubro, 18, 19-20, 87-89, 90-91, 132
    e o referendo de 1993, 538
    e o Soviete Supremo, 538
    e sua declaração de independência em 1991, 532, 537
    em 1917, 77-89
    na 1ª Guerra Mundial, 74-75, 76, 549
    no período revolucionário, 69-76, 145
    no século 19, 65, 66-67, 412, 549
    o Governo Provisório e, 77, 78-81, 87-88, 89, 549
    os Cadetes e, 69, 77
    ver também URSS,
Ruthenberg, Charles, 144, 149, 150
Ruzcoi, Alexander, 538
Ryazanov, David, 217

S

Sacco, Nicola, 145
Saddam Hussein, 494, 536, 559
Sakharov, Andrei, 429, 524
Samara, 93, 259
Sandino, Augusto, 545
Sartre, Jean-Paul, 19, 325, 426, 433-34, 436
Savimbi, Jonas, 477
Schapiro, Leonard, 322
Scheidemann, Philipp, 108
Secchia, Pietro, 305, 307, 309, 359
Sedov, Leon, 233
Sedov, Sergei, 233
segregação racial e racismo, 148, 326-27, 428
    na África do Sul, 148, 232, 326
    negros e, 148
    nos EUA, 148, 323, 326-27

Segunda Guerra Mundial, 151-53, 191, 202, 251-62, 263-64
Segunda Internacional, 54, 57, 59, 61-62, 73-75
Sérvia, 297-98, 300, 301, 504-5, 541
    e o Kosovo, 297, 301, 504-5, 541
Service, Robert W., 246-47
Seton-Watson, Hugh, 322
Shakhty, acusações de sabotagem em, 175-76
Shaofeng, Bian, 388
Sharkey, Lance, 454-55
Shaw, George Bernard, 241, 243
Shelepina, Ievguênia, 159
Shi-wei, Wang, 227
Shostakovitch, Dmitri, 220
Shultz, George, 515
Sibéria:
    deportação para a, 65, 67, 68, 72, 292, 265, 359
    massacre de grevistas na, 73-74
    na guerra civil, 140
    Stálin na, 170
Sik, Ota, 446
Simonov, Konstantin, 324-25
Siqueiros, David Alfaro, 234
Skrypnik, Mykola, 177
Slansky, Rudolf, 358
Slavomir, Rawicz, 319
Sloan, Pat, 244
Slovo, Joe, 381, 456
Snow, Edgar, 242, 243, 324
Sobolevicius, Abraham e Ruvin, 233
Social-Democrata da Alemanha, Partido (Segunda Internacional), 46, 53-54, 56-63, 73, 130, 132, 135, 140
    após a 1ª Guerra Mundial, 106-7, 111
    em 1946, 274
socialismo:
    e marxismo, 47, 51, 60, 62, 82, 84
    e o "socialismo de mercado", 520
    e os narodniki, 214
    em 1905, 68-69, 82, 136, 214
    em 1917, 91-92
    na Rússia do séc. XIX, 24, 66
    utópico, 51
    visão de Lênin sobre o, 81
    visão dos comunistas sobre o, 130-32
"socialismo de mercado", 520

ÍNDICE REMISSIVO

Socialista da Polônia (PPS), Partido, 273, 287
Socialista Federativa Soviética da Rússia (RSFSR), República
 e a Chechênia, 540
 em 1991, 530, 531, 532, 538
 na década de 1920, 99-100
 na década de 1970, 425
Socialista Italiano, Partido, 113, 137, 308, 460
socialistas-revolucionários (Rússia), 93
"sociofascismo", 197, 198, 202, 205
Solzhenitsyn, Alexander, 19, 427, 430
sovietes, 68, 69-70, 82
 de Petersburgo e de Petrogrado, 68, 78, 80, 84, 85, 87, 88
Soviética da Hungria, República, 25, 110, 169
Soviética da Ucrânia, República, 100, 343
Soviéticas, Repúblicas, 100
 ver também URSS
Sovnarkom, 89, 91-94, 160, 165
Spencer, Herbert, 36
Spender, Stephen, 244, 438
Springhall, Dave, 252
Saint-Simon, Henri de, 33
Stakhanov, Alexei, 186
Stalin, Joseph:
 após a Revolução de Outubro, 90, 96, 99-100
 biografia de, 172
 culto a, 267-68, 324, 355-56
 e a China, 329-30, 332
 e Bukharin, 150, 172
 e Lenin, 99-100, 119-20
 e o discurso de Khrushchev sobre o "culto à personalidade", 363-65, 431-32, 521
 e o pacto de não agressão germano-soviético, 248-49, 250, 251
 e os EUA, 152, 153
 em 1917, 20, 78, 79, 84
 entre 1928 e 1938, 20-21, 129, 170-80, 182-93, 199, 201-5, 207-10, 211-23, 226-29, 232-36, 240-45, 248, 549-50
 morte de, 360
 na 2ª Guerra Mundial, 191, 251-52, 254-62, 263-64, 306, 310-11
 na década de 1920, 115, 117, 119-20, 142-43, 150, 170-74, 197-98, 200-2
 na década de 1950, 359-60
 no fim da década de 1940, 279-92, 311-13, 316, 319-20, 324-28, 342, 355-56, 359
 no pós-guerra, 263-67
 personalidade de, 172, 180
 retrato de Picasso de, 323
 tentativa de reabilitação da imagem de, 521
Stalin, Vassili, 255
Stambolic, Ivan, 505
Stasova, Yelena, 97
Steinbeck, John, 324, 417
Strumilin, Sergei, 174
Suharto, Thojib, 455
Sukarno, presidente, 455
Sverdlov, Iakov, 84, 96-97, 130
Svoboda, Ludvik, 447-48
Szamuely, Tibor, 110

T

Taiwan, 319, 330, 485, 489, 518
Tasca, Angelo, 141, 200
Taylor, A. J. P., 325, 437
Tchernenko, Konstantin, 385, 488, 499, 522
Tchernichévski, Nikolai, 47
tecnologia aeroespacial, 427
televisão, 302, 418
Temple, Nina, 543
Tendência Militante (Grã-Bretanha), 464-65
Terceira Internacional *ver* Internacional Comunista
Terracini, Umberto, 308
terrorismo:
 islâmico, 558
 na década de 1990, 463
terrorismo político:
 na China, 333
 na Grécia, 312
 na teoria marxista, 51, 69, 73, 82, 86
 na URSS, 20, 94, 101, 182, 192, 549
 o Grande Terror, na década de 1930, 179-80
Thatcher, Margaret, 464, 488
Thiers, Adolphe, 45

Thorez, Maurice, 204, 207, 229, 254, 305-7, 315, 452
Tibete:
  invasão chinesa do, 344
  na década de 1970, 514
  na década de 1990, 518
Tikhonov, Nikolai, 521
Time, revista, 258
Times, The, 244, 322, 439
Tito, Josip Broz, 234, 260, 261, 283, 289, 293-303, 311, 343, 357, 358, 360, 365, 368, 442-43, 554
  biografia de, 293
  morte de, 301-2, 496, 504
Togliatti, Palmiro, 452, 460, 461
  após o "discurso secreto" de, 431-32
  e a Guerra Civil Espanhola, 247
  e o exílio em Moscou, 205
  e o Memorando de Yalta, 432
  em 1956, 368
  entre 1948 e 1949, 307-10, 313-15
  retorno à Itália de, 305-6
  tempos depois, 462
Toller, Ernst, 112-13
Tolstói, Alexei, 221
Tolstói, Leon, 193
Tomski, Mikhail, 98
totalitarismo, 21-22, 188-89, 228, 322, 421, 438, 484, 495, 551
Trabalhadores da América, Partido dos, 144, 146
Trabalhadores da Polônia, Partido dos, 259, 273
Trabalhista Britânico, Partido, 135, 138, 139, 298, 305, 377
  e a Tendência Militante, 464
transmissões radiofônicas (programas de rádio), 418
Tratado do Atlântico Norte, Organização do, 284, 286, 308-9
tratorização, 176
Trieste, 294-95, 298, 308, 313, 316, 342
Trotski, Leon, 19, 57
  acusações contra, 237
  após a 1ª Guerra Mundial, 109
  e a IV Internacional, 233
  e Lenin, 67, 84, 119
  e o Soviete de Petrogrado, 68-69, 84
  e os EUA, 145

e seu *Boletim da Oposição*, 183
  em 1917, 75, 81, 84
  em 1923, 120, 124, 132
  em 1927, 142-43
  exílio de, 19, 201-2, 233-34
  morte de, 234
  na década de 1930, 182-84, 207-8, 233-34
  na Revolução de Outubro, 89
  obras de, 237
  reabilitação póstuma de, 435-36
  tempos depois, 91, 92, 93, 95-96, 98, 117, 130
Trubetskoi, Nikolai, 238
Truman, Harry, 153, 242, 263-64, 272, 275, 279, 280, 285-86, 304, 316, 330, 379, 483, 484
Tucídides, 36
Tukhachevski, Mikhail, 179
Turcomenistão, 540
Turgueniev, Ivan, 193

U
Ucrânia:
  e a fome de 1932-33, 173, 239, 243
  e Chernobyl, 524
  em 1917, 78, 79
  em 1918, 92
  em 1919, 114, 127
  na 2ª Guerra Mundial, 254, 261
  na década de 1920, 99, 100, 109, 134
  no pós-guerra, 266, 269, 286, 343
Ulbricht, Walter, 287, 358, 361-62, 415, 443, 446
Ulianov, Alexânder, 68
Ulianov, Vladimir *ver* Lenin
Ulianova, Maria, 97
União dos Escritores Soviéticos, 185
União Europeia, 489, 539
União Soviética *ver* URSS
Unificado dos Trabalhadores Polacos (PZPR), Partido, 288, 358, 364, 497
Urch, R. O. G., 244
URSS (União das Repúblicas Socialistas Soviéticas), 21-22, 24, 412-14, 550
  após a morte de Stalin, 360, 363-69, 426

ÍNDICE REMISSIVO

atitudes em relação ao estado soviético no fim da década de 1940, 322-28
criação da, 100-2
e a China, 364, 368, 374-75, 413
e a corrida espacial, 427-28
e a Cortina de Ferro, 316, 430, 491
e a Doutrina Brejnev, 447-48
e a Guerra Fria, 17, 153, 279-91, 355, 375, 437-40, 484, 490, 528, 532, 535
e a Nova Política Econômica (NPE), 94, 98, 102, 119-20, 125-26, 129, 136, 177, 183, 197, 206
e a Operação Barbarossa, 254-55, 259
e Cuba, 402-11
e détente, 379, 483
e experimentalismo cultural, 124-25
e julgamentos de fachada, 33, 98-99, 145, 175-78, 212, 220, 236, 239-40, 242, 443
e o conflito nipo-soviético, 250
e o Gosplan, 174, 176
e o Grande Terror, 179-81
e o pacto de não agressão germano-soviético, 248-49, 250, 251, 258
e o referendo de 1991, 529
e poluição, 423-24
e restrições a viagens, 414-15, 426
e Stalingrado, 256, 259-60
e sua Constituição de 1936, 211-12
e tropas estacionadas no exterior na década de 1960, 434
entre 1990 e 1991, 528-33
fim da, 17-18, 26, 494-95, 532-33, 534
na 2ª Guerra Mundial, 18, 250-62, 263-65
na década de 1920, 21-22, 120-29
na década de 1970, 413-14, 438-39
na década de 1980, 483, 485-93, 521-28, 551
no governo de Andropov, 408, 416, 486-88
no governo de Brejnev, 375-76, 379-86, 406-7, 421-23, 427-29
no governo de Gorbatchev, 436, 488-95, 521-33, 550-51
no governo de Iéltsin, 409, 537-39
no governo de, 373-77, 404-5, 415, 420, 427-32

no governo de Stalin, 129, 170-81, 182-94, 211-23, 237-44, 248, 263-75, 319-20, 356-60, 549-51
no governo de Tchernenko, 488, 522
no início da década de 1950, 341-45
no pós-guerra, 21, 264-66
ver também Comecon, Bureau de Informação dos Partidos Comunista e Operário; Comunista da União Soviética, Partido; Exército Vermelho
Uruguai, 494
Ustinov, Dmítri, 385, 521
Ustryalov, Nikolai, 122

V

Vafiadis, Markos, 312
Vanzetti, Bartolomeo, 145
Varsóvia, Levante de, 256, 269, 450
Varsóvia, Pacto de, 363, 366, 407, 434, 442, 446, 450, 451, 502
Vavilov, Nikolai, 214
Verdade Operária, 123
Vermelho, Exército:
em 1929, 173, 201-2
entre 1918 e 1919, 93-94, 95-96, 134
entre 1920 e 1921, 94, 109-10, 134-35
expurgo no, 179, 250-51
invasão da Mongólia pelo, 139-40
na 2ª Guerra Mundial, 255-56, 258, 264
na China, 209, 227-29, 329, 511
como Exército de Libertação Popular, 329, 330, 333, 334, 396, 512
na década de 1930, 179, 550
na Iugoslávia, 293-94
no pós-guerra, 270, 282, 287
recrutas e, 96
Vico, Giambattista, 36
Viena, 109
Vietnã, 377-78, 380, 382, 435, 467-70
e o Camboja, 469-70, 471, 472
na década de 1990, 534
República Democrática do, 469
Vyshinski, Andrei, 291
Vinogradov, Vladimir, 356
Voznesenski, Nikolai, 360
Vojnesênski, Nikolai, 268

ÍNDICE REMISSIVO

Voltaire, 38
Vorkuta, campo de trabalho de, 242
Vorochilov, Kliment, 289

W
Walesa, Lech, 497, 500
Wallace, Bruce, 73
Wallace, Henry, 153, 242
Webb, Sidney e Beatrice, 238-41, 243, 439
Weber, Max, 55-56, 58
Weinstone, William, 150
Weitling, Guilherme, 35
Wells, H. G., 162-63, 240
Williams, Albert Rhys, 160
Wilson, Woodrow, 146, 158
Wisdom, Norman, 417
Wright, Richard, 232

X
Xoxe, Koçi, 358
Zhou Enlai, 331, 336, 391, 396-97, 511
morte de, 397

Y
Yashin, Lev, 427
Yazov, Dmítri, 493, 531
Ye Jianying, 510
Yejov, Nikolai, 179-80, 226
Yevtushenko, Ievguêni, 427
Yudenich, general, 93

Z
Zachariadis, Nikos, 311-12
Zapata, Emiliano, 546
Zasulitch, Vera, 47, 51, 66
Zemin, Jiang, 516, 519
Zetkin, Clara, 117
Zhao Ziyang, 512, 515, 516
morte de, 519
Zhen Bilan, 141
Zimmerwald, Conferência de, 75
Zinoviev, Grigori:
em 1917, 85, 105
execução de, 168-69
julgamento de, 178
na década de 1920, 117, 120, 124, 132, 140, 147
Ziuganov, Gennadi, 538-39

Este livro foi impresso em papel offwhite
no Sistema Cameron da Divisão Gráfica
para a Distribuidora Record